PAGE 36

# SUR LA ROUTE

RÉGIONS, VILLES, VILLAGES
Visites, activités et bonnes adresses

LES INCONTOURNABLES PAGE SUIVANTE

PAGE 315

# CROATIE PRATIQUE

TOUT POUR S'ORGANISER
Location de voiture, lignes de train, organismes à connaître

ÉDITION ÉCRITE ET ACTUALISÉE PAR

Anja Mutić, Iain Stewart

# › Croatie

Zagorje
De beaux châteaux médiévaux perchés au faîte des collines (p. 68)
Zagreb
Art, musique, architecture, gastronomie et activités de plein air (p. 38)
Istrie
*La dolce vita* à l'istrienne (p. 95)
Rt Kamenjak
Un cap désert d'une beauté irréelle (p. 102)
Île de Cres
Sauvage, mystérieuse et dotée d'une riche faune (p. 143)
Zadar
Architecture antique et lieux branchés, sur fond de pragmatisme (p. 169)
Parc national de Paklenica
Randonnée au cœur des sommets alpins (p. 179)
Biševo
La spectaculaire Grotte bleue (p. 240)
Split
Le palais de Dioclétien, cœur d'une ville animée (p. 198)
Ptuj
Čakovec
Varaždin
Zabok
Zagreb
Ljubljana
SLOVÉNIE
Novo Mesto
Portogruaro
Monfalcone
Trieste
Portorož
Obruč
V Planik
Rijeka
Kupa
Karlovac
Sisak
Petrinja
Sava
Pazin
Višević
Glina
Rovinj
Labin
Krk
45°N
13°E
Pula
Golfe du Kvarner
Cres
Rab
Otočac
Una
Bihać
Šatorina
Bosansko Petrovac
Pag
Vaganski
Gračac
Zadar
Knin
Pesaro
Senigallia
Ancône
Šibenik
Split
Civitanova Marche
Macerata
14°E
43°N
Vis
Foligno
ITALIE
Ascoli Piceno
Teramo
15°E
Pescara

0
200 km
Nagykanizsa
Koprivnica
HONGRIE
Pécs
Mohacs
Subotica
Bjelovar
Virovitica
Kopački Rit
Le paradis
des ornithologues (p. 90)
Osijek
SERBIE
Kutina
Kapovac
Našice
Vukovar
Backa
Palanka
Novi
Sad
Nova
Gradiška
Slavonska
Pozega
Đakovo
Vinkovci
Slavonski
Brod
Sremska
Mitrovica
Prijedor
Banja
Luka
Save
Brčko
Belgrade
Šabac
Parc national
des lacs de Plitvice
Un écrin verdoyant (p. 177)
Bol
Le royaume des véliplanchistes,
sur l'île de Brač (p. 225)
Jajce
Travnik
BOSNIE-
HERZÉGOVINE
Čačak
Livno
Sarajevo
Île de Mljet
Une île divine,
aux lacs bleu cobalt (p. 259)
Sinj
Konjić
Goražde
Neretva
Mostar
Pljevlja
Brač
Dubrovnik
L'étincelante perle
de l'Adriatique (p. 243)
Hvar
Ville de Hvar
Metković
Korčula
Neum
ALTITUDE
2 000 m
1 500 m
1 000 m
700 m
500 m
300 m
200 m
100 m
0
Mljet
Nikšic
Trebinje
Dubrovnik
MONTÉNÉGRO
18°E
Herceg-
Novi
Ville de Hvar
Fêtes glamour
sur la plage (p. 229)

# 17 FAÇONS DE VOIR LA CROATIE

## Plitvice, un paradis naturel

**1** Au cœur des forêts de la Croatie continentale, le parc national des lacs de Plitvice (p. 177) est un site enchanteur. Formés par le terrain karstique, les innombrables plans d'eau émaillés de cascades – du lac Kozjak, de 4 km de longueur, aux étangs entourés de roseaux – présentent de superbes reflets turquoise. Les lacs sont séparés par des barrières de travertin tapissées de mousse, et des passerelles en bois permettent aux visiteurs de s'immerger dans le paysage. Pour échapper à la foule, suivez les sentiers qui s'enfoncent parmi les hêtres, les épicéas, les pins et les sapins.

## Le charme de Dubrovnik

**2** La vieille ville fortifiée de Dubrovnik (p. 243), inscrite au Patrimoine mondial, est la destination préférée des visiteurs en Croatie. Lourdement bombardés durant la guerre serbo-croate au début des années 1990, ses épais remparts, ses monastères, ses églises médiévales, ses places élégantes et ses quartiers résidentiels ont retrouvé leur superbe. Pour une vue inégalée sur la "Perle de l'Adriatique", prenez le téléphérique qui rejoint la colline de Srđ, puis revenez vers la ville en parcourant les remparts : c'est là que son histoire se dévoile.

ANDREW BURKE

## Merveilleuse Mljet

**4** Recouverte de denses pinèdes, Mljet (p. 259) est une destination paradisiaque. La légende veut qu'Ulysse ait été retenu sur l'île pendant sept ans, et on comprend qu'il ait pris tout son temps pour repartir ! Classée parc national, la moitié ouest englobe deux superbes lacs aux reflets cobalt, un monastère bâti sur un îlot et un petit port assoupi – Pomena, très pittoresque. Ne négligez pas la partie est de Mljet, bordée de belles plages abritées, et siège du fameux restaurant gastronomique Stermasi (p. 261).

ANDREW BURKE

## Hvar, reine de la fête

**3** En été, la ville de Hvar (p. 229) est prise d'assaut par les *beautiful people* à la peau bronzée qui viennent y faire la fête à toute heure du jour et de la nuit. Au programme : cocktails glamour sirotés au bord de la mer, sorties dans les bars et discothèques branchés, et soirées endiablées sur la plage – *mixes* de DJ, after, etc.

RICHARD I'ANSON

## Pause-café à Zagreb

**5** À Zagreb, l'incontournable pause-café en terrasse, élevée au rang de rituel, peut se prolonger pendant des heures au gré des bavardages. Pour profiter de cette "culture du café", installez-vous à une table de la rue piétonne Tkalčićeva, bordée de cafés, ou sur le trottoir de Trg Petra Preradovića ou de Bogovićeva. Ne manquez pas la *špica* : ce rendez-vous du samedi matin dans le centre-ville est un moment fort pour les Zagrébois.

## Gastronomie en Istrie

**6** La dolce vita s'impose comme le maître mot en Istrie (p. 95), première destination gastronomique de Croatie. Les poissons et fruits de mer, les truffes, l'huile d'olive, les asperges sauvages, le vin et une race bovine rare, appelée *boškarin*, sont remarquables, de même que nombre d'autres spécialités régionales. Ici, il convient de prendre son temps, aux tables huppées du littoral comme dans les tavernes traditionnelles des villages médiévaux ou dans les moulins à huile reconvertis en restaurants à l'intérieur des terres.

DWH/IMAGEBROKER

IMAGEBROKER/KONRAD WOTHE

## Planche à voile à Bol

**7** Bol, sur la côte sud de l'île de Brač, est réputée pour sa plage en forme de pointe, Zlatni Rat (p. 226), aux beaux galets dorés. La ville est prisée des véliplanchistes, en raison du *maestral* (vent du nord) qui souffle sur le bras de mer séparant Brač et l'île de Hvar. Le matin, le vent souffle légèrement, permettant aux débutants de se mettre à l'eau. L'après-midi, surtout de mai à fin septembre, il s'intensifie et fournit des conditions idéales pour les plus expérimentés en quête d'adrénaline.

## Randonnée et escalade à Paklenica

**8** Le fabuleux parc national de Paklenica (p. 179) se dévoile dans toute sa majesté depuis la côte nord de l'île de Pag : de là, vous prendrez pleinement la mesure des escarpements du massif du Velebit. Deux gorges taillées dans les montagnes forment un chemin de randonnée naturel menant à deux sommets, le Vaganski vrh (1 757 m) et le Babin vrh (1 741 m). Paklenica est également le premier centre d'escalade du pays. Avec des centaines de voies excellentes, les plus sportifs s'en donneront à cœur joie.

MARTIN MOOS

ANDREW BURKE

## Pâtisseries et glaces

**9** La Croatie ravira les becs sucrés qui se feront une joie de visiter les *slastičarnas* (pâtisseries) du pays. Les gâteaux crémeux de style autrichien, les *kremšnite* (spécialités locales ressemblant à des mille-feuilles) et les strudels maison sont tous délicieux. L'été, place à la *sladoled* (glace) croate, au moins aussi bonne que son homologue italienne ! Les glaciers proposent généralement 10 à 20 parfums différents.

## Sauvage Kamenjak

**10** C'est à sa beauté sauvage et à son atmosphère de bout du monde que cette péninsule située au sud de Pula doit sa réputation. Réserve naturelle préservée, Kamenjak (p. 102) arbore un tapis de bruyères, d'arbustes et de fleurs sillonné par des sentiers. Bordée par une succession de baies et de plages de galets, et baignée par des eaux cristallines, elle est très fréquentée en été. Pour autant, on trouve toujours une grève déserte pour s'évader ou un bar sympathique pour prendre un verre.

COGOLI FRANCO/SIME-4CORNERS IMAGES

## Biševo, ou la magie bleue

**11** Des nombreuses grottes qui jalonnent la côte de l'île isolée de Biševo (p. 240), la Grotte bleue (Modra Špilja) est la plus remarquable. Là, un rare phénomène naturel donne naissance à un merveilleux spectacle lumineux. Le matin, par temps clair, les rayons du soleil pénètrent par une entrée sous-marine, inondant l'intérieur de la grotte d'une lumière bleue envoûtante. Dans les eaux turquoise, les rochers scintillent de reflets roses et argentés, donnant à la baignade un côté surnaturel.

EMILY RIDDELL / ALAMY

## Croisières sur l'Adriatique

**12** Des courtes traversées d'île en île à des croisières de deux jours le long de la côte croate, les trajets en bateau sont un moyen agréable et abordable de porter un autre regard sur la Croatie. Vous pourrez admirer le splendide littoral en passant devant quelques-unes des 1 244 îles du pays, comme Hvar et Brač, très courues, ou Vis, plus éloignée des destinations touristiques. Et si vous en avez les moyens, pourquoi ne pas louer un voilier pour naviguer au gré des vents et des courants.

TIM HUGHES

RUDOLF ABRAHAM / ALAMY

## Kopački Rit, un fabuleux marais

**13** Vaste zone marécageuse du Danube et de la Drave, Kopački Rit (p. 90) dévoile des paysages saisissants. La région, propice aux excursions en bateau, est un haut lieu de l'ornithologie, avec quelque 300 espèces recensées – pygargue à queue blanche, aigle impérial, cigogne noire, héron pourpré, pic… Explorez la forêt inondée en canoë, suivez les sentiers ou optez pour une balade à cheval, et peut-être verrez-vous des cerfs, des sangliers, une tortue des marais ou une inoffensive couleuvre tessellée.

JOHN ELK III

## L'âme de Split

**14** Offrez-vous une plongée dans l'Antiquité, le temps d'une promenade au palais de Dioclétien (p. 198). L'un des plus imposants vestiges romains au monde, il forme un quartier animé, cœur et âme de Split, qui déborde de bars, de boutiques et de restaurants. Un moment de flânerie dans ce dédale de ruelles, de passages et de cours (pas assez grand pour qu'on puisse s'y perdre réellement) est une expérience charmante. Vous pourrez ensuite quitter l'enceinte du palais, pour aller prendre un verre le long de la Riva bordée de palmiers.

## Découverte de Zadar

**15** Destination en plein essor, la ville de Zadar (p. 169) s'enorgueillit de son patrimoine historique et culturel, tout en conservant une atmosphère paisible. Parmi les curiosités locales figurent deux fantastiques installations de l'architecte Nikola Bašić : l'Orgue marin, hypnotique, et l'étonnante Salutation au soleil. Les festivals de musique de Zadar sont également très courus. Sur une ravissante péninsule plantée de pins, le Garden Festival présente par exemple de grands talents du monde de l'électro.

JOHN ELK III

WAYNE WALTON

## Châteaux de rêve dans le Zagorje

**16** Les impressionnants châteaux médiévaux du Zagorje sont incontournables. Bâti en 1334, le château de Trakošćan (p. 76) fut restauré au XIXe siècle dans le style néogothique. Son musée dévoile la vie de l'aristocratie croate, tandis que son parc romantique à l'anglaise, de 87 ha, est agrémenté d'arbres exotiques et d'un lac artificiel. Fermé pour travaux lors de notre passage, le château de Veliki Tabor (p. 79) mérite une visite pour ses tours et tourelles de forme pentagonale, ainsi que pour les paysages bucoliques alentour.

Veliki Tabor (à gauche)

IMAGESTATE MEDIA PARTNERS LIMITED - IMPACT PHOTOS/ALAMY

## Détente sur l'île de Cres

**17** Au nord de l'île de Cres (p. 150), la région de la Tramuntana est d'une beauté sauvage à couper le souffle. Le centre consacré aux vautours fauves, à Beli, permet de se familiariser avec ces oiseaux menacés, tandis qu'un labyrinthe de sentiers écologiques sillonne forêts anciennes et villages abandonnés – là, on ne serait pas surpris de voir surgir un elfe au détour d'un chêne géant ! Également à Beli, la Pansion Tramontana (p. 152) garantit un copieux dîner à base d'agneau local accompagné d'une délicieuse salade, le tout arrosé d'un verre de vin de Dalmatie !

# Bienvenue en Croatie

*Un mélange unique de glamour et d'authenticité fait de la Croatie une destination où les plages et le soleil rivalisent avec des trésors culturels, une architecture ancienne et des traditions populaires.*

## Le tourisme croate

Malgré une popularité croissante, la Croatie n'a pas encore cédé aux sirènes du tourisme de masse. Si la "Méditerranée d'antan" vantée par les offices du tourisme semble bel et bien fanée dans les sites les plus fréquentés et les plus développés, des niches de culture authentiques subsistent et il reste encore beaucoup à découvrir en dehors des itinéraires touristiques. Ce pays en transition, entre l'Europe centrale et la Méditerranée, offre des possibilités pour les visiteurs de tous budgets : la Croatie est aussi variée que ses paysages ! Certains des lieux les plus prisés de l'Adriatique affichent des prix élevés en été, quand l'arrière-pays se montre bien plus raisonnable (et abordable). Les stations chics et branchées s'attachent à faire oublier la guerre serbo-croate du début des années 1990. De fait, la manière dont le pays a rebondi prouve la capacité de résilience de ses habitants, des hôtes remarquables une fois la glace rompue.

## La côte

La côte croate possède un attrait indéniable. Fastes et paillettes caractérisent Dubrovnik et Hvar, où la vie nocturne, la chasse aux célébrités et les yachts somptueux composent l'ordinaire. Les amateurs de calme dénicheront facilement des havres de paix : îlots surmontés d'un phare, ravissants villages de pêcheurs et criques isolées. Enfin, les familles apprécieront la succession de plages sûres et les activités adaptées à tous les âges.

## La beauté de l'arrière-pays

Si tous les voyageurs choisissent parmi les quelque 2 000 km de côte et 1 000 îles, beaucoup manquent les charmes méconnus de l'arrière-pays. Découvrez une ferme authentique dans un hôtel rural ou un établissement agrotouristique, explorez des montagnes escarpées et sauvages ou épuisez votre trop-plein d'énergie – en randonnée, à vélo, en rappel, en parapente, en rafting ou en canoë notamment. Si Zagreb n'a pas la popularité de Vienne, sa voisine, cette capitale de poche possède un musée d'art contemporain flambant neuf, des monuments anciens et des cafés attrayants. En outre, elle est le théâtre d'innombrables festivals et événements culturels.

## La Croatie côté table

La Croatie a lentement gravi les échelons de la gastronomie. Ses principaux atouts sont des ingrédients locaux de première qualité, préparés avec imagination par des chefs renommés ou mitonnés dans des tavernes familiales. Certains de ces repaires gastronomiques ne sont accessibles qu'au terme d'une véritable expédition, récompensée par l'excellence de la cuisine. Les régions viticoles sont en pleine expansion et les huiles d'olive (notamment celles d'Istrie), régulièrement primées.

# L'essentiel

**Monnaie**

» Kuna (Kn)

**Langue**

» Croate

## Quand s'y rendre

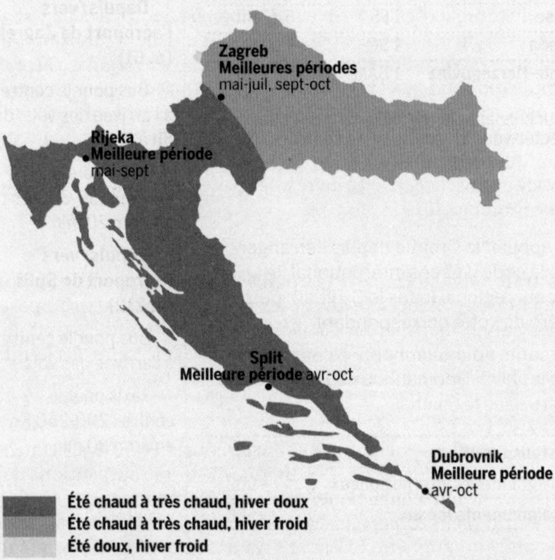


### Haute saison
(juil-août)

» Le climat est idéal au cœur de l'été. L'île de Hvar est la plus ensoleillée, suivie de Split, de l'île de Korčula et de Dubrovnik.

» Les prix sont au plus haut, et les stations balnéaires très animées.

### Saison intermédiaire
(mai-juin et sept)

» La côte est belle, et l'Adriatique assez chaude pour se baigner ; les touristes sont peu nombreux et les prix plus bas.

» Au printemps et au début de l'été, le *maestral* (vent) est propice à la voile.

### Basse saison
(oct-avr)

» En hiver, il fait froid dans les terres et les tarifs sont peu élevés.

» Les vents du sud-est apportent de nombreux nuages... chassés par ceux du nord-est, qui soufflent un air sec.

## Budget quotidien

### Moins de 350 Kn

» Chambres chez l'habitant ; lits en dortoir à 150 Kn environ

» Courses sur les nombreux marchés

» Tavernes, pizzas et glaces

» Une foule d'activités gratuites

### 350-800 Kn

» Chambres doubles dans un hôtel

» Bons restaurants et un verre le soir

» Un circuit ou deux, plus des activités

### Plus de 800 Kn

» Hôtels de charme et quatre étoiles

» Restaurants de luxe

» Spas

» Circuits, excursions et location de voiture

### Argent

» Nombreux DAB. Cartes acceptées dans la plupart des hôtels et des restaurants. Espèces dans les petits restaurants, les boutiques et les chambres d'hôtes.

### Visas

» Pour un séjour inférieur à 3 mois, pas de visa pour les ressortissants de l'Union européenne, de la Suisse et du Canada.

### Téléphone portable

» Possibilité d'acheter une carte SIM pour un téléphone déverrouillé.

### Conduite

» Conduite à droite. Port de la ceinture obligatoire.

## Sites Web

» **Office national croate du tourisme** (www.croatia.hr). Un bon point de départ pour organiser vos vacances.

» **Ambassade de Croatie** (www.amb-croatie.fr). Le site officiel de la Croatie en France.

» **Adriatica.net** (www.adriatica.net). Réservation de chambres, d'appartements, d'hôtels et de phares sur la côte.

» **Jadrolinija** (www.jadrolinija.hr). Site de la compagnie nationale de ferries.

» **Lonely Planet.com** (www.lonelyplanet.fr). Informations de dernière minute, catalogue, fiches pays, forum.

## Taux de change

| | | |
|---|---|---|
| **Zone euro** | 1 € | 7,41 Kn |
| **Suisse** | 1 FS | 5,72 Kn |
| **Canada** | 1 $C | 5,52 Kn |
| **Bosnie-Herzégovine** | 1 BAM | 3,79 Kn |

» Pour connaître les derniers taux de change, connectez-vous au site : www.xe.com/ucc/fr

## Numéros utiles

Pour appeler la Croatie depuis l'étranger, faites le code d'accès international, le ☎385, l'indicatif régional (sans le 0 initial), puis le numéro de votre correspondant

De Croatie, pour téléphoner à l'étranger, faites le ☎00, l'indicatif du pays, puis le numéro sans le 0 initial.

| | |
|---|---|
| **Assistance routière** | +987 |
| **Renseignements internationaux** | +902 |
| **Renseignements locaux** | +988 |

## Arriver en Croatie

» **Depuis/vers l'aéroport de Zagreb (p. 61)**

» Bus pour le centre : à l'arrivée des vols, de 5h à 20h

» Taxis pour le centre : 150-300 Kn ; environ 20 min

» **Depuis/vers l'aéroport de Split (p. 212)**

» Bus pour le centre : à l'arrivée des vols

» Taxis pour le centre : 200-260 Kn ; environ 30 min

## Chambres chez l'habitant en Croatie

Les hôtels croates sont souvent chers sans que la qualité soit toujours au rendez-vous, notamment en pleine saison, l'été, sur la côte. Séjourner chez l'habitant permet de faire des économies et d'avoir un aperçu de l'hospitalité croate. Beaucoup de propriétaires considèrent leurs clients comme des amis, ce qui n'est pas forcément le cas dans les hôtels.

Trouver la bonne chambre d'hôtes ou le bon appartement peut cependant s'avérer difficile. Mieux vaut faire une recherche en ligne ou vous renseigner par le bouche-à-oreille avant de partir. Si vous favorisez la spontanéité, une fois arrivé à destination, visitez quelques logements proposés par des agences avant d'arrêter votre choix.

Certaines adresses offrent la possibilité de prendre les repas sur place, ce qui permet de découvrir une autre facette de la culture du pays.

En pleine saison, beaucoup de propriétaires imposent une surtaxe pour les séjours de moins de 3 ou 4 nuits.

# Envie de...

## Îles

La côte croate est ponctuée d'une multitude d'îles splendides, des plus petites, verdoyantes et désertes, aux plus vastes, arides et bondées.

**Hvar** L'île la plus populaire, la plus ensoleillée et la plus touristique du pays. La magnifique ville de Hvar est le rendez-vous des fêtards (p. 229).

**Vis** Éloignée, mystérieuse, hors des sentiers battus et interdite aux étrangers pendant près de 40 ans... Vis offre des plages superbes, des cités balnéaires délicieuses et une gastronomie remarquable (p. 236).

**Mljet** Longue, étroite et fascinante, Mljet compte un lac salé, un monastère et de beaux paysages. Elle se visite en une journée de Dubrovnik (p. 259).

**Cres** Malgré ses paysages époustouflants, ses villages médiévaux et sa jolie capitale portuaire, Cres est l'une des îles les moins touristiques de Croatie (p. 150).

**Brač** Plus grande île de l'Adriatique, Brač abrite la plage la plus connue du pays – Zlatni Rat, dans la charmante Bol (p. 223).

## Activités

La Croatie réserve d'innombrables activités de plein air : baignades dans l'Adriatique, VTT, planche à voile, kayak, escalade, rafting...

**Voile** Navigation entre des îles splendides, escales dans des destinations populaires comme Hvar (p. 229), et exploration d'îles reculées telles les Kornati (p. 193) et Vis (p. 236).

**Randonnée** Cap sur les parcs nationaux – Plitvice (p. 177), Paklenica (p. 179), Krka (p. 191) – et sur la campagne autour de Zagreb (p. 65).

**Plongée** Les îles sont de fabuleux sites de plongée : splendeurs sous-marines au large de Hvar (p. 229), de Brač (p. 223), de Krk (p. 155) et des Kornati (p. 193). On peut aussi plonger dans la plupart des villes côtières.

**Vélo** Dans la plate campagne du Baranja (p. 90), sur la piste cyclable de Parenzana (p. 120), en Istrie, ou sur les îles de l'Adriatique.

**Naturisme** La Croatie, et notamment la côte de Rab (p. 101), est une destination prisée des nudistes depuis les années 1930.

## Architecture

Vestiges romains, styles baroque, Renaissance, roman, vénitien et gothique, architecture contemporaine... On trouve de tout en Croatie !

**Dubrovnik** Dubrovnik est une ville saisissante : entourée de remparts monumentaux (p. 243), elle s'avance dans l'Adriatique.

**Trogir** Une petite station balnéaire, qui se distingue par ses bâtiments romans et Renaissance bien conservés et par sa ravissante cathédrale (p. 215).

**Zadar** Compacte et détendue, Zadar offre un bel éventail de styles architecturaux, des ruines romaines aux œuvres contemporaines telles que l'Orgue marin et la Salutation au soleil (p. 169).

**Palais de Dioclétien** Classées au Patrimoine mondial, ces impresionnantes ruines romaines, bien vivantes, demeurent le cœur et l'âme de Split (p. 198).

**Varaždin** Vitrine d'une architecture baroque bien restaurée, l'ancienne capitale de la Croatie attend le classement au Patrimoine mondial de sa vieille ville (p. 69).

» Le front de mer de Trogir est bordé d'édifices historiques bien conservés (p. 215)

JOHN ELK III

## Plages

Avec ou sans maillot, profitez des plages qui ponctuent la côte et les îles croates !

**Îles Pakleni** Des plages ombragées de pins pour les naturistes… et pour les autres (p. 231).

**Bačvice** Amusante et pleine de vie (p. 201).

**Zrće** Un haut lieu du clubbing en Croatie (p. 186).

**Lubenice** Petite, isolée, sensationnelle et difficile d'accès (p. 154).

**Zlatni Rat** Une langue de galets dorés, pour bronzer et s'activer (p. 227).

**Lokrum** Paradis des naturistes, une paisible plage rocheuse aux eaux cristallines (p. 258).

**Paradise Beach** Superbe plage de sable aux eaux peu profondes, à l'ombre des pins (p. 166).

**Stiniva** Une crique isolée et spectaculaire, tapissée de galets et flanquée de rochers (p. 239).

**Brela** Un chapelet de criques frangées de palmiers et couvertes de tendres galets (p. 222).

**Rt Kamenjak** Trente kilomètres d'anses et de criques vierges, de galets et de rochers (p. 102).

## Parcs nationaux

Cascades, forêts, montagnes et éblouissante côte adriatique… La nature constitue l'atout phare de la Croatie. Le pays compte huit parcs nationaux, sur 961 km².

**Lacs de Plitvice** Un fabuleux phénomène naturel, dévoilant des cascades, des bassins turquoise et des forêts de toute beauté (p. 177).

**Krka** De stupéfiantes chutes d'eau et un monastère isolé (p. 191).

**Paklenica** La nature à grande échelle, quelques canyons et d'excellentes possibilités de randonnée et d'escalade (p. 179).

**Risnjak** Des sentiers ombragés à travers d'épaisses forêts et des prairies tapissées de fleurs sauvages (p. 143).

**Îles Kornati** Des îles à la beauté surnaturelle et austère, ultime refuge de l'Adriatique épargné par le développement touristique (p. 193).

**Mljet** Une île paisible et intacte (p. 259), véritable paradis méditerranéen.

**Brijuni** Cet archipel au large de la côte istrienne est le plus aménagé des parcs nationaux (p. 106).

## Gastronomie

La gastronomie progresse, servie par des ingrédients de première qualité – huile d'olive, truffes, produits de la mer, jambon fumé…– et des vignobles en plein essor.

**Slow Food** Le mouvement Slow Food croate promeut les ingrédients locaux, frais et de saison, et les plaisirs de la table (p. 298).

**Huile d'olive** L'Istrie ouvre la voie vers la perfection (p. 300) : suivez les routes de l'huile d'olive pour découvrir les producteurs locaux.

**Vin** Excellents *malvazija* blanc, *teran* rouge et *muškat* doux en Istrie ; *dingač* et *postup* (parmi les meilleurs vins croates) sur la péninsule de Pelješac ; et route des vins en Slavonie (p. 91) et au Međimurje (p. 76).

**Truffes** Ce champignon recherché pousse dans les forêts de l'Istrie. Vous pourrez même aller à la chasse aux truffes en automne (p. 125) !

# Mois par mois

## Le top 5

1. » **Carnaval de Rijeka**, février
2. » **Cest is D'Best**, juin
3. » **Festival du film de Motovun**, juillet
4. » **Garden Festival**, juillet
5. » **Festival d'été de Dubrovnik**, juillet-août

## Janvier

**À l'heure où les Croates reprennent le travail après les fêtes, la neige complique la circulation dans l'arrière-pays, et des vents forts balayent la côte et les îles, limitant le nombre de ferries.**

### Ski au Sljeme

Rendez-vous sur les pistes du Sljeme, près de Zagreb, principal pic du mont Medvednica, équipé de téléskis et d'un triple télésiège. Le ski est un sport populaire en Croatie.

### La côte sans la foule

C'est le moment idéal pour explorer les villes côtières sans se ruiner : de nombreux hôtels proposent alors jusqu'à 50% de réduction.

## Février

**À vous les randonnées dans la neige, mais attention sur les routes ! La bora (vent froid et sec) souffle sur le littoral adriatique, les ferries sont peu fréquents et dans les villes côtières, de nombreux hôtels sont fermés.**

### Carnaval

À Rijeka, où le carnaval est la principale fête de l'année, cet événement qui précède le carême est marqué par des costumes pittoresques, des danses et des festivités. Les carnavals de Zadar et de Samobor sont également renommés.

### Saint-Blaise, Dubrovnik

Le 3 février, en l'honneur de saint Blaise, le saint patron de la ville, les danseurs et les musiciens remplissent les rues de Dubrovnik, au milieu des stands de restauration, des processions et des animations diverses.

## Mars

**Les jours rallongent et la température se radoucit, surtout en bord de mer. La fonte des glaces en fait une période idéale pour admirer les chutes de Plitvice et de Krka. Toutefois, les activités d'intérieur restent à l'honneur.**

### Zagrebdox

Des documentaires du monde entier sont programmés à l'occasion du Zagrebdox (www.zagrebdox.net), un festival international qui se déroule à Zagreb de fin février à mars.

## Avril

**Le soleil qui revient invite à savourer des moments de solitude sur les îles méridionales et la côte. L'arrière-pays reste frais, mais les arbres commencent leur floraison et les rivières en crue se prêtent au kayak et au rafting.**

### Biennale de la musique, Zagreb

Ce festival prestigieux, organisé dans la capitale en avril les années impaires depuis un demi-siècle, est dédié à la musique contemporaine.

### Récolte des asperges sauvages, Istrie

Au début du printemps, les asperges sauvages pointent dans les prés de l'Istrie. Faites comme les habitants : cueillez-en quelques-unes et préparez une délicieuse *fritaja* (omelette) aux asperges !

# Mai

**Le soleil brille, il fait chaud sur la côte et l'on peut même se baigner. Les hôtels restent moins chers qu'en été et les flots de touristes ne sont pas encore arrivés. L'animation bat son plein dans les cafés de Zagreb et de Split.**

### Festival de danse

De la dernière semaine de mai jusqu'en juin, Zagreb accueille des compagnies de danse expérimentale de tous les pays. Des spectacles sont présentés à Rijeka et à Split, ainsi qu'au nouveau Centre de danse de Zagreb, aménagé dans un ancien cinéma (www.danceweekfestival.com).

### Ljeto na Strossu, Zagreb

Les festivités, qui débutent fin mai, se prolongent tout l'été. Au programme : cinéma gratuit en plein air, concerts de groupes locaux, ateliers d'art, concours de chiens bâtards et autres happenings loufoques sur la verdoyante promenade Strossmayer.

### Journée caves ouvertes, Istrie

Le dernier dimanche de mai, des vignerons réputés de l'Istrie – région productrice des meilleurs vins croates – ouvrent les portes de leurs caves pour des dégustations gratuites et d'autres réjouissances.

# Juin

**Plongez dans l'Adriatique, écumez les festivals de tout le pays et profitez des multiples activités de plein air. Les ferries adoptent leurs horaires d'été, mais les tarifs ne sont pas encore ceux de la saison haute et les hôtels n'affichent pas complet.**

### Festival VIP INmusic, Zagreb

Trois jours d'extravagances musicales sur les rives arborées du lac Jarun, où sont installés plusieurs scènes et sites de camping. Plus important festival de musique de Zagreb, le VIP INmusic a accueilli Billy Idol et Massive Attack en 2010.

### Cest is D'Best, Zagreb

Début juin, musique, danse, théâtre, événements sportifs et autres divertissements prennent possession des rues de Zagreb pendant plusieurs jours. Des scènes jalonnent le centre-ville ; quelque 200 artistes internationaux participent à cette manifestation très prisée.

### Eurokaz, Zagreb

Depuis 1987, le Festival international du nouveau théâtre met le théâtre expérimental à l'honneur. Pour l'occasion, des troupes innovantes et des artistes d'avant-garde du monde entier viennent se produire à Zagreb la deuxième quinzaine de juin.

### Festival Hartera, Rijeka

Pour découvrir les meilleurs jeunes rockeurs croates et des groupes de musique indépendante venus de toute l'Europe, cap sur ce festival underground de trois jours qui se tient dans une ancienne fabrique de papier abandonnée de Rijeka – c'est désormais le principal rendez-vous de l'année pour les fans de musique.

# Juillet

**La saison touristique bat son plein et sur la côte, les hôtels sont aussi remplis que les plages. Les ferries circulent sans discontinuer, les festivals abondent... Il fait alors bon explorer l'arrière-pays délaissé.**

### Festival d'été de Dubrovnik

Depuis les années 1950, ce festival est organisé à Dubrovnik de la mi-juillet à la fin août. Des concerts de musique classique, ainsi que des spectacles de théâtre et de danse ont lieu dans différents endroits de la ville, dont la forteresse de Lovrijenac.

### Garden Festival, Zadar

Des fêtards de toute la planète se pressent dans la région de Zadar pour écouter des grands noms de la scène électro – cette gigantesque fête sur la plage de Petrčane a été relancée par le producteur britannique Nick Colgan et par James Brown (batteur de UB40), éminences grises du bar le Garden à Zadar.

### Festival folklorique international, Zagreb

Zagreb se métamorphose en un tourbillon de couleurs et de musique quand des violonistes et des danseurs costumés venus du monde entier arrivent dans la capitale. Des ateliers de danse, de musique et d'art initient les visiteurs à la culture populaire croate.

### Festival du film de Motovun, Istrie

Ce festival du film, le plus amusant et le plus glamour du pays, présente une série de films indépendants et d'avant-garde fin juillet. Les rues médiévales de cette ville juchée sur la colline sont alors le théâtre de projections (en plein air et en salle), de concerts et de fêtes.

## Août

**La saison touristique culmine sur l'Adriatique, la chaleur et les prix atteignent leur apogée et les plages ne désemplissent pas. Les Zagrébois fuient la chaleur de la capitale pour se réfugier sur la côte.**

### Špancirfest, Varaždin

Fin août, ce festival éclectique anime les parcs et les places de Varaždin avec un riche éventail d'événements – musique du monde (afro-cubaine, gitane, tango...), acrobaties, théâtre, artisanat traditionnel et spectacles d'illusionnisme.

### Festival du film de Vukovar, Slavonie

Fin août, le festival du film de Vukovar programme des fictions, des documentaires et des courts métrages, principalement issus de pays du Danube. Y participer constitue une excellente manière de soutenir la ville, qui panse encore ses blessures de guerre.

## Septembre

**Une très belle saison pour visiter la Croatie. Fini la frénésie de l'été ! Les foules sont parties, mais le soleil brille toujours et la mer reste chaude. Zagreb revient à la vie, après l'exode estival.**

### Festival de théâtre du monde, Zagreb

Un théâtre contemporain de haute qualité s'installe à Zagreb pour deux semaines, souvent jusqu'à début octobre. Pour le plus grand plaisir des amateurs d'art dramatique du pays.

### Soirées baroques de Varaždin

Pendant deux ou trois semaines, en septembre, la musique baroque prend possession de la ville baroque de Varaždin. Des orchestres locaux et étrangers se produisent alors dans la cathédrale, les églises et les théâtres.

## Octobre

**Le pays reprend son rythme normal : les enfants retournent à l'école et les parents, au travail. Le temps reste assez doux. Les ferries adoptent leurs horaires d'hiver.**

### Festival du film de Zagreb

Projections de films et festivités au programme de cet événement culturel de la mi-octobre, où des réalisateurs internationaux rivalisent pour remporter le Golden Pram (Grand Prix).

### Chasse à la truffe, Istrie

Lancez-vous à la recherche des truffes blanches et noires qui poussent dans les forêts autour de Motovun et de Buzet, dans l'arrière-pays istrien. Vous pourrez ensuite les déguster dans un risotto, des pâtes ou une omelette.

## Novembre

**Si l'arrière-pays grelotte, la côte peut rester ensoleillée, quoique fraîche. Certains hôtels du littoral ferment pour la saison, de même que de nombreux restaurants.**

### Fête de la Saint-Martin

Le 11 novembre, la Martinje (Saint-Martin) est célébrée dans toutes les régions viticoles de Croatie. Elle fait l'objet de nombreuses réjouissances et dégustations de vin.

# Itinéraires

## L'essentiel de la Croatie »

## Le meilleur de la côte »

## Zagreb et ses environs : ville et campagne »

## D'est en ouest : Slavonie et Istrie »

Basilique euphrasienne du VIe siècle, à Poreč

# L'essentiel de la Croatie

## Deux semaines

**Ce circuit, qui part de l'est du pays pour rejoindre la côte, englobe tous les plus beaux trésors de la Croatie, dont la capitale, deux parcs nationaux et les perles de la côte dalmate.**

PETE HILL/ALAMY

1

2

JOHN ELK III

» Commencez par la capitale, **Zagreb** (p. 38). Le temps d'un long week-end, profitez de sa vie nocturne, de ses bons restaurants et de ses musées.

» Puis dirigez-vous vers le sud et le **parc national des lacs de Plitvice** (p. 177), inscrit au Patrimoine mondial, et passez la journée à explorer un labyrinthe verdoyant de lacs et de chutes d'eau.

» Descendez ensuite vers **Zadar** (p. 169). Cette ville, souvent sous-estimée, est pourtant une merveille historique, moderne, active et débordante de curiosités.

» Passez la journée sur l'île de **Pag** (p. 184), sans oublier de goûter à son fameux fromage et de découvrir ses fêtes sur la plage en été.

» Baignez-vous dans les stupéfiantes cascades du **parc national de la Krka** (p. 191) ou rafraîchissez-vous sur les belles îles **Kornati** (p. 193).

» Flânez dans les jolies rues de la pittoresque ville de **Trogir** (p. 215).

» Explorez les ruines romaines de **Solin** (Salone ; p. 214).

» À **Split** (p. 198), ville balnéaire exubérante, visitez le palais de Dioclétien, l'un des plus beaux sites de la région.

» Enfin, longez tranquillement la côte sinueuse jusqu'à **Dubrovnik** (p. 243), cité à la beauté époustouflante.

**De gauche à droite**

**1.** Vie nocture dans Tkalčićeva, Zagreb **2.** Église Saint-Chrysogone, Zadar **3.** Parc national des lacs de Plitvice **4.** Île de Pag

# Le meilleur de la côte

## Deux semaines

**Des plus beaux lieux d'escapade de l'Istrie aux joyaux du Kvarner et de la Dalmatie, au sud, découvrez les merveilles qu'offre le littoral croate, tant sur le continent que dans les îles.**

WATERFRAME/ALAMY

JOHN ELK III

» Commencez par **Poreč** (p. 113) et sa basilique euphrasienne classée au Patrimoine mondial.

» Puis mettez le cap au sud vers **Rovinj** (p. 107), à l'architecture d'inspiration vénitienne et aux rues pavées.

» Gagnez **Pula** (p. 97) pour visiter ses ruines romaines, et notamment l'amphithéâtre, avant de profiter de la plage.

» Repartez vers le nord et arrêtez-vous dans l'ancienne station balnéaire autrichienne d'**Opatija** (p. 139) pour admirer la vue sur le golfe du Kvarner depuis la promenade.

» À **Rijeka** (p. 133), voguez en catamaran jusqu'à la belle **Rab** (p. 160). Là, après avoir arpenté la vieille ville, profitez de la bien-nommée plage du Paradis, à **Lopar** (p. 166).

» Rejoignez ensuite la ville historique de **Zadar** (p. 169), réputée pour ses nombreux musées, églises, cafés et bars.

» Continuez vers le sud jusqu'à **Split** (p. 198), ville bouillonnante et base idéale pour explorer les plages de **Brela** (p. 222) et les îles voisines.

» Sur Brač, gagnez la charmante **Bol** (p. 225).

» Poursuivez vers l'île huppée de **Hvar** (p. 229) et les îles **Pakleni** (p. 231), où les nudistes profitent tranquillement du soleil.

» Pour quelques jours de repos, de plongée et de bons repas, rendez-vous sur l'île de **Vis** (p. 236).

» De Split, descendez en voiture vers **Dubrovnik** (p. 243), dont vous apprécierez les rues dallées de marbre, l'animation et la belle architecture.

» Enfin, ne manquez pas la sublime île de **Mljet** (p. 259), aux paysages verdoyants, aux lacs salés et au calme enchanteur.

---

**De gauche à droite**

**1.** Plongée au large de l'île de Vis **2.** Rues pavées, Rovinj **3.** Front de mer, Rovinj **4.** Korita, île de Mljet

3

4

# Zagreb et ses environs : ville et campagne

## Une semaine

**Zagreb est une base idéale pour explorer la campagne alentour. Après les plaisirs urbains, gagnez les pâturages, les villes anciennes et les châteaux de contes de fées.**

JOHN ELK III

JOHN ELK III

» Commencez par **Zagreb** (p. 38), la dynamique capitale croate, et profitez de ses musées et de sa vie nocturne.
» Rejoignez ensuite la charmante petite **Samobor** (p. 65), réputée pour ses pâtisseries et ses randonnées.
» Puis partez à la découverte d'une région peu fréquentée, le **Zagorje** (p. 68), avec ses forêts, ses pâturages et ses fermes. Visitez **Klanjec** (p. 80) et son musée où est exposée l'œuvre d'Antun Augustinčić.
» À **Kumrovec** (p. 79), ne manquez pas le berceau du plus célèbre enfant de la Croatie, Tito. Ici, pas de propagande communiste, mais une fascinante incursion dans la vie traditionnelle d'un village.
» Faites connaissance avec vos ancêtres néandertaliens dans le nouveau musée de l'homme de Neandertal à **Krapina** (p. 77).
» Le **château de Trakošćan** (p. 76) et ses terres verdoyantes ne manqueront pas d'enchanter les passionnés d'histoire...
» ...qui continueront jusqu'à la forteresse superbement restaurée de **Varaždin** (p. 69) et se plongeront dans l'architecture baroque de la ville.
» En faisant route vers le sud, faites enfin une halte à **Marija Bistrica** (p. 80), lieu de pèlerinage, d'où vous profiterez d'une belle vue sur toute la région.

**De gauche à droite**
1. Place principale, Samobor 2. Forteresse, Varaždin
3. Vignobles, Zagorje 4. Château de Trakošćan

3

4

# D'est en ouest : Slavonie et Istrie

## 10 jours

**Explorez la bucolique Slavonie, dans l'Est, puis partez vers le sud-ouest et la péninsule istrienne pour découvrir les villes médiévales, la gastronomie et les hôtels ruraux.**

DAVID RYAN

IMAGEBROKER/EGMONT STRIGL

» En partant vers l'est, en direction de la Slavonie, aux confins de la Croatie, les collines autour de Zagreb cèdent la place à des plaines. Faites alors une pause à **Osijek** (p. 85), sur la Drave, très marquée par l'influence hongroise.

» Continuez jusqu'au **parc naturel de Kopački Rit** (p. 90), paradis des oiseaux où abondent les cours d'eau luxuriants.

» Passez ensuite une journée dans l'ethno-village de **Karanac** (p. 92), pour y découvrir la cuisine locale et les traditions rurales.

» Partez vers le sud-ouest et l'**Istrie** (p. 95), qui remporte la palme culinaire grâce à ses truffes, son jambon sec, ses succulentes olives et ses bons vins. Profitez de tous ces attraits à **Hum** (p. 127), qui serait la plus petite ville au monde.

» Explorez la capitale de la truffe, **Buzet** (p. 125), et ses magnifiques environs.

» Puis rejoignez **Pazin** (p. 122) et descendez dans son fameux gouffre, qui inspira Jules Verne.

» Traversez les jolis villages perchés de **Motovun** (p. 127) et de **Grožnjan** (p. 130).

» En direction du sud, promenez-vous dans la pittoresque **Svetvinčenat** (p. 122), qui s'enorgueillit d'une place centrale Renaissance.

» Enfin, détendez-vous dans la captivante ville médiévale de **Bale** (p. 110).

**De haut en bas**

**1.** Détail, intérieur d'une église d'Osijek

**2.** Magasin de souvenirs, Motovun

# Voyager avec ses enfants

## Les meilleures régions pour les enfants

### Dubrovnik et la Dalmatie du Sud

De belles plages, des musées divertissants et des expériences amusantes... comme de monter sur une gargouille à Dubrovnik !

### Split et la Dalmatie centrale

À Split, le labyrinthe du palais de Dioclétien et la Riva pavée de marbre pour flâner. Et à la Riviera de Makarska : de bonnes plages et infrastructures, et moult distractions.

### Dalmatie du Nord

À Zadar, les activités proposées par les hôtels et l'Orgue marin. À Šibenik, un excellent festival et de jolies îles alentour.

### Istrie

De Poreč ou Rovinj, cap sur les grottes, les parcs de dinosaures, les fjords et les plages. Sans oublier les glaces !

### Zagreb

Le funiculaire, les musées, le lac Jarun pour se dépenser et le Sljeme à gravir.

### Zagorje

La campagne à Vuglec Breg et Grešna Gorica, le musée interactif de Krapina et les châteaux médiévaux.

Avec ses plages de galets abritées permettant de nager dans l'Adriatique, ses musées interactifs amusants, parfaits pour les jours de pluie, ses parcs nationaux sillonnés de sentiers de randonnée faciles et ses villes médiévales aux ruelles labyrinthiques, la Croatie ne manque pas de moyens pour divertir les plus jeunes. En outre, les enfants sont très bien accueillis.

## La Croatie avec des enfants

Les Croates se montrent bienveillants envers les enfants. Les sourires et compliments que recevront vos bambins vous aideront à ne pas vous sentir embarrassé lorsque vous voyagez en famille. Allaiter en public, quoique pas très courant, est généralement bien accepté lorsque cela est fait avec discrétion. Les équipements pour les plus jeunes (espaces pour changer les bébés, par exemple) sont encore assez rares, bien que les choses changent petit à petit. Soyez prêt à improviser. Avec un minimum d'organisation, vous passerez un formidable séjour en famille !

Certaines stations balnéaires pourront être trop calmes au goût des adolescents. Ils seront bien plus à l'aise (et vous aussi, par voie de conséquence) dans des villes animées, dotées de cafés et de plages offrant des activités adaptées aux jeunes. En saison, de nombreuses destinations côtières et insulaires proposent du trampoline et du saut à l'élastique – toutefois, ces activités, très prisées, nécessitent souvent de faire la queue.

La Croatie dispose d'une multitude de places, d'aires de jeux et de rues piétonnes où la circulation ne présente aucun danger. Un grand nombre de villes côtières possèdent une *riva* (promenade en bord de mer) assez éloignée de l'eau, idéale pour les balades et les jeux des enfants.

Le pays ne connaît aucun problème de sécurité particulier. De fait, les coups de soleil constituent les principaux désagréments rencontrés : emportez de l'écran total et des chapeaux car le soleil peut briller très fort sur le littoral.

Les enfants adorent la plage, mais il faut la choisir avec soin, car beaucoup de sites côtiers sont couverts de rochers et donnent sur une eau profonde. Préférez les nombreuses plages de sable ou de galets qui ponctuent le littoral et les îles.

La période s'étendant de la dernière semaine de juin à la première semaine de juillet est certainement la meilleure pour les voyages en famille. La ville côtière de Šibenik organise d'ailleurs à cette époque un Festival international des enfants très réputé. Au programme : ateliers d'artisanat, de musique et de danse, films, pièces de théâtre, spectacles de marionnettes et défilés.

### Réductions

Les enfants – généralement les moins de 9 ans – bénéficient de réductions un peu partout, aussi bien dans les musées que pour l'hébergement. Par ailleurs, de nombreux sites ne font pas payer l'entrée aux plus jeunes.

### Restauration

Les enfants sont toujours les bienvenus dans les restaurants croates, où l'atmosphère est généralement détendue. Même les établissements les plus chics proposent des plats de pâtes ou de riz appréciés par les plus difficiles. Vous pourrez demander de petites portions ; en revanche, il est rare de trouver des chaises hautes pour les petits. Les établissements prévoient rarement un lieu pour changer les bébés.

La plupart des supermarchés et des pharmacies vendent des couches, de la nourriture et du lait en poudre adaptés à tous les âges.

## À ne pas manquer

### Plages

» Baška, sur l'île de Krk : un croissant de plage de 2 km entouré de montagnes arides.

» Punta Rata, à la Riviera de Makarska : une belle étendue de galets frangée de pins.

» Lapad, à Dubrovnik : toboggans, transats et parasols à deux pas de la vieille ville.

» Crveni Otok, à Rovinj : deux îlots reliés par une digue, bordés de plages de galets.

» Lopar, sur l'île de Rab : plages sablonneuses, mer peu profonde et bons équipements.

### Escapades d'une journée

» Parc national de la Krka : une plongée dans un lac, sous une série de cascades.

» Parc national des lacs de Plitvice : beaux lacs turquoise, hautes cascades et denses forêts.

» Lokrum : une île luxuriante, avec un jardin botanique et un monastère médiéval.

» Mont Medvednica : la montagne favorite des Zagrébois, sillonnée de sentiers boisés.

### Musées

» Musée Bunari, à Šibenik : un musée interactif amusant dans l'ancien réservoir d'eau.

» Musée des Techniques, à Zagreb : un musée insolite avec un planétarium et la reconstitution d'une mine.

» Musée de l'homme de Neandertal, à Krapina : nos ancêtres néandertaliens à portée de main.

» Maison Batana, à Rovinj : une exposition multimédia interactive illustrant l'histoire de la pêche à Rovinj.

» Musée Staro Selo, à Kumrovec : un aperçu divertissant de la vie dans un village traditionnel.

## Préparer son voyage

### Quand y aller ?

Pour profiter des activités et de l'animation, partez en juillet-août. Mais pour échapper à la foule et bénéficier de tarifs réduits, mieux vaut en revanche opter pour juin ou septembre – le soleil sera au rendez-vous et la mer, assez chaude pour la baignade.

### Quelle offre d'hébergement sur place ?

Les familles sont les bienvenues dans la plupart des établissements, même si rares sont ceux qui visent spécifiquement une clientèle familiale. Parmi les quelques adresses spécialisées, les meilleures sont le Family Hotel Diadora, près de Zadar, et l'Hotel Vespera, à Mali Lošinj. Des lits pour bébés sont généralement disponibles, en nombre limité (ils sont parfois payants). La location d'un appartement peut constituer une solution plus confortable, qui ne coûte pas plus cher qu'une chambre d'hôtel. Assurez-vous bien des prestations de l'hôtel avant de partir : climatisation, terrasse privée, accès facile à la plage...

## À emporter

Vous n'aurez aucun mal à trouver des couches (surtout de marque Pampers et Linostar), notamment dans les supermarchés Konzum et les pharmacies DM. Les stérilisateurs électriques sont difficiles à trouver et onéreux.

Si vous prévoyez d'aller dans les îles, surtout les plus éloignées, emportez une trousse de premiers secours, car les services médicaux ne sont pas toujours facilement accessibles.

## Avant de partir

Il n'existe pas de vaccin obligatoire pour entrer en Croatie. Au printemps, en été et au début de l'automne, si vous campez ou randonnez, vérifiez que vos enfants n'ont pas attrapé de tiques. Le nombre de maladies transmises par ce parasite a augmenté ces dernières années. Reportez-vous également à la rubrique *Santé*, p. 324.

# Les régions en un clin d'œil

## Zagreb

**Cafés** ✓✓✓
**Musées et galeries** ✓
**Cuisine** ✓

### Cafés
Bastion de la fameuse "culture" des cafés, Zagreb possède des établissements en terrasse continuellement pris d'assaut (sauf en hiver), qui incitent à s'attarder pour siroter un nectar bien corsé. Le meilleur moment pour en profiter est la *špica,* la traditionnelle pause-café du samedi matin : quand il fait beau, les habitants sortent alors pour voir… et être vus !

### Musées et galeries
Dernière grande attraction culturelle en date de Zagreb, le très en vogue musée d'Art contemporain a apporté une nouvelle note artistique à la ville. Voisin d'établissements plus anciens, comme le musée Mimara, gardien d'une importante collection de peintures et de sculptures, et le délicieux musée croate d'Art naïf, il invite à découvrir la dynamique scène artistique contemporaine. Ne manquez pas non plus les galeries indépendantes, qui organisent des manifestations d'avant-garde.

### Cuisine
Devenue une destination gastronomique depuis peu, la capitale croate ne manque pas d'attrait dans le domaine. Plusieurs restaurants concoctent des spécialités culinaires innovantes, préparées avec des ingrédients de qualité provenant de tout le pays, tandis que les tavernes servent des mets traditionnels simples et très abordables, qui permettent de découvrir une cuisine croate authentique.

**p. 38**

## Zagorje

**Châteaux médiévaux** ✓✓
**Architecture** ✓
**Campagne** ✓

### Châteaux médiévaux
Des châteaux fascinants émaillent les vallées de cette région bucolique. Le château néogothique de Trakošćan offre une plongée dans l'aristocratie croate de jadis, tandis que le fabuleux château de Veliki Tabor trône au sommet d'une colline, avec ses tours, ses tourelles et ses meurtrières.

### Architecture
L'architecture baroque de Varaždin vaut le détour : les édifices du XVIIIe siècle, bien restaurés, arborent d'étincelantes façades dans les tons d'origine : ocre, rose, bleu pâle et crème.

### Campagne
Les jolis paysages de collines couvertes de vignobles, de champs de maïs, de denses forêts et de maisons traditionnelles semblent tout droit sortis d'un conte de fées. De quoi savourer la vie rurale croate traditionnelle, loin du raffut des touristes, plus au sud.

**p. 68**

## Slavonie

**Ornithologie** ✓✓✓
**Culture** ✓✓
**Histoire** ✓✓

**Ornithologie**
Parmi les marécages les plus vastes d'Europe, le parc naturel de Kopački Rit occupe des plaines inondables à la confluence du Danube et de la Drave. Réputé pour la diversité de son avifaune, il mérite particulièrement une visite lors des migrations, au printemps et à l'automne.

**Culture**
L'une des villes les plus vertes du pays, avec sa promenade au bord de l'eau et ses parcs, Osijek jouit également d'un riche patrimoine culturel. Le quartier bâti par les Habsbourg regorge par ailleurs de restaurants – idéals pour goûter la cuisine locale au paprika.

**Histoire**
L'est de la Slavonie a lourdement souffert de la guerre serbo-croate, durant laquelle toute la région a été bombardée. En témoignent les monuments commémoratifs de Vukovar.

**p. 81**

## Istrie

**Cuisine** ✓✓✓
**Architecture** ✓✓
**Plages** ✓

**Cuisine**
Les délicieux plats concoctés par des chefs novateurs sont autant d'incitations à profiter de la dolce vita à l'istrienne. Des truffes blanches aux asperges sauvages, en passant par l'huile d'olive et le vin, la gastronomie rythme un séjour en Istrie.

**Architecture**
Rassemblés sur une minuscule péninsule, les amphithéâtres romains, les basiliques byzantines, les demeures vénitiennes et les villages perchés témoignent de la richesse architecturale de l'Istrie.

**Plages**
Des plages de galets à proximité de Pula, Rovinj et Poreč, frangées de pins et très animées en été, jusqu'aux paysages sauvages et aux criques abritées du cap de Rt Kamenjak… L'Istrie fait le bonheur des amateurs de plages – à l'exception de ceux qui n'aiment que le sable fin.

**p. 95**

## Kvarner

**Cuisine** ✓✓
**Nature** ✓
**Architecture** ✓

**Cuisine**
Bastion de la gastronomie croate, le petit port de Volosko compte quantité de *konobas* (tavernes familiales) pittoresques et de restaurants raffinés haut de gamme.

**Nature**
De bons programmes de sensibilisation à la protection de la nature sont menés sur les îles de Lošinj et de Cres : la minuscule Veli Lošinj accueille un remarquable centre de recherche sur le dauphin de l'Adriatique, tandis que Cres se consacre à la protection des vautours fauves.

**Architecture**
La ville de Krk possède un centre médiéval. La ravissante petite ville de Rab s'enorgueillit de plusieurs églises et campaniles anciens. Quant aux maisons de la ville de Cres, de Veli Lošinj et de Mali Lošinj, toutes attestent d'une profonde influence vénitienne.

**p. 131**

## Dalmatie du Nord

**Nature** ✓✓✓
**Paysages** ✓✓
**Villes** ✓

### Nature
Si la plupart des voyageurs gagnent la côte, l'intérieur des terres ne manque pas d'attrait. Les parcs de la Krka et de Plitvice abritent de magnifiques lacs et cascades. Celui de Paklenica se distingue par ses montagnes et ses sentiers.

### Villes
Loin du tourisme de masse, Šibenik et Zadar se démarquent au niveau culturel et historique. La première possède la plus belle cathédrale du pays et un beau quartier ancien ; la seconde compte des sites étonnants, ainsi que des bars et des restaurants branchés.

### Paysages
Longue, étroite et riche en sites remarquables, l'île de Pag s'orne de collines ensoleillées présentant une incroyable palette de verts. La côte est tout aussi surprenante, avec la mer Adriatique azur d'un côté et les montagnes de l'autre.

**p. 167**

## Split et la Dalmatie centrale

**Plages** ✓✓✓
**Architecture** ✓✓
**Activités** ✓

### Plages
Avec Bačvice, la plage favorite des habitants de Split, Brela, couverte de galets et bordée de pins, et Zlatni Rat, sur l'île de Brač, la Dalmatie centrale possède les plus belles plages du pays – très fréquentées... ou hors des sentiers battus.

### Architecture
Deux sites classés au patrimoine mondial de l'Unesco sont à courte distance l'un de l'autre : les vestiges romains du palais de Dioclétien, à Split, et la vieille ville de Trogir, à l'architecture hétéroclite.

### Activités
Voile, VTT, kayak de mer, plongée, randonnée, rafting, bronzage et planche à voile : les activités ne manquent pas en Dalmatie centrale !

**p. 195**

## Dubrovnik et la Dalmatie du Sud

**Histoire** ✓✓✓
**Îles** ✓✓
**Vin** ✓

### Histoire
Ville historique jouissant d'un cadre fabuleux, Dubrovnik séduit immanquablement les visiteurs, qui se résolvent difficilement à quitter cette "Perle de l'Adriatique". Beaucoup plus petite, la ville de Korčula est tout aussi belle.

### Îles
Les îles peu peuplées et densément boisées de Mljet et de Korčula sont encensées pour leur beauté naturelle et leurs plages abritées. Mais elles ne doivent pas faire oublier les ravissantes îles Élaphites, la petite Lokrum et la lointaine Lastovo.

La presqu'île préservée de Pelješac est une région viticole en plein essor : les rouges généreux comme le *postup* et le *dingač* peuvent se découvrir lors d'une visite des vignobles. Non loin, Korčula est réputée pour ses blancs, issus du cépage *grk*.

**p. 241**

**Les pictos pour se repérer :**

Les coups de cœur de l'auteur

Les adresses écoresponsables

GRATUIT Pas de paiement demandé

Voir aussi l'index où figurent toutes les localités couvertes dans ce guide.

# Sur la route

# Zagreb

☎01 / 779 145 HABITANTS

## Dans ce chapitre »



## Le top des restaurants

- » Vinodol (p. 54)
- » Tip Top (p. 54)
- » Amfora (p. 54)
- » Mano (p. 54)

## Le top des hébergements

- » Regent Esplanade Zagreb (p. 52)
- » Arcotel Allegra (p. 53)
- » Palace Hotel (p. 53)
- » Hotel Dubrovnik (p. 53)

## Pourquoi y aller

Tout le monde connaît le littoral et les îles de la Croatie. Mais il suffit de mentionner la capitale pour que surgisse cette question : cela vaut-il la peine d'y aller ? Alors qu'on se le dise : Zagreb est une excellente destination, tant pour la culture, les arts, la musique et l'architecture, que pour la gastronomie… et tout ce qui rend une capitale attrayante !

L'esprit de Zagreb reflète l'étrange mélange d'architecture austro-hongroise à la grandeur hiératique et de bâtiments socialistes abrupts. Cette petite métropole invite à flâner, à se détendre dans des cafés toujours pleins, à visiter des musées et des galeries, et à fréquenter les théâtres, les concerts et les cinémas. Elle permet également de profiter du grand air toute l'année : au printemps et en été, les Zagrébois se pressent au lac Jarun, au sud-ouest de la ville, pour se baigner, faire du bateau et danser dans les discothèques installées sur les rives ; en automne et en hiver, honneur au ski sur le mont Medvednica, accessible en tramway, et à la randonnée à Samobor.

## Quand partir

### Zagreb

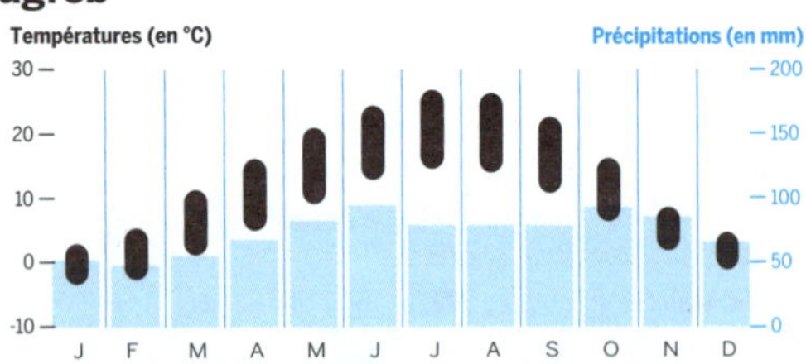


**Avril et mai** La ville ôte son manteau d'hiver ; les terrasses des cafés ne désemplissent pas.

**Juin** Certains des meilleurs festivals de Zagreb animent les rues et la vie culturelle.

**Septembre et octobre** Les habitants reviennent de vacances ; la cité vibre encore de l'énergie estivale.

## Histoire

L'histoire connue de Zagreb commence à l'époque médiévale avec deux collines : Kaptol, aujourd'hui le site de la cathédrale de Zagreb, et Gradec. De leur fusion au milieu du XVIe siècle naquit Zagreb.

Avec le temps, la future Trg Josipa Jelačića devint le théâtre des lucratives foires commerciales de Zagreb ; des constructions surgirent tout autour. Au XIXe siècle, l'économie se développa grâce au commerce prospère du vêtement et à l'installation d'une ligne ferroviaire reliant Zagreb à Vienne et à Budapest. La vie culturelle s'épanouit également.

Zagreb s'imposa aussi comme le centre du mouvement illyriste (voir p. 283). Le comte Janko Drašković, seigneur du château de Trakošćan, publia en 1832 un manifeste en illyrien ; son appel pour un renouveau national eut un grand retentissement dans le pays. Le rêve de Drašković se concrétisa à l'issue de la Première Guerre mondiale, lorsque la Croatie et sa capitale intégrèrent le royaume des Serbes, des Croates et des Slovènes.

L'entre-deux-guerres vit l'émergence de quartiers ouvriers entre la voie ferrée et la Save, ainsi que l'édification de nouveaux quartiers résidentiels sur le versant sud du mont Medvednica. En avril 1941, les Allemands envahirent la Yougoslavie et s'emparèrent de Zagreb sans combats. Ante Pavelić et ses Oustachis (*Ustaši*) proclamèrent rapidement l'État indépendant de Croatie (Nezavisna Država Hrvatska) et prirent Zagreb pour capitale (voir p. 285). Le gouvernement fasciste de Pavelić resta à Zagreb jusqu'en 1944 ; pour autant, il ne bénéficia jamais d'un grand soutien dans la capitale, favorable aux partisans de Tito.

Après la guerre, Zagreb dut (à son grand regret) céder la première place à Belgrade, tout en poursuivant son essor. Elle est redevenue la capitale de la Croatie depuis l'accession du pays à l'indépendance, en 1991.

## À voir

Plus ancienne partie de Zagreb, la Ville haute (Gornji Grad), qui englobe les quartiers de Gradec et Kaptol, compte des édifices et des églises notables datant des premiers siècles de l'histoire de la cité. La Ville basse (Donji Grad), qui s'étend entre la Ville haute et la gare ferroviaire, abrite les musées d'art les plus intéressants, ainsi que de beaux exemples d'architecture des XIXe et XXe siècles.

### VILLE HAUTE

**Cathédrale de l'Assomption-de-la-Vierge-Marie** ÉGLISE

(Katedrala Marijina Uznešenja; Kaptol; ⌚10h-17h lun-sam, 13h-17h dim). Cette cathédrale, jadis appelée Saint-Étienne, domine la place Kaptol. Ses flèches jumelles – qui semblent constamment en travaux – dominent l'horizon urbain. La construction de l'église

### ZAGREB EN...

**Deux jours**

Commencez par une balade dans Strossmayerov trg, l'oasis de verdure de Zagreb. Jetez un coup d'œil à la **galerie Strossmayer des maîtres anciens**, puis marchez jusqu'à **Trg Josipa Jelačića**, le centre-ville.

Rejoignez la **place Kaptol** pour admirer la **cathédrale**, centre de la vie religieuse de Zagreb. Dans la Ville haute, faites le plein de fruits au **marché de Dolac** ou déjeunez au **Kerempuh**. Vous découvrirez ensuite l'œuvre du meilleur sculpteur croate à l'**atelier Meštrović**, avant de visiter le **musée croate d'Art naïf** ou l'exposition d'art contemporain de la **Galerija Klovićevi Dvori**. Contemplez la ville du haut de la **tour Lotrščak**, puis passez la soirée dans les bars de **Tkalčićeva**.

Le deuxième jour, explorez les musées de la Ville basse, en comptant 2 heures pour le **musée Mimara**. Déjeunez au **Tip Top** et faites un tour au **jardin botanique**. Après un agréable début de soirée dans Preradovićev trg, dînez... puis profitez de la vie nocturne !

**Quatre jours**

Au cours de la troisième journée, visitez le joli **cimetière Mirogoj** et faites halte à **Medvedgrad** ou au **parc Maksimir**.

Le quatrième jour, rendez-vous à **Samobor** : vous ne manquerez pas d'apprécier cette petite ville charmante.

## À ne pas manquer

1. Un café ou un cocktail en terrasse dans **Tkalčićeva** (p. 56)
2. Les grandes tendances du moment au **musée d'Art contemporain** (p. 49)
3. Une promenade dans les rues sinueuses de la **Ville haute** (p. 39)
4. Les peintures et sculptures du **musée Mimara** (p. 47)
5. Un pique-nique dans le **parc Maksimir** (p. 50)
6. Une flânerie contemplative parmi les arbres et les tombes de **Mirogoj** (p. 49)
7. Une journée de randonnée, puis un festin de *štrukli* (chaussons au fromage frais) à **Samobor** (p. 65)

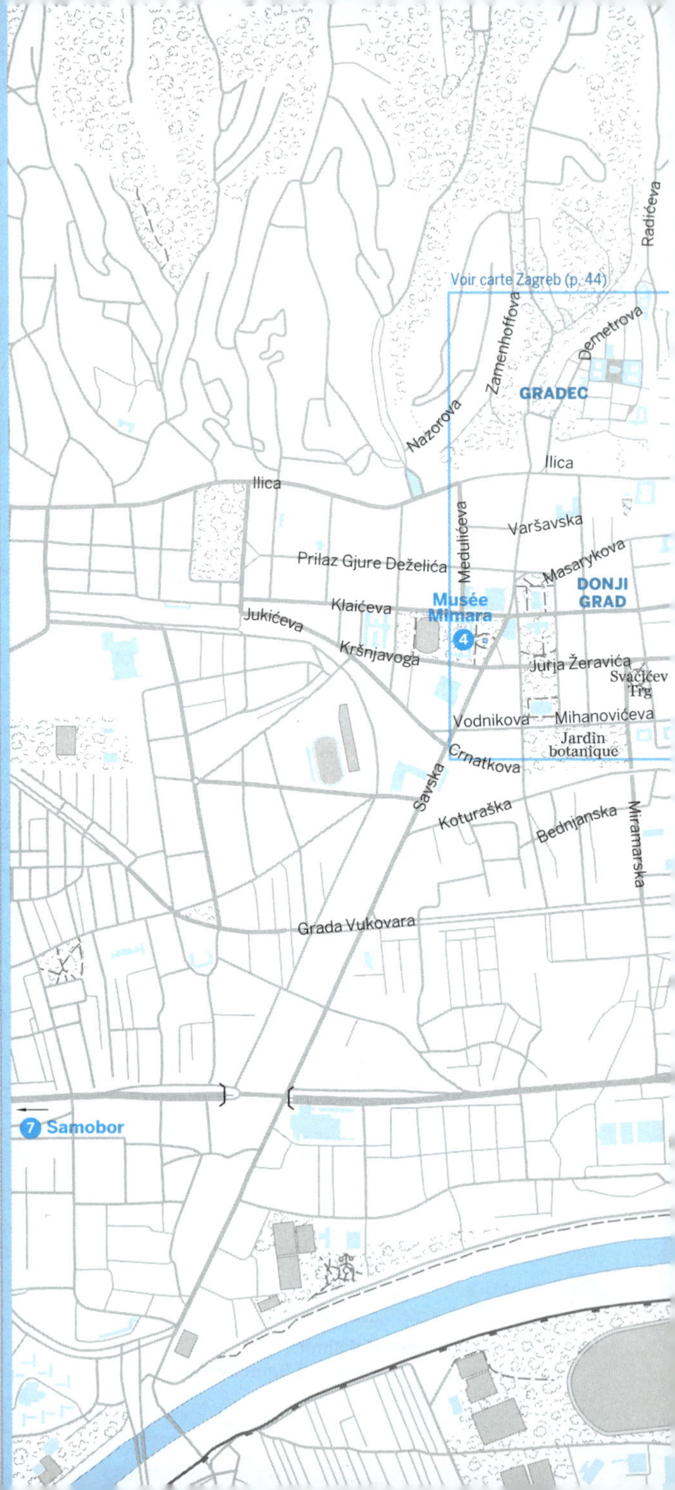

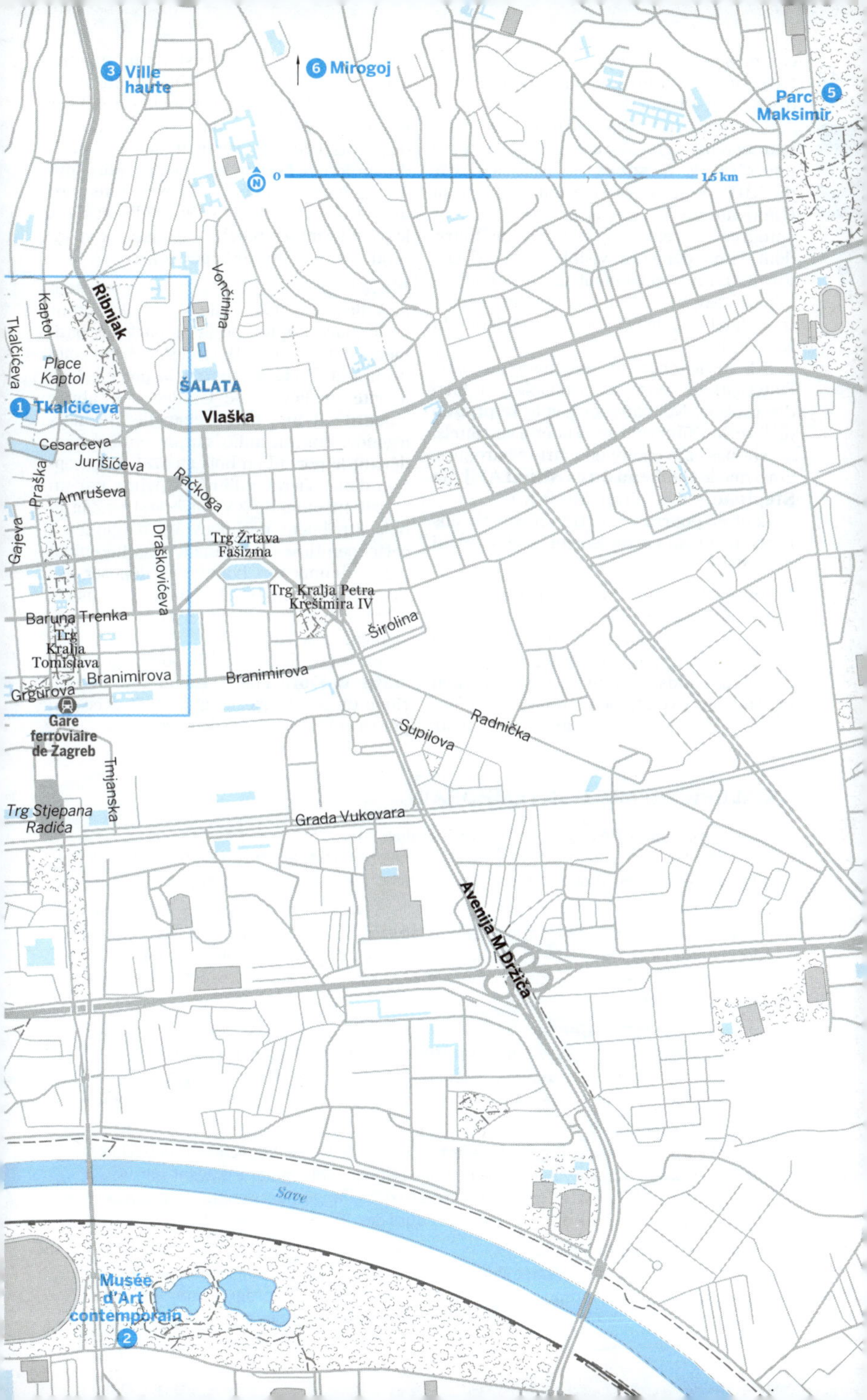

3 Ville haute
6 Mirogoj
Parc Maksimir 5
0
1,5 km
Kaptol
Tkalčićeva
Ribnjak
Vončinina
Place Kaptol
ŠALATA
1 Tkalčićeva
Vlaška
Cesarčeva
Jurišićeva
Praška
Račkoga
Amruševa
Gajeva
Draškovićeva
Trg Žrtava Fašizma
Trg Kralja Petra Krešimira IV
Baruna Trenka
Širolina
Trg Kralja Tomislava
Branimirova
Branimirova
Grgurova
Gare ferroviaire de Zagreb
Radnička
Supilova
Trnjanska
Trg Stjepana Radića
Grada Vukovara
Avenija M Držića
Sava
Musée d'Art contemporain
2

commença dans la seconde moitié du XIII^e^ siècle, suivant le modèle de la cathédrale Saint-Urbain de Troyes.

Si la structure gothique d'origine a connu maints remaniements, la sacristie conserve une série de **fresques** réalisées à partir du XIII^e^ siècle. Dernier avant-poste de la chrétienté au XV^e^ siècle, la cathédrale fut entourée de remparts jalonnés de tours, dont l'une demeure visible du côté est. En 1880, un tremblement de terre endommagea gravement l'édifice, qui fut reconstruit dans le style néogothique au début du XX^e^ siècle.

Si l'extérieur porte des stigmates du passé, l'intérieur demeure remarquable par bien des aspects. Ne manquez pas le **triptyque** d'Albrecht Dürer sur l'autel latéral, les autels, les statues et la chaire en marbre baroques, ainsi que le **tombeau du cardinal Alojzije Stepinac**, œuvre d'Ivan Meštrović.

L'entrée pourra vous être refusée si vous n'êtes pas vêtu correctement – ni short ni débardeur.

**Marché de Dolac** MARCHÉ D'ALIMENTATION

(⌚6h-15h lun-sam, 6h-13h dim). Le pittoresque marché de fruits et de légumes de Zagreb se tient juste au nord de Trg Josipa Jelačića. Des marchands de tout le pays viennent chaque jour y vendre leurs produits. L'effervescence de Dolac remonte aux années 1930, lorsque la municipalité installa un marché à la "frontière" entre la Ville haute et la Ville basse. La partie principale s'étend sur une place surélevée ; au niveau de la rue, des étals couverts vendent de la viande, des produits laitiers et, un peu plus loin vers la place, des fleurs. À l'extrémité nord du marché, les stands se spécialisent dans le miel local, les bibelots artisanaux et les produits alimentaires à petits prix.

**Place Kaptol** PLACE HISTORIQUE

La Ville haute, médiévale, s'organise autour de la place Kaptol, où la plupart des bâtiments datent du XVII^e^ siècle. Jetez un coup d'œil à la **Porte de pierre**, la porte est de la cité médiévale de Gradec, qui abrite aujourd'hui une petite chapelle. Selon la légende, un incendie aurait entièrement détruit le portail en bois en 1731, à l'exception d'une Vierge à l'Enfant peinte par un artiste inconnu du XVII^e^ siècle. Des Zagrébois attribuent des pouvoirs magiques à cette peinture et viennent régulièrement prier, allumer des bougies et déposer des fleurs à ses pieds. Des dalles en pierre carrées sont gravées de vœux et de remerciements à la Vierge.

Sur la façade ouest de la porte figure une **statue de Dora**, l'héroïne d'un roman historique du XVIII^e^ siècle, qui vivait avec son père à côté de la Porte de pierre.

## GALERIES D'ART CONTEMPORAIN

L'énergie créatrice de Zagreb est portée par de jeunes artistes ambitieux et non-conformistes. Voici quelques galeries associatives où vous pourrez admirer l'art local, qui prend essentiellement pour thème la transition de la société croate.

**Galerija Nova** GALERIE

(Teslina 7 ; entrée libre ; ⌚12h-20h mar-ven, 11h-14h sam). Un espace artistique indépendant géré par le collectif **WHW (Što, Kako i za Koga?)**, connu pour son intérêt pour les sujets politiquement et socialement sensibles. Expositions, représentations, happenings et débats.

**Galerija Studentski Centar** GALERIE

(Savska 25 ; entrée libre ; ⌚12h-20h lun-ven, 10h-13h sam). Privilégiant l'art conceptuel, cette galerie présente des œuvres de jeunes artistes croates – installations, performances et projets interactifs, ainsi que pièces de théâtre, concerts et festivals.

**Galerija Galženica** GALERIE

(www.galerijagalzenica.info ; Trg Stjepana Radića 5, Velika Gorica ; entrée libre ; ⌚10h-19h mar-ven, 10h-13h sam). Dans la ville voisine de Velika Gorica, cette galerie d'avant-garde mérite le détour. Elle met l'accent sur l'art issu des changements culturels, sociaux et politiques expérimentés par la Croatie au cours des 15 dernières années.

**Galerija Miroslav Kraljević** GALERIE

(www.g-mk.hr ; Šubićeva 29 ; entrée libre ; ⌚12h-19h mar-ven, 11h-13h sam). Fondé en 1986, cet espace artistique contemporain privilégie l'art visuel, avec un programme dynamique d'expositions, de conférences, de présentations et de résidences.

**Tour Lotrščak** MONUMENT HISTORIQUE

(Kula Lotrščak ; Strossmayerovo Šetalište 9 ; tarif plein/réduit 10/5 Kn ; ⌚10h-20h). Cette tour fut édifiée au milieu du XIIIe siècle, afin de protéger la porte sud de la ville. Depuis un siècle, un coup de canon commémore chaque jour à midi un événement historique : selon la légende, un boulet de canon fut tiré un jour à midi contre les Turcs, qui campaient sur l'autre rive de la Save, et tua un coq au passage. La vue de l'animal pulvérisé démoralisa les Turcs, qui renoncèrent alors à attaquer la ville. Une explication moins fantaisiste affirme que ce tir quotidien permet aux églises de synchroniser leurs horloges.

Grimpez au sommet de la tour pour découvrir une vue panoramique de Zagreb. À proximité, un **funiculaire** (4 Kn), construit en 1888, relie la Ville haute à la Ville basse.

**Église Saint-Marc** ÉGLISE

(Crkva Svetog Marka ; Markov trg ; ⌚7h30-18h30). Cette église du XIIIe siècle est l'un des bâtiments les plus emblématiques de Zagreb. Son toit de tuiles vernissées, posé en 1880, arbore les armoiries médiévales de la Croatie, de la Dalmatie et de la Slavonie sur le côté gauche, et l'emblème de Zagreb sur le côté droit. Le portail gothique, orné de 15 personnages placés dans des niches peu profondes, fut sculpté au XIVe siècle. L'église contient des sculptures de Meštrović.

Seul le vestibule est accessible aux heures d'ouverture citées. L'église proprement dite n'ouvre que pour la messe.

**Musée croate d'Art naïf** MUSÉE D'ART

(Hrvatski Muzej Naivne Umjetnosti ; www.hmnu.org ; Ćirilometodska 3 ; tarif plein/réduit 20/10 Kn ; ⌚10h-18h mar-ven, 10h-13h sam-dim). Si vous aimez l'art naïf croate, un courant artistique très en vogue dans les années 1960 et 1970, ce petit musée vous enchantera. Il renferme plus de 1 000 tableaux et dessins, ainsi que quelques sculptures des plus importants artistes du genre, tels Generalić, Mraz, Virius et Smaljić. Pour en savoir plus sur ces artistes, reportez-vous p. 77.

**Atelier Meštrović** COLLECTION ARTISTIQUE

(Mletačka 8 ; tarif plein/réduit 30/15 Kn ; ⌚10h-18h mar-ven, 10h-14h sam-dim). Ivan Meštrović (1883-1962) est l'artiste le plus réputé de Croatie. Son ancienne maison, un bâtiment du XVIIe siècle où il vécut et travailla de 1922 à 1942, accueille aujourd'hui l'atelier Meštrović. La superbe collection comprend une centaine de sculptures, de dessins, de lithographies et de meubles, provenant des 40 premières années de sa vie artistique. Meštrović, également architecte, a conçu de nombreuses parties de la maison.

**Musée de la Ville** MUSÉE

(Muzej Grada Zagreba ; www.mgz.hr ; Opatička 20 ; tarif plein/réduit 20/10 Kn ; ⌚10h-18h mar-ven, 11h-19h sam, 10h-14h dim). Le musée de la Ville occupe le couvent Sainte-Claire, du XVIIe siècle, qui abrite d'ailleurs un musée consacré à l'histoire de Zagreb depuis 1907. Le musée de la Ville présente des documents, des œuvres d'art et d'artisanat, ainsi que des expositions interactives qui ravissent les enfants. Remarquez la maquette à l'échelle du vieux Gradec. Dans chaque salle, un résumé en anglais explique les collections.

**Galerija Klovićevi Dvori** MUSÉE D'ART

(www.galerijaklovic.hr ; Jezuitski trg 4 ; tarif plein/réduit 30/20 Kn ; ⌚11h-19h mar-dim). Cette institution, installée dans un ancien monastère jésuite, est l'espace d'exposition d'art moderne croate et international le plus prestigieux de la ville. Par le passé, elle a notamment accueilli des expositions consacrées à Picasso et à Chagall, ainsi que des collections d'artistes croates de premier plan comme Lovro Artuković et Ivan Lovrenčić. Le musée comprend une jolie boutique de souvenirs et un agréable café.

**Église jésuite Sainte-Catherine** ÉGLISE

(Crkva Svete Katarine ; Katarinin trg ; ⌚ouverte juste avant la messe 18h lun-ven, 11h dim). Cette belle église baroque fut construite entre 1620 et 1632. En dépit des incendies et des tremblements de terre dont elle a été victime, elle conserve une façade splendide et un bel autel de 1762. À l'intérieur, les stucs datent de 1720 et le plafond de la nef s'orne de médaillons du XVIIIe siècle qui dépeignent la vie de sainte Catherine.

**Muséum croate d'histoire naturelle** MUSÉE

(Hrvatski Prirodoslovni Muzej ; Demetrova 1 ; tarif plein/réduit 20/15 Kn ; ⌚10h-17h mar-ven, 10h-13h sam-dim). Ce musée présente une collection d'outils et d'ossements préhistoriques provenant de la grotte de Krapina, ainsi que des expositions illustrant l'évolution de la faune et de la flore croates. Des expositions temporaires sont souvent consacrées à des régions spécifiques. En été, le musée ouvre jusqu'à 20h le jeudi et jusqu'à 19h le samedi.

**Sabor** PARLEMENT

Le *sabor* (Parlement) croate, érigé en 1910 sur le site de maisons baroques des XVIIe et XVIIIe siècles, occupe le côté est de Markov trg – où son style néoclassique semble incongru. Il fut d'une importance

# Zagreb

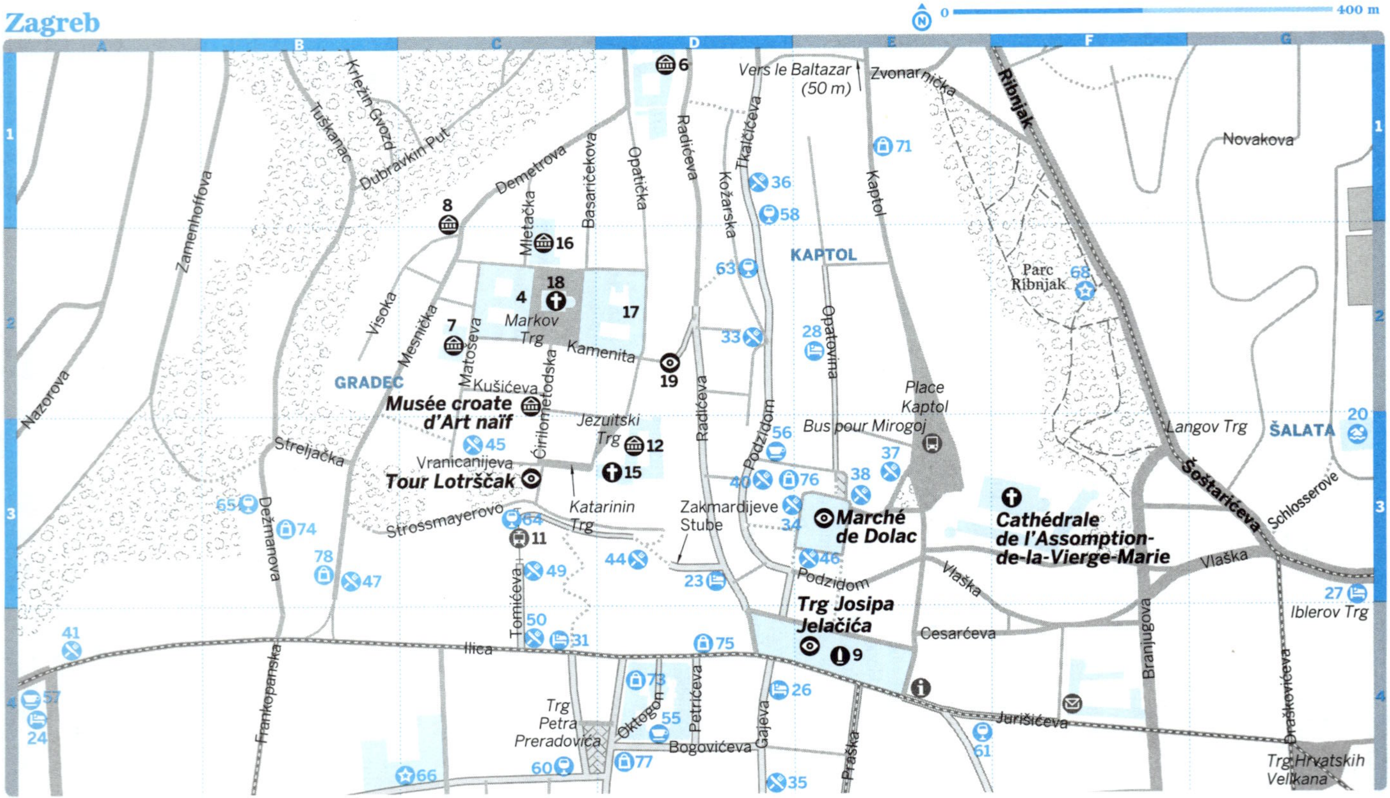
0
400 m
A
B
C
D
E
F
G
1
2
3
4
Vers le Baltazar (50 m)
Zvonarnička
Ribnjak
Novakova
Kaptol
KAPTOL
Parc Ribnjak
Place Kaptol
Bus pour Mirogoj
Langov Trg
ŠALATA
Šoštarićeva
Schlosserove
Cathédrale de l'Assomption-de-la-Vierge-Marie
Marché de Dolac
Trg Josipa Jelačića
Vlaška
Branjugova
Iblerov Trg
Draškovićeva
Trg Hrvatskih Velikana
Jurišićeva
Cesarćeva
Podzidom
Praška
Gajeva
Bogovićeva
Petrićeva
Oktogon
Trg Petra Preradovića
Tomićeva
Ilica
Frankopanska
Dežmanova
Strossmayerovo
Katarinin Trg
Zakmardijeve Stube
Tour Lotrščak
Vraničanijeva
Jezuitski Trg
Ćirilometodska
Kušićeva
Musée croate d'Art naïf
GRADEC
Matoševa
Mesnička
Visoka
Markov Trg
Kamenita
Opatička
Radićeva
Kožarska
Tkalčićeva
Opatovina
Basaričekova
Mletačka
Demetrova
Dubravkin Put
Krležin Gvozd
Tuškanac
Zamenhoffova
Nazorova
Streljačka

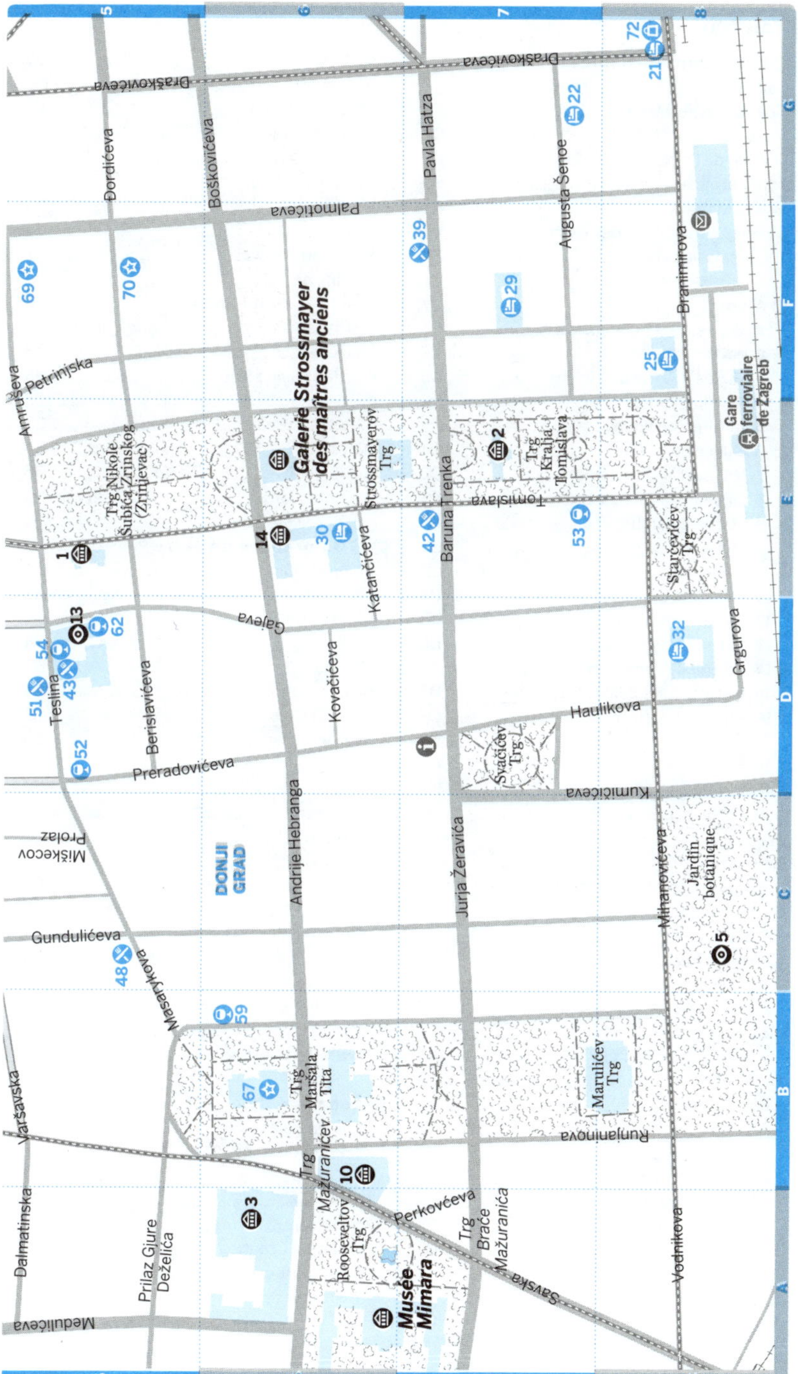
Draškovićeva
Đorđićeva
Boškovićeva
Pavla Hatza
Augusta Šenoe
Palmotićeva
Branimirova
Amruševa
Petrinjska
Galerie Strossmayer des maîtres anciens
Trg Nikole Šubića Zrinskog (Zrinjevac)
Strossmayerov Trg
Trg Kralja Tomislava
Tomislava
Gare ferroviaire de Zagreb
Starčevićev Trg
Katančićeva
Baruna Trenka
Gajeva
Teslina
Kovačićeva
Berislavićeva
Preradovićeva
Haulikova
Grgurova
Svačićev Trg
Kumičićeva
Andrije Hebranga
Mišketov Prolaz
DONJI GRAD
Jurja Žeravića
Mihanovićeva
Jardin botanique
Gundulićeva
Masarykova
Trg Maršala Tita
Marulićev Trg
Runjaninova
Varšavska
Dalmatinska
Prilaz Gjure Deželića
Trg Mažuranićev
Rooseveltov Trg
Perkovčeva
Trg Braće Mažuranića
Musée Mimara
Savska
Vodnikova
Medulićeva
72
21
22
39
29
25
69
70
1
14
30
2
42
53
13
62
54
51
43
32
52
48
5
59
67
10
3
A
B
C
D
E
F
G
5
6
7
8

## Zagreb

historique majeure, puisque c'est de son balcon que fut proclamée la sécession de la Croatie de l'Empire austro-hongrois en 1918. Il est aujourd'hui le centre de la politique croate.

**Banski Dvori** PALAIS
(palais de Ban ; Markov trg). Ancienne résidence des vice-rois de Croatie, le palais présidentiel se compose de deux demeures baroques qui abritent des tribunaux, des archives et d'autres administrations. En octobre 1991, il fut bombardé par l'armée fédérale lors d'une tentative d'assassinat (présumée) contre le président Franjo Tuđman (Tudjman). De juin à octobre, une cérémonie de relève de la garde a lieu le samedi et le dimanche à midi.

**Musée d'Histoire croate** MUSÉE D'HISTOIRE
(Hrvatski Povijesni Muzej ; www.hismus.hr ; Matoševa 9 ; tarif plein/réduit 10/5 Kn ; ⌚10h-18h lun-ven, 10h-13h sam-dim). Installé dans un somptueux bâtiment baroque, le musée d'Histoire croate réunit une intéressante collection de drapeaux, de stèles, d'œuvres d'art, de photos, de documents et de cartes retraçant l'histoire de la Croatie.

## VILLE BASSE

**Trg Josipa Jelačića** PLACE
Principal point de repère et cœur géographique de Zagreb, Trg Josipa Jelačića est aussi un lieu de rendez-vous populaire. Installez-vous dans l'un des cafés pour observer le ballet des passants qui se saluent en descendant des tramways, au milieu des vendeurs de fleurs et de journaux.

La place doit son nom au Ban Jelačić, le ban (vice-roi) du XIXe siècle qui conduisit les troupes croates dans une bataille infructueuse contre la Hongrie, dans l'espoir d'obtenir plus d'autonomie pour son peuple. La **statue équestre** de Jelačić trôna sur la place de 1866 à 1947, date à laquelle Tito fit déboulonner ce symbole du nationalisme croate. Le gouvernement de Franjo Tuđman la réinstalla en 1990.

La plupart des bâtiments de la place datent du XIXe siècle ; au n°4, remarquez les reliefs du sculpteur Ivan Meštrović.

**Musée Mimara** MUSÉE
(Muzej Mimara ; Roosveltov trg 5 ; tarif plein/réduit 40/30 Kn ; ⌚10h-17h mar, mer, ven et sam, 10h-19h jeu, 10h-14h dim oct-juin, 10h-19h mar-ven, 10h-17h sam, 10h-14h dim juil-sept). Cette collection d'art éclectique, la plus belle de Zagreb, fut rassemblée par Ante Topić Mimara, qui légua plus de 3 750 pièces inestimables à sa ville natale, bien qu'il ait passé l'essentiel de son existence à Salzbourg, en Autriche.

Installée dans une ancienne école de style néo-Renaissance (1883), elle couvre un large éventail de périodes et de régions : une section archéologique avec 200 objets ; des antiquités d'Extrême-Orient ; une collection de verreries, de textiles et de meubles illustrant plusieurs siècles et un millier d'objets d'art européen. La collection de peintures comprend des œuvres de Raphaël, du Caravage, de Rembrandt, de Bosch, de Vélasquez, de Goya, de Delacroix, de Manet, de Renoir et de Degas.

**Galerie Strossmayer des maîtres anciens** MUSÉE D'ART
(Strossmayerova Galerija Starih Majstora ; www.mdc.hr/strossmayer ; Trg Nikole Šubića Zrinskog 11 ; tarif plein/réduit 10/5 Kn ; ⌚10h-19h mar, 10h-16h mer-ven, 10h-13h sam-dim). Ce musée, aménagé dans le bel édifice néo-Renaissance (XIXe siècle) de l'Académie croate des arts et des sciences, renferme l'impressionnante collection d'art léguée à la ville par l'évêque Strossmayer en 1884.

Elle comprend des œuvres de maîtres italiens datant du XIVe au XIXe siècle (le Tintoret, Véronèse, Tiepolo...), de peintres hollandais ou flamands (Bruegel le Jeune...), d'artistes français et espagnols (Proudhon, le Greco...), et d'artistes classiques croates (Medulić, Benković...).

La cour intérieure abrite la **stèle Baška** (Bašćanska ploča), une pierre plate provenant de l'île de Krk qui porte le plus ancien exemple d'écriture glagolitique (de 1102). Remarquez aussi la **statue de l'évêque Strossmayer**, réalisée par Ivan Meštrović.

**Musée d'Archéologie** MUSÉE
(Arheološki Muzej ; www.amz.hr ; Trg Nikole Šubića Zrinskog 19 ; tarif plein/réduit 20/10 Kn ; ⌚10h-17h mar, mer et ven, 10h-20h jeu, 10h-13h sam-dim). Les pièces les plus anciennes de ce musée remontent à la préhistoire. Parmi les plus remarquables, figure la **Vučedolska golubica** (colombe de Vučedol), un encensoir en céramique vieux de 4 000 ans découvert près de Vukovar. L'oiseau est depuis devenu le symbole de Vukovar et de la paix. Tout aussi fascinantes, les **momies égyptiennes** sont présentées avec son et lumière d'ambiance. La **collection numismatique**, l'une des plus importantes d'Europe, compte quelque 260 000 éléments (monnaies, médailles, médaillons et décorations).

La cour, qui conserve des **vestiges romains** des Ve et IVe siècles av. J.-C., fait office de café en plein air en été.

**Musée ethnographique** MUSÉE

(Etnografski Muzej ; www.emz.hr ; Trg Mažuranićev 14 ; tarif plein/réduit 15/10 Kn, gratuit jeu ; ⏲10h-18h mar-jeu, 10h-13h ven-dim). Ce bâtiment de 1903, coiffé d'un dôme, contient le patrimoine ethnographique de la Croatie. Des 70 000 objets qu'il possède, il en expose environ 2 750, dont des céramiques, des bijoux, des instruments de musique, des outils, des armes et des costumes folkloriques croates, comme des foulards brodés d'or de Slavonie et des dentelles de l'île de Pag. Grâce aux dons des explorateurs croates Mirko et Stevo Seljan, le musée présente également des artefacts d'Amérique du Sud, du Congo, d'Éthiopie, de Chine, du Japon, de Nouvelle-Guinée et d'Australie. Des expositions temporaires ont souvent lieu au 2e étage.

**Musée d'Art et d'Artisanat** MUSÉE

(Muzej za Umjetnost i Obrt ; www.muo.hr ; Trg Maršala Tita 10 ; tarif plein/réduit 30/20 Kn ; ⏲10h-19h mar, mer, ven et sam, 10h-22h jeu, 10h-14h dim). Construit entre 1882 et 1892, ce musée présente des meubles, des textiles, des objets en métal, des céramiques et des verreries du Moyen Âge à aujourd'hui. Il contient des sculptures gothiques et baroques du nord de la Croatie, des peintures, des gravures, des cloches, des fourneaux, des anneaux, des horloges, des livres reliés, des jouets, des photos et des dessins industriels. Le musée possède également une grande bibliothèque et accueille fréquemment des expositions temporaires.

**Galerie d'Art moderne** GALERIE D'ART

(Moderna Galerija ; www.moderna-galerija.hr ; Andrije Hebranga 1 ; tarif plein/réduit 40/20 Kn ; ⏲10h-18h mar-ven, 10h-13h sam-dim). La galerie d'Art moderne expose de célèbres artistes croates des deux siècles derniers, tels Bukovac, Mihanović et Račić. Elle offre une bonne vue d'ensemble de la vie artistique.

**Pavillon d'Art** LIEU D'EXPOSITION

(Umjetnički Paviljon ; www.umjetnicki-paviljon.hr ; Trg Kralja Tomislava 22 ; tarif plein/réduit 30/15 Kn ; ⏲11h-19h mar-sam, 10h-13h dim). Ce pavillon jaune présente des expositions temporaires d'art contemporain. Superbe édifice Art nouveau de 1897, c'est le seul endroit de la capitale spécifiquement conçu pour accueillir de grandes expositions. Il ferme de la mi-juillet à la fin août.

**Jardin botanique** JARDIN

(Botanički Vrt ; Mihanovićeva bb ; ⏲9h-14h30 lun-mar, 9h-19h mer-dim avr-oct). Pour changer des musées, des galeries et du shopping, faites une pause dans ce charmant jardin. Aménagé en 1890, il abrite 10 000 espèces végétales, dont 1 800 spécimens de flore tropicale. Les sentiers et les coins paisibles semblent à mille lieues de l'agitation de la ville.

## ART ET HISTOIRE

Le bâtiment de l'**Association des artistes visuels croates** (Hrvatsko Društvo Likovnih Umjetnika ; www.hdlu.hr ; Trg Žrtava Fašizma bb ; tarif plein/réduit 15/10 Kn ; ⏲11h-19h mar-ven, 10h-14h sam-dim) compte parmi les rares œuvres architecturales d'Ivan Meštrović. L'édifice a connu plusieurs vies, qui reflètent toutes un pan de l'histoire du pays.

Conçu en 1938 par Meštrović en tant que pavillon d'exposition, il rendait alors hommage au roi Petar Karađorđević – le souverain du royaume des Serbes, des Croates et des Slovènes –, froissant par là même la susceptibilité des nationalistes croates. L'instauration du gouvernement fasciste de Croatie lui valut l'appellation de Centre des artistes de Zagreb en mai 1941. Puis, quelques mois plus tard, Ante Pavelić, le dirigeant du pays, ordonna l'évacuation de toutes les œuvres d'art et transforma le pavillon en mosquée afin de s'attirer la sympathie de la population musulmane locale. Malgré la désapprobation des artistes, le bâtiment fut amplement restructuré et flanqué de trois minarets.

Avec l'avènement de la Yougoslavie socialiste, la mosquée fut rapidement fermée et l'édifice retrouva son rôle originel sous le nom de musée de la Libération du peuple – qui fut doté d'une collection permanente. En 1949, le gouvernement fit raser les minarets ; en 1951, l'architecte V. Richter rendit enfin au bâtiment sa structure d'origine, suivant les plans de Meštrović. Depuis, il demeure un espace d'exposition, géré par une association à but non lucratif d'artistes croates. Rebaptisé Association des artistes visuels croates en 1991 par le nouveau gouvernement, le lieu est toujours appelé "l'ancienne mosquée" par les Zagrébois.

INTERVIEW

## IVANA VUKŠIĆ : FONDATRICE ET DIRECTRICE DU MUSÉE D'ART DE RUE

Fondé au printemps 2010, le musée d'Art de rue de Zagreb ne possède pas de local, d'heures d'ouverture et de conservateur, et n'organise pas de vernissages pompeux. C'est ainsi que la directrice, Ivana Vukšić, décrit une initiative conçue sous la forme d'une série de projets. Le premier fut un succès, quand 450 m de murs bordant la rue Branimirova et la séparant des voies ferrées furent livrés à plus de 80 artistes.

Ivana présente ici les derniers happenings de la vie artistique et culturelle de Zagreb.

### Le meilleures galeries d'art

La **Galerija Studentski Centar**, la **Galerija Galženica** et la **Galerija Miroslav Kraljević** sont les plus intéressantes pour découvrir les nouvelles tendances artistiques du pays. Leurs programmes surprennent toujours par la fraîcheur des concepts et la qualité des œuvres présentées dans des lieux sans prétention.

### Les meilleurs événements culturels

Les événements sont souvent prévisibles, car nous manquons de productions culturelles indépendantes. Les mordus de cinéma apprécieront le **Festival du film de Zagreb** et **Zagrebdox** (www.zagrebdox.net). Le délicieux festival de performances de rue **Cest is D'Best** réveille Zagreb chaque été et la transforme en un cirque permanent.

## NOVI ZAGREB

### Musée d'Art contemporain — MUSÉE D'ART

(Muzej Suvremene Umjetnosti ; www.msu.hr ; Avenija Dubrovnik 17 ; tarif plein/réduit 30/15 Kn, gratuit 1er mer du mois ; ⏲11h-19h mar-dim, 11h-22h jeu). Dans un étonnant bâtiment fonctionnaliste construit par Igor Franić, un fameux architecte local, cet élégant musée expose des artistes croates et étrangers sur 1 500 m². La collection permanente, appelée Collection en mouvement, comprend 620 œuvres avant-gardistes réalisées par 240 artistes, pour moitié croates. Remarquez l'amusante œuvre interactive *Double Slide* de l'artiste belge Carsten Holler, et la troublante installation *Ženska Kuća* de la célèbre artiste croate Sanja Iveković, sur le thème de la violence faite aux femmes. L'écran de la "façade média" donnant sur l'avenue est le plus grand d'Europe centrale. Films, pièces de théâtre, concerts et performances artistiques proposés toute l'année.

## NORD DU CENTRE

### Mirogoj — CIMETIÈRE

(⏲6h-20h avr-sept, 7h30-18h oct-mars). À 10 min au nord du centre-ville par le bus n°106 à partir de la cathédrale (ou 30 min à pied), l'un des plus jolis cimetières d'Europe s'étend au pied du mont Medvednica. Il fut dessiné en 1876 par l'architecte autrichien Herman Bollé, concepteur de nombreux bâtiments à Zagreb. La majestueuse arcade coiffée d'une série de coupoles, aux faux airs de forteresse, respire à l'intérieur le calme et la grâce. Des allées sillonnent le cimetière verdoyant, parsemé de sculptures et de beaux tombeaux. Parmi les monuments les plus remarquables, citons les tombes du poète Petar Preradović et du leader politique Stjepan Radić, ainsi que le buste de Vladimir Becić dû à Ivan Meštrović. Le plus récent est une **croix-mémorial** en l'honneur des soldats tombés lors de la guerre serbo-croate.

### Medvedgrad — FORTERESSE

(⏲9h-19h ; 10 Kn). La forteresse médiévale de Medvedgrad, sur le versant sud du mont Medvednica juste au-dessus de la cité, est le plus important monument médiéval de la capitale. Construite entre 1249 et 1254 afin de protéger la ville des invasions tatares, elle appartint successivement à plusieurs familles aristocratiques avant de tomber en ruine à la suite d'un séisme et faute d'entretien. Les travaux de restauration, entamés en 1979, furent poursuivis avec plus d'enthousiasme en 1994, lorsque la Croatie décida de réhabiliter les vestiges de son passé. Aujourd'hui, les épais remparts et les tours rebâties dominent une petite **chapelle** ornée de fresques et le **sanctuaire de la Patrie**, qui rend hommage à ceux qui sont morts pour une Croatie libre. Par temps clair, la forteresse offre une vue splendide sur Zagreb et ses alentours.

## EST DU CENTRE

### Parc Maksimir
PARC

(Maksimirska bb ; www.park-maksimir.hr ; 9h-crépuscule). Paisible enclave boisée de 18 ha, ce parc est facilement accessible par les tramways n°4, 7, 11 et 12. Ouvert en 1794, le premier parc public d'Europe du Sud-Est fut conçu comme un jardin anglais avec des allées, des pelouses et des lacs artificiels. Outre le ravissant **pavillon Bellevue**, construit en 1843 et souvent photographié, il comprend le **pavillon de l'Écho** et une maison qui ressemble à un chalet suisse. Arrêtez-vous au **centre d'information** (10h-16h mar-ven, 10h-18h sam-dim mi-avr à mi-oct, 10h-16h jeu-dim le reste de l'année) pour plus d'informations sur le parc. Le **zoo** (www.zoo.hr ; adulte/enfant 30/20 Kn ; 9h-20h) abrite quelques spécimens de la faune mondiale et permet d'assister aux repas des phoques, des otaries, des loutres et des piranhas.

## À faire

### Parc sportif Mladost
PARC SPORTIF

(Jarunska 5, Jarun ; billet famille le week-end 60 Kn/jour, adulte/enfant 25/15 Kn ; 9h-14h et 15h-20h lun-ven, 13h-17h sam, 10h-14h dim). Au bord de la Save, le parc englobe des piscines olympiques couvertes et en plein air, des pataugeoires, un gymnase et des courts de tennis. Prenez le tramway n°5 ou 17.

### Centre sportif et de loisirs Šalata
CENTRE SPORTIF

(Schlosserove 2 ; adulte/enfant 20/15 Kn en semaine, 30/20 Kn le week-end, famille 40/60 Kn en semaine/le week-end ; 13h30-17h30 lun-ven, 11h-19h sam-dim). Ce centre possède des courts de tennis couverts et découverts, un gymnase, une patinoire d'hiver, une patinoire couverte (où l'on peut louer des patins), ainsi que deux piscines en plein air.

### Sljeme
MONTAGNE

Si Zagreb n'est pas spontanément associée aux sports d'hiver, il est pourtant possible de skier à proximité de la ville, au Sljeme, principal pic du mont Medvednica. La station compte 4 pistes, 3 remonte-pentes et un télésiège triple ; appelez le **centre de ski** (4553382) ou consultez le site www.sljeme.hr pour des informations sur l'enneigement.

### Lac Jarun
LAC

Le lac Jarun, au sud de la capitale, est une destination prisée des Zagrébois, surtout en été. Bien qu'une partie soit réservée aux compétitions nautiques, il est suffisamment grand pour pouvoir nager tranquillement dans ses eaux claires. Prenez le tramway n°5 ou 17 jusqu'à Jarun et suivez les panneaux jusqu'au *jezero* (lac). Arrivé au lac, tournez à gauche vers Malo Jezero pour **nager**, louer un **canoë** ou un **pédalo**, ou à droite vers Veliko Jezero pour profiter de la **plage de galets** et des **planches à voile**.

## Circuits organisés

Zagreb offre un éventail de circuits organisés ; voici quelques-uns de nos préférés.

### ZET
BUS

(www.zet.hr). D'avril à septembre, le réseau de transports publics de Zagreb propose **des bus touristiques à impériale**, avec montée et descente à volonté, dans la vieille ville (panneau rouge), ainsi que dans les parcs périphériques et Novi Zagreb (panneau vert). Ils partent place Kaptol ; gratuits pour les moins de 7 ans, ils coûtent 70 Kn pour les adultes. Le **tramway touristique** gratuit part toutes les heures de Trg Josipa Jelačića, dans le centre-ville, de 9h30 à 19h30 ; il circule tous les jours.

### Zagreb Inside
PROMENADE À PIED

(www.zagrebinside.com). Plusieurs circuits sont proposés, parmi lesquels "Femmes à Zagreb" (le vendredi à 17h) et "Parlez-vous croate ?" (le samedi à 13h), qui enseigne des rudiments de croate. Le départ se fait de l'office du tourisme. Comptez 90 Kn (étudiant 70 Kn) ; pas de circuit en août.

### Blue Bike Tours
PROMENADE À VÉLO

(www.zagrebbybike.com). Découvrez Zagreb à vélo en participant à l'un des circuits qui démarrent tous les jours à 11h (du centre-ville) et 15h (de la Ville haute) ; chacun dure environ 3 heures et revient à 170 Kn.

## Fêtes et festivals

Pour une liste complète des festivités, consultez le site www.zagreb-convention.hr. Les spectacles en plein air sont souvent gratuits, contrairement aux concerts. Les prix varient selon le programme et les billets peuvent généralement s'acheter au **Koncertna Direkcija Zagreb** (45 01 200 ; www.kdz.hr ; Kneza Mislava 18 ; 9h-18h lun-ven). Voici quelques rendez-vous importants :

### Biennale de la musique
MUSIQUE

(www.mbz.hr) . La rencontre de musique contemporaine la plus importante de Croatie a lieu en avril les années impaires.

### Queer Zagreb Festival
GAYS ET LESBIENNES

(www.queerzagreb.org). Fin avril-début mai, campez et faites la fête ! Théâtre, cinéma, danse et musique.

DÉPART : **TRG JOSIPA JELAČIĆA**
ARRIVÉE : **TRG PETRA PRERADOVIĆA**
DURÉE : **1 HEURE 30**

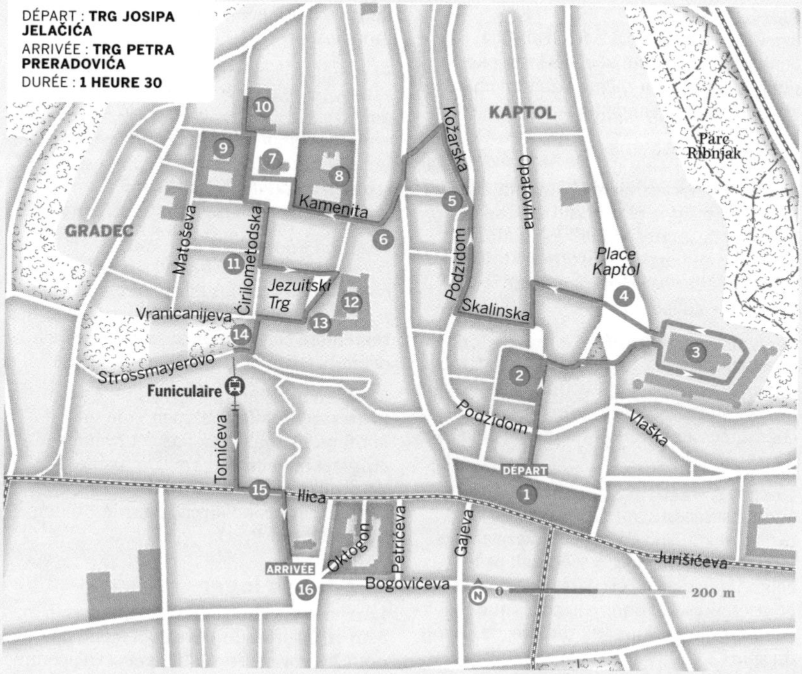


Promenade à pied

## Architecture, art et animations de rue

Dans n'importe quel office du tourisme, prenez un exemplaire de *Step by Step*, une brochure gratuite qui décrit deux promenades dans le centre-ville pour découvrir la Ville haute et la Ville basse.

Artère animée, ❶ **Trg Josipa Jelačića** est le point de départ évident de toute promenade dans Zagreb. Grimpez l'escalier menant au ❷ **marché de Dolac** et achetez un en-cas avant de rejoindre la ❸ **cathédrale néogothique**. Traversez la ❹ **place Kaptol**, bordée d'édifices du XVIIe siècle, et descendez Skalinska jusqu'à Tkalčićeva. Promenez-vous dans la rue et gravissez les marches proches de la terrasse du ❺ bar **Melin** jusqu'à la ❻ **Porte de pierre**, qui renferme désormais une fascinante chapelle. Ensuite, remontez Kamenita pour déboucher sur Markov trg, où se dressent ❼ **l'église Saint-Marc**, le monument le plus emblématique de Zagreb, le ❽ **Sabor** (Parlement) et le ❾ **Banski Dvori** (palais présidentiel). Flânez dans les rues sinueuses de la Ville haute et admirez différents aspects de la vie artistique croate dans ❿ l'**atelier Meštrović**. Revenez à Markov trg et descendez Ćirilometodska, en faisant halte au ⓫ **musée croate d'Art naïf**. Traversez ensuite Jezuitski trg et entrez dans la ⓬ **Galerija Klovićevi Dvori** pour contempler des œuvres d'art contemporain locales et étrangères. Puis partez à la découverte de la somptueuse ⓭ **église jésuite Sainte-Catherine**, avant de rejoindre la ⓮ **tour Lotrščak**. Profitez du panorama sur la ville, puis descendez par le funiculaire ou par l'escalier verdoyant, qui conduisent tous les deux à ⓯ **Ilica**, l'artère commerçante de Zagreb.

Traversez enfin Ilica et marchez jusqu'à ⓰ **Trg Petra Preradovića**, où vous pourrez vous reposer dans l'un des nombreux cafés avec terrasse.

**Festival urbain** ART
(www.urbanfestival.hr). Ce festival d'art contemporain organisé dans les espaces publics explore un thème différent chaque année, habituellement au printemps ou en automne.

**Festival VIP INmusic** MUSIQUE
(www.vipinmusicfestival.com). En juin, 3 jours de folie durant le plus grand festival de musique de Zagreb (Billy Idol et Massive Attack y ont participé en 2010). Multiples scènes et sites de camping ; scène principale au lac Jarun.

**Fesival mondial du film d'animation** FILM
(www.animafest.hr). Ce prestigieux festival, organisé à Zagreb depuis 1972, a désormais lieu en juin ; les années impaires sont consacrées aux films, les années paires, aux courts métrages.

**Cest is D'Best** FESTIVAL DE RUE
(www.cestisdbest.com). Ce festival de rue enchante les Zagrébois pendant quelques jours début juin, avec 5 scènes dans le centre, quelque 200 artistes internationaux et des représentations comprenant des concerts, de la danse, du théâtre, de l'art et du sport.

**Ljeto na Strossu** FESTIVAL DE RUE
(www.ljetonastrosu.com). De fin mai à début septembre, ce festival original propose gratuitement des films, des concerts, des ateliers d'art et des concours de chiens bâtards le long de la promenade Strossmayer.

**Eurokaz** THÉÂTRE
(www.eurokaz.hr). Depuis 1987, durant la 2e quinzaine de juin, le Festival international du nouveau théâtre présente des troupes innovantes et des représentations d'avant-garde du monde entier.

**Festival folklorique international** FOLKLORE
(www.msf.hr). Depuis 1966, généralement quelques jours en juillet, ce festival rassemble des danseurs et des chanteurs folkloriques en costumes traditionnels, de Croatie et d'autres pays européens. Des ateliers gratuits de danse, de musique et d'art font découvrir la culture folklorique croate.

**Les soirs d'été de Zagreb** MUSIQUE
Ce festival présente en juillet un cycle de concerts dans la Ville haute. L'atrium de la Galerija Klovićevi Dvori, sur Jezuitski trg, et la scène du Gradec sont utilisés pour des concerts de musique classique, de jazz, de blues et de musiques du monde.

**Festival international de théâtre de marionnettes** MARIONNETTES
(http://public.carnet.hr/pif-festival). La dernière semaine d'août, cet important festival de marionnettes, créé en 1968, propose des spectacles, des ateliers de confection de marionnettes et des expositions.

**Festival de théâtre du monde** THÉÂTRE
(www.zagrebtheatrefestival.hr). Un théâtre contemporain de grande qualité s'installe à Zagreb pour quelques semaines en septembre et se prolonge souvent jusqu'à début octobre.

**Festival du film de Zagreb** FILM
(www.zagrebfilmfestival.com). À la mi-octobre, ne manquez pas cet événement culturel majeur, qui s'accompagne de projections et de festivités. Les réalisateurs concourent pour le Golden Pram (Grand Prix).

## Où se loger

L'arrivée de compagnies aériennes à bas coût a favorisé le développement d'hôtels pour les voyageurs au budget serré, comme en témoigne l'apparition de nouvelles auberges de jeunesse. Dans la catégorie moyenne, les chambres et les appartements privés, loués par des agences, offrent plus d'intimité et une ambiance chaleureuse. Les hôtels d'affaires et haut de gamme sont en plein essor, Zagreb s'imposant désormais comme un lieu de conférences internationales ; dans ces catégories, vous n'aurez que l'embarras du choix.

Les prix restent généralement stables toute l'année, mais attendez-vous à une augmentation de 20% durant les festivals, notamment pour la foire d'automne.

**Regent Esplanade Zagreb** HÔTEL HISTORIQUE €€€
(☎45 66 666 ; www.regenthotels.com ; Mihanovićeva 1 ; ch à partir de 1 020 Kn ; P ❄ @ ᯤ). Construit près de la gare ferroviaire en 1924 pour accueillir les passagers de l'*Orient Express*, cet hôtel de 6 étages a logé des rois, des artistes, des journalistes et des hommes politiques. Véritable chef-d'œuvre Art déco, il arbore des murs en marbre, des escaliers majestueux et des ascenseurs lambrissés. Admirez la magnifique salle de bal Émeraude, dînez dans le superbe restaurant Zinfandel's ou glissez sur la patinoire saisonnière de la terrasse Oleander.

**Arcotel Allegra** HÔTEL DE CRÉATEUR €€€
(☎46 96 000 ; www.arcotel.at/allegra ; Branimirova 29 ; s/d à partir de 730/840 Kn ; P❄@WiFi). Le premier hôtel de créateur de Zagreb compte 151 chambres spacieuses et une réception avec marbre et poissons exotiques. Les dessus-de-lit sont ornés de portraits de personnalités (Kafka, Frida Kahlo, Freud...), chaque chambre dispose d'un lecteur de DVD et l'on peut emprunter des films. Au dernier étage, l'Orlando Fitness & Spa offre une vue splendide sur la ville. Le restaurant Radicchio est de qualité et le Joe's Bar résonne au son de la musique latino. Promotions à partir de 490 Kn en été.

**Palace Hotel** HÔTEL HISTORIQUE €€€
(☎48 99 600 ; www.palace.hr ; Strossmayerov trg 10 ; s/d à partir de 777/894 Kn ; P❄@WiFi). Cet hôtel élégant, le plus ancien de Zagreb, occupe une belle demeure sécessionniste de 1891. Raffinées, les 118 chambres et suites sont équipées de tout le confort moderne. Celles en façade bénéficient d'une vue privilégiée sur le parc. Au fond du café du rez-de-chaussée, remarquez les somptueuses fresques à la finesse austro-hongroise.

**Hotel Dubrovnik** HÔTEL €€€
(☎48 63 555 ; www.hotel-dubrovnik.hr ; Gajeva 1 ; s/d à partir de 980/1 200 Kn ; P❄WiFi). Sur la place principale, cet hôtel en verre qui sert de point de repère est prisé des voyageurs d'affaires. Il compte 245 chambres de style classique bien équipées. Essayez d'en obtenir une avec vue sur la place Jelačić. Renseignez-vous sur les forfaits et les promotions.

**Pansion Jägerhorn** HÔTEL FAMILIAL €€
(☎48 33 877 ; www.jaegerhorn.hr ; Ilica 14 ; s/d/app 498/705/913 Kn ; P❄WiFi). Charmante petite pension au pied de la tour Lotrščak, la “Corne du Chasseur” offre un service sympathique et 13 grandes chambres classiques avec une jolie vue (de celles mansardées du dernier étage, on voit les arbres de Gradec). Au rdc, le restaurant, le plus ancien de Zagreb (depuis 1827), sert du gibier.

**Hotel Ilica** HÔTEL €€
(☎37 77 522 ; www.hotel-ilica.hr ; Ilica 102 ; s/d/app 349/449/749 Kn ; P❄WiFi). Dans cet hôtel central et paisible, les chambres, dotées de sdb bien équipées, vont du kitsch intégral au décor luxuriant, avec dorures, lits moelleux, tableaux immenses et rouge à foison. Prenez le tramway n°1, 6 ou 11, ou marchez 15 min le long d'Ilica.

**Hobo Bear Hostel** AUBERGE DE JEUNESSE €
(☎48 46 636 ; www.hobobearhostel.com ; Medulićeva 4 ; dort/d à partir de 122/400 Kn ; ❄@WiFi). Dans un appartement en duplex, cette auberge de jeunesse étincelante, avec murs en brique et parquet, offre 7 dortoirs, des casiers gratuits, une cuisine, un salon et un service d'échange de livres. Personnel aimable. Prenez le tramway n°1, 6 ou 11 à Jelačić. Les 3 chambres doubles sont de l'autre côté de la rue.

**Krovovi Grada** HÔTEL POUR PETITS BUDGETS €
(☎48 14 189 ; Opatovina 33 ; s/d 200/300 Kn ; @WiFi). Simple et charmante, cette vieille maison restaurée se dresse en retrait de la rue dans la Ville haute, à deux pas de l'animation de Tkalčićeva. Des parquets grinçants, des meubles vieillots et des couvertures de

## COMME À LA MAISON

Si vous avez l'intention de séjourner dans une maison ou un appartement privés, évitez d'arriver un dimanche quand les agences sont fermées, à moins d'avoir réservé. Le prix d'une chambre double commence à 300 Kn et celui d'un studio, à 400 Kn la nuit. Un supplément est habituellement exigé pour les séjours d'une seule nuit. Vous pourrez notamment contacter les agences suivantes :

**Evistas** (☎48 39 554 ; www.evistas.hr ; Augusta Šenoe 28 ; s à partir de 210 Kn, d 295 Kn, app 360 Kn). Recommandée par l'office du tourisme, cette agence, la plus proche de la gare ferroviaire, se charge de trouver des hébergements privés.

**InZagreb** (☎65 23 201 ; www.inzagreb.com ; Remetinečka 13 ; app 471-616 Kn). D'excellents appartements centraux avec Wi-Fi (séjour minimum de 3 nuits). Les prix incluent la location d'un vélo et le transfert depuis/vers la gare routière ou ferroviaire. Réservez sur Internet ou par téléphone.

**Never Stop** (Nemoj Stati ; ☎091 637 8111 ; www.nest.hr ; Boškovićeva 7a ; app 430-596 Kn). Formidables appartements dans le centre-ville (2 nuits au minimum). Consultez le site Internet pour des détails et les prix.

grand-mère ornent les chambres. Celle du dernier étage offre une vue sur les toits de la vieille ville.



**Fulir Hostel** AUBERGE DE JEUNESSE €
(☎48 30 882 ; www.fulir-hostel.com ; Radićeva 3a ; dort 130-140 Kn ; @). Près de l'animation de la place Jelačić, des bars de Tkalčićeva et du marché de Dolac, l'accueillant Fulir compte 28 lits, une cuisine, des casiers et un salon avec de nombreux DVD. Internet, thé et café gratuits.

**Hotel Jadran** HÔTEL €€
(☎45 53 777 ; www.hoteljadran.com.hr ; Vlaška 50 ; s/d 517/724 Kn ; P). Très bien situé à quelques minutes de la place Jelačić, cet hôtel de 6 étages possède 48 chambres joliment aménagées. Personnel sympathique. Prix négociables en fonction de la demande.

**Buzzbackpackers** AUBERGE DE JEUNESSE €
(☎23 20 267 ; www.buzzbackpackers.com ; Babukićeva 1b ; dort/d à partir de 130/450 Kn ; @). Excentrée et bien tenue, cette auberge comprend des chambres lumineuses, une cuisine impeccable, un espace barbecue et un accès à Internet gratuit. Prenez le tramway n°4 ou 9 de la gare ferroviaire jusqu'à l'arrêt Heinzelova, puis marchez un peu. Les propriétaires possèdent aussi une auberge de jeunesse (avec un hébergement de style appartement) dans le centre-ville.

**Hotel Central** HÔTEL €€
(☎48 41 122 ; www.hotel-central.hr ; Branimirova 3 ; s/d 657/794 Kn ; ). Parfait si vous devez prendre le train, le Central, aménagé dans un bâtiment carré en béton, loue 76 petites chambres confortables. Les plus grandes, au dernier étage, donnent sur une cour verdoyante.

**Hotel Fala** HÔTEL FAMILIAL €€
(☎/fax 61 94 498 ; www.hotel-fala-zg.hr ; Il Trnjanske Ledine 18 ; s/d 343/500 Kn ; P@). Tenu par une famille, le Fala offre des petites chambres propres à 20 min à pied du centre ; vous pouvez aussi prendre le tramway n°5 ou 13 jusqu'à Lisinski, puis marcher quelques minutes.

**Ravnice Hostel** AUBERGE DE JEUNESSE €
(☎23 32 325 ; www.ravnice-youth-hostel.hr ; Ravnice 38d ; dort/d 125/288 Kn ; @). À 45 min de marche du centre ou 20 min en tramway, cette auberge de jeunesse propose des chambres spartiates et propres, une table de ping-pong dans le jardin et des avantages gratuits (casiers, thé, café, accès Internet...).

**Omladinski Hostel** AUBERGE DE JEUNESSE €
(☎48 41 261 ; www.hfhs.hr ; Petrinjska 77 ; dort 113 Kn, s/d 203/286 Kn ; ). Récemment rénovée et la moins chère de la ville, cette adresse centrale conserve un peu de l'ambiance sinistre de l'époque socialiste. Elle loue quelques chambres propres et des dortoirs à 3 ou 6 lits.

## Où se restaurer

Vous devrez aimer manger croate ou italien pour apprécier les restaurants de Zagreb. Toutefois, de nouveaux établissements internationaux voient le jour, semblant privilégier la grande cuisine et des prix élevés.

On trouve des fast-foods et des snack-bars bon marché dans Ilica, la principale artère commerçante.

**Vinodol** CUISINE CROATE €€
(Teslina 10 ; plats à partir de 70 Kn). Très prisée par les habitants, l'enseigne sert une cuisine d'Europe centrale bien préparée dans une grande salle voûtée. Par beau temps, installez-vous dans le patio couvert, relié à Teslina par un passage tapissé de lierre. L'agneau et le veau, cuits avec des pommes de terre sous un *peka* (couvercle bombé), sont succulents.

**Tip Top** POISSON €
(Gundulićeva 18 ; plats à partir de 55 Kn ; ⏲lun-sam). Chaudement recommandé, pour son personnel maussade en vieil uniforme de l'ère socialiste qui parvient parfois à sourire... mais surtout pour son excellente cuisine dalmate ! Le menu change tous les jours ; le goulasch de poulpe du jeudi est un délice.

♥ **Amfora** POISSON €
(Dolac 2 ; plats à partir de 40 Kn ; ⏲déj). Apprécié localement, cet établissement sans prétention propose des produits de la mer et des légumes provenant tout droit du marché voisin. Il offre quelques tables en terrasse et une galerie à l'étage avec vue sur le marché. Suivez les recommandations des serveurs et vous ne serez pas déçu.

**Mano** CUISINE INTERNATIONALE €€
(Medvedgradska 2 ; plats à partir de 100 Kn ; ⏲lun-sam). Un grill chic dans un superbe bâtiment en brique à quelques pas du Kaptol Centar, doté d'un vaste intérieur avec pierres apparentes, éclairage tamisé, piliers en acier et cuisine vitrée. Parmi les plats innovants, citons la biche panée aux châtaignes et le sanglier accompagné de polenta au gorgonzola.

## AVEC DES ENFANTS

Si Zagreb offre de formidables attractions pour les enfants, il peut se révéler difficile de circuler en ville avec des bambins. Entre les rails de tramway, les trottoirs élevés et les voitures, manœuvrer une poussette n'est pas chose facile ; en outre, les bus et les tramways sont habituellement trop bondés pour que l'on puisse y charger ladite poussette. Les moins de 7 ans voyagent gratuitement dans les transports publics. Si vous prenez un taxi, sachez que les ceintures de sécurité fonctionnent rarement.

Les enfants seront fascinés par la collection d'insectes présentée au **Muséum croate d'histoire naturelle**. Quant au **Musée technique** (Tehnički Muzej ; Savska 18 ; adulte/moins de 7 ans collections 15 Kn/gratuit, planétarium 15/15 Kn ; ⌚9h-17h mar-ven, 9h-13h sam-dim), il comprend un planétarium, des locomotives à vapeur, des maquettes grandeur nature de satellites et de vaisseaux spatiaux, la reconstitution d'une mine, ainsi que des sections consacrées à l'agriculture, à la géologie, à l'énergie et aux transports. Le planétarium n'intéressera pas forcément les moins de 7 ans.

Pour des activités de plein air, rendez-vous au **Boćarski Dom** (Prisavlje 2), un parc qui possède d'excellents équipements de jeu, des terrains de sport et une rampe de roller. Un paisible sentier le long de la Save séduira les parents ; prenez le tramway n°17 en direction de l'ouest jusqu'à l'arrêt Prisavlje.

Deux terrains de jeu – moins grands que ceux de Boćarski Dom et généralement plus fréquentés – et un zoo sont aménagés dans le parc Maksimir. Les amateurs de baignade apprécieront les piscines du parc sportif Mladost et le lac Jarun.

**Kerempuh** CUISINE CROATE TRADITIONNELLE €€
(Kaptol 3 ; plats à partir de 75 Kn ; ⌚déj lun-dim). Surplombant le marché de Dolac, ce restaurant est idéal pour savourer une cuisine croate simple et bien préparée. Le menu change tous les jours en fonction des produits disponibles. Installez-vous en terrasse et régalez-vous en observant le marché.

**Prasac** CUISINE MÉDITERRANÉENNE €€
(☎48 51 411 ; Vranicanijeva 6 ; plats à partir de 87 Kn ; ⌚lun-sam). Le chef croato-sicilien propose une cuisine méditerranéenne originale dans un établissement intime aux poutres apparentes, parfait pour un dîner romantique. Le menu (4 plats 250 Kn) change quotidiennement, les plats sont remarquables, mais le service est lent et les portions petites. Réservation indispensable.

**Stari Fijaker 900** CUISINE CROATE TRADITIONNELLE €
(Mesnička 6 ; plats à partir de 50 Kn ; ⌚fermé au dîner dim en été). Ce restaurant/bar à bière, autrefois le restaurant incontournable de Zagreb, conserve une sobriété guindée. La tradition règne en maître dans la cuisine. Essayez les saucisses maison, le ragoût de haricots, les *štrukli* (boulettes au fromage blanc) ou un plat du jour (moins onéreux).

**Pod Gričkim Topom** CUISINE CROATE €€
(Zakmardijeve Stube 5 ; plats à partir de 90 Kn ; ⌚lun-sam). Niché dans un sentier verdoyant au pied de la Ville haute, ce restaurant charmant, doté d'une terrasse, sert de bonnes spécialités croates à base de viande. C'est un bon endroit pour se réfugier un soir d'hiver ou pour dîner sous les étoiles en été.

**Ivica i Marica** CUISINE CROATE TRADITIONNELLE €€
(Tkalčićeva 70 ; plats à partir de 70 Kn). S'inspirant du conte de Grimm *Hansel et Gretel*, ce petit restaurant/pâtisserie ressemble à la maison en pain d'épice de l'histoire – avec des serveurs en costume traditionnel. Outre des plats de légumes, de viande et de poisson, il propose de délicieux gâteaux, *štrukli* et glaces.

**Kaptolska Klet** CUISINE CROATE TRADITIONNELLE €
(Kaptol 5 ; plats à partir de 50 Kn). Ce restaurant accueillant possède une immense terrasse et une vaste salle de style bar à bière. Renommé pour ses spécialités locales comme les viandes grillées, l'agneau et le veau sous *peka* et ses saucisses maison, il prépare aussi un bon gâteau de légumes.

**Konoba Čiho** POISSON €€
(Pavla Hatza 15 ; plats à partir de 80 Kn). Cette *konoba* (établissement familial) dalmate à l'ancienne sert, au rez-de-chaussée, du poisson (au kilo) et des fruits de mer grillés ou en ragoût. Elle offre un vaste choix de *rakija* (eau-de-vie de raisin) et des vins maison.

**Vallis Aurea** CUISINE CROATE TRADITIONNELLE €
(Tomićeva 4 ; plats à partir de 37 Kn ; ⌚lun-sam). Cette gargote locale, au pied du funiculaire,

mitonne une succulente cuisine maison et fait le plein à midi grâce à ses *gableci* (déjeuners traditionnels).



**Karijola** PIZZAS €
(Kranjčevićeva 16a ; pizzas à partir de 42 Kn). Cet établissement sans prétention doit son succès à ses pizzas à pâte fine et croustillante, cuites dans un four d'argile et garnies d'ingrédients de qualité.

**Nova** CUISINE VÉGÉTARIENNE €€
(Ilica 72 ; plats à partir de 60 Kn ; ⏲lun-sam). Cet élégant restaurant macrobiotique séduit les végétariens avec ses menus très avantageux. Il fait partie d'un complexe : magasin d'alimentation bio au rdc, soins shiatsu et cours de yoga et de feng shui.

**Žlica & Vilica** CUISINE CROATE €
(Kneza Mislava 13 ; plats à partir de 35 Kn ; ⏲fermé au dîner sam-dim, dim en été). Un peu excentré et doté d'une terrasse, ce bistrot récent sert une cuisine maison, avec 5 plats du jour en plus de la carte, ainsi que des petits déjeuners.

**Boban** CUISINE ITALIENNE €€
(Gajeva 9 ; plats à partir de 70 Kn). Installé dans une cave, le restaurant de la star du foot Zvonimir Boban sert un bon choix de pâtes, de risottos, de gnocchis et de plats de viande, et fait le plein midi et soir. Les jeunes Zagrébois apprécient la terrasse à l'étage du café.

**Baltazar** CUISINE CROATE €€€
(Nova Ves 4 ; plats à partir de 120 Kn ; ⏲lun-sam). Les viandes– canard, agneau, porc, bœuf et dinde – sont grillées et préparées à la mode du Zagorje et de la Slavonie dans ce restaurant haut de gamme, établi de longue date. Bel éventail de plats méditerranéens et de vins locaux. En été, la terrasse est idéale pour dîner au clair de lune.

**Nocturno** CUISINE ITALIENNE €
(Skalinska 4 ; plats à partir de 40 Kn). Dans la rue pentue en dessous de la cathédrale, cet établissement propose de bonnes spécialités italiennes, dont des pizzas (25-35 Kn) et de copieux risottos. Il possède une terrasse animée.

**Agava** CUISINE INTERNATIONALE €€
(Tkalčićeva 39 ; plats à partir de 80 Kn). Dans cet établissement élégant, la carte comporte des entrées comme le carpaccio d'espadon, des plats tels que le steak aux truffes, un délectable risotto et des pâtes aux fruits de mer flambés au cognac. De nombreux crus d'Istrie et de Slavonie figurent sur la carte des vins.

**Zinfandel's** CUISINE INTERNATIONALE €€€
(Mihanovićeva 1 ; plats à partir de 170 Kn). Le restaurant du Regent Esplanade est renommé pour sa cuisine savoureuse et créative. Pour un repas plus simple et délicieux, rendez-vous au Bistro, le restaurant français de l'hôtel, pour goûter ses fameux *štrukli*.

**Rubelj** SUR LE POUCE €
(Dolac 2 ; plats à partir de 25 Kn). L'un des nombreux Rubelj de la ville, celui-ci est idéal pour une portion de *ćevapi*, de petites saucisses relevées de bœuf, d'agneau ou de porc, qui ressemblent à celles de Bosnie-Herzégovine (royaume des *ćevap*).

**Pingvin** SANDWICHS €
(Teslina 7 ; ⏲9h-4h lun-sam, 18h-2h dim). Cette institution, ouverte depuis 1987, propose d'excellents sandwichs et salades, à déguster sur des tabourets de bar.

**Vincek** PÂTISSERIE €
(Ilica 18). À en juger par les files d'attente, cette *slastičarna* (pâtisserie) vend les meilleurs gâteaux et glaces de la ville.

**Pekarnica Dora** BOULANGERIE €
(Strossmayerov Trg 7 ; ⏲24h/24). Près de la gare ferroviaire, une boulangerie ouverte 24h/24, pratique pour une fringale nocturne.

## Où prendre un verre

Dans la Ville haute, la chic Tkalčićeva est bordée de bars et de cafés. Dans la Ville basse, ces établissements se regroupent dans Bogovićeva, au sud de Trg Josipa Jelačića, qui se transforme en lieu de rendez-vous au printemps et en été. Trg Petra Preradovića (appelée localement Cvjetni trg) est l'endroit privilégié des artistes et des musiciens de rue dans la Ville basse. Avec une demi-douzaine de bars et de terrasses entre Trg Preradovića et Bogovićeva, l'endroit prend des airs de fête en plein air certains soirs d'été. Les établissements ferment vers minuit ; ils sont moins animés de la mi-juillet à la fin août, quand les habitants filent sur la côte.

**Booksa** LIBRAIRIE-CAFÉ
(www.booksa.hr ; Martićeva 14d ; ⏲11h-20h mar-dim, fermé 3 semaines à partir de fin juil). Rats de bibliothèque, poètes, écrivains, comédiens et artistes, tout créatif vient y bavarder et boire un café, acheter des livres, surfer sur Internet (Wi-Fi gratuit) et écouter des lectures dans cette charmante librairie.

**Stross** BAR EN PLEIN AIR
(Strossmayerovo Šetalište). De juin à septembre, un bar de fortune s'installe sur

la promenade Strossmayer dans la Ville haute, offrant des boissons à petits prix et de la musique live presque tous les soirs à partir de 21h30. Le foule, la vue sur la ville et la verdure en font un endroit très plaisant en soirée.

**Bacchus** JAZZ BAR
(www.bacchusjazzbar.hr ; Trg Kralja Tomislava 16). Vous aurez de la chance si vous parvenez à dénicher une table dans la cour luxuriante la plus branchée de Zagreb, cachée dans un passage. Après 22h, l'animation se déplace en sous-sol – concerts de jazz (du jeudi au samedi), lectures de poésie et soirées rétro. L'endroit est plus calme en été.

**Cica** BAR
(Tkalčićeva 18). Ce petit bar en façade est le plus underground de Tkalčićeva. Des œuvres d'artistes locaux avant-gardistes et des trouvailles chinées aux puces ornent l'intérieur. Goûtez l'une des 15 sortes de *rakija* qui font la renommée du Cica – aux herbes, aux noix, aux fruits, etc.

**Kino Europa** CAFÉ-BAR
(Varšavska 3 ; ⌚lun-sam). Le plus ancien cinéma de Zagreb, qui date des années 1920, abrite aujourd'hui un splendide café/bar à vin/*grapperia*. Entièrement vitré et doté d'une terrasse, il sert un café exquis et plus de 30 sortes de grappas. Wi-Fi gratuit. Le cinéma propose des films tous les jours et parfois des soirées dansantes.

**Funk Club** MUSIQUE, CAFÉ-BAR
(Tkalčićeva 52). Dans la journée, sirotez un café en regardant les passants. Le soir, descendez l'escalier en spirale pour découvrir un endroit culte prisé par les habitants – une petite cave aux plafonds voûtés où des DJ passent de la house, du jazz, du funk et du *broken beat* à un public enchanté (sauf en été).

## PAUSE-CAFÉ

Aucune chaîne étrangère ne peut ébranler la *špica*, une tradition zagréboise qui consiste à déguster un café dans le centre-ville entre 11h et 14h le samedi, avant ou après des courses au marché de Dolac. Tout le monde se rue alors sur les terrasses de Bogovićeva, de Preradovićeva et de Tkalčićeva, qui deviennent les vitrines de la dernière mode – et des nouveaux téléphones portables. Une facette séduisante de l'animation de Zagreb.

**Limb** BAR
(Plitvička 16 ; ⌚lun-sam). À côté du KSET, cet endroit secret, connu seulement des Zagrébois, est sans doute le bar branché le plus discret de la ville. Une clientèle légèrement bohème remplit les deux petites salles pittoresques et la terrasse vitrée avec un arbre au milieu.

**Apartman** BAR
(Preradovićeva 7). Au 1er étage, un espace agrémenté de gros coussins, fréquenté par une clientèle jeune et décontractée qui vient se détendre pendant la journée. Un DJ anime parfois la soirée.

**Klub Kino Grič** BAR, CLUB
(Jurišićeva 6). Cet ancien cinéma a récemment été transformé en un bar à 2 étages, avec un petit club au sous-sol (du jeudi au samedi jusqu'à 2h). Il est devenu l'une des adresses préférées des habitants, grâce à ses expositions artistiques et aux films proposés dans la confortable salle de projection.

**Melin** BAR
(Tkalčićeva 47). Du rock'n roll à l'ancienne, des sièges miteux, des murs couverts de graffitis et une musique à faire exploser les tympans – un peu du vieux Zagreb dans une rue qui s'embourgeoise rapidement, avec beaucoup de caractère et une terrasse.

**Velvet** CAFÉ
(Dežmanova 9 ; ⌚8h-22h lun-ven, 8h-15h sam, 8h-14h dim). Un établissement stylé pour un café et un en-cas dans un cadre minimaliste chic, aménagé par le propriétaire Saša Šekoranja, le fleuriste branché de Zagreb.

**Lemon** BAR, CLUB
(www.lemon.hr ; Gajeva 10). En été, l'endroit est idéal pour siroter un cocktail sur la terrasse du Musée archéologique, parmi d'anciennes stèles. En automne et en hiver, allez danser dans le club au rez-de-chaussée !

**Eli's Cafe** CAFÉ
(www.eliscaffe.com ; Ilica 63 ; ⌚8h-16h lun-sam, 8h-14h dim, 8h-14h tlj mi-juil à mi-août). Le café 100% arabica (primé) est excellent. Commandez un cappuccino et une pâtisserie pour le petit déjeuner.

**Bulldog** CAFÉ/PUB
(Bogovićeva 6). Les tables en terrasse sont idéales pour regarder les passants dans cette rue piétonne animée. Le soir, il est agréable de s'y rencontrer autour d'un verre. Le week-end, le club en sous-sol programme de la musique live.

**Palainovka** CAFÉ
(Ilirski Trg 1). Le plus ancien café de Zagreb (établi en 1846), de style viennois, sert de délicieux cafés, thés et gâteaux sous des plafonds ornés de fresques.

**BP Club** BAR/CLUB DE JAZZ
(Teslina 7 ; ⏲22h-2h lun-sam). Rendez-vous dans ce club en sous-sol classique pour siroter un verre tranquillement et, certains soirs, écouter des groupes de jazz, de blues ou de rock.

**Movie Pub** PUB
(Savska 141). Des affiches de stars de cinéma ornent les murs de ce pub fréquenté, qui offre 30 variétés de bières et un karaoké le jeudi soir à 22h30.

**Hemingway** BAR
(Trg Maršala Tita 1). Lunettes de soleil et iPhone font partie de la panoplie obligée dans ce bar à cocktails haut de gamme, où l'on vient pour voir et être vu.

## ☆ Où sortir

Les théâtres et les salles de concert de Zagreb proposent des programmes très variés toute l'année. Nombre d'entre eux sont répertoriés dans le mensuel *Zagreb Events & Performances,* disponible à l'office du tourisme principal. Les quotidiens *Jutarnji List* et *Večernji List* indiquent en dernière page les manifestations culturelles et artistiques.

### Clubs et discothèques

L'entrée coûte de 20 à 100 Kn selon les soirs et l'événement. Les clubs, qui ouvrent vers 22h, pour la plupart du jeudi au samedi, commencent à s'animer vers minuit.

**Aquarius** CLUB
(www.aquarius.hr ; lac Jarun). Endroit fabuleux pour faire la fête, ce club immensément populaire possède une série de salles donnant sur une grande terrasse face au lac. House et techno prédominent, mais le vendredi, la fête Blackout Lounge met le feu avec hip-hop et R&B. En été, l'Aquarius s'installe à Zrće, sur l'île de Pag.

**Močvara** CLUB
(www.mochvara.hr ; Trnjanski Nasip bb). Dans une ancienne usine sur les rives de la Save, le "Marécage" est l'une des meilleures discothèques de la ville grâce à son excellente musique alternative et à son cadre joliment décrépit. Les concerts vont du dub et du dancehall à la world music et au heavy metal.

**KSET** CLUB
(www.kset.org, in Croatian ; Unska 3). Tout le monde vient jouer dans ce club, des stars de l'ethno à celles du hip-hop. Le samedi soir, des DJ font danser des centaines de jeunes jusqu'à l'aube. Les concerts et les événements peuvent satisfaire tous les goûts.

**Jabuka** CLUB
(Jabukovac 28). La "Pomme", prisée de longue date, séduit des trentenaires qui viennent écouter des tubes des années 1980. Prenez un taxi ou marchez à travers bois, dans un quartier chic.

**Medika** CLUB
(www.pierottijeva11.org ; Pierrotijeva 11). Cet établissement bohème, installé dans une ancienne usine pharmaceutique, s'autoproclame "centre culturel autonome". Premier squat légalisé de ville, il propose un programme de concerts, d'expositions artistiques et de fêtes, de la bière et de la *rakija* à prix doux.

**Purgeraj** CLUB
(www.purgeraj.hr ; Park Ribnjak 1). Rock, blues et modern jazz live figurent au menu musical de cet espace branché. Le samedi soir, l'endroit fait le plein avec une fusion de disco, de funk, de pop et de musique des années 1980.

**Sirup** CLUB
(www.sirupclub.com ; Donje Svetice 40). La clientèle, principalement masculine, de ce grand club excentré, apprécie son cadre clinquant et ses DJ locaux et étrangers qui mixent de la techno.

**Boogaloo** CLUB
(www.boogaloo.hr, en croate ; OTV Dom, Vukovarska 68). DJ, soirées à thèmes et musique live : telles sont les caractéristiques de ce club. La soirée house et techno du vendredi remporte un franc succès. À 15 min de marche de la place Jelačića.

### Scène gay et lesbienne

La scène gay et lesbienne de Zagreb s'ouvre progressivement, tout en restant sur ses gardes. Nombre de gays draguent discrètement sur la plage sud du lac Jarun. Ils sont bien accueillis dans la plupart des discothèques.

**David** BAR
(www.sauna-aquateam.hr ; Ulica Ivana Broza 8a ; ⏲17h-23h). Sauna, bar et salle vidéo réservée aux hommes : le David est un endroit prisé par les gays de Zagreb. Le billet pour la journée s'élève à 80 Kn.

**Studio Mobilus** CLUB
(www.studio-mobilus.hr ; Đordićeva 10). Club réservé aux hommes, l'endroit est idéal pour se faire de nouveaux amis.

**Rush Club** CLUB
(Amruševa 10). Une clientèle gay et lesbienne plus jeune se rencontre dans ce club amusant du centre-ville. Entrée gratuite le jeudi et soirées à thème (karaoké...).

### Théâtre

Des places de théâtre sont habituellement disponibles, même pour les spectacles les plus courus.

**Théâtre national croate** THÉÂTRE
(☎48 88 418 ; www.hnk.hr ; Trg Maršala Tita 15). Ce théâtre néobaroque, inauguré en 1895, présente des opéras et des ballets. Remarquez la sculpture d'Ivan Meštrović, *Le Puits de la vie* (1905), devant l'édifice

**Salle Vatroslav Lisinski** SALLE DE CONCERTS
(☎61 21 166 ; www.lisinski.hr ; Trg Stjepana Radića 4). La salle la plus prestigieuse de la ville, où l'on vient écouter des concerts symphoniques, du jazz et de la world music, ou bien assister à une pièce de théâtre.

**Institut de musique croate** SALLE DE CONCERTS
(☎48 30 822 ; Gundulićeva 6a). Une autre belle salle pour assister à des concerts de musique classique – souvent des œuvres de compositeurs croates jouées par des musiciens nationaux.

### Sport

En été, le lac Jarun accueille des compétitions d'aviron, de kayak et de canoë. Appelez le ☎0800 300 301 pour des détails. Pour des informations sur les événements sportifs, composez le ☎9841.

Le basket-ball est populaire à Zagreb, la ville de l'équipe Cibona. Rendez hommage au joueur le plus célèbre de l'équipe au **musée-mémorial Dražen Petrović** (☎48 43 333 ; Savska 30 ; 20-100 Kn), situé à côté du Musée technique. Des matchs ont lieu fréquemment ; les billets sont en vente à l'entrée ou en ligne sur www.cibona.com.

Le Dinamo, l'équipe de football la plus populaire de Zagreb, joue au **Stadion Maksimir** (☎23 86 111 ; Maksimirska 128 ; billets à partir de 30 Kn), dans l'est de la ville. Les matchs ont lieu le dimanche après-midi d'août à mai. Prenez le tramway n°4, 7, 11 ou 12 jusqu'à Bukovačka. Pour plus d'informations, consultez le site www.nk-dinamo.hr.

## Achats

Les grandes enseignes internationales occupent les bâtiments imposants d'Ilica, la principale artère commerçante.

**Prostor** MODE
(www.multiracionalnakompanija.com ; Mesnička 5; ⏲12h-20h lun-ven, 10h-15h sam). Cette fantastique galerie d'art et boutique de vêtements propose des créations d'artistes indépendants et de jeunes designers de premier plan. Consultez le site Internet pour les dates des vernissages, qui permettent de faire d'intéressantes rencontres. Dans une cour près de Mesnička.

**Bronić Sisters** VÊTEMENTS, ACCESSOIRES
(www.bronic.biz). Découvrez les créations fantaisistes des talentueuses jumelles Josipa et Marijana, qui travaillent et vendent dans leur maison-atelier. Vous pourrez passer des heures à combiner divers vêtements et accessoires pour créer la tenue parfaite.

**Natura Croatica** SOUVENIRS
(www.naturacroatica.com ; Skalinska 2a). Plus de 300 produits croates naturels sont vendus dans cette boutique – des savons faits main et des huiles de bain odorantes aux vins, *rakija,* chocolats, confitures et épices. Un endroit idéal pour des cadeaux.

### JOURS DE MARCHÉ

Si Zagreb compte peu de marchés, ceux-ci sont très animés. Le **marché d'antiquités** (⏲9h-14h dim), sur Britanski trg, est l'une des grandes attractions du centre-ville. Pour découvrir un marché aux puces inégalé dans tout le pays, rendez-vous à **Hrelić** (⏲7h-15h dim), un espace immense rempli d'objets hétéroclites, des pièces détachées de voitures et des meubles anciens aux vêtements, disques, ustensiles ménagers, etc. Tout est bien sûr d'occasion et le marchandage est de rigueur. En dehors des achats, la visite du marché est une expérience mémorable et fait découvrir une facette de Zagreb que vous ne retrouverez pas ailleurs : la présence de nombreux Roms, la musique, l'atmosphère effervescente et le fumet des viandes grillées dans la section restauration. En été, prévoyez un chapeau et de l'écran solaire car il n'y a pas un brin d'ombre. Prenez le bus n°295 (8 Kn, 20 min) derrière la gare ferroviaire jusqu'à Sajam Jakuševac.

**Sherrif & Cherry** BOUTIQUE DE CRÉATEUR
(www.sheriffandcherry.com ; Medvedgradska 3). Offrez-vous une paire de baskets Startas de la période yougoslave, revisitées et super-branchées, dans cet atelier-boutique dirigé par le créateur Mauro Massarotto, natif de Rovinj.

**Profil Megastore** LIBRAIRIE
(Bogovićeva 7 ; ⏲9h-22h lun-sam). Dans un hall d'entrée, la librairie la plus attrayante de Zagreb offre une excellente sélection de livres et comprend un joli café dans la galerie.

**Bornstein** SPIRITUEUX
(www.bornstein.hr ; Kaptol 19). Si vous aimez le vin et les alcools de Croatie, vous trouverez ici un choix étonnant d'eaux-de-vie, de vins et de produits gastronomiques.

**I-GLE** BOUTIQUE DE CRÉATEUR
(www.i-gle.com ; Dežmanova 4). Offrez-vous l'une des créations les plus sculpturales et les plus portables de Nataša Mihaljčišin et Martina Vrdoljak-Ranilović, grands noms de l'industrie de la mode croate depuis les années 1990.

**Croata** CRAVATES
(www.croata.hr ; Oktogon Passage, Ilica 5). Originaire de Croatie, la cravate est le cadeau le plus authentique que l'on puisse ramener ! Comptez de 249 à 2 000 Kn pour une cravate en soie fabriquée sur place.

Voici quelques adresses de centres commerciaux :

**Branimir Centar** (Draškovićeva 51). Cinéma gigantesque, bars, cafés et restaurants pour se détendre après le shopping.

**Nama** (Ilica 4). Grand magasin emblématique de Zagreb.

## ℹ Renseignements

### Accès Internet

Plusieurs petits cybercafés bordent Preradovićeva.

**Sublink** (☎48 11 329 ; www.sublink.hr ; Teslina 12 ; 15 Kn/h ; ⏲9h-22h lun-sam, 15h-22h dim). Le premier cybercafé de la ville et toujours le meilleur.

### Agences de voyages

**Atlas Travel Agency** (☎48 07 300 ; www.atlas-croatia.com ; Zrinjevac 17). Circuits en Croatie.

**Croatia Express** (☎49 22 237 ; Trg Kralja Tomislava 17). Réservations de billets de train, d'avion et de ferry, de voitures de location et de chambres d'hôtel dans tout le pays. Excursion quotidienne à la plage de juin à septembre (90 Kn aller-retour jusqu'à Crikvenica).

**CYHA Travel Section** (☎48 47 474 ; www.hfhs.hr ; Trg Žrtava Fašizma 13 ; ⏲8h-17h lun-ven). La branche voyage de la YHA croate vous informe sur les auberges de jeunesse HI du pays et peut effectuer des réservations.

**Generalturist** (☎48 07 660 ; www.generalturist.com ; Praška 5). Possède des agences dans tout le pays et propose des excursions sur la côte, des croisières et des billets d'avion.

### Argent

Vous trouverez des DAB dans les gares routière et ferroviaire, à l'aéroport et dans plusieurs endroits en ville. Aux gares routière et ferroviaire, certaines banques acceptent les chèques de voyage. Des bureaux de change sont installés dans l'Importanne Centar, sur Starčevićev trg, et ailleurs en ville.

### Consigne

**Garderoba** gare routière (4 premières heures 20 Kn, puis 2,50 Kn/h ; ⏲5h-22h lun-sam, 6h-22h dim) ; gare ferroviaire (casiers 15 Kn/24 heures ; ⏲24h/24).

### Laveries

Si vous logez chez l'habitant, vous pourrez certainement vous servir du lave-linge de votre hôte, ce qui vous reviendra moins cher que les laveries ci-dessous ; elles facturent environ 60 Kn les 5 kg et ferment le dimanche.

**Dorateks** (Draškovićeva 31)

**Petecin** (Kaptol 11)

### Offices du tourisme

**Office du tourisme principal** (☎48 14 051, ligne d'information gratuite ☎800-53-53 ; www.zagreb-touristinfo.hr ; Trg Josipa Jelačića 11 ; ⏲8h30-21h lun-ven, 9h-18h sam-dim juin-sept, 8h30-20h lun-ven, 9h-17h sam-dim oct-mai). Distribue des cartes de la ville et des brochures gratuites, et vend la Zagreb Card.

**Bureau du parc national des lacs de Plitvice** (☎46 13 586 ; Trg Kralja Tomislava 19 ; ⏲8h-16h lun-jeu, 8h-15h30 ven). Informations et brochures sur Plitvice et le Velebit, et sur d'autres parcs nationaux croates.

**Annexe saisonnière de l'office du tourisme** (aéroport ; ⏲9h-21h lun-ven, 10h-17h sam-dim). À côté des arrivées internationales, ouverte de juin à septembre.

**Annexe de l'office du tourisme** (gare ferroviaire ; ⏲8h30-20h lun-ven, 12h30-18h30 sam-dim). Les mêmes services que l'office du tourisme principal.

**Association touristique du comté de Zagreb** (☎48 73 665 ; www.tzzz.hr ; Preradovićeva 42 ;

⏲8h-16h lun-ven). Renseignements et brochures sur les curiosités aux alentours de Zagreb – routes des vins, itinéraires cyclables...

### Poste

**Poste principale** (☎48 11 090 ; Jurišićeva 13; ⏲7h-20h lun-ven, 7h-13h sam). Possède un centre téléphonique.

**Poste** (☎49 81 300 ; Branimirova 4; ⏲24h/24). Un service de poste restante et le meilleur endroit pour envoyer des colis.

### Services médicaux

**KBC Rebro** (☎23 88 888 ; Kišpatićeva 12 ; ⏲24h/24). À l'est de la ville, service d'urgence.

**Pharmacie** (☎48 16 198 ; Trg Josipa Jelačića 3 ; ⏲24h/24)

**Urgences dentaires** (☎48 03 200 ; Perkovčeva 3 ; ⏲24h/24)

### Urgences

**Poste de police** (☎45 63 311; Petrinjska 30)

## Depuis/vers Zagreb

### Avion

**Croatia Airlines** (☎66 76 555 ; www.croatia airlines.hr ; Zrinjevac 17). La compagnie nationale assure des vols internationaux et intérieurs depuis/vers Zagreb.

**Aéroport de Zagreb** (☎45 62 222 ; www. zagreb -airport.hr). À 17 km au sud-est de Zagreb, c'est l'un des principaux aéroports du pays ; nombreux vols nationaux et internationaux.

### Bus

La **gare routière** (☎060 313 333 ; www.akz. hr ; Avenija M Držića 4) se situe à 1 km à l'est de la gare ferroviaire. Les tramways n°2, 3 et 6 relient les deux gares. Le tramway n°6 dessert Trg Josipa Jelačića. La gare possède une vaste salle d'attente.

Avant d'acheter votre billet, renseignez-vous sur l'horaire d'arrivée – certains bus empruntent des routes secondaires et s'arrêtent dans toutes les localités en chemin.

Consultez l'encadré ci-dessus pour des détails sur les bus au départ de Zagreb. Les services sont moins fréquents hors saison.

### Train

La **gare ferroviaire** (☎060 333 444 ; www. hznet.hr) se tient dans la partie sud de la ville. En sortant, vous verrez une série de parcs et de pavillons en face de vous, qui mènent au centre-ville. Mieux vaut acheter les billets de train à l'avance car le nombre de places est limité. Reportez-vous à l'encadré p. 63 pour des informations sur les trains au départ de Zagreb.

### LA ZAGREB CARD

Que vous passiez un ou trois jours à Zagreb, la Zagreb Card vous fera faire des économies. Valable pour une durée de 24 heures ou de 72 heures (60 ou 90 Kn), elle permet d'emprunter gratuitement tous les transports publics, octroie 50% de réduction sur l'entrée des musées et des galeries, et procure des réductions dans certains bars et restaurants, pour la location de voitures, etc. Une brochure répertorie tous les établissements participants ; vous pourrez aussi consulter la liste sur le site www.zagrebcard.fivestars. hr. La carte est en vente à l'office du tourisme principal et dans de nombreux hôtels, auberges de jeunesse, bars et boutiques.

## Comment circuler

### Depuis/vers l'aéroport

**Bus** Le bus de Croatia Airlines pour l'aéroport (30 Kn) part de la gare routière toutes les demi-heures ou toutes les heures de 5h à 20h (mêmes horaires dans l'autre sens).

**Taxi** Comptez de 150 à 300 Kn.

### Taxi

Tous les taxis sont équipés de compteurs ; à une prise en charge de 19 Kn s'ajoutent 7 Kn/ km et, le cas échéant, 3 Kn/bagage. Comptez 20% de majoration le dimanche et la nuit entre 22h et 5h. Le tarif d'attente se monte à 50 Kn/ heure.

Ces tarifs élevés expliquent que l'on trouve facilement un taxi aux stations indiquées par un panneau bleu ; vous pourrez aussi appeler le ☎970 ou le ☎060 800 800 pour en réserver un.

### Tramway

Un réseau de tramways efficace (www. set.hr) sillonne la ville. Le centre-ville est néanmoins suffisamment ramassé pour être exploré à pied. Les plans du réseau, affichés à la plupart des arrêts, facilitent les déplacements.

Les billets (8 Kn), en vente dans les kiosques à journaux, autorisent les correspondances dans une même direction pendant 1 heure 30. De la place centrale, le tramway est gratuit pour les deux premières stations dans chaque direction.

La plupart des kiosques à journaux vendent des *dnevna karta* (billets pour la journée, 25 Kn),

## BUS AU DÉPART DE ZAGREB

### Liaisons nationales

| DESTINATION | TARIF | DURÉE | FRÉQUENCE |
|---|---|---|---|
| Korčula | 239 Kn | 11 heures | 1/jour |
| Krk | 163-194 Kn | 3-4 heures 30 | 8/jour |
| Makarska | 169-199 Kn | 6 heures 30 | 12-14/jour |
| Mali Lošinj | 267-284 Kn | 5-6 heures | 3/jour |
| Osijek | 125-165 Kn | 4 heures | 8-11/jour |
| Plitvice | 72-83 Kn | 2-2 heures 30 | 11/jour |
| Poreč | 150-221 Kn | 4-4 heures 30 | 11/jour |
| Pula | 162-185 Kn | 3 heures 30-5 heures 30 | 14-17/jour |
| Rab | 183-197 Kn | 4-5 heures 30 | 4/jour |
| Rijeka | 104-155 Kn | 2 heures 30-3 heures | 20-25/jour |
| Rovinj | 146-185 Kn | 3-6 heures | 9-11/jour |
| Šibenik | 135-165 Kn | 4 heures 30-7 heures | 20-22/jour |
| Split | 165-181 Kn | 5-8 heures 30 | 32-34/jour |
| Varaždin | 69 Kn | 1-2 heures | 19-23/jour |
| Zadar | 99-138 Kn | 3 heures 30-5 heures | 31/jour |

### Liaisons internationales

| DESTINATION | TARIF | DURÉE | FRÉQUENCE |
|---|---|---|---|
| Belgrade | 199-204 Kn | 6 heures | 6/jour |
| Florence | 438 Kn | 10 heures 30 | 1/semaine |
| Munich | 352 Kn | 9 heures 30 | 2/jour |
| Paris | 800 Kn | 11 heures | 2/semaine |
| Sarajevo | 188-24 Kn | 7-8 heures | 4-5/jour |
| Vienne | 250 Kn | 5-6 heures | 2/jour |

valables sur tous les transports publics jusqu'au lendemain matin 4h.

Pensez à composter votre billet dans l'oblitérateur jaune en montant dans le tramway.

### Voiture

Il est assez facile de circuler en voiture à Zagreb. Les boulevards sont larges ; le stationnement dans le centre, bien que rare, coûte 12 Kn/heure. Faites attention aux tramways.

**Hrvatski Autoklub** (HAK ; Club automobile croate ; ☎46 40 800 ; www.hak.hr ; Avenija Dubrovnik 44). Les automobilistes peuvent appeler le ☎987 pour une assistance sur la route.

Les compagnies internationales de location de voitures suivantes sont présentes à Zagreb :

**Avis** (☎46 73 603 ; www.avis.com.hr ; Radnička 45 et à l'aéroport)

**Budget Rent-a-Car** (☎45 54 936 ; www.budget.hr ; Pile 1 et à l'aéroport)

**Hertz** (☎48 46 777 ; www.hertz.hr ; Vukotinovićeva 4)

Les compagnies locales pratiquent habituellement des tarifs plus avantageux. Essayez **H&M** (☎37 04 535 ; www.hm-rentacar.hr ; Grahorova 11 et à l'aéroport).

# ENVIRONS DE ZAGREB

La région autour de Zagreb offre de multiples escapades, depuis la pittoresque Karlovac jusqu'à la charmante ville de Samobor, appréciée pour ses paisibles promenades à flanc de colline... mais aussi pour ses excellents gâteaux !

## TRAINS AU DÉPART DE ZAGREB

### Liaisons nationales

| DESTINATION | TARIF | DURÉE | FRÉQUENCE |
|---|---|---|---|
| Osijek | 115 Kn | 3 heures 30-5 heures 30 | 6/jour |
| Rijeka | 97 Kn | 4-5 heures | 5/jour |
| Šibenik | 153 Kn | 8 heures | 1/jour |
| Split | 166 Kn | 5 heures 30-8 heures | 5/jour |
| Varaždin | 57 Kn | 2-3 heures | 12/jour |
| Zadar | 161 Kn | 8 heures | 1/jour |

### Liaisons internationales

| DESTINATION | TARIF | DURÉE | FRÉQUENCE |
|---|---|---|---|
| Banja Luka | 100 Kn | 4 heures 30 | 2/jour |
| Belgrade | 159 Kn | 6 heures 30 | 4/jour |
| Budapest | 223 Kn | 6-7 heures | 3/jour |
| Ljubljana | 100 Kn | 2 heures 30 | 7/jour |
| Mostar | 282 Kn | 11 heures 30 | 1/jour |
| Munich | 674 Kn | 8 heures 30-9 heures | 3/jour |
| Ploče | 313 Kn | 13 heures 30 | 1/jour |
| Sarajevo | 222 Kn | 9 heures 30 | 2/jour |
| Venise | 303 Kn | 7 heures 30 | 1/jour |
| Vienne | 446 Kn | 5 heures 30-6 heures 30 | 2/jour |

## Mont Medvednica

Idéal pour la **randonnée**, le mont Medvednica, au nord de Zagreb, comporte deux itinéraires prisés. Prenez le tramway n°14 jusqu'au terminus, puis le n°15 jusqu'au dernier arrêt afin d'arriver près du funiculaire qui conduit au sommet ; à côté de ce funiculaire, un sentier bien balisé mène également à la cime. Vous pourrez aussi emprunter le bus n°102 à Britanski trg (à l'ouest du centre-ville dans Ilica) jusqu'à l'église de Šestine et suivre le sentier à partir de là. Comptez environ 3 heures (aller-retour) pour chaque itinéraire et souvenez-vous que l'on se perd facilement dans cette montagne densément boisée. Emportez des vêtements chauds et de l'eau, et veillez à revenir avant la tombée de la nuit. En été, protégez-vous des tiques, qui peuvent véhiculer des maladies, en portant des pantalons et des manches longues. Inspectez votre corps après la marche. Pour plus d'informations, contactez l'office du tourisme de Zagreb.

On peut aussi skier sur le **domaine skiable du Sljeme** (www.sljeme.hr), qui comprend cinq pistes de divers niveaux de difficulté ; le site Internet indique les conditions d'enneigement. Vous pourrez déjeuner dans un restaurant local (le Purgerka a la faveur des habitants) et louer du matériel sur place.

## Karlovac

☎047 / 60 000 HABITANTS

Au confluent de quatre rivières – la Kupa, la Korana, la Mrežnica et la Dobra –, Karlovac et ses alentours sont naturellement devenus un refuge pour les citadins en quête de détente. La ville présente une structure unique, caractérisée par un centre historique en forme d'étoile à six branches, divisé en 24 pâtés de maisons quasi rectangulaires. Place forte construite en 1579 pour contenir l'envahisseur turc, Karlovac se trouve sur la grand-route qui relie Zagreb à Rijeka. Des anciennes fortifications ne subsistent que les douves, mais

VAUT LE DÉTOUR

## UNE MAISON DANS LES COLLINES

Pour découvrir la campagne à deux pas de Zagreb, rendez-vous au **Kućica** (☎099-629-2939 ; www.kuchica.com ; semaine/week-end 375/750 Kn, réductions pour les longs séjours), un établissement installé dans une charmante maison traditionnelle, construite avec du bois de chêne. Dans les collines à une demi-heure de la capitale, il semble pourtant à mille lieues de la civilisation. À l'extérieur : vergers, vignes, jardin bio, hamac sous un châtaigner et chants d'oiseaux. A l'intérieur : meubles anciens, four à bois et cadre rustique.

Imaginé par Vanja et Iva, deux jeunes professionnels du marketing de Zagreb, cet adorable refuge peut être loué pour une journée, une semaine ou plus. La région ne compte guère de sites, mais offre la possibilité de faire de belles randonnées et de découvrir un charmant village avec une église, une boutique et deux cafés. Une longue table en bois à l'extérieur et un barbecue font de la maison un lieu prisé des familles et des groupes d'amis. L'endroit accueille parfois des sessions de yoga, des stages de photographie et d'autres activités.

Si vous êtes motorisé, vous pourrez venir pour la journée. Sinon, pour environ 365 Kn, les propriétaires viendront vous chercher à Zagreb ; ils s'arrêteront sur un marché pour vous permettre de faire vos courses et vous déposeront à la maison. Sur demande, ils vous fourniront des gâteaux, du pain, de la grappa maison et des légumes du jardin.

le centre-ville a conservé son plan géométrique et ses édifices baroques.

La Kupa traverse la cité d'est en ouest, tandis que l'artère principale, Prilaz Većeslava Holjevca, court du nord au sud. La vieille ville est située à l'est de Prilaz Vece Holjevca, sur la rive sud de la Kupa. Trg Josipa Jelačića forme la place principale. La gare routière est implantée quant à elle dans Prilaz Većeslava Holjevca, à 500 m au sud du centre-ville ; la gare ferroviaire est dans la même rue, à 1,5 km au nord du centre.

### À voir et à faire

**Zvijezda** QUARTIER HISTORIQUE

Zvijezda (Étoile), la vieille ville, constitue le principal attrait de Karlovac. L'**église de la Sainte-Trinité** (XVII^e^ siècle), avec son autel en marbre noir, et le **monastère franciscain** adjacent sont les joyaux de Trg Josipa Jelačića. Dans les rues avoisinantes, les belles demeures des négociants et des militaires des XVII^e^ et XVIII^e^ siècles ont été restaurées. Promenez-vous le long de Radićeva, où vous découvrirez la maison du comte Janko Drašković.

**Musée municipal** MUSÉE

(Gradski Muzej ; ☎615 980 ; Strossmayerov trg ; tarif plein/réduit 10/7 Kn ; ⏲7h-15h lun-ven, 10h-12h sam-dim). À un pâté de maisons de Trg Josipa Jelačića, Strossmayerov trg est une place baroque semi-circulaire où le Musée municipal occupe le palais Frankopan. Il présente des maquettes du vieux Karlovac, de l'artisanat local et des objets historiques.

**Dubovac** FORTERESSE MÉDIÉVALE

(Zagrad 10). Une marche de 30 min vers le nord, le long de la Kupa puis à flanc de colline, conduit à Dubovac, une forteresse médiévale qui renferme un café et offre une vue superbe sur la ville.

### Où se loger et se restaurer

L'office du tourisme peut vous aider à trouver une chambre chez l'habitant (80-110 Kn/pers). Le centre-ville compte 3 hôtels.

**Carlstadt Hotel** HÔTEL €€

(☎611 111 ; www.carlstadt.hr ; Vranicanijeva 1 ; s/d 317/469 Kn ; P❄📶). Prisé par les voyageurs d'affaires, cet hôtel bien situé loue 40 chambres beige et marron avec TV et téléphone.

**Mirna** RESTAURANT DE POISSON €

(Koransko Šetalište bb ; plats à partir de 55 Kn). Après un apéritif au Carlstadt, régalez-vous de poisson de mer ou d'eau douce sur la terrasse qui surplombe la Korana.

**Slatki Centar** PÂTISSERIE €

(Vlatka Mačeka 6). D'excellentes pâtisseries et crêpes.

### Renseignements

**Office du tourisme** (☎615 115 ; www.karlovac-touristinfo.hr ; Petra Zrinskog 3 ;

⌚8h-15h lun-sam, 8h-13h dim juil-août, 8h-15h lun-ven, 8h-13h sam sept-juin). Possède peu de brochures, mais peut vous trouver une chambre chez l'habitant.

## Depuis/vers Karlovac

De nombreux bus relient Karlovac à Zagreb (32-42 Kn, 50 min, 20/jour). Des trains desservent fréquemment Zagreb (38 Kn, 50 min, 20/jour) et Rijeka (80 Kn, 3 heures, 6/jour).

# Samobor

☎01 / 19 000 HABITANTS

Samobor est l'endroit où les citadins surmenés viennent se délasser et se régaler de cuisine roborative, de gâteaux crémeux et de beaux paysages. Un cours d'eau peu profond traverse le centre-ville, composé de maisons aux tons pastel et de vieilles églises, tandis que le Samoborsko Gorje se prête idéalement à la randonnée.

La principale activité économique repose sur de petites entreprises familiales qui contribuent à préserver le patrimoine de la ville en se consacrant à l'artisanat, à la restauration et à la production de moutarde et de spiritueux. Les traditions littéraires et musicales de Samobor s'illustrent par plusieurs festivals, dont le célèbre **Fašnik** (carnaval de Samobor).

## À voir et à faire

**Musée municipal** MUSÉE

(Gradski Muzej ; Livadićeva 7 ; tarif plein/réduit 8/5 Kn ; ⌚9h-14h mar-ven, 9h-13h sam, 10h-17h dim juil et août, 9h-15h mar-ven sept-juin). Dans une demeure historique, ce musée présente sur 2 étages des objets vaguement intéressants sur la culture régionale, dont une collection ethnographique.

**Musée Marton** MUSÉE

(☎36 70 600 ; Jurjevska 7 ; tarif plein/réduit 20/15 Kn ; ⌚10h-13h sam-dim sur RV uniquement). Jetez un coup d'œil à cette collection d'art privée, qui comprend des peintures de la période Biedermeier, ainsi que des porcelaines, des verreries et des meubles.

## Où se loger

La plupart des visiteurs viennent de Zagreb pour la journée, mais rien n'empêche de loger à Samobor et de passer la journée dans la capitale.

### TOUS EN BALADE !

Samobor est un bon point de départ pour des randonnées dans le **Samoborsko Gorje**, un massif montagneux de la chaîne des Žumberak, qui relie les hauts sommets alpins aux grottes karstiques et aux précipices des Alpes dinariques. C'est aussi le berceau de l'alpinisme organisé en Croatie, qui remonte à 1875. En 1999, la région, d'une superficie de 333 km², est devenue un parc naturel destiné à protéger sa biodiversité, ses forêts, ses grottes karstiques, ses gorges fluviales et ses cascades. Couvert de prairies et de forêts, le massif est le lieu de randonnée le plus prisé de la région. La plupart des itinéraires sont faciles et plusieurs refuges constituent des haltes plaisantes. Beaucoup n'ouvrent que le week-end (sauf en haute saison).

La chaîne comprend trois parties : l'Oštrc, au centre ; le Japetić, à l'ouest ; et le Plešivica, à l'est. Les deux premières sont accessibles depuis le refuge/restaurant Šoićeva Kuća, situé à 10 km à l'ouest de Samobor et desservi par le bus n°144. De là, comptez 30 min de montée abrupte jusqu'au fort médiéval de Lipovac et 1 heure de marche jusqu'au pic d'Oštrc (752 m) et un autre refuge.

Autre itinéraire populaire, la montée de Šoićeva Kuća à Japetić (879 m), point culminant des monts Samobor et site de parapente fameux (www.parafreek.hr), demande 1 heure 30. Vous pourrez aussi suivre un sentier d'Oštrc à Japetić (2 heures). Le Plešivica, qui englobe les ruines d'un fort médiéval et un parc forestier protégé, est aussi un site d'escalade réputé pour la varappe. On y parvient depuis le village de Rude (bus n°143 jusqu'à Rude et Braslovje) : de Rude, dirigez-vous vers l'est jusqu'au pavillon de chasse Srndać au col de Poljanice (12 km), d'où 40 min de grimpée assez raide mènent au pic de Plešivica (779 m). En ville, l'office du tourisme délivre des cartes et des informations sur les randonnées dans la région.

**Hotel Livadić** HÔTEL FAMILIAL €€
(☎33 65 850 ; www.hotel-livadic.hr ; Trg Kralja Tomislava 1 ; s/d/ste 360/465/700 Kn ; P❄📶). Tenu par une famille, cet établissement plaisant, dans le style du XIXe siècle, dispose de grandes chambres confortables réparties autour d'un patio fleuri. Le restaurant sert une excellente cuisine et le café, de délicieux gâteaux.

**Hostel Samobor** AUBERGE DE JEUNESSE €
(☎33 74 107 ; www.hostel-samobor.hr ; Obrtnička 34 ; 127 Kn/pers ; P@). Cette nouvelle auberge de jeunesse de 82 lits offre des petites chambres propres et claires, une exposition de photos dans la salle à manger et les couloirs, et un service affable. Le propriétaire propose des circuits à moto guidés aux environs de Žumberak et dans d'autres parties du pays.

## Où se restaurer

**Gabreku 1929** RESTAURANT €
(Starogradska 46 ; plats à partir de 55 Kn). À quelques pas du centre-ville, ce restaurant classique est géré par la même famille depuis les années 1920. Il est réputé pour ses 35 sortes de *palačinke* (crêpes) salées et sucrées.

**Pri Staroj Vuri** RESTAURANT €
(Giznik 2 ; plats à partir de 55 Kn). Ce cottage douillet, à 50 m en amont de Trg Kralja Tomislava, sert des plats traditionnels comme la *pisanica* (grillade de bœuf avec

### PARC NATUREL DE LONJSKO POLJE

Le Lonjsko Polje offre un fascinant mélange de divers trésors. Parsemé de bâtiments en bois du XIXe siècle, il ravira autant les amateurs d'oiseaux (surtout de cigognes) que les amoureux des chevaux et renferme un témoignage poignant de la Seconde Guerre mondiale. Nominé pour un classement au Patrimoine mondial en janvier 2008, le **Lonjsko Polje** (☎044-672 080 ; www.pp-lonjsko-polje.hr ; Čigoć ; tarif plein/réduit 40/30 Kn ; ☎9h30-17h) est un secteur marécageux de 506 km² (*polje* signifie littéralement "champ") dans la région de Posavina, entre la Save et le mont Moslavačka Gora. Bordant la Lonja, un affluent de la Save qui donne son nom au parc, cet immense bassin de rétention est réputé pour la diversité de sa faune et de sa flore.

Le parc englobe plusieurs villages. **Čigoć** est un lieu de rassemblement des cigognes mondialement réputé. Les oiseaux arrivent fin mars-début avril, nichent sur les toits des ravissantes maisons en bois, se nourrissent d'insectes des marais jusqu'à la fin août, puis entament leur vol de deux à trois mois jusqu'à l'Afrique méridionale. En automne ou en hiver, vous verrez peut-être quelques cigognes qui restent toute l'année et sont nourries par des villageois. Čigoć abrite le bureau d'information et la billetterie du parc, ainsi qu'une petite collection ethnographique appartenant à la famille Sučić.

Le village ancien de **Krapje** est connu pour ses maisons traditionnelles en bois bien conservées et ses domaines de chasse et de pêche. Remarquez les escaliers extérieurs couverts, les porches, les piliers et les divers corps de ferme avec leurs granges, leurs séchoirs, leurs porcheries et leurs poulaillers. D'avril à octobre, un guide, posté dans l'une des maisons, vous informera volontiers sur le patrimoine culturel de la région. Vous verrez sans doute des chevaux *posavski*, une race locale qui se nourrit dans les forêts de chênes de Lonjsko Polje. Renseignez-vous au bureau d'information de Čigoć si vous souhaitez partir en promenade à cheval aux alentours de Krapje.

Également dans le parc, Jasenovac est le site d'un camp de concentration de la Seconde Guerre mondiale dirigé par les Oustachis et le gouvernement croate pro-nazi. Selon les estimations, le nombre de Serbes, de Juifs, de Gitans et de Croates antifascistes qui y auraient péri varie de 49 000 à 1 million. Le **musée-mémorial Jasenovac** (www.jusp-jasenovac.hr ; entrée libre ; ⏲9h-17h lun-ven, 10h-18h sam-dim) rappelle les atrocités de la guerre.

Lonjsko Polje se situe à 50 km au sud-est de Zagreb. Mieux vaut être motorisé, car la rareté des transports publics complique les déplacements. Dans le parc, vous trouverez des chambres à louer dans plusieurs maisons en bois.

une sauce aux champignons, oignons, tomates et vin rouge).

**U Prolazu** PÂTISSERIE
(Trg Kralja Tomislava 5). Le meilleur *kremšnite* (gâteau à la crème) de la ville.

## Renseignements

**Office du tourisme** (☎33 60 044 ; www.tz-samobor.hr ; Trg Kralja Tomislava 5 ; ⌚8h-19h lun-ven, 9h-17h sam, 10h-17h dim). Dans le centre-ville, il possède de nombreuses brochures et des plans de Samobor, Samoborsko et Žumberačko Gorje.

## Depuis/vers Samobor

La gare routière (sans consigne) se trouve dans Šmidhenova, à 100 m au-dessus de la ville. Samobor est bien desservie par les transports publics. À la gare routière principale de Zagreb, prenez un bus pour Samoborček (25 Kn, 30 min, toutes les 30 min).

# Zagorje

**Dans ce chapitre »**



## Le top des restaurants

» Vuglec Breg (p. 78)
» Grešna Gorica (p. 79)
» Zlatne Gorice (p. 76)
» Zlatne Ruke (p. 74)

## Le top des hébergements

» Vuglec Breg (p. 78)
» Hotel Varaždin (p. 74)
» Spa & Golf Resort Sveti Martin (p. 76)
» Ozis (p. 75)

## Pourquoi y aller

Malgré sa proximité avec Zagreb, la région bucolique du Zagorje, située dans le nord du pays, est peu visitée, même en pleine saison estivale. C'est d'autant plus surprenant que ses vertes collines sont émaillées de ravissants villages, de châteaux médiévaux, de vastes vignobles et de sources thermales. Ces paysages verdoyants, où l'on découvre une cuisine et une architecture d'inspiration autrichienne (et des prix constants toute l'année), offrent une agréable alternative au Sud méditerranéen très fréquenté et chaud en été. Les lieux sont merveilleusement tranquilles, même si c'est un peu moins le cas le week-end, quand les familles zagréboises y viennent en nombre.

Le Zagorje débute au nord du mont Medvednica, près de Zagreb. Il s'étend vers l'ouest jusqu'à la frontière slovène et vers le nord jusqu'à Varaždin, qui dévoile de beaux exemples d'architecture baroque. Que vous choisissiez de découvrir la solide cuisine des restaurants rustiques, de plonger dans les sources chaudes, de vous familiariser avec la vie villageoise ou de visiter les châteaux, une chose est certaine : le Zagorje vous fera sortir des sentiers battus.

## Quand partir

### Varaždin

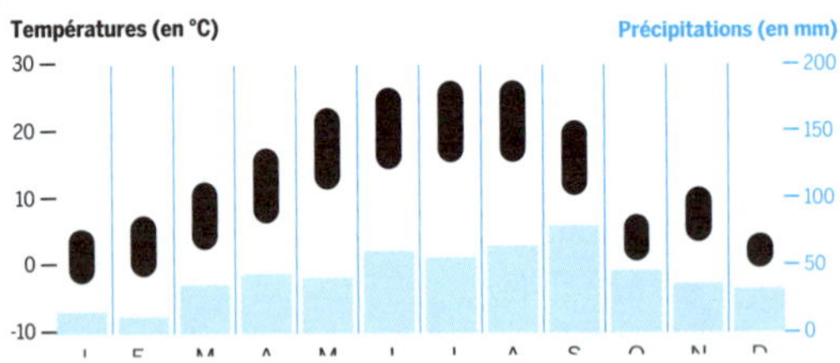


**Juin** Le beau temps qui s'installe est idéal pour explorer la campagne, les châteaux et les stations thermales.

**Août** Varaždin accueille le Špancirfest. Au programme : world music, théâtre et autres spectacles.

**Septembre** L'heure est au folklore et à la cuisine traditionnelle lors du festival de chants kajkaves à Krapina.

**Langue**

Les habitants du Zagorje sont nombreux à s'exprimer dans un dialecte local appelé kajkavski, de l'adverbe *kaj* qui signifie "Quoi ?". Après le croate et le kajkavski, ils parlent le plus souvent allemand, mais rarement anglais (et moins encore français) ; le cas échéant, c'est plutôt le fait des jeunes générations.

### Comment s'y rendre et circuler

Si les villes et les sites dignes d'intérêt du Zagorje (www.tz-zagorje.hr) sont bien desservis en bus et en train au départ de Zagreb, les correspondances sont en revanche sporadiques. Pour découvrir les charmes rustiques de la région, mieux vaut louer un véhicule pour un jour ou deux. Vous pourrez aussi participer à des excursions organisées par **Potepuh** (www.potepuh.hr), une agence de voyages sur Internet spécialisée dans le tourisme culturel et d'aventures dans le Zagorje. Au programme : week-ends romantiques (visites de châteaux, de caves et de tavernes rurales), excursions hors pistes en 4x4, sorties parapente...

## Varaždin

042 / 49 075 HABITANTS

Varaždin, à 81 km au nord de Zagreb, est une destination méconnue, qui ne constitue souvent qu'une simple halte sur la route de la Hongrie. Pourtant, la ville mérite la visite, son centre recelant une architecture baroque restaurée avec fidélité, ainsi que des parcs et des jardins impeccablement entretenus. Son passé de capitale de la Croatie et de ville la plus prospère du pays explique l'extraordinaire raffinement de ses édifices. Dominant la symphonie baroque, Stari Grad (la vieille ville), avec ses tourelles et ses maisons d'un blanc étincelant, abrite un musée.

La zone piétonne, ponctuée de superbes édifices du XVIII<sup>e</sup> siècle, s'articule autour de Trg Kralja Tomislava, place d'où partent les rues les plus anciennes.

**Histoire**

La cité de Garestine (aujourd'hui Varaždin) a joué un rôle important dans l'histoire de la Croatie. Centre administratif régional en 1181, sous le règne de Béla III, elle fut élevée au rang de municipalité royale libre en 1209 par le roi André II, et reçut son propre sceau ainsi que ses armoiries. Le 800<sup>e</sup> anniversaire de cet événement historique a été célébré en 2009.

À l'époque de l'invasion turque, Varaždin était la place forte la plus puissante et la résidence favorite des généraux. Avec le recul de la menace ottomane, la ville devint le centre culturel, politique et marchand de la Croatie. Sa proximité avec l'Europe du Nord favorisa l'épanouissement de l'architecture baroque, alors florissante en Europe. Des bâtisseurs et des artisans de premier rang affluèrent à Varaždin et construisirent demeures, églises et édifices publics.

La ville fut désignée capitale de la Croatie en 1756, et le resta jusqu'au terrible incendie qui la ravagea en 1776. Le ban (vice-roi) décida alors de transférer son administration à Zagreb. Toujours prospère malgré ce coup du sort, Varaždin fut rapidement reconstruite dans le style baroque, lequel est visible encore aujourd'hui.

L'économie de la ville repose sur le textile, la chaussure, l'ameublement et l'agriculture. Avec son centre-ville fraîchement rénové, elle s'impose désormais comme une destination courue pour les excursions d'une journée.

### À voir

Le centre de Varaždin compte un bel ensemble d'édifices baroques, dont plusieurs ont été transformés en musées. Nombre d'hôtels particuliers et d'églises sont en cours de restauration, la ville ayant postulé pour figurer au patrimoine mondial de l'Unesco. La plupart des bâtiments comportent des plaques (en anglais) expliquant leur architecture et leur histoire.

**Musée de la Ville** MUSÉE

(Gradski Muzej ; www.gmv.hr ; Strossmayerovo Šetalište 7 ; tarif plein/réduit 25/15 Kn ; 9h-17h mar-ven, 9h-13h sam-dim). Cette forteresse blanchie à la chaux située dans Stari Grad est un joyau d'architecture défensive médiévale entouré d'un parc superbement entretenu. La construction du bâtiment débuta au XIV<sup>e</sup> siècle. Son style gothico-Renaissance date du XVI<sup>e</sup> siècle, lorsqu'elle devint la principale fortification défensive contre l'assaillant turc. Propriété privée jusqu'en 1925, la forteresse abrite aujourd'hui un musée présentant, dans 30 salles, des meubles, des tableaux, des montres, des poteries, des objets décoratifs, des écussons et des armes accumulés au fil des siècles. L'architecture est encore plus intéressante que les collections : après avoir franchi le pont-levis, flânez sous les arcades, dans les cours et dans les chapelles.

## À ne pas manquer

1. L'architecture baroque superbement préservée de **Varaždin** (p. 69)
2. Un retour au temps de la noblesse croate au **château de Trakošćan** (p. 76)
3. La vie d'un village traditionnel au **musée Staro Selo** (p. 79) de Kumrovec
4. Une dégustation de spécialités croates au **Vuglec Breg** (p. 78), près de Krapinske Toplice
5. L'histoire de nos ancêtres néandertaliens au **musée de l'homme de Neandertal** (p. 77), à Krapina
6. Le **Špancirfest** (p. 73), qui fait vibrer les rues de Varaždin
7. La route des vins du **Međimurje** (p. 76), au nord-est de Varaždin

Beltinci
Mura
0
30 km
Lendava
HONGRIE
Bučkovci
Ljutomer
Sv Martin
Na Muri
Mursko
Središće
7
Région
du Međmurje
Jeruzalem
Ivanjkovci
Sveti
Urban
Podturen
Domašinec
Ormož
Belica
Središče
ob Dravi
Čakovec
Nedelišće
Goričak
Ivanovec
M Subotica
E65
Vinica
2
Sračinec
A4
Prelog
Varaždin
1
6
Drave
Ladanje
2
Vers Koprivnica
(13 km) et Hlebine
(43 km)
Bednja
Tužno
Ludbreg
Bednja
Beletinec
Varaždinske
Toplice
Ivanec
Lepoglava
Ivančica
(1 059 m)
Ljubešćica
Kalničko
(642 m)
Zlatar
E65
Krapina
A4
Križevci
Marija
Bistrica
Vers Zagreb
(30 km)
41

# Varaždin

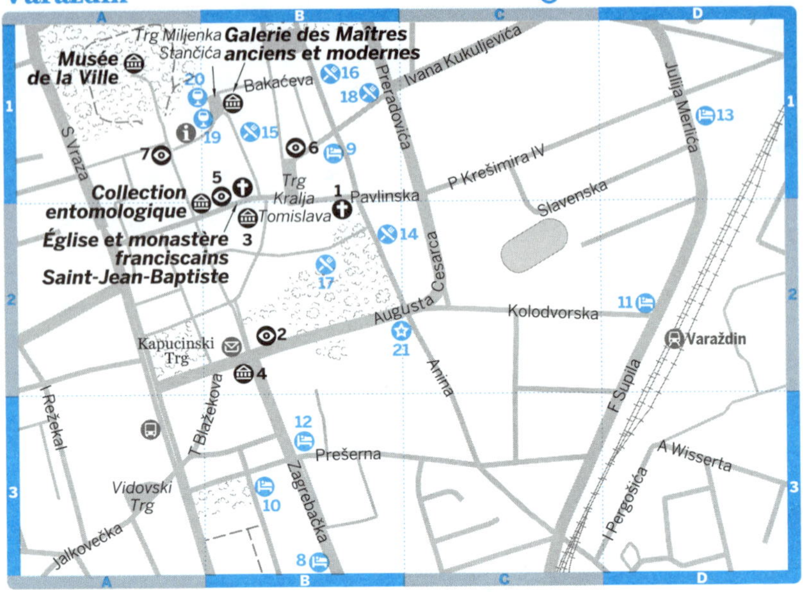


## Varaždin

### Les incontournables

Église et monastère franciscains Saint-Jean-Baptiste ..... B1
Galerie des Maîtres anciens et modernes B1
Musée de la Ville ..... A1
Collection entomologique ..... A2

### À voir

1 Cathédrale de l'Assomption ..... B2
2 Théâtre national croate ..... B2
3 Palais Patačić ..... B2
4 Palais Patačić-Puttar ..... B2
5 Statue de Grégoire de Nin ..... B1
6 Hôtel de ville ..... B1
7 Place de l'Artisanat traditionnel ..... A1

### Où se loger

8 Garestin Pansion ..... B3
9 Hotel Istra ..... B1
10 Hotel Turist ..... B3
11 Hotel Varaždin ..... D2
12 Maltar ..... B3
13 Studentski Centar Varaždin ..... D1

### Où se restaurer

14 Angelus ..... B2
15 Grenadir ..... B1
16 Marché ..... B1
17 Park ..... B2
18 Zlatne Ruke ..... B1

### Où prendre un verre

19 Mea Culpa ..... B1
20 Soho ..... A1

### Où sortir

21 MMC Kult ..... B2
Bureau des concerts de Varaždin. (voir 2)

**Cimetière de Varaždin** CIMETIÈRE
(Hallerova Aleja ; ⌚7h-21h mai-sept, 7h-17h oct-avr). À 10 min de marche vers l'ouest de la vieille ville, le paisible cimetière de Varaždin est un chef-d'œuvre d'horticulture conçu en 1905 par l'architecte viennois Hermann Helmer. Promenez-vous au milieu des tombeaux et des allées et découvrez un superbe jardin paysager de plus de 7 000 arbres (magnolias, hêtres, bouleaux...).

**Galerie des Maîtres anciens et modernes** MUSÉE
(Galerija Starih i Novih Majstora ; Trg Miljenka Stančića 3 ; tarif plein/réduit 25/15 Kn ; ⌚9h-17h

mar-ven, 9h-13h sam-dim). La galerie occupe le palais Sermage, érigé en 1759 dans le style rococo. Remarquez les médaillons sculptés de la façade avant de découvrir les portraits et paysages des Écoles croate, italienne, hollandaise, allemande et flamande. La collection permanente cède parfois la place à des expositions temporaires.

**Collection entomologique** MUSÉE
(Entomološka Zbirka ; Franjevački trg 6 ; tarif plein/réduit 25/15 Kn ; ⏲9h-17h mar-ven, 9h-13h sam-dim). Installée dans le classique palais Hercer, la collection entomologique comprend près de 4 500 pièces, dont un millier d'insectes de différentes espèces. Nids, habitats et modes de reproduction sont présentés de manière instructive, notamment grâce à des bornes interactives et à des audioguides gratuits.

**Église et monastère franciscains Saint-Jean-Baptiste** ÉGLISE
(Crkva Svetog Ivana Krstitelja ; Franjevački trg 8 ; ⏲6h30-12h et 17h30-19h30). Bâtie en 1650 dans le style baroque à l'emplacement d'une structure antérieure, cette église possède la plus haute tour de la ville (54,5 m) et abrite une officine ancienne ornée de fresques au plafond (XVIIIe siècle). À côté se trouve une copie de la **statue de l'évêque Grégoire de Nin**, créée par Ivan Meštrović pour Split. Toucher son gros orteil porterait bonheur.

**Cathédrale de l'Assomption** CATHÉDRALE
(Katedrala Uznesenja Marijina ; Pavlinska 5 ; ⏲7h-12h30 et 15h30-19h30). Cette ancienne église jésuite, au sud de Trg Kralja Tomislava, date de 1646. Sa façade se distingue par un portail de style baroque primitif, orné des armoiries des Drašković. Dans la nef centrale, ne manquez pas les ornementations de l'autel, les colonnes en marbre et le tableau représentant l'assomption de la Vierge Marie. Réputée pour son excellente acoustique, la cathédrale accueille des concerts à l'occasion de soirées baroques.

**Hôtel de ville** MONUMENT HISTORIQUE
(Gradska Vijećnica ; Trg Kralja Tomislava 1). Parmi les plus impressionnants de la ville, cet édifice romano-gothique fait office d'hôtel de ville depuis le XVIe siècle. Remarquez les armoiries de la cité, au pied de la tour, et le portail sculpté datant de 1792. La relève de la garde a lieu tous les samedis à 11h, de mai à septembre.

Nous recommandons aussi :

**Place de l'Artisanat traditionnel** PLACE
(Trg Tradicijskih Obrta ; ⏲10h-18h lun-sam avr-oct). Le site le plus récent de la ville. Les démonstrations par des potiers, tisserands et chapeliers permettent de recréer l'atmosphère d'antan.

**Palais Patačić** PALAIS
(Palača Patačić ; Franjevački trg 4). Cet édifice rococo de 1764 superbement restauré est doté d'un portail de pierre ouvragé.

**Palais Patačić-Puttar** PALAIS
(Palača Patačić-Puttar ; Zagrebačka 2). Admirez ce spectaculaire mélange de baroque et de classique, avec un porche de pierre richement décoré aux armes de la famille Patačić.

**Théâtre national croate** MONUMENT HISTORIQUE
(Hrvatsko Narodno Kazalište ; Augusta Cesarca 1). Ce magnifique théâtre fut érigé en 1873 dans le style néo-Renaissance d'après un projet d'Hermann Helmer.

**Berges de la Drave** QUAIS
Les berges paisibles du fleuve, à 15 min à pied au nord-est du centre-ville, sont bordées de sentiers de promenade et de cafés en plein air.

**Aquacity** PARC AQUATIQUE
(Motičnjak bb, Trnovec Bartolomečki). À 3 km de Varaždin sur la route de Koprivnica, le complexe compte un lac, des courts de tennis et un restaurant.

## Fêtes et festivals

La ville est renommée pour son festival de musique baroque, les **Soirées baroques de Varaždin** (www.vbv.hr), qui dure de 2 à 3 semaines en septembre. Des orchestres locaux et internationaux se produisent alors dans la cathédrale, dans les églises et dans les théâtres. Les billets (75-150 Kn selon les concerts) sont en vente une heure avant le spectacle dans les agences de voyages et au **bureau des concerts de Varaždin** (☎212 907 ; Théâtre national croate, Augusta Cesarca 1).

À la fin août, à l'occasion du **Špancirfest** (www.spancirfest.com), des musiciens jouant de la world music (rythmes afro-cubains, tango, etc.), des acrobates, des comédiens, des artisans et des illusionnistes investissent les parcs et les places.

Beaucoup moins classique, le **Trash Film Fest** (www.trash.hr), festival de films d'action à petit budget, se tient au **MMC Kult** (Anina 2) pendant quelques jours à la mi-septembre.

## Où se loger

Globalement moins onéreux qu'à Zagreb, la plupart des hôtels de Varaždin sont propres, bien tenus et d'un rapport qualité/prix correct. Leur clientèle se composant pour l'essentiel de Zagrébois et de ressortissants des pays voisins en voyage d'affaires, ils sont habituellement complets en semaine et vides le week-end.

Pour une chambre chez l'habitant, contactez l'office du tourisme, qui dispose d'une liste de chambres simples/doubles à partir de 150/250 Kn. En principe, aucun supplément n'est appliqué aux séjours d'une nuitée en chambre individuelle, et il n'y a pas de hausse de prix en été.



**Hotel Varaždin** HÔTEL €€
(☎290 720 ; www.hotelvarazdin.com ; Kolodvorska 19 ; s/d à partir de 388/590 Kn ; P ❄ @). Chambres de style contemporain impeccables et tout confort (Internet, minibar, etc.) pour l'hôtel le plus récent de la ville, situé en face de la gare ferroviaire. Restaurant avec bar et terrasse.

**Maltar** PENSION €
(☎311 100 ; www.maltar.hr ; Prešernova 1 ; s/d 235/435 Kn ; P ❄ @). Coquette petite pension familiale proche du centre et d'un bon rapport qualité/prix. Chambres bien tenues avec TV et 4 suites (2/3 pers, 465/595 Kn) avec kitchenettes.

**Garestin Pansion** HÔTEL €€
(☎214 314 ; Zagrebačka 34 ; s/d 300/460 Kn ; P ❄). Les habitants apprécient le restaurant de cet hôtel situé à deux pas du centre. Les touristes, eux, profitent des 13 chambres confortables ; minibar à l'étage.

Également conseillés :

**Hotel Turist** HÔTEL €€
(☎395 395 ; www.hotel-turist.hr ; Kralja Zvonimira 1 ; s/d 380/594 Kn ; P @). Peu de cachet mais de bons équipements et un service fort de 35 ans d'expérience. Les chambres "d'affaires", plus chères (s/d 403/820 Kn), sont dotées d'un minibar.

**Hotel Istra** HÔTEL €€€
(☎659 659 ; www.istra-hotel.hr ; Ivana Kukuljevića 6 ; s/d à partir de 577/874 Kn ; P ❄ @). Malgré son emplacement imbattable, ainsi que le confort et les équipements de rigueur, cet hôtel de 11 chambres (le seul quatre-étoiles de Varaždin) n'a rien d'enthousiasmant.

**Studentski Centar Varaždin** AUBERGE DE JEUNESSE €
(☎332 910, 332 911 ; www.scvz.hr ; Julija Merlića bb ; s/d 225/360 Kn ; @). Cette résidence universitaire/auberge de jeunesse compte 30 chambres refaites à neuf à louer toute l'année, chacune avec TV, Internet par le câble et réfrigérateur. Service de laverie.

## Où se restaurer et prendre un verre

Si Varaždin ne se distingue pas par sa gastronomie, elle offre mille opportunités de savourer une cuisine croate continentale convenant à tous les budgets. Un **marché** (Augusta Šenoe 12) s'y tient tous les jours jusqu'à 14h. Nombre de boulangeries vendent du *klipić*, un petit pain oblong, spécialité de la ville.

**Angelus** CUISINE ITALIENNE €
(Alojzija Stepinca 3 ; pizzas/plats à partir de 30/45 Kn). Dans une salle voûtée en sous-sol, cette douillette pizzeria-trattoria propose des pizzas, des pâtes (gnocchis, tagliatelles...), des risottos et des plats de viande, tous excellents.

**Zlatne Ruke** CUISINE CROATE MODERNE €€
(Ivana Kukuljevića 13 ; plats à partir de 70 Kn). La seule option gastronomique se veut aussi la plus design de la ville. L'enseigne sert des plats originaux comme le foie gras d'oie aux pêches et le steak tartare de chevreuil dans sa salle en sous-sol en pierre blanche.

**Grenadir** CUISINE CROATE TRADITIONNELLE €
(Kranjčevića 12 ; plats à partir de 35 Kn). Un restaurant traditionnel du centre-ville proposant des *gableci* (déjeuners copieux servis en semaine) simples et économiques, très appréciés de la clientèle locale.

**Park** CUISINE CROATE €
(Jurja Habdelića 6 ; plats à partir de 48 Kn). Des viandes grillées et des buffets de salades corrects, et une terrasse verdoyante, une atmosphère rétro et des déjeuners peu onéreux qui sortent de l'ordinaire.

**Mea Culpa** BAR/LOUNGE
(Ivana Padovca 1). Cet élégant bar-lounge réparti sur 2 étages installe des tables sur Trg Miljenka Stančića lorsqu'il fait beau. Parfait pour boire un café ou siroter un cocktail.

**Soho** CAFÉ/BAR
(Trg Miljenka Stančića 1). Comme le Mea Culpa, ce café possède des tables sur la place ; son intérieur est en revanche plus sobre et intimiste.

## Renseignements

### Accès Internet

**Caffe Bar Aquamarin** (Gajeva 1 ; 🕒7h-24h lun-jeu, 7h-2h ven-sam, 7h-1h dim). Accès gratuit aux ordinateurs lorsque l'on commande un verre.

### Agence de voyages

**Horizont Travel** (☎395 111 ; www.horizont-travel.hr ; Aleja Kralja Zvonimira 1). Tours de la ville et circuits dans le Zagorje.

**BUS AU DÉPART DE VARAŽDIN**

| DESTINATION | TARIF | DURÉE | FRÉQUENCE |
|---|---|---|---|
| Berlin | 795 Kn | 15 heures | 2/semaine |
| Munich | 345 Kn | 8 heures | 2/jour |
| Château de Trakošćan | 25 Kn | 40 min | 9/jour |
| Varaždinske Toplice | 15 Kn | 30 min | 20/jour |
| Vienne | 215 Kn | 6 heures | 1/jour |
| Zagreb | 69 Kn | 1 heure 45 | 1/heure |

### Consigne

**Garderoba** gare routière (7 Kn/bagage ; ⌚4h30-22h) ; gare ferroviaire (15 Kn/jour ; ⌚7h-20h)

### Office du tourisme

**Office du tourisme** (☎210 987 ; www.tourism-varazdin.hr ; Ivana Padovca 3 ; ⌚8h-19h lun-ven, 10h-17h sam avr-oct, 8h-16h lun-ven, 10h-13h sam nov-mars). Véritable mine d'informations, avec une multitude de brochures en couleurs.

## Depuis/vers Varaždin

La gare routière est située au sud-ouest du centre-ville ; la gare ferroviaire se trouve à l'est, à l'autre extrémité. À 1 km de distance l'une de l'autre, les deux gares sont reliées par un minibus (5-15 Kn) qui dessert la ville et les villages voisins.

Varaždin est un important nœud des transports du nord de la Croatie, avec des bus et des trains rayonnant dans toutes les directions. Sachez que les bus qui partent de Zagreb en direction du nord s'arrêtent à Varaždin et que le billet coûte le même prix, que vous l'achetiez dans l'une ou l'autre ville.

La plupart des bus pour la côte passent par Zagreb. Les services pour le château de Trakošćan et Varaždinske Toplice sont très restreints le week-end.

Douze trains rallient quotidiennement Zagreb (57 Kn, 2 heures 30), où vous pourrez prendre une correspondance pour rejoindre la côte. Deux trains vont chaque jour à Budapest, en Hongrie (240 Kn, 7-10 heures), avec une correspondance à Koprivnica. Attention : l'attente à Koprivnica est plus longue pour les trains partant tôt.

# Varaždinske Toplice

☎042 / 6 973 HABITANTS

Les sources sulfureuses (58°C) attirent les visiteurs à Varaždinske Toplice depuis que les Romains y fondèrent au Ier siècle un centre thermal. Des vallons boisés entourent cette jolie ville d'eaux ponctuée d'églises et de bâtiments historiques, comme le château baroque de **Stari Grad** (Trg Slobode 16). Derrière sa façade néogothique, l'**office du tourisme** (☎633 133 ; www.toplice-vz.hr, en croate ; ⌚7h30-15h30 lun-ven), qui fournit des brochures et des renseignements sur les soins proposés, aide aussi à trouver des chambres chez l'habitant.

Juste à côté, le **musée de la Ville** abrite une sculpture de Minerve datant du IIIe siècle ; il était fermé pour travaux lors de notre passage. Les passionnés d'histoire ne manqueront pas le site d'**Aqua Iasae**, vestiges des thermes romains construits entre le Ier et le IVe siècle, et situés à une courte distance à pied sur les hauteurs de Stari Grad (la vieille ville).

La station thermale est située à 12 km au sud-est de Varaždin et à 69 km au nord-est de Zagreb. Elle est desservie par de nombreux bus au départ de Varaždin.

## Où se loger et se restaurer

**Hotel Minerva** HÔTEL €€

(☎630 831 ; www.minerva.hr, en croate ; Trg Slobode 1 ; s 340-440 Kn, d 420-720 Kn ; P). Construit autour des bassins thermaux, dont les eaux soigneraient les rhumatismes, cet hôtel en béton disgracieux est doté de chambres (certaines non rénovées) avec balcon, de piscines intérieure et extérieure, d'un parc aquatique et d'une salle de sport. Les clients ont accès gratuitement aux bassins. Les visiteurs paient 35/40 Kn en semaine/le week-end. Sauna (45 Kn/heure), massages (120 Kn/40 min) et divers programmes antistress.

**Ozis** PENSION €

(☎250 130 ; www.ozis.hr ; Zagrebačka 7 ; s/d 180/300 Kn ; P). Une ravissante pension familiale à l'entrée de la ville avec

## EN ROUTE POUR LA HONGRIE : LE MEĐIMURJE

Les collines ondoyantes du Međimurje s'étendent au nord-est de Varaždin en direction de la frontière avec la Hongrie et la Slovénie. Ce beau cadre de terres fertiles, composé de vignobles, de vergers, de champs de blé et de jardins, ne reçoit que très peu de touristes. Une situation qui évolue cependant, maintenant que les caves viticoles et le village thermal de Sveti Martin commencent à être connus.

Pour goûter aux meilleurs crus de la région dans un cadre familial et authentique, rendez-vous au **domaine Lovrec** (☎040-830 171 ; www.vino-lovrec.hr ; Sveti Urban 133, Štrigova ; ⌚sur RV), dans le village de Sveti Urban, à 20 km au nord-ouest de Čakovec, la capitale régionale. La visite guidée (disponible en français) de cette propriété viticole présente la fabrication du vin et l'histoire de six générations de vignerons. Vous verrez une cave vieille de 300 ans pourvue de pressoirs et de tonneaux anciens, vous vous reposerez à l'ombre de deux immenses platanes qui servaient jadis à refroidir l'air de la cave, apprécierez la vue sur les 6 ha de vignes, et terminerez par la dégustation d'une dizaine de crus différents, du chardonnay au *graševina*, un cépage local. La visite, qui peut prendre jusqu'à 2 heures, revient à 80 Kn (20 Kn de plus pour des en-cas de fromage, salami et pain), avec une bouteille de vin offerte (on vous encouragera vivement à en acheter une seconde).

À quelques kilomètres de là par des routes vallonnées et verdoyantes, l'agréable village de Sveti Martin Na Muri compte un établissement quatre étoiles récemment rénové, le **Spa & Golf Resort Sveti Martin** (☎040 371 111 ; www.toplicesvetimartin.hr ; Grkaveščak bb ; s/d 590/1180 Kn). Celui-ci englobe plusieurs piscines thermales intérieures et extérieures, un parc aquatique, des courts de tennis, des sentiers forestiers, des boutiques, des restaurants et un terrain de golf. De luxueux appartements dotés d'un salon, d'une cuisine et d'un balcon (à partir de 640 Kn) jouxtent la propriété. Pour les non-résidents, le tarif d'accès aux piscines à la journée est de 50 Kn au minimum (60 Kn le week-end) ; le prix baisse de 10 Kn après 13h. Parmi les autres infrastructures, citons la salle de remise en forme (25 Kn/jour) et le sauna (60 Kn/jour). Différents soins sont proposés, tels que les enveloppements de boue (280 Kn/1 heure) et les massages au chocolat (330 Kn/45 min).

La **ferme Goričanec** (☎040 868 288 ; Dunajska 26), à 4 km du village, organise des sorties d'équitation, de pêche et de chasse. **Potrti Kotač** (☎040 868 318 ; Jurovčak 79 ; plats à partir de 40 Kn), à 1 km au-dessus du spa, sert une délicieuse cuisine locale et loue un appartement (250 Kn).

10 chambres impeccables, 3 suites et une jolie cour. Petit déjeuner en supplément. Comptez 10% en plus pour les séjours inférieurs à 3 nuitées.

**Zlatne Gorice** CUISINE D'EUROPE CENTRALE €€ (www.zlatne-gorice.com ; Banjščina 104, Gornji Kneginec ; plats à partir de 55 Kn). Les voyageurs motorisés pourront déjeuner dans cette superbe demeure entourée de vignes, à 3 km de Toplice, sur l'ancienne route de Varaždin. Des plats d'Europe centrale (escalopes viennoises, ragoûts et médaillons de veau) sont servis dans 4 salons ou sur une terrasse avec vue sur la campagne. Sentier autour des vignes, jardin labyrinthe, dégustation de vins (45 Kn avec fromage, pain et fruits) ; 3 chambres doubles confortables (300 Kn) à l'étage.

## Château de Trakošćan

Parmi les plus impressionnants de Croatie continentale, le **château de Trakošćan** (☎796 281 ; www.trakoscan.hr ; tarif plein/réduit 30/15 Kn ; ⌚9h-18h avr-oct, 9h-16h nov-mars), à 80 km au nord-ouest de Zagreb, mérite la visite pour son musée et le joli parc qui l'entoure. Si l'on ne connaît pas la date exacte de sa construction, on sait qu'il en fut fait officiellement mention pour la première fois en 1334. Sa restauration dans le style néogothique, au milieu du XIXe siècle, conserva assez peu des éléments romans d'origine. À la même époque, le parc de 87 ha fut transformé en un jardin romantique à l'anglaise, agrémenté d'arbres exotiques et d'un lac artificiel.

Habité par les Drašković, une famille d'aristocrates, jusqu'en 1944, le château se visite sur 3 niveaux où sont exposés le mobilier d'origine de ses occupants, ainsi qu'une foule de portraits. Les salles arborent divers styles, néo-Renaissance, gothique et baroque. On trouve aussi une collection d'épées et d'armes à feu, et une cuisine d'époque dans les sous-sols.

Après la visite, promenez-vous dans les allées verdoyantes du parc pour gagner le ponton en bois sur le lac, où, par beau temps, vous pourrez louer une barque pour deux (50 Kn/heure).

Aucun bus ne relie Zagreb à Trakošćan. En revanche, les bus qui partent de Varaždin en semaine permettent de faire une excursion à la journée.

## Krapina

☎049 / 12 950 HABITANTS

Cette bourgade provinciale animée est située au cœur d'une jolie région rurale. Son principal attrait est son site de vestiges néandertaliens, l'un des plus importants d'Europe, qui accueille aujourd'hui un musée récemment modernisé. En 1899, une fouille archéologique sur la colline de Hušnjakovo permit d'excaver des ossements humains et animaux révélant l'occupation d'une grotte par une tribu néandertalienne entre 100 000 et 35 000 ans av. J.-C. Outre des outils et des armes en pierre du paléolithique, on découvrit 876 restes humains – notamment 196 dents.

Hormis cette plongée dans la préhistoire et une courte promenade en ville, Krapina n'a pas grand-chose d'autre à offrir.

Zagrebačka Ulica, l'artère principale qui traverse la ville, devient Ljudevita Gaja dans le centre et Magistratska à son extrémité nord. Trg Stjepana Radića, entre Zagrebačka et Ljudevita Gaja, forme le cœur de Krapina.

### À voir

**Musée de l'homme de Neandertal de Krapina** MUSÉE

(Šetalište Vilibalda Sluge bb ; tarif plein/réduit 50/25 Kn ; 9h-19h mar-ven, 10h-19h sam-dim avr-juin, 9h-18h mar-ven, 10h-19h sam-dim juil-août, horaires restreints sept-mars). Lieu incontournable de Krapina, ce nouveau musée situé à l'ouest du centre a ouvert ses portes fin 2010. Derrière sa façade vitrée, il propose sur 2 étages une exposition sophistiquée sur l'histoire et la géologie de la région (panneaux en 3 langues). Après une vidéo introductrice dans l'entrée, le parcours dans les salles permet de revenir aux origines de la terre, avec des salles souterraines, des dioramas ultraréalistes d'hommes de Neandertal et des jeux interactifs. Ne manquez pas l'entrée du 2e étage, qui se fait par un couloir sombre aux lumières psychédéliques.

La partie extérieure, dans les collines verdoyantes où les vestiges ont été découverts, est émaillée de reproductions grandeur nature d'hommes de Neandertal

### L'ART NAÏF CROATE

La Croatie est le berceau d'un courant d'art naïf singulier, un style pictural du XXe siècle qui lui est propre, évoquant des scènes de la vie rurale fantastiques et très colorées.

Le peintre Krsto Hegedušić (1901-1975) fonda l'école de Hlebine dans le village du même nom, dans la région de Podravina, à 13 km à l'est du centre provincial de Koprivnica. À son retour de Paris où il avait étudié dans les années 1930, il rassembla plusieurs artistes autodidactes et leur donna une chance de s'exprimer. Cette première génération de peintres naïfs croates comptait dans ses rangs Ivan Generalić (1914-1992), aujourd'hui le plus reconnu sur la scène internationale, Franjo Mraz (1910-1981) et Mirko Virius (1889-1943). Tous ces artistes amateurs dépeignaient avec vivacité des scènes de la vie champêtre et villageoise vibrantes de couleur.

De nos jours, une poignée de peintres et de sculpteurs travaille encore à Hlebine. On peut admirer leur travail à la **galerie de Hlebine** (Trg Ivana Generalića 15, Hlebine ; tarif plein/réduit 10/5 Kn ; 10h-16h lun-ven, 10h-14h sam). À Hlebine également, la **galerie Josip Generalić** (☎048 836 430 ; Gajeva 75 ; tarif plein/réduit 10/5 Kn ; 10h-17h lun-ven), du nom du fils du célèbre Ivan, peintre réputé lui aussi, est installée dans la maison familiale des Generalić. Appelez avant de vous déplacer pour vérifier si elle est ouverte.

Ailleurs dans le pays, des œuvres d'art naïf sont exposées au musée croate d'Art naïf (p. 43) de Zagreb et à la **galerie de Koprivnica** (Zrinski trg 9, Koprivnica ; 10h-13h et 17h-20h mar-ven, 10h-13h sam-dim), récemment rénovée, qui abrite une petite section consacrée à l'art appliqué.

vaquant à leurs occupations quotidiennes – on les voit, par exemple, maniant des massues ou jetant des pierres.

Attention : le musée ferme en réalité ses portes une heure avant l'heure officielle de fermeture.

Également conseillés :

**Monastère franciscain** MONASTÈRE
Ce monastère baroque abritait jadis une école de philosophie et de théologie. La sacristie de l'église adjacente s'orne de fresques exécutées par le moine pauliste Ivan Ranger.

**Galerie d'art de la ville** GALERIE
(Magistratska 25 ; entrée libre ; ⏲10h-15h lun-ven, 10h-18h sam, 11h-18h dim). Expositions temporaires d'artistes croates.

## Fêtes et festivals

Début septembre, le **Festival de chants kajkaves** (Festival Kajkavske Popevke) permet d'écouter de la musique folklorique régionale et des lectures de poèmes, et de savourer des spécialités du Zagorje.

## Où se loger

**Pod Starim Krovovima** HÔTEL €
(Trg Ljudevita Gaja 15 ; s/d 210/340 Kn). Agréable pension du centre-ville comptant 8 chambres ordinaires et propres, avec sdb. En semaine, le restaurant du rdc sert un *gablec* (déjeuner) savoureux et bon marché (25 Kn).

## Où se restaurer et prendre un verre

**Neandertal Pub** BARBECUE, CAFÉ/BAR €
(Šetalište Vilibalda Sluge bb ; plats à partir de 50 Kn). Café-restaurant décoré sur le thème de l'homme de Neandertal, à l'entrée du musée, proposant un barbecue dont la recette aurait 130 000 ans !

**Ilir** CAFÉ/BAR
(Trg Ljudevita Gaja 3). Pour une pause-café au soleil, attablez-vous à la terrasse de cette adresse décontractée ou plongez-vous dans l'atmosphère rétro de sa salle.

## Renseignements

**Office du tourisme** (☎371 330 ; www.tz-zagorje.hr ; Magistratska 11 ; ⏲8h-15h lun-ven, 10h-18h sam, 11h-18h dim avr-sept, 8h-15h lun-ven, 8h-12h sam oct-mars). Peu utile, il fournit néanmoins des brochures et quelques renseignements.

## Depuis/vers Krapina

Des bus relient Zagreb à Krapina (40 Kn, 1 heure) plusieurs fois par jour du lundi au samedi, et une seule fois le dimanche. Jusqu'à 13 trains partent chaque jour de Zagreb en semaine (40 Kn, 1 heure 30), avec changement à Zabok ; ils sont moins fréquents le week-end.

La gare ferroviaire est à 300 m au sud ; le terminal des bus se trouve 600 m plus loin dans la même rue, au n°15 de Frana Galovića.

# Krapinske Toplice

☎049 / 5 744 HABITANTS

Cette ville d'eaux, à environ 17 km au sud-ouest de Krapina, est nichée en plein cœur des vallons du Zagorje. Les eaux de ses quatre sources thermales, riches en magnésium et en calcium, ne descendent jamais en dessous de 39°C. La ville manque d'ambiance et de charme, le bassin des visiteurs étant surtout fréquenté par une clientèle en rééducation, mais cela pourrait changer quand le nouvel établissement thermal en construction aura ouvert ses portes, avec piscines intérieures, saunas et autres équipements destinés à la remise en forme et au bien-être.

## Où se loger et se restaurer

**Vuglec Breg** HÔTEL RURAL €€
(☎345 015 ; www.vuglec-breg.hr ; Škarićevo 151 ; s/d 490/540 Kn ; P @). Ravissante option rurale à Škarićevo, à 4 km de Krapinske Toplice : 4 maisonnettes traditionnelles (plus 7 chambres rénovées et 3 suites) installées au milieu des collines, des vignobles et des forêts. Le **restaurant** (plats à partir de 80 Kn) sert d'excellentes spécialités du Zagorje cuites dans le four à pain, comme la *purica s mlincima* (dinde rôtie lentement, servie avec un gratin de pâtes), à savourer sur une terrasse avec vue. Courts de tennis, sentiers de randonnée, cave à vin (dégustations 45 Kn) et VTT à louer (25 Kn/heure). Aire de jeu et balades à poney pour les petits.

Pour gagner le Vuglec Breg, mieux vaut être motorisé. Traversez la ville vers Krapina en suivant les panneaux indiquant l'établissement. Puis à Hršak Breg, au sommet d'une colline, prenez à gauche et suivez la route jusqu'au bout.

**Hotel Aquae Vivae** HÔTEL €€
(☎202 202 ; www.aquae-vivae.hr ; Antuna Mihanovića 2 ; s/d 335/530 Kn ; P ❄). Les chambres étant exiguës et défraîchies, mieux vaut payer plus (supplément s/d 30/60 Kn) pour s'offrir une meilleure

chambre avec une sdb récente. Demandez-en une qui surplombe la verdoyante arrière-cour. Le tarif comprend l'accès aux piscines intérieure et extérieure, ainsi qu'au centre de remise en forme.

### Renseignements

**Office du tourisme** (☎232 106 ; www.krapinsketoplice.net ; Zagrebačka 4 ; ⏲8h-15h lun-ven, 8h-13h sam). Renseignements et brochures.

### Depuis/vers Krapinske Toplice

La gare routière est située dans le centre-ville, à deux pas de la plupart des services et de l'office du tourisme. Bonne destination pour une excursion d'une journée, le spa, à 46 km au nord-ouest de Zagreb, est bien desservi depuis la capitale (36 Kn, 1 heure, 7-12/jour).

## Château de Veliki Tabor

À l'approche du château de Veliki Tabor, situé au sommet d'une colline à 57 km au nord-ouest de Zagreb, on découvre un ravissant paysage de vallons, de champs de maïs, de vignes et de forêts. Ce décor champêtre mérite à lui seul la visite, mais c'est sans compter sur la cuisine traditionnelle de la région.

L'aristocratie croate commença à bâtir des châteaux fortifiés dans la région pour se protéger des Turcs à la fin du XVIe siècle. En forme de pentagone, le **château de Veliki Tabor** (Košnički Hum 1, Desinić) était fermé pour travaux lors de notre passage ; il devrait rouvrir au cours des prochaines années. L'édifice fut érigé au début du XVIe siècle, sur le site d'un édifice médiéval plus ancien ; les quatre tours semi-circulaires furent ajoutées plus tard. Occupant une position stratégique au sommet d'une colline, ce château-forteresse jaune d'or possède tout ce dont pouvait rêver un seigneur médiéval : tours, tourelles et meurtrières pour verser de la poix sur l'ennemi. Il abrite en outre le crâne de Veronika Desinić, malheureuse villageoise qui, d'après la légende, fut emmurée pour avoir eu une liaison avec le fils du châtelain.

Lorsqu'il est ouvert, le château accueille deux événements annuels : le **Festival du film de Tabor** (www.taborfilmfestival.com) en juillet, pendant lequel sont projetés dans la salle principale des courts-métrages internationaux, et la **foire médiévale** de septembre, grande fête d'une journée où on assiste à des duels à l'épée, à des tournois de chasse au faucon et à des danses Renaissance.

Pour admirer le château d'un peu plus loin, attablez-vous en plein air au **Grešna Gorica** (www.gresna-gorica.com ; Taborgradska Klet 3, Desinić ; plats à partir de 60 Kn), un restaurant rustique souvent bondé de familles zagréboises en excursion le week-end. L'ensemble est peut-être un peu artificiel, mais les enfants apprécieront les animaux de la ferme, l'aire de jeux et le grand espace pour s'ébattre. Les adultes, eux, profiteront de la vue sur la campagne et des délicieuses spécialités du Zagorje, comme les *štrukli* (boulettes au fromage frais) et le *srneći gulaš* (goulasch de gibier). Le restaurant se trouve à 2 km à l'est de Veliki Tabor ; un sentier balisé y conduit depuis l'arrière du château (40 min à pied).

Huit bus relient quotidiennement Zagreb à Desinić (52 Kn, 1 heure 30 à 2 heures) du lundi au samedi ; seuls 4 circulent le dimanche. Il faut ensuite parcourir 3 km à pied en direction du nord-ouest pour rejoindre Veliki Tabor.

## Kumrovec

☎049 / 1 854 HABITANTS

Le Zagorje a vu naître plusieurs personnalités croates, la plus célèbre étant Tito, alias Josip Broz, né à Kumrovec. Niché dans la vallée de la Sutla, près de la frontière slovène, le charmant village de Kumrovec a été transformé en un musée ethnographique en plein air. Reconstitution d'une bourgade du XIXe siècle, le **musée Staro Selo** (www.mdc.hr/kumrovec ; Kumrovec bb ; tarif plein/réduit 20/10 Kn ; ⏲9h-19h avr-sept, 9h-16h oct-mars) compte 40 maisons et granges restaurées en torchis et en bois. Ces *hiže* (huttes du Zagorje) renferment notamment des meubles, des mannequins, des jouets, des pressoirs et des ustensiles de boulanger (tous présentés en anglais), qui évoquent les arts, l'artisanat et les coutumes de la région.

Traversé par un cours d'eau, ce musée en plein air offre une vision idyllique de la vie paysanne et villageoise. Un bronze grandeur nature à l'effigie du maréchal Tito se dresse devant son humble maison natale, où sont conservés le mobilier d'origine, des effets personnels, ainsi que des lettres de dirigeants étrangers. Les week-ends d'avril à septembre, des artisans reproduisent le travail des forgerons, des fabricants de bougies, des potiers et des tisserands de lin d'autrefois.

En semaine, 2 bus font chaque jour le trajet Zagreb-Kumrovec (39 Kn, 1 heure 15) ; un seul circule le samedi et aucun le dimanche. Six trains assurent la liaison tous les jours de la semaine (32 Kn, 1 heure 30 à 2 heures), avec changement à Harmica ; ils sont moins nombreux le week-end.



## Klanjec

049 / 3 234 HABITANTS

Outre Tito, le Zagorje est le berceau d'un autre Croate de renom, le sculpteur Antun Augustinčić (1900-1979), créateur du *Monument à la paix* installé devant le siège des Nations unies à New York. Klanjec, son plaisant village natal, abrite une **galerie** (www.mdc.hr/augustincic ; Trg Antuna Mihanovića 10 ; tarif plein/réduit 20/10 Kn ; 9h-17h avr-sept, 9h-15h mar-dim oct-mars) consacrée à son œuvre, quantité de torses en bronze sans tête, ainsi qu'une immense reproduction du *Monument à la paix*. Un petit jardin de sculptures s'étend devant la galerie. Le mémorial aux Partisans tombés pour la patrie, également d'Antun Augustinčić, se trouve à proximité.

Une fois la visite de la galerie terminée, il ne reste plus qu'à se promener dans la charmante bourgade pour admirer l'**église baroque** et le **monastère franciscain** du XVIIe siècle, en face de la galerie, et profiter de la vue sur les collines environnantes. Les 2 bus qui relient quotidiennement Zagreb à Kumrovec s'arrêtent à Klanjec (36 Kn, 1 heure-1 heure 30). Un seul bus circule le samedi et aucun le dimanche.

## Marija Bistrica

049 / 6 612 HABITANTS

Le lieu de pèlerinage le plus important du pays se trouve dans le Zagorje, à Marija Bistrica, village situé à 37 km au nord de Zagreb, sur les pentes du mont Medvednica. L'**église Marija Bistrica** (Hodočasnička Crkva Marije Bistričke) renferme une statue gothique en bois de la Vierge noire datant du XVe siècle. Les prétendus pouvoirs miraculeux de la statue remonteraient aux invasions turques du XVIe siècle, durant lesquelles celle-ci fut épargnée. Plus tard, en 1880, la statue échappa cette fois à un terrible incendie qui ravagea tout sur son passage.

Derrière l'église, un **chemin de croix** conduit au sommet de la colline du Calvaire. Il est ponctué de 14 haltes où se dressent les œuvres de sculpteurs croates ; la vue y est superbe. L'église, qui attire chaque année 600 000 pèlerins, connut un pic d'affluence en 1998 lorsque le pape Jean-Paul II vint béatifier le cardinal Alojzije Stepinac. Pour assister à un grand moment de ferveur religieuse, tâchez de venir le 15 août (Assomption), date du pèlerinage de Velika Gospa.

En semaine, jusqu'à 20 bus par jour circulent de Zagreb à Marija Bistrica (30-45 Kn, 40 min-1 heure) ; ils sont moins nombreux le week-end.

## Stubičke Toplice

049 / 2 752 HABITANTS

Ville thermale la plus proche de Zagreb, **Stubičke Toplice** (www.bolnicastubicketoplice.com) voit affluer des habitués zagrébois qui viennent se détendre dans ce vestige de l'époque socialiste.

Les sources chaudes (69°C) qui jaillissent des roches souterraines attirent les visiteurs depuis le XVIIIe siècle. Les bassins – huit en plein air et un couvert –, qui sont maintenus entre 32 et 36°C, servent à traiter divers troubles musculaires et rhumatismaux. L'accès aux bassins (1 heure) coûte 15 Kn, un massage de 15 min, 30 Kn ; toute une gamme de soins est également proposée. Consultez le site Internet pour plus de détails.

Le bus vous déposera dans le centre-ville, près de l'**office du tourisme** (282 727 ; Šipeka 24 ; 8h-19h lun-ven, 8h-13h sam mi-juin à mi-sept, 8h-16h lun-ven le reste de l'année), qui vous aidera à trouver une chambre chez l'habitant.

**Hotel Matija Gubec** (282 630 ; www.hotelmgubec.com ; Viktora Šipeka 31 ; s/d 340/540 Kn ; P). Outre des chambres modestes avec TV et téléphone, l'hôtel possède plusieurs piscines, un sauna et une salle de sport. Les non-résidents devront payer 30 Kn pour accéder aux bassins extérieurs, 45 Kn pour la piscine couverte et 20 Kn pour le sauna.

Des bus partant de la gare routière principale de Zagreb desservent la station thermale (37 Kn, 1 heure, 8/jour en semaine, 4/jour samedi, 2/jour dimanche).

# Slavonie

**Dans ce chapitre »**



## Le top des restaurants

» Stari Pochum (p. 94)
» Slavonska Kuća (p. 88)
» Josić (p. 91)
» Zelena Žaba (p. 91)

## Le top des hébergements

» Maksimilian (p. 87)
» Zdjelarević (p. 91)
» Ivica Marica (p. 92)

## Pourquoi y aller

Plate et sillonnée de cours d'eau, la Slavonie reste largement épargnée par le tourisme malgré des merveilles naturelles uniques et une délicieuse cuisine régionale. Les marais de Kopački Rit, à explorer en bateau, à pied ou à vélo, forment l'une des plus belles réserves ornithologiques d'Europe. Osijek, la plus grande ville de Slavonie, bénéficie d'un cadre fluvial charmant et possède une forteresse, tandis que la région du Baranja est réputée pour ses vignobles. La guerre a durement frappé le sud-est de la Slavonie. Aujourd'hui, la cité historique de Vukovar retrouve lentement son rôle de centre régional tandis qu'Ilok, à la frontière serbe, attire de nouveau les visiteurs grâce à ses bonnes caves et à sa vieille ville médiévale.

Bordée par trois fleuves majeurs – la Save, la Drave et le Danube –, la Slavonie a longtemps entretenu des liens étroits avec la Hongrie, la Serbie et l'Allemagne. Cette culture particulière forme l'un des principaux attraits de cette région fascinante, plus proche de l'Europe centrale que de la Croatie côtière.

## Quand partir

**Osijek**

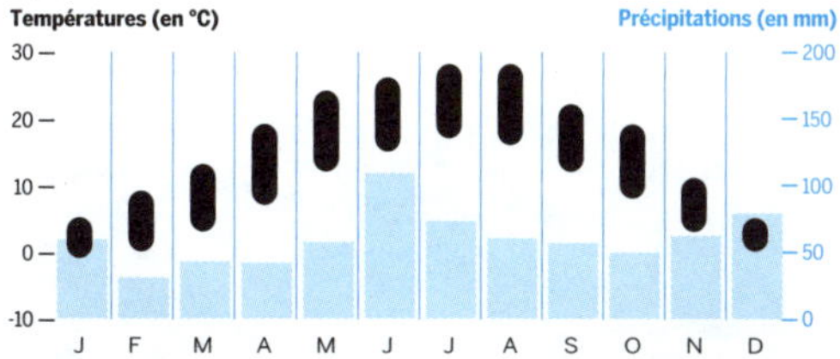


**Avril et mai**
Le printemps en Slavonie est enchanteur – températures douces et quasiment pas de moustiques !

**Juin à septembre**
La saison des festivals, de la musique urbaine à la sculpture.

**Octobre à mars**
Des journées courtes et un climat qui incite à se régaler de ragoûts parfumés au paprika et de gibier.

## À ne pas manquer

1 Le **parc naturel de Kopački Rit** (p. 90), l'une des plus grandes régions de marais d'Europe et un paradis pour l'observation des oiseaux

2 Les spécialités slavonnes de **Tvrđa** (p. 86), le quartier de la forteresse d'Osijek

3 Les mémoriaux de **Vukovar** (p. 92)

4 Les routes des vins du **Baranja** (p. 90)

5 La découverte des impressionnants sites culturels d'**Osijek** (p. 85)

6 Le nouveau musée et un bon repas de cuisine locale dans la jolie **Ilok** (p. 94)

7 Un aperçu de la vie rurale dans l'**ethnovillage de Karanac** (p. 92)

8 La vue sur le Danube depuis l'imposant mémorial de **Batina** (p. 92)

SERBIE
0
30 km
Bezdan
Batina 8
E662
Beli Manastir
Sombor
Karanac 7
Kneževi Vinogradi
Parc naturel de Kopački Rit 1
E73
4 Baranja
Danube
Petrijevci
Bilje
Kopačevo
Drave
Višnjevac
2 5 Osijek
Čepin
2
Bijelo
Antunovac
Dalj
Trpinja
Borovo
55
3 Vukovar
Nuštar
Danube
Ivankovo
Vinkovci
St Jankovci
Bač Palanka
2
Ilok 6
Andrijaševci
Privlaka
55
Gradište
Otok
Šid
SERBIE
Županja
Bošnjaci
E70
A3
Bosut
Vrbanja
Drenovci
Save

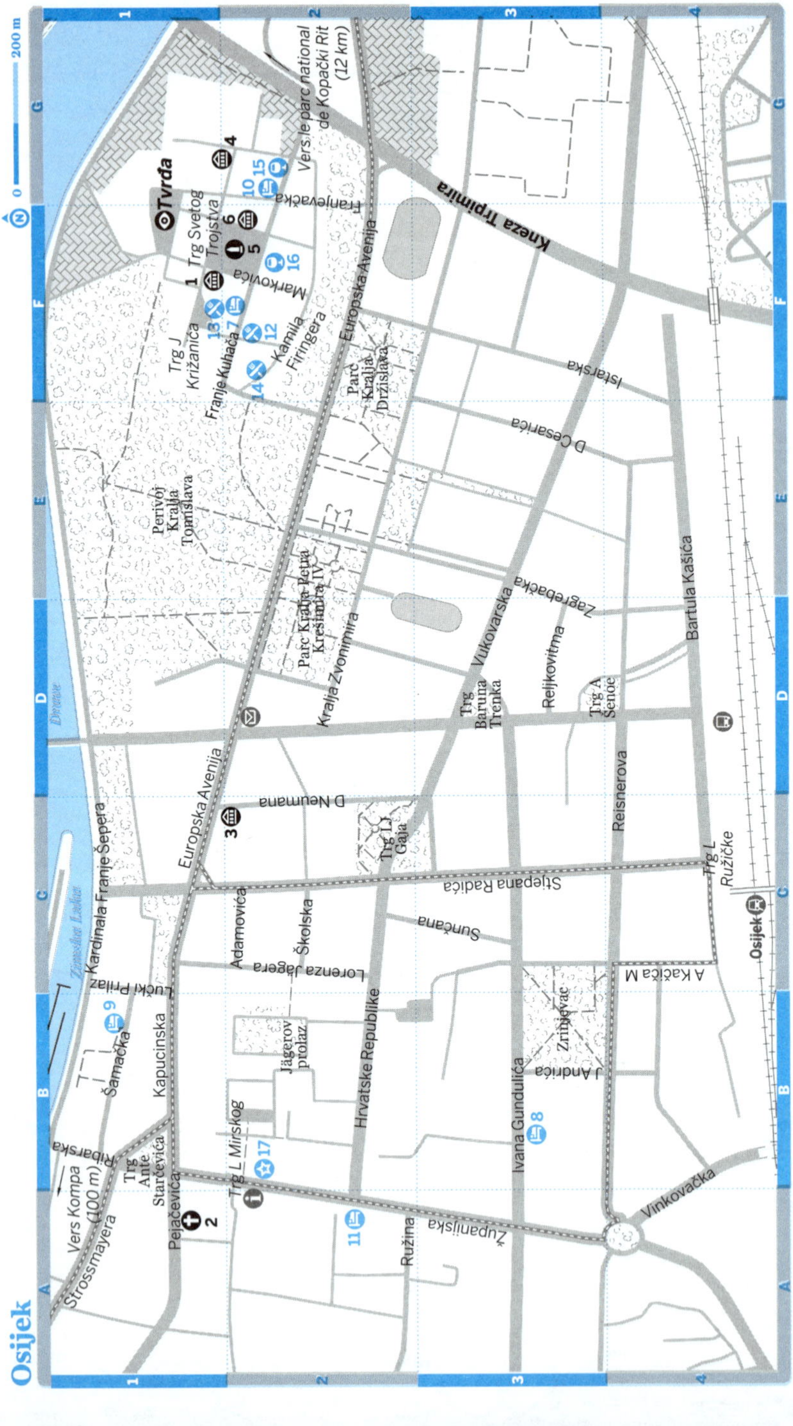
Osijek
Tvrđa
Trg Svetog Trojstva
Franjevačka
Markovića
Kamila Firingera
Franje Kuhača
Trg J Križanića
Vers le parc national de Kopački Rit (12 km)
Kneza Trpimira
Europska Avenija
Park Kralja Držislava
Istarska
D Cesarića
Perivoj Kralja Tomislava
Park Kralja Petra Krešimira IV
Kralja Zvonimira
Zagrebačka
Vukovarska
Reljkovitrna
Trg A Šenoe
Bartula Kašića
Trg Baruna Trenka
Drava
D Neumana
Trg LJ Gaja
Reisnerova
Stjepana Radića
Trg L Ružičke
Sunčana
Kardinala Franje Šepera
Zimska Luka
Adamovića
Školska
Lorenza Jägera
A Kačića M
Lučki Prilaz
Šamačka
Kapucinska
Jägerov prolaz
Hrvatske Republike
Zrinjevac
J Andrića
Ivana Gundulića
Trg L Mirskog
Ribarska
Trg Ante Starčevića
Pejačevića
Vers Kompa (100 m)
Strossmayera
Županijska
Ružina
Vinkovačka
Osijek
0
200 m

## Osijek





### Histoire

Avant que la guerre serbo-croate de 1991 ne provoque le déplacement de dizaines de milliers d'habitants, la Slavonie comptait l'une des populations les plus hétérogènes d'Europe. Colonisée par des tribus slaves au VIIe siècle, elle fut conquise par les Turcs au XVIe siècle. Les catholiques s'enfuirent et furent remplacés par des orthodoxes serbes, qui furent acceptés plus volontiers par l'occupant ottoman.

En 1690, les Serbes, qui avaient soutenu l'Autriche lors de ses combats contre les Turcs, quittèrent le Kosovo pour s'établir dans la région de Srijem, autour de Vukovar. Les Turcs cédèrent cette contrée à l'Autriche en 1699, puis les Habsbourg en transformèrent une grande partie en Confins militaires (Vojna Krajina).

La population musulmane émigra, laissant la place à un nouvel afflux de Serbes, bientôt rejoints par des marchands allemands, des paysans hongrois, slovaques et ukrainiens, des catholiques albanais et des Juifs. Nombre de terres furent vendues à des aristocrates allemands et hongrois qui bâtirent de grands manoirs baroques ou classiques dans les villes d'Osijek, de Vukovar et d'Ilok. De nombreux Allemands furent tués ou expulsés après les deux guerres mondiales.

L'importante communauté serbe incita Slobodan Milošević à tenter d'intégrer la région à une “Grande Serbie” : cette opération débuta par la destruction de Vukovar et le bombardement d'Osijek en 1991. Un cessez-le-feu fut instauré en 1992, mais il fallut attendre janvier 1998 pour que la région soit rendue à la Croatie dans le cadre des accords de paix de Dayton.

Si les combats sont terminés, l'impact de la guerre subsiste. Dans des villes comme Vukovar, les Serbes et les Croates mènent des vies séparées et les efforts faits pour les rapprocher n'ont jusqu'à présent guère de succès.

### Désagréments et dangers

Osijek et ses environs ont été amplement parsemés de mines antipersonnel durant la guerre des années 1990. La ville et ses banlieues proches de la grand-route ont été déminées et sont totalement sûres ; en revanche, mieux vaut ne pas s'aventurer dans les marais au nord de la Drave, en direction de Kopački Rit. La plupart des secteurs minés sont signalés : repérez les panneaux.

En été, Kopački Rit est envahi de moustiques. Portez des manches longues et des pantalons et ne lésinez pas sur l'antimoustique.

## Osijek

031 / 85 217 HABITANTS

Ville universitaire historique et verdoyante, Osijek mérite incontestablement la visite. Elle possède une splendide promenade le long de la Drave et une imposante forteresse du XVIIIe siècle.

La ville a terriblement souffert des bombardements serbes des années 1990 et quelques bâtiments en conservent les stigmates. Cependant, la plupart de ses édifices, dont de belles demeures de style Sécession du XIXe siècle, ont été rénovés.

Cette élégante capitale régionale retrouve peu à peu son assurance grâce au retour des exilés, au nombre croissant d'étudiants, à de nouveaux hôtels et restaurants et à l'arrivée de touristes. Osijek constitue une plaisante base cosmopolite pour explorer la campagne slavonne et le fabuleux parc naturel de Kopački Rit.

### Histoire

La situation d'Osijek, au bord de la Drave, près de sa confluence avec le Danube (Dunav en croate), lui a valu une importance stratégique pendant plus de deux millénaires. La ville, qui doit son nom aux colons slaves, était un bourg marchand prospère au XII^e^ siècle. Les Turcs la détruisirent en 1526 pour la rebâtir dans le style ottoman et en faire un centre administratif.

Lorsque les Autrichiens chassèrent les Turcs en 1687, les musulmans s'enfuirent en Bosnie et des Serbes, des Croates, des Allemands et des Hongrois repeuplèrent la cité. Afin de repousser les attaques turques, les Autrichiens édifièrent au début du XVIII^e^ siècle la Tvrđa, une forteresse toujours debout.

Jusqu'à la guerre des années 1990, Osijek était un important centre industriel de l'ex-Yougoslavie. Lorsque la guerre éclata en 1991, l'armée fédérale yougoslave et les unités paramilitaires serbes s'emparèrent de la région du Baranja, au nord d'Osijek. Les premiers obus, lancés par les forces serbes depuis l'autre rive de la Drave, tombèrent en juillet 1991. Après la chute de Vukovar en novembre 1991, Osijek devint l'objectif principal des forces fédérales et serbes qui pilonnèrent la ville, provoquant la fuite de milliers d'habitants. Ces bombardements dévastateurs se prolongèrent jusqu'en mai 1992, sans que jamais la ville ne capitule.

L'économie d'Osijek a durement souffert du coût de la reconstruction et du relogement des réfugiés, ainsi que de la perte de marchés pour ses produits. Cependant, ces dernières années, la cité a recommencé à prospérer, et elle renoue désormais avec l'optimisme.

## À voir

### TVRĐA

Construite par les Habsbourg pour défendre la ville contre les Turcs, cette citadelle du XVIII^e^ siècle a relativement peu souffert durant la guerre serbo-croate. Ensemble baroque de rues pavées, de vastes places et de demeures majestueuses, elle possède une remarquable homogénéité architecturale, qui lui donne une allure de musée à ciel ouvert.

Sur la grand-place, Trg Svetog Trojstva, le **monument de la Sainte-Trinité** est une colonne baroque élaborée, érigée en 1729 pour commémorer les victimes de l'épidémie de peste qui ravagea la cité au XVIII^e^ siècle.

**Musée Gloria Maris** MUSÉE

(Svodovi bb ; tarif plein/réduit 20/15 Kn ; ⏲10h-16h mar, mer et ven, 10h-20h jeu, 10h-13h sam-dim). Installé dans de nouveaux locaux sous les voûtes de la citadelle, ce musée extraordinaire est consacré aux coquillages et à la vie marine. Sa collection est l'œuvre de Vladimir Filipov, qui a rassemblé en 48 ans près d'un million de coquillages provenant du monde entier. Vous découvrirez l'animal le plus venimeux de l'océan (les restes d'une pieuvre des Philippines), des fossiles (dont une créature vieille de 650 millions d'années), une dent de megalodon et des spécimens (conservés) de la faune marine de l'Adriatique, sans oublier des coquillages de toutes tailles.

**Musée de Slavonie** MUSÉE

(Muzej Slavonije Osijek ; www.mso.hr ; Trg Svetog Trojstva 6 ; tarif plein/réduit 15/10 Kn ; ⏲8h-14h mar, mer et ven, 8h-20h jeu, 10h-13h sam-dim). Cette institution renferme une énorme collection de trésors et d'artefacts concernant l'histoire de Slavonie, des outils de l'âge du bronze et des objets romains mis au jour dans la colonie de Mursa à de magnifiques textiles, bijoux et meubles.

**Musée d'Archéologie d'Osijek** MUSÉE

(Arheološki Muzej Osijek ; Trg Svetog Trojstva 2 ; tarif plein/réduit 15/8 Kn ; ⏲10h-15h mar, mer et ven, 17h-20h jeu, 10-13h sam-dim). L'édifice en lui-même – un bâtiment rénové de la garde municipale – est splendide, avec ses beaux parquets en chêne et une coupole en verre sur le patio en arcades. Il contient des objets anciens, des pierres romaines aux casques celtes.

### VILLE HAUTE

**Église Saints-Pierre-et-Paul** ÉGLISE

(⏲8h-12h et 14h-19h30). L'église Saints-Pierre-et-Paul, de style néogothique, domine Trg Ante Starčevića de sa tour haute de 90 m – que seule dépasse la cathédrale de Zagreb. Construite en brique rouge dans les années 1890, elle s'agrémente de 40 vitraux élaborés de style viennois et de fresques aux couleurs vives, réalisées par le peintre croate Mirko Rački.

**Galerie des Beaux-Arts** GALERIE
(Galerija Likovnih Umjetnosti ; www.gluo.hr ; Europska Avenija 9 ; tarif plein/réduit 10/5 Kn ; ⌚10h-18h mar, mer et ven, 10h-20h jeu, 10h-13h sam-dim). Aménagée dans une élégante demeure néoclassique, cette galerie présente une collection de peintures et de sculptures d'artistes slavons, du XVIIIe siècle à nos jours.

**EN DEHORS DU CENTRE**

**Zoo d'Osijek** ZOO
(www.unikom.hr ; Tvrđavica 1 ; tarif plein/réduit 8/4 Kn ; ⌚9h-19h mars-août, 9h-17h sept-fév). Pour changer des musées et des églises, empruntez l'emblématique *kompa*, un ferry en bois gratuit réservé aux piétons, propulsé par le courant de Gornji Grad au zoo d'Osijek, sur l'autre rive de la Drave. Le plus grand zoo du pays, il s'étend sur 11 ha verdoyants au bord du fleuve et abrite 80 espèces animales et un vivarium. Le *kompa* circule de 8h à minuit de juin à septembre et de 9h à 18h d'octobre à mai.

## Fêtes et festivals

**Festival international de jazz** JAZZ
(www.huzuk-os.hr). En avril, il accueille des musiciens en provenance des États-Unis et d'Europe.

**Urban Fest Osijek** MUSIQUE
(www.ufo.com.hr). Événement musical du mois de juin, avec des artistes de hip-hop, de rock et de musique électronique.

**Pannonian Challenge** SPORTS
(www.pannonian.org). Festival de sports extrêmes, en août.

## Où se loger

Le choix d'hôtels est limité. Pour une chambre chez l'habitant, adressez-vous à l'office du tourisme ou à OK Tours.

**Maksimilian** PENSION €
(☎497 567 ; www.maxsimilian.hr ; Franjevačka ; s/d à partir de 207/364 Kn ; ❄@). Au cœur de la vieille ville, cette superbe pension est tenue par un personnel accueillant, qui parle anglais. Le bâtiment historique (1860) comprend 7 chambres spacieuses, hautes de plafond et dotées de meubles modernes, toutes avec TV sat (et climatisation pour la plupart). Cuisine à disposition. Accès Internet, café et thé gratuits.

**Hotel Osijek** HÔTEL DE LUXE €€€
(☎230 333 ; www.hotelosijek.hr ; Šamačka 4 ; s/d 760/950 Kn ; P❄@wifi). Au bord du fleuve, le meilleur hôtel de la ville, qui occupe un grand bâtiment en béton, séduit les hommes d'affaires. Il offre des chambres et des appartements élégants, de style légèrement moderniste, bénéficiant presque tous d'une vue spectaculaire. Le centre de remise en forme, au 14e étage, comporte sauna, hammam et Jacuzzi.

**Hostel Tufna** AUBERGE DE JEUNESSE €
(☎215 020 ; www.tufna.hr ; Franje Kuhača 10 ; dort 100 Kn ; @wifi). Meilleure adresse de la ville pour les budgets serrés, cette sympathique auberge de jeunesse propose deux dortoirs un peu exigus de 10 lits dotés de bons matelas, le Wi-Fi et l'Internet gratuits, et un salon original au décor années 1970 avec disques vinyles et platine. Au-dessus d'un bar/discothèque – prévoyez des bouchons d'oreilles le week-end.

**Waldinger** HÔTEL HISTORIQUE €€€
(☎250 450 ; www.waldinger.hr ; Županijska 8 ; s/d avec petit déj pension 340/440 Kn, hôtel 650/950 Kn ; P❄@wifi). Les chambres splendides du bâtiment principal (meubles somptueux et tapis épais) conservent un charme d'un temps révolu. Plus modeste, la pension possède des chambres modernes et fonctionnelles. Un bon petit déjeuner est servi dans l'imposante salle à manger. Un centre de remise en forme bien équipé et un café plaisant font également partie des équipements.

Également recommandés :

**Hotel Drava** HÔTEL MODERNE €€
(☎250 500 ; www.hotel-drava.com ; Ivana Gundulića 25a ; s/d 413/606 Kn ; P❄@). Un hôtel attrayant, proche des gares ferroviaire et routière, aux chambres joliment aménagées.

**Villa Sveti Rok** PENSION €€
(☎310 490 ; www.villa-sveti-rok.hr ; Svetog Roka 13 ; s/d 585/785 Kn ; P❄@). Dans une rue résidentielle verdoyante, des chambres aux couleurs un peu criardes, bien équipées et confortables.

## Où se restaurer

Osijek est l'endroit idéal pour découvrir la cuisine slavonne, roborative et épicée, et fortement influencée par la Hongrie voisine. Le paprika relève presque tous les plats, dans lesquels prédominent la viande et les poissons d'eau douce. Le *fiš paprikaš* (poisson mijoté dans une sauce au paprika, servi avec des nouilles) est la spécialité régionale.

VAUT LE DÉTOUR

## LA CATHÉDRALE ET LES CHEVAUX DE ĐAKOVO

À 35 km au sud d'Osijek, la paisible bourgade de Đakovo se visite facilement dans la journée. Trois raisons principales justifient la visite : l'imposante cathédrale, les chevaux lipizzans et un excellent festival folklorique en été.

La **cathédrale** (Trg Strossmayera 6 ; 6h-12h et 15h-19h) en brique rouge, qui domine le centre-ville avec ses deux beffrois hauts de 84 m, fait la fierté des habitants. Commandé par l'évêque Strossmayer en 1862, l'édifice néoroman comprend trois nefs décorées de scènes bibliques.

Đakovo est connue pour ses chevaux lipizzans, d'une race pure et noble, dont la lignée remonte au XVIe siècle. Ils sont élevés dans une ferme à l'extérieur de la ville et entraînés quotidiennement à l'**Ergela** (031-813 286 ; www.ergela-djakovo.hr ; Augusta Šenoe 45 ; tarif plein/réduit 20/10 Kn ; 7h-17h30 lun-ven), non loin de la cathédrale. Une cinquantaine de chevaux est formée pour constituer de prestigieux attelages.

Début juillet, le **Đakovački Vezovi** (Broderies de Đakovo) s'accompagne d'un défilé de chevaux lipizzans et d'un spectacle folklorique avec danses et chants traditionnels.



**Slavonska Kuća** CUISINE SLAVONNE €
(Kamila Firingera 26a ; plats à partir de 40 Kn ; fermé dîner dim). Adresse favorite des habitants amateurs de cuisine slavonne, cet établissement propose de nombreux *pečena riba* (poissons au four), dont un délicieux poisson-chat. Les prix sont très raisonnables et les portions, copieuses. Vous pourrez accompagner votre repas de *graševina*, un vin blanc fruité.

**Kod Ruže** CUISINE SLAVONNE €
(Kuhačeva 25a ; plats à partir de 45 Kn ; fermé dîner dim). Des objets rustiques et des trophées de cerf couvrent les murs de cet endroit pittoresque, parfait pour un repas slavon, surtout le week-end quand des musiciens jouent de la musique traditionnelle. Les plats de porc sont excellents, de même que les nombreuses salades ; essayez l'*alas salata*.

**Restaurant Müller** CUISINE INTERNATIONALE €
(Trg Jurja Križanića 9 ; plats 30-70 Kn ; 7h30-22h). Un bon choix pour les familles : les parents peuvent savourer des plats (plutôt) traditionnels, comme la truite grillée avec sa purée de marrons, tandis que les enfants se régalent d'une crêpe. Menus à prix doux au déjeuner (25 Kn).

**Kavana Waldinger** CAFÉ €
(Županijska 8 ; gâteaux à partir de 12 Kn ; 7h30-23h). Fréquenté par les notables locaux, ce café au service irréprochable sert de succulents gâteaux.

## Où prendre un verre et sortir

### Bars et clubs

Les cafés/bars dotés de terrasses qui bordent la berge autour de l'Hotel Osijek ne désemplissent pas par beau temps. Ailleurs, les bars les plus animés se regroupent dans le quartier de Tvrđa, qui compte toutes sortes d'établissements, du pub au bar local bruyant.

**Old Bridge Pub** PUB
(www.oldbridgepub.hr ; Franje Kuhača 4). Très british, ce pub sur 3 niveaux comprend une petite terrasse ; le dernier étage ne manque pas d'élégance avec ses canapés Chesterfield. Musique live ou DJ les soirs de week-end.

**St Patrick's Pub** PUB
(Franje Kuhača 15). Bonne adresse pour commencer la soirée, ce pub accueillant possède une salle intime en bois sombre éclairée aux néons et une grande terrasse sur la place principale. Il ne sert pas de repas.

**Tufna** CLUB
(www.tufna.hr ; Franje Kuhača 10). Un petit club à l'ambiance alternative, où des DJ mixent diverses musiques électroniques, de la house au drum 'n' bass.

### Théâtre

**Théâtre national croate** THÉÂTRE
(Hrvatsko Narodno Kazalište ; 220 700 ; www.hnk-osijek.hr ; Županijska 9). Ce théâtre splendide propose un programme de théâtre, de ballets et d'opéras de septembre à juin.

## Renseignements

On peut accéder au Wi-Fi gratuitement autour de Gornji Grad et de Tvrđa.

**Hôpital** (☎511 511 ; Josipa Huttlera 4)

**OK Tours** (☎212 815 ; www.ok-tours.hr ; Trg Slobode 7). Circuits, informations et quelques hébergements privés.

**Panturist** (☎214 388 ; www.panturist.hr ; Kapucinska 19). La plus importante agence de voyages de Slavonie. Bus vers la côte et vers des destinations internationales en Allemagne, en Suisse et en Bosnie-Herzégovine.

**Poste** (Kardinala Alojzija Stepinca 17 ; ⏰7h30-19h lun-sam). Appels téléphoniques et avances sur les cartes MasterCard.

**Press Cafe** (Lorenza Jägera 24 ; Internet 15 Kn/h ; ⏰7h-23h lun-sam, 8h-23h dim). Bar avec accès à Internet.

**Privredna Banka** (Stjepana Radića 19)

**Office du tourisme** (☎/fax 203 755 ; www.tzosijek.hr ; Županijska 2 ; ⏰7h-20h lun-ven, 7h-16h sam). Un bureau bien informé avec de nombreuses brochures et cartes.

**Zlatna Greda** (☎565 180 ; www.zlatna-greda.org ; Sjenjak 48 ; ⏰9-10h 1er mer du mois). Excellente association écologique à but non lucratif qui organise des excursions en canoë sur le Danube et à Kopački Rit, des randonnées, des sorties d'observation des oiseaux, des safaris-photos et des circuits à vélo. Elle n'ouvre qu'un jour par mois ; contactez-la par e-mail.

## Depuis/vers Osijek

Avec des bus et des trains circulant dans toutes les directions, Osijek est un important nœud des transports.

### Avion

L'**aéroport Klisa** (☎514 451, 060 339 338 ; www.osijek-airport.hr) se situe à 20 km d'Osijek sur la route de Vukovar. Il possède un bureau en ville (Vijenac J Gotovca 4). Aéroport mineur, il n'accueille que quelques vols internationaux, dont certains assurés par Ryanair. Croatia Airlines offre en saison des vols pour Dubrovnik et Split.

### Bus

Le tableau ci-dessous indique quelques-uns des bus internationaux au départ d'Osijek. Les liaisons avec l'Allemagne sont trop nombreuses pour être toutes citées.

### Train

Tous les jours, un train circule entre Pećs et Osijek (59 Kn, 2 heures), dans les deux sens. Le train au départ d'Osijek continue jusqu'à Budapest (222 Kn, 5 heures). Un liaison est assurée chaque jour avec Sarajevo (144 Kn, 6 heures 30).



### BUS AU DÉPART D'OSIJEK

**Liaisons intérieures**

| DESTINATION | TARIF | DURÉE | FRÉQUENCE |
|---|---|---|---|
| Bizovačke | 18 Kn | 30 min | 10/jour |
| Đakovo | 32 Kn | 45 min | 16/jour |
| Dubrovnik | 313 Kn | 14 heures | 1/jour |
| Ilok | 60 Kn | 2 heures | 5/jour |
| Požega | 69 Kn | 2 heures 15 | 4/jour (2/dim) |
| Rijeka | 245 Kn | 7 heures | 1/jour |
| Slavonski Brod | 64 Kn | 1 heure 45 | 17/jour |
| Split | 296 Kn | 11 heures | 1/jour |
| Toplice | 48 Kn | 1 heure | 6/jour |
| Vukovar | 30 Kn | 45 min | 11/jour |
| Zagreb | 130 Kn | 4 heures | 10/jour |

**Liaisons internationales**

| DESTINATION | TARIF | DURÉE | FRÉQUENCE |
|---|---|---|---|
| Belgrade | 120 Kn | 3 heures 30 | 4/jour |
| Vienne | 295 Kn | 9 heures | 2/semaine |
| Zürich | 715 Kn | 18 heures | 1/semaine |

## TRAINS AU DÉPART D'OSIJEK

| DESTINATION | TARIF | DURÉE | FRÉQUENCE |
|---|---|---|---|
| Bizovačke Toplice | 17 Kn | 15 min | 12/jour |
| Požega | 56 Kn | 3-4 heures | 3/jour |
| Rijeka | 201 Kn | 9-10 heures | 2/jour |
| Šibenik | 242 Kn | 14 heures | 1/jour (changement à Perković) |
| Slavonski Brod | 45 Kn | 1 heure 30 | 7/jour (2 directs) |
| Zagreb | 115 Kn | 5 heures | 7/jour |



### Comment circuler

À l'arrivée des vols, un bus rallie le centre-ville (25 Kn). Dans l'autre sens, il part de la gare routière 2 heures 30 avant chaque vol.

La ville offre un excellent service de taxis à des prix très raisonnables. **Cameo** (205 205) possède des voitures modernes avec compteur ; une course en ville revient généralement à 13 Kn.

Osijek possède 4 lignes de tramway. Le billet revient à 8 Kn à bord et à 7 Kn dans un *tisak* (kiosque à journaux). Le samedi, un **tramway touristique** (10 Kn ; 10h-12h) effectue un circuit d'une demi-heure dans le centre-ville.

Pour les visiteurs, les lignes les plus utiles sont la n°2, qui relie les gares ferroviaire et routière à Trg Ante Starčevića dans le centre, et la n°1, qui dessert Tvrđa.

Pour rejoindre la proche Bilje, prenez le bus n°6 (itinéraire 24, 25 ou 27) signalé "Darda-Bilje".

## Baranja

031

Petit triangle dans la pointe nord-est de la Croatie, au confluent de la Drave et du Danube, le Baranja s'étend en direction de la Serbie à l'est d'Osijek, vers Beli Manastir au nord et vers Đakovo au sud-ouest. L'influence hongroise se ressent fortement dans cette région essentiellement agricole, où toutes les villes portent des noms bilingues et où certains villageois ne parlent guère croate.

Ces dernières années, cette région pittoresque de marécages, de vignobles, de vergers et de champs de blé s'est imposée comme la destination touristique la plus intéressante de Croatie orientale. Elle compte pour principaux attraits la réserve ornithologique de Kopački Rit, son site phare, des fermes authentiques, des restaurants régionaux et des vignobles prometteurs.

### PARC NATUREL DE KOPAČKI RIT

À seulement 12 km au nord-est d'Osijek, le **parc naturel de Kopački Rit** (Park Prirode Kopački Rit ; www.kopacki-rit.com ; adulte/enfant 10/5 Kn) est l'un des plus grands marais d'Europe, où 293 espèces d'oiseaux ont été recensées. Formée par la confluence de la Drave et du Danube, cette immense plaine inondable compte deux lacs principaux, le Sakadaško et le Kopačevo, entourés d'une végétation remarquablement variée, de la flore aquatique et des prairies aux forêts de saules, de peupliers et de chênes. Nénuphars, joncs, fougères aquatiques, lentilles d'eau, roseaux et graminées s'épanouissent selon la saison.

Les eaux du parc accueillent 44 espèces de poissons, dont des carpes, des brèmes, des brochets, des poissons-chats et des perches. On recense plus de 21 variétés de moustiques (couvrez-vous de répulsif !), mais aussi des cerfs, des sangliers, des castors, des martres et des renards. Cependant, les oiseaux conservent la vedette : rares cigognes noires, pygargues à queue blanche, grèbes huppés, hérons pourprés, spatules blanches et oies sauvages. Les migrations de printemps et d'automne sont les meilleures périodes pour les observer.

Le parc, lourdement miné pendant la guerre, est resté fermé plusieurs années. Désormais, la plupart des mines ont été ôtées et les sentiers sûrs sont balisés. Un **centre d'accueil** (752 320 ; 9h-17h) moderne se tient à l'entrée principale, sur la route Bilje-Kopačevo. Vous pourrez emprunter les deux sentiers de découverte voisins ou choisir un **circuit guidé**. Un tour en bateau de la réserve zoologique, qui passe par un château et une ferme, coûte 70 Kn ; un circuit en petit bateau axé sur la faune revient à 100 Kn/heure (4 personnes au maximum) ; départ d'une jetée située à 1 km du centre d'accueil pour les deux options. Réservez tôt, surtout au printemps et en automne.

À l'extrémité nord du parc, à 12 km du centre d'accueil, se tiennent un château austro-hongrois et une station de recherche biologique, **Dvorac Tikveš** (☎752 320 ; 120 Kn/pers), où 7 chambres plaisantes avec sdb donnent sur la végétation. Le château a servi de pavillon de chasse à Tito avant d'être occupé par les Serbes dans les années 1990. Il reste des mines dans la forêt alentour, aussi ne vous y aventurez pas seul. Le **restaurant** (plats 42-86 Kn) sert de succulents repas : carpe rôtie à la broche et *fiš paprikaš* mijoté sur des braises.

Aucun transport public ne dessert le parc ; vous pourrez prendre un bus local d'Osijek à Bilje puis parcourir à pied les 3 km restants, ou louer un vélo auprès de **CetraTour** (☎031-372 920 ; www.cetratour.hr ; Ružina 16), à Osijek.

Zlatna Greda (p. 89) organise de formidables circuits à Kopački Rit et possède son propre **écocentre** (☎091 42 11 424) dans le village abandonné de Puszta, à l'intérieur du parc, à 15 km au nord d'Osijek. C'est de là que partent les randonnées, ainsi que les circuits d'observation des oiseaux et en canoë. Zlatna Greda projette d'ouvrir un camping, un café et un petit musée.

### ENVIRONS DE KOPAČKI RIT

Bilje, une cité-dortoir à 5 km au nord d'Osijek, compte de nombreux hébergements bon marché et constitue une base pratique pour visiter le parc. **Bilje Plus** (☎750 264 ; www.biljeplus.hr) est une association de 5 logements chez l'habitant qui loue des chambres et des vélos (70 Kn/jour). Tenu par une famille, le **Mazur** (☎750 294 ; www.mazur.hr ; K Braminira 2 ; ch 150-240 Kn) est une bonne adresse, offrant des chambres propres (2 avec sdb) et des petits déjeuners copieux. Un chemin cyclable relie Bilje et Osijek.

À la lisière de Kopački Rit, le paisible village de Kopačevo abrite un excellent restaurant régional, le **Zelena Žaba** (☎752 212 ; Ribarska 3 ; plats à partir de 40 Kn), ou "Grenouille Verte", en raison des milliers

## UN VERRE DE VIN SLAVON ?

Les vignes de Slavonie sont cultivées depuis des millénaires – le nom de Baranja proviendrait du hongrois "vin mère". Après une période de stagnation, la région connaît aujourd'hui une renaissance. Et si les vins blancs à base de cépages locaux, dont le *graševina*, sont à juste titre réputés, la région produit aussi des rouges corsés. Pour ne pas trouver porte close, contactez les caves avant votre passage.

**Kutjevo** (☎034-255 002 ; www.kutjevo.com, en croate ; Kralja Tomislava 1, Kutjevo ; ⊙sur RV) possède une cave médiévale datant de 1232, ayant appartenu jadis à une abbaye cistercienne ; visite guidée (20 Kn) et dégustation (de rouges notamment). Deux des meilleurs établissements viticoles de Slavonie se trouvent à proximité : il s'agit de **Krauthaker** (☎034-315 000 ; www.krauthaker.hr ; Ivana Jambrovića 6, Kutjevo ; dégustation et visite 40 Kn), dont le *graševina* est régulièrement primé, et d'**Enjingi** (☎034-267 201 ; www.enjingi.hr ; Hrnjevac 87, Vetovo ; dégustation et visite 50 Kn), qui utilise des méthodes écologiques, conserve ses vins dans des fûts de chêne slavon et s'enorgueillit de 120 ans d'expérience.

Dans le Baranja, la viticulture est repartie sur les coteaux autour de Kneževi Vinogradi : des producteurs dynamiques ont repris ces vignobles séculaires, principalement dans les villages de Zmajevac et de Suza. Privilégiant les techniques traditionnelles, **Gerstmajer** (☎031-735 276 ; Šandora 31, Zmajevac) propose la visite de ses 11 ha de vignobles et de sa cave, avec dégustation. En bas de la colline, le plus grand producteur régional, **Josić** (☎031-734 410 ; www.josic.hr ; Planina 194, Zmajevac), possède aussi un bon restaurant (p. 92). **Kolar** (☎031-733 006 ; Maršala Tita 141 ; ⊙9h-17h) offre une dégustation dans sa cave et possède un magasin sur la route de Suza.

Les anciennes caves d'Ilok et le premier hôtel viticole de Croatie, le **Zdjelarević** (☎035-427 775 ; www.zdjelarevic.hr), situé dans un superbe domaine à Brodski Stupnik près de Slavonski Brod, font également la fierté de la Slavonie. L'hôtel a balisé des itinéraires pédagogiques à travers les vignobles, que vous pourrez parcourir avec un agronome qui vous renseignera sur l'étude des sols et les différents cépages. Le Zdjelarević comprend un bon restaurant et peut organiser des circuits instructifs dans les caves (et dans d'autres établissements viticoles slavons).

de batraciens qui coassent dans le marais à l'arrière. Goûtez la spécialité maison, le *fiš perkelt,* un ragoût de poisson mijoté avec des nouilles maison, du fromage frais et du lard.

**KARANAC ET ENVIRONS**

Situé à l'extrémité nord du Baranja, à 8 km à l'est de Beli Manastir, l'ethnovillage et communauté agricole de Karanac offre un aperçu authentique de la vie rurale slavonne tout en étant aménagé pour recevoir les visiteurs. Jalonné de cerisiers et de jardins soignés, il compte trois églises (réformiste, catholique et orthodoxe) et quelques bâtiments pannoniens bien conservés.



Karanac offre plusieurs possibilités d'hébergement, dont le plaisant **Sklepić** (☎720 271 ; www.sklepic.hr, en croate ; Kolodvorska 58 ; s/d 230/338 Kn), qui propose de jolies chambres rustiques avec sdb. L'**Ivica Marica** (☎091 13 73 793 ; www.ivica-marica.com ; Ivo Lola Ribar 8a ; 224 Kn/pers ; P @), une ferme tenue par un jeune couple, constitue un autre excellent choix avec ses chambres et appartements ravissants lambrissés de pin, son sauna et ses équipements pour les enfants.

Le Sklepić possède aussi un **ethno-musée** (☎720 271 ; 15 Kn ; sur RV), aménagé dans une ferme de 1897 au bout du village, englobant 2 000 objets traditionnels, des ateliers, une cave à vin et des étables.

Cette partie du Baranja abrite plusieurs excellents restaurants et établissements viticoles. Le **Baranjska Kuća** (☎720 180 ; Kolodvorska 99, Karanac ; plats à partir de 45 Kn) sert de nombreux plats traditionnels, comme les ragoûts de poisson ; des étables, une forge et une glacière se regroupent dans la cour plantée de marronniers. Le **Josić** (☎031-734 410 ; www.josic.hr ; Planina 194, Zmajevac ; plats à partir de 40 Kn), dans le village voisin de Zmajevac, est un restaurant haut de gamme, dont les tables sont installées dans des caves voûtées ; goûtez les saucisses au paprika ou la soupe du pêcheur et n'oubliez pas de visiter la cave pour une dégustation.

À l'endroit où se rejoignent les frontières croate, serbe et hongroise, **Batina** est un imposant mémorial de l'époque communiste, qui commémore une victoire majeure des forces soviétiques sur les nazis durant la Seconde Guerre mondiale. Une colossale statue de femme se tient sur une éminence, qui offre une vue spectaculaire sur le Danube.

# Vukovar

☎032 / 28 869 HABITANTS

Fondée au X^e siècle, Vukovar était avant-guerre une jolie ville au bord du Danube, dotée d'élégantes demeures baroques, de galeries d'art et de musées. Tout changea avec le siège de 1991, qui anéantit son économie, sa culture, ses infrastructures et son harmonie sociale.

Depuis le retour de Vukovar dans le giron croate en 1998, sa reconstruction avance à grands pas. Dans le centre-ville, de nouveaux bâtiments ont vu le jour ; pour autant, il subsiste de nombreuses façades criblées de balles ou effondrées. L'ancien château d'eau, sur la route d'Ilok, a été laissé tel quel comme témoignage des destructions.

Par ailleurs, la restauration de l'entente civile demeure un vœu pieux. Les Serbes et les Croates vivent dans deux mondes parallèles et hostiles. Les enfants fréquentent des écoles séparées et leurs parents, des cafés serbes ou croates. Des organisations internationales tentent de rétablir une cohabitation pacifique, mais le pardon est difficile pour ceux qui ont perdu des membres de leur famille et leurs biens.

Bien évidemment, la plupart des sites de Vukovar se rapportent à la guerre et les visiter est une expérience bouleversante.

## À voir

**Place de la Mémoire : hôpital de Vukovar** MUSÉE

(☎452 011 ; www.ob-vukovar.hr/mjesto-sjecanja ; Županijska 37 ; 10 Kn ; 8h-15h lun-ven, sur RV). Ce musée multimédia retrace les tragiques événements qui se sont déroulés à l'hôpital durant le siège de 1991 (voir l'encadré ci-contre). Le circuit passe par des couloirs protégés par des sacs de sable où sont projetées des vidéos de scènes de guerre, par des trous d'obus et par l'abri antiatomique dans lequel étaient confinés les nouveau-nés et les puéricultrices. Dans des petites cabines, vous pourrez écouter des interviews et des témoignages de victimes et de survivants.

**Mémorial d'Ovčara** MÉMORIAL

(10h-17h). À 6 km de la ville en direction d'Ilok, un embranchement mène au mémorial d'Ovčara (à 4 km), le hangar où les 200 victimes de l'hôpital furent battues et torturées. Les photos de ces victimes sont projetées dans une pièce sombre, avec une seule bougie allumée au milieu. À 1,5 km, le champ de maïs où

## ACCÈS

Le réceptionniste de l'hôpital ne parle que croate et ne peut fixer de rendez-vous à ceux qui ne pratiquent pas cette langue ; le personnel de l'office du tourisme vous aidera.

elles furent exécutées est signalé par une pierre tombale en marbre noir couverte de bougies et de fleurs.

**Musée municipal** MUSÉE
(Gradski Muzej ; Županijska 2 ; tarif plein/réduit 10/5 Kn ; ⌚7h-15h lun-ven). Installé dans le palais Eltz du XVIIIe siècle, il était fermé pour rénovation lors de notre passage. Renseignez-vous sur son éventuelle réouverture.

**Cimetière-mémorial de guerre** MÉMORIAL
À environ 3,5 km de Vukovar sur la route d'Ilok, ce cimetière contient 938 croix blanches qui commémorent les victimes du siège.

## Fêtes et festivals

Le **Festival du film de Vukovar** (www.vukovarfilmfestival.com), organisé fin août, présente des films, des documentaires et des courts-métrages de pays du Danube.

## Où se loger et se restaurer

**Hotel Lav** HÔTEL MODERNE €€€
(☎445 100 ; www.hotel-lav.hr ; JJ Strossmayera 18 ; s/d 590/900 Kn ; P❄@📶). Quatre-étoiles moderne et bien tenu, il possède de grandes chambres lumineuses et confortables (la plupart avec vue sur le fleuve), un bar plaisant, un café, un restaurant et une terrasse.

**Hotel Dunav** HÔTEL €
(☎441 285 ; Trg Republike Hrvatske 1 ; s/d 258/432 Kn ; P❄). Dans ce surprenant établissement de l'époque soviétique, les chambres sans charme (et la terrasse) jouissent d'une superbe vue sur le Danube.

**Dunavska Golubica** CUISINE SLAVONNE €€
(Lenjinovo S/vetalis/vte 10 ; plats à partir de 45 Kn). Ce restaurant chic sert d'excellentes spécialités slavonnes dans un cadre attrayant.

## Renseignements

Plusieurs banques avec DAB jalonnent Strossmayera, l'artère principale. L'**office du tourisme** (☎/fax 442 889 ; www.turizamvukovar.hr ; J J Strossmayera 15 ; ⌚7h-16h lun-ven, 7h-12h sam) ne dispose pas de brochures mais le personnel fait de son mieux pour aider les visiteurs. **Danubium Tours** (☎/fax 445 455 ; www.danubiumtours.hr ; Trg Republike Hrvatske 1) propose des circuits à vélo, du kayak sur le Danube et diverses activités à Vukovar et aux alentours.

## LE SIÈGE DE VUKOVAR

Avant la guerre, Vukovar comptait une population multiethnique d'environ 44 000 habitants, dont 44% de Croates et 37% de Serbes. Lorsque la Croatie se sépara de la Yougoslavie au printemps 1991, les tensions s'accrurent entre les deux groupes. En août 1991, l'armée fédérale yougoslave déclencha un assaut d'infanterie et d'artillerie pour tenter de prendre la ville.

Fin août, 35 000 habitants avaient fui. Ceux qui restaient étaient terrés dans des abris, survivant grâce à des conserves et à des rations d'eau, alors que les cadavres s'empilaient dans les rues. Durant plusieurs mois, la ville assiégée résista, défendue par de maigres troupes.

Après des semaines de combats au corps à corps, Vukovar capitula le 18 novembre. Le 20 novembre, des soldats serbo-yougoslaves pénétrèrent dans l'hôpital et délogèrent les 400 patients, employés et proches qui s'y trouvaient ; 194 d'entre eux furent massacrés près du village d'Ovčara ; leurs corps furent jetés dans une fosse commune. En 2007, le tribunal pénal de La Haye condamna deux officiers de l'armée yougoslave, Mile Mrkšić et Veselin Šljivančanin, respectivement à 20 et à 5 ans de prison pour leur rôle dans ce massacre. Lors du procès en appel en 2009, la condamnation de Mile Mrkšić fut confirmée et celle de Šljivančanin fut portée à 17 ans pour aide et encouragement aux meurtres.

On estime que 2 000 personnes, dont 1 100 civils, périrent durant le siège de Vukovar. À ce chiffre s'ajoutèrent 4 000 blessés et plusieurs milliers de disparus, probablement laissés dans des fosses communes ; 22 000 personnes furent contraintes à l'exil.

## Depuis/vers Vukovar

Des bus relient Vukovar à Osijek (30 Kn, 45 min, 14/jour), Ilok (30 Kn, 50 min, 6/jour) et Zagreb (154 Kn, 5 heures, 4-5/jour). Des bus réguliers rejoignent Belgrade (95 Kn, 3 heures, 5/jour), en Serbie. Chaque jour, un train direct rallie Zagreb (114 Kn, 4 heures).

# Ilok

032 / 8 350 HABITANTS

Ville la plus orientale de Croatie, à 37 km de Vukovar, Ilok se juche sur une colline dominant le Danube et, au-delà, la région serbe de Voïvodine. Entourée des collines de Fruška Gora, renommées pour leurs vignobles depuis l'époque romaine, cette cité médiévale bien conservée possède un château qui abrite l'un des meilleurs musées de Slavonie.

Occupée par les Serbes au début des années 1990, Ilok a réintégré la Croatie en 1998. La viticulture a depuis repris et vous pourrez visiter une quinzaine de domaines viticoles. Le centre fortifié de la ville a été rénové à la suite de récentes fouilles archéologiques.

## À voir et à faire

Les vestiges des anciens remparts entourent la verdoyante cité médiévale, qui possède deux rares exemples du patrimoine ottoman : un **hammam** du XVIe siècle et une **türbe**, tombe d'un noble turc.

### Musée Odescalchi — MUSÉE

(Muzej Grada Iloka ; Šetalište Oca Mladena Barbarića bb ; tarif plein/réduit 20/10 Kn ; 9h-19h lun-ven, 9h-15h sam, 11h-18h dim). Principal site d'Ilok, cet excellent musée municipal est installé dans le splendide château Odescalchi, haut perché au-dessus du Danube. Le château fut érigé sur les fondations d'un monument du XVe siècle par le roi Nikola Iločki. À la fin du XVIIe siècle, la famille italienne Odescalchi le rénova dans un style baroque classique.

Les collections sont très bien présentées, avec des panneaux d'information détaillés et illustrés en anglais et en croate. Les origines, l'histoire et la culture d'Ilok sont notamment explicités par d'impressionnants vestiges archéologiques (dont une exceptionnelle colonne romaine représentant l'Agnus Dei) et des éléments ethnographiques. Des sabres et des mousquets illustrent la période turque, de beaux meubles et œuvres d'art datent du XIXe siècle, et une pierre tombale et des tapisseries proviennent d'une ancienne synagogue.

### Iločki Podrumi — CAVES

(Iločki Podrumi ; 590 088 ; www.ilocki-podrumi.hr ; Dr Franje Tuđmana 72 ; visite 5 Kn ; 8h-18h). Jouxtant le château, ces caves anciennes méritent la visite. Ne manquez pas de goûter le *traminac,* un vin blanc sec servi lors du sacre d'Élisabeth II. Une visite de 20 min permet de découvrir les caves et leurs fûts en chêne. L'endroit comprend une excellente boutique, qui se double d'un café/restaurant.

## Où se loger et se restaurer

### Hotel Dunav — HÔTEL AU BORD DE L'EAU €€

(596 500 ; www.hoteldunavilok.com ; Julija Benešića 62 ; s/d 300/500 Kn ; P @). Au bord du Danube, ce bel hôtel compte 16 jolies chambres avec vue sur la verdure et un charmant café en terrasse sur la berge. Danubium Tours y possède un bureau.

### Stari Pochum — HÔTEL/RESTAURANT €€

(590 088 ; www.ilocki-podrumi.hr ; plats 45-100 Kn ; P @). Installées dans les anciennes caves du château, ces superbes salles lambrissées, ornées d'énormes fûts en chêne, offrent un cadre splendide pour un repas copieux. Les produits locaux prédominent : saucisses de porc d'Ilok, ragoût du berger avec raviolis et *fiš paprikaš.* La carte des vins est bien entendu somptueuse. Dans un nouveau bâtiment, 18 grandes chambres modernes (s/d 350/500 Kn), de style chalet, bénéficient toutes de la vue sur le Danube et d'un décor luxueux.

## Renseignements

**Office du tourisme** (590 020 ; www.turizamilok.hr ; Trg Nikole Iločkog 2 ; 8h-16h lun-ven). Conseils sur les hôtels ruraux et les itinéraires de randonnée, et nombreux renseignements sur la région. Appelez avant de vous déplacer car les horaires d'ouverture sont irréguliers.

## Depuis/vers Ilok

Le bus s'arrête dans le centre-ville, à quelques pas de la cité médiévale. Des bus relient Ilok et Osijek (60 Kn, 1 heure 45, 7/jour) via Vukovar.

# Istrie

☎ 052

**Dans ce chapitre »**



## Le top des restaurants

» Toklarija (p. 127)
» Damir i Ornella (p. 120)
» Konoba Batelina (p. 103)
» La Puntulina (p. 111)

## Le top des hébergements

» Monte Mulini (p. 110)
» Stancija 1904 (p. 122)
» Hotel Kaštel (p. 128)
» Hotel Istra-Neptun (p. 106)

## Pourquoi y aller

Trait d'union entre la Croatie continentale et l'Adriatique, l'Istrie (Istra en croate) est une péninsule de 3 600 $km^2$ en forme de cœur située au sud de Trieste. Les vallons et les plaines fertiles de l'arrière-pays attirent les touristes "bobos" dans des villages perchés, des hôtels ruraux et des restaurants installés dans des fermes, tandis que le littoral est une destination très prisée par les amateurs de soleil. De fait, si la côte pâtit de vastes complexes hôteliers et de plages rocailleuses, la propreté de l'eau et les nombreuses destinations encore secrètes compensent ces désagréments.

Quand le littoral, baptisé l'"Istrie bleue", est assailli d'estivants en haute saison, l'"Istrie verte" offre calme et isolement, même à la mi-août. Ajoutez à cela une gastronomie de premier plan, marquée par des produits de la mer frais, d'excellentes truffes blanches, des asperges sauvages, des huiles d'olive sublimes et des grands crus, et vous aurez un vrai petit paradis !

## Quand partir

### Pula

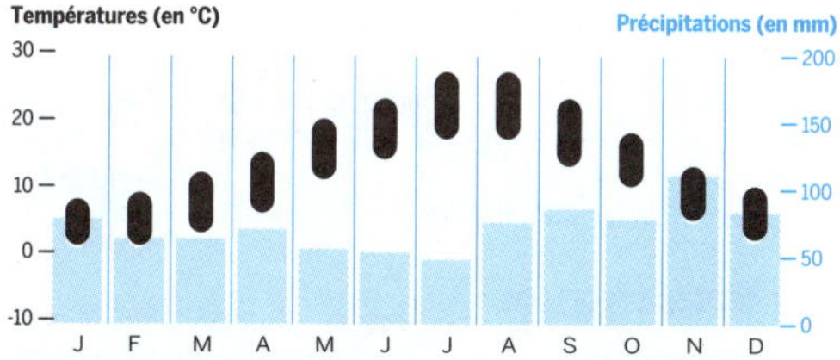


**Avril**
Au printemps, la cueillette des asperges sauvages bat son plein.

**Juillet et août**
Une ribambelle de festivals de musique classique, de jazz et d'art enflamme les villes de l'Istrie.

**Septembre**
La saison de la truffe blanche démarre avec la fête de Subotina, à Buzet.

## À ne pas manquer

1 Les mosaïques de la **basilique euphrasienne** (p. 114) de Poreč

2 La cueillette des truffes dans les forêts près de **Buzet** (p. 126)

3 L'histoire de la pêche à la **maison Batana** (p. 107)

4 Le légendaire **gouffre de Pazin** (p. 123)

5 Les projections à la belle étoile pendant le Festival du film de **Motovun** (p. 128)

6 Les fastes du communisme aux **îles Brijuni** (p. 106), villégiature de Tito

7 La nature sauvage du cap de **Rt Kamenjak** (p. 102), près de Pula

### Histoire

La tribu illyrienne des Histriens s'installa dans la région vers la fin du IIe millénaire av. J.-C., fondant des villages fortifiés au sommet des collines de la côte et de l'intérieur. Les Romains, qui envahirent l'Istrie au IIIe siècle av. J.-C., construisirent des routes et d'autres places fortes stratégiques.

L'Empire byzantin contrôla la région de 539 à 751. Le plus impressionnant vestige de cette période est la basilique euphrasienne de Poreč, avec ses exceptionnelles mosaïques. Par la suite, des Slaves, des Francs et des souverains allemands dirigèrent l'Istrie, jusqu'à ce que la république de Venise, puissance alors grandissante, s'arroge le contrôle de la côte istrienne au début du XIIIe siècle.

La chute de Venise, en 1797, fit basculer l'Istrie sous domination autrichienne. Vinrent ensuite les Français (1809-1813), qui cédèrent de nouveau la place aux Autrichiens. Du XIXe au début du XXe siècle, l'Empire austro-hongrois se désintéressa de la région.

Quand l'empire se désintégra, à l'issue de la Première Guerre mondiale, l'Italie s'empressa de s'assurer le contrôle de l'Istrie en occupant Pula dès novembre 1918. Par le traité de Rapallo de 1920, elle obtint du royaume des Serbes, des Croates et des Slovènes la rétrocession de l'Istrie, de la ville de Zadar et de plusieurs îles, en remerciement de l'aide qu'elle avait apportée aux puissances alliées pendant le conflit.

S'ensuivit un colossal déplacement de population, avec l'arrivée de 30 000 à 40 000 Italiens et le départ de nombreux Croates fuyant le fascisme. Afin de consolider leur empire, les nouveaux maîtres de la région interdirent la pratique et l'apprentissage du croate.

L'Italie conserva l'Istrie jusqu'au terme de la Seconde Guerre mondiale. La région fut alors intégrée à la Yougoslavie, ce qui provoqua un nouvel exode d'Italiens et de Croates fuyant le régime communiste de Tito. Le sort de Trieste et de la pointe nord-ouest de la péninsule resta une pomme de discorde entre l'Italie et la Yougoslavie jusqu'en 1954, date à laquelle la zone fut finalement attribuée à l'Italie. Dans le cadre de la réorganisation de la Yougoslavie orchestrée par Tito, le nord de la péninsule fut rattaché à la Slovénie, dont il dépend toujours.

# LA CÔTE ISTRIENNE

Pula, la principale ville côtière, se situe à la pointe de la péninsule istrienne, d'où l'on peut aisément visiter en une journée les îles Brijuni, ancien lieu de villégiature de Tito. En contrebas de l'ancienne ville perchée de Labin, la station balnéaire moderne de Rabac forme l'épicentre de la côte orientale. Le littoral occidental est le plus touristique. Si Rovinj en est le joyau, Poreč, avec ses nombreuses possibilités d'hébergement et de loisirs, demeure quant à elle la destination la plus facile d'accès et la moins onéreuse. L'influence de l'Italie, qui se trouve juste en face, est omniprésente : l'italien tient d'ailleurs lieu de deuxième langue et à chaque nom de ville correspond son alternative dans la langue de Dante.

## Pula

60 000 HABITANTS

Grâce aux nombreux vestiges romains sublimant son aspect par ailleurs ordinaire, Pula (la Polensium romaine) se distingue des autres métropoles croates. Sis en plein centre-ville dont il est le point d'orgue, l'amphithéâtre, remarquablement préservé, domine le paysage urbain et accueille des concerts et des festivals en été.

Malgré sa forte activité commerciale, Pula conserve le charme d'une petite ville côtière. Un court trajet en bus mène aux plages des stations de la péninsule de Verudela, au sud. Quoiqu'enlaidi par des complexes résidentiels et hôteliers, le littoral est émaillé de pinèdes, de cafés en bord de mer et de quelques tables très réputées. Plus au sud, la péninsule de Premantura englobe un superbe parc naturel protégé, au cap de Rt Kamenjak.

### Histoire

Pula devint le principal centre naval de l'Empire austro-hongrois en 1853. La construction d'un port moderne et l'inauguration, en 1886, d'un vaste chantier naval ouvrirent une ère d'expansion démographique et économique qui en fit une métropole militaire et industrielle.

La ville connut un nouveau déclin sous l'occupation italienne, de 1918 à 1943, date à laquelle les Allemands succédèrent aux Italiens. À l'issue de la Seconde Guerre mondiale, Pula fut placée sous l'administration des forces anglo-américaines, avant

# Pula

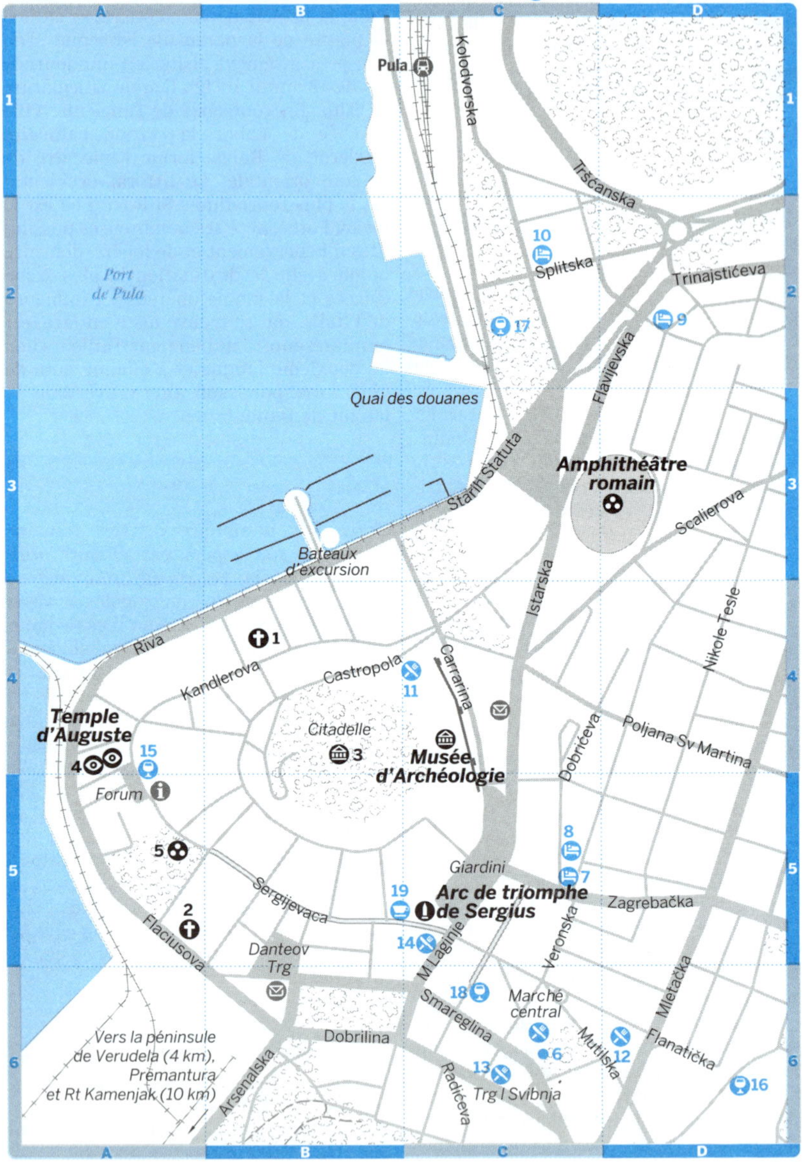




d'être rattachée à la Yougoslavie en 1947. Le tissu industriel de la cité n'a pas excessivement pâti des conflits récents, ce qui a permis à Pula de conserver un rang important dans la construction navale, le textile, la métallurgie et la verrerie.

## À voir

La partie la plus ancienne de la ville suit les plans de la cité romaine. Les rues contournent la citadelle, au centre, tandis que les quartiers plus récents s'agencent en damier. La plupart des magasins, des agences et

## Pula

**Les incontournables**

Musée d'Archéologie ... C4
Amphithéâtre romain ... D3
Temple d'Auguste ... A4
Arc de triomphe de Sergius ... C5

**À voir**

1 Cathédrale ... B4
2 Chapelle Sainte-Marie-Formose ... A5
3 Musée d'Histoire ... B4
4 Ancien hôtel de ville ... A4
5 Dallage de mosaïques romaines ... A5

**Activités**

6 Edo Sport ... C6

**Où se loger**

7 Hotel Galija ... C5
8 Hotel Omir ... C5
9 Hotel Scaletta ... D2
10 Riviera Guest House ... C2

**Où se restaurer**

11 Jupiter ... C4
12 Kantina ... D6
13 Markat ... C6
14 Qpola ... C5

**Où prendre un verre**

15 Cvajner ... A4
16 P14 ... D6
17 Pietas Julia ... C2
18 Scandal Express ... C6
19 Uliks ... B5

des sociétés sont installés dans la vieille ville et ses alentours, ainsi que dans Giardini, Carrarina, Istarska et Riva (qui longe le port). Hormis quelques adresses situées dans la vieille ville, la plupart des hôtels et restaurants, tout comme les plages, se concentrent à 4 km au sud, sur la péninsule de Verudela. On peut s'y rendre à pied en suivant Arsenalska vers le sud, puis Tomasinijeva et Veruda.

### Amphithéâtre romain — RUINES

(Arena ; Flavijevska bb ; tarif plein/réduit 40/20 Kn ; 8h-21h été, 9h-20h printemps et automne, 9h-17h hiver). Érigé au I^er^ siècle, l'amphithéâtre, qui domine le port au nord-est de la vieille ville, est le monument le plus emblématique et le plus imposant de Pula. Entièrement construite dans la pierre calcaire locale, cette arène accueillait des combats de gladiateurs et pouvait contenir plus de 20 000 spectateurs assis. Au faîte des murs, une gouttière recueillait les eaux pluviales. On aperçoit encore les blocs qui fixaient la toile en tissu destinée à protéger le public du soleil. En sous-sol, un petit **musée** présente une exposition sur l'oléiculture. En été, le **Festival du film de Pula** et des concerts de musique pop ou classique se déroulent dans l'enceinte de l'amphithéâtre.

### Temple d'Auguste — TEMPLE ROMAIN

(Forum ; tarif plein/réduit 10/5 Kn ; 9h-20h lun-ven, 10h-15h sam-dim en été, sur rdv via l'office du tourisme le reste du temps). Il s'agit du seul vestige visible du forum romain, qui demeura la place centrale de Pula de l'Antiquité jusqu'au Moyen Âge. Des temples et des bâtiments publics s'y dressaient jadis ; aujourd'hui il ne reste que ce temple, érigé entre l'an 2 av. J.-C. et l'an 14. Après le départ des Romains, le temple d'Auguste fut reconverti en église, puis en grenier à céréales. Reconstruit après un bombardement de 1944, le monument abrite désormais un modeste musée d'Histoire (panneaux explicatifs en anglais).

### Musée d'Archéologie — MUSÉE

(Arheološki Muzej ; Carrarina 3 ; tarif plein/réduit 20/10 Kn ; 9h-20h lun-sam, 10h-15h dim mai-sept, 9h-14h lun-ven oct-avr). Ce musée présente des pièces mises au jour dans toute l'Istrie. Les collections permanentes vont de la préhistoire au Moyen Âge, mais l'accent est mis sur la période allant du II^e^ siècle av. J.-C. au VI^e^ siècle de notre ère. Même sans visiter le musée, allez jeter un coup d'œil au **théâtre romain**, à l'arrière, et à son jardin, orné de **sculptures**, auquel on accède par une double porte datant du II^e^ siècle. Le jardin accueille des concerts en été.

### Arc de triomphe de Sergius — RUINES

Le long de Carrarina, des remparts romains marquent la limite est de la vieille ville. Longez-les vers le sud, puis traversez Giardini pour gagner ce majestueux arc de triomphe érigé en 27 av. J.-C. en hommage à trois membres de la famille Sergius qui s'étaient distingués à Pula. Jusqu'au XIX^e^ siècle, l'arc s'adossait à la porte de la ville et était entouré de murs d'enceinte, qui furent par la suite abattus pour permettre à l'agglomération de s'étendre au-delà de la vieille ville.

**Cathédrale** ÉGLISE

(Katedrala ; Kandlerova ; 10h-17h mi-juin à mi-sept, messe en croate 8h tlj, en italien 9h dim). La cathédrale remonte au Ve siècle. Son maître-autel, un sarcophage romain du IIIe siècle où sont conservées les reliques de saints, est encore plus ancien. Le sol comporte quant à lui des fragments de mosaïques datant des Ve et VIe siècles. La façade, de style Renaissance tardif, fut ajoutée au début du XVIe siècle. Des pierres de l'amphithéâtre furent utilisées pour construire le clocher au XVIIe siècle.

**Musée d'Histoire** MUSÉE

(Povijesni Muzej Istre ; Gradinski Uspon 6 ; tarif plein/réduit 15/7 Kn ; 8h-21h juin-sept, 9h-17h oct-mai). Le musée d'Histoire occupe une forteresse vénitienne du XVIIe siècle surplombant le cœur de la vieille ville. Ses collections, principalement consacrées à l'histoire maritime de Pula, présentent un intérêt limité, contrairement à la vue depuis les remparts, qui vaut le détour.

**Chapelle Sainte-Marie-Formose** ÉGLISE

(Kapela Marije Formoze ; Flaciusova). Unique vestige de l'abbaye bénédictine qui occupait jadis le site (VIe siècle), cet édifice byzantin s'ornait de mosaïques aujourd'hui conservées au musée d'Archéologie. La chapelle n'ouvre qu'à l'occasion d'expositions temporaires en été, ou sur arrangement préalable avec le musée d'Archéologie.

**Ancien hôtel de ville** MONUMENT HISTORIQUE

L'hôtel de ville, sur le forum, fut érigé en 1296 pour abriter les autorités municipales de Pula (c'est toujours le cas aujourd'hui). Il présente un mélange de styles architecturaux, du roman au Renaissance.

**Mosaïques romaines** MOSAÏQUES

Juste à côté de Sergijevaca, ce dallage de mosaïques date du IIIe siècle. Le panneau central, entouré de motifs géométriques remarquablement bien préservés, dépeint la punition de Dircé qui, dans la mythologie grecque, avait jeté la belle Antiope en prison.

## À faire

Entre Pula et Medulin, une piste cyclable suit, sur 41 km, le chemin qu'empruntaient jadis les gladiateurs.

**Diving Hippocampus** PLONGÉE

(098 255 820 ; www.hippocampus.hr). Agence de plongée, au camping Stoja.

**Edo Sport** EXCURSIONS

(222 207 ; www.edosport.com ; Narodni Trg 9). Excursions et activités.

**Istria Bike** CYCLOTOURISME

(www.istria-bike.com). Géré par l'office du tourisme, le site Internet détaille les itinéraires, les séjours et les agences proposant des circuits à vélo.

**Orca Diving Center** PLONGÉE

(224 422 ; Hotel Histria). Au centre de la péninsule de Verudela ; organise des plongées en bateau et des visites d'épaves.

**Windsurf Bar** EXCURSIONS, PLANCHE À VOILE

(091 512 3646 ; www.windsurfing.hr ; Camping Village Stupice). À Premantura. Planche à voile ; excursions à vélo (250 Kn) et en kayak (300 Kn).

## Circuits organisés

La plupart des agences de voyages de Pula proposent des expéditions à Brijuni, au fjord de Lim (Limski Kanal), à Rovinj et dans l'arrière-pays. Toutefois, il s'avère souvent moins cher de réserver directement auprès des bateaux dans le port. Ces derniers assurent des sorties de pêche avec pique-nique (220 Kn), des croisières touristiques "panoramiques" aux îles Brijuni (150 Kn, 2 heures) et des escapades à Rovinj, au fjord de Lim et à Crveni Otok (250 Kn).

Deux bateaux vont aux Brijuni, s'arrêtent et effectuent un circuit :

**Martinabela** CIRCUITS

(www.martinabela.hr ; 280 Kn). Deux fois par jour en été.

**Fissa Brijuni** CIRCUITS

(www.fissa-brijuni.hr ; 260 Kn). Du mardi au samedi en été.

## Fêtes et festivals

**Festival du film de Pula** CINÉMA

(www.pulafilmfestival.hr). Fondé dans les années 1950, ce festival qui se tient en juillet est l'événement phare de la ville. Projections de films, majoritairement croates, dans divers lieux, et notamment à l'amphithéâtre romain (Arena).

**Jazzbina** JAZZ

(www.jazzbina.net). Des concerts de jazz toute l'année, souvent avec des musiciens de renommée mondiale, sur la place Portarata en été, dans les théâtres et les clubs le reste du temps.

## Où se loger

À Pula, la pleine saison touristique débute la deuxième semaine de juillet et dure jusqu'à la fin août. Il est alors judicieux de réserver. L'extrémité de la péninsule de Verudela, à 4 km au sud-ouest du centre-ville, a été transformée en un vaste complexe touristique couvert d'hôtels et d'appartements. Si elle ne présente pas d'attrait particulier en dehors de sa forêt de pins, elle possède en revanche des plages, des restaurants, des courts de tennis et des installations de sports nautiques. N'importe quelle agence de voyages pourra vous renseigner et se charger de réserver un hôtel. Sinon, contactez **Arenaturist** (☎529 400 ; www.arenaturist.hr ; Splitska 1a).

Les agences de voyages de Pula pourront également vous trouver des chambres d'hôtes, plutôt rares dans le centre-ville. Comptez entre 250 et 490 Kn pour une double et entre 300 et 535 Kn pour un appartement pour deux. Consultez la liste des hébergements privés sur www.pulainfo.hr.

**Hotel Scaletta** HÔTEL €€
(☎541 599 ; www.hotel-scaletta.com ; Flavijevska 26 ; s/d 505/732 Kn ; P ❄ ᯤ). Une ambiance familiale pour cet hôtel qui offre des chambres récemment rénovées, décorées avec goût, et de petits extras (comme un minibar). Le restaurant sert une cuisine correcte et propose 10% de réduction aux clients de l'hôtel. À proximité de la ville.

**Hotel Galija** HÔTEL €€
(☎383 802 ; www.hotelgalija.hr ; Epulonova 3 ; s/d 505/732 Kn ; ❄ ᯤ). À un jet de pierre du marché, dans le centre-ville, ce petit hôtel tenu en famille loue des chambres confortables, de tailles et coloris variables (douche à hydromassage dans certaines). Restaurant sur place.

**Hotel Histria** HÔTEL €€€
(☎590 000 ; www.arenaturist.hr ; Verudela bb ; s 585-685 Kn, d 950-1 150 Kn ; P ❄ @ ≋). Les

### TOUT NUS ET TOUT BRONZÉS...

La tradition du naturisme en Croatie est apparue au début du XXe siècle sur l'île de Rab. Sous l'influence du mouvement allemand de la "libre culture physique" (*Freikörperkultur*), le naturisme devint rapidement une mode chez les Autrichiens. Ce fut d'ailleurs un Autrichien, Richard Ehrmann, qui ouvrit le premier camp naturiste sur la plage du Paradis, près de Lopar, sur Rab. Toutefois, les vrais pionniers dans l'Adriatique furent le roi britannique Édouard VIII (qui finira par abdiquer) et sa future épouse Wallis Simpson, qui lancèrent la mode en se baignant nus sur la côte de Rab en 1936.

La côte istrienne possède les resorts naturistes parmi les plus vastes et les mieux aménagés de Croatie. Le sigle FKK, que vous verrez sur ces terrains, est l'abréviation de Freikörperkultur. Le **Camp Kanegra** (www.istracamping.com), au nord d'Umag, est un site modeste, ourlant une plage de galets. En longeant la côte vers le sud, on arrive au **centre naturiste Ulika** (www.plavalaguna.hr), à la lisière de Poreč. Outre ses 559 emplacements, il est possible d'y louer des caravanes et des mobile homes. Si vous préférez séjourner en appartement, la **résidence naturiste Solaris** (www.valamar.hr) constitue un bon choix. À seulement 12 km au nord de Poreč, sur la péninsule boisée de Lanterna, ce complexe comprend également un terrain de camping. Au sud de Poreč, non loin du village de pêcheurs de Funtana, le **camping naturiste Istra** (www.valamar.hr), plus vaste, peut accueillir jusqu'à 3 000 personnes. Figure de proue des stations naturistes, **Koversada** (www.maistra.hr) est situé plus au sud, après Vrsar. En 1961, l'îlot de Koversada se convertit intégralement au nudisme. Le mouvement ne tarda pas à prendre de l'ampleur et, assez rapidement, des centres naturistes apparurent tout le long de la côte, lançant le marché du naturisme en Croatie. Aujourd'hui, les campings, appartements et villas de cet immense site peuvent accueillir jusqu'à 8 000 personnes. Pour plus d'intimité, continuez vers le sud sur 7 km, après Rovinj, pour rejoindre le **camping naturiste Valalta** (www.valalta.hr), près du fjord de Lim, où le nombre d'appartements, de bungalows, de caravanes, de mobile homes et d'emplacements de camping est moins important. Pour être plus proche de Pula, il faut encore suivre la côte en direction du sud, vers Medulin et le **Camp Kažela** (www.kampkazela.com), qui propose des mobile homes et des emplacements de camping donnant sur la mer.

## CÔTÉ PLAGE

Plusieurs plages de rochers décrivent un demi-cercle autour de Pula. Chacune possède ses adeptes et est soumise aux fluctuations de la mode, à l'instar des bars et des discothèques. Les plages les plus fréquentées avoisinent le complexe hôtelier de la **péninsule de Verudela**. Certains habitants préfèrent la petite **plage de Hawaï**, aux eaux turquoise, près de l'Hotel Park.

### Rt Kamenjak

Le **cap de Rt Kamenjak** (www.kamenjak.hr, en croate ; gratuit pour les piétons et cyclistes, 25/15 Kn par voiture/scooter ; 7h-22h), au bout de la péninsule de Premantura, à 10 km au sud de Pula, offre un cadre tranquille. Extrémité méridionale de l'Istrie, ce superbe cap désert se caractérise par un paysage de collines, de fleurs sauvages (dont plus de 30 variétés d'orchidées), de maquis, d'arbres fruitiers et de plantes médicinales. Son maillage de sentiers et de routes de gravier facilite l'accès au ruban de 30 km de plages et de criques immaculées. Par ailleurs, on y jouit d'une vue imprenable sur l'île de Cres et la cime du Velebit. Gare aux forts courants marins au sud du cap. Préservez la nature ; jetez tous vos détritus dans les sacs en plastique fournis à l'entrée.

Le **centre d'accueil des visiteurs** (575 283 ; 9h-21h en été), dans l'ancienne école du centre de Premantura, dispose de documents sur les écosystèmes du parc. Non loin, le **Windsurf Bar** (www.windsurfing.hr) loue des vélos et des planches à voile (à partir de 70 Kn/heure) et propose des cours d'initiation (à partir de 200 Kn/heure).

À la pointe sud de la péninsule, la **plage de Kolombarica** est prisée des jeunes aventureux, qui viennent plonger du haut des falaises et explorer sur le rivage les grottes peu profondes. Juste au-dessus, un excellent bar, le **Safari** (en-cas 25-50 Kn ; mai-sept), se niche dans la garrigue, à environ 3,5 km de l'entrée du parc. L'endroit est idéal pour passer l'après-midi à l'ombre d'alcôves luxuriantes, entouré de bois flotté et d'objets trouvés. Les en-cas sont délicieux.

Le plus simple consiste à accéder au cap de Rt Kamenjak en voiture. Dans ce cas, roulez doucement, afin de ne pas soulever trop de poussière – cela nuit à l'environnement. Solution plus écologique, vous pourrez prendre le bus municipal n°26 de Pula à Premantura (15 Kn), puis louer un vélo pour entrer dans le parc. Les nuits de pleine lune, l'été, une balade de 10 km à vélo, adaptée à tous les âges, part de Premantura.



nombreux équipements, les balcons et un accès facile à la plage compensent le manque de caractère de ce géant de béton. Les nouvelles chambres d'affaires quatre étoiles (s 900-1 180 Kn, d 1 200-1 575 Kn) sont modernes, avec TV à écran plat et Wi-Fi. Piscines intérieure et extérieure, cours de tennis et casino. Les meilleurs tarifs s'obtiennent en ligne.

**Hotel Omir** HÔTEL €
(218 186 ; www.hotel-omir.com ; Dobricheva 6 ; s/d 450/600 Kn ; ). La meilleure adresse pour les voyageurs au budget serré, en plein cœur de la ville. Chambres modestes, propres et tranquilles, équipées de TV. Climatisation dans les plus chères. Pas d'ascenseur.

**Riviera Guest House** HÔTEL €
(211 166 ; www.arenaturist.hr ; Splitska 1 ; s/d 350/555 Kn). Cette demeure jadis grandiose occupe un bâtiment néobaroque du XIX^e^ siècle. Sa situation centrale et la vue sur la mer depuis les chambres situées à l'avant pallient le manque de rénovation.

**Hotel Palma** HÔTEL €€
(590 760 ; www.arenaturist.hr ; Verudela 15 ; s 410-510 Kn, d 630-830 Kn ; P). Un nouvel établissement un tantinet moins cher, partageant les installations de l'Hotel Histria voisin. Chambres avec balcon.

**Youth Hostel** AUBERGE DE JEUNESSE €
(391 133 ; www.hfhs.hr ; Valsaline 4 ; dort 117 Kn, caravane 137 Kn ; @). Cette auberge de jeunesse donne sur une plage de la baie de Valsaline, à 3 km au sud de Pula. Elle offre des dortoirs et des caravanes, divisées en 2 minuscules chambres de 4 lits, chacune avec sdb et climatisation sur demande (20 Kn/jour). Emplacements de camping (70/15 Kn par pers/tente) disponibles. Pour accéder au site, prenez le bus n°2A ou 3A jusqu'à l'arrêt "Piramida", revenez vers la

ville jusqu'à la première rue, puis tournez à gauche et cherchez l'enseigne.

**Camping Stoja** CAMPING €
(☎387 144 ; www.arenacamps.com ; Stoja 37 ; 57/34 Kn par pers/tente ; ⏲avr-oct). Le camping le plus proche de Pula, à 3 km au sud-ouest de la ville. Le promontoire ombragé offre beaucoup d'espace, un restaurant et un centre de plongée. Baignade possible. Prenez le bus n°1 en direction de Stoja.

**Camping Puntižela** CAMPING €
(☎517 490 ; www.puntizela.hr ; Puntižela ; 43/46 Kn par pers/tente). Un charmant terrain de camping sur une baie, à 7 km au nord-ouest de Pula, ouvert toute l'année. Centre de plongée sur place.

## Où se restaurer

### CENTRE-VILLE

Les bons restaurants ne manquent pas dans le centre-ville, mais beaucoup d'habitants préfèrent aller ailleurs pour payer moins cher et fuir les touristes. Pour un en-cas bon marché, cherchez autour du marché central.

**Vodnjanka** CUISINE ISTRIENNE €
(Vitezića 4 ; plats à partir de 40 Kn ; ⏲fermé sam soir et dim). Les habitants apprécient la cuisine maison de cet établissement sans prétention. Bon marché et informel, il propose un menu favorisant les plats istriens simples. Paiement en espèces uniquement. Pour y accéder, descendez Radićeva vers le sud jusqu'à Vitezića.

**Kantina** CUISINE INTERNATIONALE €€
(Flanatička 16 ; plats à partir de 70 Kn ; ⏲lun-sam). La cave en pierre et poutres apparentes de ce bâtiment de style Habsbourg a été refaite de façon moderne. Les raviolis Kantina, farcis à la *skuta* (ricotta) et au *prosciutto* (jambon italien), sont aussi copieux que délicieux.

**Qpola** CUISINE INTERNATIONALE €€
(Trg Portarata 6 ; plats à partir de 70 Kn). Ce bistrot/restaurant en surplomb d'un petit centre commercial est entouré d'une terrasse avec vue sur la place. Il sert de bons carpaccios de poisson et de viande, et des raviolis au *ombolo* (porc). Des DJ locaux animent les fêtes organisées le jeudi.

**Jupiter** PIZZAS €
(Castropola 42 ; pizzas 25-84 Kn). La finesse et la saveur de la pâte à pizza rendraient jalouse plus d'une mamma italienne ! Terrasse à l'étage. Réduction de 20% le mercredi.

**Markat** CAFÉTÉRIA €
(Trg I Svibnja 5 ; plats à partir de 20 Kn). Un self-service face au marché, proposant des plats plutôt corrects ; pâtes et pizzas notamment.

### SUD ET EST DE LA VILLE

**Milan** CUISINE MÉDITERRANÉENNE €€
(www.milan1967.hr ; Stoja 4 ; plats à partir de 70 Kn). Une ambiance exclusive, des spécialités de saison, 4 sommeliers et un expert en huile d'olive : pour profiter de l'une des meilleures expériences gastronomiques de la ville. Le menu de 5 plats de poisson vaut le détour. L'**hôtel**, haut de gamme (s/d 590/850 Kn), propose 12 chambres.

**Konoba Batelina** POISSON ET FRUITS DE MER €€
(Cimulje 25, Banjole ; plats à partir de 70 Kn ; ⏲dîner uniquement). La délicieuse cuisine proposée dans cette taverne tenue en famille vaut largement la balade de 3 km jusqu'à ce village à l'est de Pula. Le propriétaire, chef et pêcheur David Skoko mitonne des plats à base de produits de la mer parmi les meilleurs et les plus créatifs de toute l'Istrie.

**Valsabbion** CUISINE CROATE CRÉATIVE €€€
(www.valsabbion.hr ; Pješčana Uvala IX/26 ; plats à partir de 120 Kn). Voici l'un des meilleurs restaurants de Croatie. Plusieurs fois récompensé, il propose une cuisine croate délicieuse et innovante. La décoration, ostentatoire, est étonnante, et la cuisine, excellente – à base d'ingrédients locaux comme la truffe, les crevettes du Kvarner et le crabe de Premantura. Le restaurant se double d'un **hôtel** avec spa (d 868 Kn) de 10 chambres luxueuses.

**Gina** CUISINE ISTRIENNE €€
(Stoja 23 ; plats à partir de 80 Kn). Près du camping de Stoja, ce restaurant à l'élégance discrète est fréquenté par une clientèle locale attirée par des spécialités bien préparées, un peu onéreuses. Essayez le *semi-freddo* (dessert semi-glacé), servi avec une sauce chaude aux figues, pignons et lavande.

## Où prendre un verre et sortir

Dans tout Pula, des affiches annoncent les concerts à venir. Ne manquez pas ceux qui sont donnés dans le spectaculaire amphithéâtre ; contactez l'office du tourisme pour plus de détails. Bien que l'animation nocturne batte surtout son plein en dehors du centre-ville, par beau temps, les cafés du quartier du forum et des rues piétonnes (Kandlerova, Flanatička et Sergijevaca) sont animés. La jeunesse se retrouve sur le

Lungomare, le bord de mer, pour boire de la bière au son des baffles des voitures.

**Cabahia** BAR
(Širolina 4). À Veruda, ce charmant repaire bohème à la lumière tamisée et au parfum d'Amérique du Sud dévoile un intérieur tout en poutres apparentes et vieux objets éclectiques. Jardin en terrasse à l'arrière. L'endroit accueille des concerts et fait salle comble le week-end. S'il y a foule, repliez-vous sur le **Bass** (Širolina 3), plus décontracté, juste en face.

**Rojc** CENTRE D'ART
(Gajeva 3). Pour une incursion dans la culture underground, consultez la programmation du Rojc, une caserne reconvertie en un centre artistique multimédia et en ateliers d'art, où se déroulent des concerts, des expositions et d'autres manifestations.

**Cvajner** CAFÉ ARTISTIQUE
(Forum 2). Attablez-vous dehors, dans l'animation du quartier du forum, et admirez les expositions d'ambitieux artistes locaux proposées dans cet établissement branché.

**Tinja** BAR À VIN
(Put od fortice 22 ; 17h-24h mar-dim). Géré par l'un des meilleurs sommeliers d'Istrie et son épouse, cet établissement à 3 km du centre vaut le déplacement. Dégustez les amuse-gueules et goûtez l'un des nombreux crus dans un cadre confortable (tons pastel et parquet de bois). Prenez un taxi (60 Kn aller) ou un bus en direction de Lišnjan.

**Pietas Julia** CAFÉ/BAR
(Riva 24). Dans le port, ce bar tendance s'anime tard le week-end et reste ouvert jusqu'à 4h du matin. La journée, il propose des petits déjeuners et des en-cas (pizzas 35 Kn, sandwichs à partir de 20 Kn). Wi-Fi gratuit.

**Scandal Express** CAFÉ/BAR
(Ciscuttijeva 15). Mêlez-vous à la clientèle éclectique de ce café/bar tapissé d'affiches à l'ambiance sympathique. Essayez la *pašareta*, un soda istrien. Établissement fumeurs.

**E&D** CAFÉ/BAR
(Verudela 22). Juste au-dessus de la plage d'Ambrela à Verudela, avec une terrasse luxuriante, entre piscines et cascade. Le coucher du soleil est magnifique, mais le service, trop lent.

**Uliks** CAFÉ
(Trg Portarata 1). Sis dans un bâtiment où James Joyce enseigna autrefois, le café du rdc invite à prendre un verre, en méditant sur *Ulysse* ou... les plages de galets de Pula.

**P14** CAFÉ/BAR
(Preradovićeva 14 ; lun-sam). Tranquille l'été, ce café propose des sessions de jazz le vendredi, des soirées littéraires et d'autres événements pendant l'année. Cherchez le mur bleu vif.

**Aruba** CAFÉ/BAR, DISCOTHÈQUE
(Šijanska 1a). Sur la route de l'aéroport, ce bar/café/discothèque extrêmement populaire est plaisant pour prendre un verre pendant la journée, mais c'est le soir qu'il s'anime vraiment, avec des fêtes et des concerts. La terrasse se remplit vite. Soirée salsa le mercredi.

## Renseignements

### Accès Internet

**MMC Luka** (Istarska 30 ; 25 Kn/h ; 8h-24h lun-ven, jusqu'à 15h sam)

### Agences de voyages

**Active Travel Istra** (215 497 ; www.activa-istra.com ; Scalierova 1). Excursions en Istrie, expéditions plus aventureuses et billets de concert.

**Arenaturist** (529 400 ; www.arenaturist.hr ; Splitska 1a). Réservation de chambres dans ce réseau d'hôtels ; guides et excursions. Dans la Riviera Guest House.

**IstrAction** (383 369 ; www.istraction.com ; Prilaz Monte Cappelletta 3). Propose de divertissants circuits d'une demi-journée à Kamenjak et autour des fortifications de Pula, ainsi que des excursions d'une journée sur le thème du Moyen Âge en Istrie.

**Maremonti Travel Agency** (384 000 ; www.maremonti-istra.hr ; Flavijevska 8). Réservation d'hébergement et location de voiture et de scooter (100-180 Kn/jour).

### Consigne

**Garderoba** (2,50 Kn/h ; 4h-22h30 lun-sam, 5h-22h30 dim). Horaires variables.

### Laverie

**Mika** (Trinajstićeva 16 ; 8h-14h lun-ven, jusqu'à 12h sam)

### Office du tourisme

**Office du tourisme** (212 987 ; www.pulainfo.hr ; Forum 3 ; 8h-21h lun-ven, 9h-21h sam-dim en été, 8h-19h lun-ven, 9h-19h sam, 10h-16h dim le reste de l'année). Compétent et serviable, le personnel fournit des cartes, des brochures et des renseignements sur les manifestations à Pula et en Istrie. Deux brochures se révèlent particulièrement utiles : *Domus Bonus*, une liste des meilleures

## BUS AU DÉPART DE PULA

### Liaisons nationales

| DESTINATION | TARIF | DURÉE | FRÉQUENCE |
|---|---|---|---|
| Dubrovnik | 557 Kn | 15 heures | 1/jour |
| Labin | 38 Kn | 1 heure | 16/jour |
| Poreč | 50-65 Kn | 1 heure-1 heure 30 | 14/jour |
| Rovinj | 35 Kn | 45 min | 20/jour |
| Split | 387-392 Kn | 10 heures | 3/jour |
| Zadar | 255 Kn | 7 heures | 3/jour |
| Zagreb | 170-216 Kn | 4-5 heures 30 | 15/jour |

### Liaisons internationales

| DESTINATION | TARIF | DURÉE | FRÉQUENCE |
|---|---|---|---|
| Milan | 424 Kn | 8 heures 30 | 1/semaine (en été) |
| Padoue | 214 Kn | 6 heures | 1/jour |
| Trieste | 100-130 Kn | 3 heures | 4/jour |
| Venise | 164 Kn | 5 heures | 1/jour |



chambres chez l'habitant en Istrie, et *Istra Gourmet*, un annuaire des restaurants.

### Poste

**Poste principale** (Danteov Trg 4 ; ⌚7h30-19h lun-ven, 7h30-14h30 sam). Communications longue distance. Bel escalier intérieur.

### Services médicaux

**Ambulance pour les touristes** (Flanatička 27 ; ⌚8h-21h30 lun juil_août)

**Hôpital** (☎376 548 ; Zagrebačka 34)

## Depuis/vers Pula

### Avion

**Aéroport de Pula** (☎530 105 ; www.airport-pula.com). À 6 km au nord-est de la ville. Deux vols quotidiens (un seul le samedi) pour Zagreb (40 min). En été, liaisons avec des grandes villes européennes (vols low cost et charters). **Croatia Airlines** (☎218 909 ; www.croatiaairlines.hr ; Carrarina 8) possède un bureau dans le centre-ville.

### Bateau

Le port de Pula est à l'ouest de la gare routière. Vous trouverez chez **Jadroagent** (☎210 431 ; www.jadroagent.hr ; Riva 14 ; ⌚7h-15h lun-ven) les horaires et les billets des bateaux reliant l'Istrie et les îles, ainsi que le sud de la Croatie. L'enseigne représente aussi Jadrolinija.

**Commodore Cruises** (☎211 631 ; www.commodore-travel.hr ; Riva 14) vend les billets pour le catamaran circulant de Pula à Zadar (100 Kn, 5 heures), 5 fois/semaine de juillet à début septembre (2/semaine en juin et le reste du mois de septembre), ainsi que pour la traversée jusqu'à Venise (430 Kn, 3 heures 30), de juin à septembre le mercredi.

### Bus

De la **gare routière** de Pula (☎060 304 091 ; Trg 1 Istarske Brigade bb), à 500 m au nord-est du centre-ville, des bus partent pour Rijeka (77-88 Kn, 2 heures) presque toutes les heures. En été, réservez la veille. Installez-vous du côté droit pour bénéficier de la vue sur le golfe du Kvarner.

### Train

À moins de 1 km au nord de la ville, près de la mer, la gare ferroviaire est située sur Kolodvorska. Un train direct dessert Ljubljana (144 Kn, 4 heures 30) ; 3 vont à Zagreb (140 Kn, 9 heures), mais le tronçon Lupoglav-Rijeka s'effectue en bus.

Il existe 5 liaisons quotidiennes pour Buzet (55 Kn, 2 heures).

## Comment circuler

La navette pour l'aéroport (29 Kn) quitte la gare routière à fréquence régulière. Renseignez-vous à la gare routière. Comptez environ 120 Kn en taxi.

Les seuls bus municipaux pratiques pour les touristes sont le n°1, qui dessert le camping Stoja, et les n°2A et 3A pour Verudela. Ils circulent toutes les 15-30 min (5h-23h30). Les billets coûtent 6 Kn en kiosque (*tisak*) et 11 Kn à bord.

# Îles Brijuni

L'archipel des Brijuni (Brioni en italien) comprend deux grandes îles tapissées de pins et douze îlots éparpillés au large de la côte, au nord-ouest de Pula, de l'autre côté du chenal de Fažana, long de 3 km. Seules les deux îles principales, Veli Brijun et Mali Brijun, se visitent. Classé parc national en 1983, l'archipel des Brijuni est recouvert de prairies, de jardins et de forêts de chênes et de lauriers, ainsi que de plantes rares tels le concombre sauvage et le coquelicot marin.

Si des traces d'habitation remontent à plus de 2 000 ans, c'est grâce à Tito, qui en fit son jardin privé, que l'archipel est devenu célèbre.

De 1947 à peu de temps avant sa mort, en 1980, le leader yougoslave passa six mois par an aux Brijuni. Pour créer un cadre luxuriant, il fit importer des plantes subtropicales et créer un parc de safari pour accueillir les animaux exotiques dont lui faisaient cadeau les grands de ce monde, comme le mouton de Somalie en provenance d'Éthiopie et le cobe defassa donné par un dirigeant zambien.

Dans ses résidences d'été, Tito reçut, dans un luxe inouï, 90 chefs d'État et une kyrielle de vedettes de cinéma. Bijela Vila, sur l'île de Veli Brijun, était sa "Maison-Blanche" : c'est là qu'il signait les décrets et les déclarations, mais aussi qu'il se détendait. Si les îles reçoivent toujours des visites officielles, elles sont aussi devenues l'un des hauts lieux du circuit international de la navigation de plaisance et une destination de choix pour les têtes couronnées et les nouveaux milliardaires qui prisent son atmosphère glamour désuète.

En été, les amateurs de théâtre se rendent à la petite forteresse de Mali Brijun pour assister aux représentations du **théâtre Ulysses** (www.ulysses.hr, en croate).

## À voir

À votre arrivée à Veli Brijun, à un quart d'heure de Fažana, vous accosterez devant l'Hotel Istra-Neptun, où logeaient naguère les hôtes illustres de Tito. Un guide fait le tour commenté de l'île en 4 heures sur un petit train touristique, en commençant par le **parc de safari** de 9 ha. Parmi les autres arrêts figurent les ruines d'une **villa romaine** du Ier siècle av. J.-C., un **musée d'Archéologie** aménagé dans une citadelle du XVIe siècle, et l'**église Saint-Germain**, aujourd'hui transformée en galerie exposant des reproductions de fresques médiévales d'églises d'Istrie.

L'**exposition Tito aux Brijuni**, installée dans un bâtiment derrière l'Hotel Karmen, présente un certain intérêt. Aux animaux empaillés du rez-de-chaussée succèdent à l'étage des photos de Tito en compagnie de vedettes de cinéma comme Joséphine Baker, Sophia Loren, Elizabeth Taylor et Richard Burton, et de chefs d'État dont Gandhi et Fidel Castro. À l'extérieur, se trouve la Cadillac de 1953 que Tito utilisait pour faire découvrir l'île à ses hôtes de marque. Il vous en coûtera 50 Kn pour une photo-souvenir à l'intérieur de la voiture ou la bagatelle de 2 750 Kn pour la louer une demi-heure. Moins coûteux, un vélo (35 Kn/3 heures) ou une voiturette électrique (300 Kn/1 heure) suffisent amplement pour se balader dans l'île.

## Où se loger et se restaurer

Pas de chambres d'hôtes à Veli Brijun, mais de nombreuses villas luxueuses à louer via le bureau du parc national. Le transfert en bateau est compris dans les tarifs des hôtels indiqués ci-dessous, tous deux à Veli Brijun (il n'y a pas d'hébergement à Mali Brijun). Les seuls restaurants de Veli Brijun sont ceux des hôtels.

**Hotel Karmen** HÔTEL €€€
(☎525 807 ; www.brijuni.hr ; s/d 705/1 160 Kn). Designers et architectes de Zagreb viennent en nombre dans cet établissement du port pour admirer son design communiste authentique des années 1950. Surtout, espérons qu'ils ne le rénoveront pas.

**Hotel Istra-Neptun** HÔTEL €€€
(☎525 807 ; www.brijuni.hr ; s/d 800/1 360 Kn). L'ultime chic communiste. Même rénovées et confortables, les chambres ont gardé leur aspect purement utilitaire. Toutes ont un balcon ; certaines ont vue sur la forêt. On peut facilement imaginer les invités célèbres de Tito en train de s'y détendre.

## Depuis/vers les îles Brijuni

Du port de Pula, plusieurs bateaux effectuent la traversée. Au lieu de réserver une excursion auprès d'une agence de voyages de Pula, Rovinj ou Poreč, prenez le bus n°21 de Pula à Fažana (15 Kn, 8 km) et inscrivez-vous à un circuit du **bureau du parc national** (☎525 883 ; www.brijuni.hr ; 125-210 Kn), situé près de l'embarcadère. Mieux vaut réserver, surtout en été, et demander un guide parlant anglais ou français. Des excursions pique-nique et baignade à Mali Brijun (170 Kn) sont proposées en été.

Renseignez-vous au port de Pula sur les croisières. Celles de 2 heures (150 Kn) ne font pas étape sur les îles, sauf les croisières organisées sur le *Martinabela* (280 Kn).

# Rovinj

14 234 HABITANTS

Rovinj (Rovigno en italien) est la destination phare de la côte istrienne. Certes, les touristes l'envahissent en été et ses habitants profitent de la manne en transformant les hôtels et les restaurants en établissements quatre étoiles, mais Rovinj n'en reste pas moins l'un des derniers ports de pêche méditerranéens authentiques. Au port, les pêcheurs lancent leurs filets à l'aube, accompagnés des cris des mouettes, et les lèvent avant midi. Dans la massive église Sainte-Euphémie, dont le clocher de 60 m domine la péninsule, ils prient dans l'espoir d'une bonne prise. Des collines boisées et des petits hôtels entourent la vieille ville sillonnée de rues pavées pentues et de piazzas. Les 13 îles verdoyantes au large de Rovinj se prêtent à une agréable escapade d'un après-midi. En outre, vous pourrez nager dans l'eau cristalline au pied des rochers et de l'Hotel Rovinj.

La vieille ville se blottit tout entière sur une péninsule de forme ovoïde. Le parc forestier de Punta Corrente et le cap boisé de Zlatni Rat (le cap d'Or), parsemé de vastes hôtels et planté de vénérables pins et chênes, se trouvent à environ 1,5 km au sud de la vieille ville. Au large, on aperçoit un petit archipel, dont les îles les plus visitées sont Crveni Otok (l'île Rouge), Sveta Katarina et Sveti Andrija. Rovinj compte deux ports : un port ouvert au nord et un petit port abrité au sud.

### Histoire

Rovinj – qui était à l'époque une île – fut colonisée par les Slaves au VII^e^ siècle ; elle connut alors un développement important dans les domaines de la pêche et de l'activité maritime. En 1199, Rovinj conclut un pacte avec Dubrovnik afin de protéger son commerce maritime. Au XIII^e^ siècle, la menace pirate l'obligea toutefois à solliciter la protection de Venise.

Entre le XVI^e^ et le XVIII^e^ siècle, la population s'accrut de façon spectaculaire, avec l'afflux d'immigrants fuyant les invasions turques en Bosnie et en Croatie continentale. Rovinj commença à s'étendre au-delà de ses murs d'enceinte vénitiens : en 1763, l'îlot fut relié au continent et devint une péninsule.

La décision prise par l'Autriche en 1719 de faire de Trieste et de Rijeka des ports francs porta un rude coup à l'industrie maritime locale. Au milieu du XIX^e^ siècle, période de déclin de la marine à voile, les chantiers navals se virent finalement supplanter par ceux de Pula. Comme le reste de l'Istrie, Rovinj passa de la tutelle autrichienne aux mains de la France avant de revenir à l'Autriche, puis à l'Italie et enfin à la Yougoslavie d'après-guerre. Une communauté italienne y vit toujours.

## À voir

**Église Sainte-Euphémie** ÉGLISE

(Sveta Eufemija ; Petra Stankovića ; ⌚10h-18h30 mai-oct, horaires variables nov-avr). Fierté de Rovinj, cette colossale église surplombe la vieille ville du haut de sa colline, au centre de la péninsule. Construit en 1736, le plus grand édifice baroque d'Istrie illustre l'âge d'or de Rovinj, au XVIII^e^ siècle, lorsque la ville était la plus peuplée de la région.

À l'intérieur, observez le **tombeau de sainte Euphémie**, en marbre, situé derrière l'autel de droite. Convertie au christianisme, la sainte patronne de Rovinj fut martyrisée sous le règne de l'empereur Dioclétien avant d'être jetée en pâture aux lions en 304. Selon la légende, son corps disparut par une sombre nuit de tempête pour réapparaître au large de Rovinj sur un vaisseau fantôme. Les habitants ne purent déplacer le lourd sarcophage, parvenu jusqu'à la côte, qu'à l'arrivée d'un jeune garçon, suivi de deux veaux, qui le hissa au sommet de la colline, où il gît encore sur le site de l'église actuelle. Les fidèles s'y rassemblent le 16 septembre, jour de la commémoration du martyre de la sainte. Imitant le clocher de la basilique Saint-Marc de Venise, le **campanile** haut de 60 m (il vous en coûtera 10 Kn pour y monter), surmonté d'une statue en cuivre de la sainte, fait également office de girouette.

**Maison Batana** MUSÉE

(Obala Pina Budicina 2 ; adulte/enfant 10/5 Kn, avec guide 15 Kn ; ⌚10h-15h et 19h-23h juin-août, 10h-13h mar-dim sept-déc et mars-mai). Au port, ce musée est consacré au *batana*, un bateau à fond plat, symbole de la tradition maritime et de pêche de Rovinj. L'exposition multimédia présentée dans cette maison de ville du XVII^e^ siècle est servie par des écrans interactifs, d'excellentes légendes et un fond sonore de *bitinada,* des chants traditionnels de pêcheurs. Au rez-de-chaussée, jetez un coup d'œil au *spacio,* le cellier où l'on

## Rovinj

entreposait, goûtait et vendait des vins tout en socialisant.

**Grisia** QUARTIER HISTORIQUE

La rue pavée Grisia, bordée de galeries où les artistes locaux vendent leurs œuvres, mène de l'arrière de l'arc à l'église Sainte-Euphémie, sur les hauteurs. Les venelles autour de Grisia possèdent un charme singulier, où les fenêtres, les balcons, les portails et les places offrent un délicieux mélange de styles gothique, Renaissance, baroque et néoclassique. Prêtez attention aux étonnantes cheminées extérieures (*fumaioli*), apparues lors de l'explosion démographique, lorsque des familles entières s'entassaient dans une seule pièce autour de l'âtre.

**Parc forestier Punta Corrente** PARC

Alternative à la ville, ce parc verdoyant, localement appelé Zlatni Rat, se trouve à environ 1,5 km au sud – longez le front de mer à pied ou à vélo et dépassez l'Hotel Park. Tapissé de chênes, de résineux et de dix variétés de cyprès, il fut créé en 1890 par le baron Hütterott, un amiral autrichien propriétaire d'une villa à Crveni Otok. Vous pourrez y nager au pied des rochers ou simplement contempler les îles au large.

**Musée du Patrimoine** MUSÉE

(www.muzej-rovinj.com ; Trg Maršala Tita 11 ; tarif plein/réduit 15/10 Kn ; ⏲10h-14h et 18h-22h mar-ven, 10h-14h et 19h-22h sam et dim mi-juin à sept, 10h-13h mar-sam oct à mi-juin). Aménagé dans un palais baroque, ce musée présente des œuvres contemporaines ou plus anciennes d'illustres artistes de Rovinj et d'ailleurs en Croatie, ainsi que des découvertes archéologiques et une section consacrée à la marine.

**Aquarium de Rovinj** AQUARIUM

(Giordano Paliaga 5 ; tarif plein/réduit 20/10 Kn ; ⏲9h-21h juil-août, horaires restreints sept-juin). L'aquarium ravira les enfants avec sa collection intéressante d'espèces de l'Adriatique.

## Rovinj

**Les incontournables**

| | |
|---|---|
| Maison Batana | B3 |
| Église Sainte-Euphémie | A2 |
| Grisia | B2 |

**À voir**

| | |
|---|---|
| 1 Arc de Balbi | C2 |
| 2 Musée du Patrimoine | C2 |

**Où se loger**

| | |
|---|---|
| 3 Casa Garzotto | B2 |
| 4 Hotel Adriatic | C2 |
| 5 Hotel Heritage Angelo D'Oro | B1 |
| 6 Villa Valdibora | B2 |

**Où se restaurer**

| | |
|---|---|
| 7 Kantinon | D3 |
| 8 La Puntulina | A2 |
| 9 Monte | A2 |
| 10 Trattoria Dream | D3 |
| 11 Ulika | B1 |
| 12 Marché aux légumes | C2 |
| 13 Veli Jože | B3 |

**Où prendre un verre**

| | |
|---|---|
| 14 Glamour Café | C3 |
| 15 Havana | D4 |
| 16 Monte Carlo | B3 |
| 17 Piassa Granda | B2 |
| 18 Valentino | A3 |

Ouvert depuis 1891, il fait partie du centre régional de recherche marine et permet d'en savoir plus sur la faune marine locale.

**Arc de Balbi** MONUMENT
Cet arc sophistiqué fut érigé en 1679 sur le site de l'ancienne porte de la ville. Le sommet est orné d'une tête de Turc sur le côté extérieur et d'une tête de Vénitien sur le côté intérieur.

**Mini Croatia** PARC
(www.mini-croatia.com.hr ; Turnina bb ; tarif plein/réduit 25/10 Kn ; 9h-20h juin-août, 10h-18h avr, mai, sept et oct). Sur la route de Pazin, à 2 km du centre, ce parc à thème prisé des enfants présente des maquettes des principaux monuments de la Croatie et de ses villes, des reconstitutions de paysages, ainsi qu'un petit zoo exhibant des animaux du pays.

### À faire

Nombre de vacanciers louent un bateau pour s'adonner à la **natation**, au **snorkeling** et aux **bains de soleil**. Il est facile d'organiser une excursion à Crveni Otok ou à Sveta Katarina. **Nadi Scuba Diving Centar** (813 290 ; www.scuba.hr) et **Petra** (812 880 ; www.divingpetra.hr) proposent chaque jour des plongées en bateau. Les plongeurs explorent surtout l'**épave du Baron Gautsch**, un paquebot à vapeur autrichien coulé en 1914 par une mine sous-marine qui gît par 40 m de fond.

À Zlatni Rt, 80 voies d'**escalade** ont été ouvertes dans l'ancienne carrière vénitienne. Beaucoup conviennent aux débutants. Les amateurs d'oiseaux pourront se rendre à vélo à la **réserve ornithologique** de Palud Marsh, à 8 km au sud-ouest de Rovinj.

Faire du **vélo** autour de Rovinj et du parc Punta Corrente est une agréable manière de passer l'après-midi.

### Circuits organisés

La plupart des agences de voyages de Rovinj proposent des **excursions d'une journée** à Venise (400-500 Kn), à Plitvice (550-600 Kn) et aux Brijuni (380-430 Kn). On peut aussi participer à des **sorties de pêche avec pique-nique** (250 Kn), à **des croisières touristiques "panoramiques"** (100 Kn) et à des sorties en bateau au **fjord de Lim** (150 Kn). On peut obtenir des tarifs légèrement moins élevés en passant par l'un des prestataires indépendants du front de mer, comme **Delfin** (848 265), une adresse fiable.

Il existe aussi des options plus excitantes, comme les **safaris en canoë** (490-510 Kn) dans la région pittoresque de Gorski Kotar. **Istrian Kayak Adventures** (095 838 3797 ; Carera 69) organise des expéditions en kayak. Les balades de 8 km dans l'archipel de Rovinj coûtent 270 Kn ; une sortie de 15 km au fjord de Lim, 290 Kn. Le pique-nique et le matériel de snorkeling sont compris avec ces deux offres.

### Fêtes et festivals

Le calendrier comprend diverses régates, organisées de fin avril à août. Lors du **Festival d'été de Rovinj**, plusieurs concerts de musique classique ont lieu à l'église Sainte-Euphémie et au monastère franciscain.

Le deuxième dimanche d'août, l'étroite Grisia accueille une **exposition artistique**, la manifestation la plus réputée de Rovinj. Tout un chacun, des enfants aux peintres professionnels, peut y exposer ses œuvres dans les églises, les ateliers et la rue.

VAUT LE DÉTOUR

## LA BALE MÉDIÉVALE

Dans le sud-ouest de l'Istrie, entre Rovinj et Vodnjan, la ville médiévale de **Bale** est l'un des secrets les mieux gardés de la région. À 7 km de la mer, la ville se compose d'un entrelacs d'étroites rues pavées et de maisons anciennes autour du château gothique-Renaissance récemment rénové de la famille Bembo. Surmontée par les 36 m du beffroi de l'église baroque Saint-Julien, Bale compte plusieurs vieilles églises et un hôtel de ville comportant une loggia du XIVe siècle. Les 9 km de rivage sont certainement les plus parfaits d'Istrie, avec des plages délicieuses aux eaux peu profondes.

Bale attire des visiteurs bohèmes ou en quête de spiritualité, qui viennent passer de longues heures à discuter autour d'un verre, à méditer et à se détendre.

**Kamene Priče** (Stone Tales ; Castel 57 ; www.kameneprice.com ; repas à partir de 100 Kn ; 4 app à l'étage 437-510 Kn/nuit) est une oasis artistique au milieu des vieilles pierres. Il n'y a pas vraiment de menu dans ce restaurant/bar/salle de spectacle, car la cuisine dépend de la saison et de l'humeur du chef ! La décoration fantaisiste, les nombreux objets hétéroclites et les deux terrasses à l'arrière en font un endroit plaisant pour passer la journée. Un excellent petit festival de jazz y est organisé début août. À d'autres périodes, l'endroit acueille des lectures de poésie, des pièces de théâtre, des spectacles d'humoristes, des ateliers de rêverie lucide... Il s'y passe toujours quelque chose ! En outre, Tomo, le patron, est une mine de renseignements sur la face cachée de Bale.



De la mi-juin à la fin août, les mardis et jeudis, a lieu une **procession de batanas** aux lanternes. Elle part à 20h30 et coûte 50 Kn (140 Kn pour la procession et le dîner dans une taverne traditionnelle). Réservez à la maison Batana.

### Où se loger

Rovinj étant fréquentée par une foule d'estivants, il est vivement recommandé de réserver. Les prix grimpent régulièrement et cette tendance risque de se poursuivre dans les années à venir.

Le nombre de chambres d'hôtes est limité dans la vieille ville, où il n'y a pas de parking et où les hôtels sont plus chers. Une double en pleine saison revient à 220 Kn au minimum, un peu moins pour une seule personne ; les appartements pour deux débutent à 330 Kn. Hors saison, les tarifs baissent considérablement.

Le supplément pour un séjour de moins de 3 nuits peut monter à 50%, et les clients qui ne restent qu'une nuit paient parfois une surtaxe de 100%. Hors saison, vous devriez pouvoir négocier la suppression du supplément. Il est possible de réserver par l'entremise d'agences de voyages.

Hormis quelques adresses privées, la plupart des hôtels et des campings de la région sont gérés par **Maistra** (www.maistra.com), qui devrait ouvrir le très luxueux Hotel Lone à la fin 2011.

♥ **Casa Garzotto** PENSION DE CHARME €€€
(☎814 255 ; www.casa-garzotto.com ; Via Garzotto 8 ; s/d 758/1 010 Kn ; P ❄ @). Dans cette demeure historique qui ne pourrait être mieux placée, chacun des 4 studios, très confortables, possède des détails originaux, comme des cheminées et des poutres apparentes. Vélos gratuits. Deux annexes à proximité : l'une avec des chambres plus simples (650 Kn), l'autre avec des appartements pour 4 personnes (1 440 Kn).

**Monte Mulini** HÔTEL DE LUXE €€€
(☎636 000 ; www.montemulinihotel.com ; A Smareglia bb ; s/d 2 013/2 516 Kn ; P ❄ @ ≋). L'hôtel le plus chic et le plus audacieux de Rovinj, inauguré en 2009, descend vers la paisible baie de Lone, à 10 min à pied de la vieille ville, sur Lungomare. Il offre des chambres avec balcon, vue sur la mer et confort inégalé. Le spa est superbe, tout comme le fameux restaurant Mediterraneo. Trois piscines extérieures.

**Hotel Heritage Angelo D'Oro** HÔTEL DE CHARME €€€
(☎840 502 ; www.rovinj.at ; Via Švalba 38-42 ; s/d 916/1 580 Kn ; P ❄). Dans une maison vénitienne rénovée du centre-ville, les 23 chambres luxueuses très confortables et les suites (plus chères) sont ornées d'antiquités. Massages (300 Kn/heure), salon de bronzage, location de vélos et magnifique terrasse intérieure.

**Villa Valdibora** HÔTEL €€
(☎845 040 ; www.valdibora.com ; Silvana Chiurco 8 ; s/d 958/1 368 Kn ; ❄📶). Les 9 chambres et suites de ce bâtiment historique possèdent des sols de pierre et des détails haut de gamme (douches à hydromassage, sauna...). Kitchenettes dans 4 appartements. Salle de sport, massages (160-270 Kn) et vélos gratuits.

**Hotel Istra** HÔTEL €€€
(☎802 500 ; www.maistra.com ; Otok Sv Andrija ; s/d 1109/1384 Kn ; ❄@🏊). Le centre de bien-être et le spa sont les principaux atouts de ce complexe quatre étoiles, à 10 min en bateau de Rovinj, sur l'île Sveti Andrija. Restaurant dans un vieux château.

**Vila Lili** HÔTEL FAMILIAL €€
(☎840 940 ; www.hotel-vilalili.hr ; Mohorovičića 16 ; s/d 380/788 Kn ; ❄@). Des chambres claires au confort trois étoiles (climatisation et minibar, entre autres), dans une petite maison moderne proche de la ville. Quelques suites plus chères.

Également recommandés :

**Hotel Park** HÔTEL €€€
(☎808 000 ; www.maistra.com ; IM Ronjgova bb ; s/d 763/1 132 Kn ; P❄@🏊). Commodément situé près du quai des ferries pour Crveni Otok, l'hôtel est doté de 2 piscines extérieures, d'une salle de sport et d'un sauna.

**Hotel Adriatic** HÔTEL €€€
(☎803 510 ; www.maistra.com ; Pina Budicina bb ; s/d 676/1 007 Kn ; ❄@📶). Une excellente situation directement sur le port et des chambres impeccables et bien équipées (quoiqu'un peu kitsch). Les plus chères, avec vue sur la mer, sont plus grandes.

**Hotel Eden** HÔTEL €€€
(☎800 400 ; www.maistra.com ; Luja Adamovića bb ; s/d 1 258/1 573 Kn ; P❄@📶🏊). Ce complexe de 325 chambres est situé dans un site boisé pourvu de terrains de sport, d'une salle de gym, d'un sauna et de piscines. Nombreuses activités, en toutes saisons.

**Porton Biondi** CAMPING €
(☎813 557 ; www.portonbiondi.hr ; 41/24 Kn par pers/tente ; ⊙mars-oct). Un terrain de camping d'une capacité de 1 200 personnes, à 2 km de la vieille ville.

**Polari Camping** CAMPING €
(☎801 501 ; www.campingrovinjvrsar.com ; 66/80 Kn par pers/tente ; @🏊📶). Sur la plage, à 3 km au sud-est de la ville. Piscines, restaurants et aires de jeux.

## Où se restaurer

Les pique-niqueurs peuvent faire leurs emplettes au supermarché situé près de la gare routière ou dans l'un des magasins Konzum de la ville. Pour un en-cas rapide, achetez un *burek* (tourte à la viande ou au fromage) dans l'un des kiosques près du marché.

La plupart des restaurants sur le port proposent des spécialités de poisson ou de viande à des prix à peu près équivalents. Pour une expérience plus gastronomique, il faudra renoncer à la vue sur la mer. De nombreux restaurants ferment leurs portes l'après-midi.

**Kantinon** POISSON €
(Alda Rismonda 18 ; plats à partir de 53 Kn). Une cantine avec une belle hauteur de plafond, spécialisée dans les produits de la mer frais à petit prix. Le plat Batana pour deux est très avantageux, tout comme les menus (à partir de 34 Kn).

**Ulika** CUISINE ISTRIENNE €€
(Vladimira Švalbe 34 ; plats à partir de 80 Kn). Venez déguster du fromage local, de la viande séchée et de délicieux amuse-gueules dans cette minuscule taverne non loin de l'Angelo D'Oro. Des plats plus substantiels sont également proposés.

**La Puntulina** CUISINE MÉDITERRANÉENNE €€€
(☎813 186 ; Svetog Križa 38 ; plats à partir de 100 Kn). Une cuisine méditerranéenne innovante servie sur 3 terrasses – les pâtes étant les plats les moins chers (à partir de 80 Kn). Le soir, prenez un coussin et sirotez un cocktail "on the rocks". Réservation recommandée.

**Monte** CUISINE MÉDITERRANÉENNE €€€
(Montealbano 75 ; plats à partir de 180 Kn). Le meilleur restaurant de Rovinj, juste au-dessous de l'église Sainte-Euphémie. Profitez de l'élégante terrasse vitrée et du décor classique. Les pâtes et le risotto sont très abordables (à partir de 99 Kn).

**Veli Jože** POISSON €
(Križa 3 ; plats à partir de 50 Kn). Découvrez de bonnes spécialités istriennes, soit à l'intérieur au milieu d'un bric-à-brac éclectique, soit dehors, face à la mer.

**Trattoria Dream** CUISINE MÉDITERRANÉENNE €
(Joakima Rakovca 18 ; plats à partir de 80 Kn). Nichée dans le labyrinthe des rues étroites, cette trattoria élégante aux 2 terrasses couleur ocre sert des plats savoureux, comme le bar au sel.

## Où prendre un verre et sortir

En journée, on peut prendre un verre n'importe où. Le soir venu, l'action se concentre en revanche à **Monvi Centar** (www.monvicenter.com ; Luja Adamovića bb), à quelques minutes du centre. Ce complexe, qui comprend des bars, des restaurants et des clubs, accueille régulièrement des concerts en plein air et des DJ célèbres. C'est là que se déroule le fameux **Rabac Summer Festival** (www.rabacsummerfestival.com), où des DJ de renommée internationale attirent les fans de house et de techno.

**Havana** BAR À COCKTAILS
(Obala Aldo Negri bb). Les cocktails tropicaux, les cigares cubains, les parasols de paille et l'ombre des grands pins font de ce bar à cocktails en plein air une adresse populaire pour se détendre et observer les bateaux.



**Piassa Granda** BAR À VIN
(Veli Trg 1). Cet élégant petit bar à vin aux murs rouges et aux poutres apparentes offre 150 crus, la plupart istriens. Essayez la grappa à la truffe et les délicieux en-cas et salades.

**Monte Carlo** CAFÉ/BAR
(Križa 21). Plus calme et plus simple que le Valentino, son voisin tape-à-l'œil, ce bar/café discret jouit d'une jolie vue sur la mer et sur Sveta Katarina, de l'autre côté.

**Glamour Cafe** CAFÉ/BAR
(Pina Budicina bb). L'immense terrasse décorée de boiseries indonésiennes, de palmiers, de chaises confortables en osier et de lumières tamisées confère à ce bar à cocktails une ambiance tropicale haut de gamme.

**Valentino** BAR À COCKTAILS ET À CHAMPAGNE
(Križa 28). Le prix élevé des cocktails comprend la fantastique vue sur le coucher du soleil au bord de l'eau, depuis la terrasse de cette adresse chic.

## Renseignements

### Accès Internet

**A-mar** (☎841 211 ; Carera 26 ; 6 Kn/10 min ; ⏲9h-22h juil-août, moins tard sept-juin)

### Agences de voyages

**Eurostar Travel** (☎813 144 ; Pina Budicina 1). Spécialisée dans les billets de bateau pour Brijuni et Venise ; réservation d'excursions.

**Futura Travel** (☎817 281 ; www.futura-travel.hr ; Matteo Benussi 2). Chambres chez l'habitant, service de change, excursions et transferts.

**Globtour** (☎814 130 ; www.globtour-turizam.hr ; Alda Rismonda 2). Excursions, chambres chez l'habitant et location de vélos (60 Kn/jour).

**Kompas** (☎813 211 ; www.kompas-travel.com ; Trg Maršala Tita 5). Excursions quotidiennes.

**Planet** (☎840 494 ; www.planetrovinj.com ; Križa 1). De bons prix sur les chambres d'hôtes. Fait aussi office de cybercafé (6 Kn/10 min), avec imprimante.

### Argent

On trouve des banques munies de distributeurs (DAB) dans toute la ville. La plupart des agences de voyages et beaucoup d'hôtels offrent un service de change.

### Consigne

**Garderoba** (6 Kn/jour ; ⏲6h-20h lun-ven, 7h45-19h30 sam-dim). À la gare routière. Fermeture pour 30 min de pause à 9h15 et à 16h40.

### Laverie

**Galax** (Istarska bb ; 70 Kn/5 kg ; ⏲7h-20h)

### Office du tourisme

**Office du tourisme** (☎811 566 ; www.tzgrovinj.hr ; Pina Budicina 12 ; ⏲8h-22h juin-sept, jusqu'à 15h lun-ven, jusqu'à 13h sam oct-mai). De nombreuses brochures et cartes. Tout près de Trg Maršala Tita.

### Poste

**Poste principale** (Matteo Benussi 4 ; ⏲7h-20h lun-ven, 7h-14h sam). Cabines téléphoniques.

### Services médicaux

**Centre médical** (☎813 004 ; Istarska bb)

## Depuis/vers Rovinj

La gare routière est située au sud-est de la vieille ville. La gare ferroviaire la plus proche est à Kanfanar, à 20 km de Rovinj sur la ligne Pula-Divača, d'où des bus rallient Rovinj.

## Comment circuler

On peut louer des vélos dans de nombreuses agences de la ville, moyennant 20 Kn/heure ou 60 Kn/jour. Les scooters reviennent à environ 200 Kn/jour.

# Environs de Rovinj

L'une des excursions à la journée les plus prisées au départ de Rovinj conduit à la délicieuse **Crveni Otok** (île Rouge). Longue de 1,9 km seulement, cette île Rouge se compose de deux îlots, Sveti Andrija et Maškin, reliés par une digue. Au XIX$^{e}$ siècle, Sveti Andrija fut racheté par le baron Hütterott, qui en fit un parc à la végétation

## BUS AU DÉPART DE ROVINJ

| DESTINATION | TARIF | DURÉE | FRÉQUENCE |
|---|---|---|---|
| Dubrovnik | 589 Kn | 15 heures | 1/jour |
| Labin | 80 Kn | 2 heures | 3/jour |
| Poreč | 41 Kn | 45 min | 11/jour |
| Pula | 38 Kn | 50 min | 23/jour |
| Rijeka | 94 Kn | 3 heures | 8/jour |
| Split | 416 Kn | 11 heures | 1/jour |
| Trieste (Italie) | 88 Kn | 2 heures | 3/jour |
| Zagreb | 193 Kn | 5 heures | 10/jour |

luxuriante. Le complexe de l'Hotel Istra domine aujourd'hui **Sveti Andrija**, apprécié des familles pour ses aires de jeux et ses petites plages de gravier. **Maškin** est plus paisible et boisé. Ses criques isolées séduisent les naturistes. Apportez un masque et un tuba pour pratiquer le snorkeling autour des rochers.

De l'autre côté de la péninsule, **Sveta Katarina**, une petite île qu'un comte polonais entreprit de boiser en 1905, abrite l'**Hotel Katarina** (☎804 100 ; www.maistra.com ; Otok Sveta Katarina ; s/d 1 003/1 258 Kn ; 🏊).

L'été, des bateaux partent toutes les heures de 5h30 à minuit pour Sveta Katarina (aller-retour 30 Kn, 10 min) et Crveni Otok (aller-retour 40 Kn, 15 min). L'embarquement a lieu en face de l'Hotel Adriatic ou à l'embarcadère des ferries Delfin, près de l'Hotel Park.

Le **fjord de Lim** (Limski Kanal) est le site le plus spectaculaire d'Istrie. D'environ 10 km de longueur sur 600 m de largeur et bordé de parois abruptes pouvant atteindre 100 m de hauteur, il date de l'effondrement de la côte istrienne, lors de la dernière glaciation, qui permit à la mer de s'engouffrer dans la vallée de Draga (Limska Draga). Sur la rive sud verdoyante, le prêtre et ermite saint Romuald aurait vécu et officié dans une grotte à flanc de colline au XIe siècle. La pêche, l'ostréiculture, la mytiliculture et les excursions en bateau constituent les seules activités du secteur.

Au fjord de Lim, vous trouverez des stands de souvenirs et deux restaurants au bord de l'eau servant des fruits de mer fraîchement pêchés. Le **Viking** (Limski Kanal 1 ; plats à partir de 55 Kn) est le meilleur des deux. On y déguste des huîtres (10 Kn), de délicieuses coquilles Saint-Jacques (22 Kn), des moules et du poisson (prix au kilo) sur une terrasse surplombant le fjord. On y trouve aussi un espace de pique-nique, un café au bord de l'eau et une crique pour se baigner derrière l'autre restaurant (nommé le Fjord).

De petits bateaux effectuent une promenade d'une heure (75 Kn/pers, négociable). Nombreux en juillet-août, ils le sont moins en juin et septembre. Pour rejoindre le fjord, vous pourrez participer à une excursion au départ de Rovinj, de Pula ou de Poreč, ou suivre les panneaux indiquant Limski Kanal, après le village de Sveti Lovreč.

# Poreč

17 460 HABITANTS

Poreč (Parenzo en italien, la Parentium romaine) et sa région forment une contrée distincte, vouée au tourisme estival. Ancienne ville romaine, Poreč est le pivot d'un vaste réseau de stations s'étendant au nord et au sud sur la côte istrienne. Les sites les plus pittoresques se situent au sud, le plus étendu étant Zelena Laguna, qui offre un choix complet de services et d'hébergements.

Ces villages de vacances et campements touristiques proposent des formules dans un environnement bétonné et envahi de groupes de touristes en voyage organisé. Toutefois, les hôtels, restaurants, offices du tourisme et agences de voyages emploient dans l'ensemble un personnel sympathique et multilingue. Ce n'est pas l'endroit idéal si vous cherchez le calme (sauf hors saison), mais on peut y voir une basilique classée au Patrimoine mondial, ainsi que des édifices gothiques, romans et baroques. En outre, l'infrastructure touristique est bien développée et l'arrière-pays istrien n'est pas bien loin.

### Histoire

La côte de Poreč couvre 37 km en comprenant les îles ; la vieille ville est entièrement bâtie sur une péninsule de 400 m de longueur sur 200 m de largeur. Les Romains, qui conquirent la région au II^e^ siècle av. J.-C., firent de Poreč un important centre administratif, d'où ils contrôlaient toute la zone s'étendant du fjord de Lim aux rives de la Mirna. Conçu par des urbanistes romains, le plan de la ville se divise en parcelles rectangulaires délimitées par le Decumanus dans le sens de la longueur et par le Cardo, aujourd'hui disparu, dans celui de la largeur.

Après l'effondrement de l'Empire romain d'Occident, Poreč se retrouva du VI^e^ au VIII^e^ siècle sous tutelle byzantine. De cette période subsiste la basilique euphrasienne, ornée de magnifiques fresques. En 1267, la ville dut se soumettre à Venise.

Les épidémies de peste en Istrie touchèrent tout particulièrement Poreč, qui ne comptait guère plus d'une centaine d'habitants au XVII^e^ siècle. À la suite du déclin de Venise, la ville fut tour à tour sous contrôle autrichien et français, jusqu'à l'occupation italienne, de 1918 à 1943. Après la capitulation de l'Italie, elle fut occupée par les Allemands et subit des bombardements alliés en 1944, avant d'intégrer l'ex-Yougoslavie après la guerre, puis la Croatie.



## À voir

La vieille ville abonde en magasins et autres enseignes. Le Decumanus de l'époque romaine, aux pierres patinées, reste l'artère principale. Il parcourt la péninsule en son milieu. Vous trouverez des hôtels, des agences de voyages et des bateaux d'excursion sur le quai d'Obala Maršala Tita, qui s'étend du port de plaisance à la pointe de la péninsule.

**Basilique euphrasienne** ÉGLISE
(Eufrazijeva bb ; entrée libre ; 7h-20h avr à mi-oct). Voici la principale curiosité de Poreč, classée au Patrimoine mondial, et l'un des plus jolis exemples intacts d'art byzantin en Europe. Érigée à l'emplacement d'un oratoire du IV^e^ siècle, la basilique comprend une église, un atrium et un baptistère. La foule vient admirer les éclatantes **mosaïques** murales de l'abside, chefs-d'œuvre du VI^e^ siècle représentant des scènes bibliques, des archanges et des martyrs istriens. Ne manquez pas, sur la gauche, la scène où l'évêque Euphrase, à l'origine de la basilique, tient dans sa main une maquette de l'édifice. Le **campanile** (10 Kn), auquel on accède par le baptistère octogonal, offre une vue plongeante sur le centre historique.

Le **palais épiscopal** (10 Kn ; 9h-19h avr à mi-oct ou sur rdv) adjacent mérite aussi la visite. Il renferme des sculptures anciennes, des tableaux religieux, ainsi que des mosaïques du IV^e^ siècle de l'oratoire d'origine. De la mi-octobre à mars, l'entrée doit être réservée à l'office du tourisme.

**Trg Marafor** PLACE
Le forum romain, où avaient lieu les rassemblements populaires, était autrefois sur le site actuel de Trg Marafor. Le dallage d'origine a été conservé le long des maisons encadrant la partie nord de cette place rectangulaire. À l'ouest, dans un petit parc, se dressent les vestiges du **temple de Neptune** (II^e^ siècle), dédié au dieu de la Mer, tandis qu'au nord-ouest, on aperçoit ceux d'un temple datant du début du I^er^ siècle.

**Tours vénitiennes** RUINES
Des remparts de la ville ne subsistent que trois tours construites au XV^e^ siècle par les Vénitiens : la **tour pentagonale** de style gothique au début du Decumanus ; la **tour ronde** dans Narodni Trg ; et la **tour nord** dans la baie de Peškera.

**Sveti Nikola** ÎLE
Cette île offre des plages rocailleuses et bétonnées, des digues rocheuses, des forêts de pin et une belle vue sur la ville. De mai à octobre, des **bateaux de passagers** (tarif plein/réduit 20/10 Kn) vont à Sveti Nikola, la petite île qui s'étend en face du port de Poreč. Ils partent toutes les 30 min (6h45-1h) du quai d'Obala Maršala Tita.

## À faire

On peut pratiquer une multitude d'activités aux abords de Poreč, à Plava Laguna ou à Zelena Laguna. La vingtaine de complexes sportifs et de loisirs travaillent en majorité avec des hôtels et proposent : tennis, basket-ball, volley-ball, planche à voile, aviron, saut à l'élastique, paintball, golf, ski nautique, parachute ascensionnel, bateau, karting et canoë. Si la météo s'avère capricieuse, optez pour le centre de remise en forme ou un massage au spa. La brochure annuelle *Poreč Info*, disponible à l'office du tourisme, détaille tous les loisirs des environs.

Le **vélo** et la **randonnée** sont parfaits pour découvrir cette région à l'arrière-pays vallonné, pourvue de sentiers bien balisés. L'office du tourisme fournit un plan gratuit des routes et des sentiers partant de Poreč, ainsi que des itinéraires recommandés. Les

## Poreč

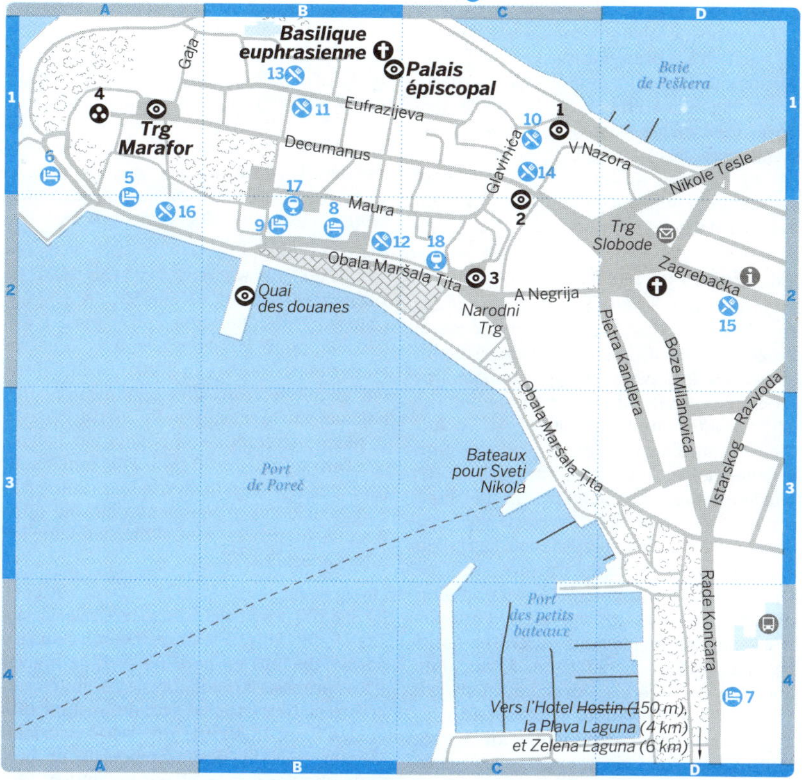


## Poreč

**Les incontournables**

Palais épiscopal ........ B1
Basilique euphrasienne ........ B1
Trg Marafor ........ A1

**À voir**

1 Tour nord ........ C1
2 Tour pentagonale ........ C2
3 Tour ronde ........ C2
4 Temple de Neptune ........ A1

**Où se loger**

5 Jadran Residence ........ A2
6 Hotel Palazzo ........ A1
7 Hotel Poreč ........ D4
8 Valamar Riviera Hotel ........ B2
9 Valamar Riviera Residence ........ B2

**Où se restaurer**

10 Buffet Horizont ........ C1
11 Cardo ........ B1
12 Dva Ferala ........ B2
13 Gourmet ........ B1
14 Konoba Ulixes ........ C1
15 Nono ........ D2
Peterokutna Kula ........ (voir 2)
16 Sveti Nikola ........ A2

**Où prendre un verre**

Epoca ........ (voir 5)
17 Lapidarium ........ B2
18 Saint & Sinner ........ C2
Torre Rotonda ........ (voir 3)

agences de location de vélos ne manquent pas en ville (environ 70 Kn/jour).

Les bancs de sable environnants se prêtent divinement à la **plongée**, tout comme l'épave voisine du *Coriolanus*, un navire de guerre britannique coulé en 1945. Au **Diving Centre Poreč** (centre de plongée ; ☎433 606 ; www.diving-center-porec.com), comptez un minimum de 110 Kn (majoration pour les grottes et épaves) pour une sortie en bateau, 310 Kn avec la location du matériel.

## Fêtes et festivals

En juillet-août, les **Annales de Poreč**, axées autour d'un thème précis, comptent parmi les expositions d'art contemporain les plus anciennes de Croatie. Pendant une semaine en août, le **Festival de rue** rassemble des artistes internationaux – acrobates, comédiens ou musiciens – sur les places et dans les rues de la vieille ville. Toujours en été, plusieurs fois par semaine, la basilique accueille des **concerts de musique classique** (www.concertsinbazilika.com). Les billets sont en vente une heure à l'avance sur place. De fin juin à début septembre, des **concerts de jazz** (www.jazzinlap.com) ont lieu une fois par semaine dans la cour du Musée municipal, à côté du Lapidarium. Enfin, dans le cadre de l'**Été de Poreč**, des concerts gratuits se donnent dans Trg Slobode.

L'office du tourisme publie un agenda gratuit des manifestations saisonnières, intitulé *Poreč Day by Day*.

## Où se loger

Les hôtels ne manquent pas à Poreč, mais ils sont souvent complets. Il est donc essentiel de réserver si vous venez en juillet-août.

La vieille ville compte une poignée d'hôtels ; la plupart des campings, des hôtels, des complexes d'appartements et des stations balnéaires s'étendent toutefois sur la côte au nord et au sud de Poreč. Les principaux complexes touristiques sont situés à Brulo, à 2 km au sud de la ville, à Plava Laguna, à 4 km au sud de la vieille ville, et à Zelena Laguna, 2 km plus loin. Au nord de Poreč s'étendent les aménagements touristiques de Borik et de Špadići. Quelque 20 hôtels et une dizaine de complexes d'appartements sont aménagés dans cette région boisée. La plupart des hôtels sont gérés par **Valamar Hotels & Resorts** (☎465 000 ; www.valamar.com) ou **Plava Laguna** (☎410 101 ; www.plavalaguna.hr). Tous fonctionnent d'avril à octobre ; seuls quelques-uns restent ouverts toute l'année. Pour des séjours de moins de 3 nuits, comptez 20% de supplément en été.

Si vous cherchez une chambre d'hôtes, consultez les agences de voyages recommandées. En pleine saison, une double devrait coûter 200-250 Kn et un appartement pour deux, 280-350 Kn (plus 30% pour moins de 4 nuits). Les chambres disponibles sont limitées dans la vieille ville, où l'on ne peut pas se garer. Repérez le certificat de qualité *Domus Bonus* délivré aux hébergements privés.

**Valamar Riviera Hotel** HÔTEL €€€
(☎408 000 ; www.valamar.com ; Obala Maršala Tita 15 ; s 990-1400 Kn, d 1300-1990 Kn ; P ❄ @). L'ancien Hotel Neptune, sur le port, a été désossé pour laisser place à ce quatre-étoiles huppé ouvert en 2010. Les chambres ont gagné de l'espace et certaines ont des balcons sur la mer ; possibilité d'accéder à la plage privée de Sveti Nikola par bateau (gratuit) toutes les 30 min. Plus loin sur la promenade, face à la mer, la **Residence** (ste 2 250-2 950 Kn), récemment rénovée, offre 8 suites luxueuses. Renseignez-vous sur les offres spéciales.

**Hotel Palazzo** HÔTEL €€€
(☎858 800 ; www.hotel-palazzo.hr ; Obala Maršala Tita 24 ; s/d 1 281/1 602 Kn ; P ❄ @ ≋). Dans un édifice de 1910 en bord de mer, ce nouvel hôtel propose 70 chambres et 4 suites, un centre de bien-être, un spa, des restaurants et des bars. Il décline un style historique élégant, mêlant design moderne et bon goût classique. Les chambres 120 à 126, plus chères, donnent sur la mer et le phare (magnifiques couchers de soleil).

**Hotel Hostin** HÔTEL €€€
(☎408 800 ; www.hostin.hr ; Rade Končara 4 ; s/d 683/966 Kn ; P ❄ @ ≋). Ce charmant petit établissement sis dans un parc verdoyant propose, à quelques pas de la gare routière, 39 chambres bien équipées avec balcon. Piscine intérieure, salle de sport, bain turc et sauna ; plage de galets à 70 m.

Également recommandés :

**Jadran Residence** HÔTEL €€
(☎408 800 ; www.valamar.com ; Obala Maršala Tita 21 ; d 490-713 Kn). Cet hôtel du front de mer mériterait d'être rénové. Il dispose pour l'instant de 22 vastes doubles, parfois avec balcon, mais sans beaucoup de confort. Ouvert uniquement de mai à septembre. Petit déjeuner non compris.

**Hotel Poreč** HÔTEL €€
(☎451 811 ; www.hotelporec.com ; Rade Končara 1 ; s/d 475/720 Kn ; ❄). Si les chambres de cet édifice de béton ont une

vue tristounette sur la gare routière et le centre commercial, elles sont acceptables et faciles d'accès depuis la vieille ville.

**Camp Zelena Laguna** CAMPING €
(☎410 700 ; www.plavalaguna.hr ; Zelena Laguna ; par adulte/empl 55/77 Kn ; ⊙avr-sept ; ). Bien équipé pour le sport, ce camping à 5 km de la vieille ville peut accueillir 2 700 personnes. Accès à de nombreuses plages, dont une naturiste.

**Camp Bijela Uvala** CAMPING €
(☎410 551 ; www.plavalaguna.hr ; Zelena Laguna ; par adulte/empl 55/77 Kn ; ⊙avr-sept ; ). Ce camping d'une capacité de 6 000 personnes peut être bondé en été. Il possède toutefois 2 piscines extérieures, et les installations de Zelena Laguna sont juste à côté.

## Où se restaurer

**Peterokutna Kula** CUISINE INTERNATIONALE €€
(Decumanus 1 ; plats à partir de 70 Kn). Dans la tour pentagonale médiévale, un restaurant huppé avec 2 patios extérieurs et une terrasse sur le toit avec une belle vue. Tout un éventail de plats de poisson et de viande (bar rôti particulièrement réussi) ; service irrégulier.

**Dvi Murve** CUISINE ISTRIENNE €€
(Grožnjanska 17 ; plats à partir de 70 Kn). Ce restaurant à 2 km au nord-est de la ville est fréquenté par les connaisseurs locaux. Derrière deux mûriers, vous trouverez une grande terrasse et des spécialités istriennes comme le carpaccio de *boškarin* (bœuf istrien) et le steak Dvi Murve aux pâtes. Comptez 50 Kn pour vous y rendre en taxi.

**Konoba Ulixes** CUISINE MÉDITERRANÉENNE €€
(Decumanus 2 ; plats à partir de 75 Kn). Près du Decumanus, cette taverne sert d' excellents produits de la mer. Le plat méditerranéen pour deux (140 Kn) est avantageux. Sinon, essayez les pâtes aux langoustines et le vin pétillant.

**Dva Ferala** CUISINE ISTRIENNE €
(Obala Maršala Tita 13a ; plats à partir de 60 Kn). Savourez des spécialités istriennes bien préparées, comme l'*istarski tris* (trio de pâtes maison) pour deux, sur la terrasse de cette agréable *konoba* (taverne familiale).

**Gourmet** ITALIEN €€
(Eufrazijeva 26 ; plats à partir de 60 Kn). Le savoir-faire italien sous toutes ses formes – penne, tagliatelles, fusillis, tortellinis, gnocchis, etc. Des tables sont installées sur la place, et un patio plus calme est aménagé derrière. Excellents spaghettis aux coquillages (180 Kn pour deux).

**Sveti Nikola** CUISINE CROATE INNOVANTE €€
(Obala Maršala Tita 23 ; plats à partir de 80 Kn). L'innovation culinaire est à l'honneur dans cet élégant restaurant du front de mer. Les menus du midi (99 Kn) et du soir (viande 139 Kn, poisson 149 Kn) sont très corrects. Essayez le carpaccio de dinde fumée accompagné de roquette.

Également recommandés :

**Cardo** CUISINE INTERNATIONALE €
(Carda Maximusa 8 ; plats à partir de 65 Kn). En face du Gourmet, de bons plats de viande et de poisson, et des mets standards internationaux.

**Nono** PIZZAS €
(Zagrebačka 4 ; pizzas 40-80 Kn). Nono sert les meilleures pizzas de la ville, à la pâte bien gonflée, garnies, entre autres, de truffes. Les autres plats sont également délicieux.

**Buffet Horizont** SNACK-BAR, POISSON €
(Eufrazijeva 8 ; plats à partir de 30 Kn). Dégustez des en-cas bon marché et savoureux : sardines, crevettes et calmars, dans une maison jaune avec des bancs en bois à l'extérieur.

## Où prendre un verre et sortir

**Lapidarium** BAR
(Maura 10). Ce superbe bar possède une vaste cour à l'arrière du Musée municipal et des salles remplies d'antiquités. En été, concerts de jazz en plein air le mercredi soir.

**Byblos** CLUB
(www.byblos.hr ; Zelena Laguna bb). Le vendredi, des DJ de renom, comme David Morales et Eric Morillo, distillent de la house dans cette immense discothèque à ciel ouvert, haut lieu des nuits croates. Le samedi soir, les clients se trémoussent sur de la dance.

Également recommandés :

**Saint & Sinner** CAFÉ/BAR
(Obala Maršala Tita 12). Un établissement de front de mer déclinant le thème du plastique noir et blanc, où des jeunes sirotent des *chococcinos* la journée et des *caipiroskas* à la fraise le soir.

**Epoca** CAFÉ/BAR
(Jadran Residence, Obala Maršala Tita 24). Dégustez un expresso ou un agréable cocktail près de l'eau, au soleil couchant.

**Torre Rotonda** CAFÉ/BAR
(Narodni trg 3a). Installé au sommet de la tour ronde, ce café en terrasse est

## BUS AU DÉPART DE POREČ

| DESTINATION | TARIF | DURÉE | FRÉQUENCE |
|---|---|---|---|
| Pula | 54 Kn | 1 heure-1 heure 30 | 8/jour |
| Rijeka | 85 Kn | 2 heures | 7/jour |
| Rovinj | 42 Kn | 45 min | 6/jour |
| Zagreb | 218 Kn | 4 heures | 7/jour |
| Split | 387-392 Kn | 10 heures | 3/jour |
| Zadar | 255 Kn | 7 heures | 3/jour |
| Zagreb | 170-216 Kn | 4 heures-5 heures 30 | 15/jour |



accessible par une volée de marches raides, d'où l'on peut observer l'animation sur les quais.

## Renseignements

### Accès Internet

**CyberM@c** (Mire Grahalića 1 ; 42 Kn/h ; ⏲10h-22h). Cybercafé tout confort.

### Agences de voyages

**Atlas Travel Agency** (☎434 933 ; www.atlas-croatia.com ; Eufrazijeva 63). Réservation d'excursions.

**Di Tours** (☎432 100 ; www.di-tours.hr ; Prvomajska 2). Donne des adresses d'hébergements privés.

**Fiore Tours** (☎431 397 ; www.fiore.hr ; Mate Vlašića 6). Gère aussi des hébergements privés.

**Sunny Way** (☎452 021 ; sunnyway@pu.t-com.hr ; Alda Negrija 1). Spécialisé dans les billets de bateau et les excursions en Italie et en Croatie.

### Argent

Les banques et nombre d'agences de voyages changent les devises. Vous trouverez des DAB partout en ville.

### Consigne

**Garderoba** (6 Kn/h ; ⏲7h-20h30). À la gare routière.

### Office du tourisme

**Office du tourisme** (☎451 293 ; www.to-porec.com ; Zagrebačka 9 ; ⏲8h-21h lun-sam, 9h-13h et 18h-21h dim juin-sept, 8h-20h lun-sam, 9h-13h dim oct-mai)

### Poste

**Poste centrale** (Trg Slobode 14 ; ⏲8h-12h et 18h-20h lun-ven, 8h-12h sam). Centre téléphonique.

### Services médicaux

**Centre médical de Poreč** (☎451 611 ; Maura Gioseffija 2)

## Depuis/vers Poreč

**Ustica Line** (www.usticalines.it) gère des catamarans qui vont chaque jour à Trieste, sauf le lundi (160 Kn ; 1 heure 30) ; 4 catamarans rapides rallient quotidiennement Venise pendant la haute saison (2 heures, aller 225-474 Kn, aller-retour 300-880 Kn).

**Astarea** (☎451 100). L'agence la moins chère.

**Commodore Cruises** (www.commodore-cruises.hr)

**Venezia Lines** (www.venezialines.com)

La **gare routière** (☎432 153 ; Rade Končara 1) est située tout près de la vieille ville, derrière Rade Končara.

Entre Poreč et Rovinj, les bus longent le fjord de Lim. Pour profiter du panorama, prenez place du côté droit si vous allez vers le sud et du côté gauche en sens inverse.

La gare ferroviaire la plus proche se trouve à Pazin, à 37 km à l'est. Environ 6 bus viennent chaque jour de Poreč (37 Kn, 45 min).

## Comment circuler

Comptez environ 70 Kn/jour pour louer un vélo. De mai à début octobre, un train touristique va régulièrement de Šetalište Antuna Štifanića, près du port de plaisance, à Plava Laguna (15 Kn) et à Zelena Laguna (15 Kn). Un bateau (15 Kn) effectue le même trajet depuis le quai des ferries toutes les heures, de 9h à presque minuit. Les nombreux bus à destination de Vrsar s'arrêtent à Plava Laguna, à Zelena Laguna et dans les autres stations au sud.

# INTÉRIEUR DE L'ISTRIE

Dès que l'on s'écarte de la côte, la foule s'amenuise et les complexes hôteliers disparaissent pour laisser place à une campagne préservée, parsemée de villes médiévales perchées, de pinèdes, de vallées fertiles et de coteaux. Le rythme de la vie quotidienne ralentit lui aussi nettement, se calquant davantage sur les impératifs des vendanges, de la récolte des truffes ou des asperges et de l'entretien des oliveraies que sur ceux des touristes. Les fermes ouvrent leurs portes aux vacanciers en quête d'authenticité, les tavernes rustiques en pleine nature cuisinent des mets labellisés Slow Food et les meilleurs viticulteurs croates proposent des séances de dégustation dans leurs caves. Des villages reculés sur les hauteurs, qui semblaient naguère voués à la ruine, attirent des artistes et des artisans, mais aussi des étrangers fortunés. Si l'influence italienne ne fait pas de doute dans cette région souvent comparée à la Toscane, l'arrière-pays possède sa propre personnalité – un monde unique, magnétique, superbe, où la mer n'est jamais bien loin !

Les liaisons routières et ferroviaires étant sporadiques, il faut être motorisé pour découvrir la région.

# Labin

12 426 HABITANTS

Au sommet d'une colline surplombant la côte, Labin est sans conteste le joyau de l'Istrie orientale, ainsi que son cœur historique et administratif. La superbe vieille ville offre un patchwork fascinant de rues escarpées, de venelles pavées et de maisons aux teintes pastel, ornées de dentelles de pierre.

Elle est entourée par la ville moderne, en contrebas. Guère soignée, celle-ci naquit avec le développement de l'industrie du charbon. Capitale minière de l'Istrie jusqu'aux années 1970, la colline de Labin fut exploitée de façon si intensive qu'elle menaçait de s'effondrer. Les forages ont cessé en 1999, les galeries ont été comblées, et la ville a été reconvertie en une destination touristique.

Les lieux à visiter en une journée ne manquent pas. Les dédales de la vieille ville cachent un curieux musée dans un palais baroque, une foule d'églises et de palais d'inspiration vénitienne, quelques boutiques d'artisanat et des galeries. Sur la côte, la station balnéaire de Rabac, à 5 km au sud-ouest, abonde en locations de vacances, en hôtels et en résidences pour touristes qui sont prises d'assaut en haute saison. On peut néanmoins y passer un après-midi agréable, notamment si on se rend à la plage.

## À voir

Une balade dans les rues médiévales de Labin est le clou de toute visite. Labin se divise en deux parties : la ville haute, qui concentre la plupart des sites dignes d'intérêt et la ville moderne, Podlabin, au pied de l'éminence, où se trouve l'essentiel des boutiques, des restaurants et des services.

**Musée municipal** MUSÉE

(Gradski Muzej ; 1 Maja 6 ; tarif plein/réduit 15/10 Kn ; 10h-13h et 18h-21h lun-sam, 10h-13h dim juil-sept, 8h-15h lun-ven oct-juin). Le Musée municipal occupe un édifice baroque du XVIII$^{e}$ siècle, le palais Battiala-Lazzarini. Le rez-de-chaussée présente une collection archéologique tandis que le 1$^{er}$ étage est consacré aux instruments de musique que viennent compléter d'amusantes animations interactives. Le dernier étage accueille quant à lui une galerie d'art contemporain. L'ancienne mine de charbon qui se trouvait sous le musée a été reconstituée de façon très réaliste. En parcourant les tunnels, on comprend mieux à quel point le travail des mineurs y était pénible.

**Forteresse** FORTERESSE

Point culminant de Labin, la forteresse (*fortica*) se dresse à son extrémité ouest. On y accède à pied par Ulica 1 Maja ou en faisant un détour par Šetalište San Marco, le long des remparts. Du haut de cet édifice, le regard embrasse la côte, la chaîne de l'Učka et l'île de Cres.

**Loggia** MONUMENT HISTORIQUE

(Titov Trg). Datant de 1550 et centre névralgique de Labin au XVI$^{e}$ siècle, c'est là que l'on annonçait jadis les nouvelles et les décisions de justice, que les criminels étaient menés au pilori et qu'avaient lieu les foires. Aujourd'hui, la loggia abrite une brocante plutôt chère en été.

**Église de la Nativité-de-la-Vierge-Marie** ÉGLISE

(Ulica 1 Maja ; messe uniquement). Cette église remarquable mêle les styles gothique vénitien et Renaissance. Un lion de Venise finement sculpté surplombe son portail. Ne manquez pas, sur la droite, le **palais Scampicchio** typiquement Renaissance, construit au XV$^{e}$ siècle, et sa cour intérieure.

## Fêtes et festivals

En juillet-août, lors de la **République des arts de Labin** (Labin Art Republika), plus d'une trentaine d'artistes investissent cette ville bohème pour s'y produire. Théâtre de rue, concerts, spectacles, numéros de clowns et ateliers ouverts à tous animent alors les rues.

## Où se loger

S'il n'y a pas d'hôtels à Labin, ils sont en revanche nombreux à Rabac. Les grands complexes hôteliers, qui consituent l'essentiel de l'hébergement, sont assortis d'une poignée de propriétés de taille plus modeste. **Valamar** (www.valamar.com) gère 10 établissements, et notamment 2 adresses luxueuses (le Valamar Sanfior Hotel et le Valamar Bellevue Hotel & Residence), 4 propriétés trois étoiles, un village touristique, un complexe d'appartements et des villas. En août, les prix varient beaucoup : de 1 250 à 1 700 Kn pour une double dans un hôtel quatre étoiles (en demi-pension), et de 890 à 1 190 Kn dans un deux-étoiles. Des studios et appartements pour deux sont aussi disponibles dans des deux et trois-étoiles, ainsi que dans des villas de luxe. Un supplément est appliqué pour les séjours de moins de 3 nuits.

### L'ISTRIE, C'EST AUSSI...

Un seul chapitre de ce guide ne suffit pas à répertorier les nombreux atouts de l'Istrie. Voici donc un récapitulatif des autres sites dignes d'intérêt de cette région envoûtante.

**Novigrad** est une agréable ville ancienne, blottie sur une péninsule à seulement 20 min au nord de Poreč. Elle compte l'une des meilleures tables de l'Istrie, le **Damir i Ornella** (758 134 ; Zidine 5), réputé pour ses spécialités de poisson cru.

Dans le village de pêcheurs de **Savudrija**, à l'extrémité ouest de la Croatie, se dresse le plus vieux **phare** (www.lighthouses-croatia.com) istrien, construit en 1818 et reconverti en hébergement. Il se loue à la semaine (1 150 Kn pour 4 pers).

Entre Rovinj et Poreč, au sommet d'une colline, le charmant port de pêche de **Vrsar** rassemble un patchwork de maisons médiévales. Plus paisible que les villages voisins, il abrite un parc agrémenté de sculptures du célèbre artiste croate Dušan Džamonja.

Les amateurs d'art pourront se rendre à **Beram**, près de Pazin, dans l'intérieur des terres, pour admirer les fresques datant du XVe siècle de l'église Sainte-Marie de Škriljine. L'office du tourisme de Pazin vous renseignera. La taverne du village, le **Vela Vrata** (mar-dim ; plats à partir de 40 Kn), sert de délicieuses pâtes maison, de bons plats de viande et de savoureuses crêpes à la ricotta et au miel, le tout avec vue sur les arbres.

Non loin de Poreč, la **grotte Baredine** (www.baredine.com) dévoile des chambres souterraines couvertes de stalagmites et de stalactites ; beaucoup d'agences proposent des excursions.

Près de Labin s'étend la plus jeune ville d'Istrie, **Raša**, vitrine de l'architecture fonctionnaliste moderniste qui a fleuri sous le règne de Mussolini en 1930.

Sur une colline au nord de Motovun, on découvre **Oprtalj**, moins développée que ses voisines, plantée de cyprès et dévoilant un fantastique panorama.

Ne manquez pas le village abandonné de **Kotli**, à 1,5 km de la route principale entre Hum et Roč, sur la rivière Mirna. Ce complexe rural protégé a conservé ses cours, ses escaliers extérieurs, ses passages cintrés et ses cheminées pittoresques.

Comblez vos papilles chez **Konoba Morgan** (mar-dim ; plats à partir de 60 Kn), à 2 km au nord-est de Brtonigla sur la route de Buje. Sa très jolie terrasse offre une vue panoramique sur la campagne. Le menu, qui change quotidiennement, privilégie le gibier et les produits de saison comme les truffes et les asperges.

Les amateurs ne manqueront pas la **piste cyclable de Parenzana** (www.istria-bike.com), qui longe une voie ferrée désaffectée en service de 1902 à 1935 entre Trieste et Poreč. Elle traverse aujourd'hui trois pays : l'Italie, la Slovénie et la Croatie (80 km en Croatie).

Également digne d'intérêt, l'**observatoire de Višnjan** (www.astro.hr ; 091 449 1788) se situe dans l'ouest de l'Istrie, à 13 km de Poreč. Actif depuis les années 1970, il occupe le 3e rang mondial en termes de découverte d'astéroïdes. À visée plutôt pédagogique, il permet néanmoins de passer un moment agréable. L'observatoire vient d'emménager dans un magnifique parc en hauteur, comprenant un "bâtiment cyber-romantique" abritant le télescope, une forêt de pins odorante et une vue stupéfiante qui permet de distinguer la courbure de la terre par beau temps. Réservez une visite gratuite (dons encouragés) ou passez pendant les 2 jours de l'AstroFest qui débute le 21 juin (solstice d'été), pour profiter de la musique new age et des percussions, et observer les étoiles.

**Maslinica** (☎884 150 ; www.maslinica-rabac.com) possède 3 propriétés de catégorie moyenne dans la baie de Maslinica : l'Hotel Hedera, l'Hotel Mimosa, et l'Hotel Narcis qui offre des formules tout compris. Les doubles débutent à 846 Kn en demi-pension ; les simples, à 423 Kn. Maslinica gère aussi le **Camp Oliva** (☎872 258 ; Rabac bb ; 75 Kn/empl), situé directement sur la plage de Rabac, devant les grands hôtels.

Deux hôtels indépendants possèdent davantage de caractère : il s'agit de l'**Hotel Amfora** (☎872 222 ; www.hotel-amfora.com ; Rabac bb ; s/d 253/810 Kn ; P ❄ ≋), en ville, et de la chic **Villa Annette** (☎884 222 ; www.villaannette.hr ; Raška 24 ; s/d 854/1 222 Kn ; P ❄ @ ≋), qui se dresse sur un coteau et dont la piscine donne sur la baie. Les deux établissements appliquent un supplément pour les séjours de moins de 3 nuits.

L'agence de voyages Veritas pourra vous trouver une double/un appartement (190/285 Kn) dans la vieille ville.

## Où se restaurer

Labin est renommée pour ses truffes cuisinées avec des pâtes et des œufs, généralement proposées à des prix corrects. Rabac compte de nombreux restaurants de poisson ordinaires, dont la plupart visent des touristes peu exigeants.

**Gostiona Kvarner** CUISINE ISTRIENNE €
(Šetalište San Marco bb ; plats à partir de 55 Kn). Non loin de Titov trg, la terrasse de ce restaurant sur la mer est fréquentée par des fidèles amateurs de bonne cuisine. Les spaghettis aux truffes ne coûtent que 80 Kn.

## Renseignements

**Annexe de l'office du tourisme** (☎852 399 ; Titov trg 10 ; ⏲8h-21h lun-sam, 10h-13h et 18h-21h dim mai-oct). À l'entrée de la vieille ville.

**Office du tourisme central** (☎855 560 ; www.rabac-labin.com ; Aldo Negri 20 ; ⏲7h-15h lun-ven). En contrebas de la vieille ville.

**Poste** (Titov trg bb ; ⏲8h-15h lun-ven). Dans la vieille ville.

**Service de santé** (☎855 333 ; Kature Nove bb)

**Veritas** (☎885 007 ; www.istra-veritas.hr ; Ulica Sv Katarine 8). La seule agence de voyages de la vieille ville, spécialisée dans les chambres d'hôtes.

## Depuis/vers Labin

Des bus se rendent fréquemment à Pula (38 Kn, 1 heure, 11/jour). En été, un bus dessert Rabac (7 Kn), via la vieille ville, toutes les heures entre 6h et minuit.

## Comment circuler

Les bus s'arrêtent sur Trg 2 Marta, à Podlabin, d'où une navette grimpe jusqu'à la vieille ville et poursuit, en haute saison, jusqu'à Rabac.

# Vodnjan

3 700 HABITANTS

Vodnjan (Dignano en italien) se situe à 10 km au nord de Pula. L'église de cette paisible bourgade abrite des "momies", qui sont en réalité les restes desséchés de saints dont les corps ont mystérieusement échappé à la décomposition et auxquels on attribue des pouvoirs surnaturels.

Le reste de la ville, qui accueille la principale communauté rom d'Istrie, présente peu d'intérêt. La place centrale, Narodni trg, est encadrée par plusieurs palais néogothiques à divers stades de délabrement et de restauration.

**Église Saint-Blaise** ÉGLISE
(Crkva Svetog Blaža ; Župni Trg ; ⏲9h30-18h30 lun-sam, 14h-18h30 dim juin-sept). À quelques pas de Narodni trg, cette magnifique église néobaroque fut érigée au début du XIX^e^ siècle, quand la côte istrienne était parée du style vénitien. Avec son **campanile** de 63 m, aussi haut que celui de la basilique Saint-Marc de Venise, c'est la plus grande église paroissiale d'Istrie. Ses superbes autels justifient à eux seuls une visite. Les **momies** (35 Kn) occupent un emplacement protégé par des rideaux derrière le **maître-autel**. Dans la semi-obscurité, les corps préservés de sainte Nikolosa Bursa, de saint Jean Olini de Venise et de saint Léon Bembo évoquent des poupées de bois dans leurs cercueils de verre. Pendant la visite, un enregistrement en anglais dévoile l'histoire de leur vie. Considérée comme la dépouille momifiée la mieux préservée d'Europe, celle de sainte Nicolosa Bursa est créditée d'une cinquantaine de guérisons miraculeuses.

Si les momies ont éveillé votre curiosité pour les reliques, visitez la **collection d'art sacré** (Zbirka Sakralne Umjetnosti ; billet groupé avec les momies tarif plein/réduit 50/25 Kn) de la sacristie. Elle comporte des centaines de **reliques** provenant de 150 saints, parmi lesquelles figure un coffret renfermant la langue de sainte Marie d'Égypte. Moins macabre, le splendide polyptyque de saint Léon Bembo fut peint au XIV^e^ siècle par Paolo Veneziano. Habillez-vous très sobrement car le prêtre évince les visiteurs vêtus de façon "inappropriée". Les horaires sont variables d'octobre à mai.

## Où se restaurer

**Vodnjanka** CUISINE ISTRIENNE €
(Istarska bb ; plats à partir de 60 Kn ; fermé dim au déj). Cet excellent restaurant régional, qui compte plusieurs salles rustiques, offre un service personnalisé. Parmi les spécialités, citons les *fuži* (pâtes aux œufs maison) aux truffes, la *maneštra* (soupe ressemblant au minestrone), diverses sortes de *fritaja* (omelette aux légumes de saison) et du *prosciutto*. N'oubliez pas de goûter au *kroštule* (beignet sucré)... La terrasse offre une jolie vue sur les toits de la vieille ville et sur la flèche de l'église.

## Renseignements

L'**office du tourisme** (511 700 ; www.istra.hr/vodnjan ; Narodni trg 3 ; 8h-14h et 19h-21h juin-sept, 8h-14h lun-ven oct-mai) est installé sur la place principale.

## Depuis/vers Vodnjan

Des bus relient fréquemment Vodnjan à Pula (20 Kn, 30 min, 18-20/jour).



# Svetvinčenat

300 HABITANTS

À mi-chemin entre Pazin et Pula, en Istrie méridionale, Svetvinčenat (ou Savičenta) est une bourgade attachante fondée par les Bénédictins. Cœur du village, la paisible place Renaissance encadrée de hauts cyprès et d'édifices harmonieusement alignés est l'endroit rêvé pour flâner.

## À voir

**Château Grimani** CHÂTEAU
Ce palais du XIII^e siècle admirablement préservé se dresse au nord de la place principale. Les tours qui servaient d'habitation et de prison datent de son remaniement dans un style vénitien, au XVI^e siècle. Si dans son enceinte se tenaient jadis des fêtes, des parades et des foires, on y dressait aussi des bûchers pour sorcellerie (on raconte que Marija Radoslović, maîtresse de l'un des Grimani, y fut torturée et brûlée sous couvert de magie noire).

**Église Sainte-Marie-de-l'Annonciation** ÉGLISE
Du côté est de la place, cette église paroissiale comporte une façade Renaissance trilobée taillée dans la pierre locale et cinq autels de marbre ouvragés de style vénitien.

## Fêtes et festivals

C'est à la mi-juillet qu'il vaut visiter Svetvinčenat, lors du **Festival de théâtre non verbal et de danse** (www.svetvincenatfestival.com), pour assister à des représentations de danse, de théâtre de rue, de cirque, de mimes et d'autres formes d'expression non verbales. Cette manifestation internationale accueille des artistes européens et croates proposant une palette de spectacles allant du hip-hop finlandais à la capoeira brésilienne.

## Où se loger et se restaurer

**Stancija 1904** HÔTEL RURAL €€
(560 022 ; www.stancija.com ; Smoljanci 2-3 ; s/d 518/690 Kn). Dans le village de Smoljanci, à 3 km de Svetvinčenat sur la route de Bale, voici l'un des meilleurs hôtels ruraux d'Istrie. Entourée de jardins odorants et ombragée par d'immenses arbres, cette maison de pierre traditionnelle a été reconvertie par une famille helvéto-croate. Les repas sont excellents (menu à 130 Kn), et les petits déjeuners élaborés (100 Kn) servis jusqu'à midi. Cours de cuisine. Supplément de 30% pour les séjours d'une seule nuit.

**Kod Kaštela** CUISINE ISTRIENNE €
(Savičenta 53 ; plats à partir de 50 Kn). En plein cœur de la ville, jouissant d'une belle vue sur le château et la place, ce restaurant régional sert des pâtes maison et du savoureux *pršut* (*prosciutto*). Chambres d'hôtes disponibles (280 Kn) ; renseignez-vous au restaurant.

## Renseignements

L'**office du tourisme** (560 349 ; www.svetvincenat.hr ; 9h-14h lun-ven, 14h-18h sam, 10h-13h dim), sur la place principale, vous renseignera sur les chambres d'hôtes en ville et dans les environs. Il propose également des brochures et la carte d'une nouvelle piste cyclable de 35 km entre Svetvinčenat et Sveti Petar, jalonnée de pancartes expliquant l'histoire locale, la flore et la faune (en anglais).

# Pazin

9 227 HABITANTS

Essentiellement connu pour son gouffre, qui inspira Jules Verne et pour son château médiéval, Pazin, petit bourg du centre de l'Istrie, mérite une visite pour ces deux sites dignes d'intérêt, mais aussi pour son charme provincial – et ses rues épargnées par le tourisme chic. Le centre est en grande partie piétonnier, tandis que la campagne vallonnée embellit les faubourgs.

Cœur géographique de l'Istrie, Pazin en est également le siège administratif. Toutes les destinations régionales sont facilement accessibles par la route ou le rail. En raison de la rareté des hôtels et des restaurants, mieux vaut venir pour la journée, d'autant plus que la majorité des villes istriennes se trouvent à moins d'une heure. La campagne environnante offre une myriade d'activités telles que la randonnée, l'escalade, le cyclotourisme et la découverte de l'apiculture.

## À voir

**Gouffre de Pazin** GROTTE

(www.pazinska-jama.com ; tarif plein/réduit 30/10 Kn ; ⏲10h-18h juil et août, horaires restreints sept-juin). Le site le plus réputé de Pazin est sans conteste ce gouffre profond d'environ 100 m, que traverse la Pazinčica dans des cavités formant trois lacs souterrains. Ses profondeurs ténébreuses inspirèrent Jules Verne et nombre d'écrivains croates. En 45 min, on peut parcourir les 1 300 m du **sentier balisé** dans le canyon, qui comprend une ascension facile. On y arrive par l'Hotel Lovac ou par la passerelle enjambant l'abîme, à 100 m du château. D'octobre à mars, le site est librement accessible – mais à vos risques et périls, car sans surveillance. Vous pourrez louer à l'avance auprès de l'office du tourisme les services d'un spéléologue professionnel (100 Kn) qui vous guidera dans la grotte. Si vous préférez les hauteurs, profitez du **point de vue** à proximité immédiate du château.

**Kaštel** CHÂTEAU

(Trg Istarskog Razvoda 1). Le Kaštel qui surplombe la grotte est le plus grand et le mieux conservé des édifices médiévaux de l'Istrie. Les registres mentionnent dès 983 cette forteresse à l'architecture romane, gothique et Renaissance. Le château renferme aujourd'hui deux musées – l'entrée à l'un permettant de visiter les deux. Le **Musée municipal** (tarif plein/réduit 25/18 Kn ; ⏲10h-18h tlj juil-août, moins longtemps sept-juin) présente une collection de cloches médiévales de la région, une exposition sur les révoltes d'esclaves et, dans le donjon, des instruments de torture. Le **Musée ethnographique** (www.emi.hr) compte quelque 4 200 objets – costumes, ustensiles, poteries – illustrant la vie rurale traditionnelle istrienne. Les deux musées pratiquent les mêmes horaires.

## Fêtes et festivals

Le 1er mardi du mois se tient la **foire municipale**, avec des produits de toute l'Istrie. Le **Festival Jules Verne** (3e semaine de juin) permet à Pazin d'honorer l'écrivain qui l'a immortalisée. Pour l'occasion sont organisés des courses, des reconstitutions du célèbre roman et des parcours sur les pas de son héros, Mathias Sandorf.

## Où se loger et se restaurer

L'office du tourisme aide à trouver des chambres d'hôtes, à des tarifs souvent raisonnables. Comptez à partir de 100 Kn/personne pour une chambre.

### VOYAGE AU CENTRE DE L'ISTRIE

Le célèbre auteur du *Tour du monde en quatre-vingts jours*, du *Voyage au centre de la Terre* et de *Vingt Mille Lieues sous les mers* trouva l'inspiration au centre de l'Istrie : c'est en effet dans le château et le gouffre de Pazin que Jules Verne (1828-1905), précurseur de la science-fiction, situe l'action de *Mathias Sandorf* (1885), l'un des 27 opus de la série des *Voyages extraordinaires*.

Dans le roman, porté par la suite à l'écran, le comte Mathias Sandorf et deux de ses acolytes sont arrêtés par la police autrichienne pour activités révolutionnaires et emprisonnés dans la forteresse de Pazin. Sandorf s'évade en descendant sur la tige métallique d'un paratonnerre, lequel est frappé par la foudre, précipitant notre héros dans la tumultueuse Pazinčica. Il est alors emporté vers les profondeurs du gouffre, mais s'agrippe à un tronc d'arbre ; six heures plus tard, le flot le dépose tranquillement à l'entrée du fjord de Lim. Il marche alors jusqu'à Rovinj – la dernière fois qu'on le voit, il saute d'une falaise au milieu d'une pluie de balles.

S'il ne se rendit jamais sur place, ce sont des photos et des récits de voyageurs qui inspirèrent à Jules Verne son épopée. Aujourd'hui, Pazin ne manque pas une occasion de perpétuer le souvenir de l'écrivain, avec notamment une rue Jules-Verne, des journées spéciales dédiées à l'écrivain et le site Internet **Club Jules-Verne** (www.ice.hr/davors/jvclub.htm).

## BUS ET TRAINS AU DÉPART DE PAZIN

### Bus

| DESTINATION | TARIF | DURÉE | FRÉQUENCE |
|---|---|---|---|
| Motovun | 28 Kn | 30 min | 2/jour lun-ven |
| Osijek | 275 Kn | 8 heures | 1/jour |
| Poreč | 37 Kn | 45 min | 5/jour |
| Pula | 45 Kn | 50 min | 2/jour |
| Rijeka | 46-57 Kn | 1 heure | 5/jour |
| Rovinj | 36-41 Kn | 40 min | 5/jour |
| Trieste (Italie) | 60-70 Kn | 2 heures | 1/jour lun-sam |
| Zagreb | 173-197 Kn | 3 heures-4 heures | 10/jour |

### Train

| DESTINATION | TARIF | DURÉE | FRÉQUENCE |
|---|---|---|---|
| Buzet | 22 Kn | 50 min | 6/jour |
| Ljubljana | 116 Kn | 3 heures 30-4 heures 30 | 2/jour, via Buzet ou Divača |
| Pula | 32 Kn | 1 heure | 7-9/jour |
| Zagreb | 118 Kn | 5 heures-8 heures 30 | 4/jour |

**Hotel Lovac** HÔTEL €
(☎624 324 ; Šime Kurelića 4 ; s/d 268/466 Kn ; ⏲). L'architecture de la fin des années 1960 du seul hôtel de Pazin ferait un tabac si les chambres étaient à la hauteur. Demandez une des chambres qui ont été refaites, avec vue sur le gouffre. Le restaurant sert une cuisine correcte – il n'y a pas de restaurant notable à Pazin même. À la lisière ouest de la ville.

## Renseignements

Meilleure source d'information sur Pazin, l'**office du tourisme** (☎622 460 ; www.tzpazin.hr ; Franine i Jurine 14 ; ⏲9h-19h lun-ven, 10h-13h sam juil-août, 9h-16h lun-ven, 10h-13h sam sept-juin) s'occupe également de tout le centre de l'Istrie. Vous y trouverez une carte des sentiers de randonnée et des élevages apicoles (délicieux miel d'acacia), ainsi qu'une brochure recensant les caves vinicoles autour de Pazin. Autre étape utile, **Futura Travel** (☎621 045 ; www.futura-travel.hr ; 25 Rujna 42) change les devises et réserve des excursions vers d'autres sites intéressants de Croatie et vers Venise.

## Depuis/vers Pazin

**Gare routière** (☎624 364 ; Šetalište Pazinske Gimnazije). Services réduits le week-end.

**Gare ferroviaire** (☎624 310 ; Od Stareh Kostanji 3b). Le trajet en train à destination de Zagreb comprend une portion en bus de Lupoglav à Rijeka. Services réduits le week-end.

## Comment circuler

La ville, relativement compacte, s'étend sur un peu plus d'un kilomètre de la gare routière, à l'est, jusqu'au Kaštel, à l'ouest. La gare routière se trouve à 200 m à l'ouest de la gare ferroviaire. La vieille ville englobe les 200 m conduisant au Kaštel.

# Gračišće

Gračišće, secret istrien bien gardé, est une ville médiévale endormie entourée de collines à 7 km au sud-est de Pazin. Elle conserve plusieurs bâtiments anciens, dont le **palais de Salomon** (XVe siècle), au style gothique vénitien, l'**église Sainte-Euphémie**, à l'architecture romane, et l'**église Sainte-Marie**, qui remonte à 1425.

Même si certains travaux ont déjà été réalisés, la plupart des édifices attendent une rénovation. Une demi-heure suffit pour visiter ce petit village à l'ambiance délicieuse. Au départ de Gračišće, un **sentier de randonnée** de 11,5 km correctement balisé attend les sportifs.

Vous pourrez faire étape à Gračišće pour les spécialités istriennes faites maison de **Konoba Marino** (plats à partir de 55 Kn ; ⏲fermé mer). Cette taverne confortable mitonne, en portions généreuses, des *fuži* au gibier, de l'*ombolo* (longe de porc désossée), du chou et des spécialités aux truffes. La direction sympathique gère aussi **Poli Luce** (☎687 081 ; www.konoba-marino-gracisce.hr ; ch 125 Kn/pers, petit déj 25 Kn ; P), une maison rustique avec 4 chambres joliment restaurées.

## Buzet

6 059 HABITANTS

La tranquille Buzet, à 39 km au nord-est de Poreč au bord de la Mirna, n'est peut-être pas la ville la plus fascinante de la région. Pour autant, elle n'en offre pas moins un aperçu de la grâce intemporelle de la vieille Istrie. Fondée par les Romains, elle ne se développa réellement qu'à l'époque vénitienne, où furent construites ses murailles, ses portes et plusieurs églises. Avec des édifices en pierre grise plus ou moins décrépits et restaurés, et des rues pavées délaissées par les habitants (nombreux sont ceux qui ont déménagé depuis longtemps au pied de la colline, dans la ville moderne), la vieille ville possède une atmosphère paisible et beaucoup de caractère.

Parcourez le dédale de ruelles et les places, dont les sites intéressants sont signalés par des plaques en anglais. Baptisée capitale de la truffe, Buzet prend son titre au sérieux. Située au cœur de l'Istrie truffière, elle célèbre le champignon odorant sous de multiples formes, des spécialités de l'excellent restaurant de la vieille ville à diverses manifestations. La meilleure d'entre elles, la **fête de Subotina**, se tient le deuxième samedi de septembre et marque l'ouverture de la saison de la truffe blanche (qui dure jusqu'à janvier). La préparation d'une omelette géante aux truffes avec plus de 2 000 œufs et 10 kg de champignons, dans une poêle d'une tonne, constitue le clou de l'événement.

### À voir et à faire

Les commerces se regroupent pour l'essentiel dans le nouveau quartier de Fontana, au pied de la vieille ville. Quelques cafés et boutiques bordent Trg Fontana, la petite place centrale. Si vous êtes motorisé, il faudra vous garer près du cimetière sur la colline, à 10 min à pied du centre historique en amont.

### L'OR BLANC DE L'ISTRIE

Le commerce de la truffe s'apparente moins à une entreprise qu'à un rituel fort lucratif. Tout part de ce champignon noble poussant sous terre, auquel les amateurs attribuent un arôme incomparable et des pouvoirs presque magiques. Tout le monde connaît la réputation de la truffe noire du Périgord et de la truffe blanche du Piémont, mais ce n'est que depuis une dizaine d'années que l'on commence à parler de la truffe de l'Istrie.

On dénombre 70 variétés de truffes dans le monde, dont 34 en Europe. Si l'Italie, la France et l'Espagne restent les principaux producteurs, les forêts istriennes ne sont pas en reste, avec trois variétés de truffes noires, ainsi que la truffe blanche, plus grosse – vendue 34 000 Kn le kilo, c'est l'une des plus prisées du monde. Le plus grand exportateur croate, Zigante Tartufi, concentre 90% du marché de l'export. En 1999, le patron, Giancarlo Zigante, trouva, grâce à sa chienne Diana, la plus grosse truffe d'Istrie (1,31 kg), ce qui lui valut d'apparaître dans le *Livre Guinness des records*.

L'industrie truffière locale est née en 1932, sous l'occupation italienne. Un soldat italien originaire d'Albe, capitale de la truffe, aurait, dit-on, remarqué des similitudes entre la flore de sa région natale et celle de l'Istrie. Son service militaire achevé, il revint avec des chiens truffiers, qui découvrirent bel et bien le précieux champignon.

La truffe n'étant signalée par aucun indice au sol, elle ne se distingue pas à l'œil nu, si bien que le chien (ou, à l'époque, le cochon) demeure l'outil premier du chasseur de truffes. Les chiens truffiers d'Istrie, les *breks*, des bâtards, reçoivent un entraînement de haut niveau. Leur dressage commence dès qu'ils ont deux mois, et seuls 20% d'entre eux deviendront des chasseurs à part entière.

La truffe se ramasse d'octobre à janvier. Pendant cette période, au moins 3 000 "chasseurs", accompagnés de 9 000 à 12 000 chiens, sillonnent les forêts humides autour de Motovun. La ville de Buzet constitue l'épicentre de la région truffière.

D'aucuns prêtent à ce champignon des vertus aphrodisiaques, mais aucune preuve scientifique n'est jamais venue étayer cette théorie...

**Musée régional** MUSÉE

(Zavičajni Muzej Buzet ; Ulica Rašporskih Kapetana 5 ; tarif plein/réduit 15/10 Kn ; ⌚9h-15h lun-ven, sur rdv par l'office du tourisme sam-dim). La principale attraction de Buzet est son musée régional, aménagé dans un palais du XVII$^{e}$ siècle. Celui-ci réunit une collection d'objets préhistoriques et romains, ainsi que quelques pièces ethnologiques, telles que des instruments agricoles et des costumes folkloriques.

Également recommandé :

**Puits baroque** RUINES

Sur une place, à quelques mètres au nord du musée, ce charmant puits restauré en 1789 arbore un relief de lion vénitien.

## Circuits organisés

**Truffes** RAMASSAGE DE TRUFFES

(☎667 304 ; www.karlictartufi.hr ; Paladini 14). Si l'envie de chasser la truffe vous démange, contactez la sympathique famille Karlić, dans le village de Paladini, à 12 km de Buzet. Le circuit (en anglais, 150-200 Kn/pers) comprend une dégustation de truffes et de fromage, un exposé sur l'histoire de la truffe et une sortie en forêt de 2 heures au maximum.

## Où se loger et se restaurer

Plusieurs fermes louent des chambres et des appartements (à partir de 100 Kn/pers). L'office du tourisme vous fournira leurs coordonnées. La ville ne compte qu'un seul hôtel.

**Hotel Fontana** HÔTEL €

(☎662 615 ; www.hotelfontanabuzet.com ; Trg Fontana 1 ; s/d 330/460 Kn ; P). Dans un bloc de béton des années 1970, la plupart des chambres moquettées auraient bien besoin d'un petit coup de fraîcheur. Toutefois, certaines ont déjà fait l'objet de travaux et la plupart ont un balcon. La décoration en rouge et blanc égaie un peu l'ambiance.

**Stara Oštarija** CUISINE ISTRIENNE €

(Petra Flega 5 ; plats à partir de 65 Kn). La meilleure adresse de la vieille ville pour déguster des truffes. Le restaurant sert même des glaces à l'huile d'olive et à la truffe ! Faites une folie et offrez-vous un menu Slow Food composé de 6 plats de truffes (690 Kn pour deux) – à savourer tout en admirant la vallée.

## Achats

**Zigante Tartufi** BOUTIQUE

(www.zigantetartufi.com ; Trg Fontana). Des truffes sous toutes les formes – entières, tranchées, écrasées, avec des olives ou des champignons...

## Renseignements

L'**office du tourisme** (☎662 343 ; www.tz-buzet.hr ; Trg Fontana 7/1 ; ⌚8h-15h lun-ven, 9h-14h sam avr-oct, 8h-15h lun-ven nov-mars) informe sur les hébergements et délivre des cartes et brochures sur les routes des vins, de l'huile d'olive et de la truffe, ainsi que sur la randonnée, le vélo (13 nouvelles pistes ont été aménagées autour de la ville) et le parapente. Un déménagement est prévu dans la vieille ville.

**Istriana Travel** (☎667 022 ; www.istrianatravel.hr ; Vrh 28) propose des circuits de ramassage de truffes, un atelier de réalisation de fresques, des randonnées cyclistes, de la randonnée, du parapente, etc.

## Depuis/vers Buzet

Des bus relient Buzet à Poreč (41-69 Kn, 1-2 heures, 2/jour), à Rijeka (52 Kn, 1 heure, 3-5/jour) et à Pula (60 Kn, 2 heures, 1/jour sauf dim). Il n'y a pas de gare routière en ville, mais les bus s'arrêtent près du premier lampadaire de Fontana, sur Riječka ; horaires disponibles auprès de l'office du tourisme.

La **gare ferroviaire** (☎662 899) est située à 4 km au nord du centre. Elle n'est pas desservie par les transports publics ; vous devrez y aller à pied ou en taxi. Un train dessert Pula (47 Kn, 2 heures, 5/jour) et Ljubljana (75-80 Kn, 2 heures 30-3 heures, 2/jour en été, 1/jour le reste de l'année). Attention : sur la ligne Buzet-Ljubljana, l'un des trains impose un changement à Divača. Les liaisons sont réduites le week-end.

# Environs de Buzet

Autour de Buzet, les collines, forêts, pâturages et vignobles forment un splendide paysage. Pour visiter la région, il est indispensable d'être motorisé.

### ROČ

Le petite ville de Roč sommeille derrière ses remparts du XV$^{e}$ siècle, à 8 km au sud-est de Buzet. En flânant, partez à la découverte de l'**église Saint-Antoine**, de style roman, de la **maison Renaissance** du XV$^{e}$ siècle qui se dresse sur une place proche de l'église, et du **lapidarium romain**, à l'intérieur de la porte de la ville. L'**office du tourisme** (⌚9h-19h mar-dim juil-sept, 10h30-17h30 sam-dim oct-juin) garde les clés de toutes les églises de la ville (vous devrez les demander pour les visiter), et possède une réplique de la presse de Gutenberg. Il fournit également des renseignements sur l'atelier de fresques proposé en ville.

Roč ne s'éveille que pendant le **Festival Accordion**, qui réunit chaque année le deuxième dimanche de mai des accordéonistes de Croatie, d'Italie et de Slovénie.

Le restaurant de spécialités régionales **Ročka Konoba** (plats à partir de 35 Kn ; ⏲mar-dim) est installé dans une demeure en pierre, avec des tables à l'extérieur et une cheminée dans sa salle. Essayez des plats istriens comme les *fuži,* les saucisses maison et la *maneštra*. Des chambres d'hôtes sont proposées en ville à environ 100 Kn la nuit ; renseignez-vous à l'office du tourisme.

Roč est sur la ligne Pula-Buzet ; la gare ferroviaire est à 1,5 km à l'est du village.

### HUM

À l'extérieur de Roč, l'**allée glagolitique** est jalonnée de 11 sculptures qui rappellent le rôle clé que joua la région dans l'apparition de l'alphabet éponyme. Un club équestre, à proximité, propose des promenades à partir de 120 Kn/heure ; renseignez-vous à l'office du tourisme de Buzet.

La route prend fin à **Hum**, à 7 km au sud-ouest, une bourgade superbement préservée qui s'enorgueillit de son statut de plus petite ville au monde, avec ses 23 habitants à l'année. D'après la légende, il ne restait aux géants bâtisseurs de l'Istrie que quelques pierres, dont ils se servirent pour ériger Hum.

En été, cet adorable village reçoit un flot de vacanciers venus musarder dans ses venelles et visiter le **Musée municipal** (Gradski Muzej ; entrée libre ; ⏲10h-19h mars-nov, week-end seulement déc-fév), où sont présentés d'anciens outils, mais qui tient davantage de la boutique de souvenirs. Comptez une demi-heure pour parcourir Hum et admirer ses églises et ses bâtiments, qui bénéficient tous d'explications multilingues. Si la porte de la ville semble fermée, il suffit de la pousser. Prêtez attention aux fresques du XII^e^ siècle de la **chapelle Saint-Jérôme** (Crkvica Svetog Jerolima), qui illustrent la vie de Jésus dans des tonalités plus vives qu'à l'accoutumée. Pour visiter cette chapelle romane, située hors les murs à côté du cimetière, demandez-en la clé à l'auberge Humska Konoba.

Cette authentique auberge justifie à elle seule une escapade à Hum. Non seulement, **Humska Konoba** (Hum 2 ; www.hum.hr ; plats à partir de 35 Kn ; ⏲fermé lun nov-avr, week-end seulement en hiver) prépare des spécialités istriennes incontournables, mais sa délicieuse terrasse offre une vue panoramique sur la région. Commencez par un verre de *biska* (grappa de gui élaborée selon une ancienne recette celtique), puis dégustez une *maneštra od bobića* (soupe haricots-maïs) et des *fuži* aux truffes et finissez par des *kroštuli* (beignets au sucre). Vous pourrez vous approvisionner au **magasin Imela**. Tenu par les propriétaires du restaurant, il propose des huiles d'olive, des truffes, des confitures, du vin, du miel et des souvenirs. L'auberge se trouve au bout du village.

Hum est sur la ligne ferroviaire Pula-Buzet ; la gare est située à 5 km à l'extérieur de la ville.

### SOVINJSKO POLJE

Le hameau endormi de Sovinjsko Polje s'étend dans les collines à l'écart de la route Buzet-Istarske Toplice (suivez les panneaux sur 4 km sur une route étroite et sinueuse).

♥ **Toklarija** SLOW FOOD €€€
(☎091 926 6769 ; Sovinjsko Polje 11 ; repas 6 plats vin compris 400-500 Kn ; ⏲fermé mar). Pour une expérience gastronomique unique. Dans un pressoir à huile vieux de 600 ans, Nevio Sirotić sert de délicieux mets istriens maison. Ici, un repas peut durer jusqu'à 4 heures ! Le menu, différent chaque jour, fait la part belle au jambon fumé d'Istrie, aux cèpes, aux asperges en salade, aux truffes et aux viandes tendres. Quatre-vingt-dix pour cent de la cuisine est d'origine locale, et tous les fruits et légumes viennent du jardin. Le pain et les pâtes n'échappent pas à la règle du fait maison. Des vins régionaux comme le *teran* et le *malvazija* accompagnent le tout. Les convives prennent place à l'extérieur, à l'ombre de cèdres, ou dans une salle confortable et intimiste au coin du feu. Réservez quelques jours à l'avance.

Pour vous loger, **Karoca** (☎663 039 ; Sovinjak bb), dans le village voisin de Sovinjak, loue des chambres simples. La taverne sert de la cuisine maison.

## Motovun

590 HABITANTS

Motovun est une merveilleuse petite bourgade perchée à 277 m d'altitude au-dessus de la vallée de la Mirna, à 25 km au nord-est de Poreč. Les Vénitiens la fortifièrent au XIV^e^ siècle, l'entourant de deux séries d'épaisses murailles.

Motovun possède plusieurs galeries et boutiques, hors les murs et entre les portes de la ville, dont un caviste proposant des dégustations et une boutique de l'enseigne Zigante. Intra-muros, des édifices romans et gothiques de caractère accueillent une poignée d'ateliers d'artistes. La Motovun moderne s'est développée sur les flancs de la vieille ville, où se tient le populaire Festival du film organisé chaque été.

Un lion de Venise vous toise de la porte extérieure, au-delà de laquelle s'étend une terrasse avec loggia baroque et un café – l'endroit rêvé pour assister au coucher du soleil sur la vallée. Un fauve plus jovial orne la porte intérieure, qui abrite de longue date un restaurant. On arrive ensuite sur une place ombragée, où se dressent l'unique hôtel du village, l'église Saint-Étienne et un ancien puits.

## À voir et à faire

**Église Saint-Étienne** ÉGLISE

(Svetog Stjepana ; Trg Andrea Antico). Cette église Renaissance, dessinée par le Vénitien Andrea Palladio, est le point d'orgue de la ville. Elle fait actuellement l'objet de vastes travaux de restauration. Le **campanile** du XVI^e siècle est adossé au mur d'enceinte de la vieille ville.

**Remparts** RUINES

La balade incontournable sur le chemin de ronde extérieur offre une vue exceptionnelle sur les vignobles, les champs et les chênaies.

**Ranch Motovun** ÉQUITATION

(☎098 411 404; www.motovun-ranch.com). À proximité, le ranch Motovun propose des cours d'équitation (125 Kn/50 min), une promenade à cheval longeant la Mirna (100 Kn/2 heures) et des excursions plus longues dans l'arrière-pays istrien.

## Fêtes et festivals

Fin juillet ou début août, le **Festival du film de Motovun** (www.motovunfilmfestival.com) programme des films indépendants et d'avant-garde. Depuis son lancement il y a une dizaine d'années, ce festival modeste a pris de l'ampleur et attire désormais un public conséquent, qui vient assister aux projections de films en continu (en plein air et en salle), aux concerts et aux festivités.

## Où se loger et se restaurer

**Hotel Kaštel** HÔTEL €€

(☎681 607 ; www.hotel-kastel-motovun.hr ; Trg Andrea Antico 7 ; s/d 405/684 Kn ; P @ ). Un charmant établissement, unique hôtel de la ville, sis dans un palais restauré du XVII^e siècle, doté de 33 chambres meublées simplement. Pour 1 018 Kn, vous occuperez l'une des 3 chambres avec balcon donnant sur la place verdoyante. L'hôtel abrite un bon restaurant (truffes et vins istriens) et un nouveau centre de bien-être.

**Mondo** CUISINE ISTRIENNE €€

(Barbacan 1 ; plats à partir de 70 Kn ; fermé mar hors saison). Juste devant la porte de la ville, cette taverne dotée d'une petite terrasse avait ses fidèles lorsqu'elle s'appelait Barbacan. Elle a perdu un peu de son allure, mais ses mets istriens sont toujours de qualité. Essayez les raviolis maison à la sauce aux truffes noires.

**Pod Voltom** CUISINE ISTRIENNE €

(Trg Josefa Ressela 6 ; plats à partir de 60 Kn ; fermé mer). Dans une salle voûtée, juste sous l'hôtel, vous dégusterez de la cuisine istrienne simple et des plats de truffes plus chers. Essayez le carpaccio de bœuf aux truffes fraîches. De juin à septembre, choisissez la loggia, pour la vue sur la vallée.

**Restaurant Zigante** TRUFFES €€€

(☎664 302 ; www.zigantetartufi.com ; Livade 7, Livade ; plats à partir de 160 Kn). On vient de loin pour ce restaurant situé à quelques kilomètres en contrebas de Motovun, dans le village de Livade, qui compte parmi les 10 meilleurs du pays et propose un repas cinq étoiles – foie d'oie aux bananes plantains et truffes, carpaccio de bar aux truffes, glace à la truffe noire... Comptez entre 610 et 625 Kn pour un menu de 5 plats. L'établissement compte également 3 **appartements de luxe** (s/d avec petit déj aux truffes 740/1 168 Kn) et une boutique.

## Renseignements

Faute d'office du tourisme, l'**agence touristique** de l'hôtel (☎681 607 ; Trg Andrea Antico 8 ; 8h-16h lun-ven) vous renseignera à Motovun. Un DAB est installé à l'entrée de la ville, à droite.

**Montona Tours** (☎681 970 ; www.montonatours.com ; Kanal 10 ; 16h-19h) délivre notamment des informations sur l'hébergement dans le centre de l'Istrie, les adresses rurales et les locations d'appartements.

## Depuis/vers Motovun

Il est difficile de se rendre à Motovun sans être motorisé. Toutefois, un bus relie en semaine Motovun à Pazin (27 Kn, 40 min, 2/jour) et à Poreč (29 Kn, 45 min, 1/jour).

## Comment circuler

Trois parkings sont aménagés en ville. Du premier, au pied du village, un chemin escarpé de 1 km mène aux portes de la ville. Le deuxième se trouve à 300 m en aval de la vieille ville, le dernier étant réservé aux résidents et aux clients des hôtels. De juin à septembre, le stationnement dans les deux premiers parkings coûte 15 Kn/jour, sauf pour la clientèle des hôtels.

### LES MEILLEURES ADRESSES DE LA CAMPAGNE ISTRIENNE

L'"agrotourisme" est une forme d'hébergement de plus en plus prisée dans l'arrière-pays istrien. Certaines de ces adresses sont des fermes en activité spécialisées dans la culture vinicole et maraîchère ou dans l'aviculture, d'autres d'élégantes maisons de campagne louant des chambres champêtres, d'autres encore des villas modernes avec piscine. Tous ces hébergements se distinguent par la cuisine saine qu'ils proposent et les possibilités de randonner à pied ou à vélo alentour.

L'office du tourisme d'Istrie a édité une brochure illustrée sur le tourisme rural. Vous pourrez également consulter le site www.istra.com/agroturizam. Il faut généralement être motorisé, car nombre de ces adresses se trouvent en pleine campagne. Un supplément s'applique souvent pour les séjours inférieurs à 3 nuits.

À **Agroturizam Ograde** (☎693 035 ; www.agroturizam-ograde.hr ; Katun Lindarski 60 ; 250 Kn/pers petit déj compris ; P ≋), situé dans le village de Katun Lindarski, à 10 km au sud de Pazin, les chevaux, moutons, poulets, canards et ânes vous tiendront compagnie. On loge ici dans des chambres simples avec sdb commune et on se régale de légumes du potager, de charcuterie maison et de vin de la réserve. Le nouveau bâtiment à l'arrière comporte deux appartements, dotés d'une piscine.

Près de la ville haut perchée de Momjan, à 5 km de Buje, **Agroturizam San Mauro** (☎779 033 ; Mauro 157 ; 165 Kn/pers) propose des dégustations de ses excellents vins (40 Kn), de ses spécialités à base de truffe (le *tartufone* est un gâteau à se pâmer !) ainsi que de ses confitures, de son miel et de ses jus maison, que l'on goûte au petit déjeuner. Certaines chambres bénéficient d'une terrasse avec vue sur la mer. Les deux cochons de la propriété, Jack et Gigi, sont d'anciens chasseurs de truffes.

Dans un registre plus haut de gamme, le **San Rocco** (☎725 000 ; www.san-rocco.hr ; Srednja Ulica 2 ; d à partir de 1 234 Kn ; P ❄ @ ≋) est un hôtel de charme lové dans le village de Brtonigla, non loin de Buje. Cette maison de campagne superbement conçue dispose de 12 chambres raffinées toutes différentes, dotées du confort moderne et embellies par des détails originaux. Piscine extérieure, restaurant réputé et petit spa ; service parfois guindé.

Autre hôtel rural remarquable, le **Casa Romantica Parenzana** (☎777 460 ; www.parenzana.com.hr ; Volpia 3 ; s/d 281/562 Kn ; P @ ᯤ), à 3 km de Buje dans le village de Volpia, compte 16 chambres tout en poutres et en pierre apparente traditionnelles, et une *konoba* (fermée le mardi) plébiscitée pour ses plats istriens, comme le *čripnja* (viande ou poisson grillé avec des pommes de terre, mijotés en cocotte dans une cheminée à foyer ouvert). La maison est équipée d'une connexion Internet, loue des vélos (70 Kn/jour) et organise des circuits sur demande.

Stancija 1904 (p. 122), près de Svetvinčenat, fait également partie de nos adresses rurales de charme.

## Istarske Toplice

Fondée à l'époque romaine, **Istarske Toplice** (www.istarske-toplice.hr) est l'une des villes thermales les plus anciennes de Croatie. Sous une falaise de 85 m, un complexe englobe un hôtel monolithique et un nouveau centre de bien-être, le tout avec un petit air… gériatrique. Dans le vaste bassin en plein air, dont émane une forte odeur de soufre, la température atteint 34°C. Les eaux thermales soulageraient les rhumatismes, les maladies de peau et les problèmes respiratoires. Profitez des séances d'acupuncture (150 Kn), des saunas (70 Kn), des massages – à la pierre chaude (225 Kn/heure) ou méditerranéens (300 Kn/heure) – et des soins de beauté (à partir de 40 Kn), ou barbotez dans la piscine.

**Hotel Mirna** (☎603 411 ; www.istarske-toplice.hr ; Stjepana 60 ; s/d 305/530 Kn ; P ≋). Des chambres rénovées banales et des formules tout compris intéressantes. Le **Sveti Stjepan** (s/d 425/730 Kn), l'annexe, loue des chambres plus jolies et plus chères, parfois avec balcon. On peut randonner et faire de l'escalade ou du vélo (location 10 Kn la 1re heure, puis 5 Kn/heure) dans la forêt, et partir en excursion dans les villages voisins. L'été, le spa baisse ses tarifs.

La station thermale n'est pas desservie par les transports publics, mais elle est aisément accessible par la route, à 10 km au nord de Motovun et à 11 km au sud de Buzet, sur la route principale reliant ces deux localités.

## Grožnjan

193 HABITANTS

Jusqu'au milieu des années 1960, Grožnjan, à 27 km au nord-est de Poreč, sombrait dans l'oubli. Mentionnée pour la première fois en 1102, cette bourgade haut perchée constituait au XIVe siècle un maillon défensif stratégique pour les Vénitiens, qui la ceignirent de remparts et de portes, et y construisirent une loggia, un grenier à céréales et plusieurs belles églises. La chute de Venise, au XVIIIe siècle, réduisit l'importance et la population de la petite cité.

En 1965, le sculpteur Aleksandar Rukavina s'éprit de son charme médiéval. Il fut suivi d'un petit groupe d'artistes et tous installèrent leurs ateliers dans des bâtiments abandonnés. Cette renaissance attira l'attention des Jeunesses musicales internationales, un programme de formation de jeunes musiciens. Depuis 1969, Grožnjan accueille chaque été l'école des Jeunesses musicales de Croatie, dont le succès ne se dément pas et qui organise des récitals et des concerts presque chaque jour en été. On peut entendre les jeunes musiciens à l'œuvre en arpentant les nombreuses boutiques d'artisanat et les galeries de cette ville minuscule, enserrée dans une poignée d'allées sinueuses et de places verdoyantes.



### À voir et à faire

Tous les sites comportent des plaques explicatives en anglais. La **loggia** Renaissance se situe immédiatement sur la droite de la porte de la ville, près de l'office du tourisme. En poursuivant à droite, vous apercevrez le **palais baroque Spinotti Morteani**, dont le patio est occupé par les tables en terrasse de la boutique **Zigante Tartufi** (www.zigante-tartufi.com ; Umberta Gorjana 5) et le bar à vin adjacent, puis le **Kaštel**, où sont organisés de nombreux concerts.

Le campanile de grès ocre de l'**église Saints-Vitus-Modeste-et-Crescentius** domine la ville. L'édifice, qui date du XIVe siècle, fut rénové dans un style baroque en 1770.

Plus d'une trentaine de galeries et studios jalonnent les rues ; la plupart ouvrent tous les jours, de mai à septembre. La **galerie Fonticus** (Gradska Galerija Fonticus ; Trg Lođe 3 ; 10h-13h et 17h-20h mar-dim) présente des œuvres récentes d'artistes croates et parfois étrangers. Il n'y a pas de collection permanente, mais on peut voir un petit ensemble de casques, d'insignes et d'écussons.

### Fêtes et festivals

Le **Centre culturel international des Jeunesses musicales de Croatie** (www.hgm.hr, en croate) organise des concerts en été ; nul besoin de réserver votre place pour ces manifestations gratuites, qui ont lieu d'ordinaire dans l'église, sur la grand-place, dans la loggia ou dans le Kaštel.

### Où se loger et se restaurer

Il n'y a pas d'hôtel à Grožnjan, mais le personnel de la galerie Fonticus, qui sert d'office du tourisme, vous mettra en relation avec des propriétaires de chambres d'hôtes. Comptez environ 100 Kn/personne.

**Kaya Energy Bar & Design** CAFÉ/BAR
(Vincenta iz Kastva 2). Ce nouvel établissement à l'entrée de la ville fait café, bar, boutique, showroom et galerie. Conçu pour insuffler de "l'énergie" et tenu en famille, le Kaya arbore un intérieur chic en pierre, quelques tables disposées sur la place et une adorable terrasse sur le côté offrant une superbe vue sur la vallée. On y boit des jus de fruits frais, des smoothies, des thés bio et ayurvédiques, ainsi qu'un très bon *malvazija* local, à 10 Kn le verre. Tout ce qu'on peut voir sur place est à vendre – des petits sachets de lavande bio aux bijoux les plus sophistiqués. Les propriétaires projettent d'organiser différentes manifestations, dont des soirées thématiques.

**Bastia** CUISINE ISTRIENNE €€
(1 Svibnja 1 ; plats à partir de 70 Kn). Le plus ancien restaurant de la ville se dresse sur la verdoyante place principale. La décoration est gaie et claire, et le long menu ne manque pas de plats à base de truffes.

Également recommandés :

**Konoba Pintur** CUISINE ISTRIENNE €
(1 Svibnja bb ; plats à partir de 40 Kn). Une adresse moins chère sur la place centrale, avec des tables à l'extérieur, proposant une cuisine correcte.

**Cafe Vero** CAFÉ/BAR
(Trg Cornera 3). La vue sur la vallée est le principal attrait de ce café/bar au bout du village, doté d'une terrasse.

### Depuis/vers Grožnjan

Les bus ne desservent Grožnjan que pendant l'année scolaire ; aucune liaison directe n'est assurée de fin juin à début septembre. En voiture, si vous arrivez de Motovun, ignorez la première bifurcation pour Grožnjan, car la route non goudronnée rallonge le trajet, et continuez sur environ 1 km jusqu'au panneau suivant pour Grožnjan, une bien meilleure option.

# Kvarner

☎051

## Dans ce chapitre »



## Le top des restaurants

» Tramerka (p. 142)
» Bukaleta (p. 151)
» Skalinada (p. 143)
» Restaurant Nada (p. 159)
» Astoria (p. 165)

## Le top des hébergements

» Hotel Marina (p. 157)
» Grand Hotel Bonavia (p. 136)
» Omladinski Hostel Veli Lošinj (p. 148)

## Pourquoi y aller

Protégé par de hautes montagnes, le golfe du Kvarner est depuis longtemps une destination privilégiée des voyageurs, attirés par son climat tempéré et ses eaux bleu cobalt. Les liens historiques de la région avec l'Autriche et la Hongrie ont légué au littoral une architecture remarquable, sous la forme des demeures Habsbourg d'Opatija et des maisons de style vénitien dans les îles. Le Kvarner reste fortement lié à l'Europe centrale et à l'Italie et, l'été, des vacanciers franchissent les frontières pour remplir ses stations balnéaires. La région a toutefois bien plus à offrir que ses plages.

De Rijeka, la porte d'accès, on rejoint facilement l'enclave gastronomique de Volosko et les chemins de randonnée des parcs nationaux d'Učka et de Risnjak. Les îles de Krk, de Rab, de Lošinj et de Cres conservent de vieux ports pittoresques et des étendues de côte préservées, ponctuées de criques isolées, idéales pour la baignade. Enfin, la région séduit aussi par sa faune : Cres gère un important programme de protection des vautours fauves et Lošinj abrite un centre marin qui surveille les dauphins de l'Adriatique.

## Quand partir

### Rijeka

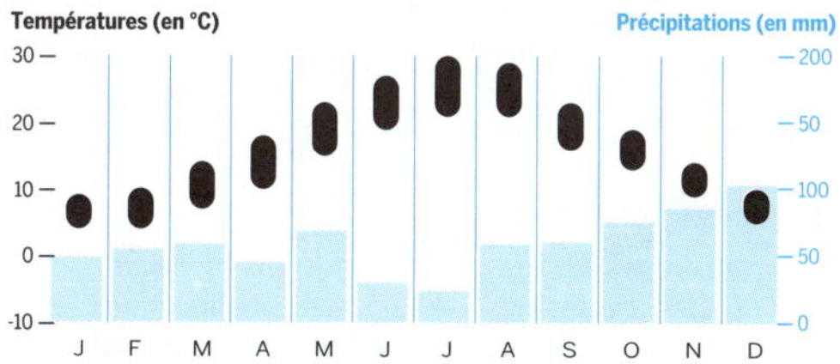


**Janvier à mars**
Rijeka a de faux airs de Rio durant les deux semaines du carnaval.

**Mai et juin**
Des dauphins évoluent régulièrement au large de Lošinj.

**Juillet et août**
Folle animation sur Rab : semaine de la mode, festival des DJ...

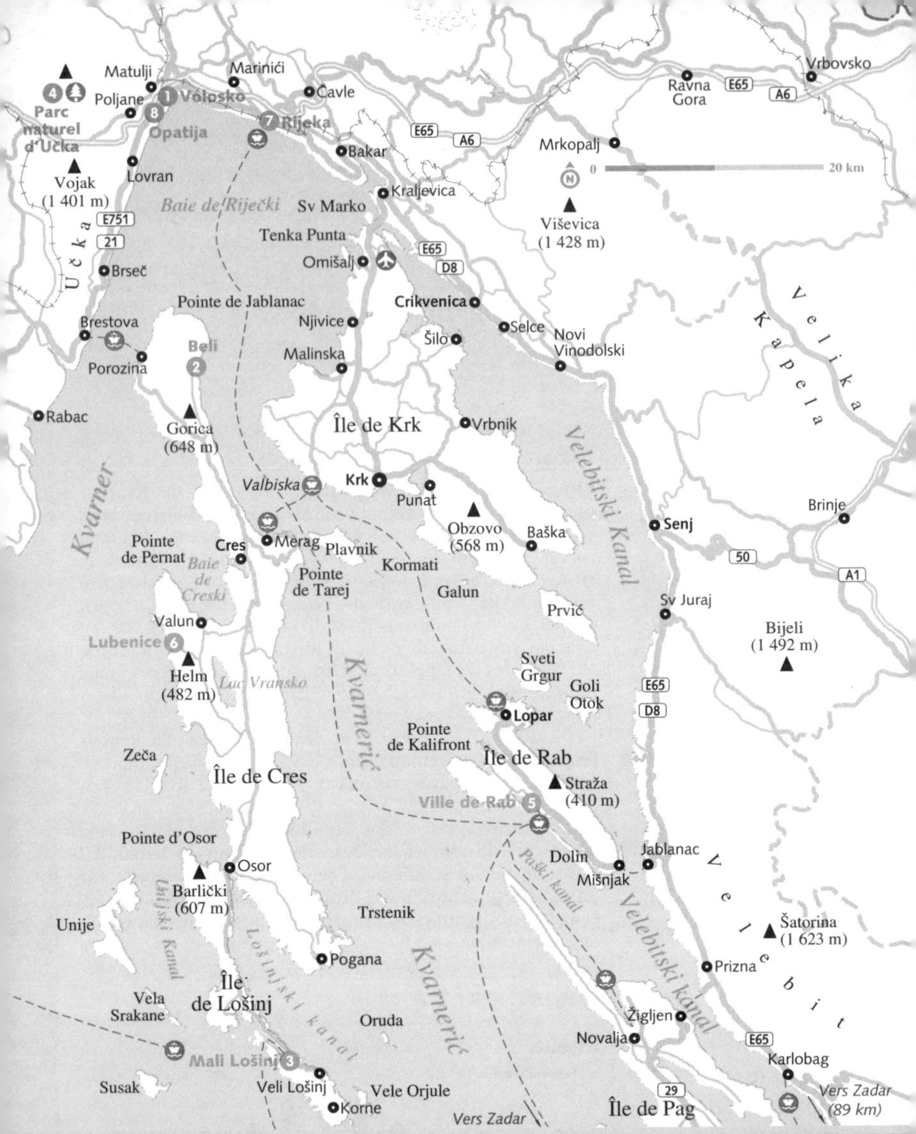


## À ne pas manquer

1. Un délicieux repas de spécialités croates à **Volosko** (p. 141)
2. La découverte des **vautours fauves** (p. 150) et une randonnée sur le territoire de ces créatures, à Beli
3. Les nombreuses **criques isolées et sauvages** (p. 144) au sud de Mali Lošinj
4. Une excursion à pied, à vélo ou en voiture dans le splendide **parc naturel d'Učka** (p. 142)
5. Les rues pavées de la fabuleuse cité médiévale de **Rab** (p. 161)
6. La beauté austère de **Lubenice** (p. 154), perchée sur une crête rocheuse
7. La vue panoramique du **château de Trsat** (p. 133), à Rijeka
8. Les grandioses demeures Habsbourg sur la **promenade** (p. 138) d'Opatija

# CÔTE DU KVARNER

## Rijeka

137 860 HABITANTS

Troisième plus grande ville de Croatie, Rijeka dévoile un curieux mélange d'activités portuaires et de splendeur Habsbourg. La plupart des visiteurs la traversent rapidement pour rejoindre les îles ou la Dalmatie, mais ceux qui s'y arrêtent découvrent son charme et son patrimoine culturel. Comme les habitants, sirotez un café dans le Korzo, l'artère piétonne animée, puis visitez les musées et l'imposante forteresse de Trsat, perchée sur une colline. Rijeka offre aussi une vie nocturne grisante, des festivals captivants et le carnaval le plus pittoresque du pays.

Si quelques bâtiments disgracieux gâchent la périphérie, le centre-ville regorge d'édifices austro-hongrois élaborés. En outre, la cité se révèle étonnamment verdoyante en dehors du quartier bétonné, qui abrite le plus grand port de Croatie, où des navires, des cargos et des grues bordent le front de mer.

Carrefour de transports majeur, Rijeka ne possède pas de plage et peu d'hôtels ; les voyageurs préfèrent généralement loger à Opatija, non loin.

### Histoire

Après avoir vaincu les premiers habitants, les Liburnes d'Illyrie, les Romains fondèrent un port appelé Tarsaticae. Au VII^e^ siècle, des tribus slaves, qui migrèrent dans la région, construisirent à leur tour un nouveau village dans l'enceinte de l'antique cité romaine.

La ville changea à plusieurs reprises de seigneurs – de la noblesse allemande aux ducs Frankopan de Krk –, avant d'être intégrée à l'Empire autrichien à la fin du XV^e^ siècle. Rijeka représentant un débouché maritime important pour les Autrichiens, une route fut construite en 1725 entre Vienne et la côte du Kvarner. Ceci eut pour effet de stimuler l'économie, et en particulier la construction navale, qui est demeurée depuis la principale source de revenus de la ville.

À l'avènement de la double monarchie austro-hongroise en 1867, Rijeka fut octroyée au gouvernement hongrois. D'imposants bâtiments municipaux furent alors édifiés et une nouvelle voie ferrée relia la ville à Zagreb, Budapest et Vienne, amenant les premiers touristes dans le golfe du Kvarner.

Entre 1918 – quand les troupes italiennes s'emparèrent de Rijeka et de l'Istrie – et 1945 – année de l'intégration de la ville dans la Yougoslavie d'après-guerre –, Rijeka changea plusieurs fois de mains et connut de brèves périodes de liberté. En 1991, elle rejoignit enfin la Croatie indépendante tout en conservant une importante minorité italienne. Celle-ci, bien organisée, possède même son propre journal : *La Voce del Popolo.*

### À voir

Le **Korzo**, la principale promenade piétonne, était à l'origine une avenue commerçante, tracée sur le site des anciens remparts.

Dans le dédale des ruelles et des places de l'ancien cœur de Rijeka, des plaques en plusieurs langues expliquent l'histoire de chaque monument. Prenez, à l'office du tourisme, une carte de cet **itinéraire de promenade**, appelé Turistička Magistrala.

**Château de Trsat** CHÂTEAU PERCHÉ

(tarif plein/réduit 15/5 Kn ; 9h-20h mai-oct, 9h-17h nov-avr). Sur une colline qui domine la ville, cette forteresse du XIII^e^ siècle à demi en ruines offre une vue splendide depuis ses bastions et ses remparts : là, le regard embrasse la vallée de la Rječina jusqu'aux quais, l'Adriatique et l'île de Krk dans le lointain. L'édifice fut érigé par les ducs Frankopan de Krk ; sa dernière transformation date de 1824, lorsque le comte irlandais Laval Nugent, commandant de l'armée autrichienne, acheta le château et le fit restaurer dans le style romantique Biedermeier. Le mausolée de style grec antique de la famille Nugent abrite un musée, et des expositions sont parfois organisées sous un ancien donjon. En été, la forteresse accueille des concerts, des représentations théâtrales et des défilés de mode. Le café en plein air (ouvert jusqu'à minuit en été) est idéal pour profiter de la vue.

**Église Notre-Dame-de-Trsat** ÉGLISE

(Crkva Gospe Trsatske ; Frankopanski Trg ; 8h-17h). Cette église attire les fidèles depuis des siècles. Selon la légende, les anges qui transportaient la maison de la Vierge Marie depuis Nazareth s'y seraient reposés à la fin du XIII^e^ siècle, avant de continuer jusqu'à Loreto, en Italie. Quelques pèlerins commencèrent à visiter la chapelle édifiée sur le site, puis leur nombre grossit quand le pape fit don d'une icône de la Vierge en 1367. Le fameux tableau orne le maître-autel, derrière une somptueuse grille en fer forgé. Remarquez les ex-voto dans le cloître

# Rijeka

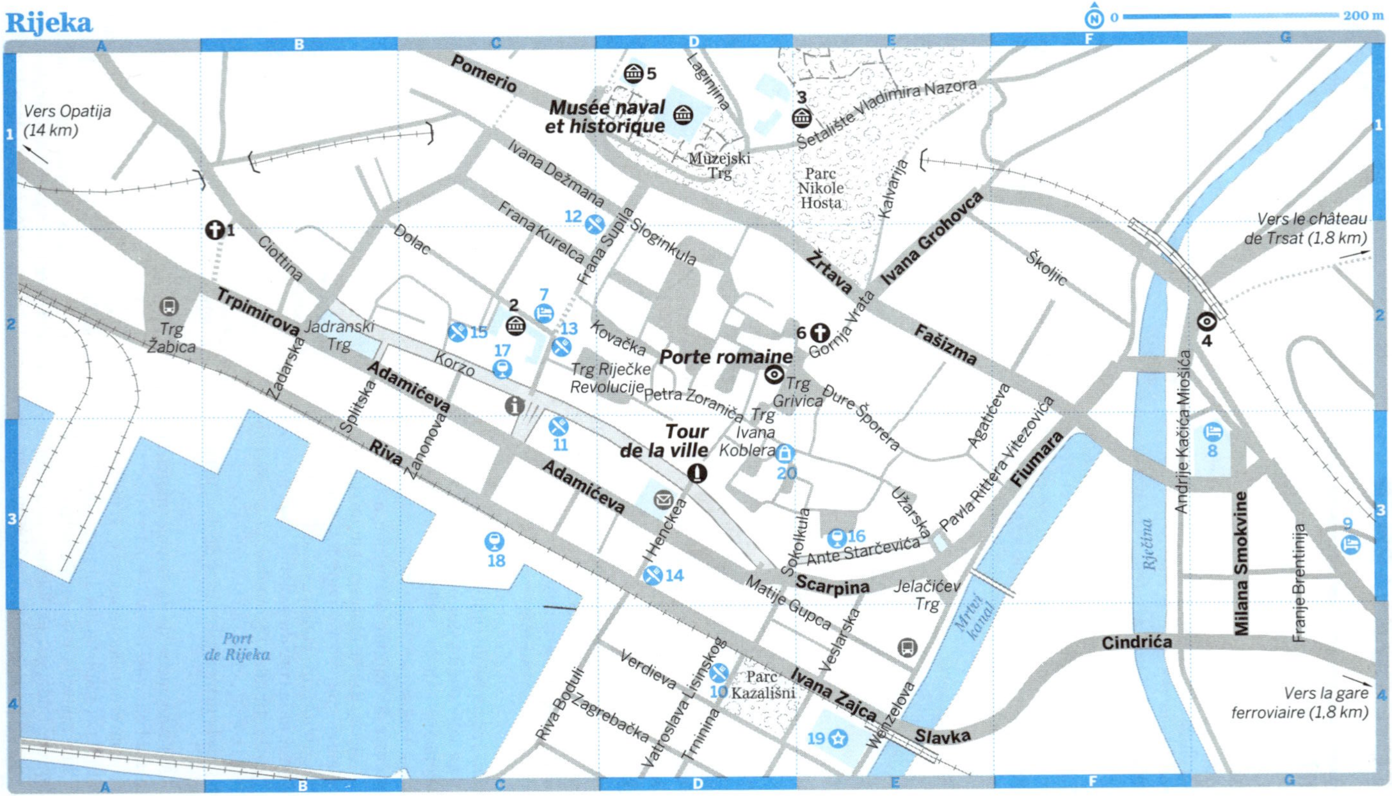
0 200 m
Vers Opatija (14 km)
Vers le château de Trsat (1,8 km)
Vers la gare ferroviaire (1,8 km)
Pomerio
Musée naval et historique
Laginjina
Muzejski Trg
Šetalište Vladimira Nazora
Parc Nikole Hosta
Kalvarija
Ivana Dežmana
Frana Kurelca
Frana Supila
Sloginkula
Dolac
Ciottina
Trpimirova
Trg Žabica
Jadranski Trg
Zadarska
Splitska
Zanonova
Adamićeva
Riva
Korzo
Kovačka
Trg Riječke Revolucije
Petra Zoranića
Porte romaine
Trg Grivica
Gornja Vrata
Žrtava
Fašizma
Ivana Grohovca
Školjic
Đure Šporera
Trg Ivana Koblera
Tour de la ville
I Henckea
Agatićeva
Pavla Rittera Vitezovića
Fiumara
Užarska
Sokolkula
Ante Starčevića
Scarpina
Jelačićev Trg
Matije Gupca
Veslarska
Ivana Zajca
Wenzelova
Slavka
Cindrića
Mrtvi kanal
Rječina
Andrije Kačića Miošića
Milana Smokvine
Franje Brentinija
Parc Kazališni
Verdieva
Vatroslava Lisinskog
Trninina
Zagrebačka
Riva Boduli
Port de Rijeka
1
2
3
4
5
6
7
8
9
10
11
12
13
14
15
16
17
18
19
20
A
B
C
D
E
F
G

## Rijeka

**Les incontournables**

| | | |
|---|---|---|
| | Tour de la ville | D3 |
| | Musée naval et historique | D1 |
| | Porte romaine | D2 |

**À voir**

| | | |
|---|---|---|
| 1 | Église capucine Notre-Dame-de-Lourdes | B2 |
| 2 | Musée d'Art moderne et contemporain | C2 |
| 3 | Muséum d'histoire naturelle | E1 |
| 4 | Escalier Petar Kružić | G2 |
| 5 | Musée de la Ville de Rijeka | D1 |
| 6 | Cathédrale Saint-Vito | E2 |

**Où se loger**

| | | |
|---|---|---|
| 7 | Grand Hotel Bonavia | C2 |
| 8 | Hotel Continental | G3 |
| 9 | Hotel Neboder | G3 |

**Où se restaurer**

| | | |
|---|---|---|
| 10 | Marché municipal | D4 |
| 11 | Food City | C3 |
| 12 | Mlinar | C1 |
| 13 | Municipium | C2 |
| 14 | Restaurant Spagho | D3 |
| 15 | Zlatna Školja | C2 |

**Où prendre un verre**

| | | |
|---|---|---|
| 16 | Club Boa | E3 |
| 17 | Hemingway | C2 |
| 18 | Karolina | C3 |

**Où sortir**

| | | |
|---|---|---|
| 19 | Théâtre national croate Ivan Zajc | E4 |

**Achats**

| | | |
|---|---|---|
| 20 | Mala Galerija | D3 |

baroque. Vous devrez prendre rendez-vous pour découvrir la collection d'art sacré du trésor, où est diffusé un film de 15 min sur l'église. Pour suivre les pas des pèlerins, grimpez, en partant de Titov Trg, l'**escalier Petar Kružić**, qui fut construit en 1531 pour faciliter l'accès à Notre-Dame-de-Trsat. Le long des marches escarpées, les chapelles dédiées à des saints permettaient jadis aux fidèles de se reposer. Pour éviter la grimpée, prenez le bus de ville n°2 jusqu'au château.

### Monuments urbains — MONUMENT

La **tour de la Ville** (Gradski Toranj), de couleur jaune, était à l'origine une porte entre le front de mer et la cité. Après le violent séisme qui frappa la ville en 1750 – la tour fut alors l'un des rares monuments à résister –, les Habsbourg lui ajoutèrent des ornements baroques, dont le portail orné d'armoiries et de bustes des empereurs. L'horloge, qui fonctionne toujours, fut installée en 1873.

Passez sous la tour pour rejoindre la **Porte romaine** (Stara Vrata). Cette arche sobre marquait jadis l'entrée du Praetorium, un complexe militaire dont on peut voir quelques vestiges sur un site de fouilles.

### Musée naval et historique — MUSÉE NAVAL

(Pomorski i Povijesni Muzej Hrvatskog Primorja ; www.ppmhp.hr ; Muzejski trg 1 ; tarif plein/réduit 10/5 Kn ; 9h-20h lun-ven, 9h-13h sam juin-sept, 9h-16h mar-ven, 9h-13h sam oct-mai). Installé dans le palais du Gouverneur, ce musée constitue un exemple splendide d'architecture hongroise. Une petite brochure (en anglais) décrit la vie des marins à l'aide de maquettes de bateaux, de cartes marines, d'instruments de navigation et de portraits de capitaines.

### Centre d'astronomie — OBSERVATOIRE

(Astronomski Centar ; www.rijekasport.hr ; Sveti Križ 33 ; 8h-23h mar-sam). Perché sur une colline à l'est de la ville, le premier centre d'astronomie du pays est un superbe ensemble moderne qui englobe un observatoire, un planétarium et un centre d'études. Le planétarium programme une séance à 21h (à 22h le mercredi en français). L'observatoire est ouvert au public les jeudis et samedis soir quand le temps le permet. Prenez le bus n°7A dans le centre-ville.

### Muséum d'histoire naturelle — MUSÉE

(Prirodoslovni Muzej ; www.prirodoslovni.com ; Lorenzov Prolaz 1 ; tarif plein/réduit 10/5 Kn ; 9h-19h lun-sam, 9h-15h dim). Dans une somptueuse villa du XIXe siècle, ce musée est consacré à la géologie, à la botanique et à la vie marine de l'Adriatique. Il possède un petit aquarium et présente des expositions sur les requins et les raies, ainsi que de nombreux insectes. Faites un tour dans le ravissant jardin botanique adjacent, qui compte plus de 2 000 espèces de plantes locales.

### Musée d'Art moderne et contemporain — MUSÉE D'ART

(Muzej Moderne i Suvremene Umjetnosti ; www.mmsu.hr ; Dolac 1 ; tarif plein/réduit 10/5 Kn ; 10h-13h et 18h-21h lun-ven, 10h-13h sam). Au 2e étage de la bibliothèque de l'université, ce petit musée organise d'excellentes expositions temporaires – photographie de rue, art croate contemporain…

**Cathédrale Saint-Vito** CATHÉDRALE
(Katedrala Svetog Vida ; Trg Grivica 11 ; ⏱7h-12h et 16h30-19h lun-sam, 7h-12h dim juin-août, 6h30-12h sept-mai). Au nord de la Porte romaine, la cathédrale fut bâtie par les Jésuites en 1638 sur l'emplacement d'une église plus ancienne et consacrée au saint patron de Rijeka. Des piliers en marbre massifs soutiennent le dôme central qui domine des autels baroques et un crucifix gothique du XIIIe siècle.

**Musée de la ville de Rijeka** MUSÉE MUNICIPAL
(Muzej Grada Rijeke ; Muzejski Trg 1/1 ; tarif plein/réduit 10/5 Kn, gratuit lun ; ⏱10h-13h et 17h-20h lun-ven, 10h-13h sam). Dans un bâtiment cubique des années 1970, ce modeste musée possède une collection éclectique d'objets se rapportant à la ville et accueille également des expositions temporaires.

**Église capucine Notre-Dame-de-Lourdes** ÉGLISE
(Crkva Gospe Lurdske ; Kapucinske Stube 5 ; ⏱8h-12h et 16h-18h). Cette église de 1904, dotée d'une façade néogothique ouvragée et d'un escalier italianisant à double révolution, jouxte la gare routière.



## Fêtes et festivals

**Carnaval de Rijeka** CARNAVAL
(www.ri-karneval.com.hr). Le plus important carnaval du pays, avec deux semaines de festivités : reconstitutions historiques, danses dans les rues, concerts, bals masqués, expositions et défilé. Remarquez les *zvončari,* des hommes masqués vêtus de peaux de bêtes, qui dansent et font sonner de lourdes cloches pour chasser les mauvais esprits. Le carnaval a lieu entre la fin janvier et début mars, selon la date de Pâques.

**Hartera** MUSIQUE
(www.hartera.com). Ce festival de musique électronique attire des DJ et des artistes de toute l'Europe, pendant 3 jours à la mi-juin, dans une ancienne papeterie au bord de la Rječina.

**Nuits d'été de Rijeka (Riječke Ljetne Noći)** MUSIQUE
Des concerts ont lieu au Théâtre national croate en juin et en juillet.

**Festival de photographie de Rijeka** PHOTOGRAPHIE
(www.mmsu.hr). Lancé en juillet 2010, ce festival connaît un grand succès, avec des expositions et des conférences organisées dans 4 salles de la ville. Il devrait se tenir chaque année. Consultez le site Internet.

## Où se loger

Les prix des hôtels restent stables toute l'année, sauf durant le carnaval, quand ils augmentent et qu'il faut réserver bien à l'avance. La ville compte quelques chambres chez l'habitant, répertoriées sur le site de l'office du tourisme. Opatija offre un choix beaucoup plus large d'hébergements.

**Grand Hotel Bonavia** HÔTEL DE LUXE €€€
(☎357 100 ; www.bonavia.hr ; Dolac 4 ; s/d à partir de 729/899 Kn ; P❄@🛜). Au cœur de la ville, ce bel hôtel moderne à la façade de verre est le meilleur de Rijeka, grâce à un service courtois et à une attention portée aux détails. Les chambres, bien équipées et très confortables, manquent un peu de caractère. Restaurant réputé, spa et élégant café en terrasse sur place.

**Best Western Hotel Jadran** HÔTEL AVEC VUE €€€
(☎216 600 ; www.jadran-hoteli.hr ; Šetalište XIII Divizije 46 ; s/d à partir de 714/840 Kn ; P❄@🛜). À 2 km à l'est du centre, ce superbe quatre-étoiles bénéficie d'un emplacement privilégié en bord de mer et offre des chambres avec balcon et vue splendide sur l'Adriatique. Un excellent petit déjeuner et l'accès Wi-Fi sont inclus dans les prix. Une petite plage en contrebas est à disposition.

**Omladinski Hostel** AUBERGE DE JEUNESSE €
(☎406 420 ; www.hfhs.hr ; Šetalište XIII Divizije 23 ; dort/s/d 165/192/330 Kn ; @🛜). Dans le verdoyant quartier résidentiel de Pečine, à 2 km à l'est du centre, cette villa restaurée du XIXe siècle renferme de vastes chambres propres et un salon TV. Réservez, car l'enseigne peut être prise d'assaut par des groupes scolaires. Évitez le petit déjeuner.

**Hotel Neboder** HÔTEL MODERNISTE €€
(☎373 538 ; www.jadran-hoteli.hr ; Strossmayerova 1 ; s/d à partir de 464/582 Kn ; P❄@). Emblématique, cette tour moderniste séduira peut-être les étudiants en architecture pour l'avant-gardisme qui fut le sien lors de son inauguration, en 1939. Elle renferme des petites chambres nettes et élégantes, pour la plupart avec balcon et vue superbe. Seules les plus chères disposent de la climatisation.

**Hotel Continental** HÔTEL CENTRAL €€
(☎372 008 ; www.jadran-hoteli.hr ; Andrije Kačića Miošića 1 ; s/d/ste 530/663/810 Kn ; P❄@). Le Continental pourrait mieux faire. La réception et les bars du rdc accusent leur âge et le personnel semble parfois indifférent. Toutefois, les chambres, récemment réno-

vées, sont confortables et l'emplacement, excellent.

## Où se restaurer

Vous aurez peu de choix le dimanche, quand la plupart des restaurants sont fermés. Nombre de cafés du Korzo servent des repas légers. Les gourmets iront plutôt à Volosko, réputé pour ses restaurants raffinés.

**Na Kantunu** POISSON €€
(Demetrova 2 ; plats à partir de 45 Kn). Ignorez l'emplacement peu reluisant sur le port et pénétrez dans cette salle élégante – beaux verres et service irréprochable. Poissons et fruits de mer sont les spécialités du lieu ; indiquez la prise de votre choix et faites confiance aux cuisiniers.

**Kukuriku** CUISINE CROATE €€€
(☎691 519 ; www.kukuriku.hr ; Trg Matka Laginje 1a, Kastav ; repas 6 plats 380-550 Kn ; fermé lun nov-Pâques). Cet hôtel/restaurant moderne et opulent appartient au pionnier du mouvement Slow Food, Nenad Kukurin, qui est renommé pour son interprétation créative des recettes croates traditionnelles (voir p. 298). Situé dans Kastav, un faubourg historique de Rijeka perché sur une colline, il mérite la dépense. De Rijeka, prenez le bus n°18 (ou les n°33 et 37 d'Opatija).

**Zlatna Školjka** POISSON €€
(Kružna 12 ; plats 65-95 Kn). Vous vous régalerez de produits de la mer superbement préparés et de bons vins croates dans ce restaurant classique au décor marin. Les plats du jour, comme le *pečena hobotnica* (poulpe rôti), sont inscrits sur un tableau noir. Le Bracera voisin, tenu par les mêmes propriétaires, sert des pizzas croustillantes, même le dimanche.

**Restaurant Spagho** CUISINE ITALIENNE €
(Ivana Zajca 24a ; plats à partir de 40 Kn). Un restaurant moderne et stylé, avec briques apparentes, œuvres d'art et chaises élégantes. Et au menu : une cuisine savoureuse, servie généreusemente : pâtes, pizzas, salades, plats de viande ou de poisson. La musique folklorique peut être un peu envahissante.

**Municipium** CUISINE CROATE €€
(Trg Riječke Rezolucije 5 ; plats à partir de 70 Kn). Prisée par les hommes d'affaires de Rijeka pour la qualité de sa cuisine et de son service, cette enseigne propose essentiellement des plats croates classiques, tel le ragoût de viande dalmate avec des beignets de pommes de terre, et des produits de la mer (calamars de l'Adriatique, saint-pierre, mérou, dorade et sole).

### Faire ses courses

**Mlinar** BOULANGERIE
(Frana Supila ; à partir de 13 Kn ; 6h-20h lun-ven, 6h30-15h sam, 7h-13h dim). Cette excellente boulangerie vend de délicieuses baguettes, du pain complet, des sandwichs, des croissants et des *burek* (feuilletés à la viande, aux épinards ou au fromage).

**Food City** À EMPORTER
(Korzo ; à partir de 12 Kn ; 24h/24). Parfait pour des en-cas.

**Marché municipal** MARCHÉ
(entre Vatroslava Lisinskog et Trninina ; 7h30-14h lun-sam, 7h30-12h dim). Pour acheter des fruits et des légumes.

## Où prendre un verre

La Riva et le Korzo, les artères principales, sont les meilleurs endroits pour prendre un verre. On y trouve aussi bien des bars *lounge* que des pubs sans prétention.

**Gradena** CAFÉ SUR UNE COLLINE
(Trsat ; www.bascinskiglasi.hr ; wifi). Dans le jardin du château, ce café/bar animé, avec musique douce et service sympathique, jouit d'une vue splendide qui incite à s'attarder.

**Karolina** BAR CHIC
(Gat Karoline Riječke bb). Dans un superbe bâtiment en verre, ce bar en bord de mer est l'un des favoris de Rijeka. Parfait pour un café dans la journée, il ne désemplit pas en soirée, surtout en été lorsque des DJ viennent mixer.

**Hemingway** BAR ÉLÉGANT
(Korzo 28). Ce bar stylé, idéal pour siroter un café ou un cocktail, rend hommage à l'écrivain avec de grandes photos en noir et blanc.

**Club Boa** BAR LOUNGE
(Ante Starčevića 8). Ce café/bar/club haut de gamme possède une salle lilas et blanc, des terrasses en façade et à l'arrière et une atmosphère détendue qui séduisent une clientèle jeune et aisée. Des DJ officient le week-end.

## Où sortir

**Théâtre croate national Ivan Zajc** THÉÂTRE
(☎355 900 ; www.hnk-zajc.hr ; Verdieva 5a). En 1885, le spectacle inaugural de ce théâtre imposant fut éclairé par les premières ampoules de la ville. Aujourd'hui, l'institution programme des pièces de théâtre en

croate et en italien, des opéras et des ballets. On doit certaines fresques du plafond à Gustav Klimt.

**Terminal** BAR, CLUB
(Lukobran bb). Le club le plus glamour de Rijeka, avec d'immenses globes lumineux, des sièges aux couleurs acidulées et une vue fabuleuse sur le port. Il attire une clientèle jeune et branchée qui raffole de la techno.

**Nina 2** CLUB
(www.nina2.com ; Adamićev Gat). Récemment rénové, ce bateau amarré dans le port sert à boire dans la journée. Les soirées sont quant à elles animées, avec DJ et musiciens.

## Achats

Bijou typique de Rijeka, le *morčići* est une tête de Maure enturbannée en céramique. Vous en trouverez notamment à la **Mala Galerija** (www.mala -galerija.hr, en croate ; Užarska 25).

## Renseignements

**Argent** Des DAB et des bureaux de change sont installés le long du Korzo et dans la gare ferroviaire.

**Erste Club** (Korzo 22 ; 7h-23h lun-sam, 8h-22h dim). Quatre ordinateurs pour surfer gratuitement durant une courte période. Accès Wi-Fi gratuit le long du Korzo et dans certains endroits de Trsat.

**Garderoba (consigne)** gare routière interurbaine (15 Kn/jour ; 5h30-22h30) ; gare ferroviaire (casier 15 Kn/jour ; 4h30-22h30). La consigne de la gare routière se trouve dans le café à côté de la billetterie.

**Hôpital** (658 111 ; Krešimirova 42)

**Office du tourisme** (335 882 ; www.tz-rijeka.hr ; Korzo 33a ; 8h-20h lun-sam avr-sept, 8h-20h lun-ven, 8h-14h sam oct-mars). De bonnes cartes en couleurs de la ville, de nombreuses brochures et la liste des chambres chez l'habitant.

**Poste principale** (Korzo 13 ; 7h-20h lun-ven, 7h-14h sam). Abrite un centre téléphonique et un bureau de change.

## Depuis/vers Rijeka

### Avion

L'aéroport de Rijeka accueille principalement des compagnies charters.

**Air Berlin** (www.airberlin.com). Dessert des villes allemandes, dont Hambourg et Berlin, ainsi que Vienne (Autriche).

**Croatia Airlines** (330 207 ; www.croatiaairlines.hr ; Jelačićev Trg 5). Aucun vol au départ de Rijeka ; vend des billets pour les vols nationaux et internationaux.

### Bateau

**Jadroagent** (211 626 ; www.jadroagent.hr ; Trg Ivana Koblera 2). Fournit des informations sur tous les bateaux en Croatie.

**Jadrolinija** (211 444 ; www.jadrolinija.hr ; Riječki Llukobran bb; 8h-20h lun-ven, 9h-17h sam-dim). Vend des billets pour les grands ferries côtiers qui circulent toute l'année entre Rijeka et Dubrovnik, sur la ligne à destination de Bari (Italie) via Split, Hvar, Korčula et Mljet. Parmi les autres lignes de ferry, citons Rijeka-Cres-Mali Lošinj et Rijeka-Rab-Pag. Consultez le site Internet de Jadrolinija pour les horaires et les tarifs actualisés. Tous les ferries partent du nouveau terminal des ferries.

### Bus

De l'aéroport de Zagreb, un minibus de Croatia Airlines se rend directement à Rijeka tous les jours (155 Kn, 2 heures, départ à 15h30). En sens inverse, il part de Rijeka à 5h. Des bus desservent Trieste (50 Kn, 2 heures 30, 3/jour) et Ljubljana (170 Kn, 5 heures, 1/jour).

### BUS AU DÉPART DE RIJEKA

| DESTINATION | TARIF | DURÉE | FRÉQUENCE |
|---|---|---|---|
| Baška | 77 Kn | 2 heures 15 | 4-8/jour |
| Dubrovnik | 357-496 Kn | 12-13 heures | 3-4/jour |
| Krk | 56 Kn | 1-2 heures | 14/jour |
| Pula | 92 Kn | 2 heures 15 | 8/jour |
| Rab | 129 Kn | 3 heures | 2-3/jour |
| Rovinj | 86 Kn | 1-2 heures | 4/jour |
| Split | 253-324 Kn | 8 heures | 6-7/jour |
| Zadar | 161-203 Kn | 4-5 heures | 6-7/jour |
| Zagreb | 137-155 Kn | 2 heures 15-3 heures | 13-15/jour |

Pour rejoindre Plitvice (130 Kn, 4 heures), vous devrez changer à Otočac.

La **gare routière interurbaine** (☎060 302 010 ; Trg Žabica 1) se situe dans le centre-ville.

### Train

La **gare ferroviaire** (☎213 333 ; Krešimirova 5) se trouve à 10 min de marche à l'est du centre-ville. Chaque jour, 7 trains rallient Zagreb (100 Kn, 4-5 heures). En direction du sud, un train part tous les jours pour Split (170 Kn, 8 heures, départ à 5h45), avec changement à Ogulin. Des trains directs vont à Ljubljana (98 Kn, 3 heures, 2/jours) et à Vienne (319-525 Kn, 9 heures, 1/jour).

### Voiture

**AMC** (☎338 800 ; www.amcrentacar.hr ; Lukobran 4), dans le nouveau terminal des ferries, loue des voitures à partir de 243 Kn/jour. **Dollar & Thrifty Rental Car** (☎325 900 ; www.subrosa.hr), qui possède un comptoir dans la gare routière interurbaine, pratique également des prix compétitifs.

## Comment circuler

### Depuis/vers l'aéroport

L'**aéroport de Rijeka** (☎842 040 ; www.rijeka-airport.hr) est situé sur l'île de Krk, à 30 km de la ville. Un bus attend à l'arrivée de tous les vols et effectue le trajet de 40 min jusqu'à Jelačićev Trg ; dans l'autre sens, il part de cette place pour l'aéroport 2 heures 20 avant chaque départ. Vous pourrez acheter votre billet (25 Kn) dans le bus. En taxi, comptez jusqu'à 300 Kn de l'aéroport au centre-ville.

### Bus

Rijeka possède un vaste réseau de bus urbains qui partent de la gare centrale sur Jelačićev Trg. Vous pourrez acheter un billet valable pour 2 trajets (16 Kn) dans n'importe quel *tisak* (kiosque à journaux) ; un billet pour un seul trajet coûte 10 Kn dans le bus.

Rijeka possède aussi un bus touristique avec montée et descente à volonté (70 Kn/jour) qui circule entre les principaux sites de Rijeka, Trsat et Opatija. Pour les billets et les horaires, adressez-vous à l'office du tourisme.

### Taxi

Le prix des taxis est très raisonnable, à condition d'utiliser la bonne compagnie. Chaudement recommandés, les taxis **Cammeo** (☎313 313) sont modernes, dotés de compteurs et peu chers ; une course dans le centre coûte 20 Kn.

# Opatija

7 872 HABITANTS

À 15 km à l'ouest de Rijeka, Opatija est une jolie station balnéaire nichée dans un cadre spectaculaire. Les montagnes boisées descendent vers l'Adriatique et une charmante promenade borde le littoral de Volosko à Lovran.

Cet emplacement sublime et un climat doux toute l'année firent d'Opatija la station balnéaire privilégiée de l'élite viennoise sous l'Empire austro-hongrois. Entre les deux guerres mondiales et pendant la période yougoslave, les villas Belle Époque furent laissées à l'abandon et Opatija perdit son lustre.

Les majestueuses résidences ont depuis été restaurées et transformées en hôtels haut de gamme, qui mettent l'accent sur les spas et la remise en forme. Les gastronomes affluent dans les excellents restaurants de sa voisine Volosko. Si les plages n'ont rien d'exceptionnel, les baies abritées sont en revanche parfaites pour la baignade.

### Histoire

Jusque dans les années 1840, Opatija était un hameau de pêcheurs avec 35 maisons et une église. Tout cela changea avec l'arrivée d'Iginio Scarpa, riche personnage de Rijeka. Scarpa fit construire la villa Angiolina (du nom de sa femme) et l'entoura de plantes exotiques subtropicales. La villa accueillit nombre d'aristocrates européens (dont l'impératrice autrichienne Marie-Anne, épouse de Ferdinand), faisant dès lors d'Opatija une destination élégante.

Le développement de la ville fut aussi conforté par l'achèvement d'une liaison ferroviaire avec la ligne Vienne-Trieste en 1873. Les visiteurs fortunés affluèrent après la construction du premier hôtel, le Quarnero (aujourd'hui l'Hotel Kvarner), et Opatija devint la destination obligée des rois de Roumanie et de Suède, des tsars de Russie et des célébrités de l'époque.

Aujourd'hui, Opatija demeure une station balnéaire chic (voire conservatrice), très prisée des Allemands et des Autrichiens âgés. La vie nocturne n'y a rien d'extravagant, ce qui plaît aux visiteurs réguliers.

## À voir et à faire

**Lungomare** PROMENADE

Jalonnée de villas somptueuses et de vastes jardins, cette superbe promenade enchante les promeneurs et les curieux. Elle serpente sur 12 km le long du littoral, de Volosko à Lovran, en passant par les villages d'Ičići et d'Ika. En chemin, vous pourrez jeter un coup d'œil aux riches demeures et admirer les palais en bord de mer. La promenade traverse des bosquets de plantes exotiques,

## À VÉLO DANS LE KVARNER

Le Kvarner offre diverses possibilités pour les amateurs de cyclotourisme, des promenades paisibles aux montées ardues sur les routes abruptes des îles. Plusieurs itinéraires sillonnent les alentours d'Opatija ; les deux plus faciles partent du mont Kastav (360 m), tandis qu'un parcours difficile de 4 heures 30 relie Lovran et le parc naturel d'Učka. À Lošinj, un circuit de 2 heures 30, de difficulté moyenne, fait une boucle à partir de Mali Lošinj. Sur Krk, un agréable trajet de 2 heures part de la ville de Krk et passe par les prairies, les champs et les hameaux de l'arrière-pays peu visité. De la ville de Rab, un itinéraire cyclable explore les forêts préservées de la péninsule de Kalifront. Sur Cres, une piste de 50 km conduit de la marina de la ville de Cres au joyau côtier de Valun, en passant par le village médiéval de Lubenice, perché sur une colline.

Pour des détails sur ces parcours, procurez-vous, dans n'importe quel office du tourisme, la brochure *Kvarner by Bicycle*, qui décrit 19 itinéraires dans la région. Les sites Internet www.kvarner.hr et www.pedala.hr indiquent des circuits détaillés.



des fourrés de bambous, une marina et des baies rocheuses où vous pourrez plonger dans la mer – elles sont plus séduisantes que la plage en béton d'Opatija.

**Villa Angiolina** VILLA HISTORIQUE
(Park Angiolina 1 ; ⏲9h-13h et 16h30-21h30 mar-dim été, horaires réduits le reste de l'année). La Villa Angiolina, restaurée, permet de découvrir l'intérieur d'une des plus belles maisons d'Opatija – une merveille de fresques en trompe l'œil, de chapiteaux corinthiens, de miroirs dorés et de sols aux mosaïques géométriques ; l'ajout de fenêtres en PVC est impardonnable. La villa abrite désormais le **musée croate du Tourisme**, qui présente une modeste collection d'anciennes photos, cartes postales, brochures et affiches retraçant l'histoire du voyage, ainsi qu'une exposition bien agencée sur le thème du voyage et du tourisme. Ne manquez pas de flâner dans le jardin verdoyant, planté de ginkgos, de séquoias, de chênes verts et de camélias japonais – le symbole d'Opatija. Le petit théâtre en plein air accueille des récitals en costume.

## Où se loger

Opatija ne compte aucun hôtel bon marché, mais de nombreux établissements d'un bon rapport qualité/prix dans les catégories moyenne et supérieure. **Liburnia Hotels** (☎710 444 ; www.liburnia.hr), qui gère 15 hôtels dans la région, vous aidera à trouver une chambre. Opatija se remplit pendant les vacances de Noël ; réservez bien à l'avance pour cette période.

Les chambres chez l'habitant, qui abondent, sont un peu plus chères que dans d'autres régions ; comptez de 170 à 240 Kn par personne. Les agences de voyages indiquées pourront vous orienter vers un hébergement privé.

**Villa Ariston** HÔTEL HABSBOURG €€
(☎271 379 ; www.villa-ariston.com ; Ulica Maršala Tita 179 ; s/d 480/800 Kn ; P ❄ @ ᯤ). Superbement situé à côté d'une crique rocheuse, cet hôtel historique a reçu de nombreuses célébrités par le passé (dont Coco Chanel et les Kennedy). L'intérieur demeure somptueux, avec un immense escalier, des lustres et le charme d'antan. La terrasse du restaurant offre une vue sur le golfe.

**Design Hotel Astoria** HÔTEL MODERNE €€
(☎706 350 ; www.hotel-astoria.hr ; Ulica Maršala Tita 174 ; ch 677 Kn ; P ❄ @ ᯤ). Les chambres chics et discrètes de cet hôtel rénové séduisent par leurs couleurs subtiles, leurs équipements modernes et leurs balcons dévoilant une vue superbe sur la côte du Kvarner. Excellent rapport qualité/prix.

**Hotel Opatija** HÔTEL PERCHÉ €€
(☎271 388 ; www.hotel-opatija.hr ; Trg Vladimira Gortana 2/1 ; ch à partir de 486 Kn ; P ❄ @ ≋). Le cadre, dans une demeure de l'époque Habsbourg juchée sur une colline, est le point fort de ce grand trois-étoiles. L'enseigne dispose de chambres confortables, d'une terrasse splendide, d'une petite piscine d'eau de mer couverte et d'un ravissant jardin avec un labyrinthe.

**Hotel Kvarner-Amelia** HÔTEL HISTORIQUE €€€
(☎271 233 ; www.liburnia.hr ; Pave Tomašića 1-4 ; s/d 578/1039 Kn ; P ❄ @ ≋). Le plus vieil hôtel d'Opatija possède un charme exclusif avec des piscines couvertes et en plein air, un jardin fabuleux et une réception ouvragée ; les chambres sont moins impressionnantes. L'annexe Amelia pratique des prix modérés pour une adresse aussi prestigieuse.

Quelques campings :

**Medveja** CAMPING €

(☎291 191 ; medveja@liburnia.hr ; adulte/tente 44/32 Kn ; ⏲Pâques à mi-oct). Sur une jolie plage de galets, à 10 km au sud d'Opatija, ce camping loue également des appartements et des mobile homes.

**Autocamp Opatija** CAMPING €

(☎704 836 ; Liburnijska 46, Ičići ; adulte/tente 39/29 Kn ; ⏲avr-oct). Dans une jolie pinède, proche de la plage d'Ičići.

## Où se restaurer

Le long de Maršala Tita, des restaurants proposent des pizzas, des viandes grillées et des poissons. Pour un bon repas et des spécialités régionales, rendez-vous à Volosko.

**Istranka** CUISINE ISTRIENNE €

(Bože Milanovića 2 ; plats à partir de 55 Kn). Cette petite *konoba* (taverne familiale) sympathique est spécialisée dans la cuisine istrienne, avec des plats comme la *maneštra* (soupe de légumes et de haricots) et une utilisation généreuse des truffes. Elle possède une terrasse ombragée et programme de la musique traditionnelle en live certains soirs.

**Kaneta** CUISINE CROATE €

(Nova Cesta 64 ; plats à partir de 50 Kn). Familial et sans prétention, ce restaurant sert de copieuses portions de plats goûteux : jarret de veau rôti (à commander à l'avance), steak au gorgonzola, gibier et risottos. Bon choix de vins.

**Bevanda** CUISINE GASTRONOMIQUE €€€

(Zert 8 ; plats à partir de 180 Kn). Une allée de marbre mène à ce restaurant époustouflant, qui comprend une immense terrasse face à la mer avec colonnes grecques et fauteuils chics ; la mauvaise musique d'ambiance gâche un peu l'atmosphère. Une courte carte moderne offre de succulents plats de poisson et de viande – goûtez le magret de canard avec un risotto aux raisins et pistaches.

Vous pourrez faire vos achats au **supermarché-traiteur** (Ulica Maršala Tita 80).

## Où prendre un verre et sortir

Si les terrasses des hôtels et les cafés de style viennois séduisent une clientèle âgée, Opatija compte aussi quelques bars stylés.

**Tantra** BAR DÉTENDU

(Lido). S'avançant dans le golfe du Kvarner, le seul bar légèrement bohème d'Opatija est idéal pour lézarder une journée sur ses élégantes chaises longues, qui surplombent une plage artificielle.

**Hemingway** LOUNGE BAR

(Zert 2). Un bar très chic, parfait pour un cocktail avec ses sièges confortables et la vue sur l'horizon de Rijeka, dans le lointain. Le premier d'une chaîne nationale, il se double d'un restaurant.

**Choco Bar** CAFÉ

(Ulica Maršala Tita 94). Les amateurs de chocolat apprécient ce café pour ses succulents cocktails, glaces et gâteaux au chocolat.

**Disco Seven** CLUB

(www.discoseven.hr ; Ulica Maršala Tita 125). En bord de mer, ce club intime, animé par des DJ croates, privilégie la *dance*.

## Renseignements

De nombreux DAB jalonnent Ulica Maršala Tita, où des agences de voyages changent volontiers les devises. Le Wi-Fi est accessible gratuitement dans le centre d'Opatija et à Volosko.

**Da Riva** (☎272 990 ; www.da-riva.hr ; Ulica Maršala Tita 170). Une bonne adresse pour des chambres chez l'habitant et des excursions dans tout le pays.

**GI Turizam** (☎273 030 ; www.tourgit.com ; Ulica Maršala Tita 65). Chambres chez l'habitant, excursions, location de voitures et service de change.

**Linea Verde** (☎701 107 ; www.lineaverde-croatia.com ; Andrije Štangera 42, Volosko). Spécialisée dans les excursions à Risnjak et au parc naturel d'Učka, et dans les circuits gastronomiques en Istrie.

**Poste** (Eugena Kumičića 4 ; ⏲7h-20h lun-ven, 7h-14h sam). Derrière le marché.

**Office du tourisme** (☎271 310 ; www.opatija-tourism.hr ; Ulica Maršala Tita 128 ; ⏲8h-22h lun-sam, 17h-21h dim juil-août, 8h-19h lun-sam avr-juin et sept, 8h-16h lun-sam oct-mars). Un personnel bien informé et de nombreuses cartes et brochures.

## Depuis/vers Opatija

Tous les jours, le bus n°32 traverse le centre de Rijeka le long d'Adamićeva jusqu'à la Riviera d'Opatija (18 Kn, 15 km) et Lovran, toutes les 20 min, jusque tard le soir.

# Volosko

À 2 km à l'est d'Opatija, Volosko, un village de pêcheurs doté d'un petit port et d'un dédale de ruelles bordées de maisons de pierre aux balcons fleuris, est l'un des plus jolis endroits du littoral. Ces dernières

## LE PARC NATUREL D'UČKA

L'un des secrets les mieux gardés de la Croatie, ce parc de 160 km² se situe à seulement 30 min de la Riviera d'Opatija. Constitué du massif montagneux d'Učka et du plateau adjacent de Ćićarija, il est officiellement partagé entre le Kvarner et l'Istrie. Le Vojak (1 401 m), son point culminant, offre par temps clair une vue splendide sur les Alpes italiennes et la baie de Trieste.

Des forêts de hêtres couvrent la majeure partie du parc, qui comprend aussi des châtaigniers, des chênes et des charmes. Des moutons paissent dans les prairies alpines, des aigles royaux tournoient dans les airs et des ours bruns rôdent parmi les campanules endémiques.

Le personnel bien informé du **bureau du parc** (☎293 753 ; www.pp-ucka.hr ; Liganj 42 ; ⊙8h-16h30 lun-ven), à Lovran, vous aidera à organiser un circuit. Il existe aussi deux points d'information saisonniers : l'un à **Poklon** (⊙9h-18h mi-juin à mi-sept) et l'autre à **Vojak** (⊙9h-18h mi-juin à mi-sept).

La gorge spectaculaire de **Vela Draga**, du côté est du parc, offre une vue saisissante ; le fond de la vallée est parsemé de colonnes calcaires ou "cheminées de fées". Des rapaces, dont des faucons crécerelles et des faucons pèlerins, planent dans les courants ascendants et l'on peut également apercevoir des grands ducs et des tichodromes échelettes. De la nationale, un charmant sentier descend en 15 min jusqu'à un point de vue sur la gorge.

**Mala Učka**, village semi-abandonné à 995 m d'altitude, accueille quelques bergers de mai à octobre. Vous pourrez acheter un délicieux fromage de brebis dans la maison aux fenêtres vertes à côté du ruisseau, au bout du village – demandez du *sir* (fromage).

Parmi les activités organisées dans le parc figurent le **VTT** et la **randonnée** sur 150 km de sentiers. Procurez-vous une carte (55 Kn) au bureau du parc ou à l'office du tourisme d'Opatija. Vous pourrez aussi pratiquer l'**escalade** dans la gorge de Vela Draga, l'**équitation** (environ 80 Kn/heure) et l'**observation des oiseaux**. L'**Homo Volans Free Flying Club** (www.homo-volans.hr), à Opatija, organise des sorties de **parapente** et de **deltaplane**.

Le parc possède plusieurs hébergements, dont l'**Učka Lodge** (☎091 76 22 027 ; www.uckalodge.com ; d 360 Kn), un B&B écologique dans la forêt, géré par un couple britannique. Les propriétaires devraient avoir achevé la rénovation de cet établissement charmant avant votre passage. Ils proposent une cuisine à base de produits locaux (confiture de fruits de la forêt et fromage de brebis) et organisent des excursions.

Pour un repas campagnard, rendez-vous au **Dopolavoro** (☎299 641 ; www.dopolavoro.hr ; Učka 9 ; plats à partir de 50 Kn ; ⊙mar-dim), qui sert d'excellents plats de gibier : steak de cerf aux myrtilles, sanglier aux champignons de la forêt, ainsi que de l'ours ! Vous pourrez louer des vélos à côté du restaurant (20/90 Kn par heure/jour).



années, la localité s'est imposée comme une destination gastronomique sans pour autant devenir une station balnéaire. Que vous veniez pour un verre ou pour un repas raffiné, vous apprécierez l'ambiance et le cadre.

Des bus relient Rijeka et Volosko ; vous pourrez suivre la promenade côtière à partir d'Opatija, une marche de 30 min au fil des lauriers, des palmiers, des figuiers, des chênes et des villas splendides.

### Où se loger

**Appartements Komel** APPARTEMENTS €
(☎701 007 ; kristian.komal@rit-com.hr ; Put Uz Dol 8 ; app 330-590 Kn ; P❄). Sept appartements en surplomb de la route côtière, à 5 min de marche de la côte. Si leur décor ne remporte pas la palme du bon goût, ils offrent un bon rapport qualité/prix et certains peuvent accueillir des familles.

### Où se restaurer et prendre un verre

♥ **Tramerka** CUISINE CROATE €€
(Andrije Mohorovičića 15 ; plats à partir de 60 Kn ; ⊙mar-dim). À défaut de vue sur la mer, le Tramerka possède toutes les qualités et un cadre exceptionnel : l'intérieur frais et sombre d'une ancienne maison de ville. Andrej Barbieri, le chef-patron, vous aidera à faire votre choix parmi les produits de la

mer (le ragoût de poisson *gregada* est succulent) et les viandes locales.

**Skalinada** CUISINE CROATE €€ (www.skalinada.org ; Put Uz Dol 17 ; repas à partir de 80 Kn). De style bistrot, ce restaurant intime, avec éclairage tamisé et murs en pierres apparentes, propose une carte créative de cuisine croate (entrées ou plats) à base d'ingrédients de saison. De nombreux vins locaux sont servis au verre. À l'extrémité nord de la grand-rue.

**Le Mandrać** CUISINE MÉDITERRANÉENNE MODERNE €€€ (Supilova Obala 10 ; plats à partir de 60 Kn). Une cuisine méditerranéenne imaginative, de qualité (tel le loup à l'huile d'olive d'Istrie) et réussie ; essayez le *limun buzara* (coquillages en sauce au citron avec jambon local et persil). La salle, avec une extension en verre, un peu clinquante pour Volosko, ne manque pas de style.

**Konoba Ribarnica Volosko** POISSON € (Štangerova 5 ; plats à partir de 45 Kn ; fermé dîner dim). Si votre budget ne vous permet pas de folies, choisissez ce petit restaurant en bord de rue pour vous régaler de poisson frais à prix doux. Indiquez votre choix – calamars, sardines, langoustines, crevettes – et savourez le plat bien préparé dans la petite salle du rdc. Dans la rue principale, au-dessus du port.

**Plavi Podrum** POISSON €€€ (Supilova Obala 12 ; plats 80-180 Kn). Cet immense restaurant du front de mer se distingue par une atmosphère guindée et un décor marin un peu kitsch. La cuisine, qui met l'accent sur les truffes, est irréprochable, de même que la carte des vins (le propriétaire est un excellent sommelier).

**Caffe Bar Surf** BAR (Supilova Obala bb). Bien plus simple, ce bar négligé très accueillant possède une terrasse ombragée face à la mer et séduit une clientèle éclectique de pêcheurs et de branchés de Rijeka.

## Parc national de Risnjak

Relativement isolé, rarement visité et sous-estimé par les touristes étrangers, ce **parc** (tarif plein/réduit 30/15 Kn) majestueux, à 35 km au nord-est de Rijeka, mérite le détour. Dans la région boisée de Gorski Kotar, il occupe une superficie de 63 km² et englobe le Veliki Risnjak (1 528 m), son point culminant. Le paysage se compose d'épaisses forêts de bouleaux et de pins, de prairies parsemées de fleurs sauvages et de formations karstiques : cuvettes, crevasses, grottes et gouffres. Une brise vivifiante en fait un refuge parfait quand la chaleur et la foule de la côte deviennent insupportables. Parmi la faune du parc figurent des ours bruns, des lynx (*ris* en croate, d'où le nom du parc), des loups, des chats sauvages, des sangliers, des cerfs, des chamois et 500 espèces de papillons.

Couvert en majeure partie de forêt primaire, le parc ne compte que quelques villages. Le **bureau d'information du parc** (836 133 ; 9h-16h lun-ven, 9h-18h sam-dim) se situe à l'ouest du village de Crni Lug. Meilleur hébergement de la région, l'**Hotel Risnjak** (508 160 ; www.hotel-risnjak.hr ; Lujzinska 36 ; s/d à partir de 350/580 Kn ; P), à 14 km à l'ouest de l'entrée dans le village de Delnice, possède des chambres récemment rénovées, un restaurant, un centre de remise en forme et un spa. Il peut organiser de nombreuses activités – VTT, rafting, tir à l'arc, parapente, etc.

Suivre le **sentier de Leska**, un jolie piste de 4,5 km qui commence à l'entrée du parc, constitue le meilleur moyen de le découvrir. Il s'agit d'une marche facile et ombragée, ponctuée de dizaines de panneaux explicatifs (en anglais) sur l'histoire, la topographie, la géologie, la flore et la faune. Vous passerez par des cours d'eau limpides, des forêts de hauts sapins, d'étranges formations rocheuses, une station de nourrissage des cerfs et un refuge avec une table de pique-nique. Aucun transport public ne dessert le parc. En voiture, quittez l'autoroute Zagreb-Rijeka à Delnice et suivez les panneaux.

# ÎLES DE LOŠINJ ET DE CRES

Séparées par un chenal de 11 m de largeur, ces deux ravissantes îles peu peuplées de l'archipel du Kvarner sont souvent considérées comme une seule entité. De fait, si leur topographie diffère, elles partagent la même histoire. Sur Lošinj, les jolis ports de Mali Lošinj et de Veli Lošinj attirent d'innombrables touristes en été. Plus sauvage et aride, Cres possède des campings isolés et des plages immaculées, notamment près de la ville de Cres, ainsi que quelques villages médiévaux perchés sur des collines. Des sentiers de randonnée praticables à pied et à vélo sillonnent les deux îles.

VAUT LE DÉTOUR

**UNE CRIQUE ISOLÉE**

Au sud de Mali Lošinj, l'île forme une superbe péninsule quasiment inhabitée, bordée de baies ravissantes et idéale pour la randonnée. Procurez-vous à l'office du tourisme l'excellente carte de la région intitulée *Promenades and Footpaths*. Une route solitaire serpente le long de la crête de cette presqu'île vallonnée et boisée ; elle débouche à Mrtvaška, au bout de l'île. Le tour de la péninsule peut se faire à pied en une journée, avec des arrêts pour se baigner dans des criques désertes. Si vous souhaitez passer la journée sur une plage, roulez 5 km jusqu'à l'embranchement vers **Krivica**, garez-vous et descendez (30 min) jusqu'à cette baie idyllique et abritée, frangée de pins et baignée d'une eau couleur émeraude.



### Histoire

Des fouilles ont révélé qu'une culture préhistorique se développa sur les deux îles entre l'âge de la pierre et l'âge du bronze. Les anciens Grecs les appelèrent les Apsyrtides ; conquises par les Romains, les îles passèrent ensuite sous tutelle byzantine, avant d'être colonisées par des tribus slaves aux VIe et VIIe siècles.

Par la suite, elles tombèrent aux mains des Vénitiens, puis des rois croato-hongrois, avant que les Vénitiens ne les récupèrent. À la chute de Venise en 1797, Veli Lošinj et Mali Lošinj étaient devenues d'importants centres maritimes, tandis que Cres était plantée de vignobles et d'oliveraies. Le XIXe siècle vit l'essor de la construction navale à Lošinj, mais avec l'apparition des navires à vapeur, cette activité fut remplacée par le tourisme de santé. À la même époque, le phylloxéra ravagea les vignobles de Cres. Ce furent donc deux îles pauvres que l'Italie annexa en 1920 dans le cadre du traité de Rapallo. Elles furent finalement rendues à la Yougoslavie en 1945, puis à la Croatie en 1991.

Aujourd'hui, hormis un petit chantier naval à Nerezine au nord de Lošinj, quelques oliviers, des ovins et la pêche à Cres, le tourisme constitue la principale source de revenus pour les deux îles.

## Depuis/vers les îles de Lošinj et de Cres

**BATEAU** Principal port d'accès pour les deux îles, Mali Lošinj est relié à Rijeka, à Pula, à Zadar, à Venise et à Koper en été. **Jadrolinija** (☎231 765 ; www.jadrolinija.hr ; Riva Lošinjskih Kapetana 22) offre un ferry quotidien entre Zadar et Mali Lošinj (47 Kn, 7 heures) de juin à septembre. En juillet-août, la compagnie propose également un catamaran quotidien de Mali Lošinj à Cres (31 Kn, 2 heures 30) et Rijeka (44 Kn, 4 heures). Un car-ferry de Jadrolinija circule régulièrement de Brestova, en Istrie, à Porozina, à la pointe de Cres (passager/voiture 18/115 Kn, 20 min).

**Split Tours** (www.splittours.hr) assure un service de catamaran entre Zadar et Pula via Mali Lošinj 5 fois/semaine en juillet-août (50 Kn, 2 heures) ; en juin et septembre, le service est réduit à 2 liaisons par semaine. En juillet-août, **Venezia Lines** (www.venezialines.com) offre des catamarans de Venise à Mali Lošinj via Pula 2 fois/semaine (149 €, 5 heures).

**BUS** Dans les îles, la plupart des bus partent de Veli Lošinj et font halte à Mali Lošinj et à Cres ; certains continuent sur le continent. De Veli Lošinj, des bus rallient la ville de Cres (56 Kn, 1 heure 30, 6-9/jour), Merag (67 Kn, 2 heures, 4/jour) et Valbiska sur Krk (105 Kn, 2 heures 30, 4/jour), Porozina sur Cres (86 Kn, 2 heures 30, 3/jour), Brestova en Istrie (116 Kn, 3 heures, 2/jour), Rijeka (153 Kn, 4 heures 15, 4/jour) et Zagreb (267-284 Kn, 5 heures 30-6 heures, 3-4/jour). De juin à début septembre, un bus quotidien dessert Ljubljana en Slovénie (310 Kn, 6 heures 15).

# Île de Lošinj

La plus peuplée et la plus touristique des îles jumelles, Lošinj, longue de 31 km, possède un littoral plus découpé que Cres, surtout dans le sud où se trouvent quelques superbes baies désertes. Dans cette île fortement boisée, des pinèdes entourent les villes historiques de Mali Lošinj et de Veli Lošinj. La végétation, luxuriante et variée, comprend 1 100 espèces de plantes, 230 herbes médicinales et quelques variétés atypiques comme les citronniers, les bananiers, les cèdres et les eucalyptus rapportés de pays exotiques par des capitaines au long cours.

L'île est renommée pour sa population de dauphins : ses eaux constituent la première zone marine protégée de Méditerranée pour les dauphins. Basée à Mali Lošinj, l'ONG Blue World a beaucoup œuvré pour la protection de ces gracieuses créatures et possède un centre de recherche pédagogique.

### MALI LOŠINJ

6 314 HABITANTS

Mali Lošinj se tient au fond d'un port protégé en forme de V sur la côte sud-est de Lošinj. Les majestueuses demeures des capitaines qui bordent le front de mer de la vieille ville témoignent de sa prospérité au XIX$^{e}$ siècle. Malgré l'affluence estivale, cet ancien quartier conserve son charme et son atmosphère. Tous les complexes hôteliers sont installés en dehors de la ville, entre le port et Sunčana Uvala au sud, et Čikat au sud-ouest.

Ce secteur verdoyant commença à prospérer à la fin du XIX$^{e}$ siècle, quand l'élite fortunée de Vienne et de Budapest découvrit le "bon air" de Mali Lošinj et fit construire des villas et de luxueux hôtels autour de Čikat. Certaines de ces belles demeures subsistent, mais la plupart des hôtels sont des édifices modernes, entourés des pinèdes qui tapissent les criques et les jolies plages.

Si l'ambiance est plus détendue au printemps et en automne, même pendant la cohue estivale, Mali Lošinj reste une bonne base pour des excursions sur Lošinj et Cres ou sur les petites îles voisines de Susak, Ilovik et Unije.

#### À voir

Le principal attrait de Mali Lošinj réside dans son cadre : un superbe port naturel entouré de charmantes maisons méditerranéennes, joliment défraîchies, et de collines verdoyantes.

**Collections d'art** GALERIE

(Umjetničke Zbirke ; Vladimira Gortana 35 ; tarif plein/réduit 10/5 Kn ; 10h-13h et 19h-21h mar-ven, 10h-13h sam Pâques-oct, horaires réduits le reste de l'année). Cette somptueuse demeure présente les collections d'art des familles Mihičić et Piperata, et accueille des expositions temporaires. Découvrez des œuvres d'artistes croates modernes, dont des bronzes de Kršinć, et celles de maîtres anciens.

**Apoxyomène** STATUE GRECQUE

L'Apoxyomène, une belle statue antique trouvée dans la mer près de Lošinj en 1999, devrait quitter Zadar et revenir sur l'île (dans une salle du palais Kvarner) fin 2011. Vieux de 2 000 ans, l'athlète en bronze – peut-être un lutteur – a été restauré avec soin.

### LES ÎLES AUX ALENTOURS DE LOŠINJ

Les îles de Susak, Ilovik et Unije, interdites aux voitures, sont les buts des excursions d'une journée les plus prisées au départ de Mali Lošinj. La minuscule **Susak** (183 habitants, 3,8 km$^{2}$) se distingue par son épaisse couche de sable, qui recouvre le soubassement calcaire et crée des plages superbes. Sa culture inhabituelle la rend particulièrement intéressante. Les habitants parlent leur propre dialecte, pratiquement incompréhensible pour les autres Croates. Lors des fêtes et des mariages, les femmes portent le costume traditionnel – une jupe multicolore et des jambières rouges. En découvrant les vieilles maisons de l'île, songez que chaque pierre a été apportée de Mali Lošinj et transportée à dos d'homme. Ces dernières décennies, l'île a vu sa population décroître régulièrement (elle comptait plus de 1 600 habitants en 1948) ; de nombreux îliens sont partis s'installer à Hoboken, dans le New Jersey (États-Unis).

À l'inverse de la plate Susak, **Ilovik** (145 habitants, 5,8 km$^{2}$) est une île montagneuse réputée pour sa profusion de fleurs. Couverte de lauriers roses, de rosiers et d'eucalyptus, elle est appréciée des plaisanciers et compte quelques criques abritées, propices à la baignade.

La plus grande des îles de l'archipel de Lošinj, **Unije** (274 habitants, 18 km$^{2}$), possède un paysage vallonné, parsemé d'arbustes méditerranéens, de plages de galets et de nombreuses criques. Sa seule localité est un charmant village de pêcheurs avec des maisons en pierre à pignons.

À Lošinj, des agences de voyages proposent des excursions à Susak, Ilovik et Unije, mais on peut aussi s'y rendre seul. En été, **Jadrolinija** (www.jadrolinija.hr) effectue un circuit quotidien de Rijeka à Mali Lošinj ; il passe 6 jours par semaine par Susak, 4 jours par semaine par Unije et 3 jours par semaine par Ilovik. Le ferry quitte Rijeka à 6h et revient à 17h. Consultez le site Internet pour des horaires et tarifs actualisés.

**Jardin des Parfums merveilleux** JARDIN
(Miomirisni Otočki Vrt ; www.miomirisni-vrt.hr ; Braće Vidulić bb ; entrée libre ; 10h-12h et 18h-21h juil-août, 10h-12h sept-juin). Ce paradis des senteurs, à la lisière sud de la ville, abrite plus de 250 variétés de plantes locales et plus de 100 espèces exotiques, toutes entourées de *gromače* (murets de pierre traditionnels). Une boutique vend des parfums naturels, des sels et des liqueurs.

**Église de la Nativité-de-la-Vierge** ÉGLISE
Dans le centre-ville, entrez dans l'église de la Nativité-de-la-Vierge (Župna Crkva Male Gospe) avant ou après la messe dominicale de 10h. Elle renferme quelques œuvres d'art remarquables, dont une Nativité de la Vierge réalisée par un peintre vénitien du XVIIIe siècle, et des reliques de saint Romulus.

## À faire

Entourées de pinèdes, les criques au sud de Mali Lošinj sont splendides et souvent bondées en haute saison. **Sunčana Uvala** offre des plages de galets abritées, idéales pour la baignade et sûres pour les enfants. Non loin, **Čikat** est parfaite pour la planche à voile, avec son étroite plage de galets et son excellente exposition au vent. **Sunbird** (095 837 7142 ; www.sunbird.de), près de l'Hotel Bellevue, propose des cours de planche à voile pour débutants (515 Kn), et loue des planches, des VTT et des kayaks.

Le **cyclotourisme** et la **randonnée** connaissent un succès croissant sur Lošinj. L'office du tourisme fournit une excellente brochure intitulée *Promenades & Footpaths,* qui réunit les cartes de 220 km d'itinéraires sur les cinq îles de l'archipel – Lošinj, Cres, Ilovik, Susak et Unije –, avec des indications de durée précises pour chaque parcours. Grimpez au sommet du Televrina (588 m), le point culminant, pour profitez d'une vue superbe, et découvrez les criques isolées au sud de Mali Lošinj ou les anses secrètes de Susak.

Lošinj offre de bons sites de **plongée**, avec une excellente visibilité et une faune marine abondante. Vous pourrez explorer une épave de 1917, une vaste grotte peu profonde accessible aux débutants et le magnifique récif Margarita, au large de l'île de Susak. Le **Diver Sport Center** (233 900 ; www.diver.hr), sur Čikat, propose des cours (SSI Open-Water à 2 505 Kn) et des plongées sur les épaves en profondeur, et notamment sur le torpilleur *Audace*.

## Où se loger

Les quelques hébergements de Mali Lošinj ont tous beaucoup de cachet. La plupart des hôtels, installés autour des criques et des pinèdes à Čikat et Sunčana Uvala, visent essentiellement une clientèle en voyage organisé. Généralement sans caractère, ils accueillent surtout des familles ; gérés par **Lošinj Hotels & Villas** (www.losinj-hotels.com), ils ferment entre novembre et Pâques.

Les agences de voyages pourront vous orienter vers une chambre ou un appartement. L'office du tourisme publie une brochure avec la liste détaillée des chambres chez l'habitant.

### EN VILLE

**Hotel Apoksiomen** HÔTEL €€
(520 820 ; www.apoksiomen.com ; Riva Lošinjskih Kapetana 1 ; ch 722 Kn ; P ❄ @ ). Bien tenu, cet hôtel du port propose 25 chambres modernes, toutes avec vue sur la mer ou le parc, moquette épaisse, œuvres d'art contemporain, TV sat, coffre et sdb bien équipée. Service aimable ; café/restaurant attrayant au rdc. Réservez sur Internet pour bénéficier des promotions.

**Alaburić** BED AND BREAKFAST €
(233 996 ; www.alaburic-losinj.info ; S Radića 17 ; 188 Kn/pers ; P). Accueillante, cette pension tenue par une famille offre des chambres et des appartements simples et bien aménagés, tous avec sdb particulières ; deux bénéficient de la vue sur la mer au loin. À 700 m environ du port.

**Mare Mare Suites** HÔTEL DE CHARME €€€
(232 010 ; Riva Lošinjskih Kapetana 36 ; s/d/ste 900/1 050/1 500 Kn ; P ❄ @ ). Superbement située vers l'extrémité nord du port, cette ancienne maison de ville a été transformée en chambres et minisuites, toutes impeccables et décorées différemment. La Captain's Suite, au dernier étage, s'agrémente d'un télescope et de vieilles cartes marines. Plaisante mais un peu surévaluée, l'enseigne possède une annexe moins chère à côté.

### SUR LA PLAGE

**Villa Favorita** HÔTEL HISTORIQUE €€€
(520 640 ; www.villafavorita.hr ; Sunčana Uvala ; d 1150 Kn ; P ❄ @ ). Entourée de pinèdes et à deux pas d'une petite plage, cette jolie demeure Habsbourg, merveilleusement située et pleine de charme, comprend 8 chambres luxueuses, un sauna, un service de massage et une piscine d'eau de mer dans le jardin soigné. Le personnel est aimable. Une annexe moins coûteuse, la Villa Jelena,

loue des chambres un peu plus petites, sans climatisation.

**Hotel Vespera** COMPLEXE HÔTELIER €€
(☎231304 ; www.losinj-hotels.com ; Sunčana Uvala bb ; s/d 462/810 Kn ; P❄@≋). Cet immense hôtel, principalement destiné aux familles, dispose d'excellents équipements, dont des courts de tennis, un nouveau complexe de 3 piscines (dont une de 37 m de longueur) et un Jacuzzi. De nombreuses distractions et activités complètent l'offre.

**Camping Village Poljana** CAMPING €
(☎231 726 ; www.poljana.hr ; Poljana bb ; 40/191 Kn par adulte/empl). Entouré de grands arbres, ce camping haut de gamme offre des emplacements avec électricité et plusieurs services - accès Wi-Fi (payant), restaurant, supermarché...

**Camping Čikat** CAMPING €
(☎232 125 ; www.camps-cres-losinj.com ; Dražica 1, Čikat bb ; 57/22 Kn par adulte/empl ; ⊙Pâques-oct). Davantage une cité de tentes et de caravanes qu'un simple camping, cet immense terrain ombragé de pins propose des centaines d'emplacements, des mobile homes à louer et diverses prestations - massages, marché, boutiques...

**Hotel Bellevue** COMPLEXE HÔTELIER €€
(☎231 222 ; www.losinj-hotels.com ; Čikat bb ; s/d 435/798 Kn ; P@≋). Au cœur d'une pinède, l'établissement comporte un centre de remise en forme, une piscine couverte et de jolies chambres modernes. Son ambiance organisée ne plaît pas forcément.

## Où se restaurer

Si les restaurants du port jouissent d'une belle vue, ils servent habituellement une cuisine standard (pâtes, poissons et viandes grillés) destinée aux touristes, sans grande différence de prix et de qualité. Pour un repas plus original, éloignez-vous du port ou sortez de la ville.

**Corrado** POISSON €
(Svete Marije 1 ; plats à partir de 50 Kn). Propriété d'un pêcheur hauturier, voici l'un des meilleurs restaurants de Lošinj, agrémenté d'un charmant jardin clos. L'agneau rôti sous un *peka* (couvercle bombé ; à commander à l'avance) et le homard *buzzara* constituent ses spécialités. Pas de poisson d'élevage.

**Porto** POISSON €€
(Sveti Martin 35 ; plats à partir de 60 Kn). De l'autre côté de la colline à l'est de la ville, ce bon restaurant de poisson se tient dans une jolie crique, à côté d'une église. Le filet de poisson aux oursins est sa spécialité, mais tous les produits de la mer sont parfaitement préparés et présentés.

**Pizzeria Draga** CUISINE ITALIENNE €
(Braće Ivana i Stjepana Vidulića 77 ; pizzas à partir de 40 Kn). En été, les délicieuses pizzas cuites dans un four à bois sont servies de midi à tard le soir. Agréable terrasse.

**Barakuda** POISSON €€
(Priko 31 ; plats à partir de 70 Kn). Le décor et l'ambiance à l'ancienne séduisent les touristes, et les habitants apprécient cette adresse pour la fraîcheur du poisson et le savoir-faire des cuisiniers. Un ou deux plats du jour sont inscrits sur le tableau noir ; une terrasse fait face au port.

**Bulaleta** CUISINE ITALIENNE €
(Priko 31 ; plats à partir de 45 Kn). À défaut de vue, ce restaurant sans prétention offre une jolie terrasse dans la vieille ville, des prix modérés et une ambiance animée les soirs d'été.

Pour faire vos courses, rendez-vous au grand supermarché dans Trg Zagazinjine, au nord du port.

## Où prendre un verre et sortir

**Mystik** LOUNGE BAR
(Braće Ivana i Stjepana Vidulića 40). Le QG de la jeunesse dorée de Lošinj, avec DJ, cadre chic et somptueux cocktails. Animation musicale innovante - vaste sélection de musiques électroniques.

**Katakomba** BAR MUSICAL
(Del Conte Giovanni 1). Semblable à une grotte, avec une ambiance survoltée en haute saison quand il accueille des groupes de folk et de rock.

**Marina** BAR, CLUB
(Velopin bb). Faites la fête sur l'eau dans ce bar à cocktails/club, amarré du côté sud-ouest du port.

## Renseignements

De nombreuses agences de voyages proposent des chambres chez l'habitant, changent les devises et réservent des excursions.

**Cappelli** (☎231 582 ; www.cappelli-tourist.hr ; Kadin bb). Chambres chez l'habitant à Cres et à Lošinj, croisières sur l'Adriatique et excursions.

**Erste Banka** (Riva Lošinjskih Kapetana 4). Dispose d'un DAB.

**Hôpital** (☎231 824 ; Dinka Kozulića 1)

**Manora Lošinj** (☎520 100 ; Priko 29). Une agence sympathique offrant une gamme complète de services.

**Office du tourisme** (231 884 ; www.tz-malilosinj.hr ; Riva Lošinjskih Kapetana 29 ; 8h-20h lun-sam, 9h-13h dim juin-sept, 8h-17h lun-ven, 9h-13h sam oct-mai). Un bureau très utile, avec un personnel compétent, d'innombrables brochures et cartes, et une liste exhaustive des hébergements (avec adresses électroniques et sites Internet des propriétaires).

**Poste** (Vladimira Gortana 4 ; 8h-21h lun-ven, 8h-12h sam)

### Depuis/vers Mali Lošinj

Chaque jour, de 6 à 9 bus circulent entre Mali Lošinj et Veli Lošinj (15 Kn, 10 min). Pour les autres liaisons par bus ou par bateau, reportez-vous p. 156. L'agence de **Jadrolinija** (231 765 ; www.jadrolinija.hr ; Riva Lošinjskih Kapetana 22) fournit des renseignements sur les ferries et vend des billets.

### Comment circuler

De la fin avril à la mi-octobre, un bus (10 Kn) fait la navette toutes les heures jusqu'à 23h entre le centre-ville et le secteur des hôtels de Sunčana Uvala et de Čikat. **SanMar** (233 571 ; www.sanmar.hr ; Priko 24) loue des VTT (100 Kn/jour) et des mobylettes (250 Kn).

Sachez qu'il faut payer pour entrer en voiture dans le centre de Mali Lošinj (12 Kn/2 heures).

## VELI LOŠINJ

920 HABITANTS

En dépit de son nom (en croate, *veli* signifie grand et *mali* petit), Veli Lošinj est bien plus petite, plus paisible et moins bondée que Mali Lošinj, située à 4 km au nord-ouest. Cette bourgade ravissante se compose de maisons, de cafés, d'hôtels et de boutiques aux tons pastel, blottis autour d'une crique. Des dauphins franchissent parfois l'étroite embouchure en avril-mai.

Comme sa voisine, Veli Lošinj possède des villas bâties par de riches capitaines et entourées de jardins plantés d'espèces exotiques. Vous les découvrirez en grimpant les rues escarpées au-dessus du port. Les capitaines ont aussi meublé les églises de la ville, notamment Saint-Antoine sur le port.

En été, vous devrez garer votre voiture au-dessus de la baie et descendre à pied les ruelles pavées. Rovenska, une autre crique idyllique, se situe à 10 min de marche le long de la côte en direction du sud-est.

### À voir et à faire

**Centre d'éducation marine de Lošinj** CENTRE MARIN

(www.blue-world.org ; Kaštel 24 ; tarif plein/réduit 15/10 Kn ; 9h-13h et 18h-22h juil-août, 9h-13h et 18h-20h juin et sept, 10h-16h le reste de l'année). Attraction la plus intéressante, cet excellent centre – un projet de Blue World (voir l'encadré page suivante) – est à la fois divertissant et instructif ; les enfants adorent les présentations audiovisuelles, mais sont parfois déçus par l'absence de dauphins. Le centre réunit notamment une vertèbre d'un bébé rorqual de 11 m, une salle acoustique où l'on entend des dauphins communiquer, une peinture murale des 12 espèces de baleines et de dauphins de la Méditerranée et une boutique de souvenirs.

**Musée de la Tour** MUSÉE

(10 Kn ; 10h-13h et 16h-22h mar-dim mi-juin à mi-sept, 10h-13h mar-sam mi-sept à oct et Pâques à mi-juin). Construite par les Vénitiens en 1455 pour défendre la ville contre les pirates, cette tour imposante, qui se dresse dans le dédale de rues derrière le port, mérite la visite. Elle contient un petit musée-galerie consacré à l'histoire maritime de l'île, avec des explications en anglais. Vous découvrirez des fragments de poteries romaines, des sabres autrichiens et turcs, de vieilles cartes postales et une maquette d'un ancien *bark* (navire), avant de grimper sur les créneaux pour admirer la vue.

**Église Saint-Antoine-l'Hermite** ÉGLISE

Édifiée en 1774, cette église de style baroque est richement ornée d'autels en marbre et de peintures italiennes, et renferme un orgue et des reliques de saint Grégoire. Elle n'ouvre que pour la messe dominicale, mais vous pourrez jeter un coup d'œil à l'intérieur à travers une grille métallique.

**Galerie d'art Ultramarin** GALERIE

(www.ultramarin.hr ; Obala Maršala Tita 7 ; 9h-22h juin-août). Cette galerie est gérée par un couple qui fabrique de pittoresques bateaux décoratifs, vases et bougeoirs avec du bois flotté récupéré sur l'île.

### Où se loger

Les agences de voyages Val et Turist proposent des chambres chez l'habitant.

**Omladinski Hostel** AUBERGE DE JEUNESSE €

(236 234 ; www.hfhs.hr ; Kaciol 4 ; 135 Kn/pers ; juin-oct ; @). L'une des meilleures auberges de jeunesse de Croatie, cette maison de ville se distingue par son ambiance chaleureuse et sa direction accueillante. Elle possède des dortoirs spacieux (avec casiers), de jolies chambres lambrissées de pin et une terrasse en façade, idéale pour rencontrer d'autres voyageurs et boire une bière en soirée (10 Kn).

**Villa Mozart** PENSION €€
(☎236 262 ; www.villa-mozart.hr ; Kaciol 3 ; 295 Kn/pers ; ❄@). Cette charmante pension comprend 18 petites chambres pleines de cachet, avec TV, sdb et, pour certaines, vue sur le port. La terrasse du petit déjeuner surplombe le port et l'église.

## Où se restaurer et prendre un verre

Les cafés/restaurants du port servent une cuisine sans grand intérêt à petits prix – plats italiens, poissons et viandes.

**Bora Bar** CUISINE MÉDITERRANÉENNE €€
(www.borabar.com ; Rovenska Bay 3 ; plats à partir de 70 Kn ; 📶). Sur la baie de Rovenska, à 10 min de marche de Veli, ce restaurant classique chic appartient au chef italien Marko Sasso, grand amateur de truffes. Régalez-vous d'un carpaccio de thon avec céleri et truffes, ou d'une *panna cotta* au miel de truffe. Les vins d'Istrie et les légumes bio de la région prédominent.

**Ribarska Koliba** CUISINE CROATE €€
(Obala Maršala Tita 1 ; www.konoba-ribarska-koliba.com ; plats à partir de 55 Kn). Juste après l'église, cet ancien bâtiment en pierre possède une superbe terrasse vers le port et sert de savoureux plats de viande (essayez le cochon de lait à la broche) et de poisson.

**Saturn** BAR
(Obala Maršala Tita bb). Bar le plus plaisant de la ville, il propose des tables face au port, des fauteuils en rotin avec coussins et un programme éclectique de musiques croate et occidentale. Neuf chambres modernes d'un bon rapport qualité/prix sont aménagées à l'étage (réservez auprès de l'agence Val).

## Renseignements

**Erste Banka** (Obala Maršala Tita). Assure un service de change et possède d'autres DAB dans Veli.

**Palma** (☎236 179 ; www.losinj.com ; Vladimira Nazora 22). Informations touristiques, change, accès Internet et chambres chez l'habitant.

**Poste** (Obala Maršala Tita 33 ; ⏲8h-21h lun-ven, 8h-13h sam)

**Turist** (☎236 256 ; www.island-losinj.com ; Obala Maršala Tita 17). Excursions à Susak et à Ilovik (120 Kn), chambres chez l'habitant, change, et location de vélos (80 Kn/jour) et de scooters (360 Kn).

## BLUE WORLD

L'**Institut de recherche et de protection marines de Blue World** (☎236 406 ; www.blue-world.org ; Kaštel 24), une ONG basée à Veli Lošinj, a été fondé en 1999 pour promouvoir la protection de l'environnement dans l'Adriatique. Il possède un second bureau à Vis. Blue World informe le public grâce à des conférences, des présentations dans les médias et l'organisation de la **journée du dauphin** à Veli Lošinj, le premier samedi d'août. Au programme de cette dernière : expositions de photos, foire écologique, spectacles de rue, matchs de water-polo, chasses au trésor et présentations de dessins et de peintures d'enfants.

Dans le cadre de l'Adriatic Dolphin Project, Blue World étudie les dauphins souffleurs qui fréquentent le secteur de Lošinj-Cres. Chaque animal est baptisé et répertorié avec des photos des marques naturelles qu'il porte sur sa nageoire dorsale.

Les dauphins étaient chassés dans la région dans les années 1960 et 1970, quand les pêcheurs étaient payés pour chaque queue rapportée par le gouvernement local. Malgré la protection instituée en 1995, la population de dauphins souffleurs a fortement décliné entre 1995 et 2003. Pour lutter contre cette tendance, Blue World a créé la **réserve de dauphins de Lošinj**. Le nombre d'individus – environ 120 – semble stable, mais l'espèce est toujours menacée d'extinction. En août 2009, une colonie de 60 dauphins a été aperçue près de l'île de Trstenik, un record ! À l'occasion, on observe aussi d'autres espèces, dont des dauphins bleus et des requins pèlerins.

Le trafic maritime, qui engendre beaucoup de nuisances sonores, constitue la plus grande menace pour les dauphins de Lošinj. En juillet-août, les dauphins ne s'approchent jamais du littoral et évitent leurs principaux territoires de nourrissage au sud et à l'est de Cres, où le colin abonde. La surpêche constitue un autre péril, puisqu'elle réduit les proies disponibles.

Vous pourrez agir en **adoptant un dauphin** (150 Kn) pour soutenir l'Adriatic Dolphin Project, ou en travaillant comme bénévole ; comptez à partir de 675 €/personne pour 10 jours (réductions pour les étudiants).

**Val** (☎236 352 ; www.val-losinj.hr ; Vladimira Nazora 29). Chambres chez l'habitant, excursions et accès Internet (30 Kn/h).

### Depuis/vers Veli Lošinj

Chaque jour, 7 à 9 bus circulent entre Veli Lošinj et Mali Lošinj (15 Kn, 10 min).

# Île de Cres

Sauvage, préservée et peu peuplée, Cres a un charme envoûtant. Couverte d'épaisses forêts primaires, l'île possède une côte découpée, ourlée de hautes falaises et de criques cachées, et des villes anciennes perchées sur des collines. Des vues dégagées et de somptueux paysages vous attendent au détour de chaque route ou chemin.

La moitié nord de Cres, appelée Tramuntana, est tapissée de denses forêts de chênes, de charmes, d'ormes et de châtaigniers. C'est l'un des principaux territoires du vautour fauve (voir p. 153), une espèce protégée ; vous pourrez observer ces grands rapaces à l'excellent centre des visiteurs de Beli, sur la côte est.

Jusque récemment, l'élevage de moutons constituait l'une des principales sources de revenus de Cres (l'agneau local est réputé pour son goût), mais l'introduction de sangliers a modifié l'environnement particulier de l'île et cette activité séculaire disparaît (voir l'encadré ci-dessous).

Les principales localités se situent sur la côte ouest. Au sud-ouest de Valun, de hauts plateaux abritent l'étonnante cité médiévale de Lubenice.

Localement, le nom de l'île se prononce "Tres".

## VILLE DE CRES

2 340 HABITANTS

Des maisons aux tons pastel et des demeures vénitiennes bordent le port médiéval de la ville de Cres, dans une superbe baie abritée, entourée de collines couvertes de pinèdes et de buissons de l'Adriatique.

La forte influence italienne remonte au XVe siècle, quand les Vénitiens déménagèrent à Cres pour fuir l'épidémie de peste qui sévissait à Osor. Des bâtiments publics et des palais de patriciens furent édifiés le long du port et des remparts, ajoutés au XVIe siècle. En vous promenant en bord de mer et dans les rues de la vieille ville, vous remarquerez les vestiges de la domination italienne, telles les armoiries de puissantes familles vénitiennes et les loggias Renaissance.

### À voir

**Trg Frane Petrića** PLACE PRINCIPALE

Au bout de Riva Creskih Kapetana, Trg Frane Petrića abrite la gracieuse **loggia municipale** du XVIe siècle. Théâtre des annonces publiques, des transactions financières et des festivités à l'époque vénitienne, elle accueille désormais un marché de fruits et légumes le matin.

**Église Sainte-Marie-des-Neiges** ÉGLISE

(Sv Marije Snježne ; Pod Urom ; ⌚messe uniquement). Derrière la loggia, une porte du XVIe siècle mène à cette église. En façade, un portail Renaissance comporte un relief d'une Vierge à l'Enfant. Entrez avant ou après la messe pour admirer la pietà en bois

### PROIES ET PRÉDATEURS

Le **mouton tramuntana**, endémique à Cres, est parfaitement adapté aux pâturages karstiques, créés par les Illyriens il y a plus de 1 000 ans. Mais actuellement, l'élevage de moutons en liberté est sur le déclin. Des 100 000 moutons tramuntana que comptait Cres dans les années 1990, il n'en reste qu'environ 15 000. L'une des principales raisons de cet effondrement est l'introduction de **sangliers** par le puissant lobby des chasseurs croates. Le nombre de sangliers a fortement augmenté, ces animaux s'étant répandus jusqu'aux campings de Mali Lošinj. Les sangliers chassent les moutons et les agneaux. Durant l'hiver 2006, l'écocentre Caput Insulae de Beli a recensé 2 500 agneaux tués par des porcs sauvages, un chiffre sans doute bien en deçà de la réalité.

La baisse de la population ovine a de nombreuses conséquences sur l'environnement. Les **vautours fauves** ne disposent plus d'assez de charognes de moutons pour survivre et doivent être nourris par des bénévoles. Les pâturages ayant diminué, les genévriers et les buissons d'épineux ont remplacé les herbes et les fleurs sauvages, amenuisant la biodiversité végétale. Les *gromače*, les murets en pierre construits par les éleveurs dans toute l'île, qui servaient de coupe-vent et empêchaient l'érosion des sols, ne sont plus entretenus ; beaucoup tombent en ruines.

du XV^e siècle, protégée par une vitrine, sur l'autel de gauche.

**Ruta** CENTRE D'ARTISANAT
(☎571 835 ; www.ruta-cres.hr ; Zazid 4 ; ⏲horaires irréguliers ou sur rdv). Ce fantastique collectif promeut les traditions locales de tissage et de feutrage de la laine. Utilisant la laine des moutons tramuntana, les artisans confectionnent de superbes pantoufles, chapeaux, sacs à main et vêtements. Vous pourrez visiter l'atelier et découvrir la technique du feutrage – voire même vous y essayer (150 Kn le cours de 3 heures).

## À faire

Une jolie promenade longe le côté ouest de la baie, propice aux bains de soleil et à la baignade ; des plages agréables ponctuent les abords de l'Hotel Kimen. **Diving Cres** (☎571 706 ; www.divingcres.de, en allemand), dans l'Autocamp Kovačine, propose des cours et des plongées. **Cres-Insula Activa** (☎091 73 89 490 ; www.cres-activa.hr, en croate) organise des sorties de planche à voile, de vélo et d'escalade. L'office du tourisme fournit une carte des sentiers et des pistes de l'île.

## Où se loger

Les agences de voyages proposent des chambres chez l'habitant, qui constituent l'hébergement le moins cher. Dans la ville de Cres, comptez à partir de 150 Kn/personne pour une simple et 220 Kn pour une double.

**Autocamp Kovačine** CAMPING €
(☎573 150 ; www.camp-kovacine.com ; adulte/enfant/tente 76/31/71 Kn ; ⏲Pâques à mi-oct). À 1 km au sud-ouest de la ville, ce camping bénéficie d'un bel emplacement à la pointe d'une petite péninsule boisée, avec vue sur la mer et plage à deux pas. Il offre des plates-formes de baignades en bord de plage, des sanitaires alimentés à l'énergie solaire, un restaurant et de mutiples activités (basket-ball, volley-ball, plongée, etc). Une partie du camping et une plage sont réservées aux naturistes.

**Tamaris** CHAMBRES €€
(☎573 150 ; www.camp-kovacine.com ; Melin 1/20 ; s/d 364/641 Kn ; ❄). Dans l'Autocamp Kovačine, ce petit bâtiment comprend 13 chambres modernes avec sdb, téléphone, TV sat et, pour certaines, balcon et vue sur la mer.

**Hotel Kimen** COMPLEXE HÔTELIER €€
(☎573 305 ; www.hotel-kimen.com ; Melin 1/16 ; s/d 575/786 Kn ; P❄@📶). En bord de plage et entouré de pins, ce grand complexe hôtelier propose des chambres confortables avec balcon, un nouveau centre de remise en forme et l'accès Wi-Fi (gratuit). Il est essentiellement fréquenté par des familles croates, allemandes et italiennes.

## Où se restaurer et prendre un verre

♥ **Bukaleta** GRILL €€
(☎571 606 ; www.bukaleta.hr ; Loznati ; plats à partir de 44 Kn ; ⏲avr-oct). L'agneau de Cres, servi pané, grillé ou rôti à la broche (à partir de 85 Kn), est le plat principal de ce charmant restaurant, tenu par la même famille depuis 30 ans. Les végétariens pourront commander des gnocchis ou des pâtes. L'endroit est simple, avec des bancs en bois, des nappes vichy et une *rakija* (eau-de-vie) maison. Si le lieu vous séduit, vous pourrez louer l'une de ses chambres à prix modérés (à partir de 240 Kn). Le Bukaleta, indiqué depuis la nationale, se situe à Loznati, à 5 km au sud de Cres.

**Busola** CUISINE MÉDITERRANÉENNE €€
(Kopača 2 ; plats à partir de 60 Kn). Derrière l'église, cette petite *konoba* (établissement familial) bénéficie d'un cadre pittoresque, avec des tables installées sous un ancien passage voûté et une salle aux poutres et pierres apparentes. Elle est réputée pour ses poissons frais, présentés sur un lit de glace.

**Café Inn Port** CAFÉ/BAR €
(Lungomare Sveti Mikule 4/1 ; en-cas à partir de 10 Kn). Sur la promenade au bord du port, ce petit café stylé, à l'ambiance détendue, est idéal pour un café et un croissant le matin, ou pour un verre en soirée.

**Restaurant Riva** POISSON €€
(Riva Creskih Kapetana 13 ; plats à partir de 50 Kn). Bien établi et prisé des habitants, l'établissement possède une jolie terrasse sur le port et sert d'excellents poissons, langoustines, crevettes et calamars.

**Luna Rossa** CUISINE ITALIENNE €
(Palada 4b ; pizzas à partir de 20 Kn, plats à partir de 38 Kn). Le choix habituel de plats italiens : pizzas, pâtes, risottos et gnocchis.

**Santa Lucia** POISSON
(Lungomare Sveti Mikule 4 ; plats à partir de 45 Kn). Le poisson en croûte de sel est la spécialité de ce restaurant, sur la promenade côtière.

Un **supermarché** (Trg Frane Petrića) fait face à la loggia.

## Renseignements

**Agence touristique Croatia** (☎573 053 ; www.cres-travel.com ; Melin 2/33). Chambres chez l'habitant, accès Internet (1 Kn/min) et location de vélos et de scooters.

**Autotrans** (☎572 050 ; www.autotrans-turizam.com ; Zazid 4). Une agence efficace. Chambres chez l'habitant, location de vélos (20 Kn l'heure), excursions et billets de bus.

**Cresanka** (☎750 600 ; www.cresanka.hr ; Varozina 25). Chambres chez l'habitant, excursions et service de change.

**Erste Banka** (Cons 8). Dispose d'un DAB.

**Gonzo Bikes** (☎571 000). Location de vélos de bonne qualité (90 Kn/24 heures).

**Office du tourisme** (☎571 535 ; www.tzg-cres.hr ; Cons 10 ; ⏲8h-20h lun-sam, 9h-13h dim juil-août, 8h-14h lun-ven sept-juin). Nombreuses cartes et brochures, et liste des hébergements avec photos.

**Poste** (Cons 3 ; ⏲7h30-19h lun-ven, 7h30-13h sam).

### ℹ Depuis/vers Cres

Des bus desservent Opatija (87 Kn, 2 heures, 2/jour), Rijeka (107 Kn, 2 heures 15, 4/jour) et Brestova, en Istrie (avec billet de ferry 69 Kn, 1 heure 30, 2/jour).

Reportez-vous p. 156 pour des informations sur les lignes de bus entre Cres, Mali Lošinj et Veli Lošinj.



## BELI

30 HABITANTS

Au cœur de la région de la Tramuntana, sur la pointe nord de l'île, couverte de forêts anciennes où rôdent des farfadets et parsemée de villages abandonnés et de chapelles solitaires, Beli est l'une des plus anciennes localités de Cres. Perchée sur une colline (130 m) au-dessus d'une charmante plage de galets, elle possède une histoire vieille de 4 000 ans, des ruelles sinueuses et des maisons de pierre envahies par la végétation. Vous pourrez faire le tour de ce hameau en quelques minutes, en faisant halte au point de vue pour admirer, par-delà l'Adriatique, les montagnes du continent.

### À voir et à faire

**Écocentre Caput Insulae** ÉCOCENTRE
(☎/fax 840 525 ; www.supovi.hr ; Beli 4 ; tarif plein/réduit 40/20 Kn ; ⏲9h-20h, fermé nov-mars). Parc naturel et réserve pour le vautour fauve menacé (voir l'encadré page suivante), cet écocentre fondé en 1994 est consacré à la sauvegarde de ces rapaces et à la protection de leur habitat. Il travaille avec des éleveurs pour fournir les moutons nécessaires à la survie des vautours, et avec des capitaines pour préserver les oiseaux de la noyade. Une dizaine de jeunes vautours sont sauvés chaque été ; ils ne peuvent pas voler plus de 500 m et beaucoup tombent dans la mer et se noient quand des bateaux passent trop près. Les vautours fauves sont menacés de disparition en raison du déclin des élevages ovins à Cres, provoqué par l'importation de gibier (notamment de sangliers) pour la chasse.

La visite du centre, installé dans une ancienne école, commence par une exposition consacrée à la biologie et au mode de vie des vautours. Vous pourrez ensuite observer une quinzaine d'oiseaux dans un grand enclos protégé par un filet. Vous verrez aussi un vautour africain à cou rouge, trouvé sur une plage croate. En levant les yeux, vous apercevrez sans doute des vautours fauves planer dans le ciel.

L'écocentre propose toute l'année un programme bien rodé pour les bénévoles, et l'adoption de rapaces (50 €). Le jardin d'herbes aromatiques, aménagé comme un labyrinthe, est conçu pour divertir et instruire les enfants.

Le droit d'entrée comprend l'accès à sept **écosentiers** (entre 1,5 et 20 km) balisés qui relient les villages abandonnés de la Tramuntana, en passant parmi des oliviers, des chênes, des figuiers, des grenadiers et d'anciens murets en pierres sèches. Vous découvrirez aussi 20 **sculptures de pierre** et des labyrinthes dédiés à d'anciens dieux croates et slaves, conçus pour connecter les promeneurs aux esprits de la nature. Le centre fournit des cartes et une brochure qui explique l'histoire, la culture, la flore et la faune de la région.

**Diving Beli** PLONGÉE
(☎840 519 www.diving-beli.com). Oganise des plongées depuis la plage ou un bateau ; les non-plongeurs peuvent monter à bord.

### Où se loger et se restaurer

**Pansion Tramontana** CUISINE DU TERROIR €
(☎840 519 ; www.beli-tramontana.com ; repas à partir de 40 Kn ; P @ ᯤ). À côté de l'écocentre, ce bon restaurant rustique sert de copieuses portions de viande grillée au barbecue, de succulentes salades bio et de la Guinness à la pression. À l'étage, les chambres récemment rénovées (182-378 Kn/pers) sont ravissantes.

Un snack-bar et le petit **camping Brajdi** (☎/fax 840 532 ; Beli bb ; empl 56 Kn/pers ; ⏲mai-sept) sont installés sur la plage, à 1 km du village.

### ℹ Depuis/vers Beli

En été, 3 bus relient la ville de Cres à Beli (29 Kn, 30 min), tous les jours, sauf le dimanche.

## OSOR

70 HABITANTS

## LE VAUTOUR FAUVE, UNE ESPÈCE MENACÉE

Avec 3 m d'envergure, 1 m environ de longueur du bec à la queue, et un poids compris entre 7 et 9 kg, le vautour fauve eurasien transporte facilement de lourdes charges. Sa vitesse de vol va de 40 à 50 km/h, avec des pointes à 120 km/h. Son bec puissant et son long cou lui permettent de fouiller dans les entrailles de ses proies, généralement des moutons.

Pour dénicher les précieuses carcasses, les vautours fauves travaillent en équipe, dessinant une formation en peigne qui peut s'étendre sur 1 km. Quand l'un des rapaces repère une dépouille, il décrit des cercles pour indiquer à ses compagnons l'emplacement du festin. Les bergers apprécient les vautours car ils empêchent la propagation d'éventuelles épidémies au sein du troupeau.

La Croatie compte au total quelque 230 vautours fauves. Plus de la moitié vivent sur les falaises côtières de Cres, les autres étant réunis en petites colonies sur les îles de Krk et de Prvić. Les préférences alimentaires des vautours expliquent qu'ils suivent les troupeaux d'ovins, même s'ils mangent aussi d'autres mammifères, parfois au péril de leur vie : les derniers vautours du parc national de Paklenica ont succombé après l'ingestion de renards empoisonnés et, en 2005, 20 vautours de Cres ont péri après avoir mangé de la viande elle aussi empoisonnée.

Le vautour fauve est aujourd'hui protégé en tant qu'espèce menacée en Croatie. Tuer un oiseau ou le déranger quand il niche est passible d'une amende de 5 000 €, ce qui a fortement raréfié leur destruction délibérée. Toutefois, les touristes à bord de vedettes qui incitent les jeunes à s'envoler les mettent aussi en péril : ne pouvant pas voler plus de 500 m en l'absence de vent, les rapaces tombent d'épuisement dans la mer et se noient (les plus chanceux sont récupérés par l'écocentre Caput Insulae de Beli).

Leur mode de reproduction empêche la croissance de la population de vautours fauves : un couple de vautours ne donne naissance qu'à un oisillon par an et celui-ci ne devient adulte qu'à 5 ans. Durant sa croissance, le jeune vautour voyage sur de longues distances : un vautour bagué dans le parc national de Paklenica a été retrouvé au Tchad, à 4 000 km. Une fois adulte, le rapace revient à Cres (parfois sur le rocher où il est né) pour trouver un partenaire, qu'il gardera toute sa vie.

Si l'on estime que les vautours peuvent vivre jusqu'à 60 ans, leur durée de vie moyenne s'élève plutôt à 35 ans, avec une mortalité prématurée de 90%. Les chasseurs italiens, le poison et les lignes électriques constituent autant de menaces pour les jeunes vautours de Cres, mais le problème majeur est le déclin massif de l'élevage ovin, qui réduit leurs ressources alimentaires (voir l'encadré p. 150). Des employés de l'écocentre et des bénévoles doivent désormais déposer de la viande pour les oiseaux sur des sites de nourrissage, disséminés dans le nord de l'île.

Le calme qui règne dans le hameau historique d'Osor ne laisse rien deviner de son passé prestigieux et troublé.

Osor se tient sur un étroit chenal qui sépare Cres de Lošinj, et qui fut probablement creusé par les Romains ; ce chenal permit jadis à la localité de contrôler une importante route maritime. Au VIe siècle, un évêché fut même établi à Osor ; il exerça son autorité sur les deux îles tout au long du Moyen Âge. Osor resta un important centre commercial, religieux et politique jusqu'au XVe siècle. Puis des épidémies de peste et de paludisme, conjuguées à l'ouverture de nouvelles routes maritimes, dévastèrent l'économie de la cité, qui entama un lent déclin.

Aujourd'hui, Osor renaît sous la forme d'un village-musée, avec des églises, des sculptures en plein air et des ruelles qui serpentent dans le centre du XVe siècle. Le hameau ne compte pas d'office du tourisme.

Si vous allez de Lošinj à Osor, vous devrez peut-être attendre devant le pont qui enjambe le **Kavuada kanal** : il est relevé 2 fois par jour (à 9h et 17h) pour laisser passer les bateaux.

### À voir

En entrant par la porte qui donne sur le chenal, vous longerez les anciens remparts et les vestiges d'un château avant d'arriver dans le centre du hameau.

**Musée d'Archéologie** MUSÉE
(10 Kn ; ⏲10h-13h et 19h-22h mar-dim juin-sept, 10h-13h mar-sam oct-mai). Sur la grand-place, dans l'ancien hôtel de ville du XVe siècle, ce musée renferme une collection de fragments de pierre et de reliefs de la période romaine et du début de l'ère chrétienne, ainsi que des poteries et des sculptures.

**Église de l'Assomption** ÉGLISE
(Crkva Uznesenja ; ⏲10h-12h et 19h-21h juin-sept). À côté du musée, cette église, bâtie à la fin du XVe siècle, possède un riche portail Renaissance en façade. À l'intérieur, l'autel baroque contient les reliques de saint Gaudence, patron d'Osor.

**Daleki Akordi** STATUE
Avant de quitter la place, admirez la statue *Daleki Akodi* (Accords lointains) d'Ivan Meštrović, l'une des nombreuses sculptures modernes illustrant le thème de la musique à Osor.

### Fêtes et festivals

Durant les **Soirées musicales d'Osor** (Osorske Glazbene Večeri), de la mi-juillet à la fin août, d'éminents artistes croates offrent des concerts de musique classique dans la cathédrale et sur la grand-place. Renseignez-vous aux offices du tourisme de Mali Lošinj et de Cres.

### Où se loger et se restaurer

Les offices du tourisme de Mali Lošinj et de Cres possèdent la liste des hébergements privés –chambres et appartements – à Osor. Deux campings sont installés aux alentours.

**Osor Pansion** HÔTEL, RESTAURANT €
(☎237 135 ; ossero@rit-com.hr ; Osor bb ; ch 184-221 Kn/pers, plats à partir de 40 Kn ; ⏲mars-nov ; P❄). Le superbe restaurant dans le jardin, offrant des tables sous les tonnelles parmi des arbustes fleuris, constitue le principal attrait de cette pension bien tenue. La carte propose de l'agneau de Cres et du poisson de l'Adriatique. À l'étage, 7 jolies chambres sont lambrissées de pin (184-221 Kn/pers).

**Konoba Bonifačić** CUISINE CROATE €€
(Osor 64 ; plats à partir de 50 Kn). Également dans un jardin, ce restaurant offre une bonne cuisine maison : risottos, viandes et poissons grillés. Goûtez la grappa aux fleurs de sureau.

**Bijar** CAMPING €
(☎/fax 237 027 ; www.camps-cres-losinj.com ; 65 Kn/pers). Bien situé sur une charmante

VAUT LE DÉTOUR

## LUBENICE

Perché sur une crête rocheuse à 378 m au-dessus de la côte ouest de l'île, ce hameau médiéval est l'un des endroits les plus pittoresques de Cres. Semi-abandonné (avec 17 habitants permanents), ce dédale de vieilles maisons et d'églises en pierre semble surgir directement du sol rocheux, telle une forteresse maure.

L'**Ekopark Pernat** (☎513 010 ; www.ekoparkpernat.org), un centre consacré au développement durable basé à Rijeka, a beaucoup œuvré pour maintenir Lubenice en vie. Il gère un **espace culturel éducatif** (☎840 406 ; don suggéré 7 Kn ; ⏲9h-22h Pâques-oct) dans l'ancienne école au bout du village, qui accueille une petite exposition sur l'élevage de moutons et divers ateliers.

Lubenice surplombe l'une des plus belles **plages** du Kvarner, une crique isolée accessible par un sentier abrupt à travers bois. La descente de 45 min est plaisante, mais le retour est épuisant ; pour éviter cette épreuve, prenez un bateau-taxi depuis Valun ou Cres.

Autre raison de visiter Lubenice, les **Lubeničke Glazbene Večeri** (Soirées musicales de Lubenice), des concerts classiques en plein air, ont lieu tous les vendredis soir en juillet-août.

L'office du tourisme de la ville de Cres possède la liste des quelques chambres chez l'habitant à Lubenice.

Pour un repas ou une boisson, vous aurez le choix entre la **Konoba Hibernicia** (Lubenice 17 ; plats à partir de 45 Kn), réputée pour ses plats d'agneau et son jambon local, et le **Bufet Loza**, à l'entrée du village, parfait pour une bière.

En été, 2 bus relient Lubenice et la ville de Cres (29 Kn, 35 min), tous les jours, sauf le dimanche.

crique de galets propice à la baignade, le camping possède notamment une table de ping-pong et des terrains de volley-ball et de basket-ball. À 500 m d'Osor, sur la route de Nerezine.

**Preko Mosta** CAMPING €
(☎237 350 ; www.jazon.hr ; Osor bb ; 55/43 Kn par pers/empl). Surplombant le chenal, ce petit camping rudimentaire est ombragé de quelques pins.

### Depuis/vers Osor

Tous les bus en provenance de Cres (37 Kn, 45 min) et de Mali Lošinj (30 Kn, 30 min) empruntent la seule route de l'île et passent par Osor.

### VALUN

68 HABITANTS

En bord de mer à 14 km au sud-ouest de la ville de Cres, le joli hameau de Valun se blottit au pied de falaises entre des plages de galets. Garez-vous et descendez un escalier escarpé jusqu'à l'ancien village et la crique, rarement bondés.

Vous trouverez le **bureau touristique** (☎525 050 ; 8h-21h juil-août), un DAB et une agence **Cresanka** (www.cresanka.hr ; horaires irréguliers) à quelques pas au-dessus du port. Le village compte de rares hébergements, qui sont habituellement réservés longtemps à l'avance.

Principale curiosité, la **stèle de Valun** (XI^e siècle) est conservée dans l'église paroissiale Sainte-Marie (heures d'ouverture irrégulières). Cette pierre tombale, qui porte des inscriptions en glagolitique et en latin, reflète la composition ethnique de l'île, jadis habitée par des descendants de Romains et des nouveaux venus de langue croate.

Le charme de Valun réside dans sa tranquillité et ses **criques**. À droite du port, un sentier mène à une plage de galets et à un camping. À 700 m à l'ouest du hameau, une autre jolie plage de galets est bordée de pins.

Le ravissant petit **camping de Zdovice** (101 Kn/pers ; mai-sept) occupe d'anciens champs en terrasses et borde une plage propice à la baignade. Très prisé par les familles allemandes et autrichiennes, il comprend un terrain de volley-ball. Il ne prend pas de réservations.

Valun compte six restaurants, tous en bord de mer, sauf un. La **Konoba Toš-Juna** (Valun bb ; plats à partir de 40 Kn) se distingue par ses poissons et fruits de mer. Elle occupe un ancien moulin à olives avec pierres apparentes et belle terrasse sur le port.

Valun n'est pas bien desservi par les transports publics. Un seul bus vient tous les jours de la ville de Cres (25 Kn, 20 min) ; il ne circule pas le dimanche. En sens inverse, les bus ne partent que 2 fois/semaine, à 5h31 le lundi et le mercredi.

# ÎLE DE KRK

Plus grande île de Croatie, reliée au continent par un pont, Krk (Veglia en italien) est aussi l'une des plus fréquentées en été, quand des vacanciers allemands et autrichiens affluent dans ses résidences, ses campings et ses hôtels. Trop développée, moins verte et moins jolie que d'autres, Krk est en revanche facile à visiter, grâce à des transports et des infrastructures de qualité.

La côte nord-ouest, rocheuse et escarpée, compte peu de villages en raison de la bora (*bura*) glaciale qui la balaie en hiver. Le sud bénéficie d'un climat plus doux, avec une végétation plus dense, des plages et des criques. Les villes principales, Krk, Punat et Baška, se situent sur la côte sud-ouest boisée.

La ville de Krk, au centre, constitue une bonne base. À proximité, Punat donne accès à l'île de Košljun et à son monastère. Baška, sur une large baie sablonneuse au pied d'une chaîne de montagnes, est une station balnéaire courue. Perché sur une falaise de la côte est, en dehors des sentiers battus, le village médiéval de Vrbnik est réputé pour son vin, le *žlahtina*.

### Histoire

Les Illyriens, les premiers habitants connus de Krk, furent suivis par les Romains, qui s'installèrent sur la côte septentrionale. Plus tard, Krk fut rattachée à l'Empire byzantin, avant de passer aux mains des Vénitiens et des rois croato-hongrois.

Au XI^e siècle, Krk devint le centre de la langue glagolitique. Le plus ancien exemple préservé de cette écriture fut trouvé dans une ancienne abbaye bénédictine de la ville de Krk. Le glagolitique fut utilisé sur l'île jusqu'au XIX^e siècle.

En 1358, Venise céda la tutelle de l'île aux comtes de Krk, plus tard appelés Frankopan ; ceux-ci devinrent l'une des familles les plus riches et les plus puissantes de Croatie. Bien que vassaux de Venise, ils gouvernèrent avec une certaine indépendance jusqu'en 1480, quand le dernier représentant de la lignée plaça l'île sous la protection de Venise.

Si le tourisme constitue la principale activité de l'île, elle compte aussi quelques exploitations agricoles et deux petits chantiers navals à Punat et à Krk ; des pêcheurs y exercent également.

## Depuis/vers l'île de Krk

Krk abrite l'aéroport de Rijeka, principale plaque tournante aérienne du Kvarner, relativement peu utilisé – quelques compagnies à bas coût et charters le desservent en été. Le pont à péage de Krk relie le nord de l'île au continent.

En été, 12 car-ferries de Jadrolinija circulent entre Valbiska et Merag (passager/voiture 18/115 Kn, 30 min), sur Cres. Les services restent réguliers en hiver, bien que moins fréquents. Un car-ferry de Split Tours relie Valbiska et Lopar (37/225 Kn, 1 heure 30), sur Rab, 4 fois/jour en été et 2 fois/jour le reste de l'année (des réductions sont alors consenties).

Chaque jour, 9 à 13 bus circulent entre Rijeka et la ville de Krk (56 Kn, 1-2 heures), certains via Punat ; 2 bus continuent jusqu'à Vrbnik (25 Kn, 35 min) du lundi au vendredi. Neuf bus partent chaque jour de la ville de Krk pour Baška (29 Kn, 45 min). Tous les services sont réduits, voire supprimés, le week-end.

De Zagreb, 6 bus rallient quotidiennement la ville de Krk (179-194 Kn, 3-4 heures). Certains sont plus directs que d'autres, qui s'arrêtent à chaque village en chemin. **Autotrans** (www.autotrans.hr) propose 2 bus rapides tous les jours. Tous ces services sont moins fréquents en dehors de la saison estivale.

Pour rejoindre Cres et Lošinj depuis Krk, changez à Malinska et prenez un bus à destination de Lošinj en provenance de Rijeka ou de Zagreb ; vérifiez soigneusement les horaires sur le site Internet, car la correspondance ne fonctionne qu'à certains moments de la journée.

## Comment circuler

Les liaisons interurbaines sont fréquentes ; les nombreux bus depuis/vers Rijeka prennent des passagers dans toutes les grandes villes de l'île.

# Ville de Krk

3 373 HABITANTS

Sur la côte sud-ouest de l'île, la ville de Krk s'organise autour d'un centre médiéval fortifié ; la partie moderne, qui comprend un port, des plages, des campings et des hôtels, s'étend jusqu'aux criques et collines alentour. La promenade du front de mer peut être bondée en été, quand touristes et vacanciers croates déferlent dans les étroites rues pavées de la vieille ville.

Sans la foule, le vieux dédale de ruelles fait tout le charme de Krk. Outre des pans des remparts et des portes de l'antique cité romaine, il englobe une cathédrale romane et un château des Frankopan du XII^e siècle.

Si 2 heures suffisent pour visiter les sites, la ville de Krk constitue en revanche une bonne base pour explorer le reste de l'île.

## À voir

**Cathédrale de l'Assomption** ÉGLISE

(Katedrala Uznesenja ; Trg Svetog Kvirina ; messe matin et soir). Cette imposante église romane du XII^e siècle se dresse sur le site de thermes romains et d'une ancienne basilique. Remarquez la rare sculpture du début du christianisme, représentant deux oiseaux dévorant un poisson sur la première colonne près de l'abside. Dans la nef gauche, une chapelle gothique du XV^e siècle porte les armoiries des princes Frankopan, qui venaient y prier.

**Saint-Quirinus** ÉGLISE

(Trg Svetog Kvirina ; 5 Kn ; 9h-13h lun-sam). La cathédrale partage son campanile (XVIII^e siècle), surmonté d'une statue d'ange, avec l'église voisine de Saint-Quirinus. De style roman primitif et construit en pierre blanche, l'édifice est consacré au saint patron de la ville. Le **musée de l'église** (Trg Svetog Kvirina ; 5 Kn ; 9h-13h lun-sam) renferme un trésor d'art sacré, avec un retable en argent représentant la Vierge de 1477 et un polyptyque de Paolo Veneziano.

**Kaštel** FORTERESSE

(Trg Kamplin). Face à la mer, cette forteresse décrépite protégeait jadis la vieille ville des attaques pirates. Elle comprend une tour du XII^e siècle, utilisée comme salle d'audience par les Frankopan, et une autre tour ronde défensive, bâtie par les Vénitiens. Le château sert désormais de scène en plein air pour des concerts et des représentations théâtrales en été.

## À faire

Procurez-vous une carte de l'île à l'office du tourisme et explorez les ruelles de la ville de Krk à vélo : **Speed** (221 587 ; S Nikolića 48) et **Losko** (091 91 50 264), à la gare routière, louent des vélos à partir de 80 Kn/jour.

Plusieurs centres de plongée, dont le **Diving Centre Krk** (222 563 ; www.fun-diving.com ; Braće Juras 3) et **Adria Krk** (604 248 ; Creska 12), proposent des cours et des plongées autour de l'île. Parmi les meilleurs sites figurent le *Peltastis*, l'épave d'un cargo grec de 60 m, les récifs de Punta Silo et de Kamenjak, peuplés par une riche faune marine dont des escargots de mer et des pieuvres, et diverses grottes sous-marines.

L'excellent **Wakeboard Club Krk** (09127 27 302 ; www.wakeboarder.hr ; 5 passages 50 Kn ; avr-sept) est une sorte de téléski de 650 m de longueur, conçu pour le wakeboard et le ski nautique, qui file à une vitesse de 32 km/h. Ne soyez pas intimidé : la plupart des clients sont des débutants. Les plus expérimentés pourront louer des wakeboards, des wakeskates et des combinaisons. Entre Krk et Punat.

## Fêtes et festivals

En juillet-août, le **Festival d'été de Krk** programme des concerts, des représentations théâtrales et des ballets dans un ancien monastère franciscain (à 500 m au nord du port) et sur les places de la vieille ville. La programmation est disponible auprès de l'office du tourisme. La **foire de Krk**, inspirée des fêtes vénitiennes, se déroule pendant 3 jours à la mi-août – concerts, costumes médiévaux et stands de cuisine traditionnelle.

## Où se loger

La vieille ville ne compte qu'un seul hôtel. Tous les autres sont installés dans un vaste complexe à l'est du centre et accueillent essentiellement des familles. Adressez-vous aux agences de voyages pour des chambres chez l'habitant. L'unique auberge de jeunesse de la ville est plutôt délabrée.

**Hotel Marina** HÔTEL DE CHARME €€€
(221357 ; www.hotelikrk.hr ; Obala Hrvatske Mornarice 6 ; ch/ste 890/1606 Kn ; P ❄ @ ). Le seul hôtel de la vieille ville occupe un emplacement privilégié au bord de l'eau. Du balcon de certaines des 10 chambres de luxe, vous pourrez contempler le port et les bateaux de plaisance ; demandez une chambre avec terrasse pour une meilleure vue. Élégant décor contemporain et sdb parfaites.

**Bor** HÔTEL DE PLAGE €€
(220 200 ; www.hotelbor.hr ; Šetalište Dražica 5 ; s/d à partir de 471/825 Kn ; avr-oct ; P ). Tout près d'une petite plage et d'un joli littoral rocheux, cet hôtel possède 22 chambres modestes, certaines avec balcon, et une jolie terrasse en façade. Entouré de grands pins, il se situe à 10 min de marche du centre. Les tarifs baissent sensiblement en basse saison.

**Autocamp Ježevac** CAMPING €
(221 081 ; camping@valamar.com ; Plavnička bb ; 47/59 Kn par adulte/empl ; mi-avr à mi-oct). Un camping en bord de mer avec des emplacements ombragés sur d'anciens champs en terrasses ; bons lieux de baignade et aires de barbecue. À 10 min à pied au sud-ouest de la ville.

**Politin FKK** CAMPING €
(221 351 ; www.camping-adriatic.com ; 46/56 Kn par adulte/empl ; mi-avr à sept ; ). Un joli camp naturiste sur la péninsule boisée de Prniba, non loin de la ville, avec la vue sur les îles de Plavnik et de Cres. Accès Wi-Fi gratuit et sanitaires récemment rénovés.

**Camping Bor** CAMPING €
(221 581 ; www.camp-bor.hr ; Crikvenička 10 ; 46/29 Kn par adulte/empl ; avr-oct). Sur une colline couverte d'oliviers et de pins, à 10 min à pied à l'ouest du front de mer, ce camping possède des sanitaires bien tenus et un restaurant.

**Hostel Krk** AUBERGE DE JEUNESSE €
(220 212 ; www.hostel-krk.hr ; D Vitezića 32 ; 145 Kn/pers). Cette auberge de jeunesse occupe une jolie maison ancienne qui aurait bien besoin d'une rénovation. Habituellement déserte, elle convient pour une nuit – mais pas davantage.

## Où se restaurer

**Konoba Nono** CUISINE CROATE €
(Krčkih Iseljenika 8 ; plats à partir de 40 Kn). Cet établissement de style rustique est réputé pour sa cuisine régionale, comme les *šurlice sa junećim* (pâtes garnies de goulasch), la spécialité de la maison. Il possède son propre pressoir à olives – les propriétaires vous inviteront à goûter leur production.

**Galija** PIZZAS €
(www.galija-krk.com ; Frankopanska 38 ; plats à partir de 45 Kn). Loin de la mer dans les ruelles de la vieille ville, cette maison ancienne en pierre aux poutres apparentes ne manque pas de cachet. À la fois *konoba* et pizzeria, elle sert des viandes grillées, des poissons, des pizzas, des pâtes et des risottos.

**Konoba Šime** CUISINE CROATE €
(Antuna Mahnića 1 ; plats à partir de 45 Kn). Très bien situé sur le port, cet établissement fréquenté offre la meilleure cuisine de cette rue animée : pâtes, *ćevapčići* (petites saucisses épicées de bœuf, d'agneau ou de porc) et calamars de l'Adriatique.

Un supermarché Konsum bien fourni est situé dans Stjepana Radića.

## Où prendre un verre et sortir

**Casa dei Frangipane** CAFÉ/BAR
(Šetalište Svetog Bernardina bb). En bord de mer, cet élégant café avec terrasse propose une bonne sélection de cafés, une carte de cocktails et de bons gâteaux, dont des baklavas. Il se transforme en discothèque en soirée, avec DJ et piste de danse.

**Volonis** BAR, CLUB
(Vela Placa). Cocktails et musique d'ambiance pour cet endroit chic, doté d'une terrasse et d'une salle semblable à une grotte (ornée de vestiges archéologiques). Des DJ animent les soirs de week-end.

**Jungle** CLUB
(Stjepana Radića bb ; mai-sept). Une clientèle jeune apprécie les rythmes *dancefloor* et les *mixes* endiablés, ainsi que le décor tropical avec les fausses lianes sur les murs.

## Renseignements

**Aurea** (221 777 ; www.aurea-krk.hr ; Vršanska 26l ; 8h-14h et 15h-20h). Excursions dans l'île en bateau et en bus. Chambres chez l'habitant.

**Autotrans** (222 661 ; www.autotrans-turizam.com ; Šetalište Svetog Bernardina 3). Dans la gare routière, cette agence réserve des chambres chez l'habitant et vend des billets de bus.

**Erste Banka** (Trg Bana Josipa Jelačića 4). Service de change et DAB.

**Hôpital** (221 224 ; Vinogradska bb)

**Krk Sistemi** (222 999 ; Šetalište Svetog Bernardina 3 ; Accès Internet 10 Kn/20 min ; 9h-14h et 17h-22h lun-sam, 10h-21h dim). Ordinateurs pour surfer et bons (payants) pour utiliser l'accès Wi-Fi.

**Offices du tourisme** (220 226 ; www.tz-krk.hr, en croate) Obala Hrvatske Mornarice (Obala Hrvatske Mornarice bb ; 8h-20h juin-sept, 8h-14h dim Pâques-mai et oct) ; Vela Placa (Vela Placa 1 ; 8h-15h lun-ven). Le bureau saisonnier distribue des brochures et de la documentation, dont une carte des chemins de randonnée, et emploie un personnel polyglotte. En hiver, rendez-vous dans le bureau principal, situé à proximité.

**Poste** (Bodulska bb ; 7h30-21h lun-ven, 7h30-14h sam). Délivre des avances sur les cartes de crédit.



# Punat

1 789 HABITANTS

À 8 km au sud-est de Krk, la petite ville de Punat séduit les plaisanciers par sa marina. Punat donne accès à Košljun (à 10 min en bateau), un îlot qui abrite un **monastère franciscain** (20 Kn ; 9h30-18h lun-sam, 10h30-12h30 dim) du XVIe siècle, édifié sur le site d'une ancienne abbaye bénédictine du XIIe siècle. L'église du monastère contient un grand *Jugement dernier*, peint en 1653 et effrayant à souhait. Un petit musée présente d'autres tableaux religieux, une collection ethnographique et un rare exemplaire de l'*Atlas* de Ptolémée, imprimé à Venise à la fin du XVIe siècle. Prenez le temps de flâner sur cette île boisée, qui compte 400 espèces de plantes.

De la ville de Krk, on rejoint facilement Košljun en bus. Des bateaux-taxis font la navette à partir du port (25 Kn aller-retour). L'été, vous trouverez aisément d'autres passagers pour partager un bateau.

Avec une jolie promenade bordée de glaciers et des plages correctes alentour, Punat peut servir de lieu de séjour malgré son ambiance guindée. Toutefois, mieux vaut remonter le long de la côte jusqu'aux deux campings. Le vaste **camping Pila** (854 020 ; www.hoteli-punat.hr ; Šetalište Ivana Brusića 2 ; 41/130 Kn par adulte/empl ; avr à mi-oct ; @), au sud du centre-ville, convient aux voyageurs organisés qui apprécient la gamme d'équipements (cybercafé et élégants sanitaires) et la gestion écologique (énergie solaire). À 3 km au sud, le **FKK Konobe** (854 049 ; www.hoteli-punat.hr ; Obala 94 ; 51/98 Kn par adulte/empl ; mi-avr à sept ; wifi), un camp naturiste moins développé, bénéficie d'un bel emplacement près d'une plage à pavillon bleu.

VAUT LE DÉTOUR

### UNE PLAGE PAISIBLE

Parmi les meilleures plages de Krk, beaucoup sont très développées et bondées en été. Pour plus de tranquillité, empruntez, au sud de Punat, la route déserte qui conduit à Stara Baška (et non pas à Baška, au sud-est). Ce superbe parcours traverse d'arides collines escarpées et des paysages lunaires. Stara Baška est une station touristique quelconque, avec des résidences secondaires et des campings, mais si vous vous arrêtez 500 m avant le premier camping, vous découvrirez de somptueuses criques de sable et de galets propices à la baignade. Garez-vous sur la route et descendez l'un des chemins rocailleux (5 min) pour rejoindre la côte.

## Vrbnik

947 HABITANTS

Perché sur une falaise de 48 m qui surplombe la mer, Vrbnik est un fabuleux village médiéval aux rues voûtées et pentues. Si des groupes de touristes y passent de temps à autre, le bourg reste paisible la majeure partie de l'année.

Vrbnik, était autrefois le centre de la langue glagolitique, dont il conservait alors de nombreux manuscrits. Cette langue fut préservée par les prêtres, longtemps nombreux dans le village car la prêtrise permettait aux jeunes gens d'échapper aux galères vénitiennes.

Aujourd'hui, Vrbnik est un formidable endroit pour admirer le panorama et goûter le *žlahtina*, un vin blanc de la région. Après avoir arpenté les rues pavées, descendez vous baigner à la plage.

Le petit **office du tourisme** (☎857 479 ; Placa Vrbničkog Statuta 4 ; ⌚8h-15h lun-ven, 9h-13h sam-dim juil-août) fournit des renseignements limités. **Mare Tours** (☎604 400 ; www.mare-vrbnik.com ; Pojana 4), autre source d'information, organise des visites guidées du village et de la région, et propose des chambres chez l'habitant (réservez bien à l'avance).

♥ Le **Restaurant Nada** (www.nada-vrbnik.hr ; Glavača 22 ; plats à partir de 55 Kn) est, à juste titre, le plus réputé de cette partie de Krk. La terrasse couverte à l'étage est plaisante pour se régaler d'agneau de Krk, de *šurlice* garnies de goulasch, de risotto aux *scampi* ou de poisson fumé. Dans la cave (ouverte de mars à novembre), vous pourrez goûter du fromage de brebis, du jambon, du vin et de l'huile d'olive parmi les tonneaux. Les propriétaires louent également de jolies maisons en pierre dans le village et à proximité.

En semaine, 4 bus relient chaque jour la ville de Krk et Vrbnik (25 Kn, 20-35 min), certains via Punat. Aucun bus ne circule le week-end.

## Baška

904 HABITANTS

Une route splendide conduit à la pointe sud de Krk en traversant une vallée fertile bordée de montagnes érodées. Elle s'achève à Baška, l'une des principales stations balnéaires de Krk, où une jolie plage en forme de croissant s'étend au pied de collines arides. Avec les sommets du continent juste en face, on se retrouve entouré de hautes montagnes.

La plage de galets devient un enfer en été, quand il ne reste pas un espace pour dérouler sa serviette et que la promenade de Baška est envahie par les stands de souvenirs kitsch.

Des immeubles résidentiels modernes sans charme et des restaurants quelconques se dressent autour d'un centre plaisant de maisons vénitiennes du XVIe siècle. Baška offre par ailleurs d'innombrables services, de beaux chemins de randonnée dans les montagnes alentour et des plages plus isolées à l'est de la ville, accessibles à pied ou en bateau-taxi.

### À voir et à faire

L'un des chemins de randonnée conduit à **Sainte-Lucie** (Sveta Lucija ; 10 Kn ; ⌚8h-12h et 14h-20h), une église romane dans le village de Jurandvor, à 2 km de Baška ; c'est ici que fut découverte la stèle de Baška du XIe siècle. Vous n'en verrez qu'une copie, car l'original se trouve au musée d'Archéologie de Zagreb.

Plusieurs itinéraires prisés partent du Camping Zablaće, dont une superbe marche qui mène, en 8 km, jusqu'à Stara Baška, une baie entourée de collines de calcaire arides, battues par les embruns.

La région compte également deux sites de **varappe** ; l'office du tourisme fournit des cartes et des renseignements.

### Où se loger

Contactez les agences **PDM Guliver** (☎/fax 856 004 ; www.pdm-guliver.hr ; Zvonimirova 98) et **Primaturist** (☎856 132 ; www.primaturist.hr ; Zvonimirova 98) pour des chambres chez l'habitant. Un séjour minimum de 4 nuits est habituellement exigé en été (faute de quoi un lourd supplément est demandé) et les chambres se louent rapidement. La plupart des hôtels et les deux campings sont gérés par le groupe **Hoteli Baška** (☎656 111 ; www.hotelibaska.hr).

**Hotel Tamaris** HÔTEL EN BORD DE PLAGE €€€
(☎864 200 ; www.baska-tamaris.com ; ch à partir de 899 Kn ; P❄📶) Ce trois-étoiles propose des petites chambres correctes avec moquette et, pour la plupart, sdb rénovée et TV câblée. Il borde la plage du côté ouest de la station balnéaire ; son café/restaurant jouit d'une belle vue sur la baie.

**Atrium Residence Baška** HÔTEL EN BORD DE PLAGE €€€
(☎656 111 ; www.hotelibaska.hr ; ch à partir de 878 Kn ; P❄📶) Les chambres et les appartements chics et modernes bénéficient presque tous de la vue sur la mer. Attention :

le bâtiment principal, qui renferme le centre de remise en forme et la piscine couverte/découverte, se situe à 1 km du rivage ; vous devrez donc marcher pour le rejoindre.

**FKK Camp Bunculuka** CAMPING €
(☎856 806 ; www.bunculuka.info ; 47/98 Kn par adulte/empl ; ⏲avr-oct). Ce camp naturiste ombragé se trouve à 15 min de marche à l'est du port, de l'autre côté de la colline sur une jolie plage. Il dispose de bons équipements pour les enfants, dont un minigolf et une table de ping-pong, d'un restaurant, d'un marché de fruits et légumes, et d'une boulangerie.

**Camping Zablaće** CAMPING €
(☎856 909 ; www.campzablace.info ; 47/98 Kn par adulte/empl ; ⏲avr à mi-oct). Le long d'une plage de galets étendue. Bons sanitaires et buanderie.

## Où se restaurer

À quelques exceptions près, les restaurants proposent une cuisine standard destinée aux touristes.

**Cicibela** CUISINE INTERNATIONALE €€
(Emila Geistlicha bb ; plats à partir de 60 Kn). Meilleur restaurant de Baška, avec une salle stylée et une carte alléchante de poissons, fruits de mer et viandes. Il se situe à l'extrémité est de la promenade.

**Bistro Forza** INTERNATIONAL €
(Zvonimirova 98 ; plats à partir de 40 Kn). Bonne table à petits prix, ce bistrot sert des pizzas et les habituelles viandes grillées, pâtes et salades.

D'innombrables supérettes permettent de faire ses courses.

## Renseignements

L'**office du tourisme** (☎856 817 ; www.tz-baska.hr ; Zvonimirova 114 ; ⏲7h-21h lun-sam, 8h-13h dim juin à mi-sept, 8h-14h lun-ven mi-sept à mai) se situe au bout de la rue qui part de la gare routière, entre la plage et le port. Le personnel parle 4 langues. Si vous souhaitez effectuer des randonnées, ne manquez pas de prendre la carte détaillant les itinéraires.

# ÎLE DE RAB

Rab (Arbe en italien) est l'île la plus séduisante du Kvarner par la diversité de ses paysages. Le sud-ouest, plus densément peuplé, est parsemé de pinèdes, de plages et de criques, tandis que la côte nord-est, balayée par les vents, semble désolée, avec de hautes falaises et peu de villages. L'arrière-pays fertile est protégé des vents froids par les montagnes, qui favorisent ainsi la culture des oliviers, de la vigne et des légumes. La péninsule de Lopar offre les meilleures plages de sable.

Vitrine culturelle et historique de l'île, la charmante ville de Rab possède quatre clochers élancés qui dominent les anciennes rues pavées. Même au cœur de la saison estivale, lorsque l'île est envahie par les vacanciers, vous éprouverez un sentiment de découverte en flânant dans son vieux quartier et en rejoignant des plages quasi désertes en bateau. Au printemps et en automne, quand les visiteurs sont rares, l'île de Rab est une destination merveilleuse pour la douceur de son climat.

### Histoire

Habitée à l'origine par les Illyriens, Rab passa successivement aux mains des Romains, des Byzantins et des Croates, avant d'être vendue à Venise en même temps que la Dalmatie, en 1409. L'agriculture, la pêche, la viticulture et la production de sel constituaient alors les piliers de son économie, mais l'essentiel des revenus profitait en réalité à la Sérénissime. Au XV<sup>e</sup> siècle, deux épidémies de peste décimèrent la population et ravagèrent son économie.

La chute de Venise en 1797 fut suivie d'une courte période de domination autrichienne qui précéda l'arrivée des Français en 1805. Après l'abdication de Napoléon en 1813, Rab revint dans le giron des Autrichiens, qui favorisèrent l'élite italianisée. Il fallut attendre 1897 pour que le croate devienne la langue "officielle". L'industrie touristique prit son essor au tournant du XX<sup>e</sup> siècle. Après la chute de l'Empire austro-hongrois en 1918, Rab fut finalement intégrée au royaume de Yougoslavie. Occupée par les troupes italiennes puis allemandes au début des années 1940, elle fut libérée en 1945. Durant l'époque de Tito, Goli Otok (Île nue), au large de la péninsule de Lopar, servit de camp de prisonniers : staliniens, anticommunistes et opposants politiques étaient secrètement transportés par bateau sur l'îlot et emprisonnés dans des conditions épouvantables.

Aujourd'hui, le tourisme constitue la principale ressource de Rab. Plusieurs stations balnéaires ont été spécifiquement construites pour les vacanciers et, même durant la guerre des années 1990, l'île a réussi à conserver sa clientèle allemande et autrichienne.

## Île de Rab

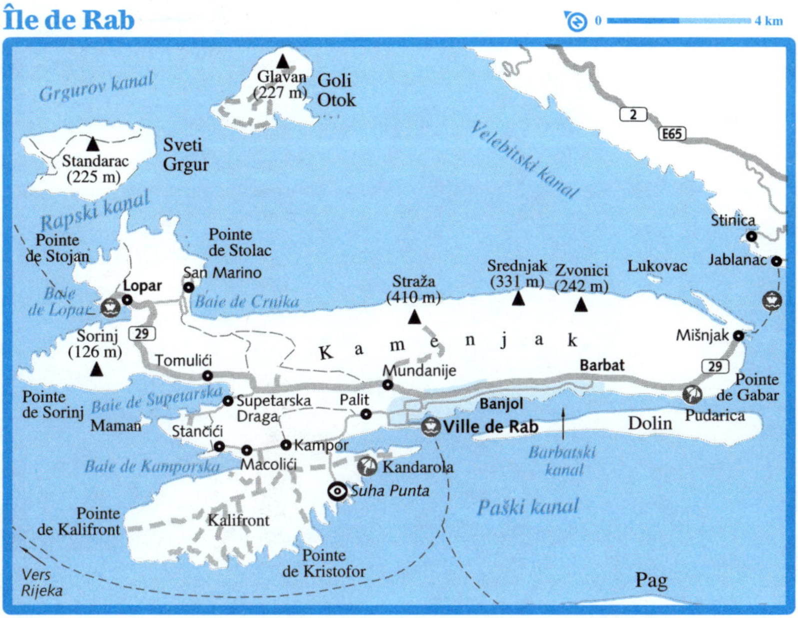




### Depuis/vers l'île de Rab

Un ferry de Split Tours circule entre Valbiska, sur Krk, et Lopar (passager/voiture 37/225 Kn, 1 heure 30) 2 fois/jour d'octobre à mai et 4 fois/jour en haute saison ; les prix baissent en hiver.

En été, un car-ferry de Rapska Plovidba fait constamment la navette entre Mišnjak, à la pointe sud-est de l'île, et Jablanac (passager/voiture 16/94 Kn, 20 min), sur le continent ; en hiver, une dizaine de bateaux effectue la traversée tous les jours. Un nouveau port était en construction à Jablanac lors de notre passage ; il est destiné à accueillir de grands ferries, afin d'augmenter les capacités sur cet itinéraire très fréquenté. Renseignez-vous.

Un ferry de Rapska Plovidba relie quotidiennement la ville de Rab et Lun (55 Kn, 40 min), sur Pag ; les excursions d'une journée ne sont possibles que le mardi, le jeudi et le vendredi. De juin à septembre, Jadrolinija propose un service quotidien en catamaran (passagers uniquement) entre Rijeka et Rab (40 Kn, 2 heures), qui continue jusqu'à Novalja, sur Pag.

Il n'existe pas de bus direct entre Rab et Zadar, mais plusieurs bus quotidiens assurent la correspondance à Senj avec les bus Rijeka-Zadar (195 Kn, 5 heures). Chaque jour, 2 bus relient Rab et Rijeka (129 Kn, 3 heures). En haute saison, 3 à 4 bus directs partent de Zagreb pour Rab (197 Kn, 4-5 heures) ; réservez sur cette ligne fréquentée.

### Comment circuler

Tous les jours, 11 bus (9 le dimanche) circulent dans les deux sens entre la ville de Rab et Lopar (25 Kn, 15 min) ; certains assurent la correspondance avec le ferry Valbiska-Lopar.

À partir du port de la ville de Rab, un service de bateau-taxi rallie la station balnéaire de Suha Punta (25 Kn) 4 fois/jour en juillet-août. Des bateaux-taxis vous conduiront sur n'importe quelle plage de l'île, y compris à Frkanj et sur la plage nudiste de Kandarola (25 Kn/pers ; presque toutes les heures de juin à septembre).

## Ville de Rab

556 HABITANTS

La cité médiévale de Rab fait partie des sites les plus spectaculaires du nord de l'Adriatique. Blottie sur une étroite péninsule, elle se reconnaît à ses quatre clochers qui se dressent comme des points d'exclamation au-dessus des maisons en pierre à toits rouges. Un dédale de rues mène à la ville haute, jalonnée d'églises anciennes et de splendides points de vue. Le spectacle est fabuleux : l'eau azur du petit port scintille au pied des montagnes, qui protègent la baie de la froide bora (*bura*). Après avoir exploré la ville, partez en excursion ou prenez un bateau-taxi pour découvrir les ravissantes criques alentour.

# Ville de Rab

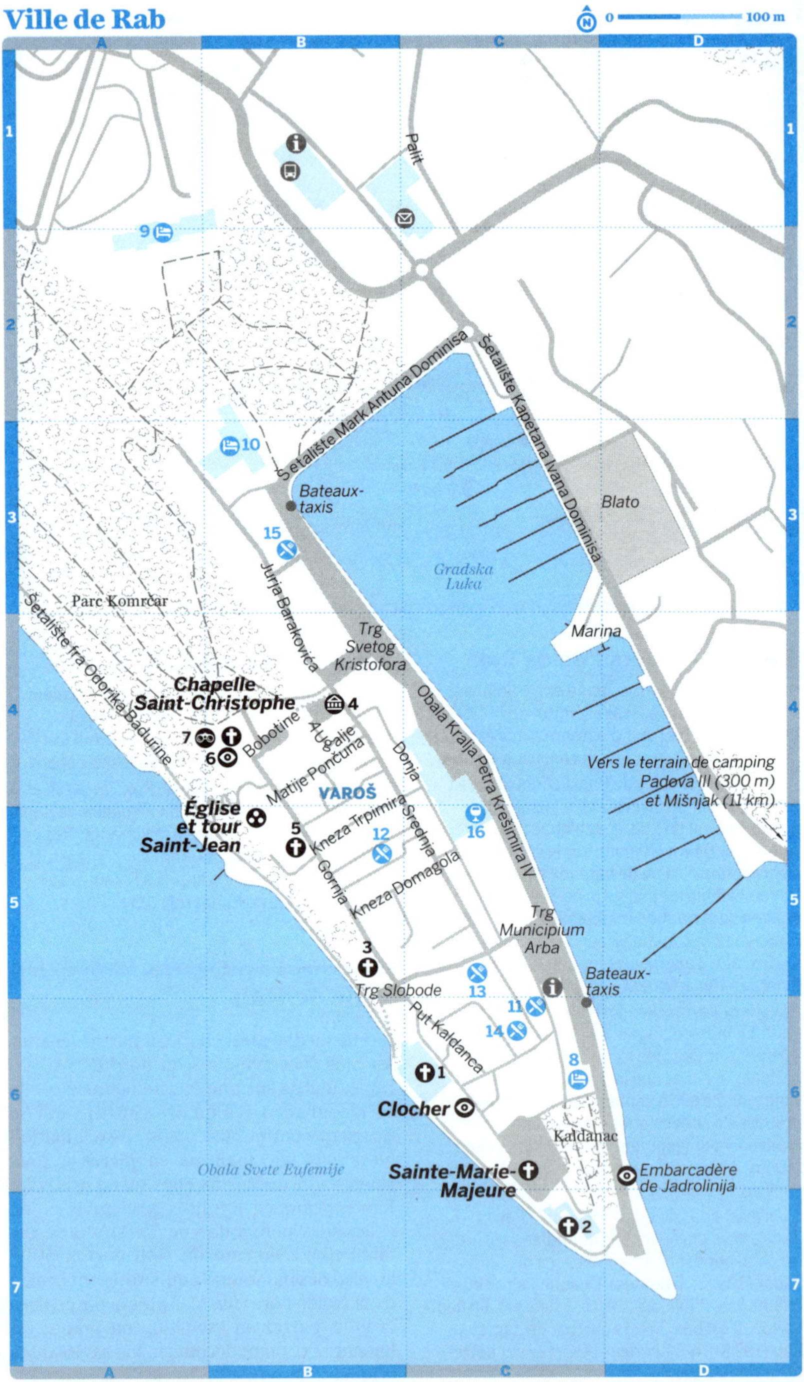
0
100 m
A
B
C
D
1
2
3
4
5
6
7
Palit
Šetalište Mark Antuna Dominisa
Šetalište Kapetana Ivana Dominisa
Bateaux-taxis
Blato
Gradska Luka
Marina
Parc Komrčar
Šetalište fra Odorika Badurine
Jurja Barakovića
Trg Svetog Kristofora
Obala Kralja Petra Krešimira IV
Chapelle Saint-Christophe
Bobotine
Ugalje
Matije Pončuna
Donja
VAROŠ
Église et tour Saint-Jean
Kneza Trpimira
Srednja
Gornja
Kneza Domagola
Vers le terrain de camping Padova III (300 m) et Mišnjak (11 km)
Trg Municipium Arba
Trg Slobode
Put Kaldanca
Bateaux-taxis
Clocher
Kaldanac
Obala Svete Eufemije
Sainte-Marie-Majeure
Embarcadère de Jadrolinija
1
2
3
4
5
6
7
8
9
10
11
12
13
14
15
16

## Ville de Rab

**Les incontournables**



À 5 min de marche au nord de la vieille ville, une galerie marchande défraîchie avoisine la gare routière.

## À voir

Flâner dans les ruelles de la vieille ville, et arpenter le port, la ville haute et les parcs est un réel plaisir

### Ville haute

Les églises et les clochers anciens qui se regroupent dans l'étroite Gornja Ulica (et dans Ivana Rabljanina, son prolongement) constituent les principaux sites de Rab. Les églises suivantes n'ouvrent habituellement que pour les messes du matin et du soir, mais vous pourrez jeter un coup d'œil à l'intérieur à travers les grilles métalliques quand elles sont fermées.

**Église et tour Saint-Jean** ÉGLISE EN RUINES

(Svetog Ivana ; tour 5 Kn ; 10h-13h). En arrivant par l'ouest dans Gornja, cette basilique romane quasiment en ruines est la première église que l'on voit. Elle daterait du Ve siècle et quelques-unes de ses colonnes sont toujours debout. Grimpez dans la **tour** (clocher) adjacente du XIIe siècle, restaurée, pour une vue superbe sur la mer.

**Église de la Sainte-Croix** ÉGLISE

(Svetog Križa). Cette église du XIIIe siècle abrite une croix sur laquelle le Christ aurait pleuré, en raison de la conduite immorale des habitants. Aujourd'hui, elle accueille en été des concerts des Soirées musicales de Rab.

**Église Sainte-Justine** ÉGLISE

(Svete Justine). Actuellement en rénovation, cette église possède un clocher de 1572 et une collection d'art sacré. Elle se situe à côté de la jolie **Trg Slobode**, agrémentée d'un chêne et d'une vue sur la mer.

**Église Saint-André** ÉGLISE

(Svetog Andrije). Dotée du plus vieux clocher de Rab, l'église Saint-André comprend une triple nef. Par endroits, le plâtre a été ôté pour révéler les pierres d'origine.

**Clocher** CLOCHER

(Svetog Andrije ; 7 Kn ; 10h-13h et 19h30-22h mai-sept). Érigé au XIIIe siècle, il s'agit du plus haut clocher de Rab et de l'un des plus beaux du littoral croate. Cet édifice de 26 m de hauteur, surmonté d'une pyramide octogonale entourée d'une balustrade romane, renferme une croix ornée de cinq petits globes et des reliquaires de plusieurs saints. Montez l'escalier en bois escarpé qui débouche à côté du mécanisme du carillon et admirez la vue sur les toits de la vieille ville et la mer.

**Sainte-Marie-la-Grande** ÉGLISE

(Crkva svete Marije Velike). Localement appelée la *katedrala* (cathédrale), cette église est la plus majesteuse de la ville haute. Elle se distingue par une sobre façade imposante, des stalles du XVe siècle, une longue nef et des piliers érodés par le temps. Maintes fois remodelée au fil des ans, elle comporte des mosaïques attestant sa fonction de sanctuaire chrétien depuis le IVe ou le Ve siècle.

**Église Saint-Antoine** ÉGLISE

(Svetog Antuna). À l'extrémité est de la rue, cette église s'agrémente d'incrustations de marbre et d'une sculpture de saint Antoine l'Hermite assis décorant l'autel. Les religieuses franciscaines du couvent voisin entretiennent le jardin et confectionnent des nappes en fils d'agave.

Au nord de l'église Saint-Antoine, un escalier descend jusqu'au **parc Komrčar**, un superbe jardin paysager, idéal pour une pause par une chaude journée d'été.

### À voir également

**Chapelle Saint-Christophe** CHAPELLE

(Svetog Kristofora). Cette charmante chapelle comprend un **lapidarium** (don à l'entrée ; 10h-12h30 et 19h30-21h lun-sam, 19h30-21h dim mai-sept) avec une petite collection de pierres anciennes. De là, le **point de vue** est époustouflant.

**Palais Dominis** PALAIS

(Srednja). Construit à la fin du XVe siècle pour une éminente famille patricienne, sa façade est ornée de fenêtres Renaissance et d'un splendide portail aux armoiries de la famille. Jadis, les propriétaires apprenaient à lire et à écrire aux habitants dans le palais.

## À faire

L'île est sillonnée de 100 km de **chemins de randonnée** balisés et de 80 km de **pistes cyclables**, dont plusieurs sont accessibles depuis la ville de Rab. Procurez-vous l'excellente carte *Biking & Trekking* à l'office du tourisme. Derrière l'Hotel Istra, un chemin file vers le nord-est jusqu'au pic de Sveti Ilija – une marche de 30 min, récompensée par une vue superbe. Plusieurs agences de voyages louent des vélos.

Les sites de plongée sont nombreux et variés : l'épave du *Rosa* et sa forêt de gorgones rouges, ses anguilles et ses homards ; des grottes et des galeries sous-marines ; et un champ d'amphores protégé au large de la pointe de Sorinj. **Mirko Diving Centre** (721 154 ; www.mirkodivingcenter.com ; Barbat 710), installé à Barbat, propose des cours (Discover Diving à 30 €) et des plongées.

## Circuits organisés

De nombreuses agences de voyages organisent des tours de l'île en bateau d'une journée, avec des haltes pour la baignade et la visite d'îles voisines telles que Sveti Grgur et Goli Otok ; les prix débutent à 125 Kn. Vous pourrez vous adresser directement aux skippers ; en soirée, des bateaux d'excursion bordent le port principal. Des circuits jusqu'à Lošinj (170 Kn), Krk (170 Kn) et Plitvice (385 Kn) sont également proposés.

## Fêtes et festivals

La ville tout entière revient au Moyen Âge durant la **foire de Rab** (Rapska Fjera ; 25-27 juillet) : costumes d'époque, défilés, tambours, feux d'artifice, danses médiévales et concours de tir à l'arbalète.

Les **Soirées musicales de Rab** se déroulent de juin à septembre, avec des concerts le jeudi soir (21h) dans divers endroits, dont l'église de la Sainte-Croix et Sainte-Marie.

En juillet, Rab accueille une **semaine de la mode** très animée, et début août, un grand **festival d'été** dans le secteur de Blato, au nord de Rab. Ce dernier attire de célèbres DJ de house et de trance, ainsi que des artistes pop croates.

## Où se loger

La ville de Rab compte de nombreux campings et hôtels (souvent assez médiocres), gérés pour la plupart par le groupe **Imperial** (www.imperial.hr). Pour une chambre ou un appartement privé, contactez les agences de voyages ou repérez vous-même les hébergements ; beaucoup se regroupent le long de la bretelle qui part de la nationale.

**Pansion Tamaris** PETIT HÔTEL €€

(724 925 ; www.tamaris-rab.com ; Palit 285 ; d 742 Kn ; P). À 10 min à pied à l'est de la ville, ce petit hôtel bien tenu, au personnel attentif, se situe dans un endroit calme. Il offre des chambres simples et plaisantes, avec parquet flottant, draps fins et, pour la plupart, balcon et vue sur la mer. Il comprend un bon restaurant (la demi-pension est intéressante) ; le petit déjeuner est un plaisir, sur la terrasse avec vue sur les flots.

**Hotel Arbiana** HÔTEL HISTORIQUE €€€

(775 900 ; www.arbianahotel.com ; Obala Kralja Petra Krešimira IV 12 ; s 876 Kn, d 1 300 Kn ; P@). Le plus chic de Rab, cet hôtel de 1924 conserve le charme et l'élégance de son temps. Récemment rénovées, les 28 chambres disposent d'une TV LCD, d'un bureau et de belles copies de meubles anciens. La plupart s'agrémentent d'un balcon (la chambre n°301 en possède deux !). Un excellent restaurant, le Santa Maria, est installé sur place.

**Hotel Istra** HÔTEL €€

(724 134 ; www.hotel-istra.hr ; Šetalište Markantuna Dominisa bb ; s 458 Kn, d 509-771 Kn ; P). L'emplacement sur le port constitue le principal attrait du lieu. Les chambres, petites et un peu défraîchies, conviennent pour une ou deux nuits ; elles ne sont pas climatisées mais possèdent un chauffage.

**Hotel Imperial** HÔTEL €€

(724 522 ; www.imperial.hr ; Palit bb ; d 960 Kn ; P@). Un peu désuet, l'établissement bénéficie en revanche d'un emplacement exceptionnel dans le parc Komrčar. Les chambres varient par leur standing et leur

cadre (demandez la vue sur la mer pour ne pas vous retrouver face à un parking). Courts de tennis, salle de sport et spa sur place. Un bateau conduit gratuitement à la plage.

**Camping Padova III** CAMPING €
(☎724 355 ; www.rab-camping.com ; Banjol bb ; 47/32 Kn par adulte/tente ; ⏲avr-oct). À environ 2 km à l'est de la ville, sur une plage de sable, de nombreux équipements et des mobile homes à louer.

## Où se restaurer

Les poissons, les fruits de mer et les pâtes constituent la base de la cuisine locale. La qualité et les prix varient peu, hormis quelques exceptions notables.

**Astoria** CUISINE GASTRONOMIQUE €€
(www.astoria-rab.com ; Trg Municipium Arba 7 ; plats 90-160 Kn). Ce restaurant raffiné, à la terrasse qui surplombe le port, offre une cuisine ambitieuse et réussie. Goûtez la lotte ou les succulents *scampi municipium arbe* (au vin blanc et à l'ail). Plats végétariens, fromage de brebis local et excellents vins croates et italiens également proposés.

**Santa Maria** CUISINE CROATE €€
(Dinka Dokule 6 ; plats à partir de 55 Kn). Le restaurant de l'Hotel Arbiana se distingue autant par son cadre que par sa cuisine. La terrasse, avec ses tables éclairées aux chandelles au milieu des remparts de la vieille ville, est l'une des plus romantiques de Rab. Sur la carte inventive, choisissez le poulet au miel de sauge et sauce à la limette, ou les calamars rôtis.

**Paradiso** CUISINE CROATE €€
(www.makek-paradiso.hr ; Stjepana Radića 1 ; plats 75-140 Kn ; ⏲8h-24h mai-oct). Cette ancienne maison de ville en pierre allie œuvres d'art, vins et bonne cuisine. Goûtez des vins d'Istrie et de Pelješac dans la *vinoteka*, puis régalez-vous d'un plat de viande, de poisson ou de pâtes dans la superbe loggia vénitienne, ou dans le patio à l'arrière.

**Konoba Rab** CUISINE CROATE €€
(Kneza Branimira 3 ; plats à partir de 65 Kn ; ⏲fermé déj dim). Pour savourer une authentique cuisine paysanne, rendez-vous dans cette *konoba* et optez pour un plat classique de viande ou de poisson. Vous pourrez commander à l'avance un agneau rôti sous un *peka*.

Un supermarché est installé sur le port.

## Où sortir

Les fêtards se rendent souvent sur la plage de Zrce, sur l'île voisine de Pag ; ils prennent le catamaran en fin d'après-midi et reviennent le lendemain par le bateau de 6h.

**Dock 69** BAR, CLUB
(Obala Kralja Petra Krešimira IV). Ce nouveau *lounge bar* possède une terrasse face au port et une salle-discothèque où des DJ passent en soirée à plein volume du R&B, de la house et des tubes.

**Santos Beach Club** CLUB DE PLAGE
(www.sanantonio-club.com ; Pudarica Beach ; ⏲10h-aube fin juin-début sept). Ouvert uniquement en été, ce club de plage se situe à 10 km de la ville de Rab près de Barbat (des navettes circulent la nuit). Des DJ, des musiciens et des défilés de mode attirent une foule effervescente. Bar de plage dans la journée, il met alors les chaises longues et le beach-volley à l'honneur.

## Renseignements

Un accès Wi-Fi est disponible gratuitement autour de l'office du tourisme et dans Trg Svetog Kristofora.

**Digital X** (☎777 010 ; Donja bb ; 30 Kn/h ; ⏲10h-14h et 18h-24h lun-sam, 18h-24h dim). Accès Internet.



VAUT LE DÉTOUR

### SAINTE-EUPHÉMIE

Le **monastère franciscain de Sainte-Euphémie** (Samostan Svete Eufemije ; Kampor ; 10 Kn ; ⏲10h-12h et 16h-18h lun-sam) et l'église baroque adjacente Saint-Bernardin justifient la balade de 2,5 km reliant Palit à Kampor, au nord-ouest. Les moines franciscains possèdent un petit musée présentant de vieux parchemins, des pierres et des peintures religieuses. L'ambiance paisible constitue le principal attrait du monastère. Le cloître est charmant et, dans l'église, le plafond est orné de peintures éthérées, qui contrastent avec l'agonie représentée sur le crucifix en bois de style gothique tardif. Remarquez le polyptyque du XVe siècle réalisé par les frères Vivarini.

**Erste Banka** (Mali Palit bb). Service de change et DAB.

**Garderoba** (Mali Palit bb ; 1 Kn/h ; 5h30-20h). Consigne à la gare routière.

**Katurbo** (724 495 ; www.katurbo.hr ; Šetalište Markantuna Dominisa 5). Chambres chez l'habitant, service de change, location de vélos (20 Kn/heure) et circuits – notamment dans le parc national des lacs de Plitvice.

**Numero Uno** (724 688 ; www.numero-uno.hr ; Šetalište Markantuna Dominisa 5). Chambres chez l'habitant, location de vélos et circuits à pied, en bateau, en kayak (320 Kn) et à vélo (290 Kn).

**Office du tourisme** (771 111 ; www.tzg-rab.hr ; Trg Municipium Arba 8 ; 8h-22h mi-mai à sept, 8h-20h lun-ven oct à mi-mai). Bien organisé, avec un personnel obligeant et quantité de cartes et brochures pratiques. Une succursale (8h-22h juin-sept) est installée au coin de la gare routière.

**Poste** (Mali Palit 67 ; 7h-20h lun-ven, 7h-14h sam)



## Lopar

1 194 HABITANTS

Le développement touristique sur la péninsule de Lopar, à la pointe nord de l'île de Rab, n'a guère de charme, contrairement aux 22 plages de sable bordées de pinèdes. Des familles d'Europe centrale affluent en été, car la mer peu profonde convient parfaitement aux enfants. Depuis la **plage du Paradis** (Rajska Plaža), longue de 1,5 km, dans la baie de Crnika, vous pourrez pratiquement rejoindre à pied une petite île. Non loin, la **plage de Livačina** est plus paisible.

Pour bronzer sans maillot, rendez-vous à **Sahara Beach**, une plage nudiste fréquentée dans une charmante crique au nord. Elle est accessible par 45 min de marche sur un sentier balisé à travers la pinède qui part au-delà du complexe hôtelier San Marino. Plus proche, la **plage de Stolac**, également destinée au naturisme, se trouve à 15 min de marche au nord de la plage du Paradis.

Un **office du tourisme** (775 508 ; www.lopar.hr ; Lopar bb ; 8h-21h juil-août, 8h-20h lun-sam, 8h-14h dim juin et sept) est installé dans le centre-ville. **Sahara Tours** (775 444 ; www.sahara-tours.hr ; Lopar bb) répertorie des dizaines de chambres, maisons et appartements privés et propose des excursions en bateau autour de l'île.

La station balnéaire dans la baie de Crnika comprend l'immense Camping San Marino, cinq hôtels (propriété du groupe Imperial), une rangée de stands de souvenirs et des restaurants quelconques. Tenu par une famille, l'**Epario Hotel** (777 500 ; www.epario.net ; Lopar 456a ; s/d 252/612 Kn ; P ❄ @ ) est plus plaisant, avec 28 chambres propres et confortables, dotées d'un balcon pour la plupart.

Pour vous restaurer, le **Lukovac** (plats à partir de 35 Kn), sur la plage du Paradis, sert de savoureux *picarels* (petite friture) et des salades à petits prix. Un peu excentré, le **Fortuna** (Lopar bb ; plats à partir de 50 Kn), plus élégant, possède une jolie terrasse ombragée.

Le ferry en provenance de Valbiska s'arrête à 1 km du centre-ville ; à l'arrivée, un petit bus-train transporte les passagers sans voiture (adulte/enfant 10/5 Kn).

# Dalmatie du Nord

☎022, 023

## Dans ce chapitre »



## Le top des restaurants

» Pelegrini (p. 190)
» Boškinac (p. 187)
» Foša (p. 174)
» Taverna-Konoba Marasović (p. 181)
» Bistro Na Tale (p. 186)

## Le top des hébergements

» Boškinac (p. 187)
» Hotel Bastion (p. 173)
» Hotel Adriana (p. 173)
» Pansion Eco-House (p. 178)

## Pourquoi y aller

Isolée du reste du continent par le massif du Velebit, la Dalmatie du Nord est une région tempérée qui offre de très beaux panoramas. Elle enchantera les voyageurs en quête d'une partie de littoral moins soumise aux invasions touristiques saisonnières, tirant sa richesse de villes historiques, d'îles et de parcs nationaux de toute beauté.

Zadar, principale ville de Dalmatie du Nord, possède de nombreux musées, des rues piétonnes ponctuées de ruines romaines, d'excellents restaurants et des festivals de musique renommés. Šibenik, non loin, s'enorgueillit d'une cathédrale et d'un quartier médiéval uniques. Parmi les dizaines d'îles de l'Adriatique, c'est à Pag que la vie nocturne est la plus animée ; Dugi Otok et les îles Kornati se distinguent quant à elles par leur calme et des paysages somptueux.

Les parcs nationaux de la région comptent parmi les plus impressionnants de Croatie. D'exceptionnels sentiers de randonnée et sites d'escalade vous attendent à Paklenica, tandis que la Krka et Plitvice servent d'écrin à de splendides lacs et chutes d'eau.

## Quand partir

### Zadar

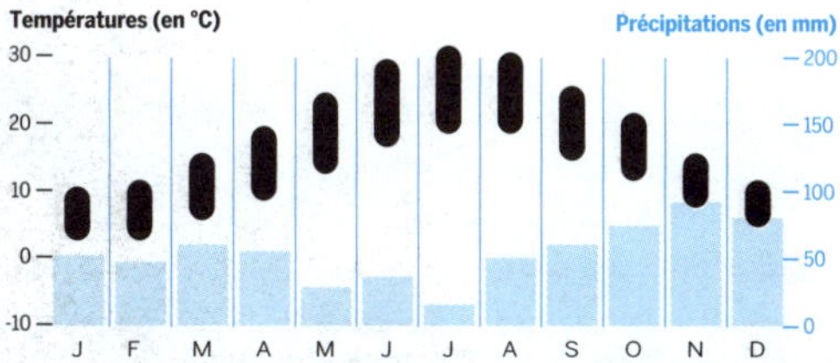


**Avril et mai**
Une température idéale pour randonner dans les parcs de Paklenica et des lacs de Plitvice.

**Juin et juillet**
Pour voir Šibenik sous son meilleur jour, pendant le fameux Festival des enfants.

**Août et septembre**
Petrčane accueille des festivals de musique endiablés.

## À ne pas manquer

1 Les canyons et les sentiers alpins du **parc national de Paklenica** (p. 179)

2 **Petrčane** (p. 176) et ses festivals musicaux particulièrement créatifs

3 Les lacs turquoise et les cascades du **parc national des lacs de Plitvice** (p. 177)

4 **Zadar** (p. 169), ville historique méconnue du littoral

5 L'île de **Pag** (p. 184), ses paysages enchanteurs, sa vie nocturne animée et ses fromages exquis !

6 Les rues médiévales de **Šibenik** (p. 187)

7 L'étrange beauté des **îles Kornati** (p. 193)

8 Les rapaces du **centre Sokolarski** (p. 192)

9 Le spa ultramoderne **Acquapura Thalasso** (p. 172)

10 La baignade dans les lacs du **parc national de la Krka** (p. 191)

# RÉGION DE ZADAR

La région de la cosmopolite ville de Zadar ne manque pas d'attraits avec, notamment, les remarquables parcs nationaux de Paklenica et des lacs de Plitvice.

## Zadar

☎023 / 73 442 HABITANTS

Avec sa vieille ville jalonnée de ruines romaines, d'églises médiévales, d'excellents musées et de cafés cosmopolites, Zadar commence véritablement à attirer l'attention. Pourtant, malgré ses deux curiosités uniques, l'Orgue marin et la Salutation au soleil (qu'il faut entendre et voir pour y croire !), elle n'est pas envahie par les touristes.

Dans la vieille ville, l'élégante architecture Habsbourg côtoie parfois de malheureux immeubles de bureaux : Zadar n'est pas Dubrovnik, loin s'en faut. C'est une ville où les gens viennent travailler, et qui s'impose par ailleurs comme un nœud des transports – elle est bien reliée par ferry aux îles croates de l'Adriatique, au Kvarner, à la Dalmatie du Sud et à l'Italie.

Le centre-ville compte peu d'hôtels. La plupart des visiteurs séjournent dans la verdoyante zone touristique de Borik, à proximité.

### Histoire

La tribu illyrienne des Liburnes fut la première à s'installer à Zadar dès le IXe siècle av. J.-C. Au Ier siècle av. J.-C., Zadar était une colonie romaine de second plan. Puis des populations slaves s'y implantèrent aux VIe et VIIe siècles, avant qu'elle ne se retrouve plus tard sous la férule des rois croato-hongrois.

La montée en puissance des Vénitiens au milieu du XIIe siècle fit l'objet de vigoureuses contestations, et les 200 ans qui suivirent furent marqués par une succession de soulèvements. La ville n'en finit pas moins par être acquise par Venise en 1409, avec le reste de la Dalmatie.

Les fréquentes guerres turco-vénitiennes débouchèrent sur l'édification de fortifications au XVIe siècle. À la chute de Venise, en 1797, Zadar passa sous domination autrichienne. Les Autrichiens firent alors venir des Italiens pour coadministrer la ville, aux côtés de l'aristocratie italianisée déjà régnante. Cette influence transalpine perdura jusqu'au XXe siècle, Zadar demeurant jusqu'alors une province italienne. À la capitulation de l'Italie, en 1943, les Alliés répliquèrent à l'occupation allemande par des bombardements massifs qui détruisirent près de 60% du centre historique. La ville fut rebâtie en respectant le plan urbanistique d'origine.

L'histoire se répéta en novembre 1991, quand l'armée yougoslave soumit Zadar à une pluie de roquettes pendant trois mois. Aujourd'hui, les cicatrices de la guerre ont été gommées et la ville a repris sa place parmi les plus dynamiques de Croatie.

### À voir

**Orgue marin et Salutation au soleil** ART CONTEMPORAIN

L'étonnant Orgue marin de Zadar, conçu par l'architecte local Nikola Bašić, est unique au monde. Ce système de tuyaux et de soufflets installé dans les marches en pierre ajourées qui s'enfoncent dans la mer émet des soupirs mélancoliques au gré des appels d'air créés par le ressac.

L'effet est aussi saisissant qu'hypnotique. Les tons mélodieux sont plus forts lorsque des bateaux passent, et on peut se baigner en bas des marches de la promenade en se laissant bercer par les sons étranges.

Juste à côté, la Salutation au soleil est une autre création étonnante de Bašić. Ce cercle de 22 m de circonférence, taillé dans le trottoir et garni de 300 plaques de verre à couches multiples, emmagasine l'énergie solaire pendant la journée. Mues, comme l'orgue marin, par la puissance des vagues, ces plaques produisent du lever au coucher du soleil un magnifique jeu de lumière censé "stimuler le système solaire". Grâce au climat croate, la Salutation au soleil recueille suffisamment d'énergie pour alimenter tout le système d'éclairage du port.

**Église Saint-Donat et vestiges romains** ÉGLISE

(Crkva Svetog Donata ; Šimuna Kožičića Benje ; 12 Kn ; ⌚9h-21h mai-sept, jusqu'à 16h oct-avr). L'église porte le nom de l'évêque qui l'aurait fait construire au début du IXe siècle, dans le style byzantin de l'époque. L'inhabituel plan circulaire est surtout visible du côté sud. L'intérieur se distingue quant à lui par sa simplicité, ainsi que par sa fraîcheur les jours de grosse chaleur. Aucune messe n'est célébrée dans l'édifice.

L'église se dresse à l'emplacement du **forum romain**, édifié entre le Ier siècle av. J.-C. et le IIIe siècle de notre ère, et dont il ne reste que quelques fragments et deux colonnes complètes intégrées à l'église. Le sol d'origine a été enlevé, révélant les dalles du forum antique. Vous remarquerez les inscriptions latines sur les vestiges des autels sacrificiels.

## Zadar

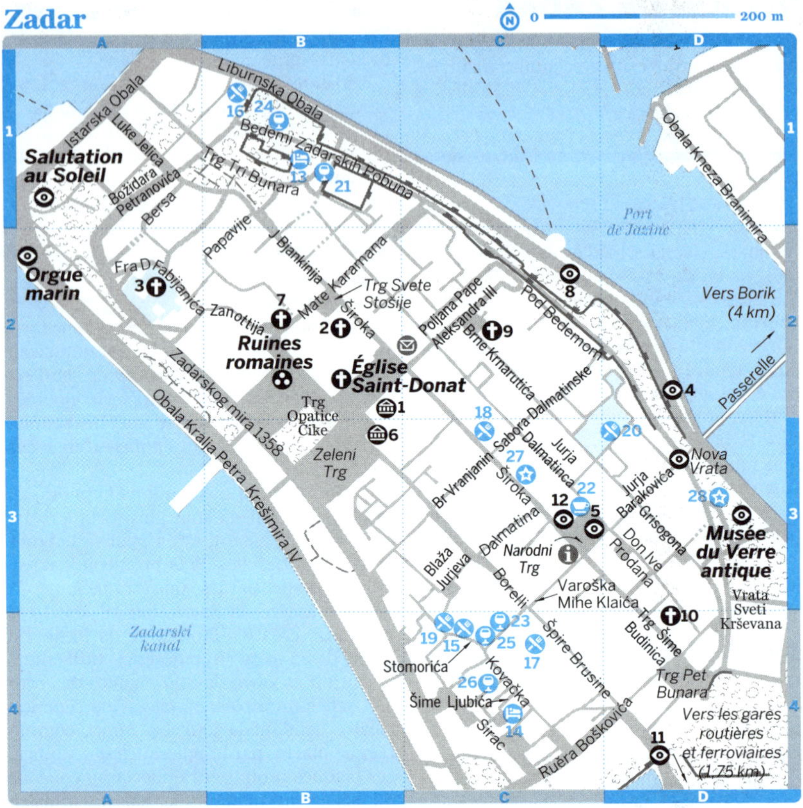


À l'extérieur, la colonne antique sur le flanc nord-ouest de l'église servait de **pilori** au Moyen Âge. Le flanc ouest comporte davantage d'**éléments romains**, avec notamment des colonnes sculptées à l'image de Jupiter, d'Amon et de Méduse. Vous apercevrez en dessous des autels païens destinés aux sacrifices. Un temple du Ier siècle av. J.-C. dédié à Jupiter, Junon et Minerve, s'élevait vraisemblablement à cet endroit.

### Fortifications — REMPARTS

Le tour des fortifications permet un survol historique de Zadar. Pour procéder par ordre chronologique, commencez la visite par les remparts orientaux proches de la passerelle : il s'agit des seuls vestiges des murailles romaines et du haut Moyen Âge, le reste des fortifications datant de l'occupation vénitienne. À proximité se dressent quatre anciennes portes de la ville. La **porte Saint-Roch**, au nord-ouest, puis la **porte du Port**. Cette dernière, érigée en 1573, arbore toujours le lion, symbole de Venise, et comporte les restes d'un arc de triomphe romain. Une inscription commémore la bataille de Lépante (1571). Au sud-est se dresse la **porte de la Ville**, qui date de 1543. Cet ouvrage de style Renaissance s'orne d'une effigie de saint Chrysogone (Krževan) à cheval et du lion vénitien. La quatrième porte se trouve sur Trg Pet Bunara.

### Musée du Verre antique — MUSÉE

(www.mas-zadar.hr ; Poljana Zemaljskog Odbora 1 ; tarif plein/réduit 30/10 Kn ; 9h-21h mai-sept, jusqu'à 19h lun-sam oct-avr). Le plus récent musée de Zadar est un bonheur à visiter, avec son aménagement magnifique, ses luminaires géants et son ambiance musicale éthérée. L'histoire du verre y est illustrée par des outils, des chalumeaux et des récipients d'Égypte et de Mésopotamie. Des milliers de pièces sont exposées : gobelets, pots, fioles, anneaux, amulettes, et de nombreux objets insolites trouvés dans la

## Zadar

**Les incontournables**

Église Saint-Donat ........ B2
Musée du Verre antique ........ D3
Ruines romaines ........ B2
Orgue marin ........ A2
Salutation au Soleil ........ A1

**À voir**

1 Musée d'Archéologie ........ B2
2 Cathédrale Sainte-Anastasie ........ B2
3 Église et monastère franciscains ........ A2
4 Porte Saint-Roch ........ D2
5 Loggia ........ C3
6 Musée d'Art sacré ........ B3
7 Église orthodoxe ........ B2
8 Porte du port ........ C2
9 Église Saint-Chrysogone ........ C2
10 Église Saint-Siméon ........ D4
11 Porte de la ville ........ D4
12 Tour de guet ........ C3

**Activités**

Castell ........ (voir 13)

**Où se loger**

13 Hotel Bastion ........ B1
14 Venera Guest House ........ C4

**Où se restaurer**

15 Do ortuna ........ C4
16 Kornat ........ B1
17 Na po ure ........ C4
18 Supermarché ........ C3
19 Trattoria Canzona ........ C4
20 Marché ........ D3

**Où prendre un verre**

21 Arsenal ........ B1
22 Caffe Bar Lovre ........ C3
23 Galerija Đina ........ C4
24 Garden ........ B1
25 Kult Caffe ........ C4
26 Zodiac ........ C4

**Où sortir**

27 Théâtre national ........ C3
28 Satir ........ D3

région de Zadar, notamment des miniatures utilisées par des dames romaines pour garder leurs parfums et leurs huiles essentielles.

Jusqu'à la fin 2011, une étonnante statue grecque, l'**Apoxyomène** (inclus dans le prix du billet), y sera exposée. L'espace dédié à cet athlète de bronze est pourvu d'excellents panneaux explicatifs racontant, entre autres, sa difficile restauration.

**Gradski Trgovi** PLACES DE VILLE
Centre traditionnel de la vie publique, **Narodni trg** est dominée à l'ouest par la **tour de guet**, érigée en 1562 dans le style Renaissance tardif. La tour de l'horloge fut construite en 1798 sous l'administration autrichienne. Les proclamations publiques et les jugements étaient annoncés depuis la **loggia**, en face, aujourd'hui lieu d'exposition artistique. À plusieurs centaines de mètres au nord-ouest de Narodni trg se dresse l'**église orthodoxe**, derrière laquelle s'étend un modeste quartier serbe.

**Trg Pet Bunara** (place des Cinq-Puits) fut construite en 1574 sur le site d'anciennes douves. Elle abrite une citerne à cinq puits qui alimenta Zadar en eau jusqu'en 1838.

Son homologue plus petite, **Trg Tri Bunara** (place des Trois-Puits), de l'autre côté de la ville, abrite l'excellent Arsenal, un ancien entrepôt naval transformé en centre culturel englobant un bar, un restaurant et plusieurs boutiques. Juste à côté de la place, le bar-discothèque Garden contribue à faire de l'endroit un petit creuset culturel.

**Église Saint-Siméon** ÉGLISE HISTORIQUE
(Crkva Svetog Šime ; Trg Šime Budinica ; 8h-12h et 18h-20h juin-sept). Cette église fut construite aux XVIe et XVIIe siècles sur le site d'un sanctuaire plus ancien. Chef-d'œuvre d'orfèvrerie médiévale, le sarcophage en cèdre de saint Siméon (1377) est recouvert, à l'intérieur comme à l'extérieur, de fins reliefs en argent plaqué or. Le bas-relief central, qui figure la présentation du Christ au Temple, reproduit l'une des fresques exécutées par Giotto dans la Cappella dell'Arena de Padoue. D'autres scènes illustrent la vie des saints et la visite de Louis Ier à Zadar. Saint Siméon figure gisant sur le couvercle.

**Cathédrale Sainte-Anastasie** CATHÉDRALE
(Katedrala Svete Stošije ; Trg Svete Stošije ; 8h-12h et 17h-18h30 lun-ven). La cathédrale romane de Sainte-Anastasie fut construite aux XIIe et XIIIe siècles sur le site d'une église antérieure. Sa façade richement décorée dissimule trois nefs impressionnantes et des chapelles latérales ornées de fresques du XIIIe siècle. Sur l'autel de l'abside de gauche, un sarcophage de marbre renferme les reliques de sainte Anastasie ; le presbytère abrite des stalles superbement sculptées. Très endommagée par les bombardements de la Seconde Guerre mondiale, la cathédrale a été restaurée depuis. Gravissez son

**clocher** (10 Kn) pour jouir de la magnifique vue sur la vieille ville.

**Musée d'Art sacré** MUSÉE
(Trg Opatice Čike bb ; tarif plein/réduit 20/10 Kn ; ⏲10h-12h45 et 18h-20h lun-sam, 10h-12h dim). Ce remarquable musée, dans le monastère bénédictin, compte une belle collection de reliquaires et de peintures religieuses. Ne manquez pas les travaux d'orfèvrerie, le tableau de la Vierge daté du XIVe siècle, les statues en marbre et la peinture de Paolo Veneziano. Au deuxième étage, vous admirerez les sculptures et les broderies remontant aux XVe et XVIe siècles, ainsi que six tableaux du peintre vénitien Vittore Carpaccio.

**Musée d'Archéologie** MUSÉE
(Arheološki Muzej ; Trg Opatice Čike 1 ; tarif plein/réduit 12/6 Kn ; ⏲9h-20h mar-ven, 9h-13h sam, 10h-13h dim mai-sept, 9h-15h mar-ven, 10h-13h sam-dim oct-avr). On peut admirer, à l'étage supérieur de ce musée en pleine rénovation, des poteries et des objets de métal datant de la préhistoire et des époques illyrienne et liburnienne. L'étage intermédiaire contient une impressionnante stèle romaine d'Asseria et une statue en marbre d'Auguste de 2,5 m de hauteur (Ier siècle). Des découvertes archéologiques, notamment d'importants vestiges croates, sont présentées au rez-de-chaussée.

**Église et monastère franciscains** MONASTÈRE
(Samostan Svetog Frane ; Zadarskog mira 1358 ; entrée libre ; ⏲7h30-12h et 16h30-18h). La plus ancienne église de Dalmatie fut consacrée en 1280. Elle n'en possède pas moins de nombreux éléments Renaissance, comme la charmante chapelle Saint-Antoine. Dans la sacristie, une plaque rappelle le traité de 1358, par lequel Venise céda ses droits sur la Dalmatie au roi de Pologne et de Hongrie Louis Ier le Grand.

**Église Saint-Chrysogone** ÉGLISE
(Crkva Svetog Krševana ; Brne Krnarutića ; ⏲messe uniquement). Cet autre très bel édifice, qui faisait jadis partie d'un monastère bénédictin du XIIe siècle, était fermé pour travaux lors de notre passage. L'église renferme un bel autel baroque et des fresques byzantines.

## À faire

Zadar se prête bien au vélo. **Supernova** (☎311 010 ; Obala Kneza Branimira 2a) loue des bicyclettes à partir de 90 Kn/jour.

Une **aire de baignade** équipée de plongeoirs, d'un petit parc et d'un café se trouve non loin de Kralja Dmitra Zvonimira. Bordée de pins et de petits parcs, la promenade conduit à une plage devant l'Hotel Kolovare puis continue le long de la côte sur environ 1 km.

Au lieu d'emprunter le pont, vous pourrez rallier le continent depuis la presqu'île de la vieille ville à bord d'une barque (*barkarioli*).

### Spas

**Acquapura Thalasso** CENTRE DE BIEN-ÊTRE
(☎206 184 ; www.borik.falkensteiner.com ; Club Fulmination Borik, Majstora Radovana 7, Borik ; ⏲8h-22h). Récemment élu spa croate de l'année, cet immense complexe possède de superbes installations fraîchement rénovées, un sauna, des Jacuzzi, plusieurs bassins et divers équipements. Des massages et des soins de beauté sont proposés : massage-aromathérapie à 290 Kn/heure et traitement "vital yeux" à 200 Kn, par exemple.

**Castell** SPA D'HÔTEL
(☎494 950 ; www.hotel-bastion.hr ; Hotel Bastion, Bedemi Zadarskih Pobuna 13 ; ⏲9h-21h). Au sous-sol de l'Hotel Bastion, ce petit spa, qui manque de lumière naturelle, offre des massages et des soins très professionnels. Bain de vapeur "Aura" aux huiles essentielles à partir de 240 Kn.

## Circuits organisés

Des agences de voyages proposent des croisières vers la baie de Telašćica et les magnifiques îles Kornati, avec déjeuner et baignade (mer ou lac salé). **Aquarius Travel Agency** (☎212 919 ; www.juresko.hr ; Nova Vrata bb) demande 250 Kn/personne pour la journée. Vous pourrez aussi vous renseigner à Liburnska Obala, où sont amarrés les bateaux.

Les circuits à destination des parcs nationaux de Paklenica, de la Krka et des lacs de Plitvice sont très populaires.

## Fêtes et festivals

Des **festivals musicaux** de grande renommée ont lieu dans la région. Reportez-vous p. 176.

Voici quelques autres manifestations :

**Soirées musicales** MUSIQUE CLASSIQUE
Des concerts de musique classique par d'éminents artistes du monde entier, à Saint-Donat et dans d'autres salles de Zadar.

**Zadar Rêve** THÉÂTRE
(Zadar Snova ; www.zadarsnova.hr). Un festival de théâtre dans les parcs et sur les places de Zadar – théâtre

contemporain, danse, musique et autres spectacles. Du 7 au 14 août.

**Festival de la pleine lune** FÊTE DE LA LUNE
Pendant ce festival (le soir de la pleine lune en août), les quais de Zadar sont illuminés avec des torches et des bougies, des étals vendent des spécialités locales et les bateaux sur le quai se transforment en halle au poisson flottante.

**Festival choral** CHORALE
Des chorales européennes renommées viennent chanter dans les églises de Zadar en octobre.

## Où se loger

L'offre d'hébergements est assez limitée dans la ville-même. La plupart des visiteurs séjournent dans la "zone touristique" de Borik (plus attrayante qu'elle n'en a l'air), où ils profitent des piscines, d'une jolie promenade et d'espaces verts. Les hôtels de Borik remontent généralement au temps de la Yougoslavie (voire à une époque antérieure). Borik compte aussi une auberge de jeunesse, un camping et des *sobe* (chambres à louer). Beaucoup d'hôtels sont gérés par le **groupe autrichien Falkensteiner** (www.falkensteiner.com).

Contactez les agences de voyages pour louer des chambres chez l'habitant – assez rares dans la vieille ville.

### Zadar

**Hotel Bastion** HÔTEL DE CHARME €€€
(☎494 950 ; www.hotel-bastion.hr ; Bedemi Zadarskih Pobuna 13 ; s/d/ste à partir de 905/1 140/1 290 Kn ; P❄@🛜). La seule adresse chic et intéressante du vieux Zadar. Bâti sur les vestiges d'une forteresse, le Bastion décline le thème Art déco. Ses 28 chambres sont bien aménagées, beaucoup sont ornées de marbre, et la suite possède une terrasse avec vue sur le port. Il ne pourrait être mieux situé, juste à côté du Garden Bar et de l'Arsenal. Restaurant huppé et spa (installations sportives décevantes). Parking à 70 Kn/jour.

**Villa Hrešć** VILLA RECONVERTIE €€
(☎337 570 ; www.villa-hresc.hr ; Obala Kneza Trpimira 28 ; s/d 650/850 Kn ; P❄🛜🏊). À 20 min à pied des sites historiques de Zadar, le jardin sur la côte permet d'admirer la vieille ville. Toutes les chambres et les appartements arborent de jolies couleurs et une décoration plaisante, et certains possèdent de grandes terrasses. Prix avantageux.

**Venera Guest House** PENSION €
(☎214 098 ; www.hotel-venera-zd.hr ; Šime Ljubića 4a ; d 450 Kn). Tenue par des gens sympathiques, cette pension modeste est située dans une rue tranquille de la vieille ville. Les chambres, désuètes mais propres, sont dotées de lits jumeaux, d'un ventilateur, d'un bureau et d'une douche. La climatisation et un restaurant sont en projet. Petit déjeuner en supplément.

**Student Hostel** AUBERGE DE JEUNESSE €
(☎224 840 ; Obala Kneza Branimira bb ; dort 147 Kn ; ⏲juil-août). Cette résidence d'étudiants se transforme en auberge de jeunesse en été. Centrale – de l'autre côté du pont –, elle propose des chambres basiques à 3 lits.

### Borik

**Hotel Adriana** HÔTEL DE PLAGE €€€
(☎206 636 ; www.falkensteiner.com ; Majstora Radovana 7 ; s/d 1 494/2 286 Kn ; ⏲mi-mai à oct ; P❄@🛜🏊). Un établissement élégant, idéal pour se détendre, dans une belle villa du XI^e siècle sise sur un terrain ombragé qui s'étend jusqu'à l'Adriatique. Les chambres, dans une annexe datant des années 1960, sont d'un excellent standing. De nombreux clients choisissent la demi-pension car le restaurant, avec terrasse, est excellent.

**Hotel Niko** HÔTEL DE PLAGE €€€
(☎337 888 ; www.hotel-niko.hr ; Obala Kneza Trpimira 9 ; s/d 732/952 Kn ; P❄@🛜). Ce petit hôtel bien tenu, dont le terrain et la terrasse du restaurant donnent sur l'Adriatique et la vieille ville, loue des chambres spacieuses, dotées d'épais tapis rouges et de jolis meubles, et souvent d'un balcon sur la mer. Personnel efficace et aimable.

**Club Funimation Borik** RESORT €€€
(☎206 636 ; www.falkensteiner.com ; Majstora Radovana 7 ; s/d 1 296/1 714 Kn ; P❄@🛜🏊). Un établissement efficacement géré en famille, pile sur le front de mer. La rénovation de l'hôtel, construit dans les années 1960, reflète fidèlement l'époque, notamment grâce à son bar safari kitsch. Chambres spacieuses et suites luxueuses. Très belle salle de sport, piscines intérieure et extérieure et bonne garderie pour les enfants. Mention spéciale pour le spa.

**Pansion Albin** PENSION €€
(☎331 137 ; www.albin.hr ; Put Dikla 47 ; s 327 Kn, d 436-509 Kn ; P❄@🛜🏊). Bonne adresse, bien gérée et aux chambres avenantes, parfois avec balcon. Le restaurant, très correct (copieux petit déjeuner), est tranquille et situé non loin de la plage.

**Zadar Youth Hostel** AUBERGE DE JEUNESSE €
(☎331 145 ; zadar@hfhs.hr ; Obala Kneza Trpimira 76 ; 12-17 €/pers ; P @). Cette vaste auberge de jeunesse (300 lits) est l'une des rares adresses bon marché de Zadar. Assez banale, elle propose des chambres sobres (11 doubles) et de grands dortoirs près de la côte. Convenable pour une ou deux nuits, mais elle est parfois prise d'assaut par des groupes scolaires.

**Autocamp Borik** CAMPING €
(☎332 074 ; 56 Kn/adulte, 94-146 Kn/empl ; ⏲mai-oct). Une bonne adresse pour séjourner à quelques pas de l'eau, à Borik. Camping à l'ombre de grands pins. Bonnes installations.

## Où se restaurer

Les restaurants de Zadar, éclectiques, sont souvent d'un bon rapport qualité/prix. De bonnes tables sont spécialisées dans la cuisine dalmate (avec notamment du poisson et des fruits de mer), et les petits restaurants proposent des repas simples et copieux.

### Centre de Zadar

♥ **Foša** CUISINE MÉDITERRANÉENNE €€
(www.fosa.hr ; Kralja Dmitra Zvonimira 2 ; plats à partir de 85 Kn). Avec sa magnifique terrasse sur le port et une décoration soignée mêlant vieilles pierres et style contemporain, voici un établissement très chic. Goûtez d'abord les huiles d'olive, puis un poisson de l'Adriatique, du thon ou des crevettes (plats de viande également). En dessert, le cake aux amandes dalmates et la panacotta à la cerise aigre font des émules.

**Kornat** CUISINE CROATE €€
(Liburnska Obala 6 ; plats à partir de 70 Kn). Bien situé sur le port, cet élégant restaurant, avec son décor de bois poli et sa petite terrasse, est l'un des meilleurs de Zadar. La cuisine traditionnelle est savoureuse – essayez le steak avec sa sauce aux truffes, l'agneau au romarin et vin rouge, ou le risotto noir.

**Zalogajnica Ljepotica** CUISINE DALMATE €
(Obala Kneza Branimira 4b ; plats à partir de 35 Kn). L'adresse la moins chère de la ville prépare 3-4 plats par jour (risotto, pâtes et grillades) dans un cadre sans chichis.

**Trattoria Canzona** CUISINE ITALIENNE €
(Stomorića 8 ; plats à partir de 40 Kn). Un restaurant simple, avec des tables disposées sur le trottoir, recouvertes de nappes vichy – parfait pour un repas bon marché. Les salades sont substantielles et les gnocchis, appétissants.

**Na po ure** CUISINE CROATE €
(Špire Brusine 8 ; plats à partir de 40 Kn). Cette *konoba* simple, tenue en famille, sert une cuisine dalmate copieuse : agneau grillé, foie de veau et poisson frais avec des pommes de terre et des légumes.

**Do ortuna** EN-CAS GOURMANDS €
(Stomorića 4 ; repas 12-30 Kn). Ce petit établissement doté de 2 tables sur le trottoir sert d'énormes sandwichs, des crêpes, des *papaline* (friture panée) et des salades. Le tout très bien préparé.

Le **marché** de Zadar (⏲6h-15h), près de Juria Barakovica, est l'un des meilleurs de Croatie. Il propose des produits locaux saisonniers à petits prix : pastèques et oranges juteuses, jambons fumés, fromage de Pag (environ 100 Kn/livre). Le **supermarché** (angle Široka et Sabora Dalmatinske) reste ouvert tard.

### Borik

**Pearl of Siam** CUISINE THAÏLANDAISE €€
(Put Dikla 9 ; plats à partir de 60 Kn ; ⏲17h-23h30 fév-nov). Dans une maison de banlieue regorgeant de souvenirs du Siam, cet adorable petit restaurant est géré par une équipe germano-thaïlandaise. Un festin de 6 plats coûte 230 Kn, un plat moins élaboré autour de 60 Kn.

**Niko** POISSON €€
(www.hotel-niko.hr ; Obala Kneza Domagoja 9 ; plats à partir de 60 Kn). Un hôtel-restaurant très populaire, parfait pour déguster du poisson grillé et des fruits de mer (de la viande et des plats végétariens figurent aussi au menu). Grande terrasse donnant sur l'Adriatique.

## Où prendre un verre

Zadar ne manque pas de terrasses, de bars ou de cafés bobos... Allez dans le quartier de Varoš, au sud-ouest de la vieille ville, pour découvrir des petits bars intéressants fréquentés par les étudiants et les artistes.

♥ **Garden** BAR DÉCONTRACTÉ
(www.thegardenzadar.com ; Bedemi Zadarskih Pobuna ; ⏲fin mai-oct). Ce bar/club/restaurant incontournable, perché au sommet des remparts de la vieille ville, dévoile une vue époustouflante sur le port. L'ambiance évoque Ibiza – avec matelas, coussins, alcôves, grands parasols, décor en violet et blanc et musique électronique –, et l'endroit possède un charme hypnotique. Les prix sont plutôt modérés, compte tenu de l'emplacement. Reportez-vous également à l'encadré p. 176.

**Arsenal** BAR/RESTAURANT

(www.arsenalzadar.com ; Trg Tri Bunara 1). Cet immense entrepôt naval rénové renferme aujourd'hui un bar, un restaurant, une galerie et un centre culturel à l'atmosphère détendue. Allez-y pour les alcôves loufoques, les œuvres d'art, les boutiques, les événements musicaux et la bonne cuisine. Sur place également, un guichet d'information touristique (horaires variables).

**Caffe Bar Lovre** CAFÉ

(Narodni Trg 1). Pourvu d'une vaste terrasse sur Narodni Trg, le Lovre offre un cadre superbe grâce aux vestiges de l'église Saint-Lovre (XIIe siècle), à l'arrière. Venez le matin pour prendre un croissant et un cappuccino, et vous imprégner de l'ambiance du cœur de la ville.

**Kult Caffe** BAR BRANCHÉ

(Stomorića 4). Le Kult Caffe attire les jeunes branchés par un décor élégant et une musique contemporaine. L'immense terrasse est l'un des hauts lieux de rendez-vous de la ville.

Voici quelques-uns des meilleurs établissements du quartier de Varoš :

**Zodiac** BAR BOHÈME

(Olica Simana Ljubavca bb). Le QG des artistes et des écrivains de Zadar.

**Galerija Đina** BAR EN CENTRE-VILLE

(Varoška 2). Ce bar animé déborde dans une ruelle étroite au cœur de Varoš. Très bruyant le week-end.

## Où sortir

**Satir** CLUB

(www.satir.hr ; Poljana Zemaljskog Odbora 2 ; jeu-sam). DJ house et techno, groupes, événements de la planète mode et "soirées fétiches" dans un nouveau club intimiste.

**Callegro** CINÉMA

(www.callegro.com ; Široka 18 ; 20-25 Kn). Toutes sortes de projections, des films d'art et d'essai aux blockbusters hollywoodiens, en VO.

**Théâtre national** THÉÂTRE

(314 552 ; Široka ; 9h-17h lun-ven). Spectacles de grande qualité.

## Renseignements

**Aquarius Travel Agency** (212 919 ; www.juresko.hr ; Nova Vrata bb). Réservation d'hôtels et d'excursions.

**Garderoba** (consigne 15 Kn/jour) gare routière (6h-22h lun-ven) ; quai de Jadrolinija (7h-20h30 lun-ven, jusqu'à 15h sam) ; gare ferroviaire (24h/24)

**Geris.net** (Federica Grisogona 81 ; accès Internet 25 Kn/h). Le meilleur cybercafé de la ville.

**Hôpital** (315 677 ; Bože Peričića 5)

**Miatours** (/fax 212 788 ; www.miatours.hr ; Vrata Svetog Krševana). Réservation d'excursions et d'hébergements.

**Office du tourisme** (316 166 ; www.tzzadar.hr ; Mihe Klaića 5 ; 8h-22h lun-ven, jusqu'à 21h sam-dim juin-sept, jusqu'à 20h oct-mai). Publie une bonne carte en couleurs et le *Zadar City Guide*, gratuit.

**Poste** (Poljana Pape Aleksandra III ; 7h30-21h lun-sam, jusqu'à 14h dim). Service téléphonique et DAB.

**Zagrebačka Banka** (Knezova Šubića Bribirskih 4). DAB et bureau de change.

## Depuis/vers Zadar

### Avion

L'aéroport de Zadar est situé à environ 12 km à l'est du centre-ville. Les services de la navette de Croatia Airlines (20 Kn) coïncident avec les heures d'arrivée.

**Croatia Airlines** (250 101 ; www.croatiaairlines.hr ; Poljana Natka Nodila 7) propose des vols pour Zagreb et Pula, ainsi que des liaisons internationales. **Ryanair** (www.ryanair.com) assure des vols vers plusieurs capitales européennes. Reportez-vous au chapitre *Transports*, p. 326, pour plus de détails.

### Bateau

Sur le port, la compagnie **Jadrolinija** (254 800 ; Liburnska obala 7) vend des billets pour tous les ferries locaux. Les billets pour les liaisons internationales sont distribués par **Jadroagent** (211 447 ; jadroagent-zadar@zd.t-com.hr ; Poljana Natka Nodila 4), implanté juste derrière les remparts.

### Bus

**Croatia Express** (250 502 ; www.croatia-express.com ; Široka 14) vend des billets pour Zagreb, Split et Trieste (Italie), ainsi que pour de nombreuses villes allemandes.

La **gare routière** (211 035 ; www.liburnija-zadar.hr) se trouve à 2 km à l'est de la vieille ville. Les bus assurent la liaison avec Zagreb (95-143 Kn, 3 heures 30-7 heures, toutes les 30 min), Rijeka (149 Kn, 5 heures, 6/jour), Split (105 Kn, 3 heures, 8/jour) et Dubrovnik (174-215 Kn, 8 heures, 7/jour).

### Train

La **gare ferroviaire** (212 555 ; www.hznet.hr ; Ante Starčevića 3) jouxte la gare routière. Il existe 6 trains quotidiens pour Zagreb. Tous sont très lents, le plus rapide met 8 heures.

## Comment circuler

Des bus circulent fréquemment de la gare routière au port et à Borik. Ceux marqués

"Poluotok" vont au port et ceux indiqués "Puntamika" (n°5 et 8) à Borik, toutes les 20 min (1/heure le dim). Le billet coûte 8 Kn (ou 13 Kn pour deux dans un *tisak* – kiosque à journaux).

Pour un taxi, appelez **Lulic** (494 494), très efficace et bon marché. Comptez 20 Kn la course de moins de 5 km.

# Environs de Zadar

## PETRČANE

Une fine plage de galets et quelques maisons secondaires forment la localité de Petrčane (à 12 km au nord de Zadar), qui serait restée assoupie si le Garden Festival de Zadar n'y était pas organisé (voir l'encadré ci-dessous).

Dominant le rivage, le **Pinija** (202 500 ; www.hotel-pinija.hr ; s/d 548/952 Kn ; P) est un complexe hôtelier bétonné typique : 300 chambres, des loisirs organisés et des buffets. Les festivals ont lieu dans la grande propriété de l'hôtel. À quelques kilomètres au nord émerge l'immense et nouveau complexe Falkensteiner, à Punta Skala. Vision d'un tourisme particulièrement bien organisé et efficace, le **Family Hotel Diadora** (555 911 ; www.falkensteiner.com ; ch à partir de 718 Kn ; P), inauguré en 2010, est doté de remarquables équipements de loisirs, ainsi que d'hébergements et de restaurants sélects. Un tout nouveau hôtel-spa Falkensteiner devrait ouvrir prochainement – renseignez-vous avant votre passage. Les campeurs choisiront le **Camp Pineta** (364 261 ; www.camp-pineta.com ; 20 Kn/pers, tente 30-38 Kn), où l'on peut planter ses sardines sous les pins près de l'Adriatique, ou le modeste et bien tenu **Auto Camp Peros** (265 830 ; www.camp-pineta.com ; 56/124 Kn par pers/tente ; ), un peu plus haut.

Petrčane compte également quelques restaurants : le **Konobo Amore** (plats à partir de 70 Kn) est un établissement traditionnel au bord de l'eau, où un grand plateau de poisson et de fruits de mer pour deux coûte 250 Kn.

## UGLJAN

1 320 HABITANTS

L'île d'Ugljan est facilement accessible en bateau depuis Zadar. Les habitants de la région aiment venir s'y détendre loin de la ville. Densément peuplée, elle abrite sur ses 50 km² près de 7 500 habitants, et est parfois noire de monde les week-ends d'été. Les forêts y sont rares, le paysage se composant essentiellement de *macchia* (maquis), de pinèdes, de cultures maraîchères, d'oliveraies et de vignes. La côte orientale, plus découpée et urbanisée, contraste avec la partie ouest, relativement déserte.

Le bateau aborde à **Preko**, juste en face de Zadar, qui possède deux petits ports et une rade destinée aux ferries. À la plage du bourg, préférez celle, plus agréable, de la petite île de **Galovac**, toute proche du centre-ville : charmante et boisée, elle abrite un monastère franciscain du XVe siècle. Si vous êtes motorisé, ne manquez pas le village d'Ugljan et sa plage de sable, nichés dans une baie dentelée, ni la localité de pêcheurs de **Kali** et l'îlot voisin d'**Ošljak**, planté de pins et de cyprès.

La compagnie de ferries **Jadrolinija** (www.jadrolinija.hr) fait la navette toutes les heures de 5h30 à 23h, toute l'année, au départ de Zadar et à destination de Preko (18 Kn, 25 min).

### DES FESTIVALS À LA CROATE

De juillet à septembre, la région de Zadar met à l'honneur des artistes, des groupes et des DJ parmi les plus réputés du monde sur la scène électro. Les styles sont variés et la musique, éclectique : cosmic disco, soul, funk, électronica teintée de folk, deep house, jazzy lounge... La trance et autres transes ne sont pas à l'ordre du jour, et le public est plutôt averti. Le Garden Bar de Zadar joue le rôle d'organisateur de ces festivités qui ont lieu à Petrčane, à une dizaine de kilomètres au nord, sur la côte.

Après le **Garden Festival** (www.thegardenzadar.com), inauguré en 2006, quatre autres festivals (Soundwave, Suncebeat, Electric Elephant et Stop Making Sense) ont fait leur apparition à Petrčane en 2010. Tous ces événements, qui se déroulent entre juillet et septembre, privilégient les artistes créatifs, tels que Carl Craig, Hercules et Love Affair, Crazy P, Andrew Weatherhall et Phil Mison. Les différentes manifestations sont organisées au bord de l'eau, sur des sites ombragés et détendus et dans trois espaces différents dédiés à la musique (dont le Barbarella's, club qui a retrouvé son lustre et son clinquant des années 1970). Laissez de côté les banales fêtes à bord de bateaux naviguant sur l'Adriatique et profitez de l'ambiance des festivals !

## Parc national des lacs de Plitvice

☎053

Le parc national des lacs de Plitvice s'étend à mi-chemin entre Zagreb et Zadar. Le paysage est féerique – des collines boisées entourent de magnifiques lacs turquoise, reliés par une série de cascades. Des passerelles en bois et des sentiers serpentent le long des lacs au cœur de chutes tumultueuses, dessinant un passionnant parcours de 18 km. Ce site soigneusement protégé est inscrit au Patrimoine mondial depuis 1979.

L'extraordinaire beauté naturelle du parc mérite bien quelques jours d'exploration, même si un circuit d'une journée depuis Zadar ou Zagreb peut suffire à en profiter. Chaque saison a son charme : les chutes atteignent leur plus fort débit au printemps, tandis que les collines alentour se parent d'un manteau plus verdoyant en été, et qu'en automne, les visiteurs, moins nombreux, peuvent admirer le spectacle des feuillages aux couleurs flamboyantes.

Les plans d'eau se divisent en lacs supérieurs et inférieurs. Les premiers, très impressionnants, reposent dans une vallée dolomitique entourée de forêts touffues et sont reliés par des cascades bouillonnantes. L'eau provient pour l'essentiel de la Bijela Rijeka (rivière Blanche) et de la Crna Rijeka (rivière Noire), qui se rejoignent au sud du lac Prošćansko, mais aussi de sources souterraines. L'eau disparaît à certains endroits, absorbée par la roche calcaire poreuse, pour réapparaître plus loin et se jeter en bout de course dans la rivière Korana, près des chutes Sastavci.

Les lacs supérieurs sont séparés par plusieurs barrières de dolomie tapissées de mousses et d'algues, qui retiennent le carbonate de calcium de l'eau lorsqu'elle s'engouffre à travers le karst. Les couches de plantes encroûtées par le dépôt calcaire s'empilent, finissant par former des barrières de travertin qui donnent naissance aux chutes d'eau. Les lacs inférieurs, qui suivent un processus similaire, ont été formés à partir de cavités creusées par les plans d'eau supérieurs. Le travertin se reforme constamment, d'où l'évolution continuelle du paysage : cette interaction unique entre l'eau, la roche et la flore se perpétue de façon plus ou moins immuable depuis la dernière glaciation.

Les lacs arborent des teintes toujours changeantes. La plupart du temps, ils sont d'un turquoise profond, mais leur couleur évolue en fonction de la quantité de minéraux et de micro-organismes contenus dans l'eau, de la pluie et de l'angle du soleil. Certains jours, ils paraissent vert vif ou gris acier.

La luxuriance de la végétation compte parmi les nombreux attraits du parc. Le nord-est se compose de hêtraies, le reste du parc étant recouvert de hêtres, d'épicéas et de pins blancs, avec des bosquets de charmes, de frênes à fleur et d'alisiers blancs, dont les magnifiques couleurs se métamorphosent à l'automne.

Il n'est malheureusement pas possible de se baigner dans les plans d'eau. Des bus s'arrêtent au camping et aux deux entrées du parc.

### Histoire

Une société fut fondée dès 1893 pour assurer la protection de l'environnement lacustre et le premier hôtel fut érigé en 1896. Les limites du parc national proprement dit furent fixées en 1951, et les lacs demeurèrent un site touristique majeur jusqu'à la guerre serbo-croate – qui débuta à Plitvice le 31 mars 1991, quand des rebelles serbes prirent le contrôle du parc. L'officier de police croate Josip Jović, première victime du conflit sanglant, mourut dans le parc. Les Serbes conservèrent la zone pendant toute la durée de la guerre, transformant les hôtels en casernes et s'adonnant au pillage. Un long programme de réhabilitation débuta lorsque l'armée croate reprit possession du parc, en août 1995. Aujourd'hui, tout a été remis en état et les touristes du monde entier affluent à nouveau vers cette destination merveilleuse.

## À voir

En arrivant par l'entrée n°2, la plus au sud, il vous suffira de descendre pour atteindre le **lac Kozjak** et P1 (cabanon et quai pour bateaux), où l'on peut louer des barques pour 50 Kn/heure. Le Kozjak, le plus grand lac du parc (long de 4 km), délimite les vallées supérieures et inférieures. Entouré par des pentes boisées abruptes, il englobe une petite île ovale formée de travertin. Un bon sentier longe la rive est du lac : suivez-le pour atteindre les spectaculaires lacs inférieurs – royaume de forêts, de cavités rocheuses, de falaises escarpées et de cascades – ou prenez un bateau régulier (toutes les 20 min). Le sentier mène d'abord au **lac Milanovac**, couleur émeraude, avant d'atteindre le pied des falaises du **lac Gavanovac**. Au-dessus s'ouvre la grotte de **Šupljara**, qui dévoile une très jolie vue sur la vallée inférieure de Plitvice. Une passerelle en bois conduit à la rive nord, fait le tour du **lac Kaluđerovac**, bordé de roseaux,

## FAUNE ET FLORE

En dehors des ours et des loups, vedettes incontestées, le parc héberge également des chevreuils, des sangliers, des lapins, des renards et des blaireaux. On peut aussi y voir des faucons, des chouettes, des coucous, des martins-pêcheurs, des canards sauvages et des hérons, et parfois des cigognes noires et des balbuzards.

et passe par deux chutes vertigineuses. La deuxième, **Veliki Slap**, est la plus haute de Croatie (78 m).

Pour explorer la partie supérieure des lacs, revenez à P1 et suivez le chemin jusqu'au **lac Gradinsko**, entouré de roseaux où se cachent des canards sauvages. Une succession de cascades le relie au splendide **lac Galovac**, où l'eau abondante a formé un ensemble de bassins et de chutes. Même les vieux escaliers en béton qui passaient jadis au-dessus ont fini par se recouvrir de travertin, constituant ainsi de nouvelles cascades. Le vaste **lac Okrugljak**, alimenté par deux chutes puissantes, surplombe plusieurs lacs plus modestes. Plus haut encore, on atteint le **lac Ciginovac**, puis le **lac Prošćansko**, qui se niche dans une épaisse forêt.

## Où se loger

Des pensions et des *sobe* (chambres à louer) jalonnent les routes menant au parc national.

La plupart des hôtels de catégorie moyenne sont regroupés à Velika Poljana, tout près de l'entrée n°2, devant le lac Kozjak. Tous rappellent la Yougoslavie (tons marron et beige et verre fumé) ; deux ont été rénovés. Réservations sur www.np-plitvicka-jezera.hr.

**Pansion Eco-House** PENSION €
(774 760 ; www.plitviceetnohouse.com ; d 436 Kn ; P). Véritable refuge de montagne, cette pension compte 10 jolies chambres en pin tout confort avec TV, bureau, parquet et couvre-lits colorés. Le petit déjeuner et le dîner sont servis dans la petite salle à manger. Lors de notre passage, le père du propriétaire construisait un autre établissement de 8 chambres à côté. Un sauna et une piscine sont également en projet. À 1,5 km au sud de l'entrée n°2.

**Hotel Plitvice** HÔTEL €€
(751 100 ; s/d 533/858 Kn ; P@). Un établissement tranquille dans la forêt, proposant 3 types de chambres. Les plus élégantes sont modernes et spacieuses.

**Hotel Jezero** GRAND HÔTEL €€
(751 400 ; s/d 614/873 Kn ; P@). Un ancien hôtel yougoslave désuet, mais bien équipé (sauna, piscine, bowling, salle de sport et court de tennis). Avec ses 229 chambres, il accueille les groupes de voyages organisés.

**Hotel Bellevue** HÔTEL €€
(751 700 ; s/d 407/548 Kn ; P). Chambres moquettées et chauffées, un peu fanées mais fonctionnelles – balcons avec vue sur la forêt. Très bien situé, juste à côté de l'entrée n°2.

**Camping Korana** CAMPING €
(751 015 ; 51/65 Kn par pers/tente ; avr-oct). Un camping avec restaurant, café/bar et 40 bungalows à louer. À 6 km au nord de l'entrée n°1, sur la route de Zagreb.

**Hotel Grabovac** HÔTEL €€
(751 999 ; s/d 385/518 Kn ; P@). À 10 km du parc, sur la route de Zagreb, un établissement des années 1970, à la décoration vieillissante. Convient pour une nuit.

## Où se restaurer

Tous les hôtels indiqués ci-dessus possèdent des restaurants. Une cafétéria bon marché est implantée à côté de l'office du tourisme, à l'entrée n°2.

**Lička Kuća** CUISINE CAMPAGNARDE €
(plats à partir de 55 Kn). En face de l'entrée n°1, ce restaurant animé sert de bons plats d'agneau, des saucisses locales et du *đuveč* (ragoût de riz, carottes, tomates, poivrons et oignons).

## Renseignements

L'**office du tourisme** (751 015 ; www.np-plitvicka-jezera.hr ; tarif plein/réduit avr-oct 110/80 Kn, nov-mars 80/60 Kn ; 7h-20h) possède des annexes à l'entrée n°1 (Plitvička Jezera) et à l'entrée n°2 (Velika Poljana), près des hôtels. Aux deux entrées, vous trouverez des brochures et une carte des lacs, et pourrez acheter vos billets d'entrée – qui comprennent les navettes en bateau et en bus/train dans le parc. Le parc englobe un réseau de sentiers bien balisés pour des balades de 1 à 2 heures ou des randonnées allant jusqu'à 10 heures. Un système de passerelles en bois permet d'apprécier la beauté des paysages sans nuire à l'environnement.

Un DAB est installé à l'Hotel Bellevue. On peut laisser ses bagages au centre d'information des visiteurs à l'entrée principale du parc. Attention : le parking est cher (7/70 Kn par heure/jour).

### Depuis/vers le parc national des lacs de Plitvice

Les bus Zagreb-Zadar ne s'arrêtent pas tous au parc national, les plus rapides empruntant la grand-route ; renseignez-vous avant de monter. Les horaires sont consultables en ligne sur www.akz.hr. Le trajet prend environ 3 heures depuis Zadar (75-89 Kn) et 2 heures 30 de Zagreb (62-70 Kn) ; 10 services sont assurés chaque jour.

## Parc national de Paklenica

023

Dominant l'Adriatique, les sommets dénudés du massif du Velebit s'étirent sur 145 km, formant une barrière spectaculaire entre la Croatie continentale et l'Adriatique. Le parc national de Paklenica, d'une superficie de 36 km², couvre une partie seulement de cette chaîne montagneuse. Quantité d'itinéraires s'offrent aux promeneurs du dimanche comme aux adeptes de l'escalade, pour arpenter les gorges, gravir les parois rocheuses ou suivre les sentiers sinueux et ombragés au bord de l'eau.

Deux gorges d'une profondeur de 400 m, Velika Paklenica (Grande Paklenica) et Mala Paklenica (Petite Paklenica), entaillent le massif. Malgré la haute perméabilité du karst sec du Velebit, la végétation est luxuriante, grâce à la présence de plusieurs sources qui fournissent de l'eau en abondance. La moitié du parc se compose de forêts de hêtres et de pins, parfois de chênes blancs et de charmes. La flore change avec l'altitude, de même que le climat – d'abord méditerranéen, puis continental et enfin subalpin. Les basses terres, notamment celles exposées au sud, enregistrent parfois des températures estivales caniculaires. En hiver, la bora (*bura*, vent froid et sec) qui balaie le massif apporte la pluie et des tempêtes soudaines.

Malgré la rareté de la faune, on aperçoit parfois des percnoptères d'Égypte, des aigles royaux, des aigles ravisseurs et des faucons pèlerins nichant dans les parois des deux gorges. Des lynx, des ours et des loups vivent dans les hauteurs, mais il est difficile de les voir.

Avril, mai, juin et septembre sont les meilleures périodes pour visiter le parc. À la fin du printemps, la végétation exulte, les cours d'eau se transforment en torrents et les touristes sont peu nombreux. Même en juillet-août, la fréquentation reste raisonnable, mais vous serez peut-être alors gêné par la chaleur.

### À faire

#### Randonnée

La plupart des randonnées ne prennent qu'une journée de marche depuis les "camps de base" de Starigrad et de Seline ou les refuges de montagne.

**Mala Paklenica-Velika Paklenica** RANDONNÉE

Cette spectaculaire randonnée de 8-10 heures inclut les deux gorges. L'itinéraire, qui débute à Mala Paklenica (entrée n°2), suit tout d'abord d'étonnantes formations karstiques dans une gorge étroite. Les 3 premières heures sont assez ardues – il faut grimper sur de gigantesques rochers (parfois à l'aide de cordes) –, mais le tracé est toujours bien indiqué. Le sentier, qui peut être glissant après la pluie, traverse en outre à plusieurs reprises un cours d'eau. Il monte régulièrement dans la gorge de Mala Paklenica, avant de zigzaguer sur le versant ouest d'une colline jusqu'à 680 m d'altitude. Il finit ensuite par regagner le plat dans une jolie vallée, où il traverse des pâturages et le hameau abandonné de Jurline (qui invite à une pause-déjeuner). La vue impressionnante sur Velika Paklenica récompensera vos efforts, avant que le chemin ne redescende brusquement vers la vallée à travers bois. Puis vous longerez une rivière pendant environ 1 heure, en passant par des massifs rocheux de couleur grise et des **tunnels** (en travaux) qui formaient un bunker secret à l'époque de Tito. Vous atteindrez enfin le parking de Velika Paklenica. De là, un chemin de campagne balisé revient en sinuant jusqu'à Mala Paklenica (1 heure).

**Starigrad-Planinarski Dom** RANDONNÉE

Débutez cette randonnée à l'entrée n°1, et dirigez-vous directement vers la gorge de Velika Paklenica. Une fois à l'éboulement de rochers et au torrent (sur votre droite), vous serez au plateau verdoyant et semi-circulaire d'**Anića Luka**. Un kilomètre plus loin, un sentier abrupt monte à la grotte de **Manita Peć** (10 Kn ; 10h-13h juil-sept, horaires variables oct-juin) où, dans la salle principale (longue de 40 m et haute de 32 m), un éclairage judicieux met en valeur les stalactites et les stalagmites. Comptez 2 heures de marche depuis le parking pour rallier le site, qui ne se visite qu'avec un guide (non compris dans le billet, renseignez-vous à l'entrée du parc).

De la grotte, vous pourrez ensuite suivre le sentier pendant 1 heure 30 jusqu'au **Vidakov**

**Kuk**. L'ascension de ce sommet (866 m) s'effectue en terrain accidenté mais, par temps clair, vous serez récompensé de vos efforts par une vue inoubliable sur la mer et l'île de Pag. Vous pourrez continuer par un chemin facile menant à **Ramići**, puis rejoindre vers l'est le sentier principal, qui conduit jusqu'au refuge de Planinarski Dom Paklenica.

Une autre solution consiste à contourner Manita Peć et à monter jusqu'à la maison forestière de **Lugarnica** (à au moins 2 heures de marche du parking), qui est ouverte tous les jours de la mi-avril à fin octobre. Vous pourrez y faire le plein d'en-cas et de boissons, avant d'emprunter un sentier à travers des forêts de hêtres et de pins, jusqu'au refuge de Planinarski Dom Paklenica.

**Massif supérieur du Velebit** RANDONNÉE

Du refuge de Planinarski Dom Paklenica, on rejoint facilement chacun des sommets du Velebit en une journée ; pour les explorer tous, prévoyez une semaine environ. La chaîne culmine au **Vaganski vrh** (1 757 m) : lorsque la visibilité est bonne, la vue s'étend sur 150 km au-dessus des cimes depuis son plateau herbeux. L'ascension vous paraîtra plus ou moins ardue selon votre forme physique, mais vous devriez pouvoir regagner le refuge avant la tombée de la nuit.

Le **Babin vrh** (pic de la Grand-Mère ; 1 741 m) figure parmi les sommets les plus fréquentés. Suivez le sentier en gardant le torrent Brezimenjača sur votre gauche jusqu'au col de Buljma (1 394 m), puis continuez jusqu'à Marasova gora à travers un bois de résineux. Le petit lac au pied du Babin vrh n'est jamais asséché – attention toutefois : ses eaux ont été polluées par des déjections de moutons.

Toutes les cimes du massif du Velebit sont accessibles depuis Mala Paklenica, mais il convient de se munir d'un équipement de survie et d'une carte. Assurez-vous également que les deux refuges sont ouverts. Après **Sveti Jakov**, à Mala Paklenica, vous emprunterez le sentier de droite jusqu'au refuge d'Ivine Vodice. Des chemins balisés passent par le **Sveto brdo** (1 751 m), le **Malovan** (1 709 m), le Vaganski vrh et le Babin vrh, avant de redescendre vers le refuge de Planinarski Dom Paklenica.

### Escalade

Paklenica compte une étonnante variété de sites d'escalade, adaptés aux novices comme aux casse-cou. Le calcaire, résistant et parfois strié d'arêtes aiguës, offre des parcours classés en fonction de leur difficulté, parmi lesquels 72 voies sportives courtes et 250 plus longues. Les parcours destinés aux débutants se trouvent à l'entrée du parc ; ils peuvent atteindre 40 m de hauteur. Les grimpeurs confirmés rejoindront pour leur part Anića Kuk, qui compte quelque 100 voies allant jusqu'à 350 m de hauteur. Presque tous les parcours sont équipés, à l'exception de celui surnommé en anglais **Psycho Killer** (tueur psychopathe) !

Les sites les plus réputés sont ceux du **Mosoraški** (350 m), du **Velebitaški** (350 m) et du **Klin** (300 m). Le printemps est la meilleure saison pour pratiquer l'escalade, l'été étant parfois très chaud et l'hiver, trop venteux. À noter : l'existence d'une équipe de sauvetage.

## Où se loger

Un hébergement rustique est prévu pour les randonneurs et les alpinistes.

GRATUIT **Ivine Vodice** REFUGE DE MONTAGNE

(Sklonište ; tlj juin-sept, sam-dim oct-mai). À l'est de Planinarski Dom Paklenica, ce refuge, sans lit ni eau courante, peut accueillir 10 personnes équipées de sacs de couchage. Gratuit et sans réservation.

**Planinarski Dom Paklenica** REFUGE DE MONTAGNE €

(301 636 ; pd.paklenica@zd.t-com-hr ; dort 70 Kn ; tlj mi-juin à mi-sept, sam-dim le reste de l'année). Pas d'eau chaude ni d'électricité, mais la possibilité d'atteindre les plus hauts sommets du Velebit. Le refuge dispose de 45 lits répartis dans 4 chambres ; apportez un sac de couchage. Cuisine et salle à manger sur place. Réservation recommandée les week-ends d'été.

## Renseignements

Le **bureau du parc national de Paklenica** (/fax 369 202 ; www.paklenica.hr ; Dr F Tuđmana 14a ; tarif plein/réduit 40/20 Kn avr-oct, 30/20 Kn nov-mars ; bureau 8h-16h lun-ven avr-oct, parc ouvert à partir de 7h toute l'année) vend des brochures et des cartes. Le guide *Paklenica National Park* donne un excellent aperçu du parc et détaille les itinéraires. Les permis d'escalade coûtent entre 60 et 80 Kn ; les alpinistes devront se renseigner auprès des guides au bureau du parc.

L'**Association croate d'alpinisme** (01-48 24 142 ; www.plsavez.hr ; Kozaričeva 22, Zagreb) fournit des renseignements à jour et une carte du parc. Vous pourrez aussi consulter le guide d'escalade *Paklenica* (en anglais), de Boris Čulić, très complet.

### Depuis/vers le parc national de Paklenica

À moins d'avoir une voiture, le meilleur moyen de se rendre au Paklenica consiste à prendre un des bus de la ligne Rijeka-Zadar (voir www.autotrans.hr, en croate) – tous s'arrêtent à Starigrad (28 Kn, 45 min depuis Zadar, environ 4/jour). Faites-vous déposer devant l'Hotel Alan.

## Starigrad

023 / 1 103 HABITANTS

Starigrad s'étend de part et d'autre de la principale route côtière Rijeka-Zadar. C'est le meilleur point de départ pour explorer le parc national de Paklenica.

### À voir

**GRATUIT Maison d'ethnologie Marasović** MUSÉE

(13h-20h mai-oct). Ce musée occupe une petite maison rénovée dans le village de Marasović, à 1 km de l'entrée n°1. On y découvre de vieux outils agricoles, des photos de la région et un métier à tisser. Vous pourrez également vous y procurer des cartes et des cartes postales, et vous renseigner auprès des gardes forestiers sur place.

### Où se loger

Vous n'aurez aucun mal à trouver un camping, un appartement ou une chambre à Starigrad, car ils sont légion le long de la grande route et aux alentours. En revanche, les hôtels sont plus rares.

**Hotel Alan** HÔTEL TOURISTIQUE €€

(209 050 ; www.bluesunhotels.com ; Dr Franje Tuđmana 14 ; s/d 754/1 216 Kn ; mi-mars à mi-nov ; P). Ce complexe hôtelier possède des chambres modernes, des courts de tennis et un spa (hammam et nombreux soins). Les activités ne manquent pas.

**Camping Pinus** CAMPING €

(658 652 ; www.camping-pinus.com ; Dr Franje Tuđmana bb ; 32/25 Kn par adulte/tente ; avr-oct). Un camping paisible et sans prétention au bord de la mer, à 3 km au nord de la ville sur la route de Rijeka. Très beaux panoramas.

**Camping Paklenica** CAMPING €

(209 062 ; www.paklenica.hr ; Dr Franje Tuđmana bb ; 40 Kn/adulte ; avr-oct). À côté du bureau du parc, ce petit camping, très apprécié des randonneurs, surplombe une plage de galets. Baignade agréable. Pas de réservation.

**Hotel Vicko** HÔTEL €€

(369 304 ; www.hotel-vicko.hr ; Jose Dokoze bb ; s/d 608/805 Kn ; P). Un hôtel moderne bien géré, aux 18 chambres lumineuses, parfois avec balcon. Jardin verdoyant, à 50 m de la plage.

### Où se restaurer

**Taverna-Konoba Marasović** CUISINE DALMATE €

(plats à partir de 40 Kn ; mai-oct). À 1 km de l'entrée n°1, cette merveilleuse *konoba* occupe une vieille maison de village avec terrasse. Dégustez du jambon dalmate, du calmar, ou du porc et de l'agneau cuits dans une *peka* (à commander à l'avance). Sous la maison d'ethnologie.

**Buffet Dinko** FRUITS DE MER €

(plats à partir de 45 Kn). À l'intersection de la grande route et de la route d'accès à l'entrée n°1, un restaurant populaire doté d'une terrasse ombragée, proposant d'excellents poissons et fruits de mer.

**Pizzeria Tomate** PIZZAS €

(repas à partir de 40 Kn ; ). Une pizzeria toute simple, sur la grande route, entre l'Hotel Alan et le centre de Starigrad. Wi-Fi gratuit.

### Renseignements

L'**office du tourisme** (369 245 ; www.rivijera-paklenica.hr ; 8h-21h juil-août, jusqu'à 15h lun-sam sept-juin) se trouve dans le centre-ville sur la route principale, en face du petit port. La HVB Splitska Banka (entre l'office du tourisme et l'Hotel Alan) est équipée d'un DAB. L'Hotel Alan propose un accès Internet (30 Kn/heure).

### Comment s'y rendre et circuler

Starigrad est à 51 km de Zadar et à 165 km de Rijeka. Six bus quotidiens circulent dans les deux sens : consultez les horaires sur www.autotrans.hr. Les bus s'arrêtent devant l'Hotel Alan et sur la grande route.

Il n'existe pas de taxis à Starigrad. Certains hôtels font la navette pour l'entrée du parc (pour leurs clients).

# DUGI OTOK

023 / 1 800 HABITANTS

Dugi Otok se distingue par la beauté de ses paysages, somptueusement préservés. À ce titre, c'est un petit paradis tranquille et reposant. Ne manquez pas le chapelet d'îlots du parc naturel de la baie de Telašćica, le lac salé Mir ("Paix") tout proche, la baie sablonneuse de Sakarun ou encore la route panoramique qui longe la côte rocheuse et accidentée.

Dugi Otok, "l'île longue", s'étire du nord-ouest au sud-est ; elle mesure 43 km de longueur sur 4 km de largeur. Au sud-est, sa côte se compose de collines abruptes et de falaises, tandis que des vignobles, des vergers et des pâturages à moutons recouvrent la moitié nord. Entre les deux se dressent des collines karstiques, dont Vela Straža (338 m) constitue le point culminant.

La plupart des visiteurs choisissent de résider à Sali, sur la côte sud-est, qui compte de nombreuses chambres chez l'habitant, ou à Božava, sur la côte nord-est, qui offre des hébergements de style balnéaire.

Dugi Otok connaît une brève affluence pendant les trois premières semaines d'août, lorsque les vacanciers italiens débarquent en masse.

### Histoire

Des ruines révèlent l'existence d'implantations illyriennes, romaines et paléochrétiennes, quoique les premières traces écrites relatives à l'île ne remontent qu'au milieu du Xe siècle. L'île devint ensuite la propriété des monastères de Zadar. La population augmenta au moment des invasions turques du XVIe siècle, qui poussèrent les habitants de la côte à trouver refuge sur Dugi Otok.

Le destin de Dugi Otok demeura étroitement lié à celui de Zadar, passant successivement aux mains des Vénitiens, des Autrichiens et des Français. Toutefois, elle resta dans le giron de la Croatie lorsque la Dalmatie du Nord fut cédée à Benito Mussolini. Les anciens se souviennent des difficultés qu'ils enduraient à l'époque où le centre médical et administratif le plus proche se trouvait à Šibenik, qu'ils rejoignaient par une longue et périlleuse navigation le long de la côte.

Le manque d'eau a toujours constitué un obstacle au développement économique de l'île. Les eaux de pluie sont collectées et l'eau potable doit être acheminée de Zadar par la mer. Comme sur de nombreuses autres îles dalmates, la population a déserté massivement les lieux au cours des dernières décennies, laissant quelques âmes endurcies affronter seules la sécheresse estivale et, l'hiver, le souffle glacial de la bora.

## Depuis/vers Dugi Otok

Les ferries de **Jadrolinija** (www.jadrolinija.hr) circulent chaque jour (toute l'année) entre Zadar et Brbinj (24 Kn, 1 heure 30, 2-3/jour). Un ferry et un catamaran relient Zaglav et Sali (18 Kn, 45 min-1 heure 30, 3/jour).

## Comment circuler

Les seuls bus de Dugi Otok font la navette entre Božava et Brbinj au nord, et Sali et Zaglav au sud (avant et après l'arrivée des bateaux). On peut louer des scooters à Sali et à Božava.

# Sali

1 152 HABITANTS

Plus grand bourg et port de l'île, Sali fait presque figure de métropole comparée aux autres hameaux et villages disséminés sur Dugi Otok. La localité, qui doit son nom aux salines dans lesquelles travaillaient les villageois au Moyen Âge, offre un cadre authentique et sans prétention. Son petit port de pêche actif est rempli de bateaux de plaisance et de passagers qui mouillent dans ses eaux en été, en partance ou en provenance de la baie de Telašćica et des îles Kornati. Bien que Sali soit très proche de ces merveilles naturelles, il faut se joindre à une croisière ou posséder son propre bateau pour les visiter.

## À voir et à faire

Les attraits de la localité elle-même sont assez limités, à l'exception de l'intéressante **église Sainte-Marie** (Crkva Svete Marije ; Svete Marije ; messe uniquement), du XVe siècle, dont l'autel en bois et les nombreux tableaux Renaissance sont remarquables.

Le parc sous-marin des îles Kornati réserve d'extraordinaires sorties de plongée dans des eaux limpides, présentant des tombants à pic et de nombreuses grottes. Deux écoles de plongée sont installées dans la baie de Zaglav : **Dive Kroatien** (377 079 ; www.dive-kroatien.de) et **Kornati Diver** (377 167 ; www.kornati-diver.com). Vous devrez acquitter un droit d'entrée de 20 € pour plonger dans le parc.

**Des excursions en bateau** (350 Kn) comprennent une balade dans la baie de Telašćica et une escale sur l'une des îles Kornati, au départ du port de Sali. Des expéditions de pêche sont proposées : contactez **Tome** (377 489 ; www.tome.hr ; à partir de 350 Kn).

## Fêtes et festivals

Le week-end qui précède l'Assomption (15 août), la **fête de Saljske Užance** attire des visiteurs de toute la région. Les courses d'ânes et la procession de bateaux autour du port à la lueur des bougies constituent le clou des festivités. Vêtus de costumes traditionnels, hommes et femmes dansent et jouent d'instruments fabriqués avec des cornes de bovins.

## Où se loger

Les chambres à louer affichent des prix raisonnables à Sali, surtout hors saison, et l'office du tourisme peut vous orienter vers des endroits situés hors des sentiers battus – vers une maison construite sur un îlot par exemple. Consultez www.sali-dugiotok.com pour les appartements.

Les tarifs des chambres et des appartements étant basés sur un séjour minimum de 3 nuits en été, vous paierez 30% de plus si vous restez moins longtemps. L'île est très aride : évitez les douches trop longues.

Il n'y a pas de camping à Sali.

**Hotel Sali** HÔTEL €€
(☎377 049 ; www.hotel-sali.hr ; ch 571 Kn ; ⏲avr-oct ; P❄). À 1 km du port, cet hôtel est aménagé au-dessus d'une petite crique rocheuse, à l'ombre des pins. Ses 4 unités séparées sont peintes en blanc et bleu marine. Les chambres sont décorées simplement, et toutes possèdent la TV sat, un réfrigérateur et un balcon (donnant souvent sur la mer). Restaurant. Location de vélos.

**Apart Šoštarić** HÔTEL €
(☎377 050 ; bsostaric@gmail.com ; ch/app 219/366 Kn ; P❄). Un établissement vieux rose tout au nord du port, très quelconque mais rarement complet. Les chambres, pratiques, mériteraient d'être rafraîchies. Jolie vue depuis celles de devant.

## Où se restaurer et prendre un verre

Une demi-douzaine de restaurants sont regroupés autour du port, où se trouve un supermarché bien approvisionné.

**Maritimo** BAR
Véritable cœur de Sali, ce bar est toujours très animé. De fait, il ne manque pas de caractère, avec son long bar en bois et ses photographies du temps jadis ornant les murs – sans compter la terrasse, idéale pour prendre un cocktail, un café ou une pression. La loi antitabac y est régulièrement ignorée.

**Pizza Bruc** CUISINE ITALIENNE €
(pizza à partir de 38 Kn ; ⏲avr-oct). Le restaurant le plus chaleureux de la ville possède une terrasse près des bateaux de plaisance. Essayez la *pizza picante*.

## Renseignements

L'**office du tourisme** (☎/fax 377 094 ; www.dugiotok.hr ; ⏲8h-21h juin-sept, jusqu'à 15h lun-ven oct-mai), sur le port, fournit des renseignements sur toute l'île et d'excellentes cartes pour la randonnée et le vélo, ainsi que des brochures. Réservation de chambres chez l'habitant et d'excursions ; connection Internet (15 Kn/30 min).

Vous ne trouverez pas de banque, mais un DAB sur le port. Pour changer des devises ou obtenir des espèces sur présentation d'une MasterCard, rendez-vous à la **poste** (Obala Petra Lorinija ; ⏲8h-14h lun-sam).

Appelez **Louvre** (☎098 650 026) pour louer un scooter.

# Baie de Telašćica

La pointe sud-est de Dugi Otok est divisée en deux par la baie échancrée de Telašćica, que ponctuent cinq petites îles et cinq minuscules îlots. Avec ses superbes eaux couleur azur, c'est l'un des ports naturels les plus vastes et les plus beaux de l'Adriatique. Il est très apprécié par les amateurs de plaisance.

Les îles Kornati s'étendent presque jusqu'à la lisière de la baie, les deux groupes insulaires présentant une topographie identique de calcaire blanc semé de broussailles. À l'extrémité ouest de Dugi Otok, le vent et les vagues ont sculpté des falaises abruptes hautes de 166 m. Dépourvue d'agglomérations et de routes, cette partie de l'île n'offre que deux restaurants situés au bord de la **baie de Mir**, qui s'adressent à une clientèle de plaisanciers.

Près de la baie de Mir, le **lac Mir** (lac salé) se détache au milieu des pinèdes. Il est alimenté par des canaux souterrains rejoignant la mer, et son eau est beaucoup plus chaude que cette dernière. Limpide, il n'en recèle pas moins au fond une boue que l'on dit thérapeutique.

# Božava

111 HABITANTS

Ce tranquille village de pêcheurs, parsemé d'arbres fleuris et de jolis sentiers ombragés qui courent le long de la côte, s'est transformé en complexe touristique en l'espace de deux générations. Le tourisme domine aujourd'hui l'économie locale sous la forme de 4 hôtels du "village touristique" de Božava. Une poignée de restaurants jalonnent le port.

L'**office du tourisme** (☎/fax 377 607 ; turisticko-drustvo-bozava@zd.t-com.hr ; ⏲9h-14h et 18h-20h lun-sam, jusqu'à 12h dim juin-sept), situé juste au-dessus du petit port, peut trouver des vélos, des scooters et des voitures à louer, ainsi que des chambres chez l'habitant.

Le **complexe Božava Hotel** (291 291 ; www.hoteli-bozava.hr ; P❄@☎≋) comprend 3 hôtels trois étoiles (564 Kn/pers), parmi lesquels se distingue l'Hotel Mirta, récemment rénové. L'Hotel Maxim (622 Kn/pers), quatre-étoiles et donc plus haut de gamme, loue des chambres élégantes et des appartements familiaux avec TV sat, réfrigérateurs, Internet et balcon sur la mer. Courts de tennis, fitness et massages.

**Veli Rat** est un charmant village dont la marina donne sur une baie bien protégée, près de la pointe nord-ouest de l'île. Les bus de Brbinj coïncident avec les départs et les arrivées des bateaux. Pour le reste, c'est un lieu très isolé, ne comptant que quelques dizaines d'habitants et un bar/boutique.

# ÎLE DE PAG

Pag évoque d'emblée les films italiens des années 1950. Son paysage rocheux aux tons sépia, austère et nu, et ses vastes étendues pelées s'étirant vers l'horizon, feraient un décor parfait pour un vieux film d'Antonioni. Les eaux de l'Adriatique qui l'entourent prennent une teinte d'acier, et par temps orageux, il n'est pas de lieu plus spectaculaire dans toute la Croatie. Les roches karstiques de Pag forment un paysage lunaire défini par deux chaînes montagneuses, des broussailles éparses et une dizaine de hameaux.

Pag, désormais reliée au continent par un pont, reste réputée pour sa culture et ses traditions insulaires. Les habitants ont planté de vignes le sol ingrat, dont ils tirent un vin blanc correct, le *šutica*. Les robustes brebis, qui se nourrissent de plantes aromatiques et d'herbe salée, donnent un lait au goût particulier, à partir duquel on fabrique le *paški sir* (fromage de Pag mariné dans de l'huile d'olive et que l'on affine en cave ; voir p. 185). La très fine dentelle confectionnée sur Pag, elle aussi très renommée, orne de nombreux intérieurs croates.

Le port de Novalja, au nord, est l'une des stations balnéaires les plus animées et les plus décontractées de Croatie. La plage de Zrće est, quant à elle, La Mecque des clubbeurs.

### Histoire

Peuplée par les Illyriens, l'île tomba au Ier siècle av. J.-C. sous la domination des Romains, qui y édifièrent des forteresses et des aqueducs. Des Slaves s'installèrent au VIIe siècle aux alentours de Novalja, où ils construisirent des églises et des basiliques. Au XIe siècle, la production de sel s'intensifia, à la suite des conflits opposant Zadar et Rab pour le commerce de ce précieux produit. En 1409, à l'instar de Zadar et du reste de la Dalmatie, Pag fut vendue à Venise. L'île fut ensuite envahie par les Vénitiens, les Autrichiens, les Français (puis de nouveau les Autrichiens), avant de connaître l'occupation germano-italienne pendant la Seconde Guerre mondiale.

## Depuis/vers Pag

### Bateau

Un catamaran de **Jadrolinija** (www.jadrolinija.hr) fait chaque jour la navette entre Rijeka et Novalja (40 Kn, 2 heures 30), en passant par Rab. Des car-ferries (12 Kn) relient régulièrement Žigljen, sur la côte nord-est de Pag, à Prizna sur le continent (toutes les heures en hiver, service continu de juin à septembre).

### Bus

Chaque jour, en été, 5 bus d'**Antonio Tours** (www.antoniotours.hr) circulent entre Novalja, la ville de Pag et Zadar. Au départ de Pag, 2 bus vont tous les jours à Rijeka (166 Kn, 3 heures 30) du lundi au samedi (un le dimanche), en passant par Novalja. Un bus quotidien rallie Split (158 Kn, 4 heures) et 3 bus rejoignent Zagreb (243 Kn, 6 heures).

## Comment circuler

Six bus font chaque jour le trajet de 30 min entre la ville de Pag et Novalja (22 Kn).

Le paysage (relativement) plat de Pag se prête très bien au cyclotourisme. **Jadranka** (098 306 602), dans la ville de Pag, loue des vélos pour 20/100 Kn par heure/jour. L'île est sillonnée de 115 km de pistes cyclables.

# Ville de Pag

023 / 2 709 HABITANTS

La ville historique de Pag jouit d'un cadre spectaculaire. Campée sur une étroite bande de terre entre des collines brûlées par le soleil, une baie azur à l'est et des marais salants étincelants à l'ouest, elle se résume à une poignée de ruelles étroites et de maisons basses en pierre. Les habitants vivent littéralement dans la rue – confectionnant de la dentelle, assis sur des tabourets –, la jolie place de marbre blanc s'imposant comme un lieu de rendez-vous populaire. Des plages de galets sont situées à proximité.

Pag fut fondée au début du XVe siècle pour absorber la population croissante de Stari Grad (la vieille ville), que générait l'exploitation florissante du sel. Les Vénitiens en confièrent la création à Juraj Dalmatinac (Georges le Dalmate), le plus grand architecte de l'époque, qui en posa la première pierre en 1443 : en suivant les dernières tendances de l'époque, il adopta un plan en échiquier, dans lequel les artères principales et les rues se coupent à angle droit et rejoignent quatre portes. Sur la place centrale s'élèvent une cathédrale, un palais ducal et un palais épiscopal resté inachevé. Des remparts, entamés en 1499 par Dalmatinac, ne subsistent que l'angle nord, accompagné par les vestiges d'un château.

## À voir et à faire

### Musée de la Dentelle
MUSÉE

(Kralja Dmitra Zvonimira ; Trg Kralja Krešimira IV ; 10 Kn ; 10h-12h et 18h-22h juin-sept, groupes uniquement le reste de l'année). Dans le palais ducal superbement restauré (Kneževa Palača), également conçu par Juraj Dalmatinac, cet excellent musée présente des pièces remarquables. L'histoire de la dentelle à Pag et son importance pour la communauté sont habilement illustrées à l'aide de photos et de panneaux explicatifs.

### Église Sainte-Marie
ÉGLISE

(Crkva Svete Marije ; Trg Kralja Krešimira IV ; 9h-12h et 17h-19h mai-sept, messe uniquement oct-avr). Œuvre de Juraj Dalmatinac, l'église arbore un style gothique dépouillé qui s'harmonise parfaitement avec la sobriété des bâtiments alentour. Sur le tympan figure la Vierge, entourée de femmes de Pag en costumes médiévaux et coiffes. À noter également : deux rangées inachevées de statues de saints. Terminé au XVIe siècle, l'intérieur se dota au XVIIIe siècle d'un plafond baroque.

### Musée du Sel
MUSÉE

(Stari Grad ; 10 Kn ; 10h-12h et 20h-22h juin-sept, groupes uniquement le reste de l'année). Au bout du pont, parmi les rares vestiges de l'antique Stari Grad, ce nouveau musée (dans un vieil entrepôt de sel) présente la production du sel à Pag à l'aide de photographies et d'expositions.

## Fêtes et festivals

Le dernier jour de juillet, le **carnaval de Pag** permet de découvrir des costumes traditionnels sophistiqués ainsi que le *kolo*, une danse slave qui s'exécute en cercle. La place principale se remplit alors de danseurs et de musiciens, tandis qu'une troupe de théâtre joue *Paška Robinja* ("La Jeune Esclave de Pag"), une pièce du folklore local.

## Où se loger

La plupart des hôtels de Pag, disséminés dans la baie à l'ouest de la ville, ferment d'octobre à mai.

Les agences de voyages proposent des chambres chez l'habitant, et des femmes se postent à la gare routière pour offrir des *sobe*. Beaucoup de chambres et d'appartements sont situés de l'autre côté du pont.

### Hotel Pagus
HÔTEL €€€

(611 310 ; www.coning-turizam.hr ; Starčevića 1 ; s/d 542/1 055 Kn ; P❄@). Récemment rénové, cet hôtel sur la plage est accessible à pied depuis la vieille ville. Chambres chics, centre de bien-être très agréable.

### Camping Šimuni
CAMPING €

(697 441 ; www.camping-simuni.hr ; Šimuni ; 60 Kn/adulte). Ce camping est situé dans une magnifique crique de galets, à mi-chemin entre la ville de Pag et Novalja, près du port de Šimuni – tous les bus interîles s'y arrêtent. Les mobile homes (à partir de 30 €), très bien conçus, constituent une option bon marché hors saison.

### Barcarola
CHAMBRES €

(611 239 ; Vladimira Nazora 12 ; ch 293 Kn ; avr-nov). Juste à côté de l'arrêt de bus, au-dessus

## LE FROMAGE DE PAG

Aucun autre fromage ne ressemble à celui de Pag, le *paški sir*. Fort et salé, ce dernier a véritablement la saveur de son terroir. En effet, par l'action des vents marins qui fouettent les coteaux, un fin dépôt de sel imprègne le sol et la végétation de l'île : cela donne un goût singulier au lait et à la viande des ovins élevés en liberté qui broutent l'herbe salée.

Le lait servant à la fabrication du fromage de Pag est collecté en mai, lorsque son goût est le plus fort. Il n'est pas pasteurisé, afin que sa saveur s'intensifie pendant la fermentation. Une fois fermenté, le fromage est frotté au sel de mer, puis recouvert d'huile d'olive et conservé entre six mois et un an. Ferme et piquant lorsqu'il est jeune, il devient sec, friable et fort en vieillissant. En entrée, il est servi en fines tranches avec des olives noires, mais il peut également être râpé dans les gratins.

Essayez la *skuta*, un fromage doux à la saveur subtile, semblable à la ricotta, qui est notamment proposé dans les restaurants de Boškinac, près de Novalja.

## L'IBIZA CROATE

S'il règne un calme olympien sur l'île de Pag, l'esprit de fête ne s'y déchaîne pas moins chaque été, notamment sur la **plage de Zrće**. À 3 km au sud-est de Novalja, celle-ci compte en effet trois grandes discothèques et quelques bars. Là, ne vous attendez pas à des surprises underground : la tendance est plutôt aux DJ grand public. Les discothèques sont installées directement sur la plage.

Le **Kalypso** est la discothèque la plus sophistiquée. Superbement conçue, dans une crique à l'extrémité nord de la plage, elle offre une myriade de bars entourés de palmiers. En journée, on s'y détend sur des matelas ; le soir, les lieux sont investis par des DJ qui jouent de la house. L'**Aquarius** (www.aquarius.hr) est la plus clinquante des discothèques locales. Cet immense espace pourvu d'élégantes alcôves est doté d'une superbe vue et d'une aire vitrée. Ces dernières années, elle a notamment programmé de grands noms comme Roger Sanchez et Benny Benassi. Le **Papaya** (www.papaya.com.hr), enfin, est un sympathique établissement bâti en terrasses – l'une d'entre elles constituant la principale piste de danse –, qui attire un public éclectique. La musique dépend de l'humeur du soir, mais on y a notamment vu par le passé des DJ trance comme Tiesto et Paul Van Dyk. Toutes les discothèques ouvrent fin juin et ferment à la mi-septembre. Le prix d'entrée dépend de la soirée – généralement gratuit en début de saison, et jusqu'à 35 € à la mi-août.

La plage de Zrće en elle-même donne sur une baie bien abritée, formant un croissant de galets long de 1 km – louez un parasol pour avoir de l'ombre. La baignade y est fort agréable, même si elle implique de supporter le bourdonnement des jet-skis (confinés à certaines zones). Zrće domine une zone aride à l'est de Pag, avec les montagnes du continent émergeant à l'horizon – d'où un beau point de vue. Stationnement : 5 Kn/jour.

d'une *konoba*, de grandes chambres modernes, décorées de façon simple et attrayante, avec penderies et sdb.

**Meridijan Hotel** HÔTEL €€
(☎492 200 ; www.meridijan15.hr ; Starčevića bb ; ch 674 Kn ; P ❄ @ ≈). Un nouveau quatre-étoiles aux chambres spacieuses bien équipées – avec réfrigérateurs, meubles modernes et grandes sdb. Belle vue sur l'île et la baie depuis celles situées à l'étage. Petite piscine.

### Où se restaurer

N'oubliez pas de goûter le fromage de Pag !

♥ **Bistro Na Tale** CUISINE TRADITIONNELLE €
(Radićeva 2 ; plats à partir de 40 Kn). Fiable, informel et très populaire, ce restaurant, doté d'une petite terrasse donnant sur les marais salants et d'une autre bien ombragée, sert de l'agneau de Pag, la grande spécialité, ou un poisson frais du jour au vin et aux herbes.

**Konoba Bodulo** CUISINE DALMATE €€
(Vangrada 19 ; plats à partir de 40 Kn). À côté des remparts, un établissement traditionnel attrayant, aux délicieux produits de la mer (langoustines, moules ou poulpe). Jolie cour.

**Bistro Diogen** CUISINE CROATE €€
(K Lidija Uhl 9 ; plats à partir de 50 Kn). Un établissement qui sort du lot, avec un menu très complet, un service aimable et de bons plats de viande et de poisson. Vue superbe.

Vous trouverez tous les matins des fruits, des légumes et du fromage local au marché. Pour les autres denrées, rendez-vous au supermarché Konzum.

### Où prendre un verre et sortir

La ville de Pag, plutôt endormie, possède une vie nocturne assez plate. Les choses s'animent un peu en été.

**Cub Vanga** CLUB
Au bout du pont, ce nouveau club est le seul lieu pour danser en ville. Il alterne les soirées : R&B, house et musique des années 1970, 1980 et 1990. Terrasse extérieure pour les fumeurs.

### Achats

Vous trouverez ici les produits les plus originaux du pays. Il serait dommage de quitter Pag sans acheter de la **dentelle**, relativement bon marché ; vous aiderez ainsi à perpétuer la tradition. Un napperon rond ou en forme d'étoile de 10 cm de diamètre, nécessitant 24 heures de travail, ne coûte que 125 Kn environ. En descendant Kralja Tomislava ou Kralja Dmitra Zvonimira, vous pourrez acheter de la dentelle directement auprès des artisans, qui pratiquent presque tous des prix fixes.

Il n'est pas toujours facile de trouver du **fromage de Pag**, mais vous devriez pouvoir en acheter au marché. Sinon, repérez les pancartes "Paški Sir" apposées sur les maisons le long des routes de campagne. Le prix annoncé avoisine 130 Kn le kilo.

### Renseignements

**Centre médical** (611 001 ; Gradska Plaža bb)

**Erste Banka** (Vela 18). Change les devises.

**Mediteran** (/fax 611 238 ; www.mediteran-pag.com ; Vladimira Nazora 12). Une agence proposant un grand éventail de chambres chez l'habitant.

**Meridian 15** (612 162 ; www.meridijan15.hr ; Ante Starčevića 1). Cette agence de voyages organise des excursions dans les îles et des expéditions dans les parcs nationaux comme celui de Paklenica. Réservation de chambres.

**Office du tourisme** (/fax 611 286 ; www.pag-tourism.hr ; Trg Kralja Krešimira IV 1 ; 8h-22h mai-oct, jusqu'à 16h lun-ven nov-avr). Un bon office du tourisme. Distribue un plan de la ville en couleurs correct, sur lequel figurent les plages locales.

**Poste** (Antuna Šimića ; 8h-20h lun-ven, jusqu'à 14h sam)

**Sunturist** (612 040 ; www.sunturist-pago.hr ; Vladimira Nazora bb). Hébergement et excursions.

## Novalja

023 / 2 084 HABITANTS

Dans un pays de stations balnéaires paisibles, Novalja est à contre-courant, puisqu'elle réunit les bars et les discothèques les plus tapageurs de Croatie. La scène culturelle se limite aux clubs de la plage voisine de Zrće – il n'y a aucun site historique à visiter. Cela dit, la promenade est plaisante et les plages des environs, jolies.

### Où se loger et se restaurer

Contactez l'office du tourisme ou une agence de voyages pour trouver des chambres chez l'habitant.

**Boškinac** HÔTEL RURAL €€€
(663 500 ; www.boskinac.com ; s/d 1 183/1 343 Kn ; plats à partir de 140 Kn ; P ❄ @ ☜ ≋). À 5 km à l'est de Novalja, voici l'un des hôtels les plus sélects de Croatie. Doté d'un restaurant sublime, il s'inscrit dans un cadre paradisiaque au milieu de vignobles. Les 8 chambres et 3 suites, élégantes et très spacieuses, sont chacune pourvues d'un canapé-lit et d'une jolie sdb. Vous pourrez goûter les crus de la propriété au sous-sol, où l'on vous proposera aussi des en-cas. Le restaurant (menu dégustation 220-490 Kn), qui compte une très belle terrasse, est l'un des meilleurs de Dalmatie. Sur sa carte figurent de l'agneau local, du fromage (essayez la *skuta*), de l'huile d'olive et même des escargots de Pag. Une piscine, une salle de fitness et un spa sont en projet. Formules gastronomiques sur le site Internet de l'hôtel.

**Hotel Loža** HÔTEL €€
(663 381 ; www.turno.hr ; Trg Loža ; s/d 356/734 Kn ; P @ ☜). Sur la promenade, ce bel hôtel loue de petites chambres proprettes, souvent avec un balcon donnant sur la mer. Wi-Fi gratuit.

**Hotel Liburnija** HÔTEL DE PLAGE €€
(661 328 ; www.turno.hr ; Šetalište Hrvatskih Mornara bb ; s/d 316/750 Kn ; P). Sur une plage de galets, un hôtel de taille moyenne dans le style des années 1970, non loin du centre à pied. Chambres meublées simplement, toutes avec réfrigérateurs et TV.

**Starac i More** FRUITS DE MER €
(Braće Radić ; plats à partir de 40 Kn). Juste à la sortie du port, un restaurant authentique, sans chichis et renommé pour ses fruits de mer. Essayez une assiette mixte.

### Renseignements

**Agence touristique Novalja** (663 570 ; www.tz-novalja.hr ; Šetalište Hrvatskih Mornara 1 ; 8h-21h juin-sept, jusqu'à 15h lun-ven oct-mai). Trouve des chambres chez l'habitant et donne les horaires des bateaux et des bus.

**Aurora** (663 493 ; Slatinska bb). Une agence bien organisée, proposant de nombreux appartements, des chambres et des excursions.

# RÉGION DE ŠIBENIK-KNIN

Cette région méconnue de Croatie a pourtant tout pour plaire. Il y a d'abord les remarquables rues médiévales de Šibenik, puis les délicieuses îles de Kornati et, enfin, le parc national de la Krka, qui fait le bonheur des randonneurs et des baigneurs.

## Šibenik

022 / 37 170 HABITANTS

Souvent négligée par les touristes, Šibenik commence à faire parler d'elle – et on comprend pourquoi. Derrière une facette

## Šibenik

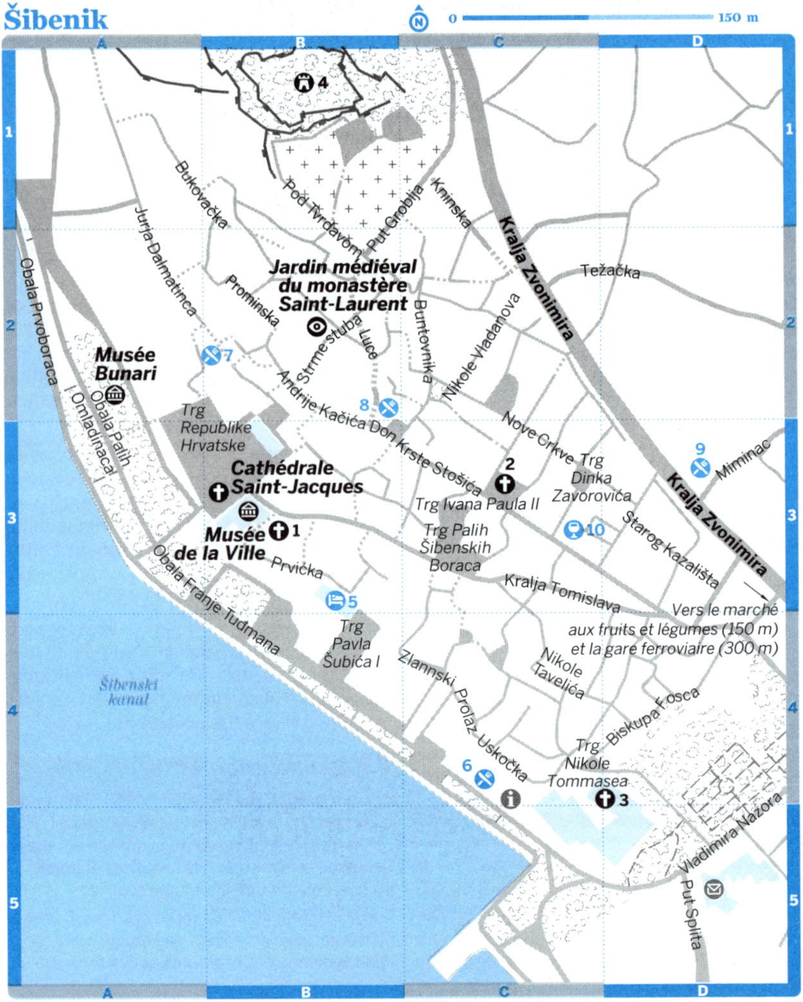


un peu rustique, elle accueille chaque année de nouvelles curiosités, ainsi que de nouveaux bars et restaurants. En outre, une intense énergie anime la ville. Mais en réalité, le véritable attrait de Šibenik est le même depuis des siècles : un magnifique quartier médiéval, fait d'un lacis de ruelles et de venelles pentues, de chapelles et de l'une des plus belles cathédrales du pays.

La ville est aussi une excellente base pour découvrir le parc national de la Krka, les îles Kornati et le centre Sokolarski consacré aux oiseaux de proie.

### Histoire

Contrairement à de nombreuses villes du littoral dalmate, Šibenik ne fut pas fondée par les Illyriens ou les Romains, mais par des tribus croates.

Mentionnée pour la première fois au XI^e^ siècle dans une charte du roi Krešimir IV, conquise par Venise en 1116, elle appartint successivement à la Hongrie, à Byzance et au royaume de Bosnie, avant de redevenir vénitienne en 1412. Les Ottomans attaquèrent régulièrement la ville aux XVI^e^ et XVII^e^ siècles, ce dont pâtirent le commerce et l'agriculture. Les Vénitiens furent supplantés en 1797 par les Autrichiens

## Šibenik

**Les incontournables**



**À voir**



**Où se loger**



**Où se restaurer**



**Où prendre un verre**



qui régnèrent jusqu'en 1918. Les forteresses vénitiennes sont encore visibles.

Occupée par l'armée fédérale yougoslave en 1991, Šibenik fut bombardée jusqu'à sa libération en 1995, lors de l'"opération Tempête" menée par l'armée croate. On ne voit plus guère aujourd'hui de dégâts matériels, mais l'industrie de l'aluminium a été détruite. Šibenik s'est refait une santé, et le tourisme joue désormais un rôle vital dans l'économie.

## À voir

### Cathédrale Saint-Jacques — CATHÉDRALE

(Katedrala Svetog Jakova ; Trg Republike Hrvatske ; 8h-20h juin-sept, jusqu'à 19h oct-mai). Chef-d'œuvre du sculpteur et architecte Juraj Dalmatinac (Georges le Dalmate), la cathédrale est sans conteste le joyau architectural de la côte dalmate. Elle est d'ailleurs classée au patrimoine mondial de l'Unesco. Son élément le plus surprenant est la frise sculptée qui court le long des murs extérieurs des absides : elle comprend 71 portraits d'anonymes du XVe siècle, dont les visages placides, ennuyés, fiers ou craintifs, réalisés de manière caricaturale, expriment des émotions réalistes. La cathédrale ayant coûté très cher, on dit que plus le citoyen était avare, plus sa caricature était exagérée.

Entamée en 1431 par une succession de maîtres vénitiens, la construction de l'édifice fut confiée dix ans plus tard à Dalmatinac, natif de Zadar ; ce dernier en agrandit le plan et adopta un style de transition entre le gothique et le Renaissance.

En dehors de la **frise** extérieure, le génie de ce célèbre architecte croate se manifeste à travers les deux escaliers des bas-côtés, qui descendent dans la sacristie pour l'un et dans l'admirable **baptistère** (entrée 10 Kn) pour l'autre. Les fonts baptismaux, dont trois angelots supportent la vasque, sont dus à Andrija Aleši, d'après les dessins de Dalmatinac. Mentionnons aussi la **crypte** de l'évêque Šižigorić (également de Dalmatinac), mécène de la cathédrale, un retable de Zaniberti figurant saint Fabien et saint Sébastien, le *Cadeau des Rois mages* du peintre Ricciardi et, à côté, deux reliefs d'anges en marbre réalisés par Firentinac. Ne manquez pas la **Porte des lions**, au nord, conçue par Dalmatinac et Bonino da Milano : deux lions sculptés soutiennent des colonnes où Adam et Ève tentent en vain de cacher leur nudité.

Cette cathédrale, achevée en 1536, fut entièrement bâtie avec des pierres provenant des îles de Brač, de Korčula, de Rab et de Krk ; il s'agit de la plus grande cathédrale au monde dépourvue de support en brique ou en bois. Après la mort de Dalmatinac, Nikola Firentinac (Nicolas le Florentin) acheva l'insolite toiture en dôme et travailla sur la façade dans le plus pur style Renaissance.

### Musée Bunari — MUSÉE

(www.bunari.hr ; Obala Palih Omladinaca 2 ; tarif plein/réduit 15/10 Kn ; 8h-24h). Une nouveauté intéressante dans une ancienne citerne à eau aux hauts plafonds voûtés. Ce musée interactif possède de nombreux panneaux et objets illustrant l'histoire et la culture de Šibenik. Des démonstrations d'artisanat local et de nombreuses activités pour les enfants (notamment un flipper sur le thème du naufrage) sont proposées sur place.

### Musée de la Ville — MUSÉE

(Gradski Muzej ; www.muzej-sibenik.hr ; Gradska Vrata 3 ; 10 Kn ; 10h-13h et 18h-20h juin-sept, 19h30-15h30 oct-mars). Ce musée fraîchement rénové compte une collection permanente présentant des objets historiques relatifs à la région de Šibenik et à la Dalmatie. Expositions temporaires d'art, de peinture, de photographie et de céramique.

### Jardin médiéval du monastère Saint-Laurent — JARDIN

(Vrt Svetog Lovre ; Andrije Kačića bb ; tarif plein/réduit 15/10 Kn ; 8h30-19h30 mai-oct, horaires réduits en hiver). Conçu et réalisé par l'artiste paysager Dragutin Kiš, ce jardin médiéval restauré est planté de fines herbes et de plantes médicinales joliment disposées entre les allées. Agréable café (glaces et boissons uniquement) ; quelques huiles essentielles à vendre.

**Forteresse Saint-Michel** FORTERESSE
(Tvrđava Sv Mihovila ; 20 Kn ; ⏲9h-21h). Cet immense fort médiéval offre une vue superbe sur Šibenik, la rivière Krk et la mer Adriatique depuis ses remparts. Une partie de la structure date du XIIIe siècle ; 4 tours bien préservées et une entrée gothique subsistent.

Nombre d'autres belles églises de Šibenik n'ouvrent que pour les offices.

**Église Saint-Ivan** ÉGLISE
(Crkva Svetog Ivana; Trg Ivana Paula II). Datant de la fin du XVe siècle, elle offre un bel exemple d'architecture gothique Renaissance.

**Église et monastère franciscains** ÉGLISE
(Franjevački Samostan; Ćulinovića). Datant du XIVe siècle, ils dévoilent de belles fresques et peintures baroques vénitiennes.

**Musée d'Art sacré** MUSÉE
(Kralja Tomislava ; 10 Kn ; ⏲9h-13h lun-ven). L'église Sainte-Barbara abrite ce musée, où sont exposés des tableaux, des sculptures et des gravures du XIVe au XVIIIe siècle.

## Fêtes et festivals

La dernière semaine de juin et la première semaine de juillet, Šibenik organise le fameux **Festival international des enfants**. Au programme : ateliers d'artisanat, musique, danse, films, pièces de théâtre, spectacles de marionnettes et défilés.

## Où se loger

Les hébergements sont plutôt rares à Šibenik, qui ne compte qu'un hôtel. Primošten, Tribunj et Vodice, sur la côte, sont très proches. Les femmes proposant des *sobe* (chambres à louer) accueillent parfois les visiteurs. Sinon, contactez les agences de voyages pour trouver des adresses.

**Camp Solaris** CAMPING €
(☎364 450 ; www.solaris.hr ; Solaris ; 55/143 Kn par adulte/empl ; ⏲mi-mars à nov ; @ ; wifi ; piscine). Voici probablement l'un des campings les mieux équipés de Croatie : piscine d'eau de mer, court de tennis, minigolf, multitude d'aménagements pour les enfants, spa et pas moins de 10 bars ! À 6 km à l'est de la ville.

**Hotel Jadran** HÔTEL CENTRAL €€
(☎242 000 ; www.rivijera.hr ; Obala Oslobođenja 52 ; s/d 512/835 Kn ; P @). Un hôtel de béton désuet de 5 étages, très pratique sur le front de mer, bien que sans cachet et un peu cher. TV sat et minibar dans les chambres – pas de climatisation ; la température monte vite en été.

## Où se restaurer

Le port est bordé de restaurants populaires offrant une jolie vue. Toutefois, pour vraiment bien manger, optez pour la vieille ville.

♥ **Pelegrini** CUISINE MÉDITERRANÉENNE MODERNE €€
(☎485 055 ; www.pelegrini.hr ; Obala Palih Omladinaca 2 ; plats à partir de 60 Kn). Cette merveilleuse table gastronomique s'inspire des saveurs du monde entier, avec des influences japonaises et françaises, tout en gardant un cœur méditerranéen – essayez le porc rôti aux figues blanches et au bacon. Les vins dalmates sont bien représentés sur la carte ; le décor mêle minimalisme et histoire ; le personnel, très efficace, est polyglotte. Appelez à l'avance pour réserver une place à l'extérieur et bénéficier d'une vue imprenable sur la cathédrale.

**Restoran Tinel** CUISINE CROATE €€
(Trg Puckih Kapetana 1 ; plats à partir de 75 Kn). Chic et réputé, ce restaurant de la vieille ville possède une terrasse charmante en hauteur sur une petite place, et une salle à manger sur 2 niveaux. De nombreux plats figurent au menu, dont du poulpe *a la tinel* (façon goulasch) et des plats végétariens comme la salade à la ricotta et aux courgettes grillées.

**Uzorita** CUISINE CROATE €€
(Bana Josipa Jelačića 50 ; plats à partir de 60 Kn). Dans le plus vieux restaurant de Šibenik (1899), venez déguster de la viande ou du poisson (essayez les brochettes) sur la terrasse ombragée par des plantes grimpantes ou à l'intérieur, face à la cheminée.

**Konoba Kanela** CUISINE CROATE €€
(Obala Franje Tuđmana 5 ; plats à partir de 65 Kn). Le meilleur d'une brochette de restaurants touristiques assez médiocres sur le port. Dégustez des moules, des calmars ou de la viande cuite "sous la cloche". Pierres et poutres apparentes à l'intérieur.

**Penkala** CUISINE RUSTIQUE €
(Fra Jeronima Milete 17 ; plats à partir de 25 Kn ; ⏲lun-sam). Un établissement de quartier, bon marché, servant de la cuisine maison, et notamment de copieux ragoûts.

Faites le plein au **supermarché** (Kralja Zvonimira) ou au **marché aux fruits et légumes** (entre Ante Starčevića et Stankovačka).

## Où prendre un verre

**No 4 Club/Četvorka** BAR, RESTAURANT

(Trg Dinka Zavorović 4). Un petit établissement pittoresque, autoproclammé restaurant de grillades, mais où il vaut mieux se contenter de prendre un verre de vin ou une bière.

## Renseignements

**Agence de voyages NIK** (☎338 540 ; www.nik.hr ; Ante Šupuka 5). Une grande agence proposant des excursions aux îles Kornati et au parc national de la Krka, des chambres chez l'habitant et des billets de bus et d'avion pour des liaisons internationales.

**Atlas Travel Agency** (☎330 232 ; atlas-sibenik@si.t-com.hr ; Kovačića 1a). Change les devises et réserve des excursions.

**Bibliothèque publique** (Gradska Knjižnica Jurga ; ⌚8h-12h et 18h-21h lun-sam ; Wi-Fi). Accès Internet 10 Kn/heure ; Wi-Fi.

**Hôpital** (☎334 421 ; Stjepana Radića 83)

**Office du tourisme** (☎214 441 ; www.sibenik-tourism.hr ; Obala Franje Tuđmana 5 ; ⌚8h-21h juin-oct, jusqu'à 16h nov-avr). Délivre d'excellents conseils et renseignements en 14 langues !

**Poste** (Vladimira Nazora 51 ; ⌚8h-19h lun-ven, 9h-12h sam). Pour téléphoner et changer de l'argent.

## Depuis/vers Šibenik

**Jadrolinija** (☎213 468 ; Obala Franje Tuđmana 8 ; ⌚9h-18h lun-ven) vend des billets de ferry.

La gare routière de Šibenik est assez délabrée ; elle est accessible à pied depuis la vieille ville.

Un train de nuit (156 Kn, 8 heures) et 2 trains de jour (11 heures) circulent quotidiennement entre Zagreb et Šibenik.

# Parc national de la Krka

☎022

La Krka s'écoule sur 72,5 km, de l'ouest des Alpes dinariques jusqu'à l'Adriatique, où elle se jette près de Šibenik. Son cours et ses splendides chutes d'eau, qui ont façonné le paysage de la région de Šibenik-Knin, constituent l'attrait principal du parc national. Les chutes de la Krka résultent d'un phénomène karstique : pendant des millénaires, l'eau de la rivière a creusé un profond canyon (jusqu'à 200 m) dans les collines calcaires, charriant du carbonate de calcium dans son lit. Les mousses et les algues ont retenu ce calcium, alors que l'encroûtement des couches végétales successives produisait les barrières de travertin qui ont formé les cascades spectaculaires.

## À voir et à faire

Le parc dessine un cadre fabuleux, formé par les rochers, les falaises, les grottes et les gouffres. Mais il compte aussi plusieurs monuments dignes d'intérêt. Le **monastère orthodoxe de la Krka**, ou d'Arandjelovac (du Saint-Archange), près de l'extrémité nord, fut mentionné pour la première fois en 1402, lorsqu'il constitua la dot de Jelena Šubić, sœur de l'empereur Dušan de Serbie. Remaniée à maintes reprises jusqu'à la fin du XVIIIe siècle, son architecture mêle au style byzantin les influences méditerranéennes.

En contrebas du monastère, la barrière des chutes de **Roški Slap**, en aval, a entraîné la formation d'un lac. Là, la vallée se rétrécit en un goulot de 150 m débouchant sur ces

### BUS AU DÉPART DE ŠIBENIK

| DESTINATION | TARIF | DURÉE | FRÉQUENCE |
|---|---|---|---|
| Dubrovnik | 226 Kn | 6 heures | 9/jour |
| Murter | 25 Kn | 45 min | 8/jour |
| Osijek | 338 Kn | 8 heures 30 | 1/jour |
| Primošten | 17 Kn | 30 min | 7/jour |
| Pula | 228 Kn | 8 heures | 3/jour |
| Rijeka | 181 Kn | 6 heures | 11/jour |
| Split | 84 Kn | 1 heure 45 | 22/jour |
| Zadar | 63 Kn | 1 heure 30 | 34/jour |
| Zagreb | 164 Kn | 6 heures 30 | 16/jour |

## SAUVEZ LES RAPACES !

**Centre Sokolarski** REFUGE

(☎022-330 116 ; www.sokolarskicentar.com ; 30 Kn ; ⊙9h-17h avr-oct). Dédié à la protection des oiseaux de proie en Croatie, ce centre sauve et soigne environ 150 rapaces chaque année. Les visiteurs assistent à une présentation exceptionnelle, pédagogique et très amusante par le directeur, Emilo Mendušić, qui utilise des chouettes et des faucons pour montrer l'agilité des oiseaux.

Vous apprendrez comment chassent les grands ducs (ils savent distinguer un pigeon affaibli parmi toute une volée), aidés par leur vision au ralenti, et par une ouïe si fine qu'ils peuvent se concentrer sur un mètre carré de territoire, et exclure les autres sons de leur champ auditif.

La plupart des rapaces du centre ont été victimes d'un accident sur les routes. Les oiseaux sont également menacés par l'empoisonnement illégal, la chasse et les pesticides. Tous peuvent voler en toute liberté pendant une heure environ chaque jour ; une fois guéris, ils sont en grande majorité relâchés dans la nature.

Le centre Sokolarski, à 7 km de Šibenik, n'est pas desservi par les transports en commun. Pour vous y rendre, empruntez la route du parc national de la Krka, prenez à l'est à Bilice et suivez les indications.

chutes, longues de 650 m, qui débutent en pente douce puis se ramifient avant de se jeter d'une hauteur de 27 m. Remarquez, sur la rive est, les moulins à eau, jadis utilisés pour moudre le blé.

Sur le premier kilomètre, les berges du lac, envahies de roseaux et de joncs, servent de refuge aux oiseaux aquatiques. Plus bas, des falaises de 150 m aux formes spectaculaires encadrent la **gorge de Među Gredama**, qui précède le lac Visovac. Sur un îlot se dresse **Samostan Visovac**, un charmant petit monastère édifié au XIVe siècle par des moines ermites ; des franciscains bosniaques y vécurent sous la domination ottomane jusqu'en 1699. L'église attenante, flanquée d'un clocher érigé en 1728, date de la fin du XVIIe siècle. Une forêt de chênes verts s'étend sur la rive ouest de la rivière, et une forêt de chênes blancs occupe la rive est.

**Skradinski Buk**, la plus imposante des chutes, se trouve à 6 km en aval : longue de 800 m, elle atteint une hauteur de 46 m et descend en une succession de 17 cascades. Comme à Roški Slap, des moulins à blé fonctionnaient jadis sur les berges, où l'on fabriquait du feutre au pilon, et où de grands paniers contenaient tissus et couvertures. Au-delà de Skradinski Buk, le cours de la Krka présente moins d'intérêt depuis la construction de la centrale électrique de Jaruga en 1904. Il faut environ une heure de marche pour faire le tour de Skradinski Buk et admirer les chutes. Pensez à apporter votre maillot car on peut se baigner dans le lac inférieur, qui peut même être bondé en été.

## Où se loger et se restaurer

Des restaurants et des boutiques bordent le port. Skradinski Buk compte quelques établissements pour prendre un verre, et des restaurants bon marché.

**Hotel Skradinski Buk** HÔTEL €€

(☎771 771 ; www.skradinskibuk.hr ; Burinovac bb, Skradin ; s/d 417/652 Kn ; P ❄ @). Un hôtel moderne pourvu de 29 petites chambres rénovées, avec bureau, TV sat et accès Internet. Bon restaurant avec terrasse couverte (grillades et spécialités dalmates).

## Renseignements

L'**office du tourisme** de Skradin (☎771 306 ; www. skradin.hr ; Trg Male Gospe 3 ; ⊙8h-21h juil-août, 9h-13h et 16h-18h sept-juin), sur le port, pourra vous mettre en contact avec des propriétaires de chambres chez l'habitant. **Le bureau du parc national de la Krka** (☎217 720 ; www.npkrka.hr ; Trg Ivana Pavla II, Skradin ; ⊙9h-17h lun-ven) fournit de bonnes cartes et des renseignements, et organise des excursions.

Le **prix d'entrée** (tarif plein/réduit juil-août 95/70 Kn, avr-juin, sept et oct 80/60 Kn, nov-mars 30/20 Kn) du parc s'acquitte à Skradin. Il comprend un trajet en bateau ou en bus jusqu'à Skradinski Buk.

## Comment s'y rendre et circuler

Plusieurs agences proposent des excursions aux chutes depuis Šibenik, Zadar et d'autres villes, mais on peut facilement voir ces sites en individuel.

Sept bus (moins en hiver) partent chaque jour de Šibenik et vont en 30 min à Skradin, où ils s'arrêtent à l'entrée de la vieille ville. Le droit d'entrée se paie ici : il comprend le transport en bateau jusqu'à Skradinski Buk. Si vous prenez l'un des 5 bus quotidiens pour Lozovac, un autre bus vous conduira ensuite à Skradinski Buk (inclus dans le droit d'entrée), mais vous manquerez la traversée du canyon en bateau.

De mars à novembre, 3 bateaux se rendent chaque jour de Skradinski Buk à Visovac (tarif plein/réduit 100/55 Kn) et à Roški Slap (130/65 Kn). D'avril à octobre, un bateau mène de Roški Slap au monastère de la Krka (100/55 Kn).

Si vous participez à des circuits organisés, vous pourrez visiter le parc à d'autres périodes de l'année.

## Îles Kornati

Cet archipel, semé de 147 îles, îlots et récifs pour la plupart déserts, s'étend sur 69 km². Il est le plus étendu de l'Adriatique. Pratiquement dépourvues de sources, ces îles typiques des reliefs karstiques présentent un paysage dénudé fait de crevasses, de grottes et de falaises abruptes. L'herbe rare et les chênes verts qui les recouvraient à certains endroits ont depuis longtemps brûlé lors du défrichage des terres. Mais loin de porter atteinte à la beauté des lieux, la déforestation a mis en valeur les étonnantes formations rocheuses, dont la blancheur resplendit de façon féerique sur le bleu de la mer.

### À voir

Les Kornati se divisent du nord-ouest au sud-est en quatre groupes d'îles distincts : les deux premiers, assez proches de la terre ferme, portent le nom de Gornji Kornat. **Žut** en est l'île la plus grande et la plus découpée.

Les deux autres groupes d'îles, en pleine mer et d'aspect très dentelé, englobent le **parc national des Kornati** (tarif plein/réduit 50/25 Kn). L'île de **Kornat**, de loin la plus vaste, mesure 25 km de longueur sur 2,5 km de largeur. Le parc national assure la protection de l'archipel mais aussi des eaux qui l'entourent. La réglementation stricte de la pêche permet de renouveler la faune

VAUT LE DÉTOUR

### EXCURSIONS AU DÉPART DE ŠIBENIK

De Šibenik, il est très facile de prendre un ferry vers plusieurs petites îles que l'on peut découvrir en une journée (mais où l'on peut aussi passer la nuit). Sur le continent, **Primošten** mérite également le détour : située à 20 km plus au sud, elle est de loin la plus séduisante bourgade des environs de Šibenik. Petit bourg médiéval dominé par un imposant beffroi et bâti sur une presqu'île, elle ressemble à Rovinj, en Istrie. De l'autre côté de sa baie s'avance une autre presqu'île couverte de pins et bordée de plages de galets, où les hôtels sont assez discrets pour ne pas nuire au paysage.

**Zlarin**, à 30 min en bateau, était jadis réputée pour ses coraux – avant que ceux-ci ne finissent en bijoux. L'atmosphère reposante, due à l'absence de voitures, permet d'apprécier pleinement la plage de sable, les pinèdes et le vaste port.

À seulement 15 min de Zlarin, **Prvić** compte deux villages, Prvić Luka et Šepurine (10 min de plus en ferry), qui ont gardé le charme des vieux hameaux de pêcheurs.

Un étroit chenal sépare le continent de l'île de **Murter**, à 29 km au nord-ouest de Šibenik. De petites criques, notamment celle de **Slanica** très propice à la baignade, entaillent sa côte sud-ouest escarpée. Le village de Murter, au nord-ouest, possède un bon port et une plage passable. Contactez l'**office du tourisme** (☎434 995 ; www.tzo-murter.hr ; Rudina bb ; ⏲7h30-21h30 mi-juin à mi-sept, 8h-12h mi-sept à mi-juin) pour plus de renseignements.

Le village de Murter constitue une excellente base pour partir explorer les îles Kornati : sa proximité avec l'archipel permet une visite bien plus poussée que depuis Šibenik ou Zadar. **Coronata** (☎435 933 ; www.coronata.hr ; Žrtava Ratova 17) figure parmi les agences qui organisent des circuits d'une journée aux îles Kornati (tarif plein/réduit 250/125 Kn) au départ de Murter.

Si vous souhaitez loger sur l'une des îles Kornati, **KornatTurist** (☎435 854 ; www.kornatturist.hr ; Hrvatskih Vladara 2, Murter) propose des hébergements chez l'habitant – les maisonnettes débutent à 4 763 Kn/semaine, un prix comprenant le transfert en bateau, deux livraisons de provisions hebdomadaires, le gaz destiné à l'éclairage et l'entrée au parc national des Kornati. On peut également louer un bateau à moteur pour 1 465 Kn/semaine.

VAUT LE DÉTOUR

## KNIN ET L'ARRIÈRE-PAYS

L'intérieur de la région de Šibenik-Knin comprend les "Confins militaires" (Vojna Krajina), qui furent établis au XVIe siècle par les Autrichiens pour se protéger des Ottomans. Peuplée de Valaques et de Morlaques de confession orthodoxe, cette province est devenue majoritairement serbe. À la déclaration d'indépendance de la Croatie en 1990, les Serbes de la Krajina, armés par Belgrade, instaurèrent leur propre État avec Knin pour capitale. Quand les Croates reprirent ce territoire en 1995, la quasi-totalité des Serbes furent expulsés, laissant derrière eux un champ de ruines. Les dégâts ont été réparés depuis, mais l'économie demeure très fragile. Une grande partie des Serbes ayant choisi de ne pas revenir, de nombreuses villes de l'intérieur, autrefois florissantes, sont aujourd'hui dépeuplées.

Située à un emplacement historiquement stratégique, à la frontière entre la Dalmatie et la Bosnie, Knin était au Moyen Âge un important centre marchand, à l'intersection des routes reliant la Slavonie, la Bosnie et la côte dalmate. Au Xe siècle, sous le règne des rois de Croatie, Knin était la capitale du pays et le siège de l'aristocratie. Comprenant leur vulnérabilité, les souverains firent ériger une forteresse, laquelle domine encore la ville du haut de la colline de Spas. Lorsque la monarchie croate s'effondra, Knin fut prise d'assaut par divers envahisseurs, jusqu'à ce que les Ottomans s'en emparent en 1522. Plus tard, ce fut au tour de Venise, de l'Autriche et de la France, puis à nouveau de l'Autriche, d'occuper la ville. Si le drapeau croate flotte aujourd'hui fièrement au-dessus de la forteresse, l'économie locale s'est effondrée avec le départ des Serbes en 1995.

Vous pourrez gravir la forteresse partiellement restaurée (où l'on trouve un café) pour jouir de la vue sur la Bosnie-Herzégovine.

Si vous venez en juin, vous verrez la ville sous son meilleur jour le 13 du mois, lorsqu'elle fête son saint patron. Une foule d'événements religieux, sportifs et musicaux sont alors organisés. Pour en savoir plus sur la ville, passez à l'**office du tourisme** (☎022-664 822 ; www.tz-knin.hr ; Tuđmana 24). Les propriétaires de l'**Hotel Mihovil** (☎022-664 444 ; www.zivkovic.hr ; Vrpolje bb ; ch 220 Kn), à 3 km au nord, sont très sympathiques et servent de la bonne cuisine.

piscicole, et notamment la population de mérous, de bars, de congres, de daurades, de brochetons, de rascasses, de seiches, de calmars, de pieuvres et d'éperlans.

**Piškera**, qui était habitée au Moyen Âge, servait autrefois de lieu de pêche et de stockage du poisson. Propriété de la noblesse de Zadar jusqu'au XIXe siècle, les îles furent rachetées voilà une centaine d'années par les paysans de Murter et de Dugi Otok, qui y édifièrent des kilomètres de murets pour séparer leurs terres et élever leurs moutons.

Aujourd'hui encore, l'archipel appartient pour 90% aux habitants de Murter, et pour le reste à ceux de Dugi Otok. Les îles ne sont plus habitées de façon permanente. De nombreux propriétaires continuent néanmoins à venir de temps à autre pour y entretenir les habitations et les champs ; des maisons sont à louer (voir p. 193). Les oliveraies y représentent 80% des terres cultivées, suivies des vignes, des vergers et des potagers. On dénombre en tout 300 bâtiments dans l'archipel des Kornati, dont la majorité sur la côte sud-ouest de Kornat.

### Renseignements

Le **bureau du parc national des Kornati** (☎434 662 ; www.kornati.hr ; Butina 2 ; ⌚8h30-17h lun-ven), à Murter, fournit tous les renseignements nécessaires. L'entrée est tarifée par bateau ; en réservant, une petite embarcation revient à 150 Kn/jour. Les permis de pêche et de plongée coûtent 150 Kn par personne et par jour.

### Depuis/vers les îles Kornati

Aucun ferry n'effectue la traversée vers les Kornati. Vous pourrez opter pour une excursion au départ de Zadar, de Sali, de Šibenik, de Split ou d'autres villes, ou réserver un logement chez l'habitant depuis l'île de Murter (voir p. 193).

L'île de Piškera, dans la partie sud du détroit entre Piškera et Lavsa, abrite le plus grand port de plaisance ; il en existe un autre à Žut. En outre, un certain nombre de petites criques disséminées dans l'archipel accueillent les embarcations de plaisance.

# Split et la Dalmatie centrale

☎021

**Dans ce chapitre »**



## Le top des restaurants

» Pojoda (p. 238)
» Konoba Trattoria Bajamont (p. 208)
» Zlatna Školjka (p. 233)
» Konoba Jastožera (p. 240)

## Le top des hébergements

» Hotel Vestibul Palace (p. 205)
» Hotel Peristil (p. 205)
» Bračka Perla (p. 224)
» Hotel San Giorgio (p. 237)

## Pourquoi y aller

Région très animée, le centre de la Dalmatie offre la plus grande variété de sites touristiques de la Croatie, avec de jolies îles, des ports paisibles, d'imposantes montagnes et d'innombrables châteaux. Renommée pour le palais de Dioclétien à Split et la ville médiévale de Trogir (tous deux inscrits au Patrimoine mondial), elle commence également à se faire connaître pour sa gastronomie.

Des ruines romaines, une capitale affairée aux accents méditerranéens et l'île la plus glamour de l'Adriatique – dotée de restaurants raffinés et d'une ambiance festive – attirent irrésistiblement les visiteurs. Sans oublier les belles plages sablonneuses, les criques de galets isolées sur des îles plus ou moins éloignées du continent... et les superbes étendues pour les nudistes. Cette partie de la Croatie, où se dresse la chaîne abrupte des Alpes dinariques – un rempart de 1 500 m d'altitude formant une impressionnante toile de fond – captivera les voyageurs les plus difficiles.

Cerise sur le gâteau : la Dalmatie jouit de températures plus élevées que l'Istrie ou le golfe du Kvarner, ce qui permet aux baigneurs de s'ébattre dans les eaux cristallines de l'Adriatique de la mi-mai à la fin septembre.

## Quand partir

### Split

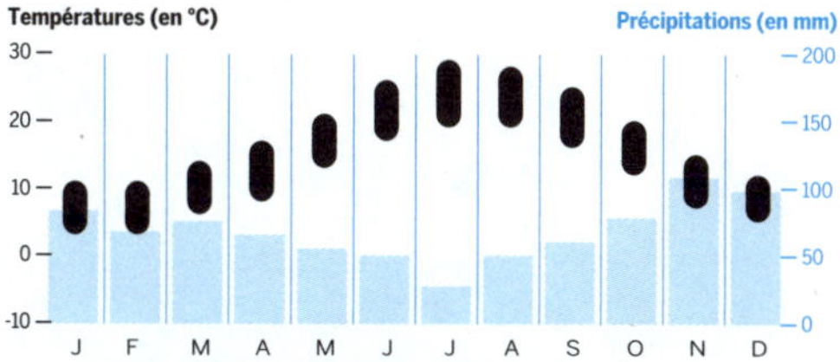


**Mai** Sous le chaud soleil printanier, la mer est assez chaude pour la baignade, sans la foule.

**Juillet-août** Un calendrier chargé de festivals, de l'animation et un temps magnifique.

**Septembre** Des eaux chaudes et des tarifs moins élevés que durant la période estivale.

## À ne pas manquer

1. Le **palais de Dioclétien** (p. 198), cœur de l'ancienne cité de Split, et quartier animé de jour comme de nuit
2. La scène culinaire et les belles plages de **Vis** (p. 236), l'île la plus reculée de Croatie
3. Une pause sur la plage la plus glamour du pays, **Zlatni Rat** (p. 226), à Bol
4. L'atmosphère festive des bars du port de **Hvar** (p. 229)
5. L'ascension du splendide **mont Biokovo** (p. 221) et la vue sur l'Italie depuis le sommet
6. L'architecture bien préservée de la minuscule **Trogir** (p. 215), perle de la Dalmatie centrale, inscrite au Patrimoine mondial
7. L'intérieur éthéré de l'**île de Hvar** (p. 229) – champs de lavande infinis, spectaculaires paysages marins et hameaux abandonnés

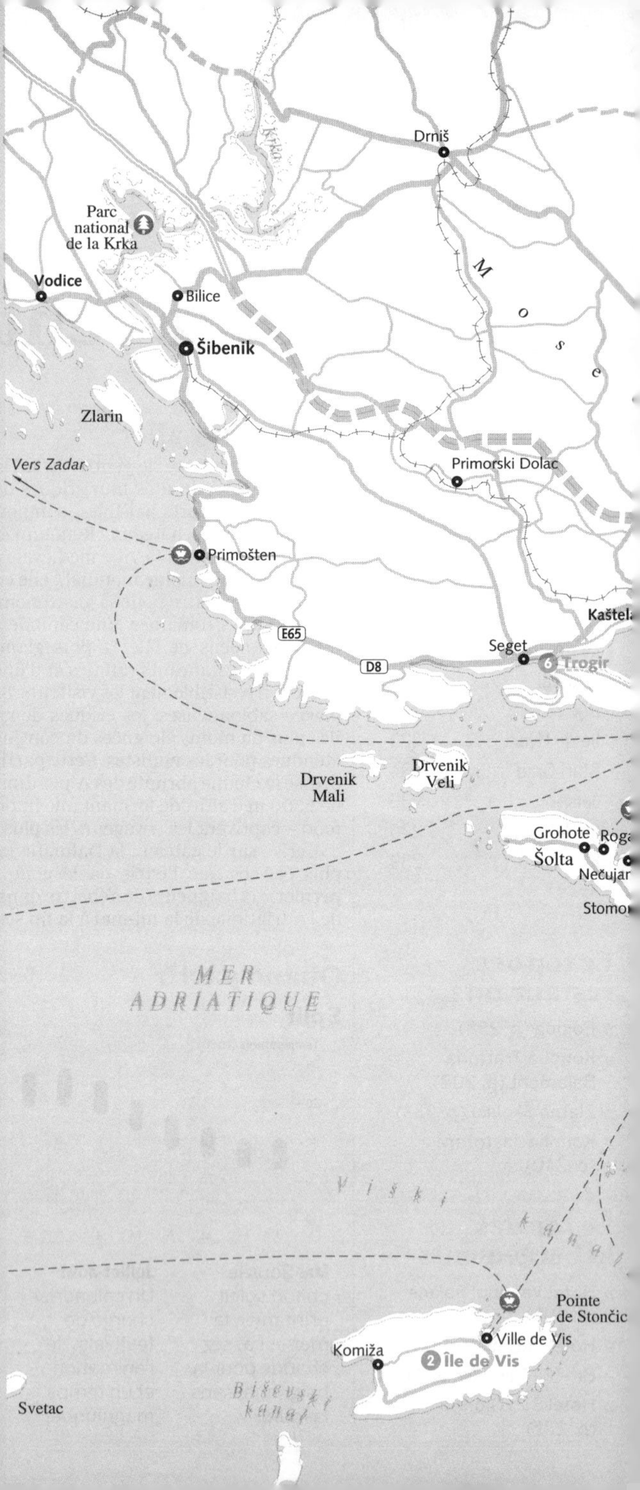

0
20 km
Vrlika
Lac Perućko
Svilaja
Dinara
E71
1
Cetina
BOSNIE-HERZÉGOVINE
Livno
Šuica
Glavice
Sinj
Brnaze
Otok
Stipanići
Buško Jezero
E71
1
Trilj
Aržano
Raško Polje
Kozjak
Dugopolje
Sućurac
Solin
V Kabal (1 339 m)
60
Cetina
SPLIT 1
Stobreč
Podstrana
Lovreć
Postranje
Jesenice
Dugi Rat
Omiš
60
Splitski kanal
Brački kanal
E65
D8
Zagvozd
Brela
Baška Voda
Biokovo
5 Mt Biokovo
Supetar
Postira
Škrip
Pučišća
Sv Jure (1 762 m)
Milna
Brač
Selca
Sumartin
Makarska
Vidova Gora (780 m)
Bol 3
Hvarski kanal
Podgora
Ville de Hvar 4
Stari Grad
Jelsa
Îles Pakleni
Sv Nikola (628 m)
7 Île de Hvar
Zavala
Sućuraj
Šćedro
Pointe de Lovišće
Péninsule de Pelješac
Korčulanski kanal
Vers Korčula (1 km)

# SPLIT

188 694 HABITANTS

Deuxième ville de Croatie, Split (Spalato en italien) est un lieu idéal pour se frotter à la vraie vie dalmate. Épargnée par le tourisme de masse, mais toujours animée, cette agglomération offre un juste équilibre entre tradition et modernité. Cœur de la ville, le palais de Dioclétien, un colossal site romain classé au patrimoine mondial de l'Unesco, accueille entre ses vénérables murs de nombreux bars, restaurants et boutiques. Son cadre unique et sa nature exubérante font toute la séduction de Split. La chaîne côtière escarpée qui se détache sur les eaux turquoise de l'Adriatique compose un tableau splendide, que vous apprécierez pleinement lors de la traversée en ferry.

Souvent considérée comme une simple étape avant l'embarquement pour les îles alentour, Split a redoré son blason et soulevé un regain d'intérêt en rénovant la Riva (front de mer) et en couvrant l'ancienne promenade en ciment d'une allée de marbre. Bien que cette modernisation n'ait pas fait l'unanimité au sein de la population, la nouvelle Riva est une réussite. Une demande touristique croissante incite également la municipalité à développer les transports urbains. La gare routière actuelle, pourtant très commode, devrait prochainement être déplacée vers les faubourgs afin de permettre l'agrandissement du port et la construction d'hôtels de luxe.

## Histoire

Split accéda à la notoriété grâce au palais que se fit édifier entre 295 et 305 l'empereur romain Dioclétien (245-313), pour s'y retirer jusqu'à sa mort. Après lui, d'autres souverains romains s'installèrent dans ce grandiose palais de pierre à la fin de leur vie. Lorsque la colonie voisine de Salone (Salona, l'actuelle Solin) fut détruite au VII^e^ siècle par les Avars et les Slaves, nombreux furent les colons romains qui se réfugièrent à Split, pour se barricader derrière l'enceinte du palais, où leurs descendants vivent encore aujourd'hui.

La région passa ensuite sous la domination de l'Empire byzantin puis des souverains croates ; du XII^e^ au XIV^e^ siècle, Split bénéficia d'une importante autonomie qui favorisa son essor. La partie ouest de la vieille ville, autour de Narodni trg, date de cette époque : c'est là que se concentrait la vie politique de la cité, tandis que le secteur du palais intra-muros abritait les institutions religieuses.

La conquête vénitienne de 1420 marqua le début d'un long déclin. Au cours du XVII^e^ siècle, de solides remparts furent édifiés afin de parer à la menace turque. Les Autrichiens succédèrent à Venise de 1797 à 1918, avec une brève interruption pendant les guerres napoléoniennes.

## À voir

La promenade du front de mer (Obala Hrvatskog Narodnog Preporoda), connue sous le nom de Riva, est le meilleur point de repère du centre-ville. La plupart des grands hôtels, des bons restaurants, des lieux de vie nocturne et des plages sont regroupés à l'est du port, le long des baies de Bačvice, de Firule, de Zenta et de Trstenik. Au pied de la colline boisée du Marjan, qui domine l'extrémité ouest de la ville, s'étendent aussi de nombreuses plages.

**Palais de Dioclétien** MONUMENT ANTIQUE

(carte p. 202). Face au port, le palais de Dioclétien est l'un des plus imposants vestiges romains encore debout, mais aussi le lieu où tout visiteur à Split passe le plus clair de son temps. Pas question d'arpenter ici quelque austère ensemble palatial, ni même un musée : il s'agit du cœur bien vivant de Split, un labyrinthe de ruelles bondées, parsemées de bars, de magasins et de restaurants. Ces rues étroites dissimulent des venelles et des cours, tantôt désertes et semblant irréelles, tantôt résonnant de la musique échappée d'un bar proche. Les femmes y suspendent leur linge au-dessus des passants, les enfants jouent au football entre les vieux murs et les grand-mères observent les passants depuis leur fenêtre. Le lieu est enchanteur.

La structure d'origine fut modifiée au Moyen Âge, mais ces remaniements ne firent qu'accentuer la majesté du site. La construction du palais, à partir de la pierre blanche étincelante de Brač, dura dix ans : Dioclétien fit venir à grands frais du marbre d'Italie et de Grèce, ainsi que des colonnes et des sphinx d'Égypte. Tout à la fois fort militaire, résidence impériale et ville fortifiée, l'ensemble couvre une superficie de 31 000 m$^2$ ; il mesure 215 m d'est en ouest (en comprenant les tours d'angles carrées) sur 181 m de largeur, et ses murailles atteignent par endroits 26 m de hauteur.

Chaque mur de l'enceinte compte une porte ayant pour nom un métal : à l'extrémité nord se trouve la **porte d'Or** et au sud, la **porte de Bronze** ; à l'est se tient la **porte d'Argent** et à l'ouest, la **porte de Fer**. Entre la porte est et la porte ouest, une voie rectiligne, le Decumanus (actuelle Krešimirova), séparait la résidence de l'empereur, avec ses salles officielles et ses temples, au sud, de la partie nord réservée aux soldats et aux serviteurs. La porte de Bronze, percée dans le mur sud, menait des appartements impériaux à la mer. Devant les portes de Bronze et d'Or se dressent deux grands monuments : les **sculptures de Meštrović** représentant l'homme de lettres Marko Marulić et l'évêque du Moyen Âge Grgur Ninski.

Le complexe palatial renferme 220 bâtiments qui abritent environ 3 000 habitants. À l'entrée et à la sortie de chaque rue, de petites pancartes détaillent ce que vous y trouverez : bars, cafés, restaurants, magasins ou musées. Ces indications facilitent les déplacements, même s'il est fort plaisant de se perdre dans le palais – la taille du lieu permet d'y retrouver rapidement son chemin. Dans tous les cas, pas la peine de chercher de noms de rues.

Pour profiter pleinement du site, suivez notre promenade à pied, présentée p. 206.

### Musée de la Ville

MUSÉE

(Muzej Grada Splita ; carte p. 202 ; www.mgst.net ; Papalićeva 1 ; tarif plein/réduit 10/5 Kn ; ⌚9h-21h mar-ven, 9h-16h sam-lun juin-sept, 10h-17h mar-ven, 10h-13h sam-lun oct-mai). Œuvre de Juraj Dalmatinac (Georges le Dalmate), le palais Papalić est un superbe exemple d'architecture gothique tardive qui possède un porche très ouvragé témoignant de l'importance des nobles qui l'occupaient au Moyen Âge. L'extérieur du palais est plus proche de son état originel que l'intérieur, entièrement restauré pour abriter le musée. Les explications sont en croate, mais des panneaux, rédigés en plusieurs langues, replacent les collections dans leur contexte historique. Le musée s'étend sur 3 étages ; il réunit des dessins, des armoiries, des armes du XVII^e siècle, de beaux meubles, des pièces et des documents remontant jusqu'au XIV^e siècle.

### Cathédrale Saint-Domnius

ÉGLISE

(Katedrala Svetog Duje ; carte p. 202 ; Kraj Svetog Duje 5 ; entrée gratuite ; ⌚8h-20h lun-sam, 12h30-18h30 dim juin-sept). L'ancien mausolée de Dioclétien a presque entièrement conservé sa structure octogonale d'origine, qu'entourent 24 colonnes. L'intérieur, couronné par une coupole, est orné de deux rangées de colonnes corinthiennes et d'une frise figurant l'empereur Dioclétien avec son épouse, Prisca. Les vantaux des portes en bois constituent les éléments les plus anciens de la cathédrale : les 28 panneaux (14 de chaque côté), remarquablement sculptés par Andrija Buvina au XIII^e siècle, illustrent des scènes de la vie du Christ et témoignent du goût roman pour la miniature.

Remarquez l'autel à droite (1427), dû au sculpteur Bonino da Milano, et les fresques de Dujam Vušković sur la voûte. À gauche, l'autel de Saint-Anastase (Sveti Staš ; 1448), réalisé par Juraj Dalmatinac, s'orne d'un magnifique relief intitulé *La Flagellation du Christ*, qui fut l'une des plus belles œuvres sculptées en Dalmatie à cette époque.

Le chœur renferme les plus anciennes stalles romanes de Dalmatie (XIII^e siècle). Dépassez l'autel ; vous parviendrez au **trésor** (10 Kn), riche en reliquaires, icônes, vêtements sacerdotaux, manuscrits enluminés et écrits glagolitiques.

Édifié entre le XII^e et le XVI^e siècle, le **clocher** (10 Kn) fut reconstruit en 1908 après qu'il se fut écroulé. Notez les deux lions au pied de la tour et les sphinx égyptiens en granit noir contre le mur de droite (XV^e siècle av. J.-C.). Au sud du mausolée, on distingue les ruines de thermes antiques, d'un bâtiment romain décoré d'une mosaïque et de la salle à manger impériale.

Attention, les horaires d'ouverture sont irréguliers d'octobre à mai.

### Temple de Jupiter

TEMPLE

(carte p. 202 ; 5 Kn ; ⌚8h-20h juin-sept). Le sphinx acéphale en granit noir, qui monte la garde à l'entrée, fut rapporté d'Égypte lors de la construction du sanctuaire (V^e siècle). Le temple n'a conservé de son porche qu'une seule colonne. Ses murs, qui soutiennent une voûte en berceau, sont couverts d'une frise décorative. La crypte sous l'édifice servait autrefois d'église.

### Musée ethnographique

MUSÉE

(Etnografski Muzej ; carte p. 202 ; www.etnografski-muzej-split.hr, en croate ; Severova 1 ; tarif plein/réduit 10/5 Kn ; ⌚9h-21h lun-ven, 9h-13h sam juin à mi-sept, 9h-15h lun-ven, 9h-13h sam fin sept-mai). D'un attrait limité, ce musée, installé sur 2 étages et dans un grenier, présente des photographies du vieux Split, des costumes traditionnels et des souvenirs concernant certains notables ; le rez-de-chaussée accueille des expositions temporaires (commentaires en croate). Le palais médiéval en lui-même mérite d'être exploré ; n'oubliez pas de gravir l'escalier qui mène à la terrasse Renaissance à la limite sud du vestibule – la vue qui s'y déploie justifie à elle seule la visite du musée.

## Split

0
400 m
Voir carte Centre de Split (p. 202)
Dubrovačka
Spinčićeva
Poljička
Ivana Zajca
Spinčićeva
Cvjetna Zenta
Firule
Barakovićeva
Gospinica
Rooseweltova
Hektorovićeva
Put Firula
Kaštelanova
Viška
Anse de Firule
Slobode
Kralja Zvonimira
Pojišanska
Gupčeva
Hatzeov Perivoj
Anse de Bačvice
Mosorska
Jadranska
Bačvice
Manuš
Istarska
Vukovarska
Tolstojeva
Vukasovićeva
Riječka
Držićeva
Rokova
Lučac
Petrova
Zagrebačka
Split
Obala Kneza Domagoja
Billetterie
Gat Sv Petra
Manuška poljana
Zagrebačka
Parc Štrosmajerov
Grad
Obala Hrvatskog Narodnog Preporoda
Obala Lazareta
Trg Gaje Bulata
Šenjskih
Trogirska
Obrov
Matošića
Splitski kanal
Port de Split
Plinarska
Križeva
Trumbićeva Obala
Senjska
Milićeva
Veli Varoš
Botićevo
Cimetière juif
Lisinskog
Marjan
Marasovića
Dražanac
Obala Kneza Branimira
1
2
3
4
5
6
7
8
9
10
11
12
13
14
15
A
B
C
D
E
F
G

## Split

**Activités**

1 Escalier d'accès au Marjan ................ B2

**Où se loger**

2 Dalmatian Villas.................................E3
3 Hotel Park .........................................E3
4 Villa Varoš ........................................ B2

**Où se restaurer**

5 Boban ..................................................F4
Bruna ......................................... (voir 3)
6 Kadena..................................................G4
7 Kod Fife.............................................. B2
8 Makrovega .......................................... B1
9 Perun .................................................. B2
10 Pimpinella.............................................F4

**Où prendre un verre**

11 Vidilica ............................................... A2
12 Žbirac....................................................E4

**Où sortir**

Egoist.........................................(voir 13)
13 Hedonist................................................F4
Kino Bačvice ..............................(voir 15)
14 O'Hara..................................................G4
15 Tropic Club Equador...........................E4

### Salles souterraines
ÉDIFICE HISTORIQUE

(carte p. 202 ; tarif plein/réduit 25/10 Kn ; ⏲9h-21h juin-sept, 9h-20h lun-sam, 9h-18h dim oct, avr-mai, 9h-18h lun-sam, 9h-14h dim le reste de l'année). Quasiment vides, à l'exception de quelques objets, les pièces et les couloirs situés sous le palais de Dioclétien donnent l'impression (qui vaut bien le prix de l'entrée) de surgir de la nuit des temps. Les caves, qui renferment des stands de souvenirs et d'artisanat, communiquent avec la porte sud.

### Grégoire de Nin
STATUE

(carte p. 202 ; Grgur Ninski). Sculptée par Ivan Meštrović, l'imposante statue de Grégoire de Nin, l'évêque du Xe siècle qui lutta pour imposer le vieux croate comme langue liturgique, compte parmi les images emblématiques de Split. Censé porter chance et garantir le retour à Split à qui le frotte, son gros orteil gauche brille à force d'avoir été touché.

### Musée d'Archéologie
MUSÉE

(Arheološki Muzej ; www.armus.hr ; Zrinsko-Frankopanska 25 ; tarif plein/réduit 20/10 Kn ; ⏲9h-14h et 16h-20h lun-sam juin-sept, 9h-14h et 16h-20h lun-ven, 9h-14h sam oct-mai). À 10 min à pied au nord du centre-ville, ce musée mérite le détour. Plus spécialement axé sur les périodes romaine et paléochrétienne, il réunit des sculptures funéraires et le produit des fouilles réalisées à Salone. Parmi les sculptures, toutes de grande valeur, citons les reliefs figurant des personnages mythologiques illyriens. Les autres sections rassemblent des bijoux, des céramiques et des monnaies.

### Galerie des Beaux-Arts
MUSÉE

(Galerija Umjetnina Split ; carte p. 202 ; www.galum.hr ; Kralja Tomislava 15 ; tarif plein/réduit 20/10 Kn ; ⏲11h-19h mar-sam, 10h-13h dim juin-sept, 11h-19h mar-ven, 10h-13h sam-dim oct-mai). Longtemps fermé pour travaux, ce musée a rouvert ses portes en 2009 dans le bâtiment du premier hôpital de la ville. Il présente près de 400 œuvres d'art couvrant presque 700 ans. L'étage abrite la collection permanente de peintures et de sculptures qui invite à un voyage dans le temps, depuis les tableaux des maîtres anciens jusqu'aux œuvres modernes d'artistes croates tels que Vlaho Bukovac et Ignjat Job. Au rez-de-chaussée, les expositions changent tous les mois. À l'agréable café, une terrasse domine le palais.

### Galerie Meštrović
GALERIE D'ART

(Galerija Meštrović ; Šetalište Ivana Meštrovića 46 ; tarif plein/réduit 30/15 Kn ; ⏲9h-19h mar-dim mai-sept, 9h-16h mar-sam, 10h-15h dim oct-avr). Ce sublime musée d'art de Split réunit une collection complète qui met en valeur des œuvres d'Ivan Meštrović, grand sculpteur moderne croate, dans la résidence qu'il se fit construire et habita de 1931 à 1939. L'artiste, qui avait l'intention d'y prendre sa retraite, décida finalement d'émigrer aux États-Unis peu après la Seconde Guerre mondiale. Tout près, ne manquez pas le **Kaštelet** (Šetalište Ivana Meštrovića 39 ; entrée avec le billet de la galerie Meštrović ; ⏲mêmes horaires que la galerie), une forteresse achetée et restaurée par Meštrović pour abriter ses sculptures sur bois illustrant la vie du Christ.

## À faire

### Bačvice
PLAGE

En été, sa scène balnéaire confère à Split un parfum d'insouciance. La plage la plus fréquentée est celle de **Bačvice** (classée drapeau bleu) : une vaste étendue de galets où la **baignade** est plaisante et l'ambiance animée, avec une profusion de parties de *picigin* (voir p. 208). Des douches et des cabines sont installées à chaque extrémité de la plage. En été, des bars et des discothèques très prisés ouvrent à Bačvice.

## Centre de Split

**Marjan** RÉSERVE NATURELLE

Le Marjan (178 m) est la destination idéale pour passer un après-midi loin du brouhaha de la ville. Considérée comme le poumon vert de Split, cette réserve englobe des **sentiers** traversant des pinèdes odorantes, des **points de vue** et de vieilles **chapelles**. Il existe différents moyens de le rejoindre. La première consiste à en faire l'ascension depuis la galerie Meštrović : montez Tonća Petrasova Marovića à l'ouest de la galerie, puis continuez tout droit par l'escalier menant à

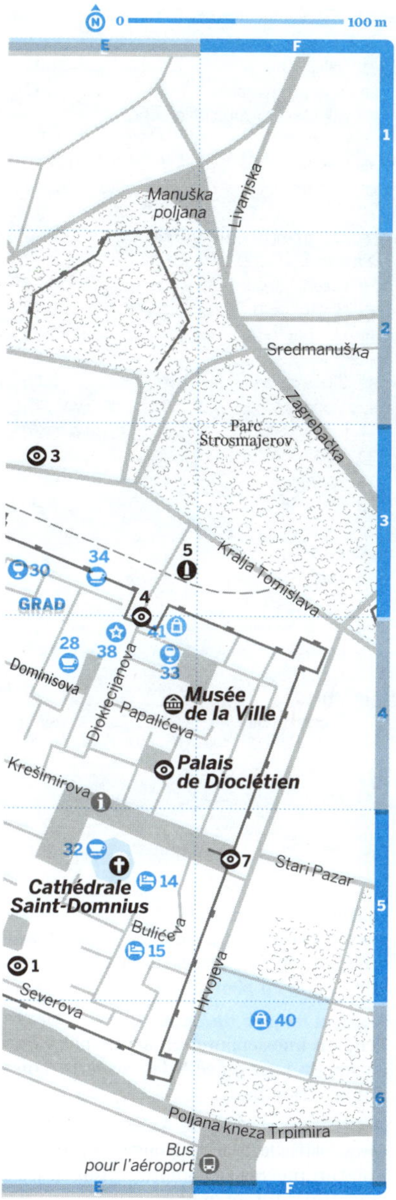


Put Meja. Tournez à gauche et prenez vers l'ouest jusqu'au Put Meja 76 : le sentier part du côté ouest du bâtiment. Vous pourrez aussi commencer la promenade plus près du centre, depuis l'escalier (Marjanske Skale) de Varoš, juste derrière l'église Saint-François (Sveti Frane). L'escalier de pierre en pente douce et une marche de 10 min conduisent au café Vidilica, au sommet. De là, un sentier balisé part à côté de l'ancien cimetière juif. Il passe par des chapelles et rejoint l'**anse de Kašjuni**, une plage plus calme que celle de Bačvice.

**Front de mer de Marjan** PROMENADE

Une autre balade plaisante jusqu'à la plage longe le front de mer de Marjan. Elle mène à la marina ACI, dans le quartier de Meje, et continue vers la péninsule de Sustipan, à l'extrémité sud-ouest du port de Split, en passant par la piscine de Jadran, puis par la baie de Zvončac, jusqu'au Kaštelet. Comptez 25 min depuis la Riva. De là, vous pourrez monter jusqu'à la Šetalište Ivana Meštrovića, en passant devant la galerie Meštrović, puis continuer vers l'ouest pendant 20 min jusqu'à Kašjuni. Vous pourrez aussi louer un vélo (15 Kn/heure) à Spinutska Vrata, sur le Marjan.

## Circuits organisés

Atlas Airtours organise des **excursions** vers les chutes de la Krka (390 Kn), Hvar (440 Kn), Plitvice (550 Kn) et les Kornati (500 Kn), ainsi que du rafting sur la Cetina (460 Kn). Pour une sortie plus festive, contactez **Split Hostel Booze & Snooze** (☎342 787 ; www.splithostel.com), qui propose des croisières quotidiennes. **Silver Central Hostel** (☎490 805 ; www.silvercentralhostel.com) offre des **croisières** jusqu'à Brač et Šolta (280 Kn), ainsi que des visites d'une journée au parc national de la Krka (315 Kn).

En ville, **Travel 49** (Dioklecijanova 5, www.diocletianpalacetour.com) propose un **circuit à vélo** dans Split (170 Kn, 2 heures 30, départ tlj mai-oct), ainsi qu'un **circuit pédestre**, qui part du péristyle 3 fois/jour (80 Kn). L'agence organise aussi des **descentes en kayak** (220 Kn, tlj) depuis la plage de Trstenik et jusqu'à Stobreč, et loue des vélos (100 Kn/12 heures ou 60 Kn/4 heures). **Lifejacket Adventures** (www.lifejacketadventures.com), qui gère la laverie Modrulj, est une autre agence proposant divers circuits, notamment un **circuit au coucher du soleil** à Čiovo sur un bateau de pêche dalmate traditionnel.

Renseignez-vous auprès de votre hôtel sur d'éventuelles excursions et activités.

## Fêtes et festivals

La plupart des fêtes de Split se déroulent le long de la Riva. Pour des informations

## Centre de Split

**Les incontournables**

Musée d'Archéologie ........ A1
Cathédrale Saint-Domnius ........ E5
Palais de Dioclétien ........ E4
Musée de la Ville ........ E4

**À voir**

1 Salles souterraines ........ E5
Porte de Bronze ........ (voir 1)
Entrée du palais de Dioclétien ........ (voir 1)
2 Musée ethnographique ........ D5
3 Galerie des Beaux-Arts ........ E3
4 Porte d'Or ........ E3
5 Statue de Grégoire de Nin ........ E3
6 Porte de Fer ........ D4
7 Porte d'Argent ........ F5
8 Temple de Jupiter ........ D4

**Où se loger**

9 Al's Place ........ D3
10 B&B Kaštel 1700 ........ D5
11 Hotel Adriana ........ C5
12 Hotel Bellevue ........ A4
13 Jupiter ........ D5
14 Hotel Peristil ........ E5
15 Hotel Vestibul Palace ........ E5
16 Marmont Hotel ........ C4
17 Silver Central Hostel ........ C2
18 Split Hostel Booze & Snooze ........ C3
19 Split Hostel Fiesta Siesta ........ D3

**Où se restaurer**

20 Art & Čok ........ C4
21 Galija ........ B2
22 Konoba Hvaranin ........ A3
23 Konoba Trattoria Bajamont ........ D4
24 Noštromo ........ B3
25 Šperun ........ A5
26 Šperun Deva ........ A4

**Où prendre un verre**

27 Bifora ........ D3
28 Galerija ........ E4
29 Ghetto Club ........ D5
30 Le Petit Paris ........ E3
31 Libar ........ A4
32 Luxor ........ E5
Mosquito ........ (voir 28)
Porta ........ (voir 34)
33 Red Room ........ E4
34 Teak ........ E3
35 Tri Volta ........ D5

**Où sortir**

36 Théâtre national croate ........ B1
37 Fluid ........ D5
38 Kinoteka Zlatna Vrata ........ E4
Puls ........ (voir 37)

**Achats**

Caves de Dioclétien ........ (voir 1)
39 Izvorno ........ C4
40 Marché ........ F6
41 Zlatna Vrata ........ E4

complémentaires, contactez l'office du tourisme. De juin à septembre, diverses animations sont organisées le soir dans la vieille ville, souvent du côté du péristyle.

**Carnaval** CARNAVAL

Ces 2 jours traditionnels en février sont une bonne occasion de s'amuser. Au programme : costumes et danses de rue.

**Fête de Saint-Duje** FÊTE RELIGIEUSE

Le 7 mai, cette fête, aussi appelée fête de Split, implique de nombreux chants et danses.

**Championnat du monde de Picigin** SPORT

Ces dernières années, les Croates ont montré leur talent au *picigin* (lire p. 208) lors de cette rencontre sportive divertissante, qui se tient à Bačvice début juin.

**Festival de musique pop** MUSIQUE

Festival de 4 jours, fin juin-début juillet.

**Festival d'été de Split** ARTS

(www.splitsko-ljeto.hr). De la mi-juillet à la mi-août : opéras, pièces de théâtre, ballets et concerts en plein air.

**Festival de jazz de Split** MUSIQUE

Pendant une semaine, en août, Split vibre au son du jazz, grâce à des concerts dans différentes salles.

**Festival du cinéma de Split** CINÉMA

(www.splitfilmfestival.hr). Nouvelles productions étrangères et nombreux films d'art et d'essai. Mi-septembre.

## Où se loger

Ces dernières années, plusieurs hébergements de bonne qualité et peu onéreux ont ouvert leurs portes, mais il s'agit principalement d'auberges de jeunesse. Les chambres chez l'habitant sont une option intéressante et, en été, de nombreuses femmes proposant des *sobe* (chambres à louer) accueillent les visiteurs à la descente du bus. Assurez-vous bien de l'endroit exact où se trouve la chambre pour ne pas vous retrouver très loin du centre. Le mieux est de réserver auprès d'une agence de voyages. Les chambres sont rares au cœur de la vieille ville.

Comptez entre 200 et 400 Kn pour une double. Dans les chambres les moins chères, vous partagerez souvent la sdb avec les propriétaires. Les voyageurs motorisés qui acceptent de loger hors de la ville trouveront pléthore de pensions le long de la route principale entre Split et Dubrovnik, au sud de la ville.

Autre solution intéressante, **Dalmatian Villas** (carte p. 200 ; ☎340 680 ; www.dalmatinskevile.hr ; Kralja Zvonimira 8 ; d/app 370/450 Kn) loue des chambres et des appartements dans des villas en pierre restaurées de la vieille ville, ainsi que des cottages (350-750 Kn) et des villas (2 000-3 500 Kn) sur Brač.

Split compte désormais quelques hôtels très huppés. Le Radisson Blue, doté d'un spa chic, a ouvert à l'été 2010, et un Hilton, sur le front de mer également, est en construction. Si vous rêvez d'un Jacuzzi ou d'un centre de bien-être, vous aurez l'embarras du choix.

**Hotel Vestibul Palace** HÔTEL €€€
(carte p. 202 ; ☎329 329 ; www.vestibulpalace.com ; Iza Vestibula 4 ; s/d 1 200/1 950 Kn ; ❄@☎). Le plus luxueux dans l'enceinte du palais, cet établissement de grand standing loue 7 chambres et suites avec murs en pierres apparentes, boiseries et équipements dernier cri. Parking (100 Kn/jour). À deux pas, l'annexe, la Villa Dobrić, abrite 4 doubles.

**Hotel Peristil** HÔTEL €€€
(carte p. 202 ; ☎329 070 ; www.hotelperistil.com ; Poljana Kraljice Jelene 5 ; s/d 1 000/1 200 Kn ; ❄@☎). En plein cœur du palais de Dioclétien, ce ravissant hôtel domine le péristyle. Le service est attentif et les 12 chambres, splendides – toutes avec parquet, éléments anciens et belle vue –, malgré des sdb exiguës. La n°304, qui a même une petite alcôve avec une portion du mur antique du palais, donne sur le péristyle.

**Marmont Hotel** HÔTEL €€€
(carte p. 202 ; ☎308 060 ; www.marmonthotel.com ; Zadarska 13 ; s/d 1 298/1 828 Kn ; ❄@☎). Un hôtel de charme récent de 21 chambres, agrémenté de marbre, de pierres apparentes, de lucarnes et de parquets. Belle vue sur les toits de Split depuis la terrasse du 2e étage. Chambres spacieuses et contemporaines avec meubles en noyer, parquet en chêne et jolies sdb. Envie de luxe ? La suite présidentielle est à 13 100 Kn.

**Hotel Park** HÔTEL €€€
(carte p. 200 ; ☎406 400 ; www.hotelpark-split.hr ; Hatzeov Perivoj 3 ; s/d 950/1 376 Kn ; P❄@). L'hôtel le plus ancien de Split (1921) est apprécié pour son emplacement face à la mer (derrière Bačvice), sa terrasse bordée de palmiers et ses buffets du petit déjeuner. Il offre de petites chambres confortables avec vue sur la mer. Le restaurant, le Bruna, est prisé pour ses festins dînatoires. L'enseigne pourrait fermer pour travaux.

**Hotel Bellevue** HÔTEL €€€
(carte p. 202 ; ☎345 644 ; www.hotel-bellevue-split.hr ; Bana Josipa Jelačića 2 ; s/d 620/850 Kn ; P@). Avec ses tapisseries à motifs royaux, ses boiseries sombres, ses éléments Art déco, ses rideaux transparents et ses chambres défraîchies mais bien tenues (certaines avec vue sur la mer), cette vieille adresse pleine de charme a connu des jours meilleurs, mais demeure néanmoins l'une des plus attrayantes de la ville. Réception à l'étage.

**Villa Varoš** PENSION €€
(carte p. 200 ; ☎483 469 ; www.villavaros.hr ; Miljenka Smoje 1 ; d/ste 500/800 Kn ; ❄@). Les voyageurs à la recherche d'un hôtel de catégorie moyenne ont désormais plus de choix à Split avec des établissements comme la Villa Varoš. Cette pension centrale loue des chambres sobres, spacieuses et claires, ainsi qu'un excellent appartement (cuisine équipée, Jacuzzi et petite terrasse).

**Hotel Adriana** HÔTEL €€€
(carte p. 202 ; ☎340 000 ; www.hotel-adriana.com ; Obala Hrvatskog Narodnog Preporoda 8 ; s/d 700/1 000 Kn ; ❄@). Bon rapport qualité/prix et excellente situation. Les chambres n'ont rien d'exceptionnel (rideaux bleu marine et meubles beiges), mais certaines jouissent d'une vue sur la mer. Si vous devez partir en bus, en ferry ou en train, vous pourrez louer une chambre pour la journée avec une réduction de 50% sur le plein tarif.

**Silver Central Hostel** AUBERGE DE JEUNESSE €
(carte p. 202 ; ☎490 805 ; www.silvercentralhostel.com ; Kralja Tomislava 1 ; dort 150-180 Kn/pers ; ❄@☎). Cette auberge de jeunesse chic et moderne aux tons jaunes occupe un emplacement en étage. Elle offre l'Internet gratuit et la TV câblée dans un agréable salon, met un lave-linge à disposition et organise des circuits attrayants. Appartement pour 2 personnes à proximité (440-510 Kn). Une autre auberge de jeunesse avec équipements

DÉPART **STATUE DE GRÉGOIRE DE NIN**
ARRIVÉE **SALLES SOUTERRAINES DU PALAIS**
DURÉE **2 HEURES**

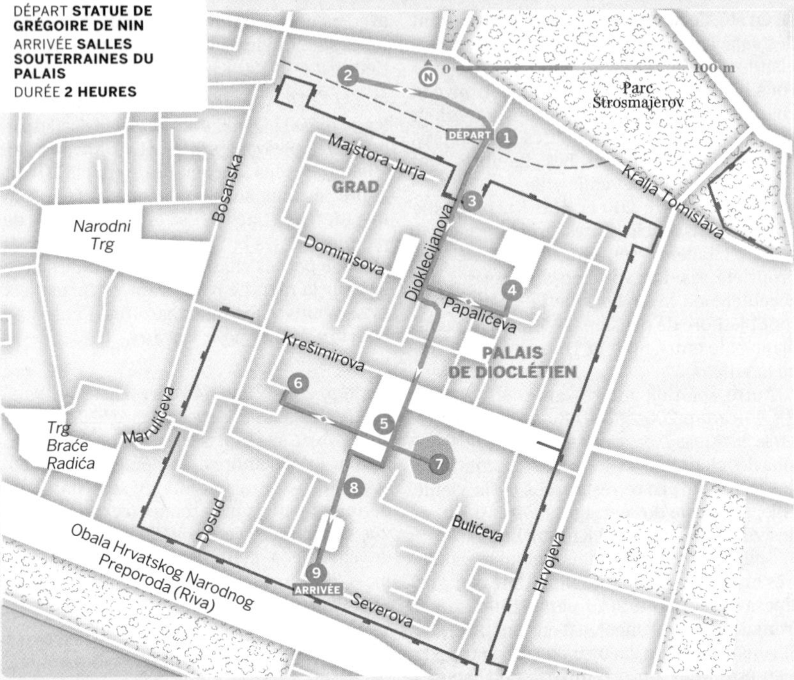


# Promenade à pied
## Palais de Dioclétien

Partez de l'extérieur du palais, de la statue de ❶ **Grégoire de Nin** (Grgur Ninski), dont vous frotterez le gros orteil pour vous porter chance. Entre la statue et la tour d'angle du palais, les vestiges de l'église préromane Saint-Benoît renferment la ❷ **chapelle d'Arnir**, du XVe siècle. À travers la vitre de protection, observez l'autel et le sarcophage sculptés par Juraj Dalmatinac, grand maître de la Renaissance. La statue se dresse après la ❸ **porte d'Or**, d'où partait jadis la route pour Salone et qui abrite aujourd'hui les fragments des statues, colonnes et arcades qui l'ornaient jadis.
En tournant à gauche dans Papalićeva, vous admirerez, au n°5, le ❹ **palais Papalić**, avec sa cour, sa loggia et son escalier.Ensuite, revenez dans Dioklecijanova et tournez à gauche pour atteindre le péristyle, qui servait de cour d'honneur aux appartements impériaux, trois marches en contrebas de la rue. Dans le sens de la longueur, cet ensemble présente six colonnes de granit surmontées d'arcades et d'une frise. Le côté sud est fermé par le ❺ **Protiron**, entrée de la résidence impériale. La cour abrite un café en plein air, où des pierres servent de sièges. Ensuite, prenez à droite (vers l'ouest) dans l'étroite rue Kraj Sveti Ivana, qui débouche sur la partie du palais autrefois dévolue au culte religieux. Des morceaux de colonnes et d'autres vestiges signalent l'emplacement de deux temples aujourd'hui disparus.
Au bout de la rue, le ❻ **temple de Jupiter** fut plus tard reconverti en baptistère. Retournez au péristyle et grimpez l'escalier côté est jusqu'à la ❼ **cathédrale Saint-Domnius**. À l'ouest, des marches massives descendent à travers le Protiron jusqu'au ❽ **vestibule**, la partie la mieux conservée des appartements impériaux. Cet édifice circulaire est coiffé d'une coupole dont le centre a disparu, et qui était par le passé recouverte de mosaïques et de marbre. L'acoustique y est si bonne que différents *klapas* (chœurs) viennent y chanter a cappella le matin. Vous accéderez sur la gauche aux ❾ **salles souterraines** du palais.

similaires, la **Silver Gate** (☎322 857 ; www.silvergatehostel.com ; Hrvojeva 6 ; dort 165 Kn/pers), se trouve près du marché.

**B&B Villa Kaštel 1700** BED AND BREAKFAST €€
(carte p. 202 ; ☎343 912 ; www.kastelsplit.com ; Mihovilova Širina 5 ; s/d 560/750 Kn ; ❄@📶). L'un des meilleurs rapports qualité/prix de Split, ce B&B se niche dans une allée à l'intérieur du palais. Proche des bars, il domine Radićev trg et offre de petites chambres propres, un service sympathique et le Wi-Fi gratuit. Chambres à 3 lits et appartements avec kitchenette également disponibles.

**Hotel Consul** HÔTEL €€€
(☎340 130 ; www.hotel-consul.net ; Tršćanska 34 ; s/d 690/950 Kn ; P❄📶). À 20 min à pied du centre, le Consul loue des chambres avec moquette, TV à écran plat et, dans certaines, Jacuzzi. Tranquille, il possède une grande terrasse arborée et convient aux voyageurs motorisés. À pied, remontez Držićev Prilaz près d'Ulica Domovinskog Rata.

**Le Meridien Grand Hotel Lav** HÔTEL €€€
(☎500 500 ; www.lemeridien.com ; Grljevačka 2A ; s/d 1595/1813 Kn ; P❄@📶🏊). Premier grand hôtel de Split, ce gigantesque cinq-étoiles installé à Podstrana, à 8 km du sud de la ville, offre 800 m de plage, 5 bâtiments reliés entre eux et 381 chambres joliment aménagées. Imaginez beaucoup de rouge, de blanc et de noir, une vue ininterrompue sur la mer, une longue piscine, des jardins luxuriants, une marina pouvant accueillir 4 yachts, des restaurants, un centre de bien-être et un accès libre aux collections d'art de la ville. Excellents tarifs week-end sur Internet.

**Hotel Globo** HÔTEL €€€
(☎481 111 ; www.hotelglobo.com ; Lovretska 18 ; s/d 1 113/1 298 Kn ; P❄📶). Conçu pour une clientèle d'affaires, ce quatre-étoiles huppé arbore un hall à la moquette rouge, une réception en marbre et 33 chambres élégamment décorées pourvues de hauts plafonds et de lits luxueux. À 15 min à pied du centre-ville, dans un quartier sans cachet.

**Art Hotel** HÔTEL €€€
(☎302 302 ; www.arthotel.hr ; Ulica Slobode 41 ; s/d 909/1 212 Kn ; P❄@). Propriété de Best Western, l'Art Hotel oscille entre l'établissement de charme et l'hôtel d'affaires. Il possède des chambres quatre étoiles avec lits luxueux, minibars et sdb spacieuses, ainsi qu'une salle de sport et un spa. Demandez une chambre donnant sur l'arrière, plus calme. Chambres plus petites, avec douche (simple/double 658/877 Kn), dans l'annexe.

**Split Hostel Booze & Snooze** AUBERGE DE JEUNESSE €
(carte p. 202 ; ☎342 787 ; www.splithostel.com ; Narodni trg 8 ; dort 150-180 Kn ; ❄@📶). Cette auberge très festive, en plein cœur de la ville, compte 25 lits dans 4 dortoirs. Service d'échange de livres, Internet gratuit et circuits en bateau. L'annexe, la **Split Hostel Fiesta Siesta** (carte p. 202 ; Kružićeva 5 ; dort 150-180 Kn, d 440-500 Kn ; ❄@📶), abrite 5 dortoirs impeccables et 1 double au-dessus du Charlie's Backpacker Bar.

**Al's Place** AUBERGE DE JEUNESSE €
(carte p. 202 ; ☎098 91 82 923 ; www.hostelsplit.com ; Kružićeva 10 ; dort 110-130 Kn ; ❄@). Sur 2 étages, cette adresse offre des dortoirs basiques, une cuisine ouverte aux clients et une atmosphère calme. Le montant des recettes provenant de l'utilisation d'Internet et des lave-linge et de la location de serviettes va à un orphelinat du Cambodge. Appelez à l'avance si vous pensez arriver tard le soir ou entre 14h et 17h. Propriétaire sympathique.

**Hotel Dujam** HÔTEL €€
(☎538 025 ; www.hoteldujam.com ; Velebitska 27 ; s/d 490/660 Kn ; P❄@). À 20 min du centre (ou à une courte distance du port avec le bus n°9), cet hôtel est aménagé dans un immeuble de style soviétique d'un paisible quartier résidentiel. Il se compose en fait d'une auberge de jeunesse délabrée (120 Kn/pers) et d'un hôtel, dont les chambres moquettées ont sdb et TV.

**Jupiter** PENSION €
(carte p. 202 ; ☎344 801 ; www.sobe-jupiter.info ; Grabovčeva Širina 1 ; ch 200-250 Kn/pers ; ❄📶). Une adresse des plus ordinaires avec sdb commune, lits bas, éclairage faible et service parfois apathique. Son meilleur atout reste l'emplacement. Balcon donnant sur la place (qui peut être bruyante) dans la chambre n°7.

**Camping Stobreč** CAMPING €
(☎325 426 ; www.campingsplit.com ; Lovre 6, Stobreč ; 40 Kn/adulte, 39 Kn/tente ; @). À mi-chemin entre Split et Solin, ce camping bien équipé possède 2 plages (dont une de sable, idéale pour les enfants), 3 bars, un restaurant et un magasin. Il propose une foule d'activités, allant de l'équitation au rafting. Prendre le bus n°25.

## Où se restaurer

**Konoba Trattoria Bajamont** CUISINE DALMATE €
(carte p. 202 ; Bajamontijeva 3 ; plats à partir de 60 Kn ; fermé dim soir). Ce minuscule restaurant situé dans l'enceinte du palais est l'un des plus authentiques de Split. On y trouve, d'un côté, d'anciennes machines à coudre servant de tables, et de l'autre un bar bondé. Il ne possède pas d'enseigne et le menu est écrit au marqueur près de l'entrée. Les plats, excellents, sont du jour (friture de poisson, risotto à l'encre de sèche, salade de poulpe ou *brujet* – ragoût de poisson ou de fruits de mer au vin, aux oignons et aux herbes, servi avec de la polenta).

**Šperun** POISSON €€
(carte p. 202 ; Šperun 3 ; plats à partir de 70 Kn). Joli petit restaurant au décor champêtre et aux murs en pierres apparentes, le Šperun plaît aux visiteurs étrangers – les serveurs parlent plusieurs langues. La cuisine est traditionnelle de la Dalmatie : *brujet* très correct, moules fraîches à la sauce aux tomates et persil et thon grillé aux câpres. Le **Šperun Deva** (carte p. 202), un bistrot de quartier de l'autre côté de la rue, est encore plus charmant avec ses quelques tables en terrasse. Il sert des petits déjeuners, des plats d'été légers et un excellent menu du jour (à partir de 50 Kn).

**Kod Fife** CUISINE DALMATE €
(carte p. 200 ; Trumbićeva Obala 11 ; plats à partir de 40 Kn). Dragan règne sur une belle équipe de marins, d'artistes et d'originaux qui viennent profiter de son sens inné de l'hospitalité et de sa cuisine maison sans prétention – *pašticada* (ragoût de bœuf au vin et aux épices), courgettes farcies à la viande...

**Perun** CUISINE DALMATE €€
(carte p. 200 ; Senjska 9 ; plats à partir de 70 Kn). Une adorable nouvelle adresse, à Varoš, avec des tables recouvertes de nappes à carreaux bleus installées sur une terrasse ombragée et entourée de vieilles pierres. Ambiance simple et rustique. Poissons et viandes variés (en fonction de l'arrivage) cuisinés *na gradele* (au grill), et verre de *rakija* (liqueur) pour accueillir les clients. Service sympathique, parfois lent.

**Konoba Hvaranin** CUISINE DALMATE €€
(carte p. 202 ; Ban Mladenova 9 ; plats à partir de 70 Kn). Cette petite taverne de quelques tables, qui réunit père, mère et fils, fait depuis longtemps l'unanimité parmi les journalistes et les écrivains de Split, avec de savoureux plats de poisson et fruits de mer, du pain et de la sauce tomate maison. L'endroit idéal pour goûter une bonne *rožata* (crème brûlée croate).

**Pimpinella** CUISINE DALMATE €
(carte p. 200 ; Spinčićeva 2A ; plats à partir de 50 Kn ; lun-sam). Cette *konoba* (restaurant familial), l'une des plus authentiques de Split, est située au rez-de-chaussée d'une maison familiale à côté du Boban. Elle sert une cuisine savoureuse sur une petite terrasse et dans une salle toute simple. La *pašticada* au thon du vendredi a toujours un grand succès. Goûtez aussi au poulpe farci aux crevettes, au jambon de Dalmatie et aux encornets.

**Makrovega** VÉGÉTARIEN €
(carte p. 200 ; Leština 2 ; plats à partir de 40 Kn ; 9h-20h lun-ven, 9h-17h sam). Le Makrovega est un havre spacieux et élégant pour végétariens proposant de délicieux buffets (55-70 Kn). La carte affiche des plats macrobiotiques et végétariens, à base de *seitan*,

### PICIGIN

Bon moyen de frayer avec les habitants de Split sur la plage, le *picigin* est le sport dalmate par excellence. Les règles sont simples : debout dans la mer avec de l'eau jusqu'entre les genoux et la poitrine, il faut passer rapidement un petit ballon (de la taille d'une balle de squash) aux autres joueurs en le frappant de la paume. Il s'agit d'empêcher la balle de toucher l'eau, tout en vous projetant le plus possible dans les vagues. Il est fortement recommandé d'éclabousser ceux qui vous entourent et de donner libre cours à votre énergie sportive !

Consultez la page du portail du *picigin* sur www.picigin.org (en croate, mais les photos sont évocatrices) ou les nombreuses vidéos en ligne consacrées aux techniques de ce sport (qui changent selon que l'on soit à Split, à Krk ou ailleurs sur le littoral). Une fois bien entraîné, il ne vous restera plus qu'à vous présenter pour la grande rencontre de la Saint-Sylvestre !

de tofu et de *tempeh*. Grand choix de thés et excellents gâteaux.

**Galija** PIZZAS €
(carte p. 202 ; Tončićeva 12 ; pizzas à partir de 20 Kn). Cette pizzeria – la plus réputée de Split depuis plusieurs décennies – séduit les résidents le temps d'un repas simple et savoureux. La clientèle se détend sur ses bancs en bois, après une bonne *quattro stagioni* ou *margherita*.

**Black Cat** CUISINE INTERNATIONALE €
(Šegvićeva 1 ; plats à partir de 45 Kn ; ⌚lun-sam). Si vous êtes lassé de la cuisine croate et rêvez d'une *quesadilla*, d'un curry thaïlandais, d'un petit déjeuner anglais ou de tout autre plat international, rejoignez ce petit bistrot à 5 min à pied du front de mer et de la gare routière. Petite terrasse couverte et chauffée en hiver.

**Bruna** CUISINE INTERNATIONALE €€
(carte p. 200 ; Hatzeov Perivoj 3 ; plats à partir de 90 Kn). Le restaurant de l'Hotel Park a su garder son chef et son excellente réputation depuis 30 ans. Les produits frais de saison sont ici à l'honneur, avec des truffes et des asperges sauvages. Le Bruna est réputé pour son steak tartare et ses crêpes noires (au cacao)… décorées à l'or 24 carats.

**Kod Joze** CUISINE DALMATE €
(Sredmanuška 4 ; plats à partir de 60 Kn). Un groupe d'irréductibles anime et fait vibrer cette modeste *konoba*, partagée entre un sous-sol sombre et une terrasse, à l'étage. On y trouve exclusivement des produits dalmates : jambon, fromage, risotto à la seiche et tagliatelles vertes aux fruits de mer.

**Boban** POISSON €€
(carte p. 200 ; Hektorovićeva 49 ; plats à partir de 70 Kn). En goûtant à ses poissons accompagnés de sauces originales – la plupart avec de la truffe –, vous comprendrez pourquoi ce restaurant est la table préférée des cadres de Split depuis 1973. Cette adresse familiale aime innover et soigne sa réputation. Dans le quartier de Firule.

**Kadena** CUISINE MÉDITERRANÉENNE CRÉATIVE €€€
(carte p. 200 ; Ivana Zajca 4 ; plats à partir de 120 Kn). Un restaurant/bar à vin/*lounge bar* au design contemporain chic (tout blanc), doté d'une terrasse dominant la mer, à Zenta. La carte Slow Food, qui réunit plus de 330 vins, affiche des plats innovants, comme le foie d'oie sauce à l'orange et au cognac, créé par un chef renommé, qui a autrefois officié au Valsabbion, à Pula.

**Noštromo** POISSON €€
(carte p. 202 ; Kraj Sv Marije 10 ; plats à partir de 80 Kn). Installé sur plusieurs étages, c'est l'un des restaurants sélects les plus appréciés de la ville. Il séduit les habitants avec ses poissons achetés le jour même à la *ribarnica* (marché aux poissons), juste en face. Pas de surprise culinaire, mais des aliments frais, bien préparés, servis avec de bons vins.

**Art & Čok** BAR À SANDWICHS €
(carte p. 202 ; Obrov 2 ; sandwichs à partir de 14 Kn ; ⌚lun-sam). Excellents sandwichs faits avec du pain artisanal. Essayez le *porchetta* (porc aux aromates, poivrons rouges grillés et cornichons).

## Où prendre un verre

Split possède une vie nocturne très animée, surtout au printemps et en été. Les murs du palais résonnent souvent de musique les vendredis et samedis soir, et l'on peut passer la nuit entière à découvrir de nouvelles adresses dans le dédale des rues. Les bars situés dans l'enceinte du palais ferment à 1h (pour le confort des résidents). Le complexe de loisirs de Bačvice regroupe une multitude de bars en plein air et de clubs qui restent ouverts jusqu'aux premières lueurs du jour. En journée, vous pourrez siroter un café sur le Riva ou sur l'une des places du palais.

**Žbirac** CAFÉ
(carte p. 200 ; Bačvice bb). Ce café du front de mer est un lieu de rendez-vous culte pour les habitants. Belle vue sur la mer, baignades de jour comme de nuit, *picigin* et concerts occasionnels.

**Bifora** CAFÉ/BAR
(carte p. 202 ; Bernardinova 5). Une foule extravagante de résidents fréquente ce bar branché, installé sur une jolie petite place, et apprécié pour son atmosphère intimiste et décontractée.

**Ghetto Club** BAR
(carte p. 202 ; Dosud 10). Le bar le plus bohème de Split, dans une cour intime ornée de parterres de fleurs et d'une fontaine. Bonne musique et ambiance agréable.

**Luxor** CAFÉ/BAR
(carte p. 202 ; Kraj Sv Ivana 11). Siroter un café dans la cour de la cathédrale est certes un classique touristique, mais c'est aussi un grand plaisir : installé sur de petits coussins disposés sur les marches, vous pourrez regarder les habitants qui vaquent à leur activités quotidiennes.

**Tri Volta** BAR

(carte p. 202 ; Dosud 9). Une clientèle variée d'artistes, de pêcheurs et de bobos se réunit dans ce bar légendaire, sous trois voûtes anciennes. Boissons bon marché et *sir i pršut* (fromage et jambon).

**Vidilica** CAFÉ/BAR

(carte p. 200 ; Nazorov Prilaz 1). Prendre un verre au coucher du soleil dans ce café surplombant la ville et le port mérite bien de monter de l'escalier en pierre dans le quartier historique de Varoš.

**Galerija** CAFÉ/BAR

(carte p. 202 ; Vuškovićeva bb). Pour un rendez-vous amoureux ou une sortie calme entre amis. L'intérieur évoque le charme d'antan, avec ses beaux canapés et fauteuils à fleurs, ses tableaux et ses petites lampes disposées çà et là.

**Libar** CAFÉ/BAR

(carte p. 202 ; Trg Franje Tuđmana 3). Cet agréable petit établissement doté d'une jolie terrasse sert de succulents petits déjeuners et des tapas toute la journée. TV grand écran pour les événements sportifs. Un endroit décontracté, à l'écart du brouhaha du palais.

**Mosquito** CAFÉ/BAR

(carte p. 202 ; Vuškovićeva 4). À côté du Galerija, parfait pour savourer un cocktail sur une vaste terrasse, en écoutant de la musique parmi les habitants du quartier.

**Le Petit Paris** CAFÉ/BAR

(carte p. 202 ; Majstora Jurja 5). En journée, ce minuscule bar à cocktails tenu par un Français sert des smoothies, des milk-shakes et des cafés glacés à emporter. Tables en terrasse et *happy hour* de 18h à 20h.

**Teak** CAFÉ/BAR

(carte p. 202 ; Majstora Jurja 11). Située sur une place animée, la terrasse du Teak est très appréciée en journée pour une discussion autour d'un café. Elle est très prisée en soirée aussi !

**Porta** CAFÉ/BAR

(carte p. 202 ; Majstora Jurja 4). Pour un cocktail. Sur la même place se trouvent d'autres bars, et l'ensemble forme un seul et même lieu quand la foule devient dense en soirée.

**Red Room** CAFÉ/BAR

(carte p. 202 ; Carrarina Poljana 4). Couleurs tropicales, décor en peau de léopard et musique techno/house. La soirée du vendredi est particulièrement animée.

## ✩ Où sortir

### Bars et clubs

Après la fermeture des bars, à 1h, on file danser sous les étoiles à Bačvice. Vous trouverez des prospectus dans les bars ouverts tard le soir.

**Fluid** BAR, CLUB

(carte p. 202 ; Dosud 1). Un bar de jazz chic et festif. À l'étage, le moderne **Puls** attire plutôt les amateurs d'électro, mais les deux niveaux sont indiscernables les vendredis et samedis soir, lorsque la volée de marches qui les relie est prise d'assaut par la jeunesse. Parfait pour observer la foule.

**O'Hara Music Club** CLUB

(carte p. 200 ; Uvala Zenta 3). Pour faire la fête en plein air, ce club de Zenta est parfait avec sa terrasse sur le front de mer. On y danse toute la nuit sur des musiques éclectiques, qui changent tous les soirs (musique dalmate, grands hits, house, reggae).

Également recommandés :

**Jungla** BAR, CLUB

(Šetalište Ivana Meštrovića bb). Cette terrasse sur le front de mer, près de la marina ACI, propose des nuits électro, house et rock à des jeunes qui s'enflamment comme s'ils étaient dans une rave.

**Obojena Svjetlost** BAR, CLUB

(Šetalište Ivana Meštrovića 35). Concerts et soirées DJ, terrasse au bord de l'eau et immense salle pour un club sympathique, au pied du Kaštelet. N'hésitez pas à aller vous tremper les pieds dans l'eau.

**Tropic Club Equador** BAR, CLUB

(carte p. 200 ; Bačvice bb). Club en terrasse au bord de l'eau avec palmiers et cocktails fruités sur fond de house, de pop ou de musique croate (selon les soirs).

**Quasimodo** CLUB

(Gundulićeva 26). Les habitants de Split viennent s'amuser dans ce club à l'étage depuis des décennies. Concerts et *mixes* de DJ – rock, rock indé, jazz, blues... Fermé en été.

**Kocka** CLUB

(Savska bb). Rock gothique, drum'n'bass, punk et hip-hop animent cette salle en sous-sol de la maison des jeunes, plutôt underground selon les standards de Split.

**Hedonist** CLUB

(carte p. 200 ; Put Firula bb). Une foule nantie – iPhones et vêtements de marque de rigueur – vient faire la fête dans ce petit club chic de Zenta, ainsi qu'à l'**Egoist**, juste à côté.

## POUR L'AMOUR DE LA KLAPA *VESNA MARIĆ*

Tous les visiteurs entendent un jour ou l'autre les douces sonorités d'un air de *klapa*. Cette musique mélancolique basée sur des harmonies polyphoniques est chantée par un chœur d'hommes qui évoque l'amour, la trahison, la patrie, la mort, la beauté et divers thèmes de la vie (reportez-vous p. 312 pour plus de détails).

Le premier ténor Branko Tomić, dont la voix aiguë répond à merveille aux basses et aux barytons qui l'accompagnent, raconte : "J'ai chanté avec la *klapa* de Filip Devič pendant 35 ans. C'est une passion pour moi. J'ai commencé à chanter au lycée et ça m'a plu. Nous chantons sur des thèmes très différents : des sérénades, des chants traditionnels ou des chansons sentimentales sur l'éloignement de la famille et du pays natal. C'est une expérience plus douce et davantage fondée sur l'amitié que certaines musiques actuelles, même si les nouvelles générations commencent à préférer nos propres versions des tubes pop. Nous connaissons vraiment un grand succès en Croatie."

Pour assister à une *klapa*, rendez-vous au Vestibule : en haute saison, des chanteurs s'y produisent tous les matins.

### Cinémas

**Kino Bačvice** CINÉMA

(carte p. 200 ; Put Firula 2). Le quartier nocturne de Bačvice accueille des séances de cinéma en plein air tous les soirs en été.

**Kinoteka Zlatna Vrata** CINÉMA

(carte p. 202 ; Dioklecijanova 7). Classiques, films d'art et d'essai et rétrospectives dans un cinéma affilié à l'université, fermé en juillet-août.

### Théâtre

**Théâtre national croate** THÉÂTRE

(carte p. 202 ; ☎306 908 ; www.hnk-split.hr ; Trg Gaje Bulata 1). Opéras, ballets et concerts sont programmés toute l'année, à partir de 80 Kn la place (en vente sur place ou sur Internet). Construit en 1891, l'édifice a été entièrement restauré à l'identique en 1979. L'architecture intérieure vaut à elle seule le déplacement.

## Achats

Les férus d'emplettes ne s'ennuieront pas à Split, qui compte sans doute le plus grand nombre de magasins de chaussures de toute la Croatie ! Le palais de Dioclétien englobe une multitude d'enseignes, des petites boutiques aux franchises internationales. Marmontova est un autre quartier commerçant apprécié par les résidents.

Intégrées dans les salles souterraines du palais, les caves de Dioclétien abritent des étals d'artisanat où l'on vend toutes sortes de babioles à des prix plutôt abordables. Vous y trouverez des cadeaux peu encombrants.

Au-dessus d'Obala Lazerata se tient chaque jour un marché de fruits, de légumes, de fleurs et de confiseries, mais aussi de vêtements, de chaussures, de souvenirs, etc. Si vous ne trouvez pas ici l'article recherché, c'est sans doute qu'il n'existe pas à Split !

**Zlatna Vrata** ANTIQUITÉS

(carte p. 202 ; Carrarina Poljana 1). Les amateurs d'antiquités et de vieilleries dénicheront de quoi se faire plaisir parmi les curiosités de Zlatna Vrata : anciennes horloges yougoslaves, céramiques antiques, téléphones de l'époque socialiste, etc.

**Izvorno** ALIMENTATION, SOUVENIRS

(carte p. 202 ; Šubićeva 6). Produits naturels et authentiques – tisanes, miels, savons bio, sachets de lavande... – fabriqués en Croatie.

## Renseignements

### Accès Internet

Plusieurs cafés de Split proposent un accès Wi-Fi gratuit, notamment le Luxor et le Twins sur la Riva.

**Backpackers Cafe** (☎338 548 ; Obala Kneza Domagoja 3 ; 30 Kn/h ; ⏲7h-21h). Vente de livres d'occasion, consigne et renseignements pour les voyageurs au budget serré. *Happy hour* pour l'utilisation d'Internet entre 15h et 17h (moitié prix).

### Agences de voyages

**Atlas Airtours** (☎343 055 ; www.atlasairtours.com ; Bosanska 11). Circuits, chambres chez l'habitant et change de devises.

**Daluma Travel** (☎338 484 ; www.daluma-travel.hr ; Obala Kneza Domagoja 1). Réserve des chambres chez l'habitant.

**Maestral** (☎470 944 ; www.maestral.hr ; Boškovića 13/15). Séjours dans des monastères, équitation, vacances dans un phare, trekking, kayak de mer, etc.

**Split Tours** (☎352 553 ; www.splittours.hr ; Gat Sv Duje bb ; ⏲fermé sam-dim après-midi). Dans le terminal des ferries. Vend des billets

## LIAISONS DE JADROLINIJA AU DÉPART DE SPLIT

Attention : les horaires indiqués ici sont valables entre juin et septembre. En dehors de cette période, les liaisons sont moins fréquentes.

### Car-ferries

| DESTINATION | TARIF PAR PERS/VOITURE | DURÉE | FRÉQUENCE |
|---|---|---|---|
| Supetar (Brač) | 33/160 Kn | 1 heure | 12-14/jour |
| Stari Grad (Hvar) | 47/318 Kn | 2 heures | 6-7/jour |
| Šolta | 33/160 Kn | 1 heure | 6/jour |
| Vis | 54/370 Kn | 2 heures 30 | 2-3/jour |
| Vela Luka (Korčula) | 60/530 Kn | 2 heures 45 | 2/jour |

### Catamarans

| DESTINATION | TARIF | DURÉE | FRÉQUENCE |
|---|---|---|---|
| Bol (Brač) | 22 Kn | 1 heure | 1/jour |
| Jelsa (Hvar) | 22 Kn | 1 heure 30 | 1/jour |
| Ville de Hvar | 22 Kn | 1 heure | 2/jour |
| Vis | 26 Kn | 1 heure 15 | 1/jour |
| Vela Luka (Korčula) | 27 Kn | 1 heure 45 | 1/jour |

vers Ancône (Italie) sur la compagnie Blue Line et réserve des chambres chez l'habitant.

**Touring** (☎338 503 ; Obala Kneza Domagoja 10 ; ⏲9h-19h lun-sam). Près de la gare routière. Représente Deutsche Touring et vend des billets pour des villes allemandes.

**Turist Biro** (☎347 100 ; www.turistbiro-split.hr ; Obala Hrvatskog Narodnog Preporoda 12). Surtout pour les chambres chez l'habitant.

### Argent

Pour changer de l'argent, adressez-vous à la poste ou aux agences de voyages. Vous trouverez des DAB près des gares et un peu partout en ville.

### Consigne

**Backpackers Cafe** (☎338 548 ; Obala Kneza Domagoja 3 ; par valise 4 Kn/h ; ⏲7h-21h)

**Garderoba (consigne)** gare routière (1re heure 5 Kn, puis 1,50 Kn/h ; ⏲6h-22h) ; gare ferroviaire (15 Kn/jour ; ⏲6h-23h30)

### Laverie

**Modrulj** (☎315 888 ; www.modrulj.com ; Šperun 1 ; ⏲8h-20h avr-oct, 9h-17h lun-sam nov-mars). Adresse impeccable avec lave-linge à pièces (lavage/séchage 25/20 Kn) et accès Internet (5 Kn/15 min).

### Offices du tourisme

**Backpackers Cafe** (☎338 548 ; Obala Kneza Domagoja 3). Renseignements pour les voyageurs au budget serré. Livres d'occasion, connexion Internet et consigne.

**YHA croate** (www.hfhs.h396 031 ; www.hfhs.hr ; Domilijina 8 ; ⏲9h-18h lun-ven, 9h-16h sam). Renseignements sur toutes les auberges de Croatie et vente de cartes HI.

**Office du tourisme** (www.hfhs.h345 606 ; www.visitsplit.com ; Peristil ; ⏲8h-20h30 juil-août, 8h-20h30 lun-sam, 8h-13h30 dim juin et sept, 9h-17h lun-ven oct-mai). Renseignements sur Split. Vend la Split Card (35 Kn), qui donne droit à des entrées gratuites ou à tarif réduit pour divers sites, ainsi qu'à des tarifs réduits sur la location de voitures, les restaurants, les boutiques et les hôtels.

### Poste

**Poste principale** (Kralja Tomislava 9 ; ⏲7h30-19h lun-ven, 7h30-14h30 sam)

### Services médicaux

**KBC Firule** (☎556 111 ; Spinčićeva 1). L'hôpital de Split.

### Téléphone

Cabines à la poste principale.

## ℹ Depuis/vers Split

### Avion

L'**aéroport** (www.split-airport.hr) se trouve à 20 km à l'ouest de Split, 6 km avant Trogir.

Parmi les compagnies aériennes desservant Split, citons :

**Croatia Airlines** (☎362 997 ; www.croatiaairlines.hr ; Obala Hrvatskog Narodnog Preporoda 9 ; ⏲8h-20h lun-ven, 9h-12h sam). Assure plusieurs liaisons quotidiennes d'une heure entre Split et Zagreb, et un vol hebdomadaire vers Dubrovnik.

**Easyjet** (www.easyjet.com)

**Germanwings** (www.germanwings.com)

Reportez-vous également au chapitre *Transports*, p. 326.

### Bateau

Les car-ferries partent de l'embarcadère Gat Sv Duje, les bateaux de passagers de celui d'Obala Lazareta. Les billets s'achètent soit à l'agence principale de Jadrolinija, dans le grand terminal maritime en face de la gare routière, soit à l'un des deux guichets proches des quais. En été (juillet-août), il convient de réserver dès que possible sa place dans le car-ferry (au minimum 24 heures à l'avance) et de se présenter plusieurs heures avant le départ. Hors saison, il est plus facile d'obtenir un billet.

**Jadrolinija** (☎338 333 ; Gat Sv Duje bb). Dans le terminal des ferries en face de la gare routière, Jadrolinija gère la plupart des lignes de ferries côtiers et de catamarans qui relient Split et les îles. Un ferry circule entre Rijeka et Split (164 Kn, 20h lundi et vendredi, arrivée à 6h, 2/semaine). Ce même ferry continue vers Bari (406 Kn), en Italie, via Stari Grad (Hvar), Korčula et Dubrovnik. Un car-ferry relie Split à Ancône, en Italie (361 Kn, 9-11 heures, 4/semaine). Consultez le tableau de la page suivante pour plus de détails.

Voici d'autres compagnies maritimes :

**BlueLine** (www.blueline-ferries.com). Car-ferries pour Ancône (Italie), certains jours via Hvar et Vis (à partir de 333 Kn/450 Kn par passager/voiture, 10-12 heures).

**Krilo** (www.krilo.hr). Bateau rapide pour passagers qui dessert la ville de Hvar (22 Kn, 1 heure, tlj), puis Korčula (55 Kn, 2 heures 45). Les billets s'achètent auprès de Jadrolinija.

**LNP** (www.lnp.hr). Catamarans pour Šolta (16,50 Kn, 2/jour) et pour Milna, sur Brač (18 Kn, 4/semaine).

**SNAV** (☎322 252 ; www.snav.it). Ferries pour Ancône (660 Kn, 4 heures 30, tlj de mi-juin à sept) et pour Pescara (698 Kn, 6 heures 30, tlj de fin juil à août), en Italie. Dans le terminal des ferries.

### Bus

Les places s'achètent à l'avance (réservation recommandée). Des bus partent de la principale **gare routière** (☎060 327 777 ; www.ak-split.hr), à côté du port, vers diverses destinations (voir le tableau page suivante pour plus de détails).

Le bus n°37 dessert l'aéroport de Split et Trogir (20 Kn, toutes les 20 min), en s'arrêtant également à Solin ; il part d'une gare routière locale située sur Domovinskog Rata, à 1 km au nord-est du centre-ville, mais il est plus pratique et plus rapide de prendre un bus interurbain vers Zadar ou Rijeka, au nord.

Les bus Split-Dubrovnik passent brièvement en territoire bosniaque : il convient donc de garder son passeport à portée de main pour franchir la frontière.

### Voiture

Pour louer une voiture, essayez les adresses suivantes :

**Budget Rent-a-Car** (☎399 214 ; www.budget.hr). Agences à l'aéroport de Split et à Obala Lazareta 3.

**Dollar Thrifty** (☎399 000 ; www.thrifty.com.hr). Agences à l'aéroport de Split et à Trumbićeva Obala 5.

## BUS AU DÉPART DE SPLIT

| DESTINATION | TARIF | DURÉE | FRÉQUENCE |
|---|---|---|---|
| Dubrovnik | 105-157 Kn | 4 heures 30 | 20/jour |
| Makarska | 45 Kn | 1 heure 30 | 30/jour |
| Međugorje (Bosnie-Herzégovine) | 100 Kn | 3-4 heures | 4/jour |
| Mostar (Bosnie-Herzégovine) | 114 Kn | 3 heures 30-4 heures 30 | 8/jour |
| Pula | 397 Kn | 10-11 heures | 3/jour |
| Rijeka | 305 Kn | 8-8 heures 30 | 11/jour |
| Sarajevo (Bosnie-Herzégovine) | 190 Kn | 6 heures 30-8 heures | 4/jour |
| Zadar | 120 Kn | 3-4 heures | 27/jour |
| Zagreb | 185 Kn | 5-8 heures | 29/jour |

#### Train

Des trains relient la **gare routière de Split** (☎338 525 ; www.hznet.hr ; Obala Kneza Domagoja 9) et Zagreb (179-189 Kn, 5 heures 30-8 heures, 5/jour dont 2 de nuit). Il existe des liaisons Šibenik-Split (40 Kn, 2 heures, 3/jour), avec correspondance à Perković, et Split-Zadar (88 Kn, 5 heures, 2/jour) via Knin.

### Comment circuler

La gare routière, la gare ferroviaire et les terminaux des ferries se situent tous du côté est du port, non loin à pied de la vieille ville.

Vous pourrez louer des scooters, des vélos, des hors-bord et des voitures à la **Split Rent Agency** (☎095 887 5626 ; www.split-rent.com).

#### Depuis/vers l'aéroport

**Bus n°37**. Départ de la gare routière de Domovinskog Rata (20 Kn, 50 min).

**Pleso Prijevoz** (www.plesoprijevoz.hr). Les bus pour l'aéroport (30 Kn, 3-6/jour) partent d'Obala Lazareta.

**Promet Žele** (www.split-airport.com.hr). Bus fréquents entre Obala Lazareta et l'aéroport (environ 18/jour).

**Taxis**. La course coûte entre 200 et 260 Kn.

#### Bus

Les bus locaux de Promet Split desservent le centre-ville et le port depuis les quartiers excentrés. La ville est divisée en quatre zones. Comptez 10 Kn pour un ticket de zone 1, valable pour un seul trajet dans le centre de Split, et 20 Kn pour aller dans les zones limitrophes. Un billet aller-retour dans la zone 1 coûte 16 Kn dans un kiosque. Pour 4 zones, le billet aller-retour coûte 31 Kn. Les bus circulent environ toutes les 15 min de 5h30 à 23h30.

# ENVIRONS DE SPLIT

## Šolta

Pour échapper à la touffeur estivale, les habitants de Split se réfugient volontiers sur cette jolie petite île boisée de 59 km². Au départ de Split, les bateaux accostent à Rogač, face à l'**office du tourisme** (☎654 491 ; www.solta.hr ; ⏲7h30-14h30 et 15h30-21h30 juin-sept), au bord d'une vaste baie. Un sentier ombragé longe cette baie jusqu'à des plages rocheuses nichées dans des criques, et une petite route monte jusqu'à un marché. **Nečujam** se trouve à 7 km de Rogač ; sa plage en forme de croissant abrite un hôtel, un snack-bar et une douche extérieure. Il n'y a que deux DAB sur l'île, à **Stomorska** et à **Grohote**, où se trouve aussi le principal **office du tourisme** (☎654 657 ; www.solta.hr ; ⏲7h30-14h30 et 15h30-21h30 juin-sept, 8h-13h lun-ven oct-mai).

En haute saison, Rogač est desservie par des car-ferries (33 Kn, 1 heure, 6/jour) et des catamarans (16,50 Kn, 2/jour).

## Solin (Salone)

Le principal site archéologique de Croatie se niche parmi les vignobles, au pied des montagnes : ce sont les ruines de la cité romaine de Salone (l'actuelle Solin), au nord-est de Split.

Ce foyer illyrien fut mentionné pour la première fois en 119 av. J.-C. Conquise par les Romains en 78 av. J.-C., la cité devint, sous le règne d'Auguste, la capitale de la province de Dalmatie.

À la fin du IIIe siècle, Dioclétien fit édifier sa résidence impériale à Split en raison de sa proximité avec Salone. Rattachée à l'Empire romain d'Orient au VIe siècle, cette dernière fut dévastée en 614 par les Slaves et les Avars. La fuite de ses habitants vers Split et les îles voisines sonna son déclin.

### À voir

L'entrée principale jouxte le Caffe Bar Salona, où vous trouverez un plan. Les billets pour l'ensemble du site archéologique – et notamment pour le petit musée qui présente dans ses murs et son jardin d'intéressantes sculptures – se prennent au **musée Tusculum** (20 Kn ; ⏲9h-19h lun-sam, 9h-13h dim juin-sept, 9h-15h lun-ven, 9h-13h sam oct-mai), qui fait aussi office de centre d'information et distribue une brochure sur Salone. La zone clôturée derrière le parking est la nécropole de **Manastirine**, qui rassemble des sépultures de martyrs chrétiens. Dans son enceinte, les vestiges de la **basilique Kapljuč** – l'un des premiers cimetières chrétiens de Salone – et la **basilique Kapjinc** du Ve siècle constituent le clou de la visite, même si ce périmètre figurait en réalité à l'extérieur de l'antique cité proprement dite.

Un chemin bordé de cyprès part vers la muraille nord de Solin. Au sud, remarquez l'**aqueduc couvert**, qui fut sans doute édifié au Ier siècle, et qui acheminait l'eau de la rivière Jadro jusqu'à la cité et au palais de Dioclétien. En vous tenant sur le mur, vous verrez devant vous des vestiges paléochrétiens, notamment une **cathédrale** à trois nefs du Ve siècle avec son **baptistère** octogonal et les ruines de la **basilique**

**de l'évêque Honorius**, en forme de croix grecque. Des **thermes** jouxtent la cathédrale du côté est.

Au sud-ouest de la cathédrale, la **Porta Caesarea** (Ier siècle) s'ouvrait dans la muraille orientale ; elle fut par la suite submergée par l'expansion de Salone. On distingue encore à cet endroit les ornières laissées par les chars sur les pavés de la route. Au sud de la porte s'étendait le forum, le cœur de la cité, que bordaient les temples de Jupiter, de Junon et de Minerve, aujourd'hui disparus.

À l'extrémité ouest de la ville de Solin, l'immense **amphithéâtre** (du IIe siècle) fut détruit au XVIIe siècle par les Vénitiens pour empêcher les pillards turcs d'y trouver refuge. Il pouvait accueillir jusqu'à 18 000 spectateurs, ce qui atteste de l'importance de la cité à cette époque.

À l'angle sud-est du site, autour des vestiges d'une église paléochrétienne rectangulaire, s'élève la **Gradina**, une forteresse médiévale.

### Depuis/vers Solin

Les ruines sont aisément accessibles de Split par le bus de ville n°1 (12 Kn, toutes les 30 min), qui dessert directement le Caffe Bar Salona (asseyez-vous à droite pour repérer le panneau bleu et blanc indiquant Salone) au départ de Trg Gaje Bulata.

De l'amphithéâtre de Solin, il suffit, pour continuer sur Trogir, de prendre le bus n°37 à l'arrêt voisin, situé sur la nationale (si vous envisagez d'effectuer ce trajet, achetez à Split un billet 4 zones à 20 Kn ; le conducteur du bus en vend également).

Pour retourner à Split, empruntez le passage souterrain qui traverse la nationale et reprenez le bus n°37 en direction de l'est.

# TROGIR ET SES ENVIRONS

## Trogir

12 995 HABITANTS

La petite Trogir (anciennement Trau) renferme un splendide lacis de ruelles ceinturé de remparts médiévaux. Elle s'ouvre sur une vaste promenade le long de la mer, jalonnée de bars et de cafés, ainsi que de yachts luxueux en été. Aucune ville dalmate ne ressemble à Trogir, à laquelle la profusion d'édifices de style roman et Renaissance (érigés sous la présence vénitienne) et la magnifique cathédrale ont valu l'inscription au Patrimoine mondial en 1997.

Trogir peut faire l'objet d'une journée d'excursion depuis Split ou accueillir quelques jours de détente, qu'agrémentera l'exploration d'une ou deux îles voisines.

### Histoire

Encadrée au nord par de hautes collines et au sud par la mer, bien protégée derrière ses murailles, Trogir (la Tragurion romaine) fut toujours au goût de ses occupants. La cité illyrienne fut investie par les Croates au VIIe siècle, mais sa position défensive lui permit de conserver son autonomie durant les périodes successives de domination, l'exploitation des mines voisines lui assurant la viabilité économique. Sa richesse culturelle se manifesta brillamment au XIIIe siècle à travers l'épanouissement de son architecture et de sa sculpture. Lorsque Venise acheta la Dalmatie en 1409, Trogir refusa de reconnaître le nouveau pouvoir et ne fut soumise que par les armes. Et tandis que le reste de la région végétait, elle continua de donner naissance à de grands artistes qui contribuèrent encore à l'embellir.

### À voir

Même petite, cette cité conserve de son âge d'or (XIIIe-XVe siècle) quantité de monuments intacts. La vieille ville occupe un îlot émergeant de l'étroit chenal entre l'île de Čiovo et la côte, non loin de la grande route littorale. Une promenade de 15 min suffit à découvrir la plupart des monuments.

**Cathédrale Saint-Laurent** ÉGLISE

(Katedrala Svetog Lovre ; Trg Ivana Pavla II ; 20 Kn ; 8h-20h lun-sam, 14h-20h dim juin-sept, 8h-18h lun-sam, 14h-18h dim avr-mai, 8h-12h lun-sam oct-mars). Pièce maîtresse de Trogir, cette cathédrale d'influence vénitienne à trois nefs fut érigée du XIIIe au XVe siècle. Elle figure parmi les plus beaux monuments de Croatie. Ne manquez pas le **portail roman** sculpté du maître Radovan (1240), dont les côtés s'ornent de lions, symboles de Venise, avec au-dessus Adam et Ève, premiers nus de la sculpture dalmate. À l'extrémité du porche se trouve un admirable **baptistère** (1464) sculpté par Andrija Aleši. L'entrée à l'arrière de la cathédrale débouche sur la **chapelle Saint-Ivan**, richement décorée entre 1461 et 1497 par Firentinac et Duknović, maîtres de la Renaissance. La **sacristie** renferme des portraits de saint Jérôme et de saint Jean-Baptiste ; quant au **trésor**, il comprend un triptyque en ivoire et plusieurs manuscrits médiévaux enluminés. Vous pourrez

Trogir

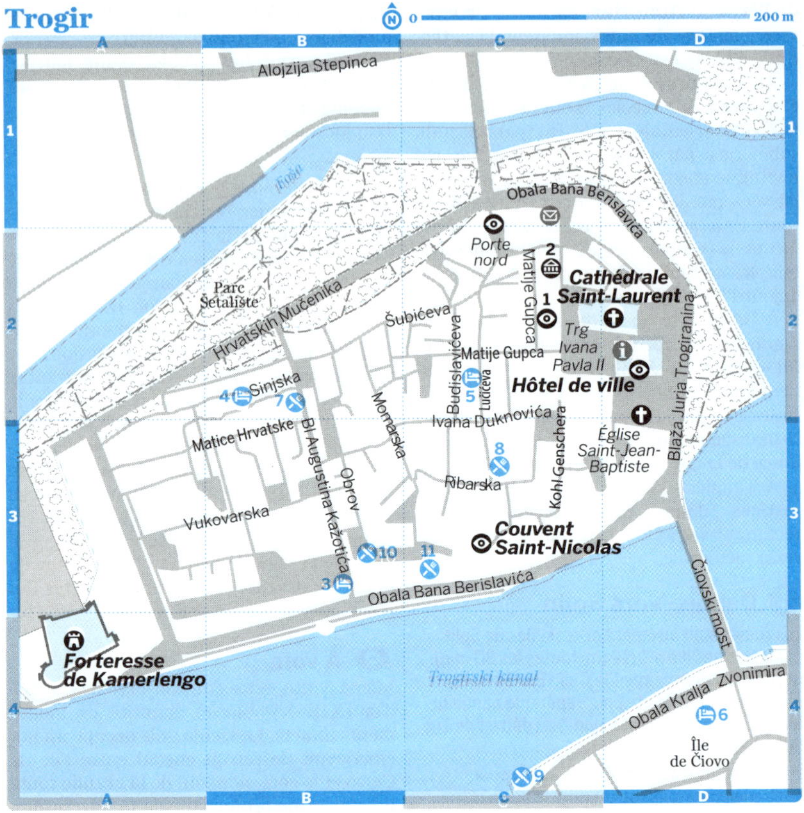


grimper au sommet du **clocher**, haut de 47 m, d'où la vue est splendide.

Une tenue décente est exigée à l'intérieur de la cathédrale (ni torse nu, ni short). Les horaires d'accès sont irréguliers.

### Forteresse du Kamerlengo FORTERESSE

(Tvrdava Kamerlengo ; 15 Kn ; 9h-21h mai-oct). Jadis rattachée aux remparts, la forteresse fut érigée vers le XVe siècle. Tout au bout se dresse un pavillon élégant que le maréchal français Marmont fit construire durant l'occupation napoléonienne : l'officier avait l'habitude d'y jouer aux cartes face à la mer. La pointe ouest de l'île était alors une lagune marécageuse infestée par les moustiques vecteurs du paludisme, qui ne fut asséchée qu'au XXe siècle. La forteresse accueille des concerts durant le **Festival d'été de Trogir**.

### Musée de la ville MUSÉE

(Gradski Muzej ; Kohl-Genscher 49 ; 15 Kn ; 10h-17h juil-sept, 9h-14h lun-ven, jusqu'à 12h sam oct-mai). Aménagé dans l'ancien palais Garagnin-Fanfogna, ce musée compte cinq salles où sont exposés des livres, des documents, des dessins et des costumes d'époque illustrant la riche histoire locale.

### Couvent Saint-Nicolas COUVENT

(Samostan Sv Nikole ; 20 Kn ; 10h-12h et 16h-18h juin-sept). Le trésor de ce couvent bénédictin abrite un impressionnant bas-relief de 300 ans de Kairos, le dieu grec de l'Occasion opportune, sculpté dans un marbre orange. Entrée sur rendez-vous d'octobre à mai.

### Hôtel de ville MONUMENT HISTORIQUE

(Gradska Vijecnica). Face à la cathédrale, ce bâtiment du XVe siècle possède une cour gothique ornée d'armoiries et un escalier monumental. Son puits arbore un lion ailé de saint Marc (armoirie de la république de Venise) bien conservé.

### Palais Ćipiko PALAIS

(Palaca Cipiko). Ce palais, qui était à l'origine un ensemble de structures romanes dans lequel vivait une famille noble du XVe siècle,

## Trogir

**Les incontournables**

Cathédrale Saint-Laurent ............ D2
Couvent Saint-Nicolas ............ C3
Forteresse de Kamerlengo ............ A4
Hôtel de ville ............ D2

**À voir**

1 Palais Ćipiko ............ C2
2 Musée de la Ville ............ C2

**Où se loger**

3 Concordia ............ B3
4 Hotel Pašike ............ B2
5 Hotel Tragos ............ C2
6 Vila Sikaa ............ D4

**Où se restaurer**

7 Alka ............ B2
8 Capo ............ C3
9 Ćelica ............ C4
10 Fontana ............ B3
11 Pizzeria Mirkec ............ C3

possède un splendide triforium sculpté, œuvre d'Andrija Aleši.

## Fêtes et festivals

Tous les ans, du 21 juin à début septembre, la ville accueille le **Festival d'été de Trogir**, un festival de musique qui programme dans les églises, sur les places et dans la forteresse des concerts classiques et folkloriques qui sont annoncés par voie d'affichage un peu partout en ville.

## Où se loger

Atlas Trogir (p. 218) loue des chambres chez l'habitant (à partir de 200 Kn la double). Portal propose des chambres et des appartements, à partir de 300 Kn la double et 450 Kn l'appartement de 2 personnes. Consultez aussi www.trogir-online.com.

**Hotel Tragos** HÔTEL €€

(884 729 ; www.tragos.hr ; Budislavićeva 3 ; s/d 600/800 Kn ; P ❄ @). Cette demeure familiale de l'époque médiévale parfaitement rénovée a conservé des pierres apparentes et des détails d'origine. Ses 12 chambres joliment décorées disposent de la TV satellite, d'un minibar et d'un accès à Internet. Même si vous n'y logez pas, ne manquez pas la savoureuse cuisine maison du restaurant (plats à partir de 60 Kn), et notamment la *trogirska pašticada* (ragoût de bœuf à la mode de Trogir).

**Hotel Pašike** HÔTEL €€

(885 185 ; www.hotelpasike.com ; Sinjska bb ; s/d 650/800 Kn ; ❄ @ wifi). Ce ravissant hôtel occupant une demeure du XV^e^ siècle, avec mobilier du IX^e^ siècle, poutres en noyer et lits en fer forgé, compte 14 chambres aux couleurs vives avec douche hydromassante et petite terrasse (avec deux tables) sur le toit. Le personnel sympathique vous accueille en costume traditionnel et des *rafioli* (spécialité aux amandes de Trogir) vous attendent à votre arrivée.

**Vila Sikaa** HÔTEL €€

(881 223 ; www.vila-sikaa-ch.com ; Obala Kralja Zvonimira 13 ; s/d 672/728 Kn ; P ❄ @ wifi). Sur Čiovo, cet hôtel abrite 10 chambres correctes offrant une belle vue sur la vieille ville. Certaines sont équipées d'un sauna, d'une douche massante et d'un Jacuzzi. La n°14 a un balcon. Bémol : les chambres sous le toit sont exiguës et le service est parfois relâché. Scooters, bateaux et voitures en location à la réception.

**Hotel Palace** HÔTEL €€€

(685 555 ; www.hotel-palace.net ; Put Gradine 8 ; s/d 930/1 206 Kn ; P ❄ @). Un nouveau venu haut de gamme installé dans un bâtiment couleur saumon, sur l'île de Čiovo. Agrémentées de marbre et de parquet, les 36 chambres beiges ont une baignoire et un balcon. La n°305 jouit d'une vue magnifique sur la vieille ville. Restaurant sur place.

**Concordia** HÔTEL €€

(885 400 ; www.concordia-hotel.net ; Obala Bana Berislavića 22 ; s/d 450/600 Kn ; P ❄). Sur le front de mer, les chambres, souvent un peu défraîchies, sont sommaires mais propres – demandez-en une rénovée, avec vue sur la mer. Service et emplacement charmants. Des bateaux pour la plage partent juste devant l'hôtel.

**Villa Tina** HÔTEL FAMILIAL €€

(888 305 ; www.vila-tina.hr ; Arbanija ; s/d 413/665 Kn ; P ❄). Joliment décorée, avec des chambres spacieuses et claires, cette adresse est idéale pour se détendre et se baigner. Près de la plage, à 5 km à l'est de Trogir. Beau panorama depuis la terrasse.

**Seget** CAMPING €

(880 394 ; www.kamp-seget.hr ; Hrvatskih Žrtava 121, Seget Donji ; 35 Kn/adulte, 90 Kn/empl ; avr-oct). À 2 km de Trogir, ce camping intime dispose d'une petite plage de galets et d'un ponton de plongée en ciment. Tennis, vélo, planche à voile et autres activités.

## Où se restaurer

**Capo** POISSON €
(Ribarska 11 ; plats à partir de 45 Kn). Une taverne familiale pleine de cachet, nichée dans une ruelle de la vieille ville, avec des tables en extérieur et un intérieur décoré sur le thème marin. Menu autour du poisson, avec sardines, *gavuni* (éperlan) et anchois, accompagnés de légumes. La famille tient aussi la pizzeria sur la Riva.

**Fontana** POISSON €€
(Obrov 1 ; plats à partir de 80 Kn). La vaste terrasse sur le front de mer est le principal attrait de ce restaurant ouvert de longue date qui offre néanmoins un grand choix de plats – risottos et spaghettis à petit prix, mets plus onéreux comme la viande grillée, et poisson, qui reste la spécialité de la maison (300 Kn/kg).

**Alka** CUISINE INTERNATIONALE €€
(☎881 856 ; Augustina Kažotića 15 ; plats à partir de 80 Kn). Un restaurant avec terrasse et une belle carte affichant de nombreux plats de viande (foie de poulet enveloppé dans du bacon, etc.) et du homard.

**Pizzeria Mirkec** PIZZAS €
(Obala Bana Berislavićeva 15 ; pizzas à partir de 30 Kn). Les pizzas de cet établissement en bord de mer sortent d'un four à bois et sont délicieuses. Bons petits déjeuners.

**Ćelica** BATEAU-RESTAURANT €
(Obala Kralja Zvonimira ; plats à partir de 60 Kn). Le point fort de ce bateau-restaurant amarré à Čiovo est le doux bercement de la mer et la vue sur la vieille ville. La cuisine, spécialisée dans les produits de la mer, est correcte.

## Renseignements

**Atlas Trogir** (☎881 374 ; www.atlas-trogir.hr ; Obala Kralja Zvonimira 10). Chambres chez l'habitant et excursions.

**Garderoba** (13 Kn/jour ; 6h-19h30). Consigne à la gare routière.

**Office du tourisme** (☎885 628 ; Trg Ivana Pavla II 1 ; 8h-21h lun-sam, 8h-14h dim juin-août, horaires réduits sept-mai). Plans sommaires de la ville.

**Poste principale** (Kralja Tomislava 9 ; 7h30-19h lun-ven, 7h30-14h30 sam). Cabines téléphoniques.

**Portal Trogir** (☎885 016 ; www.portal-trogir.com ; Obala Bana Berislavića 3). Chambres chez l'habitant ; location de vélos, de scooters et de kayaks ; excursions – safaris en quad, rafting, kayak de mer et canyoning. Coin Internet.

## Depuis/vers Trogir

Les bus en provenance de Zadar (130 km) et à destination du sud, ainsi que ceux venant de Split (28 km) et se dirigeant vers le nord, passent par Trogir. Aller de Trogir à Zadar peut se révéler plus compliqué, car les bus arrivant de Split sont souvent déjà pleins.

Le bus de ville n°37 en provenance de Split passe toutes les 30 min en journée ; il marque un arrêt à l'aéroport de Split sur la route pour Trogir. Il part de la gare routière locale et s'avère plus lent que le bus interurbain. Le ticket pour 4 zones (20 Kn) s'achète auprès du conducteur (dans les deux sens).

Des bateaux rallient Split (20 Kn, 4/jour) depuis Čiovo (150 m à gauche du pont). Un bateau de passagers relie l'Hotel Concordia à Okrug Gornji (10 Kn, toutes les heures 8h30-23h30) et à Medena (10 Kn, 10/jour). Un ferry dessert Drvenik Veli (17 Kn, 3/jour).

## Comment circuler

L'agence de voyages Portal propose un circuit pédestre de la vieille ville (1 heure 30, matin et soir) de mai à octobre. Départ devant l'agence.

La vieille ville n'est qu'à quelques minutes à pied de la gare routière. Après avoir traversé le petit pont proche de la gare, franchissez la porte nord et tournez à gauche au bout de la place : vous rejoindrez alors la rue principale, Gradska. Les plus beaux sites se concentrent autour de Trg Ivana Pavla II, tout droit. Sur le front de mer, Obala Bana Berislavića, sont regroupés de nombreux bars, restaurants et cafés qui donnent sur l'île de Čiovo. Un pont mobile relie la vieille ville à Čiovo.

# Environs de Trogir

Le littoral des environs de Trogir est bordé de plages. La plus proche est **Pantan** (à 1,5 km à l'est de la vieille ville), une plage de gravillons et de sable située sur l'estuaire de la rivière Pantan, au milieu d'une réserve naturelle. Pour la rejoindre, suivez le sentier qui mène de la vieille ville à Pantan. La plus prisée, **Okrug Gornji**, est située à 5 km au sud de Čiovo. Appelée Copacabana, cette étendue de galets de 2 km de longueur est bordée de cafés et de bars. Elle est accessible par la route ou en bateau. Vous trouverez des infrastructures plus importantes à 4 km au sud-ouest, à la plage de **Medena**, sur la Riviera de Seget, où se dresse l'**Hotel Medena** (www.hotelmedena.com).

Pour plus de tranquillité, préférez les plages des îles Drvenik Mali et Drvenik Veli, qui sont faciles d'accès en bateau depuis le terminal du ferry situé en face de l'hôtel

Concordia. Ces deux îles peu peuplées sont des lieux d'escapades paradisiaques.

Vous pourrez aussi découvrir la belle région de Kaštela, qui compte sept ports et plusieurs châteaux édifiés par la noblesse dalmate il y a environ 500 ans.

### DRVENIK MALI ET DRVENIK VELI

La plus petite des deux îles, Drvenik Mali (56 habitants), est plantée d'oliviers et compte une plage de sable longeant l'anse de Vela Rina. Drvenik Veli, quant à elle, offre des criques retirées et des oliveraies, ainsi que quelques sites culturels qui sont autant d'alternatives à la plage, telle l'**église Saint-Georges**, du XVIe siècle, qui renferme du mobilier baroque et un retable de style vénitien. À la sortie du village de Drvenik Veli, l'**église Saint-Nicolas** est un édifice du XVIIIe siècle dont seule l'imposante façade fut achevée.

Pour gagner les îles depuis Trogir, prenez un **ferry de Jadrolinija** (www.jadrolinija.hr). Trois ferries quotidiens circulent de juin à septembre (deux le vendredi). L'horaire de retour permet de visiter Drvenik Veli dans la journée, mais pas Drvenik Mali. Le trajet jusqu'à Drvenik Veli (16 Kn) prend 1 heure. Comptez 20 min de plus pour Drvenik Mali.

Si vous voulez rester plus longtemps sur les îles, l'agence Portal, à Trogir, vous trouvera une chambre chez l'habitant.

### KAŠTELA

Pour se détendre, rien ne vaut cet endroit niché entre mer et montagnes. C'est du moins ce que pensait la noblesse dalmate confrontée aux invasions ottomanes des XVe et XVIe siècles. Les 20 km de côte entre Trogir et Split, adossés à la longue et basse colline de Kozjak, semblent en effet parfaits pour une retraite paisible. Les riches familles de Split ont convergé l'une après l'autre dans la baie de Kaštela pour y construire leur demeure. Les Turcs ne sont jamais parvenus jusqu'ici et les châteaux fortifiés sont toujours debout.

Kaštela désigne les sept petits ports autour de ces forteresses du littoral, qui offrent l'occasion d'une délicieuse journée d'excursion depuis Split ou Trogir. À l'ouest en venant de Trogir, vous découvrirez tout d'abord le **Kaštel Štafilić**, un château érigé sur un îlot relié au continent par un pont mobile. Vient ensuite le **Kaštel Novi**, édifié en 1512, puis le **Kaštel Stari**, la plus ancienne forteresse de la baie, construite en 1476. Un cloître surmonté de voûtes en occupe le centre. Plus loin, vous arriverez au **Kaštel Lukšić**, le plus impressionnant de tous. Érigé en 1487, dans un style de transition entre les architectures Renaissance et baroque, le château accueille aujourd'hui les bureaux de la municipalité, ainsi qu'un petit musée et l'office du tourisme régional. Il a été le théâtre d'une légendaire histoire d'amour contrarié, dont les deux protagonistes ont été mariés et enterrés ici. En continuant vers l'est, le **Kaštel Kambelovac** est un château défensif cylindrique bâti en 1517 par des aristocrates et des propriétaires terriens. Le **Kaštel Gomilica**, édifié par les Bénédictines, se dresse quant à lui au milieu de plages de sable débouchant sur des eaux peu profondes. Vous arriverez enfin au **Kaštel Sućurac**, avant de prendre le sentier qui passe devant le cimetière et de grimper jusqu'au refuge de Putalj (480 m), d'où l'on peut atteindre la crête du Kozjak.

Pour des renseignements sur l'hébergement à Kaštela, contactez l'**office du tourisme** (☎227 933 ; www.dalmacija.net/kastela.htm ; Kaštel Lukšić ; ⏲8h-21h lun-sam, 8h-12h dim juin-sept, 8h-15h lun-sam oct-mai). Pour rejoindre Kaštela, prenez le bus n°37 de Split à Trogir (15 Kn, 30 min), qui s'arrête dans toutes les localités de la baie. Mieux vaut descendre au Kaštel Štafilić et suivre à pied la promenade côtière vers l'est. Lorsque vous déciderez de rentrer, vous prendrez simplement un bus pour revenir vers la route principale.

## RIVIERA DE MAKARSKA

La Riviera de Makarska est une bande littorale de 58 km qui s'étend au pied du massif du Biokovo, où une succession de falaises et de crêtes forme une impressionnante toile de fond pour un chapelet de jolies plages de galets. Sur les contreforts, protégés des vents violents, s'épanouit une végétation méditerranéenne de pins, d'oliviers et d'arbres fruitiers. Les stations balnéaires s'adressent principalement aux touristes en voyage organisé. Partie la plus construite du littoral dalmate, c'est une destination idéale pour les familles car les infrastructures y sont nombreuses, ce qui permet de passer des vacances actives. En juillet, et plus encore en août, la Riviera est prise d'assaut par les vacanciers, et de nombreux hôtels imposent un séjour minimum de sept nuits. Pour éviter la cohue, venez de préférence avant ou après l'afflux estival.

# Makarska

13 716 HABITANTS

Makarska est une charmante localité portuaire, dont le centre, construit en pierre calcaire, prend une teinte orangée au crépuscule. C'est un endroit animé propice à nombre d'activités de plein air – randonnée, escalade, parapente, VTT, planche à voile et baignade –, le tout dans un cadre enchanteur, au pied du mont Biokovo. C'est *le* centre du tourisme de masse en Croatie, et tout tourne ici autour de la longue plage de galets, où sont proposées toutes sortes d'activités, du beach-volley aux jeux destinés aux enfants.

Makarska est la destination favorite des vacanciers de Bosnie-Herzégovine, qui affluent par milliers en été. Grâce à son climat et à ses bonnes infrastructures, elle est également devenue une "destination médicale" très prisée par les personnes plus âgées. L'atmosphère en haute saison est assez mouvementée, avec de nombreux cafés qui swinguent toute la nuit, mais aussi quantité de loisirs pour les familles. Vous vous y plairez si vous aimez les bars de plage, les parties de beach-volley et le farniente en belle compagnie. Sinon, sachez que le calme revient à la fin de la saison estivale.

Plus grande ville de la région, Makarska bénéficie d'un excellent réseau de transports et constitue une bonne base pour explorer la côte et la Bosnie-Herzégovine. Ne manquez pas l'ascension du mont Biokovo.

## À voir et à faire

**Monastère franciscain** MONASTÈRE

(Franjevački Samostan ; Franjevački Put 1 ; messe uniquement). À l'est du centre, ce monastère englobe une église à une seule nef. L'abside arbore une immense mosaïque contemporaine et le cloître comprend un **musée des Coquillages** (10 Kn ; 9h-13h et 17h-21h), qui abriterait la plus importante collection au monde.

**Plages** PLAGE

Makarska occupe une large crique délimitée au sud-est par le cap Osejava et au nord-ouest par la péninsule de Sveti Petar. La longue **plage municipale** (avec galets), bordée d'hôtels, s'étend tout au long de la baie, du parc Sveti Petar, au début d'Obala Kralja Tomislava, vers le nord-ouest. Au sud-est s'étirent des plages plus rocheuses mais plus plaisantes, comme **Nugal**, prisée des nudistes (suivez le sentier balisé depuis l'extrémité est de la Riva).

**Jardin botanique de Biokovo** JARDIN BOTANIQUE

Au-dessus du village de Kotišina, à Biokovo, ce site autrefois très touristique a perdu de sa superbe, hormis pour quelques fleurs endémiques et une très belle vue sur les îles de Brač et de Hvar. Il est en revanche accessible par une marche pittoresque qui mérite le détour – suivez le sentier balisé qui part du nord-est de la ville et passe en contrebas d'une série de pics abrupts.

**Musée de la Ville** MUSÉE

(Gradski Muzej ; Obala Kralja Tomislava 17/1 ; 9h-13h et 19h-21h lun-ven, 19h-21h sam). En cas de pluie, venez découvrir la collection de photographies, de vieilles pierres et de vieux objets marins, peu palpitante, avouons-le, mais instructive sur l'histoire locale.

## Où se loger

Les hôtels de Makarska – qui s'adressent principalement aux voyages organisés – pâtissent de leur uniformité, même s'il est possible de trouver des lits confortables et de beaux points de vue dans les adresses les plus huppées. Les chambres chez l'habitant sont toujours la meilleure option pour les voyageurs au budget serré.

**Biokovo** HÔTEL €€€

(615 244 ; www.hotelbiokovo.hr ; Obala Kralja Tomislava bb ; s/d 495/850 Kn ; P). L'un des meilleurs établissements de Makarska, sur la promenade. Demandez une chambre avec

### EN TRAIN VERS MOSTAR

Une bonne solution pour s'éloigner de la foule et voyager différemment consiste à prendre le train de Ploče à Mostar, en Bosnie-Herzégovine. Le train quitte lentement Ploče 2 fois par jour (30 Kn, 1 heure 30) et traverse en haletant les somptueux paysages dalmates et herzégovins, le plus souvent en remontant la Neretva. Tous les bus pour Dubrovnik qui s'arrêtent à Makarska passent par Ploče (environ 50 Kn). Les ressortissants de l'Union européenne, de la Suisse et du Canada n'ont pas besoin de visa pour entrer en Bosnie-Herzégovine.

## AVENTURE AU MONT BIOKOVO

Le massif calcaire du mont Biokovo, géré et protégé par le **parc national de Biokovo** (www.biokovo.com ; 35 Kn ; ⏲8h-16h avr à mi-mai et oct à mi-nov, 7h-20h mi-mai à sept), se prête merveilleusement à la randonnée. On accède au parc au début de "Biokovo Rd", l'unique route qui grimpe la montagne – impossible de la manquer –, où les billets sont en vente.

Le **pic de Vošac** (1 422 m), objectif le plus proche, ne se trouve qu'à 2,5 km de Makarska. De l'église Saint-Marc, sur Kačićev trg, montez à pied ou en voiture jusqu'à Put Makra, en suivant les panneaux indiquant le village de Makar, d'où part le chemin menant au sommet. Du Vošac, un sentier bien balisé mène au **Sveti Jure** (4 heures), le point culminant du massif (1 762 m), qui offre un panorama fantastique sur le littoral croate et, par temps clair, jusqu'à l'Italie, par-delà l'Adriatique. Emportez suffisamment d'eau, de l'écran solaire, un chapeau et des vêtements imperméables – il fait toujours beaucoup plus froid au sommet qu'au bord de la mer.

**Biokovo Active Holidays** (www.biokovo.net) propose des excursions guidées à pied ou par la route, pour tous les niveaux. Vous pourrez faire une partie du trajet en minibus et finir de grimper à pied jusqu'au pic de Sveti Jure, entreprendre la randonnée de 5 heures 30 à travers les forêts de pins et les prairies, ou encore vous y rendre en voiture à l'aube pour assister au lever du soleil sur Makarska.

un balcon donnant sur la mer, pour jouir d'une jolie vue sur la ville.

**Makarska** HÔTEL €€
(☎616 622 ; www.makarska-hotel.com ; Potok 17 ; s/d 400/640 Kn ; P❄). À 200 m environ de la plage. Chambres bien équipées, un peu kitsch, et hôtes sympathiques.

**Meteor** HÔTEL €€€
(☎602 686 ; www.hoteli-makarska.hr ; Kralja Petra Krešimira IV bb ; s/d 478/870 Kn ; P❄≋). Sur une plage de galets, à 400 m à l'ouest du centre-ville, le Meteor est équipé de tout ce qu'un géant de 270 chambres se doit de posséder : piscines, boutiques, courts de tennis et centre de bien-être.

### Où se restaurer et prendre un verre

**Decima** CUISINE DALMATE €
(Trg Tina Ujevića bb ; plats à partir de 50 Kn). Une *konoba* familiale en retrait de la Riva, servant des spécialités dalmates bien préparées et accueillant à l'occasion des concerts de *klapa*.

**Riva** POISSON €€
(Obala Kralja Tomislava 6 ; plats à partir de 80 Kn). Un restaurant chic tout près de la rue principale, dans une paisible cour ombragée. Cuisine correcte, dont l'habituel choix de poissons et de fruits de mer. Bonne carte des vins.

**Jež** POISSON €€
(Kralja Petra Krešimira IV 90 ; plats à partir de 75 Kn). Ce restaurant plutôt guindé, proche de la plage et pourvu de tables en plein air, propose une variété de plats dalmates. Les fruits de mer sont succulents.

**Bookcafe** CAFÉ
(Kačićev trg bb). Sur la place principale, un café/librairie douillet très apprécié pour une pause-café. Il attire une clientèle bobo-intello et propose diverses animations, des lectures aux soirées musicales et aux expositions. Il accueille aussi en mai le **MaFest**, un festival international de la BD.

### Où sortir

**Grota** DISCOTHÈQUE
(Šetalište Svetog Petra bb). Sur la péninsule de Sveti Petar, juste après le port, cette discothèque très fréquentée nichée dans une grotte accueille des DJ locaux, ainsi que divers groupes de jazz, de blues ou de rock.

**Deep** DISCOTHÈQUE
(Fra Jure Radića 21). Encore une grotte reconvertie, à l'autre bout de la ville, dans Osejava. La clientèle branchée vient siroter des cocktails en écoutant les derniers tubes passés par le DJ.

**Rockatansky** BAR À MUSIQUE
(Fra Filipa Grabovca bb). Le bar le plus underground de Makarska, où une foule éclectique se réunit pour écouter du rock, du grunge, du metal et du jazz en live.

**Petar Pan** DISCOTHÈQUE
(Fra Jure Radića bb ; www.petarpan-makarska.com). Cette adresse en plein air accueille jusqu'à 1 500 personnes. Les DJ locaux et

invités mettent l'ambiance avec des *mixes* d'électro-house ; soirées hip-hop et concerts.

## Renseignements

De nombreux DAB et banques jalonnent Obala Kralja Tomislava ; vous pourrez aussi changer des espèces dans les agences de voyages de la rue.

**Atlas Travel Agency** (☎617 038 ; www.atlas-croatia.com ; Kačićev trg 9). Tout au bout de la ville. Réservation de chambres chez l'habitant.

**Biokovo Active Holidays** (www.atlas-croatia.co679 655 ; www.biokovo.net ; Kralja Petra Krešimira IV 7b). Renseigne sur le mont Biokovo et organise des randonnées, des sorties à vélo, du rafting et du kayak.

**Marivaturist** (www.atlas-croatia.co616 010 ; www.marivaturist.hr ; Obala Kralja Tomislava 15a). Service de change et réservation d'excursions et de chambres chez l'habitant tout le long de la côte de Makarska, notamment à Brela.

**Office du tourisme** (www.marivaturist.h612 002 ; www.makarska-info.hr ; Obala Kralja Tomislava 16 ; ⏲7h-21h tlj juin-sept, 7h-14h lun-ven oct-mai). Publie un excellent guide de Makarska avec carte, également disponible dans les agences de voyages.

## Depuis/vers Makarska

Des ferries relient Makarska et Sumartin, sur Brač (33 Kn, 1 heure, 5/jour juil-août, 4/jour juin et sept). Le **guichet de Jadrolinija** (Obala Kralja Tomislava bb) se trouve à côté de l'Hotel Biokovo.

De la **gare routière** (☎612 333 ; Ante Starčevića 30), à 300 m du centre de la vieille ville sur les hauteurs, des bus desservent Dubrovnik (116 Kn, 3 heures, 12/jour), Split (47 Kn, 1 heure 15, 34/jour), Rijeka (313-363 Kn, 7 heures, 4/jour) et Zagreb (205 Kn, 6 heures, 10/jour). Des bus rallient aussi Mostar (100 Kn, 2 heures 15, 5/jour) et Sarajevo (176 Kn, 4 heures, 2/jour) en Bosnie-Herzégovine.

# Brela

Le plus long et sans doute le plus beau front de mer de Dalmatie s'étire dans la minuscule localité de Brela, plus chic que sa voisine Makarska, à 14 km au sud-est. Six kilomètres de plages de galets bordent des criques plantées de pinèdes, où vous pourrez profiter de la mer cristalline et de magnifiques couchers de soleil. Une promenade ombragée ponctuée de bars et de cafés fait le tour des criques, situées de part et d'autre de la ville. La plus belle plage est **Punta Rata**, une superbe étendue de galets à 300 m au sud-ouest du centre.

## Où se loger et se restaurer

Il n'existe aucun hôtel bon marché à Brela, mais beaucoup d'hébergements privés proposés par l'office du tourisme ou les agences sont en réalité de petites pensions, où les doubles sont louées à partir de 200 Kn en haute saison.

Les 4 grands hôtels de la ville dépendent de **Blue Sun Hotels & Resorts** (www.bluesun-hotels.com). Le plus isolé est l'**Hotel Berulia** (☎603 599 ; Frankopanska bb ; s/d 837/1 164 Kn ; P❄≋), un immense quatre-étoiles à 300 m à l'est du centre. L'**Hotel Marina** (☎608 608 ; s/d 662/1 022 Kn ; P❄), le plus abordable et le plus pratique pour les familles, est séparé de la plage de Brela par une rangée de pins.

Pour un bon repas, tentez la **Konoba Feral** (Obala Domagoja 30 ; plats à partir de 50 Kn), une taverne conviviale avec des tables en bois, qui sert d'excellents fruits de mer et poissons. Le calmar pêché à la ligne est grillé avec de l'ail et du persil. Un délice.

## Renseignements

**Berulia Travel** (☎618 519 ; www.beruliatravel-brela.hr ; Frankopanska 111). Opérations de change, et réservation d'excursions et de chambres chez l'habitant.

### RAFTING SUR LA CETINA

S'écoulant sur 105 km, la Cetina (qui trouve sa source dans le village du même nom) est la plus longue rivière de la Dalmatie centrale. Elle traverse les Alpes dinariques et les champs autour de Sinj, avant d'atteindre une centrale électrique aux environs d'Omiš. Son trajet est particulièrement beau, car la rivière, d'un bleu limpide, est bordée de hautes parois rocheuses à la végétation fournie. Il est possible d'y pratiquer le rafting du printemps à l'automne, mais les rapides peuvent devenir très puissants après de fortes pluies. Les moins expérimentés privilégieront donc l'été. Comptez généralement de 3 à 4 heures pour une sortie de rafting. **Biokovo Active Holidays** (www.biokovo.net), à Makarska, organise des excursions d'une journée de rafting, de canyoning ou de canoë sur la Cetina pour 395 Kn.

**Office du tourisme** (☎618 455 ; www.brela.hr ; Trg Alojzija Stepinca bb ; ⏲8h-21h mi-juin à mi-sept, 8h-15h lun-ven mi-sept à mi-juin). Plan de ville et carte des itinéraires cyclables dans la région. DAB à l'extérieur.

## Depuis/vers Brela

Tous les bus reliant Makarska à Split s'arrêtent à Brela, ce qui facilite les excursions pour la journée depuis les deux villes. L'arrêt de bus (pas de consigne) est situé derrière l'Hotel Soline, à quelques pas en contrebas d'Obala Kneza Domagoja, la rue du port qui fait office de centre-ville.

# ÎLE DE BRAČ

13 500 HABITANTS

Brač est réputée pour deux choses : sa pierre d'un blanc éclatant, utilisée pour la construction du palais de Dioclétien à Split (et de la Maison-Blanche à Washington), et Zlatni Rat, la longue plage de galets qui ourle l'Adriatique à Bol et figure sur 90% des posters touristiques de la Croatie. Plus grande île de Dalmatie centrale, Brač compte deux villes, plusieurs villages assoupis et un superbe paysage méditerranéen de falaises escarpées, de mer bleu sombre et de pinèdes. L'intérieur de l'île est couvert de tas de pierres, résultat du dur labeur effectué par les femmes au fil des siècles pour préparer la terre à la culture de la vigne, des olives, des figues, des amandes et des griottes.

Des conditions de vie difficiles ont conduit de nombreux insulaires à émigrer sur le continent pour trouver du travail, laissant l'arrière-pays quasiment désert. Parcourir Brač pour découvrir ses villages de pierre représente une expérience exceptionnelle. Les deux principales localités, Supetar et Bol, ne se ressemblent pas du tout : Supetar a quelque chose d'une simple ville de transit, tandis que Bol a davantage de charme.

### Histoire

Des vestiges néolithiques ont été mis au jour dans la grotte de Kopačina, près de Supetar. Le premier peuple identifié fut celui des Illyriens, qui construisirent à Škrip un fort pour se défendre des Grecs. Arrivés sur place en 167 av. J.-C., les Romains exploitèrent les carrières de pierre proches de Škrip et bâtirent des résidences estivales. Durant les quatre siècles d'occupation vénitienne (1420-1797), la peste qui sévissait à l'intérieur de l'île poussa les habitants à se réfugier sur la côte, plus salubre – ce qui explique l'essor de Supetar, de Bol, de Sumartin et de Milna. Après une brève période d'administration napoléonienne, l'île passa à l'Autriche. La viticulture s'y développa jusqu'à l'épidémie de phylloxéra, qui ravagea les vignes au tournant du XXe siècle. Nombre d'insulaires émigrèrent alors en Amérique du Nord et du Sud, en particulier au Chili. Au cours de la Seconde Guerre mondiale, les soldats allemands et italiens pillèrent et incendièrent les villages, dont ils emprisonnèrent et tuèrent de nombreux habitants.

Malgré le coup porté au tourisme au début des années 1990, l'activité a repris et l'affluence est souvent grande en été.

## Depuis/vers l'île de Brač

### Avion

L'**aéroport** de Brač (☎559 710 ; www.airport-brac.hr) se situe à 14 km au nord-est de Bol et à 30 km au sud-est de Supetar. En haute saison, un vol hebdomadaire part de Zagreb. Toutefois, il n'existe pas de transport public jusqu'à Supetar ; il vous faudra donc prendre un **taxi** (☎098 781 377), moyennant environ 340 Kn (150 Kn pour Bol).

### Bateau

Des car-ferries assurent la liaison entre Split et Supetar (33 Kn/personne, 160 Kn/voiture, 50 min, 14/jour juil-août, 12/jour juin et sept). L'hiver, ils circulent moins souvent. Les ferries débarquent leurs passagers au centre-ville, à deux pas de la gare routière. Les réservations s'effectuent auprès de **Jadrolinija**, à 50 m à l'est du port (☎631 357 ; www.jadrolinija.hr ; Hrvatskih Vekikana bb, Supetar).

En été, un catamaran de Jadrolinija relie Split à Bol (22 Kn, 1 heure) avant de poursuivre jusqu'à Jelsa, sur Hvar. À Bol, achetez votre place à l'avance en haute saison, car les billets sont alors vite épuisés. Des car-ferries circulent également entre Makarska et Sumartin (33 Kn, 1 heure, 5/jour juil-août, 4/jour juin et sept, 2/jour en hiver). Vous devrez attendre une heure ou deux à Sumartin pour la correspondance vers Supetar. Les lundis, mercredis, vendredis et dimanches, une vedette de passagers de **LNP** (www.lnp.hr) relie Split à Milna (18 Kn, 30 min).

## Comment circuler

Vu la rareté des transports publics, ceux qui souhaitent visiter plusieurs sites en un temps limité devront être motorisés. Vous pourrez louer une voiture auprès des agences de voyages de l'île ou venir avec depuis le continent (ce qui revient cher).

Supetar est au cœur du réseau de bus insulaire. Plusieurs bus quotidiens relient Supetar et Bol (40 min), ainsi que Sumartin et Supetar (1 heure 30). Le dimanche, les services sont réduits.

## Supetar

3 900 HABITANTS

Sans beaucoup de cachet, Supetar ressemble davantage à une ville de passage qu'à un véritable lieu de vie. Grand carrefour de transports, elle n'en compte pas moins de jolies rues pavées de pierre, ainsi qu'une église et une place, à découvrir à la faveur d'une courte promenade. Les plages de galets sont aisément accessibles à pied depuis le centre, d'où leur popularité auprès des familles.

Il est facile de se repérer à Supetar, car la plupart des services, des magasins et des agences de voyages bordent la rue principale qui est orientée est-ouest au départ du port : appelée Porat au port, cette artère prend le nom de Hrvatskih Velikana à l'est, et de Vlačica à partir de Put Vele Luke, en direction de l'ouest. La gare routière (pas de consigne) jouxte le bureau de Jadrolinija.

### À voir et à faire

**Église de l'Annonciation** ÉGLISE
(messe uniquement). Bâtie en 1733 dans le style baroque, à l'ouest du port, l'église se caractérise pourtant par une architecture extérieure sobre, à l'exception de l'escalier en hémicycle. L'intérieur, en revanche, est peint dans des tons vert pastel ; il contient d'intéressants retables.

**Cimetière** CIMETIÈRE
Planté de cyprès, le cimetière se trouve à la pointe du cap Saint-Nicolas. Vous ne pourrez manquer le **mausolée de la famille Petrinović** qui surplombe la mer. Dû au sculpteur Toma Rosandić, originaire de Split, cet édifice monumental intègre des éléments de style byzantin.

**Fun Dive Club** PLONGÉE
(098 13 07 384; www.fundiveclub.com). Le meilleur spot de plongée se situe au large de la côte sud-ouest, entre Bol et Milna, faisant de Bol une base idéale. Vous pourrez aussi effectuer des sorties de plongée, prendre des cours et louer du matériel au **Waterman Supetrus Resort Hotel** (www.watermanresorts.com), plus connu des résidents sous le nom d'Hotel Kaktus.

**Plages** PLAGE
Cinq plages rocheuses jalonnent la côte ; celle de **Vrilo** se situe à une centaine de mètres à l'est du centre-ville. En allant vers l'ouest, vous atteindrez d'abord **Vlačica**, puis la plage de **Banj**, bordée de pins. La suivante, **Bili Rat**, abrite le centre de sports nautiques. En traversant le cap Saint-Nicolas, vous rejoindrez enfin **Vela Luka**, une plage recouverte de doux galets qui longe une baie paisible.

### Fêtes et festivals

Le **Festival d'été de Supetar** se déroule de la mi-juin à la mi-septembre. Des spectacles de danse et des concerts de musique classique et folklorique ont alors lieu plusieurs fois par semaine dans les églises et les lieux publics. L'accès est généralement gratuit ou ne coûte qu'une somme modique. Des expositions artistiques sont fréquemment organisées à l'occasion du festival.

### Où se loger

La majorité des grands hôtels sont situés dans un complexe touristique à quelques kilomètres à l'ouest du port, dans la baie de Vela Luka. Malgré l'ampleur des aménagements, le cadre reste étonnamment plaisant, avec ses pins, ses arbustes et sa plage.

Les agences pourront vous trouver de bonnes chambres. Pour des détails sur les locations de chambres et de villas, consultez également www.supetar.hr.

**Bračka Perla** HÔTEL €€€
(755 530 ; www.brackaperla.com ; Put Vele Luke ; d/ste 2 016/2 459 Kn ; P). Dernier-né de Supetar, ce petit hôtel chic abrite 8 suites et 3 chambres, toutes peintes par le célèbre artiste Srećko Žitnik. La terrasse du jardin est charmante, tout comme la vue sur la mer. Excellentes infrastructures, dont une piscine en plein air, un bon restaurant et un petit centre de bien-être.

**Hotel Amor** HÔTEL €€€
(606 606 ; www.velaris.hr ; Put Vele Luke 10 ; s/d 797/1 062 Kn ; P). Cette adresse haut de gamme compte 50 chambres, toutes avec balcon, décorées dans les tons jaune et vert. Entouré de paisibles oliveraies et pinèdes, près de la plage, l'hôtel dispose d'un spa et d'un centre de plongée.

**Villa Adriatica** HÔTEL €€€
(343 806 ; www.villaadriatica.com ; Put Vele Luke 31 ; s/d 915/1 220 Kn ; P). Un hôtel charmant, agrémenté d'un jardin et de palmiers, à 100 m de la plage. Toutes les chambres, décorées avec soin, ont un balcon. Le restaurant sert de bonnes assiettes végétariennes.

**Pansion Palute** PENSION €
(631 541 ; palute@st.t-com.hr ; Put Pašike 16 ; s/d 210/380 Kn ; P). Cette petite pension familiale tenue par un hôte volubile loue des chambres proprettes, avec parquet au

sol, TV et, pour la plupart, balcon. Une délicieuse confiture maison est servie au petit déjeuner.

**Funky Donkey** AUBERGE DE JEUNESSE €
(☎630 937 ; Ive Jakšića 55 ; 150-170 Kn/pers ; ⏲mai-oct ; ❄@📶). Une option festive située dans la vieille ville. Dortoirs et doubles, Wi-Fi gratuit, lave-linge, 2 cuisines et une terrasse avec vue sur la mer. Propose des circuits de l'île en van.

**Camping Supetar** CAMPING €
(☎630 088 ; par adulte/empl 21/30 Kn ; ⏲juin-sept). Un site pour camping-cars de taille moyenne, à 300 m à l'est de la ville, avec accès à une petite plage rocheuse.

## Où se restaurer

**Vinotoka** POISSON €
(Jobova 6 ; plats à partir de 60 Kn). L'une des meilleures tables de la ville, elle se partage entre deux espaces : la *konoba*, dans une maison en pierre traditionnelle sobrement décorée d'objets marins, et la terrasse vitrée, en face. Les produits de la mer, succulents, s'accompagnent d'un bon vin blanc local.

**Punta** POISSON €
(Punta 1 ; plats à partir de 60 Kn). Ce restaurant jouit d'un emplacement exceptionnel, avec une terrasse donnant sur la mer. Il propose des poissons et fruits de mer, de la viande et des pizzas, que l'on déguste en contemplant les vagues et le ballet des véliplanchistes.

## Où prendre un verre et sortir

Le **Maximus** (Put Vele Luke 7), sur la plage près du centre-ville, paraît indémodable et ce, malgré le changement de propriétaires. Non loin, le **Benny's Bar** (Put Vela Luke bb) et le **Havana Club** (Put Vela Luke bb) sont également très prisés.

## Renseignements

**Atlas** (☎631 105 ; Porat bb). Réservation d'excursions et de chambres chez l'habitant. Près du port.

**Maestral** (☎631 258 ; www.travel.maestral.hr ; IG Kovačića 3). Chambres chez l'habitant.

**Office du tourisme** (☎630 551 ; www.supetar.hr ; Porat 1 ; ⏲8h-22h juil-août, 8h-16h lun-ven sept-juin). À quelques mètres à l'est du port, il possède une belle gamme de brochures sur les activités et les monuments de Supetar, ainsi que les horaires des bus et des ferries.

**Radeško** (☎756 694 ; Bračka 5). Réservation de chambres à l'hôtel ou chez l'habitant et opérations de change.

# Environs de Supetar



**Škrip**, à 8 km au sud-est de Supetar, est un village intéressant : ce site, le plus ancien de l'île, servit de refuge aux Illyriens, dont le fort fut pris par les Romains au IIe siècle av. J.-C., puis, au VIIe siècle, par les habitants de Salone (Solin) fuyant les Barbares. Plus tard, des tribus slaves s'y installèrent à leur tour. Il subsiste quelques vestiges de **remparts illyriens** autour de la citadelle, dans la partie sud-est. Le monument romain le mieux conservé est le mausolée à la base de la **tour de Radojković**, une fortification édifiée à l'époque où les Vénitiens et les Turcs se disputaient la région ; cette tour abrite désormais un musée. Des sarcophages paléochrétiens jouxtent la **citadelle des Cerinics**, non loin d'une carrière contenant un relief d'Hercule (IIIe ou IVe siècle) : pour vous y rendre, il suffit de prendre un bus tôt le matin de Supetar et de revenir en début d'après-midi.

**Milna**, à 20 km au sud-ouest de Supetar, est un village de pêcheurs encore épargné par le tourisme de masse. Ce port du XVIIe siècle borde une profonde baie naturelle, utilisée par l'empereur Dioclétien quand il se rendait à Split. Les sentiers autour de la baie permettent de découvrir des plages rocheuses et des criques habituellement désertes. Dans ce cadre idyllique se dresse l'**église Notre-Dame-de-l'Annonciation** (XVIIIe siècle), qui possède une façade baroque et des retables datant du début du XVIIIe siècle.

Installé sur la plage de Milna, l'**Illyrian Resort** (☎636 566 ; www.illyrian-resort.hr ; app 745-905 Kn ; P❄🏊) propose des appartements avec terrasse ou balcon, qui marient style et confort. Outre sa piscine, il offre mille possibilités d'activités nautiques.

Milna se visite facilement en bus dans la journée au départ de Supetar. En été, l'hydroglisseur partant de Bol en début de soirée passe par Milna avant d'aller à Split.

# Bol

1 921 HABITANTS

La vieille ville est ravissante, avec ses petites maisons en pierre et ses rues sinueuses décorées de géraniums. Mais le véritable attrait de Bol est Zlatni Rat, une plage de galets qui se déploie dans l'Adriatique et attire une foule de baigneurs et de véliplanchistes durant les mois estivaux. Cette célèbre grève est reliée à la vieille ville par une longue promenade côtière jalonnée de pins, où se regroupe la majorité des hôtels. En été, elle bourdonne d'animation.

Le centre-ville piétonnier s'étend à l'est de la gare routière. Les curiosités de la vieille ville sont indiquées par des panneaux explicatifs qui donnent des détails sur le patrimoine culturel et historique. La plage de Zlatni Rat se trouve à 2 km plus à l'ouest, après les plages de Borak et de Potočine, à proximité desquelles se dressent plusieurs complexes hôteliers, comme les hôtels Riu Borak, Elaphusa et Bretanide.



## À voir

**Zlatni Rat** PLAGE

La plupart des touristes viennent profiter du soleil ou faire de la planche à voile à Zlatni Rat, qui s'avance dans la mer sur environ 500 m, à l'extrémité ouest de la ville. Cette splendide langue de terre est tapissée de galets blancs et lisses ; la forme de sa pointe fluctue au gré des vents et des courants. Les pins offrent une ombre appréciable et les falaises abruptes qui s'élèvent derrière la plage créent l'un des plus beaux décors naturels de Dalmatie. Pour vous y rendre, suivez la promenade pavée du front de mer, que bordent des jardins subtropicaux. Attention : la plage est bondée en haute saison.

**Musée du monastère dominicain** MONASTÈRE ET MUSÉE

(Dominikanski Samostan ; Anđelka Rabadana 4 ; 10 Kn ; ⏲10h-12h et 17h-20h avr-oct). À l'est du centre-ville, sur la presqu'île de Glavica, se dressent ce monastère et l'**église Notre-Dame-de-la-Miséricorde** adjacente. De style gothique tardif, l'église renferme une grille d'autel remontant à la fin du XVIe siècle et un plafond baroque exécuté par le peintre croate Tripo Kikolija. Des inscriptions en écriture glagolitique figurent sur certaines pierres tombales insérées dans le pavement. Le petit musée présente des objets préhistoriques provenant de la grotte de Kopačina, des pièces de monnaie anciennes, des amphores et des vêtements sacerdotaux. La pièce maîtresse de la collection est la *Madone à l'Enfant entourée de saints*, un retable attribué au Tintoret, pour lequel le musée conserve la facture d'origine de 270 ducats vénitiens.

**Galerija Branislav Dešković** GALERIE

(10 Kn ; ⏲10h-12h et 18h-22h mar-dim mai-nov). Aménagée dans une maison de style baroque Renaissance donnant sur la mer, cette galerie rénovée réunit des œuvres d'artistes croates du XXe siècle. Elle abrite près de 300 tableaux et sculptures.

**Grotte du Dragon** GROTTE

La grotte du Dragon s'orne de mystérieuses sculptures murales, œuvre sans doute d'un moine du XVe siècle à l'imagination fertile : les anges, les animaux et le dragon figurant sur les parois mêlent symbolique chrétienne et imagerie païenne. Après avoir parcouru à pied les 6 km jusqu'à Murvica, comptez encore 1 heure de marche jusqu'à la grotte. Attention, elle ne peut être visitée que sur rendez-vous avec le guide qui en a la clé (on peut le joindre facilement par l'intermédiaire de l'office du tourisme). Comptez 50 Kn/personne pour aller à la grotte depuis Murvica.

## À faire

Bol est la capitale croate de la **planche à voile,** dont les adeptes se rassemblent sur la plage de Potočine. Malgré le *maestral* (vent fort et régulier), qui souffle d'avril à octobre, les meilleures périodes pour pratiquer ce sport se situent fin mai et début juin, ainsi que fin juillet et début août. Le vent atteint sa puissance maximale en début d'après-midi pour cesser progressivement en fin de journée. À côté de l'office du tourisme, sur le front de mer, **Big Blue** (☎635 614 ; www.big-blue-sport.hr) est un grand magasin qui loue des planches à voile (250 Kn/demi-journée) et propose des cours pour débutants (1 090 Kn). Il loue aussi des **VTT** (30/110 Kn par heure/jour) et des **kayaks** (30/120 Kn par heure/jour).

Vous pourrez plonger (à partir de 180 Kn) avec un autre opérateur dénommé lui aussi **Big Blue** (☎306 222 ; www.big-blue-diving.hr ; Hotel Borak, Zlatni Rat). Les environs n'abritent aucune épave, mais des récifs coralliens à 40 m de profondeur et une vaste grotte ; des bateaux assurent des sorties régulières en haute saison.

Vous pourrez louer un bateau au **kiosque du Nautic Center Bol** (☎635 367 ; www.nautic-center-bol.com ; plage de Potočine ; à partir de 435 Kn/jour), qui s'installe en journée face à l'hôtel Bretanide. En soirée, il se déplace vers le port.

Le **Tennis Centre Potočine** (☎635 222 ; Zlatni Rat ; 75 Kn/h), sur la route de Murvica, possède d'excellents courts en terre battue et loue des raquettes et des balles.

Si vous aimez la randonnée, tentez l'ascension (2 heures) du **Vidova Gora** (778 m), le plus haut sommet de la région. Des sentiers de VTT gravissent la montagne et on peut faire du parapente depuis le sommet. L'office du tourisme local vous renseignera et vous donnera des cartes sommaires.

À NE PAS MANQUER

## LES CINQ PLUS BELLES PLAGES DE DALMATIE CENTRALE

» Zlatni Rat (p. 226) – la fameuse plage en forme de doigt, un emblème de la Croatie
» Brela (p. 222) – un chapelet de criques de galets tout doux ourlées de palmiers
» Îles Pakleni (p. 231) – des îles rocheuses proches de Hvar, dont les criques sont prisées par les naturistes
» Šolta (p. 214) – un havre de paix dans les rochers, loin de la frénésie de Split
» Stiniva (p. 239) – une splendide crique isolée sur l'île de Vis, entourée de falaises



## Fêtes et festivals

À l'occasion du **Festival d'été de Bol**, de la mi-juin à la fin septembre, des danseurs et des musiciens de tout le pays se produisent dans les églises et les lieux publics de la ville. Nouveau venu, le **Festival culturel Imena** (fin juin) réunit des écrivains, des artistes et des musiciens durant plusieurs jours pour des expositions, des lectures, des concerts et d'autres événements.

Le **jour de fête** du 5 août (fête de Notre-Dame-du-Carmel, la sainte locale) donne lieu à une procession en costumes traditionnels, accompagnée de musique et de réjouissances de rue.

## Où se loger

Les campings sont proches de la ville. Les petits hôtels sont rares. Étonnamment, les grands complexes touristiques se fondent dans le paysage. Plusieurs proposent des forfaits. **Blue Sun Hotels** (www.bluesunhotels.com) assure les réservations pour la plupart des établissements.

Les agences de voyages s'occupent de trouver des chambres chez l'habitant avec sdb pour 150-200 Kn/personne. Un studio pour 2 personnes revient à 350-400 Kn en haute saison. Il existe aussi des appartements plus grands.

Les campings de Bol, familiaux, sont de petite taille. À l'ouest de la ville, près des grands hôtels, le **Camp Kito** (☎635 551 ; www.camping-brac.com ; Bračke Ceste bb ; 50/8 Kn par adulte/tente ; ⊙mi-avr à mi-sept), bien entretenu, jouit d'un beau cadre.

Un autre camping, le **Dominikanski Samostan** (☎635 132 ; Anđelka Rabadana ; 50/20 Kn par pers/tente ; ⊙juin-oct), géré par les moines, s'étend à l'est de la ville, près du monastère dominicain. L'office du tourisme vous en indiquera quelques autres.

**Villa Giardino** HÔTEL €€
(☎635 286 ; www.bol.hr/online/VillaGiardino.htm ; novi Put 2 ; d 770 Kn ; P❄🛜). Une porte en fer s'ouvre sur le luxuriant jardin donnant sur cette élégante villa blanche. Restaurées avec goût, les 10 grandes chambres sont meublées d'antiquités. Certaines surplombent le jardin, d'autres ont vue sur la mer. Une oasis de tranquillité, avec un jardin isolé à l'arrière.

**Hotel Borak** HÔTEL €€€
(☎306 202 ; www.bluesunhotels.com ; Zlatni Rat ; s/d 938/1 230 Kn ; P❄🛜). Proche de Zlatni Rat et des activités en plein air, cet hôtel haut de gamme à l'architecture de type soviétique est trop grand pour avoir du charme. Il s'agit toutefois d'un lieu confortable pour se détendre après une séance de sport (planche à voile, plongée, VTT, kayak, baignade...).

**Hotel Kaštil** HÔTEL €€
(☎635 995 ; www.kastil.hr ; Frane Radića 1 ; s/d 540/800 Kn ; P❄🛜). Les 32 chambres de ce bel hôtel central, installé dans une vieille maison baroque, donnent sur la mer. Décor minimaliste, sdb de couleur granit et balcon dans quelques chambres. Agréable restaurant en terrasse (moins 10% pour les clients de l'hôtel).

**Elaphusa** HÔTEL €€€
(☎306 200 ; www.hotelelaphusabrac.com ; Put Zlatnog Rata bb ; s/d 1 155/1 540 Kn ; P🛜@≋). Ce quatre-étoiles étincelant a de faux airs de navire de croisière, avec sa décoration intérieure, ses cloisons en verre, ses piscines d'eau de mer et ses chambres élégantes. Pour ceux qui aiment le confort et le luxe (bien que l'hôtel soit un brin dénué d'âme). Centre de bien-être sur place.

**Bretanide** HÔTEL €€€
(☎740 140 ; www.bretanide.com ; Zlatni Rat ; s/d 927/1 217 Kn ; P❄≋). Dressé sur la colline, ce vaste hôtel le plus proche de Zlatni Rat propose un programme exhaustif d'activités sportives et de bien-être. Certaines chambres (plus onéreuses) ont un balcon ou une terrasse et la vue sur la mer.

VAUT LE DÉTOUR

## ESCAPADES PAISIBLES SUR BRAČ

Ravissant port où affleurent quelques plages rocheuses, **Sumartin** offre peu d'activités, mais constitue néanmoins un havre de paix après l'effervescence touristique de Bol et de Supetar. La gare routière se situe dans le centre-ville, près des ferries ; les voyageurs souhaitant loger sur place trouveront quantité de panneaux *sobe* (chambre). Sumartin est le point d'arrivée des ferries ralliant Brač à Makarska.

Le ravissant village de **Dol**, dans l'intérieur de l'île, est l'une des localités les plus anciennes de Brač. Il se compose d'un ensemble de maisons en pierre, édifiées sur un rocher aride. La visite du village permet de découvrir l'ancien visage de Brač, loin de l'agitation touristique. Vous pourrez vous offrir un bon repas dans la **Konoba Toni** (www.toni-dol.info), une taverne rustique installée dans une maison vieille de 300 ans.

Pour une escapade paisible au bord de l'eau, rendez-vous à **Pučišća**, sur la côte nord de Brač. Cette localité historique dominant la riviera de Makarska abrite l'un des plus beaux hôtels de l'île, le **Dešković Palace** (www.palaca-deskovic.com), un établissement luxueux de 15 chambres dans un palais du XVe siècle.

Fermé lors de notre passage, l'**ermitage de Blaca**, à 12 km de Bol, est une destination unique. À 3-4 heures de marche de la ville (ou à une courte distance en bateau de Bol), cet ancien refuge pour les prêtres glagolitiques qui fuirent les Turcs au XVIe siècle se dresse sur une falaise abrupte, dans l'un des sites les plus pittoresques et sauvages de l'île, surnommé *pustinja* (désert). Quand l'ermitage sera rouvert, vous pourrez vous promener dans les quartiers et admirer la collection d'horloges, de lithographies et d'instruments astronomiques. Renseignez-vous à l'office du tourisme de Bol.

## Où se restaurer

Corrects, les restaurants de Bol n'ont toutefois rien d'exceptionnel. Poissons et fruits de mer frais sont à l'honneur, avec quelques touches de cuisine créative.

**Konoba Gušt** CUISINE DALMATE €€
(Frane Radića 14 ; plats à partir de 70 Kn). Un repas savoureux et décontracté dans une salle de bois sombre, décorée de vieilles photos et de bibelots. Bons plats de fruits de mer et de viande cuisinés avec simplicité ; goûtez le ragoût de poisson *gregada*. Des chanteurs viennent interpréter des chansons dalmates certains soirs.

**Taverna Riva** CUISINE DALMATE €€
(Frane Radića 5 ; plats à partir de 80 Kn). Les habitants viennent pour un bon dîner sur la terrasse dominant la Riva. Les plus curieux goûteront le *vitalac* (viande d'agneau garnie d'abats à la broche). L'agneau ou le poulpe cuits sous la *peka* (couvercle bombé) ne sont pas mal non plus.

**No. 1 Finger Food** SNACK-BAR €
(Rudina 32 ; en-cas à partir de 25 Kn). Une adresse récente servant de délicieux sandwichs, du poulpe frit, des petits déjeuners américains, du poulet sauté et des en-cas de style tapas. Salle minuscule et tables sur le trottoir. Se transforme en bar animé le soir.

**Ribarska Kućica** POISSON €€
(Ante Starčevića bb ; plats à partir de 80 Kn ; ⌚juin-nov). La langouste est à l'honneur à cette table du bord de mer. La clientèle s'installe sur la terrasse du front de mer ou à l'ombre de parasols en paille sur une petite plage de galets, pour se régaler de fruits de mer bien préparés.

**Vagabundo** POISSON €€
(Ante Radića 36 ; plats à partir de 90 Kn). Vinko, le chef réputé de ce restaurant en terrasse tout blanc, situé sur le front de mer, prépare des plats succulents. Les homards proviennent de l'aquarium du restaurant. Testez la "paella vagabundo", une spécialité à base de coquillages, poulet et chorizo.

**Konoba Mlin** CUISINE DALMATE €
(Ante Starčevića 11 ; plats à partir de 65 Kn ; ⌚17h-24h). Ouverte en été près d'un moulin du XVIIIe siècle, cette taverne possède une belle terrasse arborée au-dessus des flots. Le chef fait griller la viande et les fruits de mer à la mode locale.

## Où sortir

**Varadero Cocktail Bar** CAFÉ/BAR
(Frane Radića bb ; cocktails 45-60 Kn ; ⌚mai-nov). Un bar du front de mer en plein air, où l'on peut siroter, en journée, un café ou du jus d'orange frais sous un parasol en paille. En

soirée, on profite de ses fabuleux cocktails et de la musique du DJ, affalé dans de confortables canapés et fauteuils.

**Marinero** CAFÉ/BAR
(Rudina 46). Un bar culte qui domine le front de mer (suivez le panneau), avec une terrasse verdoyante sur une place qui accueille une clientèle joyeuse. Concerts certains soirs.

## Renseignements

La ville compte plusieurs DAB et de nombreux bureaux de change dans le quartier du port.

**Bol Tours** (☎635 693 ; www.boltours.com ; Obala Vladimira Nazora 18). Excursions, location de voitures, service de change et réservation de chambres chez l'habitant.

**Interactiv** (☎092 134 327 ; Rudina 6 ; 30 Kn/h ; ⌚mai-oct). Une dizaine d'ordinateurs rapides et un centre téléphonique. L'office du tourisme vend des cartes prépayées pour le Wi-Fi, accessible dans toute la ville.

**More** (☎642 050 ; www.more-bol.com ; Obala Vladimira Nazora 28). Chambres chez l'habitant, location de scooters, circuits et excursions.

**Office du tourisme** (☎635 638 ; www.bol.hr ; Porat Bolskih Pomoraca ; ⌚8h30-22h juil-août, 8h30-14h et 16h30-21h lun-sam, 9h-12h dim sept-juin). Dans une maison gothique du XVe siècle, bonne source de renseignements sur les manifestations locales. Nombreuses brochures.

# ÎLE DE HVAR

11 500 HABITANTS

Hvar est la destination de tous les superlatifs : de tout le pays, c'est à la fois l'île la plus luxueuse, le lieu le plus ensoleillé (avec 2 724 heures d'ensoleillement par an, les jours de pluie sont très rares en été) et, avec Dubrovnik, la destination touristique la plus renommée. La ville de Hvar, capitale de l'île, n'est qu'une succession d'hôtels huppés, de restaurants élégants, de bars et de discothèques branchés, que fréquentent les plaisanciers nantis. C'est un endroit incontournable pour ceux qui aiment voir et être vus. Les villes côtières de Stari Grad et de Jelsa, centres culturel et historique de l'île, sont plus calmes et sans doute plus représentatives de Hvar.

Hvar est aussi réputée pour ses champs de lavande qui émaillent l'arrière-pays – la lavande est cultivée à côté d'autres plantes aromatiques, comme le romarin et la bruyère, et certains hôtels de luxe en tirent des soins pour la peau.

L'intérieur de l'île, avec ses vieux hameaux abandonnés, ses sommets imposants et ses paysages luxuriants, est pratiquement ignoré des touristes. Pourtant, il mérite d'être exploré, tout comme la pointe sud de l'île, qui possède certaines des baies les plus belles et les plus isolées de Hvar.

## Depuis/vers l'île de Hvar

Le car-ferry de Jadrolinija venant de Split accoste à Stari Grad (47 Kn, 2 heures, 6/jour en été). Jadrolinija possède aussi un catamaran entre la ville de Hvar (22 Kn, 1 heure) et Jelsa (22 Kn, 1 heure 30). Le bateau de passagers rapide de **Krilo** (www.krilo.hr) assure la liaison Split-ville de Hvar (22 Kn, 1 heure, tlj en été) et va jusqu'à Korčula (55 Kn, 2 heures 45). Les billets s'achètent auprès de **Pelegrini Tours** (☎742 743 ; www.pelegrini-hvar.hr ; Riva bb), à Hvar.

Au moins 10 car-ferries (moins hors saison) font la navette entre Drvenik, sur le continent, et Sućuraj (16 Kn, 35 min), à la pointe de Hvar. L'**agence Jadrolinija** (☎741 132 ; www.jadrolinija.hr) se trouve derrière l'embarcadère de Stari Grad.

En été, des liaisons sont assurées avec l'Italie. Les ferries de Jadrolinija qui relient Rijeka à Dubrovnik desservent Hvar 2 fois/semaine, en marquant un arrêt à Stari Grad avant de continuer vers Korčula, Dubrovnik et enfin, Bari (Italie). Chaque semaine, 2 ferries de Jadrolinija vont de Stari Grad à Ancône (Italie). SNAV et Blue Line assurent aussi des services réguliers pour Ancône au départ de la ville de Hvar. Pelegrini Tours, à Hvar, vend des billets. Pour plus de détails, voir le chapitre *Transports*, p. 326.

## Comment circuler

Le bus pour Hvar (25 Kn, 50 min) et Jelsa (30 Kn) coïncide avec l'arrivée des ferries à Stari Grad. Il existe 7 liaisons/jour entre Stari Grad et Hvar pendant les mois d'été, un peu moins le dimanche et en basse saison. La course en taxi coûte de 150 à 350 Kn. **Radio Taxi Tihi** (☎098 338 824) est moins cher quand les passagers sont assez nombreux pour remplir un minivan – reconnaissable grâce à l'image de Hvar peinte sur la carrosserie.

Si vous allez de Stari Grad à Hvar en voiture, deux itinéraires s'offrent à vous : la route panoramique étroite et sinueuse à travers les montagnes de l'arrière-pays ou la route récente (la 2960), beaucoup plus rapide.

## Ville de Hvar

4 200 HABITANTS

Nœud des transports de l'île et sa destination la plus animée, Hvar accueille 30 000 visiteurs par jour durant la haute saison. Aussi incroyable que cela puisse paraître, toute cette foule parvient à tenir dans la petite ville entourée de remparts du XIII^e^ siècle, qui dissimulent un dédale de ruelles pavées de marbre et de palais gothiques richement ornés. Les touristes se promènent sur la grand-place, explorent les sites nichés au détour des venelles, se baignent sur l'une des nombreuses plages ou se joignent aux naturistes des îles Pakleni. Le soir venu, tous se retrouvent pour faire la fête.

La ville compte plusieurs bons restaurants et beaucoup d'excellents hôtels, mais sur cette île destinée à une clientèle aisée, les prix peuvent atteindre des sommes astronomiques. Les voyageurs au budget serré pourront se rabattre sur les chambres chez l'habitant et quelques pensions.

## À voir

Inutile d'organiser votre séjour en fonction des horaires, souvent fantaisistes, des musées et des églises. Ceux indiqués ci-dessous sont valables en été, de juin à septembre. En basse saison, les sites de Hvar n'ouvrent généralement que le matin.

Hvar est de taille si modeste que l'absence de noms de rues n'empêche pas de se repérer (cela devrait changer bientôt).

Son artère principale est la longue promenade du front de mer, jalonnée de petites plages rocailleuses, de monuments, d'hôtels, de bars et d'une poignée de restaurants. La place principale s'appelle Trg Svetog Stjepana ; l'arrêt de bus se trouve tout près. Sur le versant nord qui domine la place et à l'intérieur des remparts subsistent les vestiges d'anciens palais de l'aristocratie de Hvar. Tout le quartier situé entre la gare routière et le port est fermé à la circulation afin de préserver le cachet médiéval du lieu.

### Place Saint-Étienne — PLACE

(Trg Svetog Stjepana). Le centre de la ville est cette place rectangulaire, construite sur un bras de mer comblé. D'une superficie de 4 500 m², elle figure parmi les plus grandes places anciennes de Dalmatie. Le bourg se développa d'abord vers le nord, au XIII^e^ siècle, puis vers le sud, au XV^e^ siècle. Tout au nord de la place subsiste un **puits** creusé en 1520, qui fut doté d'une grille en fer forgé en 1780.

### Musée et monastère franciscain — MONASTÈRE

(20 Kn ; ⏲9h-13h et 17h-19h lun-sam). Cet édifice du XV^e^ siècle surplombe une crique ombragée. Son élégant **campanile** fut érigé au XVI^e^ siècle par une célèbre famille de maçons originaire de Korčula. Le **cloître Renaissance** débouche sur un réfectoire où sont présentés des dentelles, des monnaies, des cartes maritimes et des livres rares, en particulier une *Géographie* de Ptolémée imprimée en 1524. Remarquez *La Cène*, une toile de 8 m sur 2,50 m, œuvre du Vénitien Matteo Ingoli (fin du XVI^e^ siècle). Le cyprès dans le **jardin du cloître** serait tricentenaire. L'église attenante, **Notre-Dame-de-la-Charité**, recèle elle aussi de beaux tableaux, dont trois polyptyques, chefs-d'œuvre de Francesco da Santacroce (1583).

### Arsenal — ÉDIFICE HISTORIQUE

(Trg Svetog Stjepana ; arsenal et théâtre 20 Kn ; ⏲9h-21h). Du côté sud, l'arsenal a été édifié en 1611 pour remplacer un bâtiment détruit par les Turcs. Mentionné dans les documents vénitiens comme la "construction la plus belle et la plus utile de toute la Dalmatie", il servait à réparer les vaisseaux de guerre.

### Théâtre Renaissance — THÉÂTRE HISTORIQUE

(Trg Svetog Stjepana ; arsenal et théâtre 20 Kn ; ⏲9h-21h). Au-dessus de l'Arsenal, ce théâtre édifié en 1612 serait le premier d'Europe accessible aux nobles comme au peuple. Il est demeuré un pôle culturel régional à travers les siècles et a programmé des représentations jusqu'en 2008. Après quelques années de travaux, il a rouvert ses portes à l'été 2010, et bien qu'une grande partie soit encore en réfection, il est possible de visiter cet édifice pittoresque et d'admirer les fresques anciennes et les loges baroques.

### Cathédrale Saint-Étienne — ÉGLISE

(Katedrala Svetog Stjepana ; Trg Svetog Stjepana ; ⏲30 min avant les 2 messes quotidiennes). La cathédrale est flanquée d'un campanile de 4 étages, dont chacun est plus ouvragé que le précédent. Elle fut érigée à l'apogée de la Renaissance dalmate (XVI^e^-XVII^e^ siècles), sur les fondations d'une ancienne cathédrale détruite par les Turcs. On peut en voir des vestiges dans la nef et dans les stalles sculptées du chœur (XV^e^ siècle).

### Trésor de l'évêché — MUSÉE RELIGIEUX

(Riznica ; 10 Kn ; ⏲9h-12h et 17h-19h). Attenant à la cathédrale, le trésor renferme des vases en argent, des vêtements sacerdotaux brodés, de nombreuses représentations de la Vierge, deux icônes du XIII^e^ siècle et un sarcophage finement sculpté.

### Couvent des Bénédictines — MONASTÈRE

(10 Kn ; ⏲9h30-12h et 17h-19h lun-sam). Au nord-ouest de la place, cet édifice abrite la reconstitution d'une maison Renaissance et une collection de dentelles minutieusement

tissées par les religieuses à partir de feuilles d'agave séchées.

**Fortica** FORTERESSE

(20 Kn ; ⌚8h-21h juin-sept). Au nord-ouest de la place, la porte principale débouche sur un lacis de venelles bordées de petits palais, d'églises et de maisons anciennes. De là, en remontant le parc, on accède à la forteresse érigée sur le site d'un château médiéval pour défendre Hvar contre les Turcs. Les Vénitiens la consolidèrent en 1557, puis les Autrichiens la rénovèrent au XIXe siècle et lui ajoutèrent des casernes. L'intérieur renferme une modeste collection d'amphores découvertes dans les fonds sous-marins. La vue sur le port est magnifique. Un café vous attend tout en haut.

## À faire

La ville compte plusieurs centres de plongée, notamment le **Marinesa Dive Centre** (☎091 515 7229) et le **Diving Centre Viking** (☎742 529 ; www.viking-diving.com), qui proposent tous deux des cours de préparation au brevet PADI et des sessions de plongée (à partir de 250 Kn).

Vous pourrez louer un scooter chez **Navigare** (☎718 721 ; www.renthvar.com ; Trg Svetog Stjepana) moyennant 200 à 1 000 Kn/jour.

Les criques aux abords des hôtels Amfora et Dalmacija se prêtent à la baignade, de même que la **plage de Bonj Les Bains**, gérée par les Sunčani Hvar Hotels, avec cabanes en pierre pour des massages en plein air, cours de yoga quotidiens et transats (350 Kn/jour pour 2 transats).

Les touristes préfèrent souvent se rendre aux **îles Pakleni** (Pakleni Otoci), dont le nom ("île de l'Enfer", en croate) dérive de *paklina*, la résine dont étaient jadis recouvertes les embarcations. Cette série de 21 îles boisées, bordées de plages secrètes et de lagons déserts, et baignées par des eaux cristallines, est splendide. En haute saison, des bateaux-taxis (15 Kn, 30 min) partent régulièrement du quai devant l'arsenal : ils accostent d'abord aux îles **Jerolim** et **Stipanska**, prisées par les naturistes (quoique le nudisme n'y soit pas obligatoire), puis à **Ždrilca** et à **Palmižana**, où se trouvent une plage de sable et la **Villa Meneghello** (www.palmizana.hr), un superbe ensemble de villas et bungalows disséminés dans un luxuriant jardin tropical. Géré par la famille Meneghello, le domaine accueille des récitals et possède deux excellents restaurants et une galerie d'art.

Contactez **Hvar Adventure** (☎717 813 ; Obala bb ; www.hvar-adventure.com) pour pratiquer des activités de plein air, comme la voile (420 Kn/demi-journée), le kayak de mer (350 Kn/demi-journée), la randonnée et l'escalade.

## Circuits organisés

Ne manquez pas le circuit hors des sentiers battus proposé par **Secret Hvar** (☎717 615 ; www.secrethvar.com), qui fait découvrir les merveilles cachées de l'intérieur de l'île, notamment des villages abandonnés, d'imposants canyons, d'anciennes cabanes en pierre, d'immenses champs de lavande et le sommet le plus haut de l'île, le **Sveti Nikola** (626 m). Il vaut bien ses 500 Kn (déjeuner dans une taverne traditionnelle incluse).

## Fêtes et festivals

Lors du **Festival d'été** de Hvar, qui a lieu de fin juin à début septembre, des concerts de musique classique sont donnés dans le monastère franciscain. Dans le village de Velo Grablje, le dernier week-end de juin, la **fête de la Lavande** donne lieu à des expositions, à des concerts, à des dégustations de vin et à une foire de la lavande.

## Où se loger

Hvar étant l'une des stations balnéaires les plus touristiques de l'Adriatique, inutile d'espérer des remises. La plupart des hôtels de la ville sont gérés par **Sunčani Hvar Hotels** (www.suncanihvar.com) ; beaucoup ont été entièrement refaits.

En juillet-août, les offres d'hébergement se font très rares, même si une multitude de maisons ont été rénovées, voire édifiées, pour répondre à l'essor du tourisme. Les agences de voyages vous aideront. Si vous venez sans réservation, adressez-vous aux habitants qui proposent des chambres à l'embarcadère des ferries ou repérez les nombreuses pancartes *sobe* en ville. Si vous louez une chambre ou un appartement à une personne rencontrée sur le quai, assurez-vous que sa maison porte l'enseigne bleue *sobe*. Son absence signifie que les propriétaires louent illégalement et vous ne bénéficierez d'aucune protection en cas de problème. Si possible, demandez une carte de visite ; il est facile de se perdre dans le dédale des ruelles autour de la vieille ville et vous pourriez avoir besoin de téléphoner au propriétaire. Comptez à partir de 150-300 Kn/personne pour une chambre avec sdb privative en centre-ville. En basse saison, vous pourrez négocier une réduction.

**Hotel Adriana** HÔTEL €€€
(☎750 200 ; www.suncanihvar.com ; Fabrika bb ; s/d 2 343/2 785 Kn ; ). Ce luxueux hôtel-spa est classé dans le groupe des "meilleurs petits hôtels du monde", ce qui laisse augurer de son haut niveau de confort. Ses chambres, chics et lumineuses, dominent la mer et la ville médiévale. Il abrite le Sensori Spa (soins variés), une magnifique piscine sur le toit assortie d'un bar et un restaurant huppé. *Room-service* 24h/24 et excursions.

**Hotel Riva** HÔTEL €€€
(☎750 100 ; www.suncanihvar.com ; Riva bb ; s/d 1390/1492 Kn ; ). Cet hôtel centenaire, qui fut le premier de la ville, compte 54 petites chambres qui marient le noir, le rouge et le blanc, ornées de vieilles photos d'acteurs ; une cloison vitrée isole la sdb. Les n°115 et 215 sont les plus grandes. L'hôtel donne sur le port – admirez le ballet des yachts !

**Hotel Croatia** HÔTEL €€€
(☎742 400 ; www.hotelcroatia.net ; Majerovica bb ; s/d 810/1080 Kn ; ). À quelques mètres de la mer, ce bâtiment des années 1930 occupe un paisible jardin de toute beauté. Les chambres, sobres et fraîches, sont décorées dans des tons jaune, orange et lavande. La plupart ont un balcon surplombant le jardin et la mer.

**Aparthotel Pharia** HÔTEL €€
(☎778 080 ; www.orvas-hotels.com ; Put Podstina 1 ; s/d/app 467/675/895 Kn ; ). Un complexe étincelant à 50 m de l'Adriatique, situé dans un quartier paisible à l'ouest du centre-ville, derrière l'Hotel Croatia. Chambres et appartements avec balcon, dont certains donnent sur les flots. Quatre villas (8 pers) avec piscine (3 330 Kn/nuit).

**Luka's Lodge** AUBERGE DE JEUNESSE €
(☎742 118 ; www.lukalodgehvar.hostel.com ; Lučica bb ; dort 140 Kn, d 120-175 Kn/pers ; ). Dans cette adresse accueillante à 5 min à pied de la ville, toutes les chambres ont un réfrigérateur, et certaines un balcon ; salon, cuisine et lave-linge à disposition, ainsi que 2 terrasses. Le propriétaire pourra venir vous chercher au débarcadère des ferries et vous conduire dans son village natal, Brusje, pour vous montrer son champ de lavande et vous apprendre à fabriquer de l'huile essentielle de lavande.

**Villa Skansi** AUBERGE DE JEUNESSE €
(☎741 426 ; hostelvillaskansi1@gmail.com ; Lučica bb ; dort 150-200 Kn, d 200-250 Kn/pers ; ). Gérée par un couple sympathique, cette nouvelle adresse surplombe le front de mer. Dortoirs et doubles impeccables, jolies sdb, Internet gratuit, superbe terrasse avec vue sur la mer, bar et barbecue. Échange de livres, lave-linge et location de scooters, de bateaux et de vélos.

**Hotel Podstine** HÔTEL €€€
(☎740 400 ; www.podstine.com ; Podstine bb ; s/d 1 271/1 424 Kn ; ). À 2 km au sud-ouest du centre, dans la crique retirée de Podstine, un hôtel familial avec piscine privée, spa et centre de bien-être. Navettes régulières pour Hvar ; location de vélos, de scooters et de bateaux à moteur. Les chambres les moins chères n'ont pas la vue sur la mer.

**Green Lizard** AUBERGE DE JEUNESSE €
(☎742 560 ; www.greenlizard.hr ; Ulica Domovinskog Rata 13 ; dort 140 Kn, d 120-175 Kn/pers ; avr-oct ; ). Cette auberge de jeunesse privée, tenue par deux sœurs, est sympathique. Chambres simples et propres, cuisine commune, lave-linge et quelques doubles (avec sdb privative ou commune).

**Camping Vira** CAMPING €
(☎741 803 ; www.campingvira.com ; par adulte/empl 50/87 Kn ; mai à mi-oct ; ). Un camping quatre étoiles (l'un des meilleurs de Dalmatie), installé le long d'une superbe baie boisée, à 4 km de la ville. Jolie plage, agréable café/restaurant et terrain de volley-ball sur place. Les équipements, de qualité, sont bien entretenus.

## Où se restaurer

Les restaurants de Hvar sont assez variés même si, à l'instar des hôtels, ils s'adressent plutôt à une clientèle aisée. Plat incontournable, la *hvarska gregada* est le ragoût de poisson traditionnel de l'île. Il est servi dans de nombreux restaurants, mais il faut en général le commander à l'avance. Sachez que la plupart des établissements ferment entre le déjeuner et le dîner.

Pour faire vos courses, vous trouverez un supermarché près de la gare routière et un marché aux légumes à côté.

**Konoba Menego** CUISINE DALMATE €€
(Put Grode bb ; plats de style tapas 45-70 Kn). Sur l'escalier menant à la forteresse, cette vieille maison rustique a conservé son authenticité. Ici, pas de grillades, de pizzas ou de soda. Le cadre est décoré d'antiquités de l'île, le personnel porte le costume traditionnel et le service est discret. Les viandes marinées, les fromages et les légumes sont tous préparés

à la mode dalmate d'autrefois. Goûtez au dessert "figue ivre" et au vin local, le *prošek*.

**Zlatna Školjka** SLOW FOOD €€€

(Petra Hektorovića 8 ; www.zlatna.skoljka.com ; plats à partir de 120 Kn). Dans une ruelle bordée de restaurants, ce refuge du Slow Food se démarque par sa cuisine créative concoctée par un chef local renommé. Établissement familial avec un intérieur en pierre et une terrasse à l'arrière, il propose des plats innovants, comme le calmar à la sauce à l'orange sauvage, la dinde aux figues sèches et la succulente *gregada* (ragoût de poissons) aux homard, liparis et autres prises du jour.

**Konoba Luviji** CUISINE DALMATE €€

(plats à partir de 70 Kn). Cette taverne mettant l'accent sur le vin concocte des plats cuits au four à bois, sans prétention mais savoureux. Tapas dalmates au rez-de-chaussée. À l'étage, le restaurant est aménagé sur la petite terrasse d'une maison privée, avec vue sur le port et la vieille ville.

**Luna** CUISINE INTERNATIONALE €€

(Petra Hektorovića 1 ; plats à partir de 70 Kn). Les murs aux couleurs vives et l'"escalier du paradis" menant à la terrasse sur le toit font du Luna un lieu original, qui change des grands restaurants traditionnels. Bonne carte de plats, comme les gnocchis aux truffes.

**Giaxa** POISSON €€

(Petra Hektorovića 3 ; www.giaxa.com ; plats à partir de 100 Kn). Malgré le changement de direction, ce restaurant haut de gamme installé dans un palais du XV$^{e}$ siècle a la réputation de table incontournable à Hvar. Beau jardin à l'arrière et plats excellents – le homard est très apprécié.

**Pirate Sushi Bar** SUSHIS €€

(Groda bb ; www.piratehvar.com ; rolls à partir de 30 Kn ; ⏲soir uniquement juin-sept). Le charmant propriétaire franco-croate de ce minuscule bar à sushis propose une cuisine japonaise à base de poissons de l'Adriatique. Sur le tapis roulant défilent d'excellents sushis, sashimis, makis et *chirashis*. Goûtez à la salade de litchis en dessert et terminez par un verre de saké frais !

**Paradise Garden** CUISINE INTERNATIONALE €€

(Put Grode bb ; plats à partir de 70 Kn). En haut d'une volée de marches du côté nord de la cathédrale, cette adresse sert de savoureux spaghettis aux fruits de mer, ainsi que l'habituel assortiment de poissons grillés ou frits (300 Kn/kg). Terrasse sur un patio.

## Où prendre un verre et sortir

La vie nocturne de Hvar, parmi les plus festives de la côte adriatique, se concentre autour du port. Attendez-vous à une ambiance très animée en soirée.

**Falko Bar** BAR DE PLAGE

(⏲10h-22h mi-mai à mi-sept). À 20 min de marche du centre-ville, après le Hula-Hula et l'Hotel Amfora, ce bar sans prétention caché dans une pinède surplombant la plage change des établissements tape-à-l'œil plus proches de la ville. Dans un cabanon, il sert de délicieux sandwichs et salades (30-40 Kn), ainsi que du *limoncello* maison et du *rakija* (goûtez la *danderica,* à base de baies locales). Ambiance bobo, hamacs et soirées avec concerts, expositions ou autres événements festifs à l'occasion.

**Carpe Diem** BAR/CLUB

(www.carpe-diem-hvar.com ; Riva). Voici la première discothèque de la côte croate. Du petit déjeuner embrumé jusqu'aux cocktails nocturnes onéreux, ce lieu chic ne désemplit jamais. Les jet-setteurs dansent sur de la house douce, mixée par des DJ locaux, en sirotant diverses boissons. La nouvelle **plage Carpe Diem**, sur l'île de Stipanska, est le dernier endroit en vogue (juin-septembre), avec activités de plage le jour, restaurant, spa et fêtes nocturnes de temps à autre.

**Hula-Hula** BAR DE PLAGE

(www.hulahulahvar.com). Pour un coucher du soleil sur fond de techno et de house : le Hula-Hula est réputé pour ses soirées (16h-21h), où les jeunes branchés de Hvar viennent en nombre siroter des cocktails.

**V-528** CLUB

(www.v-528.com ; ⏲à partir de 21h30). Dans une ancienne forteresse surplombant le front de mer, ce nouveau club (l'ancien Veneranda) est tenu par le premier propriétaire du Carpe Diem. Centre multiculturel fondé sur le concept de 528 (la fréquence de l'amour), cet établissement en plein air offre une sonorisation fantastique, des soirées rythmées par des DJ et une salle à oxygène installée dans une ancienne chapelle, à laquelle on a ajouté des gongs et des bols tibétains pour une thérapie par les sons.

**Kiva Bar** BAR/CLUB

(Fabrika bb ; www.kivabarhvar.com). Une adresse tendance dans une ruelle, derrière le Nautika, bondée presque tous les soirs. Des DJ mixent de vieux tubes de *dance*, de pop et de rock qui font vibrer la foule. Gare à la "tequila dum-dum" – un serveur vous met un casque sur la tête et frappe le verre de tequila dessus.

**Nautika** BAR/CLUB

(Fabrika bb). Cocktails branchés et *dance* non stop (de la techno au hip-hop) : ce bar/club est un incontournable de la tournée des bars de Hvar.



## Achats

La fameuse lavande de Hvar, présente un peu partout, est vendue en sachets ou sous forme d'essence dans des flacons de diverses tailles. Suivant la période de l'année, jusqu'à cinquante étals s'alignent le long du port, et l'air est alors saturé de son parfum. On trouve également différentes huiles, potions, crèmes et onguents à base de plantes. Visitez **Coral Shop** (www.coral-shop-hvar.com ; Burak bb), une boutique-atelier tenue par un couple qui réalise de beaux bijoux en argent, en pierres semi-précieuses et en corail.

## Renseignements

**Atlas Hvar** (☎741 911 ; www.atlas-croatia.com). Dans la partie ouest du port, cette agence propose des logements chez l'habitant, des excursions à Vis, à Bol et à Dubrovnik, et loue des vélos et des bateaux.

**Clinique** (☎741 300 ; Sv Katarine). À 700 m du centre-ville. Surtout pour les urgences.

**Del Primi** (☎095 99 81 235 ; www.delprimi-hvar.com ; Burak 23). Agence spécialisée dans la réservation de chambres chez l'habitant. Loue des jet-skis.

**Fontana Tours** (☎742 133 ; www.happyhvar.com ; Obala 16). Chambres chez l'habitant, excursions, bateaux-taxis sur toute l'île, locations, plus un appartement romantique pour 2 personnes à Palmižana (500 Kn/nuit).

**Garderoba** (10 Kn/heure ; ⌚7h-22h). Consigne disponible dans les toilettes, près de la gare routière.

**Francesco** (Burak bb ; 30 Kn/h ; ⌚8h-24h). Cybercafé et cabines téléphoniques derrière la poste. Consigne (35 Kn/jour).

**Pelegrini Tours** (☎742 743 ; www.pelegrini-hvar.hr ; Riva bb). Chambres chez l'habitant, billets de bateau pour l'Italie sur SNAV et Blue Line, excursions (notamment vers les îles Pakleni) et location de vélos, de scooters et de bateaux.

**Poste** (Riva ; ⌚7h30-21h lun-ven, 7h30-14h30 sam). Téléphones.

**Office du tourisme** (☎742 977 ; www.tzhvar.hr ; ⌚8h-14h et 15h-21h juin et sept, 8h-14h et 15h-22h juil-août, 8h-14h lun-sam oct-mai). Sur Trg Svetog Stjepana.

# Stari Grad

2 800 HABITANTS

Stari Grad ("vieille ville" en croate), sur la côte nord, ne rivalise pas, malgré son ancienneté, avec l'architecture raffinée et le cadre enchanteur de Hvar. Moins à la mode que cette dernière, elle n'en est pas moins charmante, et présente l'avantage de ne pas crouler sous les visiteurs.

La plupart des bateaux accostent à Stari Grad, mais le bourg se situe à 2 km au nord-est du débarcadère. Stari Grad s'étend le long d'une baie en fer à cheval, dont le centre historique occupe la partie sud. La gare routière (sans consigne) se trouve au pied de la baie ; la partie nord englobe des résidences, une petite pinède et l'énorme complexe hôtelier Helios.

## À voir

**Tvrdalj** FORTERESSE

(Trg Tvrdalj ; 10 Kn ; ⌚10h-13h et 18h-21h juin-sept). Le château fortifié du XVIe siècle du poète Petar Hektorović (1487-1572) possède un étang à poissons ombragé qui reflétait son amour pour la pêche. Son poème *Pêche et discussion de pêcheurs* (1555) brosse un portrait plaisant de son loisir favori. Sur les murs du château sont inscrits, en latin et en croate, des extraits de son œuvre.

**Monastère dominicain** MONASTÈRE

(Dominikanski Samostan ; 10 Kn ; ⌚10h-13h et 18h-21h juin-sept). Ce vénérable monastère, fondé en 1482, fut endommagé par les Turcs en 1571, puis fortifié grâce à l'ajout d'une tour. Outre la bibliothèque et une collection archéologique exposée dans le musée, on peut voir dans l'église (XIXe siècle) une *Mise au tombeau* attribuée au Tintoret et deux tableaux de Giambattista Crespi.

La vieille ville, Stari Grad, voit son nombre de galeries d'art augmenter :

**Fantazam** (Ivana Gundulića 6). Belle bijouterie.

**Maya Con Dios** (Škvor 5). Peintures marines.

## Où se loger et se restaurer

**Hvar Touristik** (☎717 580 ; www.hvar-touristik.com ; Jurja Škarpe 13). Cette agence (parmi d'autres) proposant des hébergements privés vous trouvera des simples ou des doubles avec sdb privative pour environ 120 Kn en juillet-août.

**Kamp Jurjevac** CAMPING €

(☎765 843 ; www.heliosfaros.hr ; Predraga Bogdanića ; 33/33 Kn par adulte/empl ; ⌚fin juin-début sept). Près des criques de baignade au large du port, à l'est de la vieille ville.

**Helios** COMPLEXE HÔTELIER €€
(☎765 865 ; www.heliosfaros.hr ; P). Ce vaste complexe sans âme s'est emparé de la partie nord de la ville. Il comprend l'hôtel trois étoiles **Lavanda** (☎306 330 ; s/d 450/720 Kn), le deux-étoiles **Arkada** (☎306 305 ; s/d 500/680 Kn) et le **Roko** (☎306 306 ; s/d 350/520 Kn).

**Antika** CUISINE DALMATE €€
(Donja Kola 24 ; plats à partir de 70 Kn). Un bar/restaurant parmi les meilleurs de Hvar, avec trois espaces distincts : une salle dans une ancienne maison de guingois, des tables dans une ruelle et une terrasse à l'étage abritant un bar. C'est *le* bar pour vos soirées.

**Eremitaž** CUISINE DALMATE €€
(Obala Hrvatskih Branitelja ; plats à partir de 70 Kn). À 10 min de marche de la ville le long du front de mer en direction de l'Hotel Helios, cet ermitage du XVe siècle abrite un restaurant de qualité. Des spécialités dalmates bien préparées et des plats plus novateurs (sanglier aux canneberges) sont servis dans une salle tout en pierre ou sur la terrasse.

### Renseignements

**Office du tourisme** (☎765 763 ; www.starigrad-faros.hr ; Obala dr Franje Tuđmana bb ; ⊙8h-14h et 15h-22h lun-sam, 9h-12h et 17h30-20h30 juin-sept, 9h-14h lun-ven mi-sept à mi-juin). Bonne carte de la région. DAB à l'extérieur.

## Jelsa

1 700 HABITANTS

Petite localité portuaire et balnéaire, Jelsa, à 27 km à l'est de Hvar, se niche au milieu d'épaisses forêts de pins et de hauts peupliers. À défaut de monuments Renaissance, elle abrite un ensemble de rues et de places agréables, à l'atmosphère intimiste. À proximité se trouvent des criques propices à la baignade et des plages de sable faciles d'accès. Les hôtels étant ici moins chers qu'à Hvar, Jelsa est devenue l'alternative la plus en vogue.

Jelsa se love autour d'une baie flanquée de plusieurs grands hôtels, tandis que sa vieille ville s'étale au pied du port. La promenade partant de l'extrémité ouest de la baie grimpe sur une colline (côté est) pour aboutir à une crique sablonneuse. La gare routière borde la route principale qui mène en ville (pas de noms de rues).

### À voir et à faire

Dans l'**église Saints-Fabien-et-Sébastien** (Crkva Sv Fabijana i Sebastijana ; ⊙messe uniquement), vous pourrez admirer l'autel baroque du XVIIe siècle sculpté dans le bois par Antonio Porri. Vous verrez aussi la statue en bois de la Vierge qu'apportèrent avec eux, au XVIe siècle, les réfugiés du village de Čitluk, près de Sinj, qui fuyaient les Turcs. Visites 30 min avant la messe.

Une **plage sablonneuse** jouxte l'Hotel Mina. Vous pourrez aussi prendre un bateau-taxi (cher) jusqu'aux plages naturistes de **Zečevo** et de **Glavica**, ou bien, avec un véhicule de location, rallier les criques isolées qui entourent le village de **Zavala**. Une route panoramique vertigineuse traverse le hameau de **Pitve**.

L'**Atlanta Co** (☎761 953) loue des scooters (120-150 Kn/jour).

Pour la plongée, adressez-vous à **Dive Centre Jelsa** (☎/fax 761 822 ; www.tauchin-jelsa.de ; Hotel Jadran).

### Où se loger et se restaurer

**Pansion Murvica** PENSION €
(☎761 405 ; www.murvica.net ; s/d 180/365 Kn ; P). Cette charmante petite pension occupe une ruelle parallèle à la route principale. Ses studios confortables sont joliment décorés et le restaurant sert des repas délicieux sur une terrasse ombragée.

**Hotel Hvar** HÔTEL €€€
(☎761 024 ; www.hotelhvar-adriatiq.com ; s/d 691/1 136 Kn ; P). Dans un complexe regroupant 3 hôtels, cet établissement proche de la plage est très bien équipé et compte 206 chambres agréables avec balcon, certaines donnant sur la mer.

**Grebišće** CAMPING €
(☎761 191 ; www.grebisce.hr ; 34 Kn/adulte ; ⊙mai-sept). À 5 km à l'est de l'Hotel Mina, ce camping offre un accès à une plage et loue quelques bungalows pour 4 personnes (650 Kn).

**Konoba Nono** CUISINE DALMATE €€
(plats à partir de 80 Kn). Dans une allée située derrière l'église, cette charmante taverne propose une cuisine traditionnelle. Les spécialités sont le poisson à la broche et le gibier (sanglier, lièvre, etc.). Légumes, huile d'olive et vins maison.

### Renseignements

Toutes les agences de voyages changent les devises. La Privredna Banka, sur la place principale, possède un DAB.

**Atlas Travel Agency** (☎761 038 ; www.atlas-croatia.com ; Riva bb). Sur le port. Chambres chez l'habitant (120-150 Kn/pers) et excursions.

**Office du tourisme** (☎761 017 ; www.jelsa-online.com ; ⌚8h-22h lun-sam, 10h30-12h30 et 19h-21h dim juin-sept, 8h-14h lun-ven oct-mai). En face d'Atlas et sur le quai. Trouve aussi des chambres chez l'habitant.

# ÎLE DE VIS

5 000 HABITANTS

De toutes les îles croates, Vis est la plus mystérieuse, même aux yeux des habitants. La plus éloignée du littoral parmi les grandes îles de la Dalmatie centrale, elle a longtemps servi de base militaire à l'armée nationale yougoslave et est restée interdite d'accès aux visiteurs étrangers des années 1950 à 1989. Cet isolement, qui l'a préservée du développement, a conduit ses habitants à émigrer pour chercher du travail, la laissant sous-peuplée pendant de longues années.

Or, comme dans d'autres îles délaissées de la Méditerranée, l'absence d'infrastructures fait aujourd'hui le véritable charme de Vis. Elle séduit les vacanciers étrangers et croates en quête d'authenticité, de nature, d'aventures gastronomiques et de tranquillité. Couverte d'hectares de vignobles, Vis produit des vins parmi les plus réputés de Croatie – *vugava* (blanc) et *plavac* (rouge). Vous y goûterez aussi des poissons d'une fraîcheur irréprochable, grâce à une pêche traditionnelle demeurée florissante.

Vis est répartie en deux jolis petits bourgs installés au pied de deux vastes baies : la ville de Vis, au nord-est, et Komiža, au sud-ouest. Il existe une rivalité amicale entre les deux villes – Vis est historiquement associée à l'aristocratie, tandis que Komiža s'enorgueillit de son patrimoine, en lien avec l'histoire des pêcheurs et les légendes de pirates. La côte déchiquetée est ponctuée de belles criques, de grottes et de quelques plages de sable. Les vestiges antiques, présentés au musée d'Archéologie et présents ailleurs à Vis, offrent un captivant aperçu de la complexité de l'histoire de cette petite île.

### Histoire

Habitée depuis le néolithique, l'île fut peuplée dès le Ier millénaire av. J.-C. par les Illyriens, qui apportèrent avec eux leur savoir-faire de forgerons. La fondation de la colonie grecque d'Issa (Vis), en 390 av. J.-C., permit au tyran Denys l'Ancien de contrôler ses autres territoires dans l'Adriatique. Devenue une puissante cité-État, Vis établit à son tour des colonies sur l'île de Korčula, à Trogir et à Stobreč. En s'alliant à Rome lors des guerres illyriennes, elle perdit son autonomie et fut intégrée à l'Empire en 47 av. J.-C. Des tribus slaves s'y installèrent au Xe siècle, puis Venise l'acheta en 1420, en même temps que d'autres villes de Dalmatie. La population, menacée par les pirates dalmates, quitta alors la côte pour se réfugier dans l'arrière-pays.

Après la chute de la république de Venise en 1797, l'île passa successivement sous la coupe de l'Autriche, de la France, de la Grande-Bretagne, puis à nouveau de l'Autriche. Pendant la Seconde Guerre mondiale, l'Italie s'empara de cet avant-poste stratégique de l'Adriatique que se disputaient les grandes puissances. Au cours de son histoire, elle appartint à neuf nations ! C'est peut-être ce qui explique pourquoi, sur cette si petite île, on ne parle pas moins de quatre dialectes bien distincts.

L'île fut une base importante des Partisans de Tito : celui-ci établit son quartier général dans une grotte du mont Hum, d'où il coordonna les opérations militaires et diplomatiques avec les forces alliées. C'est là qu'il aurait fait sa fameuse déclaration : "Nous n'aurons pas ce qui est leur, mais nous ne donnerons pas ce qui est nôtre."

## ℹ Comment s'y rendre et circuler

Le car-ferry qui part de Split (54 Kn, 2 heures 30, 2-3/jour) et la vedette de passagers (26 Kn, 1 heure 15, 1/jour) sont les meilleurs moyens de rejoindre Vis. Sachez qu'il est impossible, en dehors de l'été, de visiter l'île lors d'une excursion d'une journée en raison des horaires irréguliers des bateaux.

Vous trouverez un **bureau de Jadrolinija** (☎711 032 ; www.jadrolinija.hr ; Šetalište Stare Isse ; ⌚8h30-19h lun-ven, 9h-12h sam) dans la ville de Vis.

Sur l'île, la seule ligne de bus existante relie les villes de Vis et Komiža. Elle assure la correspondance avec les ferries de Jadrolinija à Vis. Les correspondances sont rapides en juillet-août, mais il est fréquent de devoir attendre en basse saison.

## Ville de Vis

1 960 HABITANTS

Plus ancien site habité de l'île, la vieille ville de Vis s'étend sur la côte nord-est de l'île, au bord d'une baie en fer à cheval. On se rend aisément à pied aux ruines du cimetière grec, aux thermes romains et à la forteresse anglaise. L'arrivée des ferries apporte un peu d'animation à cette localité par ailleurs paisible, appréciée pour son front de mer, ses vieilles maisons du XVII^e siècle et ses ruelles qui grimpent en sinuant doucement depuis la côte.

Agrippée au flanc sud de la colline de Granida, Vis résulte de la fusion de deux villages : Luka (XIX^e siècle), dans la partie nord-ouest de la baie, et le village médiéval de Kut, au sud-est. Le ferry accoste à Luka, relié à Kut par une promenade pittoresque longeant le port. De petites plages longent cette promenade, mais la plus animée se trouve à l'ouest du port, devant l'Hotel Issa. Plus loin, on atteint des criques nudistes et une succession de lieux de baignade sauvages. De l'autre côté, après Kut et le cimetière naval britannique, s'étire la plage de galets de Grandovac, dotée d'un bar de plage, d'une petite étendue de galets et d'un chapelet de plages rocailleuses, de part et d'autre.

## À voir et à faire

**Musée d'Archéologie** MUSÉE
(Arheološki Muzej ; Šetalište Viški Boj 12 ; 20 Kn ; 10h-13h et 17h-21h lun-ven, 10h-13h sam juin-sept). Outre de vastes collections d'artefacts, le musée renferme une belle section ethnographique présentant la pêche, la viticulture, la construction navale et l'histoire récente de l'île. L'étage abrite la plus importante collection de poteries, de bijoux et de sculptures d'époque gréco-romaine de Croatie, dont une exquise tête en bronze de déesse grecque (IV^e siècle) représentant Aphrodite ou Artémis. Vous trouverez une brochure détaillant les pièces exposées et l'histoire de Vis, ainsi qu'une carte pour repérer les différentes ruines. D'octobre à mai, la visite est sur rendez-vous (renseignements à l'office du tourisme).

**Exploration de l'île** VÉLO
Louer un deux-roues pour la journée vous permettra de parcourir les spectaculaires **routes côtières** de Vis, jalonnées de falaises impressionnantes et ponctuées de virages en épingles à cheveux. Vous pourrez louer des VTT (20/100 Kn par heure/jour) ou des scooters (120/200 Kn par 3 heures/jour) auprès de l'agence de voyages Ionios (p. 239). L'agence Navigator loue aussi des voitures (250 Kn/6 heures).

**Plongée** PLONGÉE
Les eaux qui entourent Vis se prêtent merveilleusement à la plongée : les poissons abondent et par le fond gît une **épave**, celle d'un bateau italien coulé en 1866 lors d'une bataille navale contre l'Autriche. **Dodoro Diving Centre** (☎711 913 ; www.dodoro-diving.com ; Trg Klapavica 1, ville de Vis) propose de nombreuses plongées (à partir de 185 Kn).

## Circuits organisés

**VisIt** (www.visit.hr) propose des circuits d'aventure, et notamment le tour des **sites militaires secrets** (350 Kn/4 heures) abandonnés par l'armée nationale yougoslave en 1992, en une demi-journée ou une journée entière – visite des abris anti-roquettes, des bunkers, des entrepôts d'armes, des "parkings" sous-marins, de la grotte de Tito (où se réfugia le président de l'ex-Yougoslavie durant la Seconde Guerre mondiale) et des abris antinucléaires qui servaient de centres de communication aux services secrets yougoslaves ; ces sites, qui occupent certains des lieux les plus spectaculaires de l'île, n'ont été ouverts au public que récemment.

VisIt propose aussi des excursions dans les grottes de l'île (à partir de 350 Kn), du trekking (à partir de 200 Kn), un circuit découverte avec dégustation de plats et de vins (400 Kn) et des croisières autour de l'île (1 000 Kn). Ces sorties sont particulièrement intéressantes grâce aux guides, qui sont nés et ont grandi à Vis, et expliquent les traditions locales.

Les agences Ionios et Navigator organisent des circuits en bateau qui permettent de visiter, entre autres sites plus éloignés, la Grotte bleue et la Grotte verte.

## Où se loger

Bien que Vis ne compte aucun camping et seulement quelques hôtels, vous ne devriez avoir aucun mal à trouver une **chambre ou un appartement chez l'habitant**. L'été, mieux vaut réserver. **Navigator** (☎717 786 ; www.navigator.hr ; Šetalište Stare Isse 1) pourra vous trouver une chambre. Comptez 220 Kn pour une double avec sdb commune et 370 Kn pour une double avec sdb privative et terrasse. Pour un appartement, prévoyez 370 à 470 Kn. L'agence possède aussi 3 **villas de luxe au bord de l'eau** (www.visvillas.com ; villa 1 600-2 200 Kn) pour 4 à 6 personnes.

**Hotel San Giorgio** HÔTEL €€€
(☎711 362 ; www.hotelsangiorgiovis.com ; Petra Hektorovića 2 ; s/d 780/1180 Kn ; P). À Kut, ce splendide hôtel compte 10 chambres et suites élégantes et colorées installées dans 2 bâtiments, très bien équipées (minibar,

etc.), avec parquet et grands lits. Certaines ont un Jacuzzi et une terrasse donnant sur la mer. Le restaurant sert une cuisine méditerranéenne créative et des vins provenant du vignoble de l'hôtel. L'hôtel loue aussi un phare sur l'îlot proche de Host (1 875 Kn/nuit, séjour minimum d'une semaine).

**Hotel Tamaris** HÔTEL €€€

(☎711 350 ; www.vis-hoteli.hr ; Svetog Jurja 30 ; s/d 540/820 Kn ; P ❄). Le point fort de cet hôtel est son emplacement, dans un joli bâtiment situé sur le front de mer, à environ 100 m au sud-est du débarcadère. Les 25 chambres sont petites mais confortables, avec climatisation, téléphone et TV. Les chambres avec vue sur la mer méritent les 30 Kn/personne de plus. La direction gère aussi l'Hotel Issa, de l'autre côté de la baie – 128 chambres avec balcon récemment rénovées.

**Dionis** BED AND BREAKFAST €€

(☎711 963 ; www.dionis.hr ; Matije Gubca 1 ; s/d 430/504 Kn ; ❄). Au-dessus de la pizzeria du même nom, non loin du front de mer, cette jolie maison ancienne en pierre compte 8 chambres, toutes avec la TV, un grand lit et un réfrigérateur (balcon pour certaines). La triple, sous les toits, s'agrémente d'une terrasse avec vue sur la montagne et la ville.

## Où se restaurer

Vis possède certains des meilleurs restaurants de Dalmatie, non seulement dans les villes de Vis et de Komiža, mais aussi à l'intérieur de l'île. Ne manquez pas de goûter les spécialités locales, comme la *viška pogača,* un pain plat garni de poisson salé et d'oignons, et le *viški hib,* un gâteau de figues séchées et râpées mélangées à des herbes aromatiques. Plusieurs restaurants servent aussi un excellent *prosciutto* de thon.

**Kantun** CUISINE DALMATE €€

(Biskupa Mihe Pušića 17 ; plats à partir de 70 Kn ; ⏲soir uniquement). Cette jolie taverne affiche une carte bien pensée de succulents plats locaux, à base d'ingrédients de qualité. Le jardin est verdoyant et intime, tandis que l'intérieur offre un cadre rustique élégant avec pierres apparentes. Goûtez le *prosciutto* de thon et les artichauts aux petits pois. La carte des boissons affiche une excellente *rakija*, une quarantaine de vins et une bonne limonade naturelle.

**Pojoda** POISSON €€

(☎711 575 ; Don Cvjetka Marasovića 8 ; plats à partir de 70 Kn). Ce restaurant, agrémenté d'un jardin planté de bambous, d'orangers et de citronniers, a conquis le cœur des Croates gourmets. Les cuisiniers font en effet des merveilles avec les poissons (à partir de 240 Kn/kg), les coquillages (260 Kn/kg) et les crustacées (à partir de 230 Kn/kg). L'*orbiko,* un plat maison à base d'orge, de pois et de crevettes, est une valeur sûre. En août, réservez une table.

**Karijola** PIZZAS €

(Šetalište Viškog Boja 4 ; pizzas à partir de 45 Kn). Cette adresse sert la meilleure pizza de l'île, avec une pâte fine et des ingrédients de qualité. La pizza de la maison est la Karijola, avec tomate, ail, mozzarella et jambon sec. La pizza blanche, sans sauce, est étonnamment bonne.

**Villa Kaliopa** CUISINE MÉDITERRANÉENNE €€€

(Vladimira Nazora 32 ; plats à partir de 120 Kn). Dans le jardin exotique de la maison Garibaldi (XVIe siècle), ce restaurant huppé séduit les plaisanciers, avec des spécialités dalmates renouvelées tous les jours, dans un cadre de palmiers, de bambous et de statues classiques. Concerts et expositions.

**Val** CUISINE DALMATE €€

(Don Cvjetka Marasovića 1 ; plats à partir de 70 Kn). Le Val (vague) occupe une maison ancienne en pierre avec une terrasse ombragée surplombant les flots. La carte saisonnière a des accents italiens : asperges sauvages au printemps, sanglier et champignons en hiver, et poissons et légumes frais en été. En dessert, le gâteau à la caroube est exquis.

**Buffet Vis** POISSON €

(Obala Svetog Jurja 35 ; plats à partir de 40 Kn). L'adresse la moins chère – et la plus authentique – de Vis, juste à côté du débarcadère et de l'agence Ionis. Minuscule, simple et décorée sommairement, avec quelques tables en terrasse, elle offre de délicieux fruits de mer à prix doux. Bonne ambiance.

## Où prendre un verre et sortir

**Lambik** BAR

(Pod Ložu 2). Le bar le plus sympathique de Kut, avec des tables installées dans une ravissante ruelle couverte de vigne vierge, sous une ancienne colonnade, et quelques autres sur une petite place, à deux pas de la mer. Des groupes de musique acoustique et des chanteurs se produisent certains soirs.

**Bejbi** CAFÉ/BAR

(Šetalište Stare Isse 9). Ce café/bar de Luka, face au débarcadère, est *le* lieu tendance de Vis. En journée, on y boit du café entre deux séances de bronzage sur la plage. Le soir, les clients investissent la salle décorée

VAUT LE DÉTOUR

### BAIGNADE ET REPAS SUR VIS

Si les **plages** ne manquent pas à Vis et à Komiža, il faut prendre le bateau ou un scooter pour rejoindre certaines des plus belles. L'accès à plusieurs d'entre elles nécessitant un peu de marche, prévoyez des chaussures confortables. Les offices du tourisme et les agences de voyages distribuent des cartes ; beaucoup se chargent aussi du transport.

Les plages les plus sauvages sont du côté sud de l'île. **Stiniva** est la crique la plus spectaculaire de Vis. Son entrée de pierre très étroite s'ouvre sur une plage de galets flanquée de rochers de 35 m de hauteur. **Srebrna** et **Milna** méritent également le détour, de même que la baie de **Stončica**, à l'est de Vis, où la petite taverne au bord de la mer prépare un excellent agneau rôti.

L'intérieur de l'île et les criques isolées sont en train de devenir de véritables destinations gastronomiques. Depuis quelques années, plusieurs familles proposent une cuisine maison qui mérite vraiment le détour. Essayez notamment le **Golub** (☎098 96 50 327 ; plats à partir de 70 Kn), à Podselje, à 5 km de Vis. Parmi les spécialités locales, on trouve de l'agneau et du poulpe cuits sous la *peka* (couvercle bombé), et toutes sortes de poissons fumés ou marinés, comme le carpaccio de thon. Ne manquez pas la grappa (eau-de-vie) maison : il existe une multitude de parfums, du cactus à la sauge, en passant par l'ortie. La **Konoba Pol Murvu** (☎091 56 71 990), dans le village de Žena Glava, est célèbre pour son étonnante *pašticada* de thon, un ragoût cuit lentement, au vin et aux épices. La **Konoba Roki's** (☎098 303 483), à Plisko Polje, est la propriété d'un viticulteur local, ce qui permet d'accompagner les délicieuses anguilles et *peka* de l'un des meilleurs *plavac* (vin rouge) ou *vugava* (vin blanc) de l'île. La plupart des établissements viendront vous chercher, souvent gratuitement, et vous ramèneront en ville après le repas.

de peintures murales pour profiter de la musique. Concerts de temps à autre.

**Cinéma d'été** CINÉMA EN PLEIN AIR

Repérez les affiches donnant la programmation du cinéma d'été, qui s'installe sur une terrasse à mi-chemin entre Kut et Luka et attire une foule éclectique. Billet à 25 Kn.

## Renseignements

La banque, la poste et les agences de voyages changent les devises.

Vis dispose de quelques points Wi-Fi, dont l'utilisation nécessite une carte (à partir de 39 Kn), en vente dans les agences de voyages.

**Biliba** (Korzo 13 ; 30 Kn/h ; 8h-22h lun-sam). Terminaux Internet.

**Agence de voyages Ionios** (☎711 532 ; Obala Svetog Jurja 37). Chambres chez l'habitant, excursions, service de change et location de voitures, de vélos et de scooters. Vend des billets pour les vedettes.

**Termoli Jet** (www.termolijet.it). À destination de Termoli, en Italie.

**Poste** (Obala Svetog Jurja 25 ; 8h-20h lun-ven, 8h-14h sam)

**Office du tourisme** (☎717 017 ; www.tz-vis.hr ; Šetalište Stare Isse 2 ; 8h30-16h et 18h-20h lun-ven, 8h30-14h30 et 18h-20h sam, 10h30-12h30 dim mi-juin à mi-sept, 8h30-14h30 lun-ven fin sept-début juin). À côté de l'embarcadère de Jadrolinija.

# Komiža

Située sur la côte ouest, au pied du mont Hum, Komiža est une fascinante petite ville au bord d'une baie, dotée de plages de sable et de galets à sa pointe est. Elle a ses inconditionnels, qui ne jurent que par son ambiance “rustique”.

Port de pêche depuis le XII^e^ siècle au moins, Komiža s'organise autour d'étroites ruelles tortueuses et escarpées, flanquées de maisons ocre datant des XVII^e^ et XVIII^e^ siècles. Une église du XVII^e^ siècle se dresse à l'est de la ville, sur le site d'un ancien monastère bénédictin. Au bout du quai principal, une citadelle Renaissance (1585) baptisée **Kaštel** abrite un **musée de la Pêche** (lun-sam 9h-12h et 18h-21h ; 15 Kn), qui se compose de plusieurs pièces, où sont présentés divers outils de pêche anciens, et d'une ravissante terrasse au dernier étage, avec une superbe vue sur la ville.

Le bus en provenance de Vis s'arrête à l'entrée du bourg, près de la poste, à quelques rues de la citadelle. En faisant à pied le tour du port, en passant devant le Kaštel, vous arriverez à l'**office du tourisme** (713 455 ; www.tz-komiza.hr ; Riva Svetog Mikule 2 ; 8h-21h juil-août, 9h-12h lun-ven sept-juin), qui fournit des renseignements très basiques.

## À faire

L'agence **Darlić & Darlić** (713 760 ; www.darlic-travel.hr ; Riva Svetog Mikule 13), près de la Riva lorsque l'on arrive en ville par l'arrêt de bus, vous trouvera une chambre à partir de 250 Kn la double ; elle loue aussi des scooters (300 Kn/jour), des VTT (100 Kn/jour), des cabriolets (450 Kn/jour) et des quads (400 Kn/jour), et possède des terminaux Internet (30 Kn/heure) et un accès Wi-Fi. Son service de taxi revient à 20 Kn/km (120 Kn environ jusqu'à Vis).

## Circuits organisés

Darlić & Darlić organise un circuit sympathique au coucher du soleil jusqu'au mont Hum, le point culminant de l'île (75 Kn/2 heures).

**Alter Natura** (717 239 ; www.alternatura.hr ; Hrvatskih Mučenika 2) est spécialisé dans le tourisme d'aventure : parapente, trekking, kayak, descente en rappel... L'agence propose aussi des excursions vers la Grotte bleue et les îles de Brusnik, de Sveti Andrija, de Jabuka et de Sušac, et même vers la très reculée Palagruža. Le transport en bateau jusqu'aux meilleures plages de l'île (Stiniva et Porat comprises) est également inclus.

## Où se loger et se restaurer

La plupart des établissements sont rassemblés le long de la Riva et dans les environs de Škor, la petite place située sur la droite en arrivant au front de mer.

**Villa Nonna** APPARTEMENTS €€
(713 500 ; www.villa-nonna.com ; Ribarska 50 ; app 600-800 Kn ; ). Cette ravissante maison de ville compte 7 appartements rénovés, chacun avec parquet et cuisine (balcon ou patio pour certains). Juste à côté, vous découvrirez une autre somptueuse maison ancienne, la Casa Nono, qui accueille 6 à 9 personnes (1 700-2 000 Kn/jour) avec son ravissant jardin, ses 3 sdb, son salon en pierres apparentes et sa cuisine.

**Hotel Biševo** HÔTEL €€
(713 279 ; www.hotel-bisevo.com.hr ; Ribarska 72 ; s/d à partir de 440/660 Kn ; ). Les installations sont modestes et la décoration digne de l'époque soviétique, mais l'établissement est tout près de la plage. Essayez une chambre rénovée (avec réfrigérateur et TV), avec vue sur la mer (supplément 60 Kn).

**Konoba Jastožera** POISSON €€
(713 859 ; Gundulićeva 6 ; plats à partir de 90 Kn). Les poissons sont cuisinés à la perfection dans cette institution locale où l'on s'assoit sur des planches de bois au-dessus de l'eau, au milieu de meubles anciens et d'un bric-à-brac de pêcheurs. La spécialité est le homard – barbecue, gratin, vapeur –, à choisir vivant dans l'aquarium (à partir de 700 Kn/kg). Réservation conseillée.

**Bako** POISSON €€
(Gundulićeva 1 ; plats à partir de 85 Kn ; soir uniquement). Une terrasse au bord de l'eau et une excellente cuisine – essayez le homard *brodet* (ragoût de fruits de mer à la polenta) ou la *komiška pogača* (pain maison au poisson), spécialité très locale. Bassin de poissons et collection d'amphores grecques et romaines à l'intérieur.

# Environs de Komiža

**BIŠEVO**

Outre des vignes et des pins, ce minuscule îlot recèle la spectaculaire **Grotte bleue** (Modra Špilja). Entre 11h et 12h, les rayons du soleil pénètrent à travers l'entrée sous-marine, inondant l'intérieur de la grotte d'une lumière bleue irréelle. Dans les eaux cristallines, les rochers scintillent de reflets rose argenté jusqu'à une profondeur de 16 m. La mer, cependant, est parfois trop agitée pour pénétrer dans la grotte en dehors des mois d'été ou quand souffle le *jugo* (vent du sud). En juillet-août, l'affluence est parfois telle que la file d'attente des bateaux a de quoi décourager. Hors saison, on peut en principe se baigner.

En juillet-août, un bateau relie quotidiennement Komiža à Biševo (25 Kn/pers). Les départs ont lieu à 8h et les retours, à 16h30 (sauf le vendredi, où le bateau part dans l'après-midi et rentre aussitôt). Vous pourrez également réserver une excursion auprès d'une agence de voyages, ou encore louer un bateau auprès d'une agence pour faire le voyage seul (30 Kn). Certaines enseignes proposent également des excursions vers la **Grotte verte** (Zelena Špilja), moins fréquentée, sur la petite île de Ravnik.

# Dubrovnik et la Dalmatie du Sud

☎020

## Dans ce chapitre »



## Le top des restaurants

- » LD (p. 268)
- » Lucín Kantun (p. 254)
- » Stermasi (p. 261)
- » Konoba Komin (p. 268)
- » Konoba Šiloko (p. 270)

## Le top des hébergements

- » Karmen Apartments (p. 251)
- » Hotel Bellevue (p. 251)
- » Hotel Korkyra (p. 270)
- » Lešić Dimitri Palace (p. 266)
- » Ostrea (p. 272)

## Pourquoi y aller

Dubrovnik est tout simplement unique. On a cité mille fois la "Perle de l'Adriatique" de Lord Byron et le "Paradis sur Terre" de George Bernard Shaw. Aujourd'hui comme hier, la beauté ensorcelante de la cité et son cadre sublime laissent souvent sans voix. Et si des milliers de visiteurs émerveillés arpentent chaque jour ses rues en marbre en prenant de multiples photos, il reste possible de dénicher des endroits paisibles, à l'écart de la foule.

Le principal attrait de la ville reste la remarquable vieille ville, entourée d'épais remparts et jalonnée de fabuleux édifices baroques.

Mais Dubrovnik est aussi un point de départ idéal pour découvrir les îles luxuriantes et le spectaculaire littoral de la région : la ravissante Lokrum, la charmante Korčula (réputée pour ses excellents vins blancs et sa citadelle), le parc national de Mljet, la péninsule montagneuse de Pelješac et le somptueux jardin de Trsteno.

## Quand partir

### Dubrovnik

**Mars ou avril** Pour Pâques, de spectaculaires processions envahissent les rues médiévales de Korčula.

**Juillet-août** Le prestigieux Festival d'été de Dubrovnik offre un excellent programme culturel.

**Octobre** La mer demeure assez chaude pour d'agréables baignades.

## À ne pas manquer

1 **Dubrovnik** (page suivante) depuis ses remparts

2 Quelques jours sur l'île bucolique de **Mljet** (p. 259), préservée et paradisiaque

3 L'excellente galerie **War Photo Limited** (p. 245), pour un regard sans complaisance sur la guerre

4 L'ambiance médiévale de la ville fortifiée de **Korčula** (p. 263)

5 La curieuse île de **Lokrum** (p. 258), loin des foules

6 Une randonnée sur des sentiers de montagne jusqu'à la crête de la **péninsule de Pelješac** (p. 270)

7 Le coucher du soleil depuis l'un des bars **Buža** (p. 255), à Dubrovnik

8 Un festin d'huîtres dans le fascinant vieux port de **Ston** (p. 272)

9 Une séance de glisse sur l'Adriatique à **Viganj** (p. 272), la Mecque de la planche à voile

# DUBROVNIK

29 995 HABITANTS

Que l'on découvre Dubrovnik ou que l'on y revienne, la beauté stupéfiante du Stradum suscite toujours la même émotion. De fait, il est difficile d'imaginer qu'on puisse se lasser des rues en marbre, des édifices baroques et du chatoiement de l'Adriatique. Une promenade le long des anciens remparts qui ont protégé cette république civilisée et raffinée pendant cinq siècles ne peut laisser indifférent.

Si le bombardement de Dubrovnik en 1991 a horrifié le monde, la ville a su ressusciter avec la vigueur qui la caractérise pour enchanter de nouveau les visiteurs. Découvrez les musées qui retracent l'essor et la chute de Dubrovnik à travers des œuvres d'art et des artefacts ; empruntez le téléphérique jusqu'au sommet du mont Srđ ; appréciez le mode de vie méditerranéen et l'interaction de la lumière et de la pierre ; puis plongez dans la mer azur.

## Histoire

L'histoire de Dubrovnik a débuté au VII^e^ siècle par l'attaque des Slaves, qui détruisirent la cité romaine d'Epidaurum (aujourd'hui Cavtat). Les habitants se réfugièrent sur un îlot rocheux (Raguse), séparé du continent par un étroit chenal. La menace d'invasions les incita à construire rapidement des remparts et, au IX^e^ siècle, la cité fortifiée résista quinze mois durant à un siège des Sarrasins.

Entre-temps, une autre localité avait vu le jour sur le continent, s'étendant de Zaton, au nord, à Cavtat, au sud. Elle fut appelée Dubrovnik, du nom des *dubrava* (chênes verts) qui tapissaient la région. Les deux cités fusionnèrent au XII^e^ siècle, et le chenal qui les séparait fut comblé.

À la fin du XII^e^ siècle, Dubrovnik était un important centre marchand, reliant les pays méditerranéens aux Balkans.

Elle passa sous domination vénitienne en 1205, une situation qui perdura jusqu'en 1358.

Au XV^e^ siècle, la Respublica Ragusina (république de Raguse), après avoir annexé l'île de Lastovo, la péninsule de Pelješac et l'île de Mljet, avait repoussé ses frontières pour inclure toute la bande côtière de Ston à Cavtat. Devenue une puissance respectée, elle se tourna vers le commerce maritime et fonda sa propre flotte, qu'elle envoya jusqu'en Égypte, au Levant, en Sicile, en Espagne, en France et à Istanbul. Fine diplomate, la cité parvint à maintenir de bonnes relations avec ses rivaux, y compris avec l'Empire ottoman, auquel Dubrovnik commença à payer un tribut au XVI^e^ siècle.

Des siècles de paix et de prospérité permirent l'épanouissement des arts, des sciences et de la littérature. Malheureusement, la plupart des œuvres d'art et des monuments Renaissance furent détruits par le tremblement de terre de 1667 qui fit 5 000 victimes et laissa la cité en ruines ; seuls le palais Sponza et le palais du Recteur survécurent. Dubrovnik fut reconstruite dans un style baroque uniforme, avec des rangées d'habitations modestes, dotées de boutiques au rez-de-chaussée. Le séisme marqua aussi le début du déclin économique de la cité, accentué par l'ouverture de nouvelles routes marchandes à l'est et l'émergence d'autres puissances navales en Europe occidentale.

Le coup de grâce fut asséné par Napoléon, dont les troupes entrèrent dans Dubrovnik en 1808 et proclamèrent la fin de la république. Le congrès de Vienne, en 1815, céda la ville à l'Autriche ; malgré le maintien de sa flotte, elle se désintégra sur le plan social. Elle fit partie de l'Empire austro-hongrois jusqu'en 1918 et commença lentement à développer son industrie touristique.

Prise dans la tourmente de la guerre qui ravagea l'ancienne Yougoslavie, Dubrovnik fut bombardée en 1991 et 1992 par quelque 2 000 obus, qui causèrent des dégâts considérables. Tous les édifices endommagés ont depuis été restaurés.

## À voir

Aujourd'hui, Dubrovnik est la ville la plus prospère, la plus élégante et la plus chère de Croatie. De multiples façons, elle conserve une ambiance de cité-État, isolée du reste du pays par sa géographie et son histoire. Le tourisme a pris une telle ampleur qu'il est question de limiter le nombre de visiteurs dans la vieille ville. Quand plusieurs bateaux débarquent leurs passagers en même temps, il devient quasiment impossible de circuler dans les principales artères.

Dubrovnik s'étend sur 6 km du nord au sud. De nombreux hôtels sont installés sur le verdoyant promontoire de Lapad, au nord-ouest de la cité. Tous les sites se regroupent dans la vieille ville, totalement interdite aux voitures. Le mont Srđ, que gravit un téléphérique, surplombe la ville.

### VIEILLE VILLE

**Remparts et forts** FORTIFICATIONS

(Gradske Zidine ; carte p. 246 ; 9h-18h30 avr-oct, 10h-15h nov-mars). Une visite de

# Dubrovnik

0 500 m
A B C D E F G
1 2 3 4
Plage de Copacabana
Gare routière
Jadranska Cesta
Obala Pape Ivana Pavla II
Vers l'aéroport (25 km)
Vatroslava Lisinskog
Riječka
Riječka
Lapadska Obala
Port de Gruž
Iva Dulčića
Nika i Meda Pucića
Primorska
Kardinala Stepinca
Šetalište Kralja Zvonimira
Eugena Kumičića
Lapadska Obala
Terminal des ferries de Jadroagent
Andrije Hebranga
Obala Stjepana Radića
Mata Vodapića
Šetalište Kralja Tomislava
Dalmatinska
Baie de Lapad
Ispod Petke
Od Batale
Sv Mihajla
Nikole Tesle
Masarykov Put
1 2 3 4 5 6 7 8 9 10 11 12 13 14 15

## Dubrovnik

**Activités**

1 Blue Planet Diving ........ C4
2 Navis Underwater Explorers ........ A1

**Où se loger**

3 Begović Boarding House ........ D3
4 Dubrovnik Backpackers Club ........ D3
5 Hotel Ivka ........ F4
6 Hotel Lapad ........ F3
7 Hotel Uvala ........ C4
8 Hotel Zagreb ........ D3
9 Solitudo ........ B1
10 Vila Micika ........ D4
11 Villa Wolff ........ C3

**Où se restaurer**

12 Blidinje ........ F3
13 Konoba Atlantic ........ D3
14 Levenat ........ A3

**Où sortir**

15 Cinéma en plein air ........ E3

Dubrovnik ne saurait être complète sans une promenade autour de ses remparts spectaculaires, les plus beaux du monde et la plus grande fierté de la ville. Bâtis entre les XIIIe et XVIe siècles, ils demeurent intacts.

La première enceinte fut construite au XIIIe siècle ; puis, vers le milieu du XIVe siècle, les remparts de 1,50 m d'épaisseur furent renforcés de 15 bastions carrés. La menace d'attaques turques incita la cité à consolider les forts existants et à en construire de nouveaux au XVe siècle ; la vieille ville fut ainsi protégée par une barrière de pierre de 2 km de longueur, qui atteint jusqu'à 25 m de hauteur. Les murs sont plus épais du côté terre – jusqu'à 6 m –, alors qu'ils ne font "que" de 1,50 à 3 m côté mer. La ronde **tour Minčeta** visait à protéger la lisière nord de la ville des invasions terrestres, tandis que le **fort Lovrjenac** devait préserver l'extrémité ouest des invasions terrestres ou maritimes. La **tour Bokar** surveillait la porte Pile, et le **fort Revelin**, l'entrée est.

Une balade sur les remparts (tarif plein/réduit 70/30 Kn) offre une vue sublime sur la ville et la mer, et sera le clou de votre visite. L'entrée principale et la billetterie des remparts se situent à la porte Pile. Vous pourrez aussi entrer par la porte Ploče, à l'est (moins encombrée aux heures de pointe). La promenade s'effectue uniquement dans le sens des aiguilles d'une montre.

### Porte Pile — PORTE MONUMENTALE

(carte p. 246). Point de départ classique de toute visite de Dubrovnik, cette porte splendide fut édifiée en 1537. Jadis, son pont-levis était relevé chaque soir, la porte fermée et la clé remise au prince. Remarquez la **statue de saint Blaise**, le patron de la ville, dans une niche au-dessus de l'arche Renaissance. Après avoir franchi la porte extérieure, vous arriverez à une porte intérieure de 1460, puis découvrirez **Placa**, couramment appelée le Stradun, la superbe promenade piétonne qui s'étire jusqu'au bout de la vieille ville. À son extrémité est, elle s'élargit pour former la **place Luža**, où se tenait naguère un marché.

### War Photo Limited — GALERIE DE PHOTOGRAPHIE

(carte p. 246 ; ☎326 166 ; www.warphotoltd.com ; Antuninska 6 ; 30 Kn ; ⏲9h-21h juin-sept, 9h-15h mar-sam, 9h-13h dim mai et oct). Cette excellente galerie de photo présente des expositions émouvantes, superbement agencées par le photojournaliste Wade Goddard, qui a travaillé dans les Balkans dans les années 1990.

War Photo affiche son intention "d'exposer le mythe de la guerre... pour que les gens voient la guerre telle qu'elle est, crue, vénale, effrayante, en se concentrant sur les injustices qu'elle inflige aux innocents comme au combattants". Elle atteint son but en révélant les conséquences du conflit grâce à des photos éprouvantes.

"Islam troublé" de Zijah Gafić et "Régions tribales" d'Emilio Morenatti ont fait partie des expositions récentes. Au dernier étage, une exposition permanente est consacrée à la guerre en Yougoslavie, avec des photos de Ron Haviv et des présentations audiovisuelles. La galerie ferme de novembre à avril.

### Monastère franciscain et musée — MONASTÈRE

(Muzej Franjevačkog Samostana ; carte p. 246 ; Placa 2 ; tarif plein/réduit 30/15 Kn ; ⏲9h-18h). Au-dessus de l'entrée du monastère, une remarquable pietà a été sculptée par les maîtres locaux Petar et Leonard Andrijić en 1498. Le portail est tout ce qui reste de l'église richement décorée, détruite par le séisme de 1667. Dans le monastère, un **cloître** du milieu du XIVe siècle est l'un des plus beaux édifices de style roman tardif de Dalmatie ; ses fines

## Vieille ville de Dubrovnik

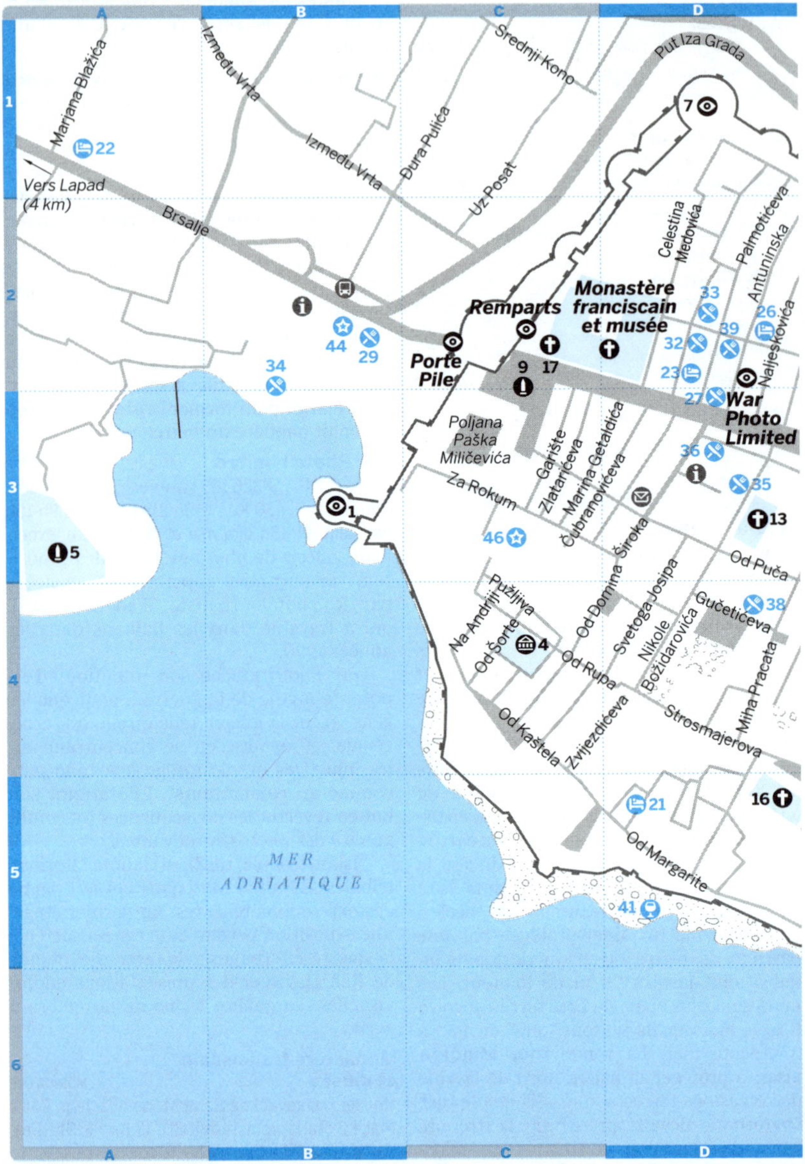


colonnes géminées comportent des chapiteaux ornés de motifs différents : têtes humaines, animaux ou compositions florales. Plaisant, le petit jardin est planté d'orangers et de palmiers.

Plus loin dans le monastère, vous découvrirez la troisième plus ancienne pharmacie d'Europe toujours en activité. Ouverte depuis 1391, elle fut peut-être la première à accueillir le public. Le petit musée du monastère possède une collection de reliques, d'objets liturgiques (dont des calices), de peintures, de bijoux en or et d'équipements pharmaceutiques comme

du matériel de laboratoire et des livres de médecine. Des fragments de munitions qui ont transpercé les murs du monastère durant la guerre des années 1990 sont aussi conservés.

De bonnes expositions de photos ou d'œuvres d'art sont souvent présentées.

### Monastère dominicain et musée

MONASTÈRE

(Muzej Dominikanskog Samostana ; carte ci-dessus ; près Ulica Svetog Dominika 4 ; tarif plein/réduit 20/10 Kn ; ⌚9h-18h mai-oct, 9h-17h nov-avr). Imposant, ce splendide bâtiment gothique-Renaissance fut construit au

## Vieille ville de Dubrovnik

**Les incontournables**

Téléphérique ........ F1
Remparts ........ C2
Monastère dominicain et musée ........ F3
Monastère franciscain et musée ........ D2
Porte Pile ........ C2
Palais du recteur ........ F4
War Photo Limited ........ D2

**À voir**

1 Tour Bokar ........ B3
2 Cathédrale de l'Assomption-de-la-Vierge ........ E4
3 Tour de l'horloge ........ F3
4 Musée ethnographique ........ C4
Collège jésuite ........ (voir 16)
5 Fort Lovrjenac ........ A3
6 Musée maritime ........ G4
Mémorial aux défenseurs de Dubrovnik ........ (voir 14)
7 Tour Minčeta ........ D1
8 Marché du matin ........ E4
9 Fontaine d'Onofrio ........ C2
10 Colonne d'Orlando ........ E3
11 Porte Ploče ........ G2
12 Fort Revelin ........ G2
13 Église orthodoxe serbe et musée ........ D3
14 Palais Sponza ........ F3
15 Église Saint-Blaise ........ E3
16 Église Saint-Ignace ........ D5
17 Église Saint-Sauveur ........ C2
Archives d'État ........ (voir 14)
18 Synagogue ........ E2
Trésor ........ (voir 2)

**Activités**

19 Adriatic Explore ........ F5

**Où se loger**

20 Apartments Amoret ........ E4
21 Fresh Sheets ........ D5
22 Hotel Hilton Imperial ........ A1
23 Hotel Stari Grad ........ D2
24 Karmen Apartments ........ F4
25 Pucić Palace ........ E4
26 Rooms Vicelić ........ D2

**Où se restaurer**

27 Buffet Skola ........ D3
28 Defne ........ E4
29 Dubravka 1836 ........ B2
30 Gil's ........ F3
31 Kamenice ........ E4
Konzum ........ (voir 8)
32 Lucín Kantun ........ D2
Marché ........ (voir 16)
33 Nishta ........ D2
34 Orhan ........ B2
35 Pizzeria Baracuda ........ D3
36 Proto ........ D3
37 Revelin ........ G2
38 Taj Mahal ........ D4
39 Wanda ........ D2

**Où prendre un verre**

40 Buža ........ E5
41 Buža II ........ D5
42 Gaffe ........ E3
43 Troubadur ........ E4

**Où sortir**

44 Latino Club Fuego ........ B2
45 Lazareti ........ H2
46 Cinéma en plein air ........ C3
Cinéma Sloboda ........ (voir 3)
Église Saint-Blaise ........ (voir 15)
Église Saint-Sauveur ........ (voir 17)

**Achats**

47 Green Room ........ E5
48 Gulliver ........ E4
49 Maria ........ F3
Marché ........ (voir 8)
50 Photo Gallery Carmel ........ E2

XIV^e siècle, à la même époque que les remparts. De fait, sa façade austère évoque plus une forteresse qu'un ensemble religieux. Il renferme un cloître gracieux du XV^e siècle, bâti par des artisans locaux selon les plans de l'architecte florentin Massa di Bartolomeo, et une grande église à nef unique, avec un retable de Vlaho Bukovac. L'aile est abrite l'impressionnante collection d'art du monastère, dont des œuvres de Nikola Božidarević, de Dobrić Dobričević et de Mihajlo Hamzić.

**palais du Recteur** PALAIS

(carte p. 246 ; Pred Dvorom 3 ; tarif plein/réduit 35/15 Kn, audioguide 30 Kn ; 9h-18h mai-oct, 9h-16h nov-avr). Le palais du Recteur, de style gothique-Renaissance, fut édifié à la fin du XV^e siècle et comporte de superbes sculptures ; malgré de nombreuses reconstructions, il conserve une fascinante unité architecturale. Remarquez les chapiteaux finement ouvragés et l'escalier ornementé dans l'atrium, souvent utilisé pour des concerts lors du Festival d'été. Également dans l'atrium se tient une **statue** de Miho Pracat (1638), qui légua sa fortune, sans doute considérable, à la république de Raguse. Le palais, érigé pour le recteur qui gouvernait Dubrovnik, englobe son bureau, ses appartements privés, des salles publiques et des bureaux administratifs. Élu, le recteur n'avait pas le droit de quitter le bâtiment durant son mandat d'un mois sans l'autorisation du Sénat. Aujourd'hui, le palais a été transformé en **musée**, avec des salles artistement restaurées, des portraits, des armoiries et des monnaies qui évoquent le glorieux passé de Dubrovnik.

### Cathédrale de l'Assomption-de-la-Vierge — CATHÉDRALE

(Stolna Crkva Velike Gospe ; carte p. 246 ; Poljana M Držića ; ⏲messe matin et fin d'après-midi). Édifiée sur le site d'une basilique du VIIe siècle qui fut agrandie au XIIe siècle, la première cathédrale de l'Assomption-de-la-Vierge aurait été bâtie grâce à un don du roi Richard Cœur de Lion d'Angleterre, sauvé d'un naufrage sur l'île voisine de Lokrum. Peu après sa destruction par le séisme de 1667, la construction d'une nouvelle cathédrale baroque fut entamée ; elle s'acheva en 1713. La cathédrale se distingue par ses beaux autels, notamment celui de saint Jean Népomucène en marbre violet. Le **trésor** (Riznica ; tarif plein/réduit 10/5 Kn ; ⏲8h-17h30 lun-sam, 11h-17h30 dim mai-oct, 10h-12h et 15h-17h nov-avr) recèle des reliques de saint Blaise, ainsi que 138 reliquaires en or et en argent, pour la plupart confectionnés par les orfèvres de Dubrovnik entre le XIe et le XVIIe siècle. Parmi les nombreuses peintures religieuses figure le polyptyque de l'Assomption de la Vierge, réalisé dans l'atelier du Titien.

### Palais Sponza — PALAIS

(carte p. 246 ; Stradun). Le palais Sponza du XVIe siècle abrita successivement les douanes, l'hôtel de la Monnaie, le Trésor et une banque. Il conserve aujourd'hui les **Archives d'État** (Državni Arhiv u Dubrovniku ; 15 Kn ; ⏲8h-15h lun-ven, 8h-13h sam), qui comprennent une collection inestimable de manuscrits vieux de près de 1 000 ans. Ce superbe édifice, mélange des styles gothique et Renaissance, possède un ravissant porche Renaissance supporté par six colonnes. Des fenêtres de style gothique tardif ornent le premier étage, tandis que le second comporte des fenêtres Renaissance et une alcôve avec une statue de saint Blaise. Également dans le palais, le **mémorial des défenseurs de Dubrovnik** (⏲10h-22h lun-ven, 8h-13h sam) présente une collection de portraits de jeunes gens morts entre 1991 et 1995.

### Église Saint-Ignace — ÉGLISE

(Crkva Svetog Ignacija ; carte p. 246 ; Uz Jezuite ; ⏲messe soir). Construite dans le même style que la cathédrale et terminée en 1725, l'église Saint-Ignace possède des fresques illustrant la vie de saint Ignace de Loyola, fondateur de la Compagnie de Jésus. Le **collège jésuite** adjacent se tient au sommet d'une large volée de marches qui descend vers la place Gundulićeva Poljana, où un **marché** animé s'installe le matin. Au centre de la place, un monument représente le célèbre poète de Dubrovnik, Ivan Gundulić. Les reliefs du piédestal dépeignent des scènes de son poème épique, *Osman*.

### Église Saint-Blaise — ÉGLISE

(Crkva Svetog Vlahe ; carte p. 246 ; place Luža ; ⏲messe matin et fin d'après-midi lun-sam). La façade ornementée de cette imposante église baroque de 1715 tranche avec la sobriété des demeures alentour. À l'intérieur, remarquez les autels en marbre et la statue en argent de saint Blaise (XVe siècle), qui tient une maquette de Dubrovnik avant le séisme.

### Fontaine d'Onofrio — FONTAINE

(carte p. 246). L'un des monuments emblématiques de Dubrovnik, la fontaine d'Onofrio, construite en 1438, faisait partie d'un système d'adduction d'eau alimenté par un puits situé à 12 km. Ornée de sculptures, elle fut gravement endommagée par le séisme de 1667 et n'a conservé que seize mascarons crachant de l'eau dans une vasque.

### Église orthodoxe serbe et musée — ÉGLISE, MUSÉE

(Muzej Pravoslavne Crkve ; carte p. 246 ; Od Puča 8 ; tarif plein/réduit 10/5 Kn ; ⏲9h-14h lun-sam). Datant de 1877, l'église orthodoxe serbe dévoile une fabuleuse collection d'icônes du XVe au XIXe siècle provenant de Crète, d'Italie, de Russie et de Slovénie, ainsi que plusieurs portraits du célèbre peintre croate Vlaho Bukovac.

### Synagogue — SYNAGOGUE

(Sinagoga ; carte p. 246 ; Žudioska 5 ; 10 Kn ; ⏲10h-20h lun-ven mai-oct, 10h-15h nov-avr). La plus ancienne synagogue séfarade et la deuxième plus ancienne synagogue des Balkans date du XVe siècle. À l'intérieur, un musée présente des reliques religieuses, des documents sur les Juifs de Dubrovnik et des vestiges de la Seconde Guerre mondiale.

**Église Saint-Sauveur** ÉGLISE

(Crkva Svetog Spasa ; carte p. 246 ; Placa). Érigée entre 1520 et 1528, cette église fut l'un des rares édifices à survivre au tremblement de terre de 1667. Elle ouvre pour d'occasionnels concerts et expositions aux chandelles.

**Musée ethnographique** MUSÉE

(Etnografski Muzej ; carte p. 246 ; Od Rupa ; tarif plein/réduit 40/20 Kn ; 9h-16h dim-ven). Dans le Rupe, un grenier du XVI^e siècle, ce musée présente des objets se rapportant à l'agriculture et aux coutumes locales.

**Colonne d'Orlando** COLONNE

(carte p. 246). La colonne d'Orlando, lieu de rendez-vous prisé, était jadis l'endroit où l'on annonçait les édits, les festivités et les sentences publiques. Sculpté en 1417, l'avant-bras du chevalier médiéval servit de mesure étalon à la République : la coudée de Dubrovnik, longue de 51,1 cm.

**Musée maritime** MUSÉE

(tarif plein/réduit 35/15 Kn ; 9h-18h mai-sept, 9h-16h oct-avr). Dans le fort Saint-Jean, l'institution retrace l'histoire de la navigation à Dubrovnik – maquettes de bateaux, instruments de navigation, peintures...

### EST DE LA VIEILLE VILLE

**Téléphérique** TÉLÉPHÉRIQUE

(carte p. 246 ; www.dubrovnikcablecar.com ; Petra Krešimira IV ; tarif plein/réduit 40/20 Kn ; 9h-22h mar-dim mai-oct, horaires réduits le reste de l'année). Rouvert après 19 ans d'immobilisation, le téléphérique de Dubrovnik conduit du nord des remparts au sommet du mont Srđ (405 m) en moins de 4 minutes. À l'arrivée, vous découvrirez une vue époustouflante sur la cité, les toits en tuiles de la vieille ville, l'île de Lokrum, l'Adriatique et les îles Élaphites à l'horizon. Des télescopes permettent d'observer des détails au loin. Un snack-bar et un restaurant sont situés à proximité du **musée de la Guerre patriotique** (en travaux).

GRATUIT **Musée d'Art moderne** MUSÉE

(Frana Supila 23 ; 10h-19h mar-dim). Expose des artistes croates modernes, notamment le peintre local Vlaho Bukovac.

## À faire

### Baignade

Si la ville compte plusieurs plages, beaucoup de visiteurs prennent un bateau pour l'île de Lokrum ou les Élaphites, plus calmes.

Jadis très prisée, la **plage de Banje**, non loin de la porte Ploče, a perdu de son attrait depuis qu'un secteur est réservé au sélect EastWest Club. Juste au sud-est, **Sveti Jakov**, une bonne plage locale, n'est pas trop envahie et dispose de douches, d'un bar et d'un restaurant. Elle est desservie par les bus n°5 et 8.

Du côté ouest de la ville, après la porte Pile, s'étendent **Šulići**, une plage de galets, et **Danče,** une plage rocheuse. La grève la plus plaisante accessible à pied depuis la vieille ville se situe en contrebas de l'Hotel Bellevue ; là, une charmante crique abritée s'adosse à de hautes falaises, qui ombragent les galets de la rive en fin d'après-midi.

Des plages d'hôtels ouvertes aux non-résidents bordent la **baie de Lapad** (carte p. 244) ; essayez celle de l'Hotel Kompas. Un peu plus loin, la **plage de Copacabana**, sur la presqu'île de Babin Kuk, s'agrémente d'eaux peu profondes et d'un toboggan pour les enfants. Les naturistes se rendront à **Cava**, indiquée près de la plage de Copacabana.

Dans la vieille ville, vous pourrez aussi vous baigner en contrebas des deux bars Buža, en dehors des remparts. Des escaliers rejoignent la mer et quelques espaces bétonnés entre les rochers permettent de lézarder au soleil.

### Plongée, kayak et rafting

Il existe quelques excellents sites de plongée autour de Dubrovnik.

**Navis Underwater Explorers** (carte p. 244 ; 099 35 02 773 ; www.navisdubrovnik.com ; plage de Copacabana) propose des plongées (notamment sur l'épave du *Taranto*) et des cours. **Blue Planet Diving** (carte p. 244 ; 091 89 90 973 ; www.blueplanet-diving.com ; Hotel Dubrovnik Palace, Masarykov Put 20) offre les mêmes services.

Contactez **Adriatic Kayak Tours** (091 72 20 413 ; www.adriatickayaktours.com ; Zrinsko Frankopanska 6) pour des excursions en kayak (d'une demi-journée à une semaine) et des sorties de rafting sur la Tara au Monténégro.

## Circuits organisés

**Dubrovnik Walks** CIRCUIT HISTORIQUE

(095 80 64 526 ; www.dubrovnikwalks.com). Parmi les excellentes promenades guidées citons les circuits d'une heure dans la vieille ville (70 Kn) qui partent tous les jours à 10h et à 18h (mai, juin, septembre et octobre) ou 19h (juillet et août), et les promenades de 1 heure 30 le long des remparts et des forts (140 Kn), tous les jours à 9h30 et

15h30 (17h30 en juillet-août). Rendez-vous au Latino Club Fuego à l'ouest de la porte Pile. Réservation inutile.

**Adriatic Explore** EXCURSIONS
(carte p. 246 ; ☎323 400 ; www.adriatic-explore.com ; Bandureva 4). Les sorties d'une journée à Mostar et au Monténégro (380 Kn) sont très prisées. Également : excursions à Mljet, à Korčula et aux Élaphites (250 Kn).

## Fêtes et festivals

Le **Festival d'été de Dubrovnik** (☎326 100 ; www.dubrovnik-festival.hr) est le plus prestigieux festival d'été du pays. Pendant 5 semaines en juillet-août, des représentations théâtrales, des concerts et des ballets sont donnés sur des scènes en plein air dans la cité, avec la participation d'artistes croates et internationaux et de groupes folkloriques régionaux. Pièces de Shakespeare, tragédies grecques, et concerts de musique de chambre et symphoniques figurent au programme. Les billets (50-300 Kn) sont en vente au bureau du festival, dans Placa, ou sur place 1 heure avant le début du spectacle. Réservation et achat en ligne possibles.

Lors du **Festival du film Libertas** (www.libertasfilmfestival.com), qui a lieu du 29 juin au 4 juillet, des films, des documentaires et des courts-métrages sont projetés en plein air dans la vieille ville.

Autre événement important, la **Saint-Blaise** (3 février) s'accompagne de reconstitutions historiques et de processions. En février, les festivités du **carnaval** précèdent le carême.

## Où se loger

Des hébergements sont éparpillés dans toute la ville, la plus chère du pays ; attendez-vous à débourser plus qu'ailleurs pour une chambre. De nombreux hôtels de catégorie moyenne se situent à Lapad, à 4 km à l'ouest du centre – un inconvénient que pallie le bon réseau de bus ; la vieille ville compte très peu d'établissements. Réservez bien à l'avance, surtout en été.

Les petits budgets devront se rabattre sur les hébergements privés : adressez-vous aux agences de voyages recommandées ou à l'office du tourisme. Des propriétaires proposent des chambres à la gare routière et au terminal des ferries : certains décrivent leur offre avec précision, d'autres sont moins honnêtes ; essayez de repérer l'emplacement si vous souhaitez rejoindre la vieille ville à pied. Sachez que séjourner dans un établissement sans licence vous laisse sans protection en cas de problème ; les hébergements enregistrés arborent un panneau bleu indiquant *sobe* (chambres à louer). En haute saison, comptez à partir de 300 Kn pour une double et 500 Kn pour un appartement.

### VIEILLE VILLE ET ENVIRONS

**Hotel Bellevue** HÔTEL DE LUXE €€€
(☎330 000 ; www.hotel-bellevue.hr ; Petra Čingrije 7 ; d à partir de 1 835 Kn ; P❄@ ). Derrière une façade en verre teinté un peu datée, cet hôtel très élégant se perche sur

### DUBROVNIK : DESTRUCTION ET RECONSTRUCTION

Les images télévisées du bombardement de Dubrovnik ont marqué les esprits. Si ce drame appartient désormais au passé, le souvenir de l'année de guerre reste vif dans la mémoire des habitants, comme en témoignent plusieurs plaques commémoratives dans la vieille ville.

Les obus ont touché 68% des 824 bâtiments de la vieille ville, perçant deux toitures sur trois. Les façades, les rues et les places pavées ont subi 314 impacts directs, et les remparts, 111. Neuf palais historiques ont été ravagés par des incendies, tandis que le palais Sponza, le palais du Recteur, l'église Saint-Blaise, le monastère franciscain et les fontaines sculptées d'Amerling et d'Onofrio ont été gravement endommagés. La reconstruction a été estimée à 10 millions de dollars ; la décision a rapidement été prise d'employer des techniques traditionnelles, en utilisant autant que possible des matériaux d'origine.

Dubrovnik a depuis recouvré sa splendeur. Ses remparts sont de nouveau intacts et ses rues pavées, d'un marbre étincelant. Ses monuments célèbres, comme la fontaine d'Onofrio (XVe siècle) et la tour de l'horloge, ont été restaurés avec soin. Le palais Sponza, le palais du Recteur, l'église Saint-Blaise, la cathédrale et de nombreuses demeures du XVIIe siècle ont été réparés avec l'aide de maçons étrangers spécialement formés.

une falaise qui surplombe l'Adriatique – toutes les chambres disposent d'un balcon avec vue. La décoration est moderne, les équipements excellents et le service impeccable. À cela s'ajoutent un restaurant haut de gamme, le Vapor, et une superbe crique en contrebas, desservie par un ascenseur. Si la salle de sport n'a rien d'exceptionnel, le spa est plaisant. Le Bellevue se situe à 15 min à pied à l'ouest de la porte Pile.

**Fresh Sheets** AUBERGE DE JEUNESSE €
(carte p. 246 ; ☎091 79 92 086 ; www.igotfresh.com ; Sv Šimuna 15 ; dort/d 210/554 Kn ; @). La seule auberge de jeunesse de la vieille ville, chaleureuse et accueillante, est appréciée pour son ambiance festive. Elle occupe un emplacement paisible à côté des remparts, près du bar Buža. Les chambres et la réception sont peintes de couleurs loufoques. Au rdc, un espace commun permet de se retrouver et renferme un réfrigérateur rempli de bières. L'étage comporte 2 dortoirs fonctionnels de 8 lits avec matelas en mousse, casiers et ventilateurs, et une double. Les sympathiques gérants organisent des fêtes fameuses.

**Hotel Excelsior** HÔTEL DE LUXE €€€
(☎353 353 ; www.hotel-excelsior.hr ; Frana Supila 12 ; s/d à partir de 1 640/1 960 Kn ; P@). Meilleure adresse de Dubrovnik, l'Excelsior a rouvert après travaux, prêt à accueillir les familles royales et les stars d'Hollywood. Les chambres et les suites sont splendides, avec un mobilier moderne et, pour beaucoup, une vue remarquable sur la cité fortifiée. Quatre restaurants servent toutes sortes de mets, des ragoûts slavons au paprika jusqu'aux sushis. Les équipements de loisirs sont excellents (piscines couverte et découverte) et le service, très courtois. Non loin de la vieille ville.

**Karmen Apartments** APPARTEMENTS €€
(carte p. 246 ; ☎323 433, 098 619 282 ; www.karmendu.com ; Bandureva 1 ; app 437-1 165 Kn ; a). Gérés par un Anglais installé à Dubrovnik depuis des décennies, ces 4 appartements attrayants bénéficient d'un emplacement privilégié, à deux pas du port de Ploče. Tous sont décorés différemment, avec des œuvres d'art, des touches de couleur, de beaux meubles et des livres. L'appartement n°2 possède un petit balcon et l'appartement n°1 jouit d'une belle vue sur le port. On veille ici au bien-être des hôtes. Réservez longtemps à l'avance.

**Apartments Amoret** APPARTEMENTS €€
(carte p. 246 ; ☎091 53 04 910 ; www.dubrovnik-amoret.com ; Dinke Ranjine 5 ; app 655-874 KN ; ). Répartis dans 3 bâtiments anciens au cœur de la vieille ville, ces 11 studios comportent tous une sdb, une kitchenette et un accès Wi-Fi. Élégamment décorés (quelques œuvres d'art), ils sont joliment meublés et parquetés. L'Amoret n°1 possède une terrasse. Pas de petit déjeuner.

**Appartements et chambres Biličić** CHAMBRES €
(☎417 152 ; www.geocities.com/apartments_bilicic ; Privežna 2 ; ch/app 437/874KN ; ). Accessible à pied depuis la vieille ville (par quelques marches abruptes), cet établissement séduisant offre des chambres plaisantes, propres et lumineuses, avec TV (pas de sdb privative). Un somptueux jardin tropical invite à la détente et une cuisine est à disposition. Marija, la chaleureuse propriétaire, vient chercher ses hôtes aux gares et terminaux et les conseille sur les activités à Dubrovnik.

**Villa Klaić** HÉBERGEMENT CHEZ L'HABITANT €€
(☎411 144 ; Šumetska 11 ; s/d 288/492 Kn ; P@). Le charmant propriétaire fait l'impossible pour satisfaire ses clients. Il propose des chambres simples et confortables avec douche – deux avec climatisation. La villa se situe près de la principale route côtière, au-dessus de la ville. Transferts et billets de bus gratuits. Piscine découverte.

**Hotel Stari Grad** HÔTEL DE CHARME €€€
(carte p. 246 ; ☎322 244 ; www.hotelstarigrad.com ; Od Sigurate 4 ; s/d 1 180/1 580 Kn ; ). Près de la porte Pile et du Stradun, cet hôtel de la vieille ville possède 8 petites chambres bien tenues, attrayantes et confortables. Le personnel est prévenant et le toit-terrasse offre une vue spectaculaire sur la cité. L'emplacement exceptionnel compense les nombreux escaliers et l'absence d'ascenseur.

**Pucić Palace** HÔTEL HISTORIQUE €€€
(carte p. 246 ; ☎326 222 ; www.thepucicpalace.com ; Od Puča 1 ; s/d 2 294/3 751 Kn ; @). Seul hôtel de luxe à l'intérieur des remparts, l'établissement occupe une demeure aristocratique à deux pas de la place Luža et dispose d'une plage privée à proximité. Les chambres, bien aménagées, sont très confortables (draps en coton égyptien et antiquités), bien que sans grande originalité. Chic et pratique, l'emplacement justifie les prix astronomiques. Toutefois, le service laisse un peu à désirer.

**Grand Villa Argentina** HÉBERGEMENT DE LUXE €€€
(☎440 555 ; www.gva.hr ; Frana Supila 14 ; d à partir de 1 457 Kn ; P@). Véritable empire du luxe, cet hôtel cinq étoiles s'est

agrandi pour englober 4 villas à 10 min à pied à l'est de la porte Ploče. Si le décor est un peu mièvre, tous les logements bénéficient d'une vue fantastique sur les remparts et le confort est irréprochable. Piscines couverte et découverte ; centre de remise en forme à disposition.

**Hotel Hilton Imperial** HÔTEL DE LUXE €€€
(carte p. 246 ; ☎320 320 ; www.hilton.com ; Blažića 2 ; d à partir de 1 821 Kn ; P❄@📶≋). Installé dans une majestueuse demeure Habsbourg du XIXe siècle joliment rénovée, à quelques pas de la porte Pile, le Hilton comprend une imposante réception, des chambres plus contemporaines (beaucoup avec vue sur le fort Lovrjenac) et une belle salle de sport (pas de piscine découverte).

**Apartments Darrer** APPARTEMENTS €€
(☎098 92 43 105 ; www.villadarrer.hr ; Bosanka ; app 437-815 Kn ; P❄📶≋). Haut perché dans le village de Bosanka, non loin du mont Srđ, cet endroit isolé mais très calme possède une agréable piscine (en été seulement), un jardin et 5 appartements modernes, impeccables et bien équipés. Il se situe à 7 km du centre, sur l'itinéraire du bus n°17.

**Rooms Vicelić** CHAMBRES €€
(carte p. 246 ; ☎098 97 90 843 ; www.roomsvicelic.hostel.com ; Antuninska 9 et 10 ; ch 585 Kn ; ❄@📶). Un établissement pittoresque de la vieille ville, tenu par une famille sympathique, qui offre des chambres un peu défraîchies et d'autres nettes et modernes, toutes avec sdb privative (parfois extérieure). Une cuisine est à disposition. Paiement en espèces uniquement.

**YHA Hostel** AUBERGE DE JEUNESSE €
(☎423 241 ; dubrovnik@hfhs.hr ; Vinka Sagrestana 3 ; dort avec petit déj 148 Kn ; @). Bien située dans un secteur paisible à 1 km à l'ouest de la vieille ville, cette auberge de jeunesse possède de grands dortoirs corrects et une chambre double. Si l'on vous laisse le choix, tâchez d'obtenir un lit dans les dortoirs n°31 ou 32, qui partagent un toit-terrasse. Réservation conseillée.

## LAPAD

À 4 km à l'ouest de la vieille ville, la verdoyante péninsule de Lapad est un endroit tranquille, avec des quartiers résidentiels et touristiques, et quelques hôtels prisés par les voyagistes. En suivant la côte après l'Hotel Kompas, vous découvrirez de nombreux sites pour vous baigner et vous faire bronzer. Le bus n°6 circule entre la porte Pile et Lapad.

♥ **Begović Boarding House** PENSION €
(carte p. 244 ; ☎435 191 ; www.begovic-boarding-house.com ; Primorska 17 ; dort/ch/app 146/292/364 Kn ; P@). Du port de Lapad, une rude grimpée conduit à cette pension très appréciée, tenue par une famille accueillante qui veille au bien-être de ses hôtes. Les petites chambres, très propres, sont lambrissées de pin, et certaines ouvrent sur un superbe jardin à la vue époustouflante. Une cuisine est à disposition. Si le petit déjeuner est en supplément, l'accès Internet est gratuit, de même que le transfert de la gare routière ou du terminal des ferries. Des excursions sont proposées.

**Hotel Ivka** HÔTEL €€
(☎362 600 ; www.hotel-ivka.com ; Put Sv Mihajla 21 ; s/d 585/760 Kn ; P❄@📶). Ce trois-étoiles moderne propose d'agréables chambres spacieuses et confortables, avec parquet, accès Wi-Fi gratuit et balcon pour la plupart. Plus proche de Lapad et du terminal des ferries que de la vieille ville, il est desservi par un bus régulier.

**Dubrovnik Backpackers Club** AUBERGE DE JEUNESSE €
(carte p. 244 ; ☎435 375 ; www.dubackpackers.com ; Mostarska 2d ; dort 120-170 Kn ; P@📶). Tenue par une famille chaleureuse, cette auberge de jeunesse populaire auprès des baroudeurs offre gratuitement l'accès Internet, les appels locaux, le thé et le café (et parfois un verre de *rakija* !). Supplément pour un dortoir avec sdb. Cuisine et balcon avec vue sur la baie à disposition. Excursions à Mostar.

**Vila Micika** PETITS BUDGETS €€
(carte p. 244 ; ☎437 332 ; www.vilamicika.hr ; Mata Vodapića ; dort 290 Kn ; P❄📶). Cette jolie maison en pierre de 2 étages comprend 2 dortoirs de 3 lits bien tenus et 5 chambres simples, tous avec sdb, ainsi qu'une terrasse commune. D'un bon rapport qualité/prix, elle se situe à 300 m du rivage. Supplément pour le petit déjeuner, les courts séjours et la climatisation.

**Dubrovnik Palace** HÔTEL DE LUXE €€€
(☎430 000 ; www.dubrovnikpalace.hr ; Masarykov Put 20 ; d à partir de 1 780 Kn ; P❄@📶≋). Sur le versant d'une colline à Lapad, ce grand hôtel moderne loue des chambres avec une vue panoramique sur l'Adriatique. Le service est bon et les équipements, excellents : spa, piscines couverte et découverte, et centre de plongée. À côté du terminus du bus n°6, qui circule jusque tard depuis/vers la vieille ville.

**Hotel Uvala** HÔTEL €€€

(carte p. 244 ; ☎433 580 ; www.hotelimaestral.com ; Masarykov Put 6 ; d à partir de 979 Kn ; P❄@📶🏊👪). Ce quatre-étoiles rénové comprend des piscines couverte et découverte et un impressionnant centre de remise en forme, avec bains à remous, bains de vapeur et sauna. Les chambres, sans grand caractère, sont spacieuses et confortables, (supplément pour la vue sur la mer et l'accès Internet). L'Uvala accueille de nombreux visiteurs en voyage organisé.

**Solitudo** CAMPING €

(carte p. 244 ; ☎448 200 ; www.camping-adriatic.com ; 52/80 Kn par pers/empl ; ⏲avr-nov). À l'ouest du port de Lapad, ce camping se trouve à 5 km de la vieille ville, près de la plage. Il possède de rutilants sanitaires modernes et un café/bar.

Également recommandés :

**Hotel Zagreb** HÔTEL €€€

(carte p. 244 ; ☎430 930 ; www.hotels-sumratin.com ; Šetalište Kralja Zvonimira 27 ; d 1 110 Kn ; P❄📶). Un bel hôtel du XIXe siècle avec 23 chambres confortables un peu datées, de tailles diverses, toutes dotées de la climatisation. Accès Wi-fi en supplément.

**Hotel Lapad** HÔTEL DE LUXE €€€

(carte p. 244 ; ☎432 922 ; www.hotel-lapad.hr ; Lapadska Obala 37 ; d à partir de 1 455 Kn ; ⏲mai-oct ; P❄@📶🏊). Un hôtel historique au décor chic, aux équipements modernes... et aux divertissements kitsch.

**Villa Wolff** PETIT HÔTEL €€€

(carte p. 244 ; ☎438 710 ; www.villa-wolff.hr ; Nika i Meda Pucića 1 ; d/ste 1 356/1 569 Kn ; P❄@📶). Le long d'une charmante promenade en bord de mer, le Wolff offre 6 chambres aménagées avec goût, un jardin verdoyant, un service attentif et des prix un peu exagérés.

## Où se restaurer

Nombre de restaurants sont très médiocres, aussi choisissez avec soin et attendez-vous à des prix bien plus élevés que dans le reste du pays.

### VIEILLE VILLE ET ENVIRONS

Dans la vieille ville, les restaurants semblent tabler sur le fait que vous n'êtes là que pour la journée (comme les passagers des croisières). Les établissements touristiques quelconques se concentrent dans le Stradun et Prijeko. Il existe des adresses plus intéressantes dans les petites rues.

♥ **Lucín Kantun** CUISINE CROATE €€

(carte p. 246 ; ☎321 003 ; Od Sigurate bb ; repas environ 140 Kn). D'allure modeste, avec quelques tables en terrasse, l'enseigne sert l'une des cuisines les plus créatives de Dubrovnik. Presque tous les plats de style mezze de la courte carte sont excellents, tels les succulents calamars (farcis de jambon fumé et servi avec une sauce au beurre citronnée), le mélange original de lentilles et de crevettes, les fromages (dont le *paški sir*) et les jambons dalmates. Tout est préparé à la commande dans une cuisine ouverte. On attend parfois aux heures d'affluence.

**Wanda** CUISINE ITALIENNE €€

(carte p. 246 ; ☎098 94 49 317 ; www.wandarestaurant.com ; Prijeko 8 ; plats à partir de 70 Kn). Sauvant la réputation des restaurants de Prijeko, cet élégant établissement italien propose divers délices comme l'osso-buco avec un risotto au safran et des pâtes savoureuses. Les menus dégustation (150-580 Kn) donnent une idée du savoir-faire des chefs. Vous pourrez accompagner votre repas d'un très bon vin croate.

**Defne** CUISINE MÉDITERRANÉENNE €€

(carte p. 246 ; ☎326 200 ; www.thepucicpalace.com ; Od Puča 1 ; plats à partir de 85 Kn). Profitez de l'ambiance de la vieille ville dans ce joli restaurant doté d'une immense terrasse. Il offre essentiellement des spécialités turques, grecques et des Balkans, baptisées de noms qui laissent perplexe – les “Rêves du Sultan” sont en fait un steak aux herbes en papillote. Cuisine réussie et cadre charmant.

**Gil's** CUISINE MÉDITERRANÉENNE €€€

(carte p. 246 ; ☎322 222 ; www.gilsdubrovnik.com ; Ulica Svetog Dominika bb ; plats à partir de 170 Kn). Glorieusement fastueux ou ridiculement prétentieux, chacun a son opinion sur le Gil's. La cuisine atteint des sommets – veau farci aux langoustines, turbot grillé au citron confit et aux pignons – et la cave recèle 6 000 bouteilles. L'emplacement reste inégalé, au sommet des remparts, avec vue sur le port.

**Dubravka 1836** CAFÉ/RESTAURANT €

(carte p. 246 ; www.dubravka1836.hr ; Brsalje 1 ; plats à partir de 49 Kn). L'enseigne a sans doute la terrasse la plus plaisante de Dubrovnik, à côté de la porte Pile, avec vue sur les remparts et l'Adriatique. Malgré la clientèle touristique et la carte internationale, les habitants apprécient les poissons frais, les risottos, les salades, les pizzas et les pâtes. Les prix sont modérés vu l'emplacement.

**Taj Mahal** CUISINE BOSNIAQUE INTERNATIONALE €
(carte p. 246 ; www.tajmahaldubrovnik.com ; Nikole Gučetićeva 2 ; plats à partir de 40 Kn). Dans cette enseigne aux faux airs de caverne d'Ali Baba (objets décoratifs turcs et éclairage tamisé), commandez le *džingis kan* pour découvrir les saveurs bosniaques, ou régalez-vous d'une *sudžukice* (saucisse de bœuf épicée). Les végétariens auront l'embarras du choix – essayez les aubergines *alla edina* (au fromage). Trois tables en terrasse.

**Nishta** CUISINE VÉGÉTARIENNE €
(carte p. 246 ; www.nishtarestaurant.com ; Prijeko bb ; plats à partir de 59 Kn ; fermé lun). Agréable restaurant végétarien, le Nishta propose des plats des quatre coins de la planète : *leće u šumia* (cake de lentilles et de champignons), soupe miso, *nachos*, cuisine indienne, curries thaïlandais...

**Buffet Skola** CAFÉ €
(carte p. 246 ; Antuninska 1 ; en-cas à partir de 17 Kn). Parfait pour un en-cas rapide entre deux visites, il sert notamment un excellent sandwich avec du *prosciutto* local (*pršut*), un fromage conservé dans l'huile et un délicieux pain maison.

**Revelin** CUISINE MÉDITERRANÉENNE €€
(carte p. 246 ; www.revelinclub-dubrovnik.com ; Ulica Svetog Dominika bb ; plats à partir de 65 Kn). Bar/restaurant en été et bar/discothèque en hiver, le Revelin a une terrasse qui surplombe le port. La carte comprend de bonnes pâtes et salades, du poisson de l'Adriatique et des plats plus raffinés, comme le bœuf *tartufo* (un steak avec crème et truffes d'Istrie).

Également recommandés :

**Orhan** CUISINE INTERNATIONALE €€€
(carte p. 246 ; 414 183 ; Od Tabakarije 1 ; plats 50-170 Kn). Un restaurant chic superbement situé à côté de la porte Pile. Le poisson et les fruits de mer sont bons, même si on paie surtout pour le cadre.

**Proto** POISSON €€
(carte p. 246 ; 323 234 ; www.esculap-teo.hr ; Široka 1 ; plats à partir de 80 Kn). Élégant et cher, le Proto est recommandé pour ses produits de la mer, ses sauces légères et son ambiance.

**Kamenice** POISSON €
(carte p. 246 ; Gundulićeva Poljana 8 ; plats à partir de 40 Kn). Une allure de cantine de l'époque socialiste et des prix très modérés. Commandez des calamars, des anchois ou des *kamenice* (huîtres).

**Pizzeria Baracuda** PIZZAS €
(carte p. 246 ; Nikole Božidarevića 10 ; plats à partir de 35 Kn). Une pizzeria accueillante et bon marché, avec des tables dans une cour paisible.

Tous les matins, un **marché** (carte p. 246 ; Gundulićeva Poljana ; 7h-13h) s'installe et vend des produits frais (et chers), sur la même place qu'un petit supermarché Konzum.

### LAPAD

L'artère principale de Lapad, Šetalište Kralja Tomislava abonde en cafés, bars et restaurants.

**Levanat** CUISINE CROATE €€
(carte p. 244; 435 352 ; Nika i Meda Pucića 15 ; plats à partir de 50 Kn). Le Levanat surplombe la mer depuis la colline boisée située entre la baie de Lapad et Babin Kuk. Il offre une cuisine créative avec de nombreux fruits de mer et des sauces originales – telles les crevettes au miel et à la sauge –, et de délicieux plats végétariens. Indiqué depuis l'artère principale et le sentier côtier.

**Konoba Atlantic** CUISINE MÉDITERRANÉENNE €
(carte p. 244 ; Kardinala Stepinca 42 ; plats à partir de 45 Kn). Un restaurant simple, accueillant et peu cher, renommé pour ses pâtes maison (essayez les raviolis aux épinards et à la ricotta) ; les poissons et les gnocchis à la sauce au lapin sont également délicieux.

**Blidinje** VIANDES GRILLÉES €€
(carte p. 244 ; 358 794 ; Lapadska Obala 21 ; plats à partir de 70 Kn). Les habitants apprécient ce restaurant sans prétention pour ses grillades. Appelez 2 heures à l'avance pour commander de l'agneau ou du veau, cuits doucement sous des braises.

## Où prendre un verre

Dubrovnik possède une gamme complète d'établissements : *lounge bars* huppés, pubs irlandais, bars bohèmes, cafés/bars typiquement croates...

**Buža** BAR BOHÈME
(carte p. 246 ; Ilije Sarake). Dénicher ce bar isolé sur une falaise constitue un exploit, car il faut scruter les remparts pour repérer le tunnel d'entrée. Puis on émerge en bord de mer, dans un cadre splendide, avec une excellente musique (soul, funk) et une clientèle détendue qui profite de la vue.

**Buža II** BAR BOHÈME
(carte p. 246 ; Crijevićeva 9). Un peu plus haut de gamme que l'original, celui-ci se situe

VAUT LE DÉTOUR

## EXCURSIONS TRANSFRONTALIÈRES

De Dubrovnik, on rejoint facilement en bus le **Monténégro** et les jolies villes de Kotor, de Herceg Novi et de Budva. Ces trois localités possèdent des centres historiques de toute beauté, avec des rues sinueuses pavées de marbre et jalonnées de superbes édifices. Kotor est située dans l'un des plus grands fjords d'Europe, la baie de Kotor. Si vous souhaitez prendre le temps d'explorer la région, louez plutôt une voiture. Sinon, empruntez les transports publics. Trois bus quotidiens vont au Monténégro en passant par Herceg Novi, Kotor et Budva (3 heures). Les ressortissants de l'UE, les Suisses et les Canadiens n'ont pas besoin de visa pour entrer au Monténégro pour un court séjour.

Des bus rallient également **Mostar** (voir p. 258), permettant ainsi d'admirer le pont emblématique et d'entrer en Bosnie-Herzégovine. L'excursion d'une journée, difficile par les transports en commun, est proposée en minibus privés par de nombreuses agences de voyages, dont Adriatic Explore et Atlas Travel Agency (environ 380 Kn). Les minibus partent vers 8h, passent par le magnifique village fortifié de Počitelj, et arrivent à Mostar vers 11h30. Après une courte visite guidée, vous pourrez vous promener librement jusqu'à 15h, ce qui laisse peu de temps pour déjeuner et explorer la ville. Mostar reste nettement divisée entre Croates et Bosniaques (la rivière fait office de frontière). La plupart des sites historiques se trouvent du côté bosniaque.



plus bas sur les rochers et possède une terrasse ombragée où grignoter des chips, des cacahuètes ou un sandwich face à l'Adriatique.

**Gaffe** PUB IRLANDAIS
(carte p. 246 ; Miha Pracata bb). Bar le plus animé de la ville (surtout les jours de match de foot), ce pub immense comprend une salle chaleureuse et une longue terrasse couverte. Le personnel est sympathique et la cuisine copieuse, mais un peu chère.

**Troubadur** BAR MUSICAL
(carte p. 246 ; ☎412 154 ; Bunićeva Poljana 2). Plutôt quelconque dans la journée, le Troubadour s'anime le soir en été, lors des concerts de jazz – souvent offerts par Marko, le propriétaire, et son groupe.

**EastWest Club** BAR/CLUB
(www.ew-dubrovnik.com ; Frana Supila bb). Durant la journée, cet établissement haut de gamme loue des chaises longues et des parasols sur la plage de Banje et sert des boissons aux baigneurs. Plus tard, le bar à cocktails et le restaurant accueillent une clientèle branchée.

## ☆ Où sortir

♥ **Lazareti** CENTRE CULTUREL
(carte p. 246 ; ☎324 633 ; www.lazareti.com ; Frana Supila 8). Excellent centre culturel, le Lazareti organise des soirées cinéma ou discothèque, des concerts et pratiquement tous les meilleurs événements de la ville.

**Cinéma en plein air** CINÉMA
(carte p. 244 ; Kumičića, Lapad). En juillet-août, des films sont projetés chaque soir dans deux endroits différents, après le coucher du soleil. Fonctionne également à Za Rokom, dans la vieille ville (carte p. 246).

**Église Saint-Blaise** FOLKLORE
(carte p. 246 ; pl Luža ; entrée libre). Spectacles folkloriques sur le parvis de l'église à 11h le dimanche en mai, juin et septembre.

**Église Saint-Sauveur** CONCERTS
(carte p. 246 ; église Saint-Sauveur, Placa). Le quatuor à cordes de Dubrovnik donne des concerts dans cette église le lundi soir en automne.

**Cinéma Sloboda** CINÉMA
(carte p. 246). Le cinéma le plus central de Dubrovnik.

## Achats

Le Stradun est bordé de boutiques de souvenirs kitsch. Vous en trouverez de plus plaisantes dans les rues latérales.

♥ **Green Room** BIJOUX
(carte p. 246 ; www.dubrovnikgreenroom.com ; Buićeva Poljana ; ⏲mai-oct). Les œuvres de six créateurs de bijoux sont présentées dans ce jardin superbe. Ce sont toutes des pièces de qualité (à partir de 200 Kn), souvent uniques.

**Photo Gallery Carmel** GALERIE
(carte p. 246 ; www.photogallerycarmel.com ; Zamanjina 10 ; ⏲lun-sam). Cette galerie expose

(et vend) des photos de qualité d'artistes locaux et étrangers.

**Maria** BOUTIQUE
(carte p. 246 ; www.maria-dubrovnik.hr ; Ulica Svetog Dominika bb). Sacs Miu Miu, créations de Stella McCartney et de Givenchy, et magnifiques robes Céline.

**Gulliver** BOUTIQUE
(carte p. 246 ; Gundulićeva Poljana 4). Une boutique haut de gamme, avec de somptueux sacs, chaussures, ceintures et accessoires.

Le matin, le **marché** (carte p. 246 ; Gundulićeva Poljana ; 7h-13h) vend de l'artisanat et des produits locaux.

## Renseignements

### Accès Internet

**Netcafé** (www.netcafe.hr ; Prijeko 21 ; 30 Kn/h). Un café pour se détendre, même sans surfer sur Internet ; connexions rapides, gravure de CD, Wi-Fi, impression de photos, scanner, boissons et café.

### Agences de voyages

**Atlas Travel Agency** (www.atlas-croatia.com) port de Gruž (418 001 ; Obala Papa Ivana Pavla II 1) ; porte Pile (442 574 ; Sv Đurđa 1). Organise des excursions en Croatie, à Mostar et au Monténégro ; propose également des hébergements privés.

**OK Travel & Trade** (418 950 ; okt-t@du.t-com.hr ; Obala Stjepana Radića 32). Près du terminal des ferries de Jadrolinija.

### Argent

De nombreux DAB sont installés en ville, à Lapad, au terminal des ferries et à la gare routière. Les agences de voyages et la poste changent les devises.

### Consigne

**Garderoba** (1re heure 5 Kn, puis 1,50 Kn/h ; 4h30-22h). À la gare routière.

### Librairies

**Algebra** (Placa 9). Souvenirs et livres.

**Algoritam** (Placa 8). Livres en anglais.

### Office du tourisme

**Office du tourisme** (www.tzdubrovnik.hr ; 8h-20h juin-sept, 8h-15h lun-ven, 9h-14h sam oct-mai) gare routière (417 581 ; Obala Pape Ivana Pavla II 44a) ; port de Gruž (417 983 ; Obala Stjepana Radića 27) ; Lapad (437 460 ; Šetalište Kralja Zvonimira 25) ; vieille ville (Ulica Svetog Dominika 7). Cartes, renseignements et l'indispensable guide *Dubrovnik Riviera*. Le nouveau bureau central devrait ouvrir bientôt à l'ouest de la porte Pile.

### Poste

**Poste et centre téléphonique de Lapad** (Šetalište Kralja Zvonimira 21)

**Poste principale** (angle Široka et Od Puča)

### Services médicaux

**Hôpital** (431 777 ; Dr Roka Mišetića). À 1 km au sud de la baie de Lapad.

## Depuis/vers Dubrovnik

### Avion

**Croatia Airlines** (01 66 76 555 ; www.croatiaairlines.hr) offre 3 vols/jour depuis/vers Zagreb, entre 270 Kn (tarifs promotionnels) et 760 Kn environ. Croatia Airlines propose également des vols directs vers différentes capitales européennes.

L'aéroport de Dubrovnik est desservi par plus de 20 compagnies aériennes européennes, dont des compagnies à bas coût.

Plus de détails au chapitre *Transports*, p. 326.

### Bateau

Deux fois par semaine, un ferry de **Jadrolinija** (418 000 ; www.jadrolinija.hr ; port de Gruž) rejoint Korčula, Hvar, Split, Zadar et Rijeka, au nord. Un ferry local part de Dubrovnik pour Sobra et Polače à Mljet (60 Kn, 2 heures 30) toute l'année ; 2 ferries circulent chaque jour en été. Plusieurs ferries quotidiens effectuent toute l'année la traversée jusqu'aux îles de Koločep, Lopud et Šipan, dans les Élaphites.

Des ferries relient aussi Dubrovnik et Bari, dans le sud de l'Italie, 6 fois par semaine en été (291-401 Kn, 9 heures) et 2 fois en hiver.

**Jadroagent** (419 000 ; Obala Stjepana Radića 32) vend des billets de ferry et peut vous renseigner.

### Bus

Pour les itinéraires internationaux, reportez-vous p. 328. Les bus qui partent de la **gare routière** (060 305 070 ; Obala Pape Ivana Pavla II 44a) de Dubrovnik peuvent être bondés ; mieux vaut réserver en été.

Les bus Split-Dubrovnik traversent brièvement le territoire bosniaque ; conservez votre passeport à portée de main pour les formalités transfrontalières.

Le site www.libertasdubrovnik.hr répertorie tous les horaires de bus.

## Comment circuler

### Depuis/vers l'aéroport

L'aéroport international de Čilipi (www.airport-dubrovnik.hr) se situe à 24 km au sud-est de Dubrovnik. Des bus Atlas (35 Kn) partent de manière irrégulière de la gare routière principale, en principe 2 heures avant les vols intérieurs de Croatia Airlines ; mieux vaut vérifier les horaires au bureau d'Atlas, à côté de la porte Pile. Dans

## BUS AU DÉPART DE DUBROVNIK

| DESTINATION | TARIF | DURÉE | FRÉQUENCE |
|---|---|---|---|
| Korčula | 95 Kn | 3 heures | 2/jour |
| Kotor | 96 Kn | 2 heures 30 | 2-3/jour |
| Mostar | 105 Kn | 3 heures | 3/jour |
| Orebić | 84 Kn | 2 heures 30 | 2/jour |
| Plitvice | 330 Kn | 10 heures | 1/jour |
| Rijeka | 357-496 Kn | 13 heures | 4-5/jour |
| Sarajevo (Bosnie-Herzégovine) | 210 Kn | 5 heures | 2/jour |
| Split | 122 Kn | 4 heures 30 | 19/jour |
| Zadar | 174-210 Kn | 8 heures | 8/jour |
| Zagreb | 250 Kn | 11 heures | 7-8/jour |



Dubrovnik, les bus font halte à Zagrebačka Cesta, juste au nord de la vieille ville (mais *pas* à la porte Pile), avant de continuer vers l'aéroport. En sens inverse, ils quittent l'aéroport pour rejoindre la gare routière de Dubrovnik (via la porte Pile dans cette direction) plusieurs fois par jour ; ils attendent généralement à l'arrivée des vols.

De l'aéroport à la vieille ville, comptez environ 240 Kn en taxi.

### Bus

Dubrovnik possède un excellent service de bus. Les principaux itinéraires touristiques sont desservis jusqu'après 2h en été ; vous n'aurez donc pas besoin d'écourter votre soirée si vous logez à Lapad. Le billet coûte 10 Kn dans le bus et 8 Kn dans un *tisak* (kiosque à journaux). Le site www.libertasdubrovnik.hr publie les horaires.

Pour rejoindre la vieille ville depuis la gare routière, prenez le bus n°1a, 1b, 3 ou 8. Pour Lapad, empruntez le bus n°7.

De la porte Pile, le bus n°6 rallie Lapad, et le n°4, l'Hotel Dubrovnik Palace.

### Voiture

Toute la vieille ville est piétonnière. La circulation est dense toute l'année, surtout en été. Le **parking** (70 Kn/jour ; ⏲24h/24) le plus pratique pour le centre se situe dans Ilijina glavica, à 10 min à pied au-dessus de la porte Pile. Voici quelques compagnies de location de voitures :

**Budget Rent-a-Car** (☎418 998 ; www.budget.hr ; Obala Stjepana Radića 24)

**Gulliver** (☎313 313 ; www.gulliver.hr ; Obala Stjepana Radića 31)

**OK Travel & Trade** (☎418 950 ; okt-t@du.t-com.hr ; Obala Stjepana Radića 32). Près du terminal des ferries de Jadrolinija.

# ENVIRONS DE DUBROVNIK

Dubrovnik constitue une excellente base pour des excursions d'une journée dans la région environnante. Vous pourrez rejoindre les îles Élaphites pour profiter du soleil et du calme, les superbes îles de Korčula et de Mljet pour goûter la cuisine locale et les bons vins, ou le jardin de Trsteno aux senteurs envoûtantes. Plus paisible que Dubrovnik, Cavtat mérite la visite pour ses sites, ses plages et ses produits de la mer.

## Île de Lokrum

Environ toutes les heures en été, un ferry dessert la verdoyante île de Lokrum (40 Kn aller-retour, dernier retour à 18h), un parc national inscrit au Patrimoine mondial. Idéale pour une escapade depuis la ville, cette île superbe, plantée de chênes verts, de frênes, de pins et d'oliviers, est bordée de plages rocheuses propices à la baignade. L'agréable **plage naturiste** (signalée FKK) est particulièrement appréciée par les gays. Un joli **jardin botanique** englobe une section de cactées avec des agaves géants et des palmiers du Brésil et d'Afrique du Sud. En ruines, le **monastère bénédictin** médiéval est en cours de restauration.

Juste au-dessus du port, le joli café/restaurant **Lacroma** (repas à partir de 80 Kn) propose des en-cas, des repas et des glaces ; des guitaristes s'y produisent parfois.

Il est interdit de fumer ou de passer la nuit sur l'île.

# Îles Élaphites (Elafiti)

Une excursion d'une journée dans cet archipel au nord-ouest de Dubrovnik permet d'oublier la cohue estivale. Pour visiter les îles les plus populaires –**Koločep**, **Lopud** et **Šipan** – en une journée, vous pourrez participer à l'un des **circuits** "Trois îles et pique-nique de poisson" (250 Kn boissons et déjeuner compris) que proposent plusieurs tour-opérateurs installés sur le port de la porte Ploče. Cependant, ils partent à 10h et reviennent avant 18h, ce qui ne permet qu'un bref coup d'œil à chaque île.

Koločep, l'île la plus proche, compte à peine 150 habitants. Bordée de plages de sable et de galets, de falaises abruptes et de grottes sous-marines, elle est plantée de pinèdes, d'oliveraies, d'orangeraies et de vergers de citronniers séculaires.

Lopud, interdite aux voitures, abrite plusieurs monastères et églises intéressants datant du XVIe siècle, quand les exploits maritimes des îliens étaient légendaires. Le village de Lopud se compose de maisons en pierre, entourées de jardins exotiques. Vous pourrez traverser l'île à pied jusqu'à la belle plage de sable de **Šunj**, où un petit bar sert des sardines grillées et d'autres poissons.

Šipan, la plus grande île, était la préférée de l'aristocratie de Dubrovnik, qui y bâtit des maisons au XVe siècle. Le bateau accoste à **Šipanska Luka**, où subsistent les vestiges d'une villa romaine et d'un palais ducal de style gothique du XVe siècle. Le **Kod Marka** (☎758 007 ; Šipanska Luka ; plats à partir de 50 Kn) prépare à merveille les produits de la mer, tel le ragoût de poisson à la mode de Korčula.

## Comment s'y rendre et circuler

Les îles sont desservies par le car-ferry de **Jadrolinija** (www.jadrolinija.hr), qui circule 3 fois/jour toute l'année via Koločep (15 Kn, 30 min), Lopud (18 Kn, 50 min) et Šipan (23 Kn, 1 heure). Les prix baissent un peu l'hiver.

# Île de Mljet

1 232 HABITANTS

De toutes les îles de l'Adriatique, Mljet (prononcer Miliette) est sans doute la plus séduisante. Recouverte en majeure partie de forêts, elle est ailleurs parsemée de champs, de vignes et de petits villages. La moitié nord-ouest de l'île forme le **parc national de Mljet**, doté d'une végétation luxuriante, de forêts de pins et de spectaculaires lacs salés. Selon la légende, ce havre de paix préservé aurait retenu Ulysse pendant sept ans.

## DEPUIS/VERS MLJET

Les bateaux touristiques de Korčula et les catamarans de Dubrovnik accostent au quai de Polače en haute saison ; les ferries de Jadrolinija arrivent au port de Sobra, près du centre de l'île. L'entrée du **parc national de Mljet** (www.np-mljet.hr ; tarif plein/réduit 90/40 Kn) se situe entre Pomena et Polače. Le billet comprend le transfert en bus et bateau jusqu'au monastère bénédictin. Si vous passez la nuit sur l'île, vous ne paierez qu'une seule fois l'entrée du parc.

### Histoire

Les Grecs appelaient l'île Melita (miel), en raison des nombreuses abeilles qui bourdonnaient dans les forêts. Les marins hellènes accostaient à Melita pour s'abriter des tempêtes et s'approvisionner en eau de source. À cette époque, l'île était peuplée d'Illyriens, qui commerçaient avec le continent et érigèrent des forts dans les collines. Les Romains s'emparèrent de Mljet en 35 av. J.-C.et agrandirent la localité de Polače en construisant un palais, des thermes et des habitations pour les serviteurs.

Mljet tomba aux mains de l'Empire byzantin au VIe siècle, puis fut envahie par les Slaves et les Avars au VIIe siècle. Dominée pendant plusieurs siècles par le continent, elle fut ensuite cédée au XIIIe siècle aux Bénédictins, qui édifièrent un monastère au milieu du Veliko Jezero. Dubrovnik annexa l'île en 1410.

Bien que le sort de Mljet ait dès lors été lié à celui de Dubrovnik, les îliens conservèrent leurs activités traditionnelles – agriculture, viticulture, élevage et navigation –, qu'ils pratiquent toujours aujourd'hui, hormis pour la navigation. Si la création du parc national en 1960 a fait connaître Mljet, l'île n'est pas envahie et les visiteurs se cantonnent presque tous dans l'enclave touristique de Pomena. Si vous recherchez la tranquillité, vous la trouverez sans peine.

## À voir

Le **Malo Jezero** et le **Veliko Jezero**, deux lacs à la pointe ouest de l'île reliés par un chenal, constituent ses plus beaux sites. Le Soline kanal relie le Veliko Jezero à la mer, si bien que les deux lacs sont affectés par la marée.

Au milieu du Veliko Jezero, se dresse sur un îlot un **monastère bénédictin** de style roman du XIIe siècle ; maintes fois remanié, il comporte des éléments Renaissance et baroques et englobe l'**église Sainte-Marie** (Crkva Svete Marije). Les moines élargirent et approfondirent le chenal entre les lacs, tirant profit de l'afflux d'eau de mer pour alimenter un **moulin** à l'entrée du Veliko Jezero. Le monastère fut abandonné en 1869, puis le moulin hébergea le service local des Forêts jusqu'en 1941. Transformé plus tard en hôtel et fortement endommagé durant la guerre des années 1990, il accueille désormais le Melita, un beau restaurant onéreux.

De Mali Most (à environ 1,5 km de Pomena), au bord du Malo Jezero, un bateau part pour le monastère à chaque heure passée de 10 minutes. Il est impossible de faire le tour du Veliko Jezero, car il n'existe pas de pont sur le chenal reliant les lacs à la mer. Si vous décidez de le traverser à la nage, méfiez-vous des courants puissants.

Polače conserve plusieurs vestiges datant du Ier au VIe siècle. Le **palais romain**, le plus imposant, remonterait au Ve siècle ; il présente un plan rectangulaire, avec deux tours polygonales séparées par une jetée aux coins de la façade. Sur une colline au-dessus du village se dressent les restes d'antiques **fortifications**. Au nord-ouest du bourg, on trouve les ruines d'une **basilique** paléochrétienne et d'une **église** du Ve siècle.



## À faire

Louer un vélo (20/100 Kn par heure/jour) est une excellente façon d'explorer le parc national. Plusieurs enseignes, dont l'Hotel Odisej à Pomena, en proposent. Sachez qu'une colline abrupte sépare Pomena et Polače. Superbe, la piste cyclable longeant le lac est plus facile, mais elle ne relie pas les deux localités. **Radulj Tours** (☎091 88 06 543), à Polače, loue des voitures décapotables (260 Kn/5 heures) et des scooters (180 Kn/5 heures), de même que **Mini Brum** (☎745 084), qui possède également une agence à Sobra.

Vous pourrez louer une **barque** et ramer jusqu'au monastère, à condition d'en avoir l'énergie !

L'île offre quelques sites de **plongée** inhabituels. Une épave romaine du IIIe siècle gît à une profondeur relativement faible ; la coque du bateau et sa cargaison d'amphores se sont calcifiées au fil du temps, ce qui les a protégées du pillage. À noter aussi : un torpilleur allemand de la Seconde Guerre mondiale et plusieurs tombants. Contactez **Kronmar Diving** (☎744 022 ; Hotel Odisej).

## Circuits organisés

Les agences de Dubrovnik et de Korčula proposent des excursions à Mljet (390 et 245 Kn respectivement, entrée du parc comprise) – départ à 8h30 et retour à 18h.

## Où se loger

L'office du tourisme de Polače propose des hébergements chez l'habitant (à partir de 260 Kn la double), pour lesquels il est impératif de réserver en dehors de la haute saison. Les panneaux *sobe* (indiquant les chambres à louer) sont plus nombreux à Pomena qu'à Polače ; vous n'en verrez pratiquement aucun à Sobra. Les restaurants louent également des chambres.

**Stermasi** APPARTEMENTS €€€
(☎098 9390 362 ; Saplunara ; app 401-546 Kn ; P ❄). De l'"autre" côté de Mljet, ces 9 appartements sont parfaits pour profiter de la vie simple et de la beauté naturelle de l'île. Bien agencés, clairs et modernes, avec terrasse ou balcon, ils accueillent de 2 à 4 personnes. Les plages de sable se situent à deux pas et les charmants propriétaires peuvent organiser le transport. Les hôtes bénéficient d'une réduction de 20% dans l'excellent restaurant.

**Soline 6** ÉCO-HÔTEL €€
(☎744 024 ; www.soline6.com ; Soline ; d 546 Kn). Cet établissement écologique est le seul hébergement à l'intérieur du parc national. Entièrement en matériaux recyclés, il récupère l'eau de pluie et fabrique du compost avec les déchets organiques. Il possède des toilettes sèches et ne dispose pas de l'électricité (pour l'instant). Modernes et propres, les 4 studios comprennent chacun une sdb, un balcon et une cuisine.

**Hotel Odisej** COMPLEXE HÔTELIER €€€
(☎744 022 ; www.hotelodisej.hr ; Pomena ; d à partir de 580 Kn ; P ❄ @ ᯤ). Seul hôtel classique de Mljet, l'Odisej n'a rien d'enthousiasmant. Sans caractère, il évoque la Yougoslavie d'antan, avec un service maussade et un décor des années 1970. Mais les prix restent raisonnables et il ne semble jamais complet.

Également recommandés :

**Camping Mungos** CAMPING €
(☎745 300 ; www.mungos-mljet.com ; Babino Polje ; 52 Kn/pers ; ⌚mai-sept). Près de la plage et de la jolie grotte d'Ulysse, ce

camping possède un restaurant et une supérette. Service de change sur place.

**Marina** CAMPING €
(☎745 071 ; Ropa ; 25/47 Kn par pers/empl ; ⌚juin-sept). Un petit camping à Ropa, à 1 km du parc.

## Où se restaurer

Pomena offre le plus grand choix, avec une rangée d'établissements charmants en bord de mer. Les poissons et les fruits de mer tout frais, qui abondent, ne sont pas bon marché. La chèvre et l'agneau cuits "sous la cloche" (sous la braise) sont très prisés. Les plaisanciers peuvent s'amarrer gratuitement à n'importe quel restaurant à condition d'y déjeuner ou d'y dîner.

**Stermasi** CUISINE DALMATE €€€
(☎098 93 90 362 ; Saplunara ; plats 90-360 Kn). L'un des meilleurs restaurants de Dalmatie propose une cuisine savoureuse et authentique. Parmi les spécialités de la maison figurent des légumes, du poulpe ou du chevreau cuits "sous la cloche" (200/260/300 Kn respectivement) et du sanglier accompagné de gnocchis (360 Kn) qui peut satisfaire 4 convives. Vous pourrez aussi choisir un ragoût de poisson à la mode de Mljet. La terrasse offre une vue splendide sur les îlots de la baie de Saplunara.

**Melita** CUISINE CROATE €€
(www.mljet-restoranmelita.com ; île Sainte-Marie, Veliko Jezero ; plats à partir de 60 Kn). Sur l'îlot au milieu du grand lac, ce restaurant rattaché à l'église est l'endroit le plus romantique (et touristique) de l'île. Régalez-vous de poisson, de homard de Mljet, de poulpe, de viande, de risotto à l'encre de seiche et de fromages locaux.

**Konoba Ankora** CUISINE CROATE €€
(Polače ; plats à partir de 70 Kn). Le meilleur d'une rangée de restaurants en bord de mer, à Polače, avec quelques plats inscrits sur un tableau – agneau local grillé, gibier, chevreau et pêche du jour ; le *brodetto* (ragoût de fruits de mer) est excellent.

**Triton** GRILLADES €€
(☎745 131 ; Sršenovići 43, Babino Polje ; plats à partir de 70 Kn). Des plats de viande, dont du veau et du chevreau cuits "sous la cloche", et des alcools maison. Réservation demandée.

## Renseignements

L'**office du tourisme** (☎744 186 ; www.mljet.hr ; ⌚8h-13h et 17h-19h lun-sam, 9h-12h dim juin-sept, 8h-13h lun-ven oct-mai) se situe à Polače, à côté d'un DAB. Il vend de bonnes cartes de randonnée et fournit des brochures. Un autre DAB est installé dans l'Hotel Odisej à Pomena.

Babino Polje, la capitale de l'île, située à 18 km à l'est de Polače, abrite un autre **office du tourisme** (☎745 125 ; www.mljet.hr ; ⌚9h-17h lun-ven) et une poste.

## Comment s'y rendre et circuler

Les ferries de Jadrolinija ne s'arrêtent qu'à Sobra (32 Kn, 2 heures). Le **catamaran Melita** (☎313 119 ; www.gv-line.hr ; Vukovarska 34, Dubrovnik) fait escale à Sobra (22 Kn, 1 heure) et à Polače (50 Kn, 1 heure 30) en été ; il part du port de Gruž à Dubrovnik 2 fois/jour (à 9h15 et à 18h15), et revient de Polače à 16h, et de Sobra à 6h15 et 16h40. Il n'est pas possible de réserver pour ce service ; rendez-vous à la billetterie du port bien à l'avance en haute saison pour obtenir une place (les vélos ne sont généralement pas autorisés). En hiver, un seul catamaran circule chaque jour. Des bateaux touristiques vont de Korčula au port de Polače en haute saison.

Des bus peu fréquents relient Sobra à Polače.

# Cavtat

2 021 HABITANTS

Sans Cavtat, Dubrovnik n'existerait pas, du moins telle que nous la connaissons. En effet, ce sont les habitants de cette ancienne colonie grecque qui fondèrent la cité en 614, après avoir fui devant l'invasion des Slaves. Plus "authentique" que Dubrovnik (car moins envahie par les touristes), Cavtat se blottit autour d'un joli port ourlé de plages, au pied de hautes collines. Elle ne manque ni de charme ni de grâce.

### Histoire

Appelée Epidaurus par les Grecs, Cavtat fut conquise par les Romains vers 228 av. J.-C., puis détruite au VIIe siècle lors des invasions slaves. Au Moyen Âge, elle fut rattachée à la république de Raguse, dont elle partagea la vie économique et culturelle. Cavtat est la ville natale du célèbre peintre Vlaho Bukovac (1855-1922), l'un des chefs de file du modernisme croate.

## À voir

Quelques sites méritent la visite. Le **palais du Recteur** (☎478 556 ; Obala Ante Starčevića 18 ; tarif plein/réduit 10/5 Kn ; ⌚9h30-13h lun-ven), de style Renaissance, renferme une riche bibliothèque (qui appartenait jadis à Balthazar Bogišić, un juriste et historien du XIXe siècle), des lithographies et une petite collection archéologique. À côté, l'**église Saint-Nicolas** (Crkva Svetog Nikole ; 10 Kn ;

⏲10h-13h), de style baroque, possède d'imposants autels en bois.

La **maison natale de Vlaho Bukovac** (Rodna Kuća Vlahe Bukovca ; Bukovca 5 ; 20 Kn ; ⏲10h-13h et 16h-20h mar-sam, 16h-20h dim) se situe à l'extrémité nord d'Obala Ante Starčevića. Son architecture du début du XIXe siècle met en valeur les souvenirs et les œuvres du plus célèbre peintre croate. À côté, le **monastère de Notre-Dame-des-Neiges** (Samostan Snježne Gospe ; Bukovca) contient quelques belles peintures du début de la Renaissance.

Un sentier grimpe du monastère au cimetière, qui abrite le **mausolée** (5 Kn ; ⏲10h-12h et 17h-19h juil-août) de la famille Račić. Dessiné par Ivan Meštrović, ce monument élaboré reflète les préoccupations religieuses et spirituelles du sculpteur.

## Où se loger et se restaurer

Contactez Atlas ou une autre agence de voyages du centre-ville pour loger chez l'habitant.

**Castelletto** BED AND BREAKFAST €€
(☎478 246 ; www.dubrovnikexperience.com ; Tiha bb ; s/d 640/910 Kn ; P❄@📶🏊). Très bien tenu, ce B&B propose 13 chambres spacieuses et immaculées, meublées avec goût, dans une villa reconvertie. Toutes disposent de la TV satellite et de la climatisation, et beaucoup ont une vue dégagée sur la baie. L'établissement se tient dans un endroit paisible, à 10 min à pied du port par un joli sentier. Une petite piscine permet de se rafraîchir et le service est irréprochable. Wi-Fi et transferts gratuits pour l'aéroport.

**Hotel Major** HÔTEL RURAL €€€
(☎773 600 ; www.hrmajor.hr ; Uskoplje bb ; ste 893 Kn, plats à partir de 75 Kn ; P❄@📶🏊). À 5 min en voiture de Cavtat, ce petit hôtel campagnard offre 5 vastes suites d'un bon rapport qualité/prix, toutes avec climatisation, chauffage et vue sur la mer ou la montagne. Le personnel est charmant. L'excellent restaurant s'agrémente d'une immense terrasse ; la carte privilégie la cuisine dalmate (essayez le jarret de veau braisé). Nombreux vins servis au verre.

**Galija** POISSON €€
(www.galija.hr ; Vuličelićeva 1 ; plats à partir de 70 Kn). Établi de longue date, ce restaurant réputé comporte une terrasse face à la mer, ombragée par des pins, et une salle plaisante aux murs en pierres apparentes. Commencez par une entrée dalmate (telle la soupe aux oursins), puis régalez-vous de poisson ou d'un plateau de fruits de mer. Les prix élevés sont justifiés.

Le long du port, des cafés et des restaurants servent des repas classiques à des prix raisonnables.

## Renseignements

**Antares** (☎479 707 ; www.antarestravel.hr ; Vlaha Paljetka 2). Excursions et hébergements chez l'habitant.

**Atlas Travel Agency** (☎479 031 ; www.atlas-croatia.hr ; Trumbićev Put 2). Excursions et hébergements chez l'habitant.

**Office du tourisme** (☎479 025 ; www.tzcavtat-konavle.hr ; Tiha 3 ; ⏲8h-19h juil-août, 8h-15h30 lun-ven, 9h-12h sam sept-juin). De nombreuses brochures et une bonne carte en couleurs.

**Poste** (Kneza Domagoja 4 ; ⏲9h-18h30 lun-sam). Près de la gare routière.

## Depuis/vers Cavtat

De la gare routière de Dubrovnik, le bus n°10 part toutes les heures pour Cavtat (18 Kn, 45 min) ; le dernier revient vers minuit. Vous pourrez aussi prendre un bateau (80 Kn aller-retour, 12/jour juin-sept, 3-5/jour le reste de l'année) au quai de Lokrum, près de la porte Ploče.

# Jardin de Trsteno

À 13 km au nord-ouest de Dubrovnik, ce merveilleux jardin mérite le détour. Trsteno se développa au XVIe siècle, quand la noblesse de Dubrovnik commença à s'intéresser à l'ordonnancement de ses jardins. C'est ici qu'Ivan Gučetić sema les premières graines, lançant ainsi cette mode botanique.

Les descendants d'Ivan Gučetić ont entretenu le jardin au fil des siècles, jusqu'à ce que l'Académie des sciences (jadis yougoslave, aujourd'hui croate) prenne la propriété pour en faire un **arboretum** (☎751 019 ; tarif plein/réduit 30/15 Kn ; ⏲8h-19h juin-sept, 8h-16h oct-mai). Agencé selon un superbe plan Renaissance, le jardin arbore des formes géométriques, dessinées par des plantes et des arbustes méditerranéens (violet de la lavande, vert du romarin, fuchsia des bougainvillées), tandis que des vergers de citronniers parfument l'air. Seule une partie est paysagée, le reste étant laissé merveilleusement sauvage. Trsteno comprend un **labyrinthe**, qui fait la joie des enfants, une belle collection de palmiers et un **étang** ravissant, couvert de nénuphars et peuplé de grenouilles-taureaux, que domine une statue de Neptune. À l'entrée du village de

Trsteno, remarquez les deux **platanes** vieux de plus de 400 ans et hauts de quelque 50 m.

Le camping local, l'**Autocamp Trsteno** (☎751 060 ; www.trsteno.hr/camping.htm ; 26/20 Kn par pers/tente), bien équipé, possède un bar plaisant. Il se situe à 5 min à pied en redescendant la côte, à hauteur des anses rocheuses.

Pour rejoindre Trsteno, prenez n'importe quel bus (30 min, 19/jour) en direction de Split à la gare routière de Dubrovnik.

# ÎLE DE KORČULA

16 438 HABITANTS

Korčula est parsemée de vignes, d'oliveraies, de villages et de hameaux. En raison de ses bois touffus, les premiers colons grecs l'appelèrent Korkyra Melaina (Korčula la Noire). Sa principale bourgade, la ville de Korčula, compose un beau damier de rues pavées de marbre et de monuments imposants. Des criques paisibles et des petites plages ponctuent la côte sud escarpée, tandis que des ports naturels émaillent la côte nord, plus plate. La tradition demeure vivace à Korčula, avec d'antiques cérémonies religieuses, des danses et de la musique folkloriques, données devant un nombre croissant de touristes. Les œnophiles ne manqueront pas de goûter les vins, notamment le vin de dessert issu du *grk*, un cépage cultivé autour de Lumbarda.

Séparée de la péninsule de Pelješac par un étroit chenal, Korčula est la sixième plus grande île de l'Adriatique, avec presque 47 km de longueur.

### Histoire

Près de Vela Luka, à la pointe ouest de l'île, une grotte néolithique (Vela Špilja) a révélé l'existence d'une implantation préhistorique. Les Grecs commencèrent quant à eux à peupler l'île vers le VI^e^ siècle av. J.-C. Leur principale colonie fut fondée dans la région de l'actuelle Lumbarda vers le III^e^ siècle av. J.-C. Les Romains conquirent Korčula au I^er^ siècle, suivis par les Slaves au VII^e^ siècle, puis par les Vénitiens en l'an 1000. Korčula passa ensuite sous domination hongroise. Elle fit brièvement partie de la république de Raguse, avant de retomber aux mains des Vénitiens de 1420 à 1797. Durant cette période, l'île devint connue pour sa pierre, exploitée et taillée pour l'exportation. La construction navale prospéra également.

Après la conquête de la Dalmatie par Napoléon en 1797, le destin de Korčula suivit celui de la région, passant successivement aux mains des Français, des Austro-Hongrois et des Britanniques, puis rejoignant la Yougoslavie en 1921. Aujourd'hui, elle est en train de s'imposer comme l'une des îles croates les plus prospères et sa capitale historique attire un nombre croissant de visiteurs.

## Comment s'y rendre et circuler

### Bateau

L'île compte deux principaux ports d'accès : la ville de Korčula et Vela Luka. Tous les ferries de Jadrolinija qui relient Split à Dubrovnik font escale à la ville de Korčula.

Divers bateaux circulent entre Split et Korčula. Tous les jours de l'année, un bateau rapide, le **Krilo** (www.krilo.hr), relie Split à Korčula (55 Kn, 2 heures 45), en faisant escale à Hvar. De juin à septembre, un catamaran de Jadrolinija effectue chaque jour la traversée de Split à Vela Luka (60 Kn, 2 heures) ; il s'arrête à Hvar et continue jusqu'à Lastavo. L'après-midi, un car-ferry se rend régulièrement de Split à Vela Luka (45 Kn, 3 heures) ; il fait escale à Hvar presque tous les jours (les voitures ne peuvent pas débarquer à Hvar).

De la péninsule de Pelješac, des bateaux relient régulièrement Orebić et Korčula. Des vedettes (15 Kn, 10 min, 13/jour juin-sept, au moins 5/jour le reste de l'année) desservent le centre de la ville de Korčula. Des car-ferries (17 Kn, 15 min, au moins 14/jour toute l'année) effectuent le même parcours, mais accostent au port plus profond de Dominče, à 3 km de la ville de Korčula. Les liaisons de bus étant peu fréquentes et les taxis pratiquant des tarifs abusifs (80 Kn les trajet de 3 km), utilisez plutôt les vedettes si vous ne disposez pas d'un véhicule.

### Bus

Des bus desservent Dubrovnik (85 Kn, 3 heures, 1-3/jour) et Zagreb (239 Kn, 11 heures, 1/jour). Réservez en été.

## Ville de Korčula

3 135 HABITANTS

La ville de Korčula laisse pantois. Entourée d'imposants remparts, cette citadelle côtière, chargée d'histoire, a des rues en marbre jalonnées de monuments Renaissance et gothique. Son plan en arête de poisson fut soigneusement conçu pour le confort et la sécurité des habitants : les rues orientées à l'ouest sont rectilignes afin que le *maestral* (vent fort) rafraîchisse la ville en été, tandis que celles orientées vers l'est sont incurvées pour affaiblir le souffle de la bora (vent froid) en hiver. La cité se niche autour

## Ville de Korčula

d'un port, que surplombent de rondes tours défensives et des maisons aux toits rouges ombragées de palmiers.

Plusieurs plages prisées par les familles sont facilement accessibles à pied. Si vous recherchez la tranquillité, mieux vaut continuer jusqu'à des grèves plus isolées. La ville de Korčula constitue le meilleur point de départ pour des excursions d'une journée à Lumbarda, à l'îlot de Badija, à Orebić sur la péninsule de Pelješac et à l'île de Mljet.

### Histoire

Si des documents indiquent l'existence d'une ville fortifiée à cet endroit dès le XIIIe siècle, la cité actuelle fut bâtie au XVe siècle. Sa construction coïncida avec l'apogée de la sculpture sur pierre à Korčula, qui a donné aux monuments et aux rues leur style particulier. Au XVIe siècle, les maçons ajoutaient aux façades des éléments décoratifs, comme des colonnes ornementées et des armoiries, conférant une allure Renaissance aux bâtiment gothiques. Les habitants commencèrent à construire des maisons au sud de la vieille ville aux XVIIe et XVIIIe siècles, alors que la menace d'invasion s'atténuait et qu'ils n'éprouvaient plus le besoin de se protéger à l'intérieur

### Ville de Korčula

**Les incontournables**

| | | |
|---|---|---|
| | Remparts | B3 |
| | Cathédrale Saint-Marc | C2 |
| | Musée de la Ville | C3 |

**À voir**

| | | |
|---|---|---|
| 1 | Église de Tous-les-Saints | D3 |
| 2 | Palais Arneri | C2 |
| 3 | Musées des Icônes | D3 |
| 4 | Tour Kula Kanovelić | C1 |
| 5 | Grande tour du Gouverneur | B3 |
| 6 | Musée Marco Polo | D2 |
| | Musée de la Moreška | (voir 10) |
| 7 | Musée Riznica | C3 |
| 8 | Petite tour du Gouverneur | B3 |
| 9 | Tour de la porte maritime ouest | B2 |
| 10 | Tour Veliki Revelin | C4 |

**Activités**

| | | |
|---|---|---|
| 11 | Rent a Đir | C4 |

**Où se loger**

| | | |
|---|---|---|
| 12 | Hotel Korčula | B2 |
| 13 | Lešic Dimitri Palace | D2 |

**Où se restaurer**

| | | |
|---|---|---|
| 14 | Buffet-Pizzeria Doris | B5 |
| 15 | Cukarin | B5 |
| 16 | Gradski Podrum | C3 |
| 17 | Konoba Komin | C3 |
| 18 | Konoba Marinero | D3 |
| 19 | LD | D2 |
| 20 | Supermarché | C4 |

**Où prendre un verre**

| | | |
|---|---|---|
| 21 | Cocktail Bar Massimo | C1 |
| 22 | Vinum Bonum | B5 |

**Où sortir**

| | | |
|---|---|---|
| 23 | Moreška (danse du sabre) | B3 |

des remparts. Ce nouveau faubourg, aux ruelles étroites et aux maisons de pierre, attira des marchands et des artisans ; il est resté le cœur des activités commerciales.

## À voir

**Fortifications** OUVRAGES DÉFENSIFS

Particulièrement imposantes depuis la mer, les tours de Korčula (et les remparts qui subsistent) visaient à dissuader les pirates de toute tentative d'agression. À l'origine, les fortifications formaient une barrière continue, avec 12 tours et des murs hauts de 20 m.

À partir du port ouest, la **grande tour du Gouverneur** (1483), conique, et la **petite tour du Gouverneur** (1449) protégeaient le port, les navires et le palais du Gouverneur, qui se dressait près de l'hôtel de ville. En continuant dans le sens des aiguilles d'une montre le long de la péninsule de la vieille ville, la **tour de la Porte maritime ouest** arbore une inscription en latin de 1592, précisant que Korčula fut fondée après la chute de Troie. On arrive ensuite à la **tour Kula Kanovelić**, semi-circulaire, surmontée de créneaux et rénovée, puis à une tour plus petite, aujourd'hui occupée par le Cocktail Bar Massimo.

La **tour Veliki Revelin**, la porte sud côté terre, donne accès à la vieille ville. Érigée au XIV<sup>e</sup> siècle et agrandie par la suite, elle arbore les armoiries des doges vénitiens et des gouverneurs de Korčula. Elle comportait jadis un pont-levis en bois, remplacé au XVIII<sup>e</sup> siècle par de larges marches en pierre qui ajoutent à la majesté de l'entrée. La section supérieure de la tour abrite un petit **musée** (15 Kn ; 9h-21h juin-sept, 10h-16h mai et oct, fermé le reste de l'année) dédié à la danse traditionnelle *moreška* ; il présente quelques costumes et de vieilles photos. Les plus beaux vestiges des remparts s'étendent à l'ouest de cette tour.

**Cathédrale Saint-Marc** CATHÉDRALE

(Katedrala Svetog Marka ; Statuta 1214 ; 9h-21h juil-août, pour la messe seulement sept-juin). Dominant Trg Svetog Marka (place Saint-Marc), la splendide cathédrale saint-Marc fut construite au XV<sup>e</sup> siècle avec la pierre calcaire de Korčula dans le style gothique-Renaissance par des artisans locaux et italiens. Au-dessus de l'imposant portail, deux sirènes, un éléphant et d'autres sculptures décorent le gable. Une balustrade et une coupole, superbement sculptées par Marko Andrijić, originaire de Korčula, surmontent le haut **clocher** élancé.

À l'intérieur de la cathédrale, la nef, haute de 30 m, est bordée d'une double colonnade de piliers calcaires. Remarquez le tabernacle, également sculpté par Andrijić, et, derrière, le retable *Les Trois Saints*, œuvre du Tintoret. Autre peinture attribuée au Tintoret ou à son atelier, *L'Annonciation* surplombe l'autel baroque de saint Antoine. Parmi les autres œuvres remarquables, citons un bronze de saint Blaise, réalisé par Meštrović, près de l'autel du bas-côté nord, et une peinture du Vénitien Jacopo Bassano dans l'abside du bas-côté sud. Une pietà d'Ivan Meštrović figure parmi les sculptures modernes du **baptistère**.

**Musée de la Ville** MUSÉE

(Gradski Muzej ; Statuta 1214 ; 15 Kn ; 9h-21h juin-août, 9h-13h lun-sam sept-mai). Aménagé dans le palais Gabriellis du XVI^e siècle, ce musée retrace l'histoire et la culture de Korčula à travers les âges. Si son organisation laisse à désirer, il renferme en revanche d'intéressantes curiosités dans ses 4 étages, dont une tablette rappelant la présence grecque sur l'île au III^e siècle av. J.-C. Le développement de la taille de la pierre est évoqué à travers des sculptures et des outils de maçon. La section consacrée à la construction navale présente des maquettes de bateaux locaux. Une section archéologique comprend des objets préhistoriques, quelques costumes et œuvres d'art traditionnels de Korčula, des meubles, des textiles et des portraits. Explications en anglais.

Avant de quitter la place, admirez l'élégant **palais Arneri**, qui jouxte le musée et s'étend à l'ouest le long de la ruelle du même nom.

**Musée Marco Polo** MUSÉE DANS UNE TOUR

(De Polo ; 15 Kn ; 9h-19h juin-sept, 10h-16h mai et oct). Marco Polo serait né à Korčula en 1254 et, si de nombreuses villes revendiquent cet honneur, des éléments semblent prouver cette assertion. Ce petit musée est aménagé dans la tour étroite de la maison supposée du grand voyageur. Il présente des cartes correspondant à ses voyages, ainsi que des portraits et des bustes. La vue constitue sans doute le principal attrait du musée. Grimpez les marches très raides pour découvrir un panorama sur la péninsule de Korčula et l'Adriatique. L'escalier est dangereux pour les enfants.

**Musée Riznica** ART

(Statuta 1214 ; 15 Kn ; 9h-19h30 lun-sam mai-nov). Installé dans le palais de l'Abbaye du XIV^e siècle, le musée Riznica comprend une antichambre avec une collection d'icônes et une salle consacrée à l'art dalmate avec une excellente sélection de peintures des XV^e et XVI^e siècles, dont un splendide polyptyque – *La Vierge*, de Blaž Trogiranin. Il présente également des objets liturgiques, des bijoux, des meubles et des documents anciens relatifs à l'histoire de Korčula.

**Musée des Icônes et église** MUSÉE

(Trg Svih Svetih ; 10 Kn ; 10h-12h et 17h-19h lun-sam). Le modeste musée des Icônes possède une petite collection d'icônes byzantines, peintes sur bois doré, et des objets rituels des XVII^e et XVIII^e siècles. Le billet donne accès à la superbe **église de Tous-les-Saints** (Crkva Svih Svetih), juste à côté. Ce sanctuaire baroque du XVIII^e siècle abrite un jubé en bois sculpté et peint du XV^e siècle, une pietà de la fin du XVIII^e siècle et de nombreuses peintures religieuses d'artistes locaux.

## À faire

D'excellents sentiers cyclables et de randonnée sillonnent les alentours de Korčula. Procurez-vous une carte de l'île à l'office du tourisme ou à Kantun Tours, qui loue des vélos pour 100 Kn/jour. **Rent a Đir** (711 908 ; www.korcula-rent.com ; Biline 5) loue des scooters (291 Kn/24 heures) et des bateaux (580 Kn/jour). La jolie ville d'Orebić, située en face, sur la péninsule de Pelješac, offre une belle plage et d'agréables sentiers de randonnée. Elle mérite une visite.

En été, des bateaux-taxis proposent des circuits à l'**île de Badija**, qui possède un monastère franciscain du XV^e siècle et une plage naturiste.

## Circuits organisés

Des agences de voyages organisent la visite de l'île, des excursions à Mljet et des sorties à VTT (195 Kn), en kayak de mer et de snorkeling (220 Kn).

## Fêtes et festivals

Lors de la **Semaine sainte**, du dimanche des Rameaux jusqu'à Pâques, des confréries religieuses locales organisent des cérémonies et des processions en costumes traditionnels. Les habitants entonnent des chants et des hymnes médiévaux, des épisodes bibliques sont mis en scène et les portes de la ville sont bénies. Les processions les plus solennelles ont lieu le Vendredi saint, quand toutes les confréries défilent dans les rues. L'office du tourisme vous indiquera le programme des événements.

## Où se loger

De nombreux hôtels de Korčula sont de grands complexes massifs ; ceux cités ici sont tous corrects. Les pensions offrent plus d'intimité. L'Atlas Travel Agency et Marko Polo Tours offrent des chambres chez l'habitant (à partir de 250 Kn en haute saison).

**Lešić Dimitri Palace** HÔTEL DE CHARME €€€

(715 560 ; www.lesic-dimitri.com ; Don Pavla Poše 1-6 ; app 2 731-8 741 Kn ; ). Un établissement unique et extraordinaire (y compris pour les prix). Aménagées dans plusieurs maisons de ville, les six "résidences" offrent des standards très élevés.

## LA DANSE DES SABRES MOREŠKA

L'une des traditions les plus pittoresques de Korčula, la danse des sabres *moreška*, sans doute d'origine espagnole, remonte au XVe siècle. Actuellement, elle n'est plus exécutée que sur l'île. Cette danse conte l'histoire de deux souverains, le roi Blanc (vêtu de rouge) et le roi Noir, qui s'affrontent pour une princesse que le roi Noir a enlevée. Dans l'introduction parlée, la belle déclare son amour pour le roi Blanc, mais le roi Noir refuse de la libérer. Les deux armées dégainent leurs sabres et, accompagnées par des musiciens, simulent le combat au fil d'une chorégraphie complexe. Traditionnellement présentée le 29 juillet, jour de la fête de la ville de Korčula, la *moreška* est désormais dansée par des habitants enthousiastes chaque lundi et jeudi soir, de juin à septembre, devant la porte sud.

Des danses *kumpanija* sont également régulièrement organisées à Pupnat, Smokvica, Blato et Čara ; elles symbolisent aussi un combat entre deux armées rivales et culminent avec le déploiement d'un immense drapeau. Elles se déroulent au son du *mišnice* (une sorte de cornemuse) et des percussions.

Toutes sont nommées d'après les voyages de Marco Polo et reflètent subtilement les caractéristiques des différents pays. Aucun détail n'est oublié – iPod, sdb en marbre, machines à expresso – et les éléments d'origine – poutres apparentes, murs et dalles en pierre – ajoutent au sentiment d'exclusivité. Le restaurant est le meilleur de la ville.

**Hotel Bon Repos** COMPLEXE HÔTELIER €€
(☎726 800 ; www.korcula-hotels.com ; d 524 Kn ; P@≋⛹). Sur la route de Lumbarda, cet immense hôtel possède un jardin soigné, une grande piscine surplombant une petite plage et des courts de tennis – entre autres équipements de qualité. Les chambres offrent un bon rapport qualité/prix. Un service de bateaux-taxis dessert la ville de Korčula, à 30 min de marche.

**Hotel Liburna** COMPLEXE HÔTELIER €€€
(☎726 006 ; www.korcula-hotels.com ; Put Od Luke 17 ; d à partir de 815 Kn ; P@≋⛹). Ce vaste hôtel propose des chambres banales, avec une vue superbe sur la mer pour la plupart, une piscine et des courts de tennis. Possibilité de faire de la planche à voile depuis une plage en béton.

**Hotel Korčula** HÔTEL HISTORIQUE €€€
(☎711 078 ; www.hotelkorcula.com ; Obala Franje Tuđmana 5 ; s/d 720/960 Kn ; P). Superbement située sur le port ouest, cette enseigne aurait malheureusement bien besoin d'une rénovation. Choisissez votre chambre avec soin car certaines disposent de petites fenêtres avec une vue limitée sur la baie. Le décor date des années 1960. Ni climatisation ni ascenseur.

**Villa DePolo** PETITS BUDGETS €
(☎711 621 ; tereza.depolo@du.t-com.hr ; Svetog Nikole bb ; d 330 Kn ; ❄📶). Cette excellente adresse pour les petits budgets loue des petites chambres (et des appartements) modernes aux couleurs sourdes, avec des lits confortables – une chambre avec terrasse et vue splendide. L'emplacement est excellent, non loin de la vieille ville et de la gare routière. Les chambres se transforment facilement pour accueillir 2, 4 ou 6 personnes. Supplément en été pour les courts séjours.

**Pansion Hajduk** PENSION €
(☎711 267 ; olga.zec@du.t-com.hr ; d à partir de 430 Kn ; ❄≋⛹). À 2 ou 3 km de la ville, sur la route de Lumbarda, cette pension accueillante comprend des chambres avec climatisation et TV, une piscine, des balançoires et un restaurant correct.

**Ojdanić** PENSION €
(☎091 51 52 555 ; www.korcula-roko.com ; app à partir de 420 Kn ; ❄). À 3 min à pied de la vieille ville le long du port, l'Odjanić offre 2 appartements propres, très simples et peu chers : l'"Ela", un studio, et le "Roko", qui peut accueillir une famille avec 2 jeunes enfants et offre une terrasse avec vue sur le continent. Le propriétaire, qui possède un bateau-taxi, propose des sorties de pêche.

L'**Autocamp Kalac** (☎711182 ; www.korculahotels.com ; 54/48 Kn par pers/empl; ⏲mai-oct), un grand camping avec des courts de tennis à 30 min de marche de la vieille ville, bénéficie d'un emplacement séduisant dans une pinède touffue au bord d'une plage étroite. Il peut être bondé en été.

À 10 km à l'ouest de la ville près de Račišće, trois petits campings offrent plus d'intimité et l'accès à des plages peu fréquentées. Ils ouvrent de juin à la mi-septembre et facturent environ 90 Kn/personne, tente et voiture comprises : **Kamp Oskorušica**

(☎710 747), **Kamp Tri Žala** (☎721 244 ; trizala@vip.hr) et **Kamp Vrbovica** (☎721 311).

## Où se restaurer

Vous trouverez des produits de base et de quoi faire un pique-nique au supermarché.

**LD** CUISINE MÉDITERRANÉENNE MODERNE €
(☎715 560 ; www.lesic-dimitri.com ; Don Pavla Poše 1-6 ; plats à partir de 45 Kn). Le meilleur restaurant de Korčula se distingue par une carte moderne et des plats bien préparés. Commencez par des *crostini* garnis de délicieux produits méditerranéens (8 Kn/portion), puis continuez par un ragoût épicé de saucisse slavonne, un bar, de l'agneau de Pag ou un carpaccio de thon fumé. Le sommelier vous conseillera un vin croate (servi au verre) pour chaque plat. Le cadre est superbe, avec des tables au-dessus de l'eau. Un excellent rapport qualité/prix.

**Konoba Komin** CUISINE DALMATE €
(☎716 508 ; Don Iva Matijace ; plats à partir de 45 Kn). Cette *konoba* plaisante a de faux airs médiévaux avec son *komin* (brasier) où rôtissent des viandes, ses murs en pierre et ses robustes tables en bois. La carte, simple et délicieuse, comprend de l'agneau, du gibier, du poisson et des moules (en saison) superbement préparés, ainsi que des vins locaux. Peu de tables, mieux vaut réserver.

**Konoba Maslina** CUISINE DALMATE €
(Lumbarajska cesta bb ; plats à partir de 50 Kn). Cet établissement traditionnel propose une bonne cuisine campagnarde dans un cadre rustique. Le chef vous aidera à choisir parmi les plats de poisson, d'agneau ou de veau, et les jambons et fromages locaux. À 3 km de la ville sur la route de Lumbarda.

**Konoba Marinero** PRODUITS DE LA MER €€
(Marka Andrijića ; plats à partir de 50 Kn). Un *konaba* familial, sympathique et chaleureux, décoré sur le thème de la mer. Les fils pêchent les poissons, que les parents préparent suivant des recettes traditionnelles.

**Cukarin** TRAITEUR €
(Hrvatske Bratske Zajednice ; gâteaux à partir de 10 Kn). De délicieuses spécialités de Korčula comme le *klajun* (pâtisserie aux noix) et l'*amareta* (gâteau rond aux amandes), des vins, des confitures et de l'huile d'olive provenant de l'île.

**Gradski Podrum** CROATE €€
(Kaporova ; plats à partir de 70 Kn). Dans la vieille ville, un restaurant plein de charme qui sert un excellent ragoût de poisson à la mode locale.

**Buffet-Pizzeria Doris** RESTAURANT €
(Tri Sulara ; plats à partir de 40 Kn). Sans prétention, il offre un peu de tout – pâtes, pizzas, fruits de mer, steaks, et savoureuses assiettes de légumes grillés.

## Où prendre un verre

**Vinum Bonum** BAR À VIN
(Punta Jurana 66 ; ⌚11h-14h et 18h-24h). Dans une petite rue piétonne près du port, vous goûterez les meilleurs vins de l'île (éventuellement au verre) et des en-cas damaltes – fromage de chèvre, jambon...

**Dos Locos** BAR
(Šetalište Frana Kršinića 14). Rendez-vous de la jeunesse de Korčula, avec du R&B en fond sonore et des clips projetés sur un mur. Juste derrière la gare routière.

**Cocktail Bar Massimo** BAR DANS UNE TOUR
(Šetalište Petra Kanavelića). Dans ce bar, installé dans une tourelle et accessible par une échelle, les boissons sont transportées par des poulies ! La vue sur la côte et la cathédrale vaut mieux que les cocktails, quelconques. Les enfants ne sont pas admis.

## Où sortir

En été, tout visiteur finit par assister à la **danse des épées moreška** (p. 267), exécutée à 21h le lundi et le jeudi de juin à septembre, près de la porte de la vieille ville. Les billets (100 Kn) sont en vente sur place et dans les agences de voyages. Les danses *kumpanija*, que l'on peut découvrir dans les villages de Pupnat, de Smokvica, de Blato et de Čara, méritent le détour – vous devrez disposer d'un moyen de transport.

## Renseignements

La ville compte plusieurs DAB, dont un à la HVB Splitska Banka. La poste et les agences de voyages changent les devises.

**Atlas Travel Agency** (☎711 231 ; atlas-korcula@du.htnet.hr ; Trg 9 Travnja bb). Représente American Express, organise des excursions et offre des hébergements chez l'habitant.

**Hôpital** (☎711 137 ; Kalac bb). À 1 km après l'Hotel Marko Polo.

**Kantun Tours** (☎715 622 ; www.kantun-tours.com ; Plokata 19 Travnja bb). Sans doute l'agence la plus grande et la mieux organisée. Hébergements chez l'habitant, nombreuses excursions, location de voitures, billets de bateau, accès Internet (25 Kn/h) et consigne.

**Office du tourisme** (☎715 701 ; www.korcula.net ; Obala Franje Tuđmana 4 ; ⌚8h-15h et 17h-20h lun-sam, 9h-13h dim juil-août, 8h-14h lun-sam sept-juin). Sur le port ouest, une excellente source d'information.

**PC Centrar Doom** (Obvjeknik Vladimir DePolo). Accès Internet (25 Kn/h) et appels internationaux à petits prix.

**Poste** (Trg Kralja Tomislava)

### Depuis/vers Korčula

Pour des informations sur les transports depuis/vers la ville de Korčula, reportez-vous p. 263. Une **agence de Jadrolinija** (☎715 410) est implantée à 25 m du port ouest.

## Lumbarda

Entouré de vignobles et de criques, Lumbarda est un village détendu construit autour d'un port à la pointe sud-est de l'île. Le sol sablonneux convient aux vignes et le cépage *grk* donne un vin réputé. Au XVIe siècle, des aristocrates de Korčula firent construire des résidences estivales aux alentours de Lumbarda, qui demeure une retraite bucolique. Le village possède des petites plages de sable. La belle plage de Plaza Pržina s'étend de l'autre côté des vignobles, derrière le supermarché.

### Où se loger et se restaurer

Plusieurs petits campings bon marché jalonnent la colline au-dessus de l'arrêt des bus.

**Zure** HÔTEL RURAL €€
(☎712 008 ; www.zure.hr ; app à partir de 590 Kn ; mai-nov ; P). Ce merveilleux *agroturizam* se tient dans un endroit tranquille. Il comprend 2 appartements modernes bien équipés et une petite maison, tous avec terrasse. Le domaine produit des vins *grk* et *plavac mali*, du fromage et du jambon séché. Le restaurant (plats à partir de 70 Kn) sert des poissons et des fruits de mer ; essayez la *buzara*.

**Pansion Marinka** HÔTEL RURAL €
(☎712 007 ; marinka.milina-bire@du.t-com.hr ; d 380 Kn ; mai-nov). Cette ferme en activité possède un vignoble et des hébergements attrayants, récemment rénovés (chambres doubles et 3 appartements). Le cadre rural est charmant et la plage, accessible à pied. Les propriétaires produisent des vins, de l'huile d'olive et du fromage excellents, et fument eux-mêmes le poisson qu'ils pêchent.

**Hotel Borik** HÔTEL €€
(☎712 215 ; www.hotelborik.hr ; d 720 Kn ; P). Cet hôtel compte 23 chambres rénovées aux lignes épurées, modernes et chics, toutes avec climatisation et TV satellite – davantage de chambres dans une grande annexe. En retrait de la rue sur une petite colline du centre-ville, l'hôtel a une charmante terrasse. Location de vélos.

### Renseignements

L'**office du tourisme** (☎/fax 712 005 ; www.lumbarda.hr ; 8h-12h et 16h-20 mi-juin à août, horaires réduits le reste de l'année) vous trouvera un hébergement.

### Depuis/vers Korčula

Dans la ville de Korčula, des bateaux-taxis attendent au port est les passagers pour Lumbarda. Des bus desservent Lumbarda (10 Kn, 15 min) toutes les heures jusqu'au milieu de l'après-midi ; ils ne circulent pas le dimanche.

## Vela Luka

Joli petit port naturel, Vela Luka se situe près de la pointe ouest de Korčula, parmi des collines couvertes d'oliviers. Si des criques invitent à la baignade, la ville ne compte pas de plage. Des petits bateaux rallient les îles idylliques de Proizd et d'Osjak (p. 270).

La production et la vente d'huile d'olive sont vitales pour l'économie locale, tout autant que le tourisme et la pêche.

### À voir et à faire

Flâner le long du port est toujours plaisant, malgré l'absence de site notoire. Vous pourrez explorer la grande grotte néolithique de **Vela Špilja**, indiquée depuis le centre, et qui surplombe la ville et le port. L'entrée est fermée la majeure partie de l'année, mais l'office du tourisme vous donnera la clé. La grotte contient des explications en anglais et en croate.

À 2 km à l'est de Vela Luka, sur la nationale, un nouveau **musée de l'Huile d'olive** (20 Kn ; juin-sept) présente des pressoirs à olives restaurés et des instruments en osier, et vend une huile de qualité.

Gradina, une jolie baie à 5 km au nord-ouest de Vela Luka, est prisée des plaisanciers. À défaut de plage, elle est baignée par une eau peu profonde et possède un excellent restaurant. Vous devrez être motorisé pour rejoindre Gradina.

### Où se loger et se restaurer

Le groupe **Hum Hotels** (www.humhotels.hr) possède plusieurs adresses dans la région.

**Hotel Korkyra** HÔTEL DE LUXE €€
(☎601 000 ; www.hotel-korkyra.com ; Obala 3 ; d/ste 626/918 Kn ; P). Entièrement

rénové, cet hôtel comporte 58 chambres luxueuses au décor contemporain et aux sdb dernier cri. Les espaces de réception sont tout aussi élégants, avec meubles et éclairages raffinés. Une belle salle de sport avec vue sur la baie, une piscine à l'arrière et un bon restaurant complètent l'offre, d'un excellent rapport qualité/prix.

**Hotel Dalmacija** HÔTEL €€
(☎812 022 ; www.humhotels.hr ; Obala bb ; ch 526 Kn). Un petit deux-étoiles sur le front de mer, avec 14 chambres modernes aux agréables couleurs méditerranéennes, dotées de balcons donnant sur le large.

**Camp Mindel** CAMPING €
(☎813 600 ; www.mindel.hr ; 28/25 Kn par adulte/tente ; ⏲mai-sept). Un camping compact et peu cher à 5 km à l'ouest de la ville, idéal pour les marches dans la campagne. Desservi par aucun bus.

♥ **Konoba Šiloko** POISSON €€
(Gradina ; plats à partir de 50 Kn). Dans la baie de Gradina, à 5 km à l'ouest de la ville, ce superbe restaurant de poisson, tenu par une famille sympathique, est très prisé des plaisanciers. Sur la carte alléchante figurent, entre autres, du poisson grillé, du homard, du risotto à l'encre de seiche, des moules, de l'agneau de Korčula et du fromage de Pag. Des tables surplombent la mer et les îles.

**Nautica** CUISINE INTERNATIONALE €
(Obala 2 ; plats à partir de 35 Kn ; @📶). Cet agréable café/restaurant comprend une superbe terrasse sur le port. Sa carte à prix doux propose notamment des *burritos*, du poisson, des salades et de bonnes pizzas.

## ℹ Renseignements

**Atlas Travel Agency** (☎812 078 ; www.atlas-velaluka.com ; Obala 3). Sur le quai ; trouve des hébergements et offre un accès Internet (25 Kn/h).

**Office du tourisme** (☎/fax 813 619 ; www.tzvelaluka.hr ; Ulica 41 ; ⏲8h-14h et 17h-20h lun-ven, 9h-12h sam juin-sept, 8h-14h lun-ven oct-mai). Au bord de l'eau, avec un personnel serviable.

## ℹ Depuis/vers Lumbarda

Pour des informations sur les transports depuis/vers Vela Luka, reportez-vous p. 263.

# PÉNINSULE DE PELJEŠAC

L'étroite péninsule de Pelješac se distingue par son ambiance détendue, sa chaîne de montagnes escarpées, ses vastes vallées et ses criques idylliques. Cet endroit merveilleux ne compte qu'une petite station balnéaire.

VAUT LE DÉTOUR

### DES ÎLES IDYLLIQUES

Pour lézarder sur la plage, rien ne vaut les îles de **Proizd** et d'**Osjak**. L'eau bleue transparente et les pierres blanches de Proizd éblouissent, tandis qu'Osjak, plus grande, est réputée pour ses forêts. N'oubliez pas votre écran solaire, car l'ombre est rare. Les deux îles ont des restaurants à prix doux. En juillet-août, plusieurs petits bateaux partent de Vela Luka le matin et reviennent dans l'après-midi.

## Orebić

1 954 HABITANTS

Sur la côte sud de la péninsule de Pelješac, Orebić possède les plus belles plages de Dalmatie du Sud, dans des criques sablonneuses bordées de pins et de tamaris. À 2,5 km de la ville de Korčula, elle est parfaite pour une excursion d'une journée ou un séjour alternatif. Outre les plaisirs de la plage, vous pourrez effectuer de belles balades sur le mont Ilija (961 m) et aux alentours, et visiter quelques églises et musées. Le mont Ilija protège la ville des vents du nord, permettant à la végétation de s'épanouir. La température est généralement un peu plus élevée qu'à Korčula ; le printemps arrive plus tôt et l'été s'achève plus tard.

### Histoire

Orebić et la péninsule de Pelješac furent rattachées à Dubrovnik en 1333, après avoir été achetées à la Serbie. Jusqu'au XVIe siècle, la ville s'appelait Trstenica, du nom de sa baie orientale, et fut un important centre maritime. Le nom d'Orebić vient d'une riche famille de navigateurs qui, en 1658, construisirent une citadelle pour se défendre des Turcs. Des demeures de capitaines, entourées de jardins exotiques, embellissent toujours la région. L'activité navale atteignit son apogée aux XVIIIe et XIXe siècles, quand Orebić était le siège d'une des plus grandes compagnies maritimes de l'époque : l'Associazione Marittima di Sabioncello. Avec le déclin de la navigation, la ville commença à s'intéresser au tourisme.

## À voir et à faire

Les vedettes et les ferries de Korčula accostent à quelques pas de l'office du tourisme et de l'arrêt des bus. La principale rue commerçante, Bana Josipa Jelačića, court parallèlement au port.

**Trstenica** PLAGE

Une plage étroite s'étend à l'ouest du quai. Celle de Trstenica, à 700 m à l'est des quais, est bien plus plaisante : un large croissant de sable et de jolis galets, ourlé de grands arbres et baigné d'une eau turquoise.

**Musée maritime** MUSÉE

(Obala Pomoraca ; 10 Kn ; 10h-12h et 17h-20h lun-sam mai-oct, horaires réduits en hiver). À côté de l'office du tourisme, ce musée mérite le coup d'œil pour ses peintures marines, ses instruments de navigation et ses objets préhistoriques mis au jour dans le site proche de Majsan.

**Balades** RANDONNÉE

Orebić est une excellente destination pour la randonnée ; procurez-vous la carte (gratuite) des chemins à l'office du tourisme. Un sentier conduit à travers les pinèdes de l'Hotel Bellevue jusqu'à un **monastère franciscain** (10 Kn ; 15h-20h lun-ven) du XVe siècle, sur une crête à 152 m au-dessus de la mer. De là, les patrouilles de Dubrovnik pouvaient surveiller les navires vénitiens ancrés à Korčula et signaler les mouvements suspects. Le village de **Karmen**, près du monastère, est le point de départ pour des marches vers de pittoresques villages dans les hauteurs et pour l'ascension plus ardue du **mont Ilija**, massif gris et dénudé dominant Orebić ; au sommet, vous découvrirez une vue panoramique sur la côte. Sur une colline à l'est du monastère, l'**église Notre-Dame-de-Karmen** (Gospa Od Karmena) côtoie d'immenses cyprès, une **loggia** baroque et les **ruines** d'un château ducal.

## Où se loger et se restaurer

L'office du tourisme et Orebić Tours proposent des chambres (à partir de 170 Kn/pers), des studios et des appartements.

À l'ouest de la ville, quelques complexes hôteliers modernes sont gérés par **HTP Orebić** (www.orebic-htp.hr).

**Hotel Indijan** HÔTEL €€€

714 555 ; www.hotelindijan.hr ; Škvar 2 ; s/d 735/1 245 Kn ; P❄@📶≋). Bien conçu, ce nouvel hôtel possède des chambres modernes parfaitement équipées avec, pour certaines, un balcon et la vue sur l'Adriatique jusqu'à Korčula. Une petite piscine chauffée, dotée d'un toit rétractable, est accessible toute l'année. Circuits dans les vignobles. Service irréprochable.

**Glavna Plaža** CAMPING, APPARTEMENTS €

(713 399 ; www.glavnaplaza.com ; Trstenica ; camping 29/22 Kn par adulte/empl, app 375-885 Kn ; avr-sept). Ce petit camping familial surplombe la longue plage de Trstenica et comprend 4 appartements simples (deux studios et un appartement pouvant accueillir 6 personnes) aux couleurs neutres. À proximité de boutiques et de cafés.

**Hotel Bellevue** COMPLEXE HÔTELIER €€

(713 148 ; www.orebic-htp.hr ; Svetog Križa 104 ; ch à partir de 400 Kn/pers ; P❄@≋). Grand hôtel au bord de la plage, avec 140 chambres modernes et fonctionnelles (certaines avec balcon face à l'Adriatique), des courts de tennis et des activités nautiques. Le complexe hôtelier le plus proche de la ville.

**Dalmatino** CUISINE CROATE €

(Jelačića 47 ; plats à partir de 40 Kn ; ). En bord de mer, juste à l'ouest du port, ce restaurant plaisant et fréquenté comprend des tables à l'ombre des pins et une aire de jeux pour les enfants. La carte offre notamment des calamars (75 Kn), des poissons (290 Kn/kg), des crevettes, des steaks et des pâtes.

## Renseignements

**Orebić Tours** (713 367 ; www.orebic-tours.hr ; Bana Josipa Jelačića 84a). Hébergements chez l'habitant, service de change et excursions – dont des circuits dans les vignobles et des croisières.

**Poste** (Trg Mimbeli bb). À côté de l'office du tourisme.

**Office du tourisme** (713 718 ; www.tz-orebic.com ; Trg Mimbeli bb ; 8h-20h juil-août, 8h-14h lun-ven sept-juin).Bonne carte des chemins de randonnée et des pistes cyclables de la péninsule, et nombreuses brochures. Propose également des hébergements chez l'habitant.

## Depuis/vers Orebić

Chaque jour, 3-4 ferries (7 en été) relient Ploče à Trpanj et assurent la correspondance avec un bus pour Orebić. Les bus de Korčula à destination de Dubrovnik, Zagreb et Sarajevo font halte à Orebić (sur le port, à côté du terminal des ferries). Pour plus d'informations sur les bus et les ferries, reportez-vous p. 263.

### BON VENT !

Si vous aimez la planche à voile, rendez-vous à Viganj, un village proche de la pointe sud-ouest de Pelješac, qui compte trois écoles de voile et offre d'excellentes conditions pour la pratique de ce sport. La localité, qui s'étire le long de la côte, reçoit peu de visiteurs, hormis les passionnés de planche. **Antony-Boy** (☎719 077 ; www.antony-boy.com ; 39/39 Kn par pers/tente ; @📶) est un agréable camping, derrière une plage de galets qui accueille l'une des écoles. Sans prétention, Viganj ne compte par ailleurs que quelques restaurants et un bar de plage animé, le **Karmela 2** (☎719 097 ; @📶), qui sert des plats standards (juillet-août uniquement) et possède une ambiance festive en été.

## Ston et Mali Ston

722 HABITANTS

Ston et Mali Ston se situent à 59 km au nord-ouest de Dubrovnik, sur l'isthme qui relie la péninsule de Pelješac au continent. Jadis propriété de la république de Raguse, Ston était et reste un grand centre de production de sel. Son importance économique pour Dubrovnik conduisit en 1333 à l'édification d'un rempart de 5,5 km, l'un des plus longs d'Europe. L'architecte Juraj Dalmatinac participa aux plans et à la construction de l'ensemble, qui comprenait 40 tours et cinq forts. Toujours debout, les remparts abritent des bâtiments médiévaux dans le centre-ville. Mali Ston, un petit port à 1 km au nord-est de Ston, fut créé en même temps que les fortifications comme une partie du système défensif. Destinations gastronomiques réputées, les deux villes sont renommées pour leurs huîtres et leurs moules, qui sont élevées ici depuis l'époque romaine.

### À voir et à faire

Principal site de Ston, les **remparts** (30 Kn ; ⏲10h-crépuscule) du XIVe siècle s'étendent des deux villes jusqu'en haut de la colline. Ils sont aujourd'hui totalement restaurés, et on peut les arpenter sur de longs tronçons en admirant la vue sur la péninsule.

À Ston, vous pourrez aussi visiter les **salants** (www.solanaston.hr ; 10 Kn ; ⏲10h-18h mai-oct), qui demeurent une importante source de revenus. Le sel est récolté de fin juillet à septembre ; les bénévoles sont bienvenus, consultez le site Internet.

La ville ne compte pas de plage. À environ 4 km au sud-ouest, Prapratno comprend une superbe crique, un camping et une jolie **plage de galets**. Gare aux oursins dans l'eau peu profonde.

### Où se loger et se restaurer

**Ostrea** HÔTEL HISTORIQUE €€€
(☎754 555 ; www.ostrea.hr ; Mali Ston ; s/d à partir de 690/890 Kn ; P❄@). Dans une jolie maison en pierre ancienne, agrémentée de volets verts, 9 chambres de trois catégories, toutes élégantes, avec parquets cirés et sdb modernes. L'excellent restaurant incite à choisir la demi-pension et le service est accueillant et professionnel. À quelques pas du port de Mali Ston.

**Camping Prapratno** CAMPING €
(☎754 000 ; www.duprimorje.hr ; 45/37 Kn par adulte/empl ; 🏊). Ce grand camping, à 4 km au sud-ouest de Ston, borde la baie de Prapratno. Parmi ses bons équipements figurent des courts de tennis, des terrains de basket, un supermarché et un restaurant.

**Stagnum** CUISINE INTERNATIONALE €
(Imena Isusova 23, Ston ; plats à partir de 45 Kn ; ⏲avr-oct). Installé dans une cour, ce restaurant sert de généreuses portions de moules, de viande ou de poisson grillés, et de risotto.

**Kapetanova Kuća** POISSON €€
(☎754 452 ; Mali Ston ; plats à partir de 75 Kn). L'un des plus anciens restaurants de poisson de la région. Régalez-vous d'huîtres et de moules de Ston sur la terrasse ombragée.

### Renseignements

L'arrêt des bus se trouve dans le centre de Ston, près de l'office du tourisme et de la poste. L'**office du tourisme** (☎754 452 ; www.ston.hr ; Peljestki put 1 ; ⏲8h-20h juin-sept, 8h-14h et 16h-19h mai et oct, 8h-14h lun-ven nov-avr) fournit des brochures, les horaires des bus et des hébergements chez l'habitant.

### Depuis/vers Ston et Mali Ston

Chaque jour, 5 bus relient Ston et Dubrovnik (56 Kn, 1 heure 30), et un va à Zagreb (219 Kn, 9 heures).

# Comprendre la Croatie

**population au km²**

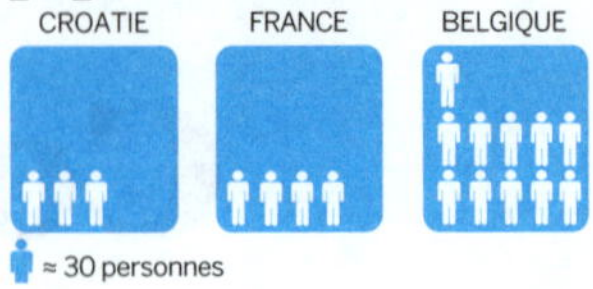


# La Croatie aujourd'hui

## Un pays à la croisée des chemins

Coincée entre les Balkans et l'Europe centrale, la Croatie vit une histoire d'amour tumultueuse avec l'Union européenne (UE) et avec ses voisins – et avec ses propres hommes politiques, par la même occasion.

En juillet 2009, la démission surprise du Premier ministre Ivo Sanader fit l'effet d'un véritable coup de théâtre. Selon la rumeur, après son annonce, Sanader aurait mis les voiles… en yacht – après la levée de son immunité parlementaire, il a depuis été arrêté en Autriche, en décembre 2010. Le Parlement adouba sans tarder son adjointe, l'ancienne journaliste Jadranka Kosor, qui devint ainsi la première femme Premier ministre de Croatie. Mais au grand dam de l'opposition, Kosor conserva le cabinet de Sanader quasiment intact.

En janvier 2010, l'élection d'Ivo Josipović marqua une rupture. Le candidat du Parti social démocrate (SDP) battit le candidat indépendant Milan Bandić (maire de Zagreb) avec 60,26% des voix au second tour. Il devint ainsi, en février 2010, le troisième président depuis l'indépendance du pays. Josipović, connu pour commenter la politique sur Facebook, est aussi compositeur de musique à ses heures – pendant sa campagne électorale, il a même annoncé qu'il allait écrire un opéra sur la mort de John Lennon. Si de nombreux Croates le jugent inefficace et pensent qu'il est la marionnette d'un régime corrompu, d'autres le voient comme proeuropéen, grâce à ses (faibles) tentatives pour attirer les investisseurs étrangers et conduire une politique de tolérance zéro vis-à-vis de la corruption.

Tandis que le processus d'adhésion à l'UE se poursuit, la Croatie doit apprendre à gérer les conséquences de la récession mondiale. Son but est de rejoindre l'UE en 2012, ce qui dépendra des négociations en cours, et de la décision des États membres de ratifier ou non le traité d'accession.

## Livres à lire

» **Le Pont sur la Drina** (Ivo Andrić ; 1945 ; Lgf, 1999). La chronique de 400 ans d'histoire de la Bosnie et de ses communautés, par un écrivain d'origine croate né en Bosnie, prix Nobel de littérature en 1961.

» **Tito est mort** (Marica Bodrožić ; éd. de l'Olivier, 2004). Dans l'arrière-pays dalmate, au début des années 1980.

» **Freelander** (Miljenko Jergović ; Actes Sud, 2009). Un court roman captivant.

» **Le ministère de la douleur** (Dubravka Ugrešić ; Albin Michel, 2008). Un roman autobiographique, qui prend notamment pour thèmes l'identité et l'exil.

**religions**
(en %)

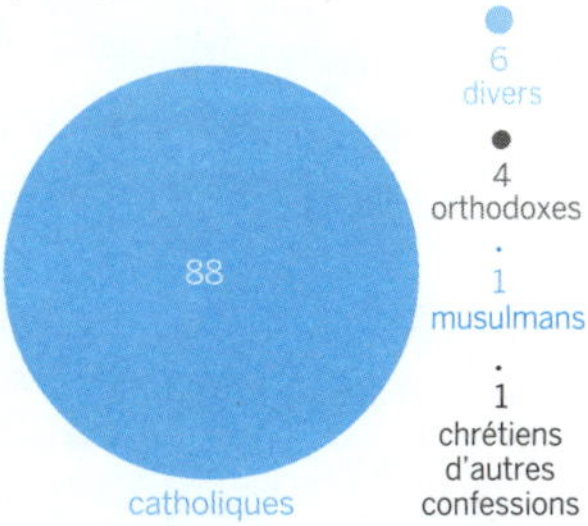


**Sur 100 personnes en Croatie**

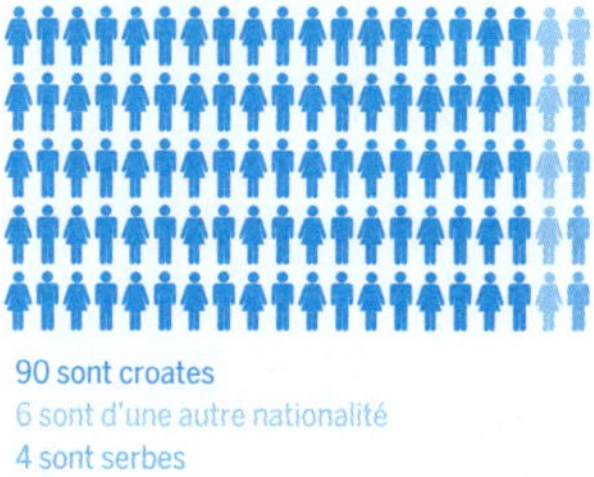


Les opinions sur l'adhésion à l'UE sont partagées. Avec le temps, l'enthousiasme de beaucoup s'est étiolé, face aux nombreuses conditions imposées par Bruxelles. Les jeunes générations sont davantage enclines à rejoindre l'UE que leurs aînés, qui redoutent l'inévitable perte d'indépendance agricole et industrielle. Reste à voir si la Croatie arrivera au bout du processus.

## Économie

La Croatie est sortie il y a une dizaine d'années d'une période houleuse, la fin des années 1990 ayant été marquée par une série de scandales liés à la corruption et aux privatisations. De 2000 à 2007, les perspectives semblaient meilleures, grâce à la croissance constante du PIB et à la stabilité de la kuna, dûs en grande partie au dynamisme du secteur touristique. Mais la corruption et les scandales politiques sont bien vite revenus sur le devant de la scène, sans que le gouvernement fasse de gros efforts pour enquêter sur les coupables et mener des poursuites. La perspective d'une entrée dans l'UE a contribué à attirer petit à petit en Croatie des investisseurs étrangers, notamment en provenance d'Autriche et d'Italie dans le secteur bancaire, d'Allemagne pour les télécommunications, et de Hongrie dans l'industrie pétrolière. Quant au tourisme, il représente environ 15% du PIB.

Pour le Croate moyen, la vie est difficile et la crise financière, bien réelle. Le taux de chômage reste élevé, les retraites, indigentes, et les allocations chômage, guère meilleures, tandis que le coût de la vie ne cesse d'augmenter. Environ 17% des habitants vivent en dessous du seuil de pauvreté, surtout dans les zones rurales. Par ailleurs, la dette extérieure est considérable, le budget de l'État reste très serré et le pays est éminemment dépendant du tourisme. Autant d'obstacles qui se dressent entre la Croatie et son adhésion à l'UE.

» Population : 4 489 409 habitants
» PIB : 17 500 $US par habitant (2009)
» Inflation annuelle : 2,4% (2009)
» Chômage : 16,1% (2009)
» Taux d'alphabétisation : 98,1%
» Salaire moyen mensuel : 5 277 Kn

## Sur la Yougoslavie

» **Vie et mort de la Yougoslavie** (Paul Garde ; Fayard, 2000)
» **Nous ne verrons jamais Vukovar** (Louise L. Lambrichs ; Philippe Rey, 2005)

## Films à voir

» **Qui chante ne pense pas à mal** (*Tko pjeva zlo ne misli*, 1970), Krešo Golik
» **On n'aime qu'une fois** (*Samo jednom se ljubi*, 1981), Rajko Grlić
» **Le Cyclope** (*Kiklop*, 1982), Antun Vrdoljak
» **Comment la guerre a commencé sur mon île** (*Kako je počeo rat na mom otoku*, 1996), Vinko Brešan
» **Armin** (2006), Ognjen Sviličić
» **Buick Riviera** (2008), Miljenko Jergovic

Pour des actualités sur la Croatie et les Croates, consultez www.croatiantimes.com (en anglais).

## Population

D'après le dernier recensement (2001), la Croatie compte environ 4,5 millions d'habitants, soit nettement moins qu'avant guerre où elle approchait les 5 millions. Environ 59% de la population vit dans des zones urbaines. Sur les 280 000 Serbes (qui représentaient alors la moitié de cette communauté) qui ont quitté le pays au début des années 1990, 110 000 seraient revenus. Pendant la période de troubles qui a suivi l'indépendance, entre 120 000 et 130 000 Croates ont émigré, mais le pays a accueilli dans le même temps un nombre peu ou prou équivalent de réfugiés croates en provenance de Bosnie-Herzégovine, ainsi que 30 000 autres venus de la région de la Vojvodine, en Serbie. La population serbe est plus importante dans l'est de la Slavonie, qui abrite aussi un grand nombre de Hongrois et de Tchèques. Les Italiens sont concentrés en Istrie, tandis que les Albanais, les Bosniaques et les Roms vivent principalement à Zagreb, en Istrie et dans certaines villes de Dalmatie.

Le déclin constant de la population croate est imputable à la fois à la guerre et à l'économie chancelante du pays, qui ont poussé les jeunes diplômés à partir chercher du travail à l'étranger. Aucune solution miracle n'existe pour ce problème, mais le gouvernement espère inciter les enfants des expatriés établis à l'étranger à regagner la Croatie.

Environ un million de Croates vivent dans les autres États de l'ex-Yougoslavie, principalement en Bosnie-Herzégovine, dans le nord de la Vojvodine et autour de la baie de Kotor, au Monténégro. La diaspora croate compte 2,7 millions de membres, principalement aux États-Unis, en Allemagne, en Australie, au Canada et en Argentine. Pittsburgh et Buenos Aires hébergent les deux plus grosses communautés croates hors d'Europe. Les Croates expatriés conservent le droit de vote aux élections nationales. Beaucoup en profitent, et leur vote présente souvent un fort caractère nationaliste, généralement en faveur des partis de droite.

## Les médias

» Télévision : HRT (public), Nova et RTL

» Journaux : *Vjesnik, Večernji List, Jutarnji List*

» Magazines : *Globus, Nacional, Gloria*

## Pas d'impair !

» Ne parlez pas de la Croatie comme d'un pays d'Europe de l'Est : les Croates se revendiquent d'Europe centrale (*Mitteleuropa*).

» Adoptez une tenue correcte dans les églises.

» Abordez avec délicatesse le sujet de la guerre.

» Avant d'utiliser le prénom de quelqu'un, attendez d'y être invité.

» Laissez votre hôte régler l'addition s'il vous invite au restaurant ou au bar.

# Histoire

L'histoire de la Croatie, longue et mouvementée, a contribué à forger l'identité croate et a fortement influencé la structure du pays. La Croatie a toujours été une terre d'accueil et d'exil, d'invasion, de commerce et de sédentarisation. Pendant des siècles, les Croates ont été soumis à des envahisseurs – Vénitiens, Ottomans, Hongrois, Autrichiens, Français, Allemands – ou les ont repoussés. La fondation de la Yougoslavie, après la Seconde Guerre mondiale, a apporté un semblant d'unité aux nations slaves du Sud. Ce répit a cependant été de courte durée et, après la mort du dirigeant yougoslave Tito, en 1980, le pays s'est désintégré lentement jusqu'à l'explosion d'un conflit sanglant. Si la Croatie a déclaré son indépendance en 1991, ce n'est qu'après les accords de Dayton, signés en décembre 1995, qu'elle a pu commencer à soigner ses plaies. Aujourd'hui, c'est une jeune démocratie en transition qui, malgré les nombreux obstacles auxquels elle doit faire face – corruption, ultranationalisme et contentieux avec la Slovénie au sujet d'une frontière –, espère prochainement se joindre à l'Union européenne (vraisemblablement en 2012).

## La Croatie avant la chrétienté

### Les premiers habitants

Il y a environ 30 000 ans, l'homme de Neandertal vivait dans les collines de la Slavonie. Le fruit des fouilles effectuées sur le site préhistorique de Krapina est exposé au Muséum croate d'histoire naturelle de Zagreb, et vous pourrez vous faire une idée de la vie des hommes de Neandertal en visitant le nouveau musée de l'Homme de Neandertal, à Krapina.

Au premier millénaire av. J.-C., les Illyriens arrivèrent dans la région qui regroupe aujourd'hui la Croatie, la Serbie et l'Albanie. Redoutables guerriers, ils limitèrent, au VIe siècle av. J.-C., l'influence des Grecs à l'établissement de comptoirs sur la rive orientale de l'Adriatique. Mais

**ADRIATIQUE**

L'Adriatique tire son nom de l'ancienne tribu illyrienne des Ardeioi.

**CHRONOLOGIE**

**300 av. J.-C.**

Les Illyriens assoient leur suprématie dans les Balkans en formant des cités-États, telle l'Histrie (qui a donné son nom à l'Istrie) et la Liburnie, et en s'imposant comme puissance maritime dans l'Adriatique.

**11 av. J.-C.**

La province romaine d'Illyricum, correspondant à l'actuelle Dalmatie, s'agrandit jusqu'au Danube après la défaite des Pannoniens, pour couvrir l'essentiel de la Croatie d'aujourd'hui.

**257**

Salone (Solin), la capitale romaine, devient le premier diocèse dalmate ; le catholicisme s'implante ainsi dans la région. En moins de trente ans, l'évêque de Salone accède au pontificat.

deux siècles plus tard, l'invasion celte les repoussa plus au sud, vers l'actuelle Albanie.

En 231 av. J.-C., la reine illyrienne Teuta chassa les habitants des colonies grecques de la côte ; ce qui eut pour effet de pousser les Grecs à demander un soutien militaire à Rome. Les Romains s'implantèrent peu à peu dans la région pour finir, en 168 av. J.-C., par vaincre Genthius, le dernier roi illyrien. C'est ainsi que les Illyriens furent latinisés.

### Les plus belles ruines romaines

» Palais de Dioclétien à Split, Dalmatie centrale

» Vestiges de Salone (Solin), Dalmatie du Sud

» Amphithéâtre de Pula, Istrie

## Rome et Byzance

La province romaine d'Illyricum s'agrandit au fil d'une série de guerres qui placèrent une grande partie de la côte dalmate sous domination romaine. Dès l'an 11 av. J.-C., Rome conquit une grande partie des régions intérieures, peuplées par des tribus pannoniennes, ce qui repoussa les limites de l'Empire jusqu'au Danube. L'ancienne Illyricum prit alors le nom de Dalmatie, tandis que la Haute-Pannonie et la Basse-Pannonie englobaient l'essentiel de la Croatie intérieure actuelle.

La domination romaine dura cinq siècles, avec Salone (la Solin moderne) pour capitale administrative. Outre Salone, les principales cités romaines furent notamment Jadera (Zadar), Parentium (Poreč) et Polensium (Pula). L'amphithéâtre de Pula demeure un souvenir évocateur de la gloire – et des combats de gladiateurs – de l'époque romaine.

Les Romains créèrent un réseau routier reliant la côte adriatique à la mer Égée et à la mer Noire, ainsi qu'au Danube, qui favorisa le commerce et la prospérité de la région. Les routes accélérèrent également l'essor de la chrétienté, alors que les premiers chrétiens avaient été persécutés par les Romains.

Si les Croates ont indéniablement un lien avec les autres nations slaves, le nom par lequel ils se désignent, *Hrvat*, n'est pas un mot slave. *Hrvat* pourrait dériver du perse parlé par les Alains d'Asie centrale qui régentèrent brièvement la tribu slave des Croates.

Dioclétien, qui devint empereur en 285, établit un pouvoir central fort en subdivisant sa région natale en deux parties distinctes. Il sema ainsi les graines du futur schisme entre l'Empire romain d'Orient et l'Empire romain d'Occident. En 305, Dioclétien se retira dans son palais de Split, qui constitue aujourd'hui le plus grandiose vestige romain d'Europe orientale.

Le dernier dirigeant romain à régner sur un empire unifié fut Théodose, dit le Grand, qui fit habilement face aux menaces des Wisigoths venant du nord. À sa mort, en 395, l'Empire fut officiellement divisé entre l'Est et l'Ouest. La partie orientale allait devenir l'Empire byzantin, qui perdura jusqu'en 1453. Les invasions des Wisigoths, des Huns et des Lombards allaient conduire, au V^e siècle, à la chute de l'Empire romain d'Occident.

## L'arrivée des Slaves

À la suite de ces invasions "barbares" et de l'effondrement de l'Empire romain, les Croates et autres groupes slaves quittèrent leur ancien territoire, au nord des Carpates, pour aller vers le sud. Vers la même

**395**

À la mort de Théodose, dit le Grand, l'Empire romain est scindé en deux. Les territoires de Slovénie, de Croatie et de Bosnie vont à l'Empire romain d'Occident ; ceux de Serbie, du Kosovo et de Macédoine, à l'Empire byzantin.

**614**

Les Avars, nomades d'Asie centrale, pillent Salone et Épidaure. Selon les théories, les Croates se joignent au sac ou pénètrent dans la région pour repousser les Avars, à la demande de l'empereur Héraclius.

» Amphithéâtre romain de Salone (Solin)

époque, les Avars (peuple nomade proto-mongol) lancèrent des assauts contre la Dalmatie byzantine. Salona et Épidaure furent ainsi ravagés, leurs habitants se réfugiant respectivement à Spalato (Split) et à Raguse (Dubrovnik).

Au milieu du VIIe siècle, les tribus slaves des Balkans occidendaux se divisèrent en deux groupes distincts. Les Croates s'implantèrent en Pannonie et en Dalmatie, constituant des communautés autour des villes dalmates de Jadera (Zadar), d'Aeona (Nin) et de Tragurium (Trogir), tandis que les Serbes s'établirent dans la région centrale des Balkans. Au cours du VIIIe siècle, les Croates de Dalmatie et de Pannonie s'organisèrent en clans puissants, chacun mené par un *knez* (duc ou prince).

## Les rois de Croatie

La prise de la Dalmatie en l'an 800 par les armées franques de Charlemagne entraîna la christianisation des païens croates au cours d'une série de baptêmes collectifs. Après la mort de Charlemagne, en 814, les Croates de Pannonie tentèrent sans succès de secouer le joug franc – il leur manqua le soutien des Croates de Dalmatie, dont les principales villes côtières restaient alors sous l'influence de l'Empire byzantin.

Trpimir, qui fut *knez* de 845 à 864, est considéré comme le fondateur de la première dynastie croate. Après lui, ses successeurs tinrent tête aux puissances qui convoitaient l'Adriatique à cette époque. L'avancée la plus importante des Croates eut lieu quand Branimir se révolta contre le joug byzantin. Il en retira la reconnaissance du pape Jean VIII, qui contribua au rapprochement du peuple croate avec le Vatican ; le catholicisme devint ainsi un part importante de l'identité nationale croate.

Tomislav, premier souverain à réunir la Pannonie et la Dalmatie, fut aussi le premier à se proclamer roi, en 925. Son royaume correspondait à peu près à celui de la Croatie actuelle, auquel s'ajoutait une partie de la Bosnie et de la côte monténégrine.

Au XIe siècle, les Byzantins et les Vénitiens s'imposèrent une fois de plus sur la côte dalmate. De nouveaux ennemis, les Hongrois, arrivèrent quant à eux par le nord et entrèrent en Pannonie. Krešimir IV (r. 1058-1074) put un temps reprendre le contrôle de la Dalmatie. Il fut suivi par deux nouveaux rois, Zvonimir et Stjepan, qui ne laissèrent ni l'un ni l'autre d'héritiers. Les Hongrois finirent par envahir le pays, mettant un terme au règne des rois croates à la fin du XIe siècle.

### Les plus beaux édifices gothiques

» La cathédrale Saint-Domnius à Split, Dalmatie centrale

» La cathédrale Sainte-Anastasie à Zadar, Dalmatie du Nord

» La cathédrale de l'Assomption-de-la-Vierge-Marie à Zagreb

» La cathédrale Saint-Jacques à Šibenik, Dalmatie du Nord

Les dalmatiens feraient partie de l'une des plus anciennes races canines. Ils ne seraient pas originaires de Dalmatie, mais, selon des experts, auraient pu y être introduits par les Romains.

## La convoitise de la Hongrie et de Venise

Le roi hongrois Koloman imposa la *Pacta conventa*, pacte qui stipulait que la Hongrie et la Croatie étaient deux entités séparées sous la tutelle d'une seule monarchie – hongroise. En réalité, alors que la Croatie

**845-864**

Le prince Trpimir fonde la première dynastie croate. Il tient en échec le puissant État bulgare et inflige de sévères défaites aux Byzantins. Sous son règne, le territoire croate occupe une grande partie de la Bosnie.

**869**

Les moines macédoniens Méthode et Cyrille créent l'écriture glagolitique, à l'origine de l'alphabet cyrillique. Une invention qui accélèrera l'évangélisation des Slaves.

**910-928**

Tomislav s'autoproclame roi et étend son territoire au détriment des Hongrois ; il vainc le khan bulgare Siméon, alors à la tête de la Bosnie actuelle. Tomislav réunit les Croates de Pannonie et de Dalmatie.

**1000**

Venise met à profit le manque de stabilité en Croatie pour envahir la côte dalmate. Cette incursion marque le début d'une lutte incessante entre la Sérénissime et les autres puissances pour le contrôle de la Dalmatie.

## SOUS LE JOUG DE VENISE

Pendant près de huit siècles, les doges vénitiens cherchèrent à contrôler, à coloniser et à exploiter les côtes croates. Les villes côtières et insulaires, de Rovinj au nord, à Korčula, au sud, portent encore dans leur architecture, leur cuisine et leur culture, la marque de la forte influence vénitienne laissée par cette période de soumission.

La domination vénitienne en Dalmatie et en Istrie se caractérisa par une exploitation économique presque ininterrompue. Les Vénitiens déboisèrent systématiquement le pays afin de construire leur flotte. Les monopoles d'État imposèrent des prix artificiellement bas pour l'huile d'olive, les figues, le vin, le poisson et le sel, ce qui profita aux acheteurs vénitiens et appauvrit les marchands et producteurs locaux. La construction navale fut interdite pour éviter toute compétition avec les navires vénitiens. Aucune route ni école ne vit le jour et l'industrie locale ne bénéficia d'aucun investissement.



maintenait un ban (vice-roi ou gouverneur) et un *sabor* (Parlement), les Hongrois continuaient à marginaliser la noblesse dalmate.

Sous le règne hongrois, la Pannonie prit le nom de Slavonie, tandis que les villes intérieures de Zagreb, Vukovar et Varaždin devenaient des foyers d'échanges et de culture. En 1107, Koloman réussit à convaincre la noblesse dalmate d'accepter sa suzeraineté sur la côte croate, convoitée depuis longtemps par les rois hongrois. Mais les Vénitiens revinrent à la charge et après la mort de Koloman, en 1116, Venise attaqua de nouveau Biograd, Zadar et les îles de Lošinj, de Pag, de Rab et de Krk.

À cette époque, Zadar était devenue la plus grande et la plus prospère des villes dalmates. Elle résista à deux expéditions navales vénitiennes dans les années 1190 et ne se rendit qu'en 1202, lorsque le doge de Venise paya généreusement les croisés pour qu'ils prennent la ville et la mettent à sac avant de se rendre à Constantinople.

*Histoire de l'Adriatique* (Seuil, 2001), de Paul Cabannes, est un ouvrage dense sur cette région au carrefour de l'Orient et de l'Occident, lieu de tous les contacts et adversités entre peuples, religions et régimes politiques.

Le XIII$^{e}$ siècle vit aussi une invasion de la Hongrie par les Mongols, qui repoussèrent le roi hongrois Béla IV jusqu'à Trogir et laissèrent l'arrière-pays croate ravagé. Profitant à nouveau de la confusion ambiante, Venise consolida son emprise sur Zadar. La mort du roi Béla, en 1270, déclencha de nouvelles luttes de pouvoir au sein de l'aristocratie croate qui permirent à Venise d'ajouter Šibenik et Trogir à ses possessions.

Le roi Louis I$^{er}$ le Grand (r. 1342-1382) de Hongrie reprit le contrôle du pays et parvint même à persuader les Vénitiens de renoncer à la Dalmatie. Mais sa victoire fut de courte durée. Les conflits resurgirent à sa mort et la noblesse croate se rallia à Ladislas de Naples qu'elle couronna roi à Zadar en 1403. Ce dernier, pour renflouer ses caisses, vendit la ville à Venise en 1409 pour la somme dérisoire de 100 000 ducats et abandonna ses droits sur la Dalmatie. La Sérénissime renforça alors ses positions

**1058-1074**

Peu après le schisme de 1054, marquant la séparation entre l'Église orthodoxe et l'Église catholique, le pape reconnaît Krešimir IV comme roi de Dalmatie et de Croatie, plaçant ainsi le pays en terres catholiques.

**1091-1102**

Ladislas I$^{er}$ de Hongrie, parent du défunt roi Zvonimir, réclame le trône slavon. Son successeur, Koloman, tient en échec le dernier roi croate et confirme la domination hongroise sur la Croatie par la *Pacta conventa*.

**1242**

Les Mongols anéantissent les maisons royales de Hongrie et de Croatie. Les familles aristocratiques des Šubić et des Frankopan s'arrogent un pouvoir politique et économique qui durera des siècles.

**Années 1300**

Charles puis Louis I$^{er}$ d'Anjou réaffirment l'autorité des rois de Hongrie en Croatie et chassent les Vénitiens de Dalmatie.

sur la côte dalmate au sud de Zadar, puis les conserva jusqu'à l'invasion napoléonienne de 1797. Seuls les citoyens de Raguse, dont la République avait été fondée en 1358, purent garder leur indépendance.

## L'essor de l'Empire ottoman

Au XIVe siècle, l'essor de l'Empire ottoman fit peser de nouvelles menaces sur la Croatie. La défaite serbe de 1389 au Kosovo ouvrit l'accès vers la Bosnie, qui ne résista pas longtemps après la chute de Constantinople, en 1453.

Sentant qu'un vent mauvais soufflait de l'Est, la noblesse croate sollicita en vain l'aide des puissances étrangères. Mais rien ne put enrayer l'avancée ottomane ni le sacrifice de l'élite croate sur le champ de bataille de Krbavsko Polje, en 1493, pas plus que l'union qui régna soudain entre les familles survivantes : l'une après l'autre, les villes tombèrent aux mains des sultans.

Le puissant évêché de Zagreb fortifia la cathédrale de Kaptol, qui demeura inviolée, mais la ville frontière de Knin tomba en 1521. Cinq ans plus tard, les Ottomans chargèrent les Hongrois à Mohács. Encore une fois, les Turcs gagnèrent la bataille et réduisirent à néant les forces hongroises. Ainsi s'acheva la domination hongroise sur la Croatie.

La cravate tire son nom du mot croate *"cravat"*, contraction de *"Croat"* et de *"Hrvat"*, qui désignait une pièce de l'uniforme militaire conçu en Croatie et adopté par les Français au XVIIe siècle.

## La montée au pouvoir des Habsbourg

Une fois les Hongrois éliminés de la scène, les Croates trouvèrent protection auprès des Autrichiens. Les Habsbourg, depuis Vienne, intégrèrent à leur Empire un étroit territoire autour de Zagreb, Karlovac et Varaždin. Menacée par les Turcs, la côte adriatique ne devait cependant jamais être prise, non plus que Raguse qui conserva son indépendance.

Les attaques turques sur les Balkans causèrent des ravages. Des villes furent incendiées, et des églises et des monastères saccagés, tandis que des dizaines de milliers de Croates étaient tués ou réduits à l'esclavage. Pour se protéger des Turcs, les Autrichiens implantèrent un chapelet de forts au sud de Zagreb qui prit le nom de Vojna Krajina (littéralement : Confins militaires). L'armée des Habsbourg incita les Valaques à coloniser la région, au grand dam du Sabor croate qui voyait d'un mauvais œil cet afflux d'adeptes de l'Église orthodoxe. Une armée composée pour l'essentiel de Valaques et de Serbes se leva contre les Ottomans.

Exactement un siècle après leur défaite face aux Ottomans, les Croates parvinrent cette fois à inverser la donne. En 1593, à Sisak, l'armée autrichienne, renforcée par des soldats croates, parvint finalement à infliger une défaite à l'envahisseur ottoman. Puis en 1683, la déroute ottomane après le siège de Vienne marqua le début de la fin de l'hégémonie turque sur la Croatie et sur une bonne partie de

**1358**

Raguse (Dubrovnik) se libère du joug vénitien et devient une république indépendante. Écartant astucieusement les Vénitiens et les Ottomans, elle se développe et devient une société libérale.

**1409**

Ladislas de Naples, désigné roi de Croatie, fuit devant les querelles dynastiques. Il cède la Dalmatie à Venise pour 100 000 ducats. Venise prend rapidement le contrôle de la côte, de Zadar à Raguse.

**1493**

À Krbavsko Polje, l'armée hungaro-croate s'incline face aux Turcs, laissant la voie libre aux Ottomans en Croatie. L'avancée des Turcs sème le trouble, faisant fuir la population et entraînant la famine.

**1526-1527**

L'armée turque ottomane écrase la noblesse hongroise à Mohács, mettant fin à la domination hongroise en Croatie. Le roi Louis II meurt sans laisser d'héritier, laissant le contrôle aux Habsbourg.

## LA RÉPUBLIQUE DE RAGUSE

Pendant de nombreuses années, alors qu'une grande partie de la côte dalmate était aux prises avec les Vénitiens, la république de Raguse (l'actuelle Dubrovnik) mena une existence paisible et autonome. La classe dirigeante, dotée d'un sens aigu des affaires et de talents diplomatiques inégalés, veillait au rayonnement de cette minuscule cité-État et à l'importance de son rôle dans la région et au-delà.

Après avoir obtenu du pape l'autorisation de commercer avec les Turcs en 1371, les Ragusains ouvrirent des comptoirs dans tout l'Empire ottoman. L'essor du commerce entraîna le développement des arts et des sciences. Décrits comme "modérés et nobles", les habitants de Raguse faisaient preuve d'un grand libéralisme pour l'époque puisqu'ils abolirent la traite des esclaves au XVe siècle. Ils se distinguèrent aussi par leur avant-gardisme dans le domaine scientifique, en établissant dès 1377 un système de mise en quarantaine comme mesure de protection contre la peste.

Cependant, coincés entre les intérêts ottomans et vénitiens, leur équilibre était précaire. Le tremblement de terre de 1667 causa de nombreux dommages ; Napoléon finit par conquérir la République en 1808.

l'Europe. Enfin, au terme du traité de Sremski Karlovci (1699), les Turcs renoncèrent à toute revendication sur la Croatie et la Hongrie.

*Histoire de la Croatie et de la Slovénie* (Armeline, 2011) est le nouvel ouvrage de Georges Castellan, historien spécialiste des Balkans.

Les Habsbourg réclamèrent la Slavonie peu après, agrandissant la zone autour de Krajina. Le règne de Marie-Thérèse d'Autriche marqua le retour de la stabilité dans la région. Si la production agricole s'intensifia, la culture et la langue croates ne se développèrent guère. Les Vénétiens, profitant de la disparition de la flotte ottomane, ne tardèrent pas à revenir sur la côte dalmate.

## Napoléon entre en scène

Le soutien des Habsbourg à la restauration de la monarchie française conduisit Napoléon à envahir les possessions italiennes de l'Autriche en 1796. Après avoir conquis Venise en 1797, il accepta par le traité de Campo Formio de céder la Dalmatie à l'Autriche en échange d'autres concessions. Le rêve croate de voir la Dalmatie et la Slavonie réunies s'effondra lorsque l'Autriche affirma son intention de conserver une administration distincte pour chacun des deux territoires.

En 1805, la victoire de Napoléon à Austerlitz contre les forces autrichiennes et prussiennes contraignit l'Autriche à abandonner la côte dalmate à la France. Raguse se rendit à l'armée française. Napoléon rebaptisa ses nouvelles possessions "Provinces illyriennes" et s'attacha à reconstruire rapidement la région exsangue. Un programme de reboisement des collines dénudées fut mis en place. Des routes et des

**1537-1540**

Les Turcs s'emparent de Klis, dernier bastion croate en Dalmatie, et continuent leur progression jusqu'à Sisak, au sud de Zagreb. Pour des raisons inconnues, ils ne poursuivent pas jusqu'à Zagreb.

WAYNE WALTON

» Forteresse de Klis, près de Split

**1593**

À Sisak, où s'est achevée la conquête ottomane, les Habsbourg infligent leur première défaite majeure aux Ottomans, annonçant un lent et long retrait d'Europe centrale

hôpitaux furent construits, et de nouvelles semences introduites. La population étant presque entièrement illettrée, des écoles primaires et secondaires furent créées, ainsi qu'une université à Zadar. Mais tous ces efforts ne suffirent pas à rendre les Français populaires.

La chute de l'Empire napoléonien donna lieu en 1814-1815 au congrès de Vienne, lequel reconnut les prétentions austro-hongroises sur la Dalmatie et plaça le reste de la Croatie sous la juridiction de la province hongroise de l'Empire autrichien. Pour les Dalmates, cela était synonyme de retour au statu quo antérieur, les Autrichiens ayant ainsi restauré dans ses droits l'ancienne élite italienne. Pour les Croates du Nord, cela impliquait de se soumettre à la volonté hongroise d'imposer à la population sa langue et sa culture.

Ivan Vučetić (1858-1925), l'homme qui a mis au point la dactyloscopie – identification par les empreintes digitales –, est originaire de l'île de Hvar, dans l'Adriatique.

## Vers l'autonomie

De l'autoritarisme napoléonien, naquirent les prémices d'une identité nationale au sein des populations slaves du Sud. Ce sentiment d'identité commune s'exprima tout d'abord dans les années 1830 par un mouvement de renaissance nationale dit "illyriste", centré sur le renouveau de la langue croate.

Traditionnellement, les Dalmates de la bonne société parlaient italien, tandis que les Croates du Nord parlaient allemand ou hongrois. La création, en 1834, du premier journal "illyrien", rédigé en dialecte de Zagreb, incita le Sabor croate à demander l'enseignement de cette langue slave dans les écoles.

À la suite de la révolution française de 1848, les Hongrois réclamèrent des réformes à l'intérieur de l'Empire austro-hongrois. De leur côté, les Croates virent alors une chance de reprendre un peu de contrôle et d'unifier la Dalmatie, la Krajina et la Slavonie. Le Sabor croate proposa à l'Autriche d'envoyer le colonel croate Josip Jelačić (dont une imposante statue trône aujourd'hui au cœur de Zagreb) combattre les rebelles hongrois en échange, entre autres revendications, de l'affranchissement de la Croatie de la juridiction hongroise. Mais l'Autriche ignora tout simplement cette demande d'autonomie.

Faust Vrančić (1551-1617), natif de Šibenik, est l'inventeur du parachute.

## Rêves de Yougoslavie

La désillusion qui succéda aux espoirs de 1848 fut amplifiée par la création, en 1867, de la double monarchie austro-hongroise. Laquelle plaça la Croatie et la Slavonie sous administration hongroise, tandis que la Dalmatie demeurait rattachée à l'Autriche. Le peu d'autonomie dont les Croates jouissaient sous les Habsbourg leur fut ravi.

Du mécontentement latent devait surgir, à la fin du XIX$^{e}$ siècle, deux principaux courants appelés à dominer le paysage politique du XX$^{e}$ siècle. Le vieux mouvement "illyriste" donna naissance au Parti

**1671**

Une conspiration menée par Fran Frankopan et Petar Zrinski, visant à mettre fin à la domination hongroise, est réprimée. Frankopan et Zrinski sont pendus et leurs terres, confisquées par les Habsbourg.

**1699**

Par le traité de Karlovci, les Turcs ottomans renoncent à toute prétention sur la Croatie. Venise et la Hongrie s'arrogent toutes les terres libres pendant les vingt années qui suivent.

**Années 1780**

Les Habsbourg germanisent la Croatie et font de l'allemand la langue de l'administration. Cette décision entraîne une résurgence du sentiment nationaliste chez les sujets non allemands.

**1797-1815**

Napoléon met fin à la république de Venise. Les possessions vénitiennes sont tout d'abord léguées aux Habsbourg, mais en 1806, Napoléon gagne la côte adriatique qu'il rebaptise "Provinces illyriennes".

national dirigé par le brillant évêque Josip Juraj Strossmayer, qui pensait que les Habsbourg et les Hongrois ne pouvaient qu'exacerber les disparités entre Serbes et Croates, et que seule une *jugoslavenstvo* (union des Slaves du Sud) comblerait les aspirations de ces deux peuples. Strossmayer soutint le mouvement indépendantiste serbe, même si sa faveur allait à la création d'une entité yougoslave au sein de l'Empire austro-hongrois, plutôt qu'à l'indépendance complète. À l'inverse, le parti du Droit, mené par Ante Starčević, un fervent militant anti-serbe, aspirait à une Croatie indépendante constituée de la Slavonie, de la Dalmatie, de la Krajina, de la Slovénie, de l'Istrie et d'une partie de la Bosnie et de l'Herzégovine. À cette époque, l'Église orthodoxe orientale encourageait les Serbes à se forger une identité nationale fondée sur leur religion. Jusqu'au XIXe siècle, les habitants de la Croatie de confession orthodoxe s'identifiaient comme valaques, morlaques, serbes, orthodoxes ou même grecs. Les attaques de Starčević, qui marquèrent une rupture, contribuèrent à développer une identité serbe orthodoxe distincte dans la région.

Pour découvrir l'histoire de la péninsule balkanique depuis le XIVe siècle, lisez *Histoire des Balkans*, de Georges Castellan (Fayard, 1999).

Fidèles à l'idée qu'il faut diviser pour mieux régner, les Hongrois nommèrent un ban (vice-roi) de Croatie ostensiblement favorable aux Serbes et à l'Église orthodoxe. Cette stratégie devait cependant se retourner contre eux. La première ébauche de résistance organisée vit le jour en Dalmatie, en 1905, lorsque les représentants croates de Rijeka et leurs homologues serbes de Zadar unirent leurs forces pour demander la réunification de la Dalmatie et de la Slavonie, avec l'engagement formel de garantir l'égalité de la Serbie en tant que nation. Cet esprit unitaire fit boule de neige et permit à des coalitions serbo-croates de s'emparer, aux élections de 1906, des structures gouvernementales locales en Dalmatie et en Slavonie, ce qui mit sérieusement en péril la suzeraineté hongroise.

## Le royaume des Serbes, des Croates et des Slovènes

Le déclenchement de la Première Guerre mondiale exposa de nouveau la Croatie aux convoitises. Peu désireux de faire figure de pions entre les mains des grandes puissances, les Croates dépêchèrent une délégation, appelée Comité yougoslave, pour convaincre le gouvernement serbe de fonder une monarchie parlementaire qui régnerait sur les deux pays. Après l'effondrement de l'Empire austro-hongrois, en 1918, le Comité yougoslave prit le nom de Conseil national des Slovènes, des Croates et des Serbes. Il négocia sans tarder la création du royaume des Serbes, des Croates et des Slovènes, qui prit pour capitale Belgrade. Si les Croates pouvaient conserver des doutes quant aux intentions serbes, ils n'en avaient aucun sur celles de l'Italie, qui s'était empressée d'annexer Pula, Rijeka et Zadar dès novembre 1918. N'ayant d'autre choix que de lier

**1830-1850**

Éveil de l'identité slave du Sud, qui vise l'affranchissement des dominations hongroise et allemande voulues par les Habsbourg. Il débouche sur la renaissance du sentiment national croate.

**1867**

Le royaume des Habsbourg devient une double monarchie austro-hongroise. Le territoire croate est partagé : la Dalmatie est attribuée à l'Autriche, tandis que la Slavonie passe sous le giron hongrois.

**1905**

Les résolutions de Rijeka témoignent de l'essor de l'identité nationale croate en appelant à plus de démocratie et à la réunification de la Dalmatie et de la Slavonie.

**1908**

L'Autriche-Hongrie prend le contrôle de la Bosnie-Herzégovine, plaçant sous son joug les musulmans slaves des Balkans. Elle jette ainsi les bases de la future fédération yougoslave.

leur sort à celui de l'Italie ou à celui de la Serbie, les Croates choisirent la seconde option.

Mais les premiers problèmes ne tardèrent pas à se manifester. Une fois de plus, les Croates avaient une autonomie très limitée ; des réformes monétaires, bénéfiques pour les Serbes, furent prises à leur détriment ; un traité entre la Yougoslavie et l'Italie céda à cette dernière l'Istrie, Zadar et plusieurs îles ; la nouvelle Constitution abolit le Sabor de Croatie pour centraliser le pouvoir à Belgrade ; enfin, un nouveau découpage des circonscriptions électorales conduisit à une sous-représentation des Croates.

L'opposition au nouveau régime se rassembla sous la houlette du Croate Stjepan Radić, favorable au principe de la Yougoslavie, à condition qu'elle prenne la forme d'une démocratie fédérale. Radić s'allia au Serbe Svetozar Pribićevic, ce qui apparut comme une telle menace qu'il fut assassiné en 1929. Jouant sur la crainte d'une guerre civile, le roi Alexandre I^er^ de Yougoslavie mit un terme aux rêves de démocratie en proclamant une dictature royale le 6 janvier 1929. Les partis politiques furent supprimés et le système parlementaire, suspendu.

Le début des années 1920 vit également la naissance du Parti communiste yougoslave, qui allait être dirigé par Josip Broz Tito à partir de 1937.

Pour tout savoir sur Tito, consultez le site www.titoville.com (en anglais). Vous y découvrirez des photos officielles, les scripts de ses discours, la liste de ses compagnes ainsi que quelques plaisanteries à son sujet.

## La Seconde Guerre mondiale et le règne des Oustachis

Au lendemain de la proclamation de la dictature, Ante Pavelić, un Croate de Bosnie, fonda à Zagreb un mouvement de libération croate inspiré de Mussolini et appelé l'Oustacha (Ustaša, les insurgés). Celui-ci avait pour but avoué de créer, au besoin par la force, un État croate indépendant. Redoutant d'être arrêté, Ante Pavelić se réfugia tout d'abord à Sofia, en Bulgarie, où il prit contact avec des révolutionnaires macédoniens anti-serbes. Il gagna ensuite l'Italie, où il établit des camps d'entraînement pour son organisation, sous l'œil bienveillant de Mussolini. Mais quand, en 1934, il réussit à assassiner le roi Alexandre I^er^, à Marseille, avec l'aide de ses alliés macédoniens, l'Italie réagit en fermant les camps d'entraînement et en emprisonnant Pavelić et bon nombre de ses acolytes.

L'Allemagne envahit la Yougoslavie, le 6 avril 1941. Aussitôt, elle plaça au pouvoir les Oustachis (Ustaše) exilés, avec le soutien de l'Italie qui espérait voir satisfaites ses revendications territoriales en Dalmatie. En quelques jours, l'État indépendant de Croatie (NDH : Nezavisna Država Hrvatska), dirigé par Pavelić, signa une série de décrets visant à persécuter et à éliminer les "ennemis" du régime, soit principalement les Juifs, les Roms et les Serbes. Entre 1941 et 1945, la majeure partie de la population juive fut déportée dans des camps d'extermination.

**1918**
Le royaume des Serbes, des Croates et des Slovènes est créé après la dissolution de l'Autriche-Hongrie. Pierre I^er^ de Serbie monte sur le trône.

**1920**
Stjepan Radić fonde le Parti paysan croate, qui devient le porte-parole des intérêts croates face à la domination serbe.

**1941**
Ante Pavelić proclame l'État indépendant de Croatie (NDH), un État fantoche nazi. Les Oustachis persécutent les Serbes, les Roms et les Juifs. En réponse, les "tchetniks" serbes s'attaquent aux Croates.

**1943**
Les Partisans de Tito remportent des victoires militaires et forment un front antifasciste. Ils reconquièrent des territoires contrôlés par les fascistes en repli et bénéficient du soutien militaire des Alliés.

Quant aux Serbes, le programme de l'Oustacha prévoyait "d'en tuer un tiers, d'en expulser un tiers et d'en convertir un tiers au catholicisme", programme qui fut suivi avec une telle brutalité qu'il sidéra même les nazis. Les villages organisèrent leurs propres pogroms anti-serbes et des camps d'extermination furent établis. Le plus tristement célèbre fut celui de Jasenovac, au sud de Zagreb, où périrent également des Juifs, des Roms, ainsi que des prisonniers politiques. Le nombre exact de victimes serbes reste controversé, mais on estime qu'un Serbe sur six fut tué.

## Tito et les Partisans

Tous les Croates ne soutenaient pas une telle politique. Le régime de l'Oustacha recrutait principalement ses appuis dans la région de Lika, au sud-ouest de Zagreb, et en Herzégovine occidentale. En revanche, la cession d'une bonne partie de la Dalmatie à l'Italie était si impopulaire que les Oustachis ne comptaient presque aucun partisan dans cette région.

Le mouvement serbe "tchetnik" (*Četnik*) du général Draža Mihailović prit tout d'abord la forme d'une résistance armée au régime. Mais après avoir commencé comme une rébellion antifasciste, ses actions dégénérèrent, pour donner lieu au massacre de Croates en Croatie orientale et en Bosnie.

La lutte antifasciste la plus efficace fut le fait des unités partisanes de libération nationale menées par Josip Broz, plus connu sous le nom de Tito. Le mouvement des Partisans, qui plongeait ses racines dans le Parti communiste yougoslave, attira les intellectuels yougoslaves, sans oublier les Croates et les Serbes écœurés par les massacres tchetniks ou de l'Oustacha. Les Partisans acquirent un large soutien populaire grâce à leur premier programme qui envisageait une Yougoslavie d'après-guerre organisée en une fédération souple.

Les Alliés, qui avaient commencé par soutenir les tchetniks serbes, ne tardèrent pas à comprendre que les Partisans livraient contre les nazis un combat sans merci beaucoup plus déterminant. Grâce à l'appui diplomatique et militaire fourni par Churchill et par les puissances alliées, le mouvement réussit à contrôler une bonne partie de la Croatie en 1943. Il installa des gouvernements locaux dans les zones libérées par ses soins, ce qui facilita plus tard son accession au pouvoir. Le 20 octobre 1944, Tito entra dans Belgrade avant l'Armée rouge et fut proclamé Premier ministre. Puis après la reddition de l'Allemagne, en 1945, Pavelić et les Oustachis prirent la fuite, laissant les Partisans entrer dans Zagreb.

Les dernières colonnes de l'armée du NDH tentèrent de franchir la frontière autrichienne à Bleiburg, afin d'échapper aux Partisans. Un petit

*Vie et mort de la Yougoslavie* (Fayard, 2000), de Paul Garde, est un ouvrage incontournable, retraçant l'histoire du mariage malheureux des nations yougoslaves et de leur sanglant divorce.

**1945-1948**

Proclamation de la république populaire fédérale de Yougoslavie. Tito rompt avec Staline et trouve un compromis entre l'Ouest et l'Est. Il fonde le mouvement des non-alignés.

**Années 1960**

Face à la centralisation du pouvoir à Belgrade, le mécontentement croate grandit. La surreprésentation des Serbes au gouvernement et la redistribution des richesses aux provinces pauvres sont critiquées.

**1971**

Lors du "printemps croate", les réformateurs du Parti communiste, des intellectuels, des étudiants et des nationalistes réclament une plus grande autonomie économique et politique pour le pays.

**1980**

La mort du président Tito suscite un vif émoi. Des hommages parviennent du monde entier. Pourtant, la Yougoslavie est acculée par l'inflation, le chômage et le déficit extérieur.

**TITO**

Josip Broz, dit Tito, naquit à Kumrovec en 1892, d'un père croate et d'une mère slovène. Pendant la Première Guerre mondiale, il fut enrôlé dans l'armée austro-hongroise et fait prisonnier par les Russes. Il s'évada juste avant la révolution de 1917 et, embrassant l'idéal communiste, s'engagea dans l'Armée rouge. De retour en Croatie en 1920, il travailla dans la métallurgie tout en exerçant une activité syndicale.

En qualité de secrétaire du comité du Parti communiste de Zagreb, alors interdit, Tito s'employa à unifier le parti, qui accrut considérablement le nombre de ses adhérents. En 1941, l'invasion de la Yougoslavie par l'armée allemande l'incita à prendre le pseudonyme de Tito, en hommage à l'écrivain croate du XVIIIe siècle Tito Brezovački, et à organiser de petits groupes de résistants, appelés les Partisans. Le succès de sa campagne lui valut le soutien militaire des Britanniques et des Américains. L'Union soviétique, quant à elle, refusa de l'aider, ce qui explique peut-être la rupture ultérieure entre Belgrade et Moscou.

En 1945, Tito devint chef du gouvernement d'une Yougoslavie reconstituée. Mais son caractère indépendant ne tarda pas à l'opposer à Staline et, en 1948, il fut officiellement exclu du Kominform (organe de coordination entre les partis communistes européens créé en 1947). Il adopta dès lors une politique de conciliation envers le bloc occidental.

La rivalité entre les diverses nationalités du pays constituait un problème majeur, que Tito régla en interdisant toute opposition et en assurant une représentation équilibrée aux échelons supérieurs du gouvernement. Communiste convaincu, il considérait les rivalités ethniques comme préjudiciables à la recherche du bien commun.

Pleinement conscient des tensions sous-jacentes, Tito commença dès le début des années 1970 à préparer sa succession en tentant d'instaurer un équilibre des forces entre les différents groupes ethniques du pays. Il créa une présidence collective tournante qui devait changer chaque année, mais ce système se révéla impraticable. Les événements ultérieurs allaient montrer à quel point la Yougoslavie reposait sur le charisme et l'habileté de son leader.

À la mort de Tito, en mai 1980, son corps fut transporté de Ljubljana à Belgrade. Des milliers de personnes rendirent un dernier hommage à celui qui avait unifié le pays pendant 35 ans. Ce devait être le dernier instant de communion entre tous les peuples composant la Yougoslavie.

contingent britannique approcha ces 50 000 hommes et promit de les interner hors de Yougoslavie s'ils se rendaient. Les Oustachis tombèrent dans le piège et furent embarqués de force dans des trains à destination de la Yougoslavie où les Partisans les attendaient. Les massacres qui s'ensuivirent firent au moins 30 000 victimes et entachèrent la réputation du gouvernement yougoslave.

WAYNE WALTON

» Statue de Tito, Kumrovec

**1989**

Alors que le système communiste s'effrite en Europe de l'Est, Tudjman fonde l'Union démocratique croate, premier parti non communiste en Yougoslavie. Il est élu président en 1990.

**1991**

Le *sabor* (Parlement) croate proclame l'indépendance de la Croatie. Les Serbes de Krajina font à leur tour sécession, avec le soutien de Slobodan Milošević. La guerre éclate entre les Croates et les Serbes.

## La naissance de la Yougoslavie

Si les tentatives de Tito pour récupérer la ville italienne de Trieste et plusieurs territoires d'Autriche méridionale se heurtèrent à l'opposition des Alliés, la Dalmatie et la plus grande partie de l'Istrie furent en revanche définitivement intégrées à la Yougoslavie de l'après-guerre. Tito entendait fonder un État au sein duquel aucun groupe ethnique n'occuperait de position dominante, mais il comptait aussi conforter cet équilibre délicat par l'instauration d'un parti unique et l'étouffement de toute forme d'opposition. La Croatie devint l'une des six républiques de la Fédération yougoslave aux côtés de la Macédoine, de la Serbie, du Monténégro, de la Bosnie-Herzégovine et de la Slovénie.

*L'Éclatement de la Yougoslavie de Tito* (L'Harmattan, 2001), d'Yves Brossard et Jonathan Vidal, revient en profondeur sur la guerre qui a déchiré la région au début des années 1990 et sur ses origines.

Dans les années 1960, la concentration du pouvoir à Belgrade (Serbie) suscita une irritation grandissante quand il s'avéra que les revenus des prospères républiques de Slovénie et de Croatie étaient redistribués à leurs consœurs plus pauvres du Monténégro et de la Bosnie-Herzégovine. Le problème était particulièrement épineux en Croatie, qui voyait les profits de son industrie touristique florissante engloutis dans les caisses de Belgrade. Parallèlement, en Croatie, les Serbes étaient surreprésentés au gouvernement, dans les forces armées et dans la police.

L'agitation atteignit son apogée avec le "printemps croate" de 1971. Intellectuels et étudiants, menés par des éléments réformistes du Parti communiste croate, demandèrent alors un assouplissement des liens avec la Yougoslavie, en vue d'aller vers une plus grande autonomie économique et une réforme constitutionnelle ; des nationalistes se manifestèrent également. La riposte de Tito fut féroce. Une purge élimina des leaders du mouvement, qui furent incarcérés ou expulsés du parti. Les Serbes virent là une résurgence du mouvement de l'Oustacha, tandis que, du fond de leur prison, les réformateurs accusaient les Serbes de tous leurs maux. Le décor était planté pour la montée du nationalisme et pour la guerre civile des années 1990.

## La fin de la Yougoslavie

À la mort de Tito, en mai 1980, l'autorité du gouvernement central yougoslave s'effondra avec l'économie et les méfiances interethniques longtemps muselées réapparurent.

En 1989, la répression sévère de la majorité albanaise dans la province serbe du Kosovo réveilla la crainte d'une hégémonie serbe et sonna le glas de la Fédération yougoslave. Beaucoup de Croates jugeaient l'heure venue de mettre un terme à plus de quatre décennies de communisme et de gagner leur autonomie complète au passage. Ils étaient confortés en cela par les bouleversements politiques qui secouaient l'Europe orientale après la chute du mur de Berlin. Les élections libres d'avril 1990 donnèrent 40% des voix à l'Union démocratique croate (HDZ : Hrvatska

**1992**

Un premier cessez-le-feu négocié par l'ONU entre en vigueur temporairement. L'Union européenne reconnaît la Croatie, qui intègre les Nations unies. La Bosnie voisine s'embrase à son tour.

**1995**

L'opération "Tempête" (Oluja) de l'armée croate se solde par la reconquête des territoires perdus et l'expulsion des Serbes de Krajina. Les accords de Dayton établissent les frontières de la Croatie et le retour de la paix.

» Hommage sculptural à la reconstruction de Vukovar

Demokratska Zajednica) de Franjo Tudjman (Tuđman en croate), contre 30% au Parti communiste, qui conservait l'appui de la communauté serbe, ainsi que celui des électeurs de l'Istrie et de Rijeka. Une nouvelle Constitution croate fut promulguée le 22 décembre 1990. Dans celle-ci, les Serbes de Croatie étaient désignés non plus comme une "nation constitutive", mais comme une "minorité nationale".

L'absence de garanties constitutionnelles quant au respect des droits des minorités et les licenciements massifs de fonctionnaires serbes incitèrent les 600 000 Serbes établis en Croatie à demander leur autonomie. Au début de l'année 1991, des extrémistes serbes fomentèrent des provocations destinées à susciter une intervention militaire fédérale. Le référendum de mai 1991 (boycotté par les Serbes) donna un score de 93% en faveur de l'indépendance de la Croatie. Mais, le jour de la proclamation de l'indépendance, le 25 juin 1991, les séparatistes serbes de Krajina firent à leur tour sécession.

## La guerre en Croatie

À la suite d'une médiation de la Communauté européenne (aujourd'hui Union européenne), la Croatie accepta de retarder sa déclaration d'indépendance de trois mois afin d'éviter les effusions de sang. Mais de violents combats n'en éclatèrent pas moins dès juin 1991 dans la Krajina, dans la Baranja et en Slavonie. Sous prétexte d'apaiser les violences ethniques, l'Armée populaire yougoslave (contrôlée par les communistes serbes) se porta de son propre chef au secours des indépendantistes serbes. Lorsque le gouvernement croate ordonna le blocus des installations militaires fédérales de la République, l'armée yougoslave bloqua en représailles la côte adriatique et assiégea la place stratégique de Vukovar, sur le Danube. À l'été 1991, un quart de la Croatie était tombé aux mains des milices serbes et de l'Armée populaire yougoslave.

À la fin de 1991, l'armée fédérale et les milices monténégrines attaquèrent Dubrovnik (voir l'encadré p. 252), et le palais présidentiel de Zagreb fut touché par des tirs de roquettes de l'aviation yougoslave lors d'un attentat manqué contre le président Tudjman. Le 19 novembre, Vukovar se rendit au terme d'un siège héroïque et particulièrement sanglant de trois mois (voir p. 93). En six mois, la guerre fit 10 000 victimes en Croatie. Des centaines de milliers d'habitants s'enfuirent et des dizaines de milliers de foyers furent détruits.

Pendant deux ans, Jean Hatzfeld, grand reporter et correspondant de guerre, a sillonné l'ex-Yougoslavie en guerre avant d'être grièvement blessé en juin 1992 à Sarajevo. *L'Air de la guerre : sur les routes de Croatie et de Bosnie-Herzégovine* (Points, 1998) est un récit de guerre d'une exceptionnelle humanité sur l'embrasement de la région.

## L'intervention des Nations unies

Début décembre, les Nations unies (ONU) entamèrent avec la Serbie des négociations couronnées de succès, sur le déploiement d'une force d'interposition de 14 000 hommes (Forpronu) dans les régions croates sous domination serbe. Un cessez-le-feu entra en vigueur le 3 janvier 1992

**1999**
Mort de Franjo Tudjman, premier président de la Croatie. Une coalition centriste dirigée par Ivica Račan (Premier ministre) et Stipe Mesić (président) remporte les élections de janvier 2000.

**2003**
L'Union démocratique croate revient au pouvoir, sans les velléités nationalistes qu'elle défendait sous Tudjman. Elle se fixe un agenda de réformes économiques et vise l'adhésion à l'Union européenne et à l'OTAN.

**2005**
Ante Gotovina, accusé de crimes de guerre, est arrêté et livré au Tribunal pénal international pour l'ex-Yougoslavie. Cette arrestation, source de controverses en Croatie, est saluée par l'Union européenne.

**2006**
La Commission européenne publie un rapport demandant à la Croatie de lutter plus activement contre la corruption, la discrimination et l'intolérance envers les citoyens non croates.

et, sous la pression de l'Allemagne, la Communauté européenne reconnut la Croatie dans le courant du mois de janvier. La reconnaissance américaine suivit en mai 1992 et la Croatie fit son entrée à l'ONU.

Le plan de paix de l'ONU pour la Krajina prévoyait le désarmement des formations paramilitaires serbes locales, le rapatriement des réfugiés et le retour de la région dans le giron croate. En réalité, il réussit seulement à figer la situation existante, sans apporter de solution à long terme. En janvier 1993, l'armée croate lança une offensive soudaine dans le sud de la Krajina, repoussant les Serbes et reprenant des points stratégiques. Les Serbes de Krajina jurèrent qu'ils n'admettraient jamais de dépendre de Zagreb et en juin 1993, ils se prononcèrent, à une écrasante majorité, pour un rattachement aux Serbes de Bosnie (et tôt ou tard à la Grande Serbie). Pendant ce temps, le nettoyage ethnique fit rage et il ne resta bientôt plus en Krajina que 900 Croates sur une population originelle de 44 000 personnes. Le 29 mars 1994, les Serbes de Krajina acceptèrent finalement un cessez-le-feu général, qui instaura des "zones de séparation" démilitarisées entre les belligérants. La violence diminua considérablement dans la région.

## Troubles en Bosnie

Parallèlement, l'armée yougoslave et les formations paramilitaires serbes firent subir un sort similaire à la Bosnie-Herzégovine voisine. Après s'être tout d'abord unis pour faire face à l'avancée des Serbes, les Croates et les musulmans de Bosnie entrèrent en conflit en 1993. Avec le soutien tacite de Zagreb, les Croates se rendirent coupables d'actes de violence et furent notamment à l'origine de la destruction du vieux pont de Mostar. La situation finit par s'apaiser en 1994 lorsque, sous l'influence des États-Unis, un accord déboucha sur la naissance de la Fédération croato-musulmane, alors que le monde assistait avec horreur à l'interminable siège de Sarajevo.

À la même époque, le gouvernement croate s'attacha à se procurer discrètement des armes. Le 1er mai 1995, l'armée et la police pénétrèrent dans le territoire occupé de la Slavonie occidentale, à l'est de Zagreb, et prirent en quelques jours le contrôle de la région. Les Serbes de Krajina ripostèrent en bombardant Zagreb. Bilan : 7 morts et 130 blessés. Voyant que les forces croates consolidaient leurs positions en Slavonie orientale, près de 15 000 Serbes fuirent la région malgré la promesse du gouvernement croate de n'exercer aucune vengeance à leur encontre.

Le silence observé par Belgrade tout au long de cette campagne, signe que les Serbes de Krajina avaient perdu l'appui de leurs alliés serbes, encouragea les Croates à pousser leur avantage. Le 4 août, ils lancèrent un assaut sur la capitale rebelle de Knin, la pilonnant avec des tirs d'obus et de mortiers. Écrasée, l'armée serbe s'enfuit vers le nord de la

**2007**

La HDZ sort en tête des suffrages lors des élections parlementaires de novembre. Elle doit toutefois former une coalition pour atteindre la majorité.

**2008**

En janvier, le Parlement approuve le nouveau gouvernement de coalition dirigé par le Premier ministre Ivo Sanader. En avril, la Croatie est invitée à rejoindre l'OTAN lors du sommet de Bucarest.

» Hommage aux victimes de la guerre civile, Zagreb

Bosnie, accompagnée par 150 000 civils issus de familles implantées en Krajina depuis plusieurs siècles. Les opérations militaires ne durèrent que quelques jours, mais de longs mois de terreur s'ensuivirent, marqués par les pillages et les incendies de villages serbes.

En décembre 1995, les accords de paix de Dayton, signés à Paris, reconnurent finalement les frontières traditionnelles de la Croatie. Ils prévoyaient en outre le rattachement de la Slavonie orientale, qui devint effectif en janvier 1998. Si la transition se fit avec moins de violence qu'on aurait pu le craindre, la méfiance et l'hostilité subsistent aujourd'hui encore entre les deux peuples.

## La Croatie de l'après-guerre

Depuis la fin du conflit, la stabilité est revenue en Croatie. Toutefois, le gouvernement croate est encore loin d'avoir satisfait sa promesse de faciliter le retour des réfugiés serbes, faite lors de la signature des accords de paix. En effet, s'il a effectivement fait de l'accueil des réfugiés l'une de ses priorités, en réponse aux attentes de la communauté internationale, ses efforts sont souvent court-circuités par des autorités locales attachées à la pureté ethnique de leur région.

Dans de nombreux cas, des réfugiés croates venus de Bosnie-Herzégovine ont pris possession de maisons abandonnées par leurs propriétaires serbes, si bien que les Serbes désireux de récupérer leur bien se trouvent confrontés à un imbroglio bureaucratique. Sans compter les difficultés qu'ils rencontrent à trouver un emploi dans une région à l'économie précaire. Aussi, quinze ans après la fin du conflit, seulement la moitié des Serbes originaires de Croatie ont regagné leur pays d'origine.

Sur l'échiquier politique, Franjo Tudjman, l'homme fort des années de guerre, vit sa popularité décliner une fois la paix revenue. La population croate ne se laissa plus séduire par son autoritarisme, associé au contrôle des médias, à la résurrection du symbolisme du NDH et à sa tendance à écouter l'extrême droite. En 1999, les partis d'opposition s'unirent contre Tudjman et la HDZ. Hospitalisé, Tudjman décéda subitement à la fin de l'année. Le suffrage prévu fut reporté à janvier 2000 ; les électeurs, qui préférèrent à la HDZ une coalition de centre gauche, choisirent alors d'élire le centriste Stipe Mesić à la présidence croate.

*Comprendre les Balkans. Histoire, société, perspectives* (Non Lieu, 2010), de Jean-Arnault Dérens et Laurent Geslin, est destiné aux non-spécialistes, désireux d'appréhender cette région complexe.

## Vers l'adhésion à l'Union européenne

Le résultat des élections de 2000 témoigna de la volonté de la Croatie de se tourner vers l'Ouest et de s'intégrer à l'Europe moderne. Le pays rouvrit progressivement ses frontières aux touristes étrangers et libéralisa son économie. Cependant, le rapprochement avec l'Europe occidentale fut un temps suspendu à la suite de l'inculpation, par le Tribunal pénal international pour l'ex-Yougoslavie (TPIY), de deux

**Octobre 2008**

Deux journalistes croates sont assassinés, vraisemblablement par la Mafia, en plein Zagreb.

**2009**

La Slovénie menace de bloquer l'adhésion de la Croatie à l'UE en raison d'un conflit frontalier vieux de 18 ans, au niveau de la baie de Piran, dans l'Adriatique. En avril, la Croatie intègre l'OTAN.

**Juillet 2009**

Ivo Sanader démissionne. La vice-Premier ministre, l'ancienne journaliste Jadranka Kosor, le remplace ; elle devient la première femme Premier ministre de la Croatie.

**Janvier 2010**

La Serbie dépose une plainte de génocide contre Zagreb, pour des faits datant de la guerre serbo-croate des années 1990.

généraux croates pour crimes contre des Serbes de Krajina. En 2001, la décision de la Croatie de livrer le général Norac au TPIY divisa les Croates ; elle pourrait d'ailleurs avoir été à l'origine du retour au pouvoir de la HDZ fin 2003 et de l'accession d'Ivo Sanader au poste de Premier ministre. Pragmatique, la HDZ abandonna la ligne dure des années Tudjman et, à l'instar des partis centristes, fit de la réforme économique et de l'adhésion à l'Union européenne (UE) et à l'OTAN ses priorités.

L'Europe vit dans cette alternance au pouvoir sans heurt la preuve de la maturité démocratique de la Croatie. En 2005, le général Ante Gotovina fut livré au TPIY, après son arrestation en Espagne. Il s'agissait de la principale condition à l'ouverture des négociations pour l'entrée du pays dans l'UE, et celle-ci sembla donc en bonne voie. Mais la même année se produisit le premier d'une succession d'obstacles, quand le gouvernement slovène institua une zone écologique dans l'Adriatique, poussant la Croatie à demander un arbitrage international pour régler le litige. Puis en 2006, un rapport publié par la Commission européenne invita la Croatie à régler les problèmes de corruption et de discrimination envers les non-Croates, ce qui ralentit encore le processus d'intégration à l'UE.

Lors des élections parlementaires de novembre 2007, la HDZ termina en tête, mais dut former une coalition pour s'assurer une majorité. Après deux mois de controverses, le Parlement finit par approuver le cabinet d'Ivo Sanader en janvier 2008. En mars 2008 s'ouvrit à La Haye le procès pour crimes de guerre des anciens généraux croates Ante Gotovina, Ivan Čermak et Mladen Markač, qui plaidèrent non coupables à l'accusation de meurtre contre des Serbes croates dans les années 1990. Gotovina est considéré comme un héros par beaucoup de Croates de la région de Zadar, où il est né, et son procès fit sortir de l'ombre des acteurs controversés de la guerre civile.

La Croatie, officiellement invitée à rejoindre l'OTAN lors du sommet de Bucarest du printemps 2008, entra dans l'Alliance l'année suivante. Parallèlement, l'année 2008 fut marquée par une série de meurtres mafieux, qui poussèrent le gouvernement à intensifier sa lutte contre la corruption et le crime organisé – au moins officiellement. Le conflit frontalier avec la Slovénie n'arrangea pas les choses. La Slovénie ayant annoncé qu'elle bloquerait l'intégration de la Croatie, cette dernière reçut un blâme de la part de l'UE pour n'avoir pas tenté de régler le désaccord. Les négociations furent interrompues jusqu'en octobre 2009, date à laquelle les deux pays acceptèrent l'aide de médiateurs internationaux pour trouver un accord.

Des réformes sont actuellement en cours dans les domaines de la justice, de la lutte contre la corruption et de l'amélioration du processus de création d'entreprises privées. Elles devront être menées à bien pour que le pays puisse enfin passer la porte de l'Europe.

**Janvier 2010**

Ivo Josipović, du Parti social-démocrate croate (SDP), est élu président du pays.

**Juin 2010**

La Slovénie organise un référendum sur le différend frontalier avec la Croatie. Une petite majorité de Slovènes approuve le compromis, levant le principal obstacle à l'entrée de la Croatie dans l'UE.

**Nov. 2010**

Lors d'une visite officielle, le président serbe Boris Tadić s'excuse pour les crimes commis à Vukovar.

**Déc. 2010**

Arrestation d'Ivo Sanader en Autriche. L'ancien Premier ministre avait fui le pays après avoir été déchu de son immunité parlementaire.

# La société croate

## Les deux facettes de la Croatie

Avec sa capitale dans les terres et la plupart de ses grandes villes sur la côte, le pays conjugue une décontraction méditerranéenne sur le littoral et le caractère plus sérieux de la *Mitteleuropa* (Europe centrale) à Zagreb et dans le nord du pays – avec une cuisine roborative, une architecture autrichienne et un intérêt plus marqué pour la réussite professionnelle que pour les loisirs. Les Istriens, bilingues italien et croate, restent fortement influencés par l'Italie. En Dalmatie, l'ambiance est plutôt à la détente, et beaucoup de bureaux ferment dès 15h pour permettre aux employés de profiter de la plage et des terrasses.

Pour une liste exhaustive des événements culturels, consultez le site www.culturenet.hr.

Ceux qui travaillent dans le secteur touristique parlent souvent allemand, italien et anglais, avec une prédominance de cette dernière langue parmi les jeunes. D'aucuns pourront être déstabilisés par l'attitude de certains Croates, qu'ils jugeront indifférents ou trop directs, même dans le secteur touristique. Mais c'est simplement une façon de se comporter et, quand vous aurez accepté cela, vous aurez des amis pour la vie.

### Est ou Ouest ?

La grande majorité des Croates s'identifie culturellement à l'Europe de l'Ouest et s'estime plus occidentale que ses voisins "orientaux" bosniaques et serbes. Décrire la Croatie comme un pays de l'Est vous vaudra une antipathie certaine. L'idée que la Croatie constitue le dernier avant-poste avant l'Orient ottoman prévaut dans toutes les couches de la population. On peut toutefois émettre quelques doutes sur ce sentiment devant le récent et fulgurant succès du turbo-folk serbe, un genre musical méprisé et rejeté durant la guerre des années 1990. Avec l'apaisement des tensions nationales, il semble que certaines parties de la société croate recommencent à s'intéresser à l'héritage balkanique.

### LES CROATES : DES GENS NORMAUX

L'attitude envers la "guerre nationale" ou la "guerre patriotique" des années 1990 varie selon la région. La destruction de Vukovar, les bombardements de Dubrovnik et d'Osijek, ainsi que la purification ethnique des Serbes de la Krajina ont traumatisé les régions alentour ; la mise en cause du bon droit des Croates et de l'entière culpabilité des Serbes n'est guère appréciée. Dans d'autres parties du pays, les habitants acceptent plus facilement la discussion sur les événements des dernières décennies.

Les Croates utilisent souvent le mot "normal" pour se qualifier. Ils vous diront : "Nous voulons devenir un pays normal". Ils font souvent la distinction entre les nationalistes survoltés, prompts à brandir le drapeau, et les "gens normaux" qui souhaitent vivre en paix. Leur relatif isolement sur la scène internationale est très mal vécu, d'où leurs réticences à livrer leurs criminels de guerre à la cour internationale.

**FACTEUR D'UNITÉ OU D'ABRUTISSEMENT ?**

Le turbo-folk, version techno survoltée de la musique folklorique serbe, ne rentre dans aucune catégorie. Largement écouté en Croatie, en Serbie, au Monténégro, en Macédoine et en Bosnie-Herzégovine, c'est un facteur d'unification dans l'ex-Yougoslavie. La reine incontestée du genre est Svetlana "Ceca" Ražnatović, la veuve du Serbe Arkan, accusé de crimes contre l'humanité. Ceca a produit de nombreux albums et donné des concerts à guichets fermés dans les grands stades de la région.

Le turbo-folk, qui est apparu et a prospéré sous Milošević, est associé aux milieux mafieux. Ceca elle-même a été arrêtée (avant d'être lavée de tout soupçon) en raison de ses liens avec des membres du clan Zemun, responsable de l'assassinat du Premier ministre serbe Zoran Điniđić en 2003. Certains *folkotekas* (clubs de turbo-folk) utilisent des détecteurs de métaux à l'entrée ; ils sont parfois la cible d'attentats à la bombe lors de règlements de comptes entre clans mafieux, surtout en Bosnie-Herzégovine. L'élite intellectuelle considère le turbo-folk comme une sorte d'"abrutissement" de la jeune génération, mais sa popularité croissante est une réalité indéniable.

# Un pays sportif

Le football, le tennis et le ski rencontrent un énorme succès dans cette nation férue de sport. La Croatie fournit un nombre étonnant d'athlètes de niveau international dans chacune de ces disciplines.

Comme les sportifs locaux, suivez les aventures du Dinamo Zagreb sur www.nk-dinamo.hr.

## Football

Le football est de loin le sport le plus populaire. Il sert souvent d'exutoire au patriotisme croate et, à l'occasion, de moyen pour exprimer son opposition politique. Quand Franjo Tudjman (Tuđman en croate) accéda au pouvoir, il décida que Dinamo, le nom du club de foot de Zagreb, était "trop communiste" et le changea pour "Croatie". Cette décision suscita une vague d'indignation, que les jeunes supporters mirent à profit pour exprimer leur opposition au régime. Même si le gouvernement suivant a rétabli le nom d'origine, vous verrez encore des graffitis *Dinamo volim te* (Dinamo je t'aime) à Zagreb. Rival du Dinamo, le Hajduk de Split doit son nom aux anciens résistants à la domination ottomane. Les supporters du Hajduk et du Dinamo sont de féroces adversaires, qui provoquent souvent des bagarres lorsque les deux équipes se rencontrent.

L'équipe nationale, qui fait bonne figure lors des championnats, n'a toutefois pas réussi à se qualifier pour la Coupe du monde de 2010. À la fin de sa carrière, le meilleur buteur de tous les temps, Davor Šuker, totalisait 46 buts internationaux, dont 45 pour la Croatie. En 2004, Pelé l'a désigné comme l'un des 125 plus grands footballeurs vivants.

## Basket-ball

Sport le plus prisé après le football, le basket-ball suscite la vénération. Les équipes de Split et Zadar, ainsi que le Cibona Zagreb, sont connus dans toute l'Europe. Néanmoins, ils n'ont pas encore égalé l'équipe star des années 1980, quand des joueurs comme Dražen Petrović, Dino Rađa et Toni Kukoč, hissèrent le Cibona au titre de champion d'Europe. Pour des informations sur le basket-ball, consultez le site www.kosarka.hr.

## Tennis

La Croatie fournit de grands joueurs. En 2001, la victoire à Wimbledon de Goran Ivanišević a donné lieu à d'enthousiastes manifestations, en particulier dans sa ville de Split. Cet attaquant charismatique s'est imposé parmi les dix meilleurs joueurs durant la majeure partie des années 1990. Des blessures l'ont contraint à se retirer en 2004, mais la Croatie est restée en haut de l'affiche en 2005 avec la victoire en Coupe Davis d'Ivan Ljubičić (15e joueur mondial) et de Mario Ančić.

### UN PEU DE CROATIE À EMPORTER

Tradition pluriséculaire toujours vivace, la dentelle de l'île de Pag est le plus bel artisanat du pays. Vous pourrez en acheter directement auprès des dentellières.

De nombreuses boutiques de souvenirs vendent des tissus brodés. La broderie croate se distingue par des motifs géométriques rouges sur fond blanc, qui ornent des nappes, des housses de coussins et des chemisiers.

Les huiles essentielles et les sachets de lavande et d'autres plantes constituent des cadeaux appréciés et peu chers. Vous en trouverez dans la plupart des îles dalmates centrales, notamment sur celle de Hvar, réputée pour ses champs de lavande.

L'île de Brač est renommée pour sa pierre brillante, utilisée pour tailler de nombreux objets : cendriers, vases, bougeoirs, etc., en vente dans toute l'île.

Né à Split, Mario Ančić est surnommé "Baby Goran" par Ivanišević lui-même. Marin Čilić est une autre star montante de Croatie. Du côté féminin, Iva Majoli, native de Zagreb, a gagné à Roland-Garros en 1997.

Le tennis est un sport largement pratiqué en Croatie et la côte offre de nombreux courts en terre battue. Le plus grand tournoi du pays, l'Open d'Umag, se déroule en juillet en Istrie.

La célèbre championne croate de saut en hauteur Blanka Vlašić a remporté sa 4e médaille d'or consécutive au Championnat du monde de Doha en mars 2010.

### Ski

Si la Croatie possédait une déesse nationale, ce serait Janica Kostelić, sa skieuse la plus émérite. Après avoir gagné la Coupe du monde de ski alpin en 2001, elle a remporté trois médailles d'or et une médaille d'argent aux Jeux olympiques d'hiver en 2002, les premières médailles d'un athlète croate dans des JO d'hiver. À 20 ans, elle est devenue la première skieuse à gagner trois médailles d'or à des Jeux olympiques. Depuis 2002, Janica Kostelić a eu une blessure au genou et d'autres problèmes de santé, ce qui ne l'a pas empêchée de décrocher l'or du combiné féminin et l'argent au Super-G des Jeux olympiques de Turin en 2006.

Le ski semble être une affaire de famille puisque son frère, Ivica Kostelić, a remporté le slalom masculin lors de la Coupe du monde de 2002, et la médaille d'argent du combiné hommes à Turin en 2006.

## Religion

Selon le dernier recensement, 87,8% de la population se déclare catholique, 4,4% orthodoxe, 1,3% musulmane, 0,3% protestante, 6,2% athée ou autre. Les Croates sont en majorité catholiques, tandis que les Serbes se rattachent à l'orthodoxie orientale, une division qui remonte au partage de l'Empire romain en 395, puis au schisme de 1054. La religion constitue la seule différence entre des populations ethniquement identiques. Outre quelques divergences doctrinales, les orthodoxes vénèrent des icônes, autorisent le mariage des prêtres et rejettent l'autorité du pape.

Le catholicisme a fortement contribué à forger l'identité nationale croate. Ayant fait allégeance à Rome dès le IXe siècle, les Croates bénéficièrent dès lors du droit de célébrer les messes et de rédiger des écrits religieux dans la langue locale, qui devint l'écriture glagolitique. Les papes soutinrent les premiers rois croates, qui bâtirent des monastères et des églises afin de promouvoir le catholicisme. Durant les longs siècles de domination étrangère, le catholicisme servit d'élément unificateur pour l'éclosion d'un sentiment national.

La foi profonde qui avait conforté le nationalisme croate fut transformée en intolérance criminelle sous le régime des Oustachis (Ustaši). La complicité des paroisses locales dans l'"épuration" des Juifs et des Serbes incita Tito à supprimer la religion – et, avec elle, espérait-il, le nationalisme. Si la religion ne fut jamais officiellement interdite, il était

### VIE QUOTIDIENNE

Les Croates aiment les plaisirs de la vie et attachent beaucoup d'importance aux apparences. Les rues sont propres, et les gens bien mis. Même en période de vaches maigres, la plupart des citoyens préféreront se priver de restaurant et de cinéma plutôt que d'une expédition shopping en Italie ou en Autriche. Par ailleurs, passer du temps dans les cafés et les bars est une tradition bien ancrée dans le pays.

En Croatie comme ailleurs, le culte de la célébrité est bien installé et les tabloïds relatent les frasques des candidats à la célébrité.

mal vu d'assister à la messe. Aussi n'est-il pas surprenant que le Vatican ait été le premier État à reconnaître la Croatie indépendante en 1991.

L'Église jouit d'une position respectée dans la vie culturelle et politique croate et le Vatican porte une attention particulière au pays. Un sondage a révélé que près de 76% des catholiques croates se considéraient comme croyants et que 30% allaient à la messe chaque semaine. L'Église est l'institution croate qui inspire le plus confiance, avec l'armée.

Les Croates, dans le pays et à l'étranger, fournissent un flux régulier de prêtres et de nonnes, qui regarnit les rangs du clergé catholique. Les fêtes religieuses sont célébrées avec ferveur et les églises se remplissent le dimanche pour la messe.

Nikola Tesla (1856–1943), le père de la radio et du courant alternatif, naquit dans le village de Smiljan en Croatie. L'unité de mesure d'induction magnétique, le tesla, porte son nom.

## Hommes et femmes en Croatie

Si la situation s'améliore, les femmes doivent encore faire face à des obstacles. Sous la bannière socialiste de Tito, elles étaient encouragées à participer à la vie politique et leur représentation dans le *sabor* (Parlement) atteignait 18%. Actuellement, le Parlement compte 25% de femmes et le Premier ministre, Jadranka Kosor, est une femme.

De plus en plus de femmes travaillent, tout en faisant la quasi-totalité des tâches ménagères. Peu de femmes obtiennent des postes de direction.

La condition des femmes est plus dure dans les villages traditionnels que dans les zones urbaines et elles ont davantage souffert que les hommes des difficultés économiques depuis la fin de la guerre serbo-croate. Nombre des usines qui ont fermé, en particulier en Slavonie orientale, employaient une forte proportion de femmes.

Les sévices physiques à la maison et le harcèlement sexuel au travail sont relativement courants et la législation ne permet pas encore d'obtenir réparation.

Bien que l'attitude évolue lentement à l'égard de l'homosexualité, la Croatie est un pays essentiellement catholique, qui garde une vision très conservatrice de la sexualité. D'après une étude récente, seuls 58% des sondés considéraient les gays comme des "personnes normales avec une orientation sexuelle différente". Les autres jugeaient l'homosexualité comme une perversion. La plupart des homosexuels restent très discrets, redoutant des attaques si leur orientation était dévoilée.

### LA FAMILLE CROATE

La plupart des Croates sont propriétaires de leur logement, acquis après la chute du communisme, quand l'État les vendit à prix modiques aux locataires.

Traditionnellement, les enfants vivent avec leurs parents pendant une grande partie de leur vie d'adulte. C'est particulièrement vrai pour les garçons, qui amènent souvent leur épouse dans la maison familiale ; cette tradition se perpétue essentiellement à la campagne et dans les petites villes. La famille revêt une grande importance pour les Croates, qui entretiennent des liens étroits avec toute la parenté.

# La cuisine croate

Si vous imaginez que la cuisine croate se limite à des viandes huileuses accompagnées de pommes de terre bouillies et de chou, vous aurez une bonne surprise. Tout en conservant ses racines d'Europe de l'Est qui séduisent les amateurs de viande des Balkans, sa variété reflète les diverses cultures qui ont influencé le pays au fil de son histoire. Vous remarquerez une nette différence entre la cuisine d'inspiration italienne de la côte et les saveurs hongroises, autrichiennes et turques de l'arrière-pays. Du bar grillé arrosé d'huile d'olive de Dalmatie au roboratif ragoût de viande au paprika de Slavonie, tous les goûts seront satisfaits. Chaque région vante fièrement ses spécialités et partout vous apprécierez la qualité des plats, préparés avec des produits frais de saison.

Pour découvrir les spécialités du pays, procurez-vous *Cuisine de Croatie* (Édisud, 2008), d'Évelyne Matry-Marinone.

L'Istrie et le Kvarner ont rapidement atteint le sommet de l'échelle gourmande, mais d'autres régions les talonnent. Une nouvelle génération de cuisiniers revisite les plats traditionnels et participe au culte international des chefs célèbres. La production de vin et d'huile d'olive est en plein renouveau, tandis qu'un réseau d'itinéraires balisés rend hommage à ces précieux nectars.

## Culture culinaire

Si les Croates sont peu enclins à l'expérimentation dans le domaine culinaire, ils vouent une véritable passion à la cuisine et peuvent passer des heures à discuter de la qualité d'une viande ou d'un poisson. Par ailleurs, la culture gastronomique se développe, en grande partie grâce au mouvement Slow Food, qui privilégie les ingrédients frais de saison et le plaisir d'un repas prolongé.

Si les prix et la qualité varient peu dans les établissements de catégorie moyenne, vous pourrez prendre votre temps pour vous régaler de mets estampillés Slow Food ou savourer les préparations novatrices de jeunes chefs prometteurs. Étant donné les ressources limitées des habitants, la plupart des restaurants pratiquent des prix raisonnables ; quelques-uns sont très bon marché, tandis que d'autres sont au contraire affreusement chers. Quel que soit votre budget, un mauvais repas restera une exception. Enfin, au plaisir de la table s'ajoutera souvent celui de dîner en plein air par beau temps.

Le sel extrait des marais salants de Pag et de Ston est considéré comme le plus pur du pourtour méditerranéen.

### SUR LE POUCE

Une pizza à pâte fine et croustillante ou épaisse, habituellement garnie d'ingrédients frais, constitue un bon choix pour un repas rapide. Vous pourrez aussi vous régaler d'en-cas vendus par les stands de fast-food : *ćevapčići* (petites boulettes de bœuf, d'agneau ou de porc épicées), *pljeskavice* (version yougoslave du hamburger), *ražnjići* (brochettes de porc) ou *burek* (feuilletés à la viande hachée, aux épinards ou au fromage).

**SLOW FOOD**

Avec sa cuisine industrialisée sous plastique, la restauration rapide incitait à la riposte. Et, surprise, la mode du Slow Food est apparue, pour tenter de supplanter la culture du fast-food. Fondé en Italie dans les années 1980, ce mouvement existe aujourd'hui dans plus de 120 pays et tente de préserver les spécificités culinaires. Il privilégie les plantes, les semences et les animaux locaux, cultivés ou élevés de manière traditionnelle.

S'il existe d'innombrables interprétations du concept Slow Food, la Croatie s'attache à promouvoir des ingrédients de saison, frais et régionaux. L'accent est mis sur le rituel du repas et la présentation des plats, servis en petites portions dans un ordre précis, tous accompagnés de vins appropriés. Les pauses entre les plats et la compréhension de leur origine ajoutent au plaisir.

Quand Nenad Kukurin, le propriétaire du restaurant Kukuriku (p. 137) de Rijeka, introduisit ce concept il y a plus de dix ans, il fut traité de "terroriste gastronomique". Pourtant, désormais, le Kukuriku est une adresse courue, qui justifie à elle seule le trajet jusqu'au golfe du Kvarner. Le pain et les pâtes sont faits maison, les aromates proviennent du potager du restaurant et les ingrédients sont achetés chaque jour au marché. La carte varie selon les produits disponibles. Que vous choisissiez des asperges sauvages d'Učka, des truffes de la forêt de Motovun ou de l'agneau d'un village voisin, la simplicité de la préparation mettra en valeur l'authenticité des ingrédients. Comme le dit Nenad Kukurin, "on sort de table léger et heureux après un bon repas".

## Spécialités régionales

### Zagreb et le nord-ouest de la Croatie

Zagreb et le nord-ouest de la Croatie privilégient les plats de viande roboratifs à la mode viennoise. Les *pečenje* (viandes rôties à la broche) d'agneau (*janjetina*), de porc (*svinjetina*) et de canard (*patka*) s'accompagnent souvent d'un gratin de nouilles (*mlinci*) ou de pommes de terre sautées (*pečeni krumpir*). La viande lentement braisée sous la *peka* (couvercle bombé), particulièrement savoureuse, doit se commander à l'avance dans de nombreux restaurants. La dinde (*purica*) aux *mlinci* fait figure d'institution sur les cartes de Zagreb ou du Zagorje, de même que la *zagrebački odrezak*, une escalope de veau panée, farcie de jambon et de fromage. Autre spécialité incontournable, le *sir i vrhnje* (mélange de fromage blanc et de crème) se vend sur les marchés. Côté dessert, les *palačinke*, des crêpes fines avec diverses garnitures, figurent fréquemment sur les cartes.

Les herbes sauvages dont se nourrissent les brebis donnent son goût relevé au *paški sir*, le fromage de l'île de Pag.

### Slavonie

Plus épicée que celle des autres régions, la cuisine de Slavonie emploie généreusement l'ail et le paprika. L'influence hongroise se ressent ici davantage, et de nombreux plats typiques, comme le *čobanac*, sont des variantes du goulasch (*gulaš*). La proximité de la Drave permet de déguster des poissons tels la carpe, le brochet et la perche ; mijotés dans une sauce au paprika et accompagnés de nouilles, ils composent le *fiš paprikaš*. Autre spécialité, la carpe à la broche (*šaran u rašljama*) est grillée sur le feu dans sa graisse. Les saucisses de la région sont également réputées, notamment la *kulen*, parfumée au paprika et affinée pendant neuf mois ; elle est généralement servie avec du fromage frais, des poivrons, des tomates et des légumes marinés (*turšija*).

### Kvarner et Dalmatie

Dans la cuisine du littoral, typiquement méditerranéenne, prédominent l'huile d'olive, l'ail, les aromates, les poissons et les crustacés. En bord de mer, goûtez aux calamars frits (*lignje*) – dont le prix est certes un peu

### COURS DE CUISINE

Les cours de cuisine rencontrent un succès croissant – principalement auprès de la classe aisée, en raison de leur prix élevé. **Culinary Croatia** (www.culinary-croatia.com), une excellente source d'information, propose divers cours de cuisine, ainsi que des circuits gastronomiques et œnologiques, essentiellement en Dalmatie. Installé à Zagreb, **Delicija 1001** (www.1001delicija.com) organise des stages et des événements culinaires. Les possibilités et les tarifs varient beaucoup selon la région.

élevé. Les repas commencent souvent par un plat de pâtes ou un risotto (*rižoto*) aux fruits de mer. En entrée, vous pourrez aussi choisir du *paški sir*, le fromage corsé de l'île de Pag. Autre spécialité régionale, le *brodet* ou *brodetto* dalmate (un ragoût de poissons servi avec de la polenta) n'est souvent proposé que pour deux personnes. La *pašticada* (du bœuf mijoté dans du vin et des épices, accompagné de gnocchis) figure sur les cartes de la côte et de l'arrière-pays. Les herbes fraîches que paissent les agneaux de Cres et de Pag rendent leur viande particulièrement savoureuse.

## Istrie

Depuis quelques années, l'Istrie attire des gourmets du monde entier en raison de sa longue tradition gastronomique, de la fraîcheur de ses produits et de ses spécialités uniques. Parmi les classiques, citons la *maneštra,* une épaisse soupe de légumes et de haricots semblable au minestrone, les *fuži,* des pâtes maison souvent servies avec des truffes (*tartufi*) ou du gibier (*divljač*), et la *fritaja*, une omelette fréquemment accompagnée de légumes de saison, telles les asperges sauvages. De fines tranches de *pršut* (jambon fumé), également excellent en Dalmatie, font régulièrement partie des entrées ; le prix élevé s'explique par le travail long et attentif du fumage. L'huile d'olive d'Istrie, également très réputée, a été primée. Le département du tourisme a balisé une route de l'huile d'olive, qui permet de rencontrer des producteurs et de déguster leurs huiles. Les truffes blanches (voir l'encadré p. 125), ramassées en automne, et les asperges blanches, récoltées au printemps, comptent parmi les meilleurs produits de saison.

Des recherches prouvent que l'ostréiculture est pratiquée depuis l'époque romaine à Ston, sur la presqu'île de Pelješac.

# Boissons

La Croatie est réputée pour ses eaux-de-vie (*rakija*) aux différents parfums. Les plus courantes sont la *loza* (à base de raisin), la *šljivovica* (prune) et la *travarica* (herbes aromatiques). L'excellente grappa d'Istrie se décline dans diverses saveurs, de la *medica* (au miel) à la *biska* (aux herbes). L'île de Vis est renommée pour sa délicieuse *rogačica* (eau-de-vie de caroube), souvent proposée dans un petit verre en apéritif. Le *vinjak* (cognac), le marasquin (liqueur de cerise de Zadar), le *pelinkovac* (liqueur aux herbes) et le *prosecco* (vin de dessert) sont également prisés.

L'Ožujsko de Zagreb et la Karlovačko de Karlovac sont les deux bières (*pivo*) croates les plus appréciées. Moins largement distribuée, la Velebitsko séduit les connaisseurs, mais n'est disponible que dans quelques bars et magasins, essentiellement sur le continent. Entraînez-vous à dire *živjeli !* (santé !).

Le *kava,* un café très serré servi dans une tasse minuscule, est disponible partout. Vous pourrez aussi demander un *macchiato* (café au lait) ou un cappuccino. Si quelques endroits proposent du décaféiné, ce breuvage s'apparente à un sacrilège pour les Croates ! Les tisanes sont largement disponibles ; le thé (*čaj*), plutôt léger, décevra les amateurs. L'eau du robinet est potable.

## LE BOOM DE L'HUILE D'OLIVE EN ISTRIE

Veli Brijun, dans l'archipel des Brijuni, abrite un olivier vieux de 1 600 ans ! Les premiers manuscrits grecs et romains vantaient la qualité de l'huile d'olive d'Istrie. Et aujourd'hui, on assiste à la renaissance de cette culture ancestrale, avec 94 producteurs répertoriés sur la péninsule et divers itinéraires de découverte. Chaque olivier fait l'objet d'une attention particulière et est cultivé avec soin et amour. Plusieurs producteurs ont reçu de prestigieux prix internationaux et les distinctions les plus élevées pour leurs huiles fruitées, une véritable prouesse sur ce marché hautement concurrentiel.

Duilio Belić est relativement nouveau dans le secteur. Fils de mineur, il a grandi à Raša, puis a réussi dans les affaires à Zagreb, avant de se reconvertir dans l'huile d'olive, la nouvelle mode gastronomique en Croatie. Avec sa femme Bosiljka, une agronome, il a acheté une ancienne oliveraie près de Fažana et s'est lancé dans la production et la dégustation de l'huile d'olive. Le couple possède cinq oliveraies dans trois endroits en Istrie, et 5 500 arbres au total. Sous la marque Oleum Viride, Duilio et Bosiljka produisent 10 variétés d'huile d'olive extra-vierge, dont quatre issues de variétés locales – Buža, Istarska Bjelica, Rosulja et Vodnjanska Crnica. Leur huile vedette, la Selekcija Belić, associe six variétés et dégage un parfum de vanille et de chicorée.

Devant un café au Fažana, Duilio rappelle une évidence que l'on a tendance à oublier : l'olive est un fruit, et son huile, un jus de fruits. À l'instar du vin, certaines huiles se marient à certains plats pour les sublimer. Ainsi, la Selekcija Belić s'associe parfaitement à l'agneau ou au veau cuit sous la *peka* (couvercle bombé) ou à une omelette aux asperges sauvages. La Buža, plusieurs fois primée, accompagne à merveille le poisson cru, la viande, les champignons et les légumes grillés. L'Istarska Bjelica, d'un vert doré, à la senteur d'herbe coupée et de chicorée trévise, se marie à la glace au chocolat ou au gâteau au chocolat noir et noisettes.

Pour illustrer son propos, Duilio m'emmène au Vodnjanka (p. 122), un restaurant de Vodnjan, sort une boîte avec diverses huiles et commande des hors-d'œuvre. J'apprends alors l'art de la dégustation de l'huile d'olive. On en verse une petite quantité dans un verre à vin, que l'on réchauffe avec ses mains afin que l'huile atteigne la température corporelle. On place ensuite la main sur le verre pour libérer l'arôme naturel, puis on boit une petite gorgée d'huile que l'on mélange délicatement en bouche avant de l'avaler.

Ces dégustations sont devenues une mode pour les gourmets croates. Duilio en organise pour son large cercle d'amis et espère pouvoir bientôt les proposer dans ses oliveraies. En attendant, ses huiles peuvent se déguster dans les meilleurs restaurants du pays : le Bevanda (p. 141) à Opatija, le Valsabbion (p. 103) et le Milan (p. 103) à Pula, le Kukuriku (p. 137) à Rijeka, le Foša (p. 174) à Zadar et le Damir i Ornella (p. 120) à Novigrad.

Tandis que nous goûtons la Vodnjanska Crnica dans une *maneštra* (épaisse soupe aux légumes et aux haricots semblable au minestrone), je demande à Duilio ce qui fait de l'Istrie une terre de prédilection pour la culture de l'olive. Cela tient, selon lui, à son microclimat et à la récolte précoce des olives (contrairement à ce qui est fait en Dalmatie), destinée à préserver les antioxydants et nutriments naturels. "L'huile est peut-être un peu plus amère, mais elle est meilleure pour la santé."

Fascinée par sa passion pour l'huile d'olive, je l'interroge sur les raisons de cette nouvelle vocation. "C'est très simple : j'aime la cuisine, j'aime le vin, j'aime tous les plaisirs de la vie, et l'huile d'olive est l'un d'entre eux."

## Vins croates

Le vin tient une place importante dans les repas, même si, au grand dam des œnophiles, les Croates le diluent avec de l'eau. On l'appelle alors *bevanda* (vin rouge et eau) en Dalmatie, ou *gemišt* (vin blanc et eau minérale) sur le continent, notamment dans le Zagorje.

Sans être exceptionnels, les vins croates sont plaisants et parfois même excellents. Si presque toutes les régions en produisent, les vins d'Istrie restent les plus appréciés, avec des crus comme le *malvazija* (blanc), le *teran* (rouge) et le *muškat* (sucré), qui constituent les principales variétés. Le département du tourisme a balisé des routes des vins dans la péninsule pour inviter à découvrir les viticulteurs et leurs caves. Coronica, Kozlović, Matošević, Markežić, Degrassi et Sinković font partie des principaux viticulteurs.

Le Kvarner est réputé pour le *žlahtina* de Vrbnik, sur l'île de Krk ; Katunar est le producteur le plus connu. La Dalmatie possède une longue tradition vinicole ; goûtez le *pošip*, le *rukatac* et le *grk* à Korčula, le *dingač* et le *poštup* sur la péninsule de Pelješac, le *mali plavac* à Hvar (où se situe le domaine Plenkovic), et le *brač* et le *vugava* à Vis. La Slavonie produit d'excellents vins blancs comme le *graševina*, le riesling et le *traminac* (voir p. 91).

Chaque année, le 1er avril, le vin remplace l'eau dans la fontaine municipale de la ville de Ludbreg, dans le nord de la Croatie.

## Plats de fête

Les Croates aiment manger et profitent de toutes les occasions pour festoyer : vacances, mariages, baptêmes, ou tout autre événement !

Comme dans d'autres pays catholiques, la plupart des Croates mangent du poisson la veille de Noël (*Badnjak*) ; en Dalmatie, le *bakalar* (morue séchée) est le plat traditionnel de cette occasion. Le repas de Noël se compose de cochon de lait rôti, de dinde accompagnée de *mlinci* ou d'un autre plat de viande. La *sarma* (chou farci de viande hachée) est un autre mets de Noël, comme le *badnji kruh,* un pain au miel, aux noix et aux fruits secs. Autre tradition, la tresse de Noël est une pâte glacée, avec de la noix de muscade, des raisins et des amandes. Souvent décorée de blé et de bougies, elle trône sur la table jusqu'à l'Épiphanie, où on la coupe en tranches pour la manger. L'*orahnjača* (gâteau aux noix), les *fritule* (beignets) et la *makovnjača* (gâteau aux graines de pavot) sont des desserts de fête classiques.

Le marasquin de Zadar, une liqueur de cerise acide, a été inventé au début du XVIe siècle par des apothicaires du monastère dominicain de Zadar.

Le plat de Pâques le plus typique, du jambon avec des œufs durs, est servi avec des légumes frais. Le *pinca,* un pain très ferme, fait également partie des spécialités pascales, notamment en Dalmatie.

## Établissements

Les restaurants (*restauracija* ou *restoran*) se situent en haut de l'échelle et offrent généralement un cadre formel et une bonne carte des vins. Une *gostionica* ou une *konoba* est habituellement une taverne traditionnelle tenue par une famille, qui compte parfois un potager. Une *pivnica* ressemble plus à un pub, avec un grand choix de bières et parfois quelques plats ou des sandwichs. Les cafés (*kavana*) servent bien

### VÉGÉTARIENS

Même si vous précisez *ja ne jedem meso* (je ne mange pas de viande), on vous servira peut-être une soupe avec des lardons... Les mentalités changent lentement et le végétarisme progresse en Croatie, surtout dans les grandes villes. Zagreb, Rijeka, Split et Dubrovnik comptent désormais des restaurants végétariens, et même les établissements classiques commencent à proposer des menus végétariens. Dans le Zagorje au nord et en Slavonie, à l'est, les végétariens auront plus de difficulté car la viande constitue la base des repas. Parmi les spécialités sans viande, citons la *maneštra od bobića* (soupe de haricots et de maïs frais), la *juha od krumpira na zagorski način* (soupe de pommes de terre du Zagorje), les *štrukli* (chaussons au fromage) et les *blitve* (blettes bouillies, souvent servies avec des pommes de terre, de l'huile d'olive et de l'ail). Sur la côte, vous pourrez vous régaler de pâtes et de risottos accompagnés de divers légumes et de délicieux fromages. Si vous mangez du poisson et des fruits de mer, vous ferez des repas somptueux.

entendu du café à toute heure, et quelquefois des gâteaux et des glaces. Une *slastičarna* (pâtisserie) propose des glaces, des gâteaux et parfois du café, à consommer debout ou à emporter. Pratiques pour un repas rapide, les *samoposluživanje* (cafétérias en self-service) offrent des plats de qualité variable.

Si vous logez dans une auberge de jeunesse ou dans un hébergement privé, il sera peut-être difficile d'obtenir un petit déjeuner élaboré ; le plus simple consiste à acheter des viennoiseries dans une boulangerie et à vous rendre dans un café. Vous pourrez aussi vous procurer du pain, du lait et du fromage au supermarché et pique-niquer. Dans les hôtels, le buffet du petit déjeuner comprend des céréales, du pain, des yaourts, de la charcuterie, du fromage et des jus de fruits industriels. Les hôtels haut de gamme proposent des buffets plus alléchants avec des œufs, des saucisses et des pâtisseries maison.

La Croatie compte 17 000 producteurs de vin, 2 500 crus d'origine contrôlée et 200 variétés de cépages.

VIN

Pour composer un excellent pique-nique, achetez des fruits et des légumes au marché, puis du pain, du fromage et du jambon dans une épicerie. Sur demande, les vendeurs du rayon traiteur des supermarchés ou des épiceries vous prépareront un sandwich au *sir* (fromage) ou au *pršut* (jambon), dont vous ne paierez que les ingrédients.

## À table

Au temps de l'ancienne Yougoslavie, le *doručak* (petit déjeuner) se composait essentiellement de *burek*. Aujourd'hui, les Croates préfèrent commencer la journée par un café, une pâtisserie, un yaourt et un fruit.

Les restaurants ouvrent pour le déjeuner (*ručak*) vers midi et servent généralement en continu jusqu'à minuit. Les Croates optent habituellement pour un déjeuner (*marenda* ou *gablec*) copieux et un dîner (*večera*) plus léger. La plupart des restaurants se sont adaptés aux habitudes inverses des touristes. Peu de Croates peuvent se permettre de fréquenter régulièrement les restaurants ; quand ils sortent, c'est habituellement en famille le samedi soir ou le dimanche après-midi.

Fiers de leur cuisine, les Croates la préfèrent à toute autre (à l'exception de la cuisine italienne). En dehors des grandes villes, peu de restaurants servent des cuisines internationales (essentiellement chinoise ou mexicaine) ou revisitent les plats croates classiques.

# Architecture

**Dominko Blažević**
Spécialiste croate de l'architecture

Grâce à son emplacement géographique, à la fois sur le continent européen et sur la côte méditerranéenne, le territoire de l'actuelle Croatie a été continuellement habité et convoité par divers envahisseurs depuis la préhistoire. Aussi, le patrimoine architectural est-il aussi vaste que varié, même si seuls des fragments subsistent d'avant l'époque romaine. Dubrovnik, Korčula, Rovinj, Trogir, Zadar, Šibenik et les villes des collines istriennes sont toutes renommées pour la splendeur de leur architecture.

## L'époque romaine

Exemple le plus impressionnant d'architecture romaine, le palais de Dioclétien, à Split, fut érigé par l'empereur sortant à la fin du III^e^ siècle. Inscrit au Patrimoine mondial, il demeure le palais impérial romain le mieux préservé du monde. Depuis la mort de l'empereur, en 316, jusqu'à aujourd'hui, il a toujours été habité. Par ailleurs, l'aqueduc qui apporte de l'eau au palais, situé en dehors de la ville, continue de fonctionner.

À proximité se trouve Salone (actuelle Solin), une cité romaine qui fut le centre administratif et commerçant de la province, et le lieu de naissance de l'empereur (d'où l'emplacement du palais). Les vestiges d'un amphithéâtre figurent parmi ses ruines.

Deux autres exemples préslaves, tous deux en Istrie, méritent le détour : il s'agit du grand amphithéâtre romain de Pula (le colisée de Croatie), du I^er^ siècle, et de la basilique euphrasienne de Poreč, du VI^e^ siècle – cette dernière abrite des fragments de bâtiments plus anciens dans ses murs et une mosaïque précieuse dans l'abside.

## Les églises préromanes

L'arrivée des Slaves inaugura la période préromane. C'est sur la côte dalmate que l'on trouve les plus beaux exemples de ce style architectural, telle l'imposante église Saint-Donat de Zadar. Construite au IX^e^ siècle sur des ruines romaines, cette dernière comporte une structure centrale ronde, unique pour l'époque, et trois absides semi-circulaires. D'autres petites églises de la région sont des joyaux de cette époque : l'église de la

## L'ARCHITECTURE EN CROATIE

### 390 av. J.-C.-vers 400

Les Grecs, puis les Romains, s'installent sur les rives orientales de l'Adriatique et construisent d'extraordinaires cités et bâtiments.

### Début du IV^e^ siècle

Le palais de Dioclétien est achevé. Il forme aujourd'hui encore le cœur de Split.

### IX^e^ siècle

L'église Saint-Donat, de style byzantin, est édifiée dans l'actuelle Zadar.

### XI^e^–XV^e^ siècle

La monumentale architecture romane puis l'élégant style gothique contribuent au développement des villes, par des innovations structurelles et une plus grande élaboration dans les détails.

### 1431–1535

La cathédrale Saint-Jacques, de style gothique Renaissance, est bâtie par Juraj Dalmatinac à Šibenik.

### XVII^e^-XVIII^e^ siècle

Âge d'or du baroque de Varaždin, et reconstruction de Dubrovnik, ravagée par un tremblement de terre.

### XIX^e^ siècle

Les périodes classique et historiciste offrent certains des édifices publics les plus remarquables de Croatie.

### Années 1930-1970

Pendant la période moderniste, l'architecture croate adopte le Style international. La période socialiste lègue des bâtiments publics et résidentiels sophistiqués et esthétiques.

## LES PLETER

Premier ornement distinct typiquement croate, le *pleter* (motif tressé) apparut vers 800 sur les fonts baptismaux du duc Višeslav de Nin, dans l'église de la Sainte-Croix. Le *pleter* figure fréquemment à l'entrée des églises et sur les meubles du début du Moyen Âge. Vers la fin du X^e^ siècle, les entrelacs s'enrichirent de feuilles et de vrilles. Ce motif est tellement lié à la culture nationale que l'ancien président Franjo Tudjman (Tuđman en croate) l'utilisa sur une affiche lors de sa première campagne électorale pour symboliser un retour aux traditions croates.

Sainte-Croix à Nin (XI^e^ siècle), en forme de croix avec deux absides et un dôme au-dessus du centre, et l'église Saint-Nicolas (Sv Nikola), à la lisière de Nin. On trouve des vestiges d'églises préromanes circulaires à Split (église de la Sainte-Trinité) et à Trogir. À Šipan et à Lopud, près de Dubrovnik, des églises plus petites furent également conçues en forme de croix, témoignant de l'influence alors croissante de la culture byzantine.

## Le gothique

La cathédrale Saint-Domnius (III^e^-IV^e^ siècle) de Split est la plus ancienne et la plus petite cathédrale du monde. Elle fut érigée dans le mausolée d'origine de Dioclétien.

CATHÉDRALE

Sur la côte, la tradition romane du Moyen Âge perdura longtemps après que le reste de l'Europe eut adopté le style gothique. Au XIII^e^ siècle, les premiers exemples gothiques se mêlaient souvent à des formes romanes. Parmi les œuvres les plus surprenantes de cette période figurent le portail de la cathédrale Saint-Laurent, à Trogir, sculpté par le maître artisan Radovan en 1240. La représentation de personnages effectuant des tâches quotidiennes rompit définitivement avec les reliefs byzantins traditionnels de saints et d'apôtres. Autre chef-d'œuvre gothique, l'inhabituel portail de la cathédrale Saint-Domnius, à Split, se compose de 28 reliefs carrés réalisés par Andrija Buvina. Zadar possède quant à elle la cathédrale Sainte-Anastasie, édifiée sur les fondations d'une ancienne basilique chrétienne aux XII^e^ et XIII^e^ siècles, et l'église Saint-Chrysogone, de 1175.

La cathédrale de l'Assomption-de-la-Vierge-Marie (anciennement Saint-Étienne), à Zagreb, fut le premier édifice gothique du nord de la Croatie. Reconstruite plusieurs fois, la sacristie conserve des vestiges des peintures murales du XIII^e^ siècle.

L'architecture gothique tardive fut dominée par le bâtisseur et sculpteur Juraj Dalmatinac (Georges le Dalmate), qui naquit à Zadar au XV^e^ siècle. Son œuvre la plus remarquable est la cathédrale Saint-Jacques à Šibenik, qui marqua la transition entre la période gothique et la Renaissance. Dalmatinac bâtit l'église entièrement en pierre, et orna les absides d'une farandole de personnages locaux, sculptés de manière très réaliste. La cathédrale Saint-Marc de Korčula, du XV^e^ siècle, est une autre merveille de cette époque.

## La Renaissance

La Renaissance connut un bel épanouissement en Croatie, particulièrement dans la république de Raguse (Dubrovnik). Durant la seconde moitié du XV^e^ siècle, des influences Renaissance apparurent sur des structures de style gothique tardif. Le palais Sponza, l'ancienne maison des douanes, est un bel exemple de ce mélange de styles. Au milieu du XVI^e^ siècle, des éléments Renaissance commencèrent à supplanter le style gothique dans les palais et les résidences d'été de la noblesse fortunée construits à Raguse et aux alentours. Malheureusement, ils furent presque tous détruits par le séisme de 1667, et Dubrovnik est aujourd'hui plus connue pour son monastère franciscain mêlant gothique et roman, la colonne d'Orlando (XVe siècle), la fontaine d'Onofrio, l'église baroque Saint-Blaise, l'église jésuite Saint-Ignace et la cathédrale de l'Assomption-de-la-Vierge.



## Le baroque

Le nord de la Croatie est réputé pour ses monuments baroques, style qui fut introduit par les Jésuites au XVIIe siècle. Capitale régionale aux XVIIe et XVIIIe siècles, la cité de Varaždin accueillit, grâce à sa situation géographique, un flux constant d'artistes, d'artisans et d'architectes du nord de l'Europe. L'association de la prospérité et d'un environnement créatif fit de Varaždin la principale ville croate d'art baroque. Ce style s'observe aujourd'hui dans les maisons et les églises soigneusement restaurées, ainsi que dans l'imposant château.

À Zagreb, la Ville haute recèle de beaux exemples de style baroque, telles l'église jésuite Sainte-Catherine et les demeures restaurées qui abritent le musée d'Histoire croate et le musée croate d'Art naïf. Des familles fortunées firent construire des manoirs baroques aux alentours de Zagreb, notamment à Brezovica, à Miljana, à Lobor et à Bistra.

La cathédrale Saint-Jacques (1431-1535) de Šibenik est le seul bâtiment Renaissance d'Europe construit avec des éléments en pierre préfabriqués.



## L'architecture contemporaine

Avec deux écoles spécialisées (une à Zagreb et une nouvelle à Split), la Croatie affiche son dynamisme dans le domaine architectural, pour lequel elle est internationalement reconnue et a été primée à plusieurs reprises. Après la guerre serbo-croate des années 1990, de nombreux concours ont été organisés par l'État et des investisseurs privés. De jeunes architectes ont ainsi eu l'occasion de montrer leur talent, apportant un esprit nouveau au secteur.

Certains des exemples les plus marquants de cette période sont l'Orgue marin, relativement minimaliste, de Nikola Bašić à Zadar, et le nouveau musée d'Art contemporain d'Igor Franić à Zagreb.

# Environnement

## Géographie

Le territoire croate forme une sorte de boomerang : aux plaines orientales pannoniennes de Slavonie, comprises entre la Save, la Drave et le Danube, succède le centre montagneux du pays, qui rejoint la péninsule d'Istrie à l'ouest ; la Dalmatie vient ensuite le prolonger en direction du sud, le long de la côte adriatique déchiquetée. Cette géographie inhabituelle complique l'exploration du pays. Ainsi, pour faire un circuit de Zagreb à Dubrovnik, il faut regagner la capitale en avion ou traverser la Bosnie-Herzégovine en voiture pour pénétrer en Croatie par l'est.

La monnaie croate, la kuna, doit son nom à la fourrure de la martre des pierres (*kuna*), qui était utilisée comme monnaie d'échange à l'époque vénitienne.

KUNA

L'étroite bande côtière croate, lovée au pied des Alpes dinariques, mesure 600 km de longueur à vol d'oiseau ; mais elle est si découpée, que la côte s'étire en réalité sur 1 778 km. En ajoutant les 4 012 km de côtes sur les îles, on arrive à un total de 5 790 km de littoral. Ne vous attendez pas à trouver du sable : la majorité des "plages" se composent en fait de blocs rocheux ou de galets. En revanche, l'eau est cristalline, même aux abords des grandes villes.

Les îles croates sont tout aussi belles que leurs cousines grecques. On en dénombre 1 244 le long de la plaque tectonique adriatique, dont 50 habitées. Les plus vastes sont Cres, Krk, Mali Lošinj, Pag et Rab au nord, Dugi Otok au centre, et Brač, Hvar, Korčula, Mljet et Vis au sud. Arides pour la plupart, elles sont orientées selon un axe nord-ouest/sud-est et coiffées de montagnes tombant à pic dans la mer.

Pour découvrir les espèces d'oiseaux visibles en Croatie, consultez le site Internet www.oiseaux.net.

## Faune et flore

### Animaux

Les cerfs abondent dans les épaisses forêts du parc national de Risnjak, tout comme les ours bruns, les chats sauvages et les *ris* (lynx), auxquels le parc doit son nom. On aperçoit aussi, plus rarement, des loups ou des sangliers. Le parc national des lacs de Plitvice forme un habitat important pour les loups. Il protège en outre une espèce rare de loutre marine, également présente dans le parc national de la Krka.

**ORNITHOLOGIE**

Une colonie de vautours fauves, qui atteignent 2,6 m d'envergure, niche en permanence sur l'île de Cres. Le parc national de Paklenica abrite quantité de faucons pèlerins, d'autours, d'éperviers, de buses et de hiboux. Le parc de la Krka accueille des oiseaux en pleine migration et sert d'habitat hivernal pour des espèces des marais, comme les hérons, les canards sauvages, les oies, les grues et les rares aigles royaux et circaètes jean-le-blanc. Le parc de Kopački Rit, près d'Osijek, dans l'est du pays, est un refuge de premier ordre pour l'avifaune.

### UN REFUGE POUR LES OURSONS

À Kuterevo, dans le nord du massif du Velebit, le **refuge de Kuterevo** (www.kuterevo-medvjedi.hr) fut fondé en 2002 pour protéger les oursons orphelins, menacés par le trafic d'animaux, la chasse et le braconnage. Aidée par les villageois de Kuterevo, l'association qui s'occupe de ces oursons, la Velebit Association Kuterevo (VUK), a construit un centre pour les nouveau-nés (de 2 à 6 mois) et une autre section pour les oursons à partir de 6 mois, à la périphérie du village.

Chaque année, l'été, des bénévoles viennent prêter main forte durant 2 à 3 semaines (environ 6 heures/jour). Les conditions de vie sont sommaires (toilettes sèches, douches à l'énergie solaire, cuisine en plein air), mais l'hébergement ne coûte que 40 Kn/jour (80 Kn pour une sdb privative), repas inclus.

Du printemps à la fin de l'automne, il est possible d'aller voir les oursons au refuge, qui attire désormais quelque 10 000 visiteurs par an. Le site Internet est en croate, mais les membres de l'association répondent aux e-mails en anglais.

Deux espèces endémiques de serpents venimeux, la vipère unicorne et la vipère péliade, vivent au Paklenica. Le serpent-léopard, non venimeux, la couleuvre à quatre bandes, la couleuvre et le serpent-lézard peuplent les parcs nationaux de Paklenica et de la Krka.

La température de l'Adriatique oscille entre 7°C en décembre et 23°C en septembre.

### Plantes

Le massif du Velebit, qui fait partie des Alpes dinariques, remporte la palme de la diversité végétale, avec 2 700 espèces recensées, dont 78 endémiques – parmi lesquelles l'edelweiss, de plus en plus menacé. Vous pourrez également admirer des edelweiss dans le parc national de Risnjak, où poussent aussi des nigritelles noires (ou orchis vanillés), des lis et de magnifiques rosages hérissés. Le climat méditerranéen sec de la côte convient à merveille au maquis, présent tout au long du littoral, en particulier sur l'île de Mljet, ainsi qu'aux lauriers, jasmins et genévriers. La lavande est cultivée sur l'île de Hvar. Les oliviers et les figuiers sont également abondants.

## Parcs nationaux

La Croatie possède huit des plus beaux parcs nationaux de l'ex-Yougoslavie. Ils couvrent 1,097% du territoire, avec un total de 961 km$^2$, dont 742 km$^2$ de terre et 219 km$^2$ d'eau. Globalement, les zones protégées croates couvrent environ 8% du pays.

### Sur le continent...

Le parc national de Risnjak, au sud-ouest de Zagreb, est le parc forestier le mieux préservé, sans doute à cause de son climat inhospitalier en altitude (température moyenne de 12,6°C en juillet). Les hivers sont longs et enneigés, mais lorsque le printemps arrive, fin mai ou début juin, toutes les plantes fleurissent de concert. Le parc est délibérément dépourvu d'aménagements touristiques, afin de n'attirer que les vrais amateurs de montagne. L'entrée principale se fait par le motel et le point d'information de Crni Lug.

Des gorges et des falaises karstiques spectaculaires font du parc national de Paklenica, sur la côte, un lieu d'escalade privilégié et le site d'une compétition européenne annuelle, début mai. Les vastes grottes et cavernes hérissées de stalactites et de stalagmites séduiront les amateurs de spéléologie. Des kilomètres de sentiers sillonnent le parc, bien équipé en infrastructures touristiques.

Dans le parc national du Velebit du Nord, les montagnes de la partie septentrionale du massif, plus accidentées, forment un surprenant patchwork de forêts, de sommets, de ravins et de crêtes, bordant la Dalmatie du Nord et la région de Šibenik-Knin.

Les cascades du parc national des lacs de Plitvice ont été formées par des mousses qui captent le carbonate de calcium lorsque la rivière coule à travers le karst. Le travertin, ou tuf, retient des plantes qui poussent les unes sur les autres, créant ainsi des barrages naturels. Ce parc, facilement accessible depuis Zagreb ou Zadar, figure au patrimoine de l'humanité de l'Unesco. La beauté de ses cascades culmine au printemps.

Le parc national de la Krka compte encore plus de lacs et de chutes d'eau. La Zrmanja, la Krka, la Cetina et la Neretva coulent en cascades, mais la centrale électrique de Manojlovac, installée en amont, ralentit parfois leur débit, surtout en juillet-août. Skradinski Buk, la chute la plus importante, s'étire sur 800 m.

## ... et dans les îles

L'archipel des Kornati se compose de 140 îles, îlots et récifs à la végétation clairsemée, éparpillés sur 300 km². Ses contours découpés et ses extraordinaires formations rocheuses en font un joyau de l'Adriatique. À moins de disposer de votre propre bateau, il vous faudra participer à un circuit organisé à partir de Zadar pour le visiter.

Le nord-ouest de l'île de Mljet est devenu un parc national grâce à ses deux splendides lacs salés entourés d'une végétation luxuriante. Le maquis est plus dru et plus haut à Mljet que nulle part ailleurs en Méditerranée, ce qui fait de l'île un havre naturel pour de nombreux animaux. Les serpents occupaient presque entièrement le terrain jusqu'à l'introduction de mangoustes d'Inde, en 1909. Depuis Dubrovnik, des bateaux desservent l'île régulièrement.

L'archipel des Brijuni constitue le parc national le mieux aménagé depuis sa transformation en station balnéaire à la fin du XIXe siècle. Lieu de villégiature préféré de Tito, ces îles paradisiaques attirent aujourd'hui des célébrités, avec leurs yachts et leur suite. La plupart des espèces animales (y compris les éléphants du parc de safari) et végétales exotiques ont été importées. Attention, l'accès aux îles est limité : vous devrez vous inscrire à un circuit organisé pour les visiter.

Le site Internet du ministère de la Protection de l'environnement, www.mzopu.hr (en anglais et en croate), fournit les informations les plus récentes sur les questions environnementales en Croatie.

# Écologie

L'absence d'industrie lourde a préservé les forêts, les côtes, les rivières et, de manière générale, la qualité de l'air. Toutefois, comme toujours, le développement met en péril l'environnement.

### LES PAYSAGES KARSTIQUES

La Croatie se distingue sur le plan géologique par la prédominance des roches calcaires et dolomitiques extrêmement poreuses appelées karst, qui s'étendent de l'Istrie au Monténégro et dans de vastes zones à l'intérieur des terres. Le karst naît de l'absorption de l'eau par des surfaces calcaires, qui se corrodent, permettant alors à l'eau de s'infiltrer jusqu'aux couches souterraines plus dures. Au fil du temps, ce ruissellement forme dans le sous-sol des cours d'eau, qui creusent des fissures et des cavités, avant de réapparaître puis de se perdre dans une autre grotte, pour, finalement, s'écouler dans la mer. Les cavités et les sources caractérisant l'intérieur des formations karstiques ont façonné le gouffre de Pazin, les lacs de Plitvice, les cascades de la Krka et la grotte de Manita Peć, à Paklenica. À l'extérieur, les reliefs abrupts et la végétation clairsemée composent des paysages spectaculaires, impropres aux cultures du fait de la déforestation, du vent et de l'érosion. Lorsque la roche calcaire s'effondre, une sorte de cuvette se forme. Appelée *polje*, elle est alors cultivée, bien que le drainage insuffisant de ce type de sol risque de le transformer en lac éphémère.

La demande de poisson frais et de fruits de mer s'est fortement accrue avec l'expansion du tourisme. La seule solution à ce problème inextricable passe pour les Croates par l'élevage. La production de bars, de brèmes et de thons d'élevage (destinés à l'exportation) augmente substantiellement, avec tous les risques environnementaux que cela entraîne le long du littoral. Ainsi, en Croatie, les fermes d'élevage de thons capturent souvent les jeunes poissons avant même qu'ils aient pu se reproduire pour perpétuer l'espèce.

Les forêts côtières et insulaires connaissent des problèmes spécifiques. Déboisées par les Vénitiens pour construire leurs bateaux, puis par les villageois en quête de combustible, les montagnes des îles et des côtes ont ensuite été négligées pendant des siècles et sont aujourd'hui dénudées. De plus, les étés secs et le souffle du *maestral*, un vent puissant et régulier venant de l'ouest, favorisent les incendies de forêt. Au cours des vingt dernières années, le feu a détruit 7% des forêts croates.

# Arts et culture

Les arts revêtent une importance majeure pour les Croates, des formes les plus classiques – musique, théâtre, danse et beaux-arts – aux styles modernes comme la pop, le rock et la musique électronique, le théâtre et la danse expérimentaux et d'avant-garde, et la mode ou la poésie orale (slam). La musique folklorique et l'artisanat restent très populaires.

## Littérature

La langue croate s'est développée au fil des siècles, suivant les grandes migrations vers la Slavonie et la Dalmatie. Afin de convertir les Slaves au christianisme, les missionnaires grecs Cyrille et Méthode apprirent tout d'abord leur langue, que Cyrille transcrivit ensuite en une écriture appelée glagolitique. Le plus ancien exemple connu de glagolitique est une inscription du XIe siècle, conservée dans une abbaye bénédictine de l'île de Krk.

### Poètes et dramaturges

La littérature croate fleurit d'abord en Dalmatie, une région fortement influencée par la Renaissance italienne. Les écrits du poète et érudit Marko Marulić (1450-1524), originaire de Split, restent aujourd'hui vénérés dans le pays. Son poème épique *Judita* (*Judith* ; 1501) fut la première œuvre rédigée par un écrivain croate dans sa langue maternelle. *Osman*, un poème épique d'Ivan Gundulić (1589-1638), célèbre la victoire des Polonais sur les Turcs en 1621, qui préfigurait selon le poète la fin de la domination ottomane. Les pièces de théâtre de Marin Držić (1508-1567), notamment *Dundo Maroje*, expriment les idéaux humanistes de la Renaissance et sont toujours jouées, surtout à Dubrovnik.

Ivan Gundulić, originaire de Raguse (Dubrovnik), est considéré comme le plus grand poète croate.

Vesna Parun, figure la plus marquante de la période d'après la guerre des années 1990, se distingue par son lyrisme et un ton parfois satirique. Avec une grande liberté de forme et de ton (qui lui a valu les foudres de la censure), elle analyse et critique la situation politique et sociale de son pays. Cette poétesse, auteur d'une trentaine de recueils de poèmes, dont seul *La Pluie maudite* (Obsidiane, 1991, désormais épuisé) a été traduit en français, a touché la jeune génération, qui a trouvé du réconfort dans sa vision de la folie de la guerre.

### Romanciers

Romancier et dramaturge, Miroslav Krleža (1893-1981) est une personnalité majeure de la littérature croate du XXe siècle. Engagé sur le plan politique, Krleža se brouilla avec Tito en 1967 à la suite de la campagne pour l'égalité des langues littéraires serbe et croate. Parmi ses romans les plus populaires, qui dépeignent les problèmes d'une Yougoslavie en pleine mutation, mentionnons *Le Retour de Philippe Latinović* (1932 ; Calmann-Lévy, 1994, épuisé). *Enterrement à Theresienbourg* (Ombres, 1994) est toujours disponible en français.

Ivo Andrić (1892-1975), prix Nobel de littérature en 1961 pour sa trilogie historique bosniaque de 1945 *Le Pont sur la Drina* (Lgf, 1999), était un Croate catholique né en Bosnie, qui écrivait en dialecte serbe, vivait à Belgrade et se considérait comme yougoslave. Beaucoup de ses œuvres ont été traduites en français, parmi lesquelles *La Chronique de Travnik* (1942 ; Le Serpent à plumes, 2005), *Contes au fil du temps* (Éd. du Rocher, 2005), *Omer Pacha Latas* (Éd. du Rocher, 2009) et *Visages* (1960 ; Phébus, 2006).

Ivo Brešan, né en 1936, est devenu célèbre grâce à son roman *La Représentation de "Hamlet" au village de Mrdusa-d'en-Bas* (1965 ; L'Espace d'un instant, 2009), adapté au cinéma par Krsto Papic en 1973.

## Auteurs contemporains

Certains écrivains contemporains ont été fortement marqués par les conséquences de l'indépendance croate. Le journaliste Alenka Mirković a écrit d'émouvants souvenirs du siège de Vukovar. Goran Tribuson utilise le roman à suspense pour aborder les changements de la société croate après-guerre. Leurs ouvrages ne sont pas traduits en français. L'œuvre de Josip Novakovich, qui vit aux États-Unis, est imprégnée de nostalgie de sa Croatie natale. Son roman le plus connu, *April Fool's Day* (2005), est une présentation absurde et réaliste des guerres récentes dans la région. Slavenka Drakulić est une romancière de renom à la plume spirituelle et intelligente, dont les textes prennent souvent un ton de provocation politique et sociale. On pourra notamment se procurer en français *Peau de marbre* (Robert Laffont, 1990), *Les restes du communisme sont dans la casserole* (éd. Jacques Bertoin, 1992) et *Je ne suis pas là* (Belfond, 2002).

Le roman *Rage* (éd. Quidam, 2005) de Vedrana Rudan est un cri poussé avec les tripes et un humour ravageur sur des sujets éclectiques : nationalisme exacerbé, condition de la femme, liberté...

Critiquée en Croatie et encensée à l'étranger, la romancière et essayiste Dubravka Ugrešić vit actuellement en exil volontaire aux Pays-Bas. En 1996, son essai *La Culture du mensonge* (1996) a reçu le prix Charles Veillon du meilleur essai européen. Sont disponibles en français : *L'Offensive du fleuve* (Plon, 1993), *Le Musée des redditions sans condition* (Fayard, 2004), *Ceci n'est pas un livre* (Fayard, 2005), *Le Ministère de la douleur* (Albin Michel, 2008) et *Il n'y a personne pour vous répondre* (Albin Michel, 2010).

Pavao Pavličić, romancier, essayiste, professeur et traducteur croate né à Vukovar en 1946, a été traduit en français pour son roman policier *Le Calligraphe. Les 6 jours d'une étrange affaire* (1987 ; éd. Gingko, 2008), dont il est lui-même le personnage principal.

Miljenko Jergovic est né à Sarajevo en 1966. Il vit en Croatie et s'est imposé comme l'un des chefs de file de la nouvelle génération d'écrivains qui a émergé dans les années 1990. Plusieurs de ses ouvrages ont été traduits et publiés chez Actes Sud : *Le Jardinier de Sarajevo* (2004), *Buick Riviera* (2004), *Le Palais en noyer* (2007) et *Freelander* (2009).

Dubravka Ugrešić et quatre autres femmes écrivains furent traitées de "sorcières" par un magazine croate pour n'avoir pas soutenu avec assez d'enthousiasme la guerre pour l'indépendance de la Croatie.

# Cinéma

La Croatie est renommée pour son école du dessin animé, surnommée "l'école de Zagreb". Les studios de la capitale produisirent des films d'animation dès 1930, mais c'est surtout à partir de 1950, avec Zagreb Film, que ce genre connut son heure de gloire. Dušan Vukotić (1927-1998), l'un des réalisateurs les plus réputés, remporta un Oscar en 1961 pour *Surogat* (*Ersatz*). Plus récemment, *Lapitch le petit cordonnier* (1997), de Milan Blažeković (né en 1940), inspiré d'un conte d'Ivana Brlić-Mažurabić, a rencontré un grand succès, en Croatie comme à l'étranger. Animafest, le Festival international du film d'animation (voir p. 52), est le rendez-vous incontournable des amateurs du genre comme des professionnels.

Si les réalisateurs serbes dominaient le cinéma yougoslave, on n'en vit pas moins émerger de grands réalisateurs croates, parmi lesquels Krešo Golik (1922-1998), qui réalisa des comédies populaires comme *Plavi 9* (*Bleu 9*, 1950) ou la comédie musicale *Tko pjeva zlo ne misli* (*Qui chante*

## POUR DÉCOUVRIR LA MUSIQUE FOLKLORIQUE

» *Chants et danses de Croatie* (Arc Music, 2000) – une bonne introduction à la musique croate (disponible en France).

» *Lijepa naša tamburaša* (Narodni Radio, 2002) – une compilation de chants slavons accompagnés à la *tamburitza* (à acheter sur place).

» *Omiš 1967-1975* (Croatia Records) – une introduction à la *klapa* (p. 211 ; sur place).

» *Pripovid O Dalmaciji* (2002) – une excellente sélection de *klapa*, dans laquelle on reconnaît nettement l'influence des chants choraux des églises (sur place).

*ne pense pas à mal*, 1970), élue film du siècle en Croatie ; et Branko Bauer (1921-2002), qui tourna des thrillers, ainsi que des films de guerre et d'aventure. La Croatie s'est également distinguée par des productions plus expérimentales et élitistes, avec de grands noms comme Zvonimir Berković (1928-2009), Lordan Zafranović (né en 1944), réalisateur de *Okupacija u 26 slika* (*L'Occupation en 26 images*, 1978), et Vatroslav Mimica (né en 1923). Plusieurs autres films des années 1970 et 1980 méritent d'être découverts, comme *Samo jednom se ljubi* (*On n'aime qu'une fois*, 1981), de Rajko Grlić et *Kiklop* (*Le Cyclope*, 1982), d'Antun Vrdoljak.

L'acteur croate le plus connu à l'étranger est probablement Goran Višnjić, interprète du Dr Kovac dans la série américaine *Urgences*. On a pu également le voir dans *Welcome to Sarajevo* (1997), de Michael Winterbottom, et dans d'autres films plus récents.

Le cinéma a traversé une crise sous le régime de Franjo Tudjman (Tuđman), et les années 1990 ont été considérées comme la pire époque pour l'industrie cinématographique depuis la Seconde Guerre mondiale.

Parmi les réalisateurs notables de la période récente figurent Vinko Brešan (né en 1964) et Goran Rušinović (né en 1969). Les films *Kako je počeo rat na mom otoku* (*Comment la guerre a commencé sur mon île*, 1996) et *Maršal* (*Le Fantôme du maréchal Tito*, 1999), de Brešan, ont eu un grand succès dans le pays. Ce même réalisateur a également signé *Prica iz hrvatske* (*Une histoire croate*, 1991). Premier film indépendant réalisé en Croatie, *Mondo Bobo* (1997), de Goran Rušinović, est un drame en noir et blanc inspiré des œuvres de Jim Jarmusch et de Shinya Tsukamoto. Rušinović a aussi réalisé une adaptation du roman *Buick Riviera*, de Miljenko Jergovic, salué par le prix du Meilleur film au Festival du film de Sarajevo en 2008.

*Fine Mrtve Djevojke* (*Fine Dead Girls*, 2002), un thriller de Dalibor Matanić, a séduit le public et la critique, tandis que *Karaula* (2006), de Rajko Grlić, évoque avec humour la vie dans l'armée yougoslave. On pourra aussi découvrir *Potonulo groblje* (*Le Cimetière submergé*, 2002) de Mladen Juran et *Armin* (2006) d'Ognjen Sviličić.

# Musique

## Musique folklorique

Pour en savoir plus sur les racines de la musique croate et sur les stars de la scène contemporaine, consultez le site www.croatianrootsmusic.com (en anglais).

Même si la Croatie a donné naissance à bon nombre de musiciens et de compositeurs classiques, sa contribution musicale la plus originale réside dans sa riche tradition folklorique. Cette musique reflète diverses influences, dont beaucoup datent du Moyen Âge, quand les Hongrois et les Vénitiens se disputaient la domination du pays. Joseph Haydn (1732-1809) naquit dans une enclave croate en Autriche et sa musique est fortement influencée par les chants folkloriques croates.

L'instrument le plus utilisé dans la musique folklorique est la *tamburitza*, une mandoline à trois ou cinq cordes que l'on pince ou que l'on gratte. Introduite par les Turcs au XVII$^{e}$ siècle, elle séduisit rapidement des musiciens de Slavonie orientale et devint le symbole des aspirations nationales croates. Les airs de *tamburitza* continuèrent d'être joués pour les mariages et les fêtes locales durant la période yougoslave.

Le chant suit la tradition de la *klapa* – un terme qui signifie "groupe" –, issue des chœurs des églises. Particulièrement populaire en Dalmatie, notamment à Split, la *klapa* comporte jusqu'à dix choristes qui chantent l'amour, la tragédie et la perte de l'être aimé. Traditionnellement, les chœurs sont masculins et, même si des femmes participent, ils sont rarement mixtes. Pour en savoir plus sur la *klapa*, reportez-vous p. 211.

Un autre courant populaire de musique folklorique, fortement influencé par la musique de la Hongrie voisine, provient de la région du Međimurje, dans le nord-est du pays. La *citura* (cithare) est l'instrument prédominant ; les mélodies, lentes et mélancoliques, évoquent essentiellement les amours perdus. De nouveaux artistes ont redonné vie à ce genre traditionnel, comme Lidija Bajuk et Dunja Knebl, des chanteuses qui ont conquis un large public.

## Pop, Rock et autres genres

La Croatie a aussi donné naissance à de nombreux musiciens pop et rock de talent. L'un des principaux groupes, Hladno Pivo (Bière froide), joue un punk énergique sur des paroles mordantes et politisées. Le groupe de rock indé Pips, Chips & Videoclips, qui a percé avec le single "Dinamo ja te volim" (Dinamo, je t'aime), référence à la tentative de Tudjman de renommer l'équipe de football de Zagreb, effectue depuis un parcours généralement apolitique. Les Vještice (Sorcières) de Zagreb mêlent la musique folklorique du Međimurje, le *jive* sud-africain et le punk.

Le groupe Gustafi chante en dialecte istrien et combine musique américaine et folklore local, tandis que les musiciens savoureusement déjantés de Let 3, originaires de Rijeka, sont connus pour leurs accords fous et leurs concerts, où ils apparaissent souvent nus, avec un morceau de liège sur les fesses. TBF ("The Beat Fleet") concocte une version locale du hip-hop et utilise l'argot de Split pour évoquer les questions d'actualité, les problèmes familiaux, les chagrins d'amour et les jours heureux. Né en Bosnie et vivant en Croatie, le chanteur hip-hop Edo Maajka possède aussi une verve acérée.

La fusion du jazz et de la pop avec des airs folkloriques est depuis longtemps populaire en Croatie. Deux des principaux représentants de ce mélange sont Tamara Obrovac, qui chante dans un dialecte istrien tombé en désuétude, et Mojmir Novaković, l'ancien chanteur de Legen.

Reine de la pop croate, Severina fait aussi parler d'elle pour son physique avantageux et sa vie privée mouvementée. Autre chanteur adulé, Gibonni est largement influencé par Oliver Dragojević, un chanteur de charme légendaire. Tous trois sont originaires de Split.

Afion, un groupe folk progressiste de Zagreb, combine des chants ethniques traditionnels de Croatie, de Macédoine et de Bosnie (avec des incursions dans les musiques du Kosovo et de l'Arménie) avec des accents jazzy, des influences de musique du monde et des voix fortes.

S'il existe un facteur d'unification entre les anciennes républiques de Yougoslavie, c'est bien la musique. Le Bosniaque Goran Bregović a composé les bandes originales des films du réalisateur serbe Emir Kusturica et sa musique est appréciée dans toute la région.

### FUSION

La musique de Miroslav Evačić (www.myspace.com/cardasbluesband) combine le blues et des éléments hongrois traditionnels dans une fusion surnommée "Csardas blues".

### DANSES FOLKLORIQUES

La *drmeš*, une sorte de polka accélérée, est dansée par des petits groupes de plusieurs couples. Le *kolo*, une ronde slave animée où les hommes et les femmes dansent en alternance, est accompagné par des violonistes inspirés par la musique rom. En Dalmatie, la *poskočica* est aussi dansée par des couples qui créent diverses figures.

Comme la musique, les danses croates traditionnelles font toujours partie des fêtes, notamment pour le Festival international de folklore de Zagreb en juillet. Des groupes folkloriques effectuent des tournées en été dans la plupart des villes côtières et dans les îles. Renseignez-vous dans les offices du tourisme.

## Peinture et sculpture

Le peintre Vincent de Kastav réalisa de superbes fresques dans les églises d'Istrie au XV^e^ siècle. Certaines de ses œuvres, dont une *Danse macabre*, sont visibles dans la petite église Sainte-Marie, près de Beram. Autre grand peintre istrien du XV^e^ siècle, Ivan de Kastav a laissé des fresques dans toute l'Istrie, surtout dans la partie slovène.

Beaucoup d'artistes dalmates ont été influencés par la Renaissance italienne. Les sculpteurs Lucijano Vranjanin et Frano Laurana, le miniaturiste Julije Klović et le peintre Andrija Medulić quittèrent la Dalmatie menacée par les Turcs au XV^e^ siècle pour travailler en Italie. Leurs œuvres sont désormais présentées dans des musées à Paris, à Londres et à Florence, alors que la Croatie en possède très peu.

Vlaho Bukovac (1855-1922) fut le plus grand peintre croate de la fin du XIX^e^ siècle. Après avoir travaillé à Londres et à Paris, il s'installa à Zagreb en 1892 et réalisa des portraits et des tableaux historiques très vivants. Parmi les artistes notables du début du XX^e^ siècle, citons les peintres Miroslav Kraljević (1885-1913) et Josip Račić (1885-1908), ainsi que les sculpteurs de renommée internationale Ivan Meštrović (1883-1962), auteur de nombreux chefs-d'œuvre inspirés de thèmes croates, et Antun Augustinćić (1900-1979), dont le *Monument de la paix* se dresse devant le bâtiment des Nations unies à New York – ses œuvres sont par ailleurs exposées dans un petit musée à Klanjec, au nord de Zagreb.

## Art naïf

L'après-Seconde Guerre mondiale fut surtout marqué par l'essor de l'art naïf, qui débuta en 1931 avec l'exposition Zemlja (Terre) organisée à Zagreb – le public découvrit à cette occasion le travail d'Ivan Generalić (1914-1992) et d'autres peintres paysans. Attaché à produire un art facilement compréhensible et apprécié de l'homme de la rue, Generalić fut rejoint par les peintres Franjo Mraz et Mirko Virius, et par le sculpteur Petar Smajić (1910-1985). Tous contribuèrent à faire accepter et reconnaître l'art naïf.

## Art abstrait

L'art abstrait perça également après-guerre. Le plus célèbre peintre croate contemporain, Edo Murtić (1921-2005), puisait son inspiration dans les campagnes de Dalmatie et d'Istrie. En 1959, plusieurs artistes – Marijan Jevsovar (1922-1988), Julije Knifer (1921-2004) et Ivan Kožarić (né en 1921) – créèrent le groupe Gorgona, qui repoussa les limites de l'art abstrait. Đuro Pulitika (1922-2006), réputé pour ses paysages colorés, était un peintre apprécié de Dubrovnik, tout comme Antun Masle (1919-1967) et Ivo Dulčić (1916-1975).

## Art contemporain

La tendance avant-gardiste de l'après-guerre évolua vers l'art des installations, le minimalisme, l'art conceptuel et la vidéo. Parmi les artistes contemporains à découvrir figurent Lovro Artuković (né en 1959), dont les peintures hautement réalistes contrastent avec le cadre surréaliste, et les vidéastes Sanja Iveković (née en 1949) et Dalibor Martinis (né en 1947). Les œuvres multimédias d'Andreja Kulunčić (née en 1968), les installations de Sandra Sterle (née en 1965) et les productions vidéo de Renata Poljak (née en 1974), qui vit à Paris, suscitent un intérêt sur le plan international. Les performances de Slaven Tolj (né en 1964), un artiste multimédia de Dubrovnik, sont mondialement appréciées. La photographe Lana Šlezić (née en 1973), qui vit à Toronto, prend souvent ses superbes clichés en Croatie.

La galerie d'Art moderne de Zagreb offre un excellent aperçu de l'art croate au cours des deux siècles derniers. Également à Zagreb, plusieurs galeries indépendantes exposent des artistes locaux ; voir p. 42.

# Croatie pratique

# Carnet pratique

## Activités sportives

**Adriatic Croatia International Club** (www.aci-club.hr). Gère 21 ports de plaisance.

**Association croate d'alpinisme** (www.plsavez.hr, département de spéléologie www.speleologija.hr). Informations sur l'escalade, la spéléologie et la randonnée.

**Association croate de planche à voile** (www.hukjd.hr). Renseignements pour les véliplanchistes.

**Association croate de plongée touristique** (www.croprodive.info)

**Association du tourisme nautique** (Udruženje Nautičkog Turizma ; ☎051 209 147 ; Bulevar Oslobođenja 23, Rijeka). Représente l'ensemble des ports de plaisance croates.

**Cro Challenge** (www.crochallenge.com). Association de sports extrêmes.

**Fédération aéronautique croate** (www.caf.hr). Club de parachutisme.

**Fédération croate de plongée** (www.diving-hrs.hr, en croate)

**Huck Finn** (www.huck-finn.hr). Enseigne basée à Zagreb, proposant du canoë, du kayak, du rafting et des randonnées.

**NGO Bicikl** (www.bicikl.hr). Renseigne les cyclistes.

**Outdoor** (www.outdoor.hr). Voyages d'aventure pour sportifs.

**Pedala** (www.pedala.com.hr). Renseigne les cyclistes.

**Pro Diving Croatia** (www.diving.hr)

**Riverfree** (www.riverfree.hr, en croate). Club de rafting et de canoë.

## Ambassades et consulats

### Ambassades et consulats de Croatie

Quelques représentations croates à l'étranger :

**France** (☎01 53 70 02 80 ; www.amb-croatie.fr ; 7 square Thiers, 75116 Paris ; chancellerie consulaire ⌚14h-16h lun, 10h-13h mar-ven, accueil téléphonique 10h-12h lun, 15h-17h mar-ven)

**Belgique** (☎02 639 20 36 ; croemb.bruxelles@mvp.hr ; Avenue Louise 425, 1050 Bruxelles)

**Suisse** (☎031 352 02 75 ; Thunstrasse 45, 3005 Berne)

**Canada** (☎613 562 7820 ; 229 Chapel St, Ottawa, Ontario K1N 7Y6)

### Ambassades et consulats étrangers en Croatie

Les représentations suivantes se trouvent à Zagreb :

**Albanie** (☎01 48 10 679 ; Jurišićeva 2a)

**Belgique** (☎01 45 78 901 ; www.diplomatie.be/zagrebfr ; Pantovčak 125 b1)

**Bosnie-Herzégovine** (☎01 45 01 070 ; Torbarova 9)

**Bulgarie** (☎01 46 46 609 ; Nike Grškovića 31)

**Canada** (☎01 48 81 200 ; www.canadainternational.gc.ca/croatia-croatie ; Prilaz Gjure Deželića 4)

**France** (☎01 48 93 600 ; www.ambafrance-hr.org ; Hebrangova 2)

**Hongrie** (☎01 48 90 900 ; Pantovčak 257)

**République tchèque** (☎01 61 77 246 ; Radnička Cesta 47/6)

**Roumanie** (☎01 46 77 550 ; Mlinarska 43)

**Serbie** (☎01 45 79 067 ; Pantovčak 245)

**Slovaquie** (☎01 48 77 070 ; Prilaz Gjure Deželića 10)

**Slovénie** (☎01 63 11 000 ; Alagovićeva 30/annex)

**Suisse** (☎01 487 88 00 ; www.eda.admin.ch/eda/fr/home/reps/eur/vhrv/embzag.html ; Bogovićeva 3, Case Postale 471)

## Argent

La monnaie croate est la kuna (Kn, kune au pluriel), qui se décline notamment en coupures de 500, 200, 100, 50, 20, 10 et 5 Kn, à l'effigie de héros croates tels que Stjepan Radić et Ban Josip Jelačić. La kuna se subdivise en 100 lipe, sous forme de pièces argentées de 50 et 20 lipe, et de pièces de 10 lipe de couleur bronze.

## PRATIQUE

- **Journaux et magazines** Les journaux à grand tirage incluent le *Večernji List*, le *Jutarnji List*, le *Slobodna Dalmacija* et le *Feral Tribune*. Le *Vjesnik*, propriété de l'État, est le quotidien croate le plus respecté ; le *Nacional* et le *Globus*, les hebdomadaires les plus lus. Une édition croate du journal *Metro* a été lancée en 2006.
- **Radio** La station la plus écoutée est Narodni Radio, qui ne passe que de la musique croate ; elle est suivie d'Antena Zagreb et d'Otvoreni Radio. Croatian Radio diffuse des informations en anglais à 20h05 sur 88.9, 91.3 et 99.3 FM.
- **Pourboire** Il est d'usage d'arrondir la note, même si le service est toujours inclus.
- **Électricité** 220 V et 50 Hz ; prises européennes à fiches rondes.
- **Poids et mesures** Système métrique.
- **TV et vidéo** Système PAL (comme toute l'Europe en dehors de la France).

La monnaie croate est liée par un taux fixe à l'euro, d'où un taux de change relativement constant d'une année sur l'autre. L'État surévalue néanmoins la kuna en été, afin d'amasser des devises fortes. Le taux de change est donc plus avantageux de la mi-septembre à la mi-juin. Les prix des traversées internationales sont indiqués en euros, bien que le paiement s'effectue en kune. Dans cet ouvrage, les tarifs des hôtels, des campings, des pensions et des chambres chez l'habitant sont donnés en kune.

Pour plus de détails sur le coût de la vie et les taux de change, reportez-vous à *L'essentiel*, p. 14.

### Cartes bancaires

Les cartes bancaires (Visa, MasterCard, Diners Club, American Express) sont habituellement acceptées par les hôtels, mais rarement dans les hébergements privés, ainsi que dans les restaurants et les magasins de taille modeste.

Les détenteurs de la carte Amex pourront s'adresser aux agences de voyages Atlas de Dubrovnik, Opatija, Pula, Poreč, Split, Zadar et Zagreb, pour bénéficier de services comme l'encaissement de chèques ou la réception de courrier. Les agences de la Privredna Banka offrent de nombreuses prestations à la clientèle Amex.

Voici les sites croates des principaux fournisseurs de cartes de crédit :

**American Express** (www.americanexpress.hr)

**Diners Club** (www.diners.com.hr)

**Eurocard/MasterCard** (www.zaba.hr)

**Visa** (www.splitskabanka.hr)

### Change

Les bureaux de change, nombreux, pratiquent tous des taux similaires. N'importe quelle agence de voyages vous indiquera le plus proche.

- Les bureaux de poste offrent également ce service, avec l'avantage d'horaires étendus.
- Les agents de change appliquent une commission allant de 1 à 1,5% pour les espèces ; certaines banques ne le font pas.
- Seules les banques prennent les chèques de voyage.
- La kuna ne peut être convertie en devises fortes que dans les banques et sur présentation du reçu de la précédente transaction.
- La monnaie hongroise (forint) est difficile à changer en Croatie.
- Vous pouvez toujours régler un repas ou de menus services en euros, mais le taux ne sera guère intéressant.
- Il est souvent possible de payer une chambre chez l'habitant en euros.

### Distributeurs automatiques de billets (DAB)

- Les DAB, la plupart affiliés aux réseaux Cirrus, Plus, Diners Club et Maestro, constituent un moyen pratique de changer des devises à travers tout le pays. Renseignez-vous sur les frais et les commissions auprès de votre banque.
- Les DAB de la Privredna Banka autorisent généralement les retraits avec une carte Amex.
- Tous les bureaux de poste délivrent des espèces sur présentation d'une carte MasterCard ou Cirrus ; la Diners Club est de plus en plus souvent acceptée.

### Taxes et remboursements

Les voyageurs ayant dépensé plus de 750 Kn dans un même magasin peuvent prétendre au remboursement de la TVA, qui équivaut à 22% du prix d'achat. Pour cela, le commerçant doit remplir le *Tax Cheque* (formulaire requis), que vous présenterez à la douane en quittant le pays. Vous devrez ensuite, dans les 6 mois, envoyer une copie tamponnée au magasin, qui créditera la somme due sur votre compte.

Le service appelé Global Refund System permet d'être remboursé en espèces à l'aéroport ou dans les bureaux de poste affiliés, à Zagreb, Osijek, Dubrovnik, Split, Rikeja ou Pula, ainsi que dans quelques autres villes. Vous trouverez la liste complète des postes participantes sur www.posta.hr.

## Assurance

Il est conseillé de souscrire une police d'assurance qui vous couvrira en cas d'annulation de votre voyage, de vol, de perte de vos affaires, de maladie ou encore d'accident. Les assurances internationales pour les étudiants sont en général d'un bon rapport qualité/prix. Lisez avec la plus grande attention les clauses en petits caractères : c'est là que se cachent les restrictions. Vérifiez notamment que les "sports à risques", comme la moto, la randonnée, l'escalade ou l'équitation, ne sont pas exclus de votre contrat, ou encore que le rapatriement médical d'urgence, en ambulance ou en avion, est couvert.

Avant de souscrire une assurance, vérifiez que vous ne bénéficiez pas déjà d'une assistance par votre carte de crédit, votre mutuelle ou votre assurance automobile. C'est bien souvent le cas.

Voir également le chapitre *Transports*, p. 326.

## Bénévolat

Le bénévolat est une bonne formule pour découvrir la société et les paysages croates, s'immerger dans le pays et connaître l'envers du décor touristique en bénéficiant d'une ambiance internationale (les volontaires viennent en général de divers pays). En France, des organismes offrent l'occasion de participer à des projets tournés vers l'action sociale, la construction, les arts ou l'environnement, parfois sur des périodes courtes, allant d'une à quatre semaines. Certaines associations s'adressent plus spécifiquement aux jeunes. Les chantiers proposés sont variés.

Vous pourrez contacter le **Comité de coordination pour le service volontaire international** (CCVIS ; ☎01 45 68 49 36 ; Maison de l'Unesco, 1 rue Miollis, 75015 Paris ; http://ccivs.org). **Cotravaux** (☎01 48 74 79 20 ; www.cotravaux.org ; 11 rue de Clichy, 75009 Paris) est une coordination de 11 associations, dont plusieurs proposent des missions en Croatie, en lien avec des partenaires locaux. Vous en trouverez la liste et les coordonnées sur son site Internet.

En Croatie, la réserve de vautours fauves de Beli, sur l'île de Cres (p. 150), le refuge pour oursons de Kuterevo (p. 307), dans le massif du Velebit, le centre Sokolarski (p. 192), près de Šibenik, ainsi que l'Institut de recherche et de protection marines Blue World (p. 148), sur l'île de Lošinj, proposent des programmes de bénévolat de courte durée.

## Cartes de réduction

- » La plupart des musées et des galeries, des théâtres et des festivals accordent aux étudiants des réductions allant jusqu'à 50%.
- » La carte d'étudiant internationale **ISIC** (www.isic.fr) est la plus utile.
- » Si vous avez moins de 26 ans et n'êtes pas étudiant, vous pouvez demander la carte jeune internationale de voyage **IYTC** (www.isic.fr/les-cartes).
- » La Croatie fait partie de l'**European Youth Card Association** (www.euro26.org), dont la carte, destinée aux moins de 26 ans (ou 30 ans selon les pays), donne notamment droit à des réductions dans les magasins, les restaurants et les bibliothèques des pays participants. Elle est acceptée dans plus de 1 400 sites croates.
- » Pour des renseignements sur les avantages réservés aux jeunes et les différentes cartes, contactez la section voyage de la **YHA croate** (www.hfhs.hr).

## Cartes et plans

En France, Michelin publie une carte de la Croatie au 1/750 000, ainsi que la carte *Slovénie, Croatie, Bosnie-Herzégovine, Serbie, Monténégro et ex-République yougoslave de Macédoine* au 1/1 000 000. Vous pourrez également vous procurer l'atlas des côtes croates de Cartographia, ainsi que la carte *Croatie, Slovénie* au 1/300 000 de l'IGN. Berlitz publie une carte *Croatie, Istrie, Dalmatie* au 1/300 000.

Sur place, vous trouverez notamment la carte intitulée *Hrvatska, Slovenija, Bosna i Hercegovina* au 1/600 000 éditée par Naklada Naprijed à Zagreb. Les offices du tourisme régionaux proposent souvent de bonnes cartes routières. Excepté pour Zagreb, Split, Zadar, Rijeka et Dubrovnik, les plans de ville sont rarement satisfaisants. Néanmoins, les offices du tourisme locaux offrent généralement des cartes pratiques.

## Désagréments et dangers

### Mines antipersonnel

De nombreuses mines ont été posées au début des années 1990 sur la ligne d'affrontement entre les Croates et les forces

## NOMS DE RUES

À Zagreb et à Split, en particulier, vous noterez parfois un écart entre les noms de rues indiqués dans ce guide et ceux utilisés sur place. En croate, le nom d'une artère peut en effet figurer soit au nominatif, soit au génitif, ce qui se traduit par une différence de terminaison. Ulica Ljudevita Gaja peut ainsi devenir Gajeva ulica. La seconde forme est celle qui se rencontre le plus fréquemment sur les panneaux et dans la conversation. Le même principe s'appliquant aux places (*trg*), on trouvera Trg Petra Preradovića ou Preradovićev trg. Parmi les noms les plus courants, mentionnons Trg Svetog Marka (Markov trg), Trg Josipa Jurja Strossmayera (Strossmayerov trg), Ulica Andrije Hebranga (Hebrangova), Ulica Pavla Radića (Radićeva), Ulica Augusta Šenoe (Šenoina), Ulica Nikole Tesle (Teslina) et Ulica Ivana Tkalčića (Tkalčićeva). Attention : Trg Nikole Šubića Zrinskog est presque toujours appelée Zrinjevac.

Dans une adresse, les lettres "bb" après un nom de rue (comme dans Placa bb) correspondent à *bez broja* (sans numéro), ce qui signifie que le bâtiment désigné ne porte pas de numéro.

fédérales, en particulier en Slavonie orientale, autour d'Osijek et au nord de Zadar. Les autorités croates ont beaucoup investi dans les opérations de déminage, mais des zones minées peuvent subsister. En général, elles sont clairement signalées par des panneaux portant une tête de mort et délimitées par des rubans jaunes. Évitez toutefois d'arpenter seul les régions à risque sans consulter au préalable un habitant. Ne vous approchez jamais d'une maison abandonnée ou en ruines.

## Douanes

» Les voyageurs peuvent entrer dans le pays avec, en plus de leurs effets personnels, 1 litre d'alcool, 2 litres de liqueur, 2 litres de vin, 500 g de café, 200 cigarettes, 50 ml de parfum et 250 ml d'eau de toilette.

» Il n'existe pas de limitation à l'importation et à l'exportation de la monnaie nationale (kuna) ; il est toutefois obligatoire de déclarer toute somme supérieure ou égale à 10 000 €.

» Le matériel de camping, les bateaux et les appareils électroniques doivent être déclarés à l'arrivée en Croatie.

» Il n'existe pas de quarantaine pour les animaux, mais il faut présenter un certificat de vaccination récent. À défaut, un vétérinaire procédera à un examen, ce qui peut prendre du temps.

## CONSEILS AUX VOYAGEURS

La plupart des gouvernements mettent en ligne les dernières informations sur votre destination. Consultez notamment les sites suivants :

» Ministère des Affaires étrangères français (www.france.diplomatie.fr)

» Ministère des Affaires étrangères de Belgique (http://diplomatie.belgium.be/fr/)

» Département fédéral des Affaires étrangères suisse (www.eda.admin.ch/eda/fr)

» Ministère des Affaires étrangères du Canada (www.voyage.gc.ca)

## Hébergement

Dans ce guide, les établissements pour petits budgets comprennent les terrains de camping, les auberges de jeunesse et certaines pensions, pour lesquelles il faut prévoir jusqu'à 450 Kn pour une chambre double. Comptez entre 450 et 800 Kn pour une double de catégorie moyenne et jusqu'à 4 000 Kn dans la catégorie supérieure. Les établissements sont classés par ordre de préférence. Pour les hôtels, nous citons le prix de base en pleine saison, petit déjeuner inclus.

L'hébergement chez l'habitant, moyen très agréable de passer des vacances en Croatie, est aussi le plus avantageux.

Sur la côte, les tarifs varient suivant le lieu et la saison.

Les établissements se chargent des formalités auprès de la police requises par l'administration croate. Ils vous demanderont de leur confier votre passeport pour la nuit.

» Les mois de novembre à mars sont les moins chers. Certes, peu d'hôtels restent alors ouverts, mais on obtient des tarifs très avantageux

– généralement pas plus de 350 Kn pour une double dans un bon trois-étoiles, et moins de 250 Kn dans un établissement plus modeste.

» Sur une échelle croissante de tarifs viennent ensuite avril, mai et octobre.

» Juin et septembre forment la saison intermédiaire.

» Les prix sont au plus haut de fin juillet à mi ou fin août. Mieux vaut réserver pour cette période.

» De nombreux établissements imposent une surtaxe de 30% pour les séjours de moins de 3 nuits et facturent une "taxe de résidence" d'environ 7 Kn par personne et par jour (cette dernière n'est pas comprise dans les tarifs mentionnés dans ce guide).

» L'hébergement est généralement moins onéreux en Dalmatie (sauf à Dubrovnik et à Hvar), ainsi qu'au Kvarner et en Istrie.

## Réservation

» Vous trouverez dans ce guide les numéros de téléphone de la plupart des hébergements.

- Une fois votre itinéraire établi, il est conseillé de téléphoner pour vérifier les prix et la disponibilité des chambres.
- La majorité des réceptionnistes parlent anglais.

» Vous devrez probablement verser un acompte pour confirmer votre réservation, surtout pour la haute saison.

» Les hôtels sont en mesure d'accepter les réservations avec un numéro de carte bancaire.

» Certaines pensions exigent un paiement électronique interbancaire (réseau SWIFT), pour lequel les banques appliquent des frais d'une dizaine d'euros. Le seul moyen de les éviter est de réserver via une agence en ligne.

## Auberges de jeunesse

La **YHA croate** (☎01 48 29 291 ; www.hfhs.hr ; Savska 5/1, Zagreb) gère des auberges de jeunesse à Rijeka, Dubrovnik, Punat, Zadar, Zagreb et Pula. Les non-membres devront s'acquitter d'un supplément de 10 Kn par personne et par jour pour recevoir un tampon sur la carte de bienvenue ; il suffit de six tampons pour devenir membre. L'association vous renseignera sur les auberges de jeunesse privées à Krk, Zadar, Dubrovnik et Zagreb.

» La plupart des auberges fonctionnent désormais en hiver, mais le personnel n'est pas présent toute la journée. Mieux vaut appeler avant de se déplacer.

» Les prix indiqués dans ce guide valent pour la haute saison (juillet-août) ; ils sont moins élevés le reste de l'année.

## Camping

La centaine de terrains de camping disséminés sur la côte fonctionnent pour la plupart de la mi-avril à la mi-septembre. Quelques-uns ouvrent dès mars et jusqu'en octobre. Au printemps et en automne, mieux vaut téléphoner pour s'assurer que le camping est ouvert. Ne vous fiez pas systématiquement aux horaires indiqués par les offices du tourisme, les brochures ou même ce guide, car ils sont susceptibles de changements.

### LES DIFFÉRENTS CAMPINGS

» Malgré l'apparition récente de petits campings familiaux, les immenses terrains de caravaning dominent encore le paysage.

» Si vous recherchez un cadre plus intime, insistez auprès de l'office du tourisme pour qu'il vous indique un endroit à taille humaine.

» Les campings réservés aux naturistes (estampillés FKK) sont parmi les plus appréciables, leur situation retirée garantissant paix et tranquillité.

» Le camping sauvage est interdit.

» Pour des informations et des liens sur le camping, connectez-vous sur www.camping.hr.

### TARIFS

En Istrie, beaucoup de campings sont de gigantesques ensembles englobant des restaurants, des boutiques et des rangées de caravanes. En Dalmatie, ils sont souvent plus petits et familiaux.

» Dans ce guide, les prix sont indiqués par adulte et par emplacement.

» Sur les terrains les plus grands, comptez jusqu'à 100 Kn par emplacement.

» La plupart des campings demandent entre 40 et 60 Kn par personne et par nuit.

» La tente, qui est parfois comprise, peut faire l'objet d'un supplément allant de 10 à 15 Kn.

» Lorsqu'elle n'est pas incluse, la voiture est facturée de 10 à 50 Kn.

» Les emplacements pour caravanes coûtent environ 30% de plus ; ils ne comprennent pas toujours l'électricité, qui peut faire l'objet d'un supplément allant jusqu'à 15 Kn/nuit.

» La taxe de résidence tourne autour de 7 Kn par personne et par nuit, suivant la période et la région.

## Chez l'habitant

La solution qui offre le meilleur rapport qualité/prix en Croatie consiste à louer une chambre ou un appartement chez l'habitant. Vous dépenserez moins qu'à l'hôtel, bénéficierez d'un service plus sympathique et efficace, et mangerez souvent mieux.

Vous pourrez réserver une chambre via une agence de voyages ou auprès des

## BIEN CHOISIR SA CHAMBRE CHEZ L'HABITANT

» Avant de suivre un propriétaire (il s'agit en général de femmes) au sortir de la gare ferroviaire ou du terminal du ferry, renseignez-vous bien sur l'adresse afin de ne pas vous retrouver excentré.

» Vérifiez si le tarif est annoncé par personne ou par chambre.

» Pour éviter de payer un supplément, précisez la durée exacte de votre séjour et l'heure de votre départ.

» Si vous ne voyez aucun panneau bleu portant l'indication *sobe* ou *apartmani* à l'extérieur, la location est vraisemblablement illégale (le propriétaire n'acquitte pas de taxe de résidence). Dans ce cas, le propriétaire refuse généralement de donner son nom complet ou son numéro de téléphone. Vous n'aurez donc aucun recours en cas de problème.

propriétaires présents à l'arrivée des bus et des ferries, ou frapper à la porte des maisons affichant un panneau *sobe* ou *zimmer*.

#### RÉSERVER PAR UNE AGENCE

» Les hébergements réservés par le biais d'agences sont contrôlés par des professionnels.

» Les agences peuvent gérer les réclamations (souvent en anglais) en cas de problème.

» Les agences surtaxent les séjours de moins de 4 jours (au moins 30%) ; certaines exigent un minimum de 7 jours en haute saison.

#### PORTE-À-PORTE

» Les maisons où sont proposées des chambres à louer arborent un panneau *sobe* ou *zimmer*.

» Commencez vos recherches de bonne heure car les maîtres des lieux risquent de s'absenter l'après-midi.

» Laissez vos bagages à la *garderoba* (consigne) avant de vous aventurer en ville – ce sera plus confortable et plus facile pour négocier.

#### MARCHANDAGE

» N'hésitez pas à marchander, surtout si vous restez une semaine.

» Pendant la haute saison, vous aurez beaucoup de mal à trouver une chambre juste pour une nuit, en particulier sur la côte.

» Les chambres simples sont rares.

» La douche est toujours incluse dans le prix, mais pas le petit déjeuner.

#### DEMI-PENSION

La demi-pension chez l'habitant présente parfois un rapport qualité/prix intéressant. Sur la côte, de nombreuses familles possèdent un jardin, une vigne et un accès à la mer. Un repas chez l'habitant pourra alors se composer d'un apéritif maison, d'une salade fraîche, de poisson grillé accompagné de pommes de terre du potager et d'un vin local – voire même produit par le propriétaire.

#### LES DIFFÉRENTS HÉBERGEMENTS CHEZ L'HABITANT

Les agences de voyages classent les chambres suivant un système d'étoiles :

**Trois étoiles** Les plus chères, avec une salle de bains privative.

**Deux étoiles** Partagent une salle de bains avec une autre chambre.

**Une étoile** Partagent la salle de bains avec deux autres chambres ou avec les propriétaires.

Les studios pourvus d'un coin cuisine sont un peu plus onéreux que les doubles. Même s'il revient assez cher d'acheter de quoi se faire à manger en Croatie, il peut néanmoins être pratique de louer un appartement quand on voyage en petit groupe. Les logements chez l'habitant n'ont jamais le téléphone. En revanche, la télévision par satellite se généralise.

Vous trouverez à la rubrique *Voyages organisés*, p. 330, les coordonnées d'agences et de voyagistes louant des appartements en Croatie depuis la France.

#### TARIFS

Fixés par l'association du tourisme locale, les tarifs sont habituellement identiques dans toutes les agences. Néanmoins, certaines enseignes excluent les chambres bon marché, tandis que d'autres sont spécialisées dans les appartements. Les locations légales incluent souvent une taxe pour l'enregistrement auprès de la police.

Les prix cités dans ce guide sont basés sur un séjour de 4 nuits en haute saison. Ils baissent considérablement en dehors de juillet-août.

## Hôtels

» Les complexes hôteliers des années 1970 et 1980, autrefois propriétés de l'État, se ressemblent tous.

» Les pensions tenues par des familles présentent un excellent rapport qualité/prix et sont moins anonymes. Certaines sont citées dans ce guide, mais renseignez-vous à l'office du tourisme, car de nouvelles apparaissent chaque année.

» Les doubles sont spacieuses et presque toutes les chambres sont dotées d'une salle de bains.

» La majorité des établissements entrent dans la catégorie moyenne ; comptez environ 800 Kn pour une double en haute saison sur la côte, et autour de 450 Kn à la fin du printemps et au début de l'automne. Pour le prix, vous aurez droit à une salle de bains, au téléphone et parfois à la télévision par satellite.

» Sur la côte et dans les îles, les courts séjours (moins de 3 ou 4 nuits) sont généralement surtaxés en été.

» Les appartements sont indépendants et pourvus d'une cuisine équipée, d'un ou plusieurs lits et d'une salle de bains.

» La plupart des hôtels proposent la demi-pension. Dans les ensembles touristiques éloignés des villes, il n'existe souvent pas d'autre choix pour se sustenter en soirée. On vous servira surtout de la viande de qualité médiocre. Certains hôtels commencent à afficher des menus végétariens.

» Le système d'attribution des étoiles en Croatie, incohérent, s'avère peu fiable.

## Électricité

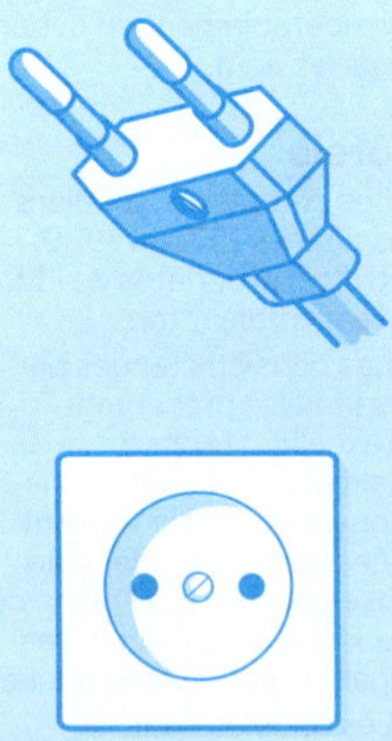

230 V/50 Hz

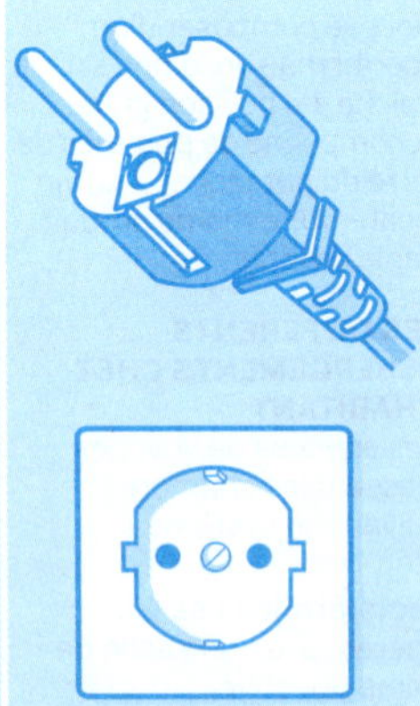

230 V/50 Hz

## Femmes en voyage

La Croatie ne présente pas de danger particulier pour les femmes. Dans les grandes villes côtières, des problèmes de harcèlement ont été signalés, mais ce n'est pas un phénomène courant.

La police ne prend pas toujours au sérieux les plaintes pour viol dans le cadre d'un rendez-vous galant. Restez vigilante en compagnie d'inconnus.

Le monokini est toléré, mais mieux vaut le réserver aux nombreuses plages nudistes.

## Formalités et visas

La Croatie ne fait partie ni de l'Union européenne, ni de l'espace Schengen.

Les ressortissants de l'Union européenne, les Suisses et les Canadiens n'ont pas besoin de visa pour un séjour touristique inférieur à 3 mois. Il suffit d'être en possession d'un passeport en cours de validité (voire d'une carte d'identité pour les ressortissants de l'UE). Le permis de conduire n'est pas une pièce d'identité.

Un mineur doit posséder une pièce d'identité valide ou être inscrit sur le passeport d'un de ses parents ou du tuteur l'accompagnant. Il est conseillé de se munir d'une autorisation du (ou des) détenteur(s) de l'autorité parentale (sur papier libre ou sur un formulaire délivré en mairie) en cas d'absence de ce(s) dernier(s).

Pour séjourner en Croatie au-delà de 3 mois, le plus simple consiste à traverser la frontière italienne ou autrichienne puis à revenir sur le territoire.

Les autorités croates demandent à tous les étrangers de s'inscrire auprès de la police locale en arrivant dans un nouveau lieu. Il s'agit en réalité d'une simple formalité dont se chargent généralement les hôtels, les auberges de jeunesse, les campings et les agences s'occupant des hébergements chez l'habitant.

Si vous logez ailleurs (chez un parent ou des amis), votre hôte est censé effectuer la démarche.

Avant le départ, contactez l'ambassade ou le consulat croate de votre pays pour vérifier que les modalités d'entrée sur le territoire n'ont pas changé. Nous vous conseillons de photocopier tous vos documents importants (pages d'introduction de votre passeport, cartes de crédit, numéros de chèques de voyage, police d'assurance, billets de train/d'avion/de bus, permis de conduire, etc.). Emportez un jeu de ces copies, que vous conserverez à part des originaux. Vous remplacerez ainsi plus aisément ces documents en cas de perte ou de vol. Vous pouvez également en laisser une copie dans un fichier attaché à un e-mail envoyé sur votre propre messagerie.

Reportez-vous à la p. 326 pour des informations complémentaires concernant l'entrée sur le territoire.

## Handicapés

Du fait du nombre important de blessés de guerre, les personnes handicapées font l'objet d'une attention accrue en Croatie.

» Les toilettes des gares routières et ferroviaires, des aéroports et des principaux lieux publics sont habituellement accessibles aux fauteuils roulants.

» C'est également le cas des grands hôtels, mais rarement des hébergements chez l'habitant.

» À l'inverse des gares routières et ferroviaires de Zagreb, Zadar, Rijeka, Split et Dubrovnik, les ferries de la compagnie Jadrolinija ne possèdent pas de rampe spéciale.
Pour de plus amples renseignements, contactez **Hrvatski Savez Udruga Tjelesnih Invalida** (☎01 48 12 004 ; www.hsuti.hr ; Šoštarićeva 8, Zagreb).

En France, l'**APF** (Association des paralysés de France ; ☎0 800 500 597 ; www.apf.asso.fr ; 17 bd Auguste-Blanqui, 75013 Paris) peut vous fournir des informations utiles sur les voyages accessibles. Deux sites Internet dédiés aux personnes handicapées comportent une rubrique consacrée au voyage et constituent une bonne source d'information. Il s'agit de **Yanous** (www.yanous.com/pratique/tourisme/tourisme030613.html) et de **handicap.fr** (www.handicap.fr). Il existe également des agences de voyages spécialisées, comme **Access Tourisme Service** (☎02 38 74 28 40 ; www.access-tourisme.com ; 8 rue Saint-Loup, 45130 Charsonville).

## Heure locale

La Croatie est à l'heure GMT + 1 heure et donc toute l'année à la même heure que la France, la Belgique et la Suisse. Le pays observe le passage à l'heure d'été (de fin mars à fin septembre).

## Heures d'ouverture

Les Croates se lèvent tôt : dès 7h, il y a du monde dans les rues et nombre de magasins font déjà des affaires. Le rythme est plus décontracté sur la côte, où les boutiques et les bureaux ferment fréquemment entre 12h et 16h.

Dans ce guide, les horaires ne sont indiqués que lorsqu'ils diffèrent des standards mentionnés ici.

» Horaires d'ouverture officiels : 8h-16h ou 9h-17h du lundi au vendredi, 8h-13h ou 9h-14h le samedi.

» Les banques pratiquent des horaires étendus : 8h ou 9h-19h en semaine, horaires standards le samedi.

» Les bureaux de poste ouvrent de 7h30 à 19h en semaine et de 8h à 12h le samedi (horaires étendus dans les villes côtières en été).

» De nombreux magasins restent ouverts de 8h à 20h en semaine et jusqu'à 14h ou 15h le samedi ; les centres commerciaux ouvrent plus longtemps.

» Les supermarchés fonctionnent de 8h à 20h du lundi au vendredi. Le samedi, certains ferment à 14h, d'autres à 20h. Quelques supermarchés ouvrent le dimanche en été.

» Les restaurants restent ouverts de 12h à 23h ou minuit ; beaucoup ferment le dimanche hors saison.

» Les cafés ouvrent de 8h à minuit, les bars de 9h à minuit.

» À Zagreb et à Split, les discothèques et les clubs accueillent les noctambules toute l'année, alors qu'ils ne fonctionnent qu'en été sur la côte. Les cybercafés pratiquent également des horaires étendus, la plupart du temps 7 jours/7.

» Les agences de voyages du littoral ouvrent de 8h ou 9h à 21h ou 22h en pleine saison ; elles pratiquent des horaires restreints le reste de l'année. Dans les terres, la plupart des agences suivent les horaires standards.

## Homosexualité

L'homosexualité, légale depuis 1977, est tolérée à défaut d'être appréciée. Les effusions en public entre personnes de même sexe suscitent parfois de l'hostilité, surtout en dehors des grandes villes.

» Excepté à Zagreb, les clubs gays demeurent rares. Les raves et nombre de discothèques accueillent une clientèle mixte.

» Sur la côte, Rovinj, Hvar, Split et Dubrovnik sont prisés des gays. Beaucoup fréquentent les plages naturistes.

» Zagreb accueille le **Festival Queer Zagreb FM** (www.queerzagreb.org) la dernière semaine d'avril et la **Gay Pride** le dernier samedi de juin.

» Vous trouverez tout au long de ce guide des adresses *gay-friendly*.

» La plupart des sites Internet consacrés à l'homosexualité sont en croate.

» **LORI** (www.lori.hr, en croate) est une organisation lesbienne établie à Rijeka.

## Internet (accès)

» Les cybercafés sont présentés dans les chapitres régionaux. L'accès à Internet coûte environ 30 Kn/heure.

» Les offices du tourisme vous renseigneront sur les possibilités de se connecter localement.

» Dans les petites villes, ils vous laisseront parfois consulter votre boîte électronique.

» Les bibliothèques municipales disposent généralement d'une connexion à Internet, dont l'accès est parfois limité dans le temps.

» Les hôtels haut de gamme sont presque toujours équipés du Wi-Fi, de même que les hôtels d'affaires. C'est aussi le cas de certaines pensions, mais mieux vaut ne pas compter dessus.

» Dans ce guide, @ indique l'existence d'un accès à Internet et celle du Wi-Fi.

## Jours fériés

Les jours fériés sont bien respectés en Croatie. Les magasins et les musées ferment, et les services de ferry sont réduits. Lors des fêtes religieuses, les églises sont noires de monde ; on peut parfois profiter de l'occasion pour admirer l'intérieur des lieux de culte habituellement fermés. Voir p. 18 pour une présentation complète des fêtes et des festivals.

Voici la liste des jours fériés en Croatie :

**Nouvel An** 1er janvier

**Épiphanie** 6 janvier

**Lundi de Pâques** mars/avril

**Fête du Travail** 1er mai

**Fête-Dieu** 10 juin

**Jour de la Résistance antifasciste** 22 juin (commémore le début de la résistance en 1941)

**Fête nationale** 25 juin

**Jour du Souvenir national** 5 août

**Assomption** 15 août

**Fête de l'Indépendance** 8 octobre

**Toussaint** 1er novembre

**Noël** 25-26 décembre

## Offices du tourisme

### Offices du tourisme à l'étranger

Voici quelques-unes des représentations de l'Office national croate du tourisme à l'étranger :

**France** (☎01 45 00 99 55 ; www.ot-croatie.com ; 48 avenue Victor-Hugo, 75016 Paris)

**Belgique** (☎02 550 1888 ; be.croatia.hr ; Vieille-Halle-aux-Blés 38, 1000 Bruxelles)

**Suisse** (☎43 336 2030 ; ch.croatia.hr ; Badenestr. 332, 8004 Zurich)

### Offices du tourisme en Croatie

L'**Office national croate du tourisme** (www.croatia.hr) est une bonne source d'information. Les offices du tourisme régionaux sont en charge du développement touristique :

**Comté de Dubrovnik-Neretva** (www.visitdubrovnik.hr)

**Comté d'Istrie** (www.istra.com)

**Comté de Krapina-Zagorje** (www.tz-zagorje.hr)

**Comté d'Osijek-Baranja** (www.tzosbarzup.hr)

**Comté de Primorje-Gorski Kotar (Kvarner)** (www.kvarner.hr)

**Comté de Šibenik-Knin** (www.sibenikregion.com)

**Comté de Split-Dalmatie** (www.dalmatia.hr)

**Comté de Zadar** (www.zadar.hr)

**Comté de Zagreb** (www.tzzz.hr)

Les offices du tourisme municipaux proposent des brochures gratuites et des informations sur les manifestations locales. Leurs coordonnées sont indiquées dans les chapitres régionaux.

Des agences de voyages comme **Atlas** (www.atlas-croatia.com) et **Generalturist** (www.generalturist.com) informent aussi les visiteurs.

## Photographie

» Les boutiques spécialisées et les magasins pour touristes vendent encore des pellicules couleur Kodak et Fuji. Les prix sont relativement élevés par rapport à beaucoup d'autres pays ; mieux vaut faire un stock avant de partir.

» La taille standard des tirages photo en Croatie est de 9 cm par 13 cm.

» Il existe à Zagreb et dans d'autres grandes villes des laboratoires utilisant le numérique. En revanche, peu d'endroits développent les pellicules APS.

» Il est rare de trouver un service de développement en 1 heure.

» On trouve sans difficulté des pellicules diapo dans les grandes villes et les sites touristiques, plus difficilement hors des sentiers battus.

» Il est interdit de photographier les installations militaires. Et, naturellement, gardez-vous de prendre des clichés des camps naturistes.

» Vous trouverez une foule de conseils utiles dans l'ouvrage intitulé *La Photo de voyage*, publié par Lonely Planet.

## Problèmes juridiques

Ayez toujours sur vous une pièce d'identité car la police peut effectuer un contrôle à tout moment, bien que, dans les faits, vous ne risquiez guère d'être tracassé. En cas d'arrestation, une convention internationale vous autorise à prévenir le consulat de votre pays, qui vous dirigera vers un avocat francophone dont vous devrez régler vous-même les honoraires.

# Santé

» La carte européenne d'assurance maladie n'est pas valable en Croatie. Consultez la rubrique *Assurance*, p. 318.

» Aucun vaccin n'est obligatoire pour entrer dans le pays.

» L'eau du robinet est potable.

» Les soins médicaux sont de bonne qualité.

» En cas de problème mineur, les pharmaciens pourront vous conseiller et vous délivrer un traitement sans ordonnance.

» La qualité des soins dentaires est la plupart du temps satisfaisante.

» L'encéphalite à tiques, transmise par les piqûres de tique, représente un risque sérieux. La contamination peut également se faire par ingestion de lait de chèvre cru. La vaccination est recommandée pour les séjours dans les zones rurales et forestières.

» Une exposition prolongée au soleil peut provoquer une insolation. Dans ce cas, il faut rester dans le noir, appliquer une compresse d'eau froide sur les yeux et prendre de l'aspirine.

» En cas de véritable coup de chaleur, un état grave, qui survient quand le mécanisme de régulation thermique du corps ne fonctionne plus, il faut absolument hospitaliser le malade (symptômes : malaise général, transpiration faible ou inexistante, forte fièvre, céphalée lancinante, difficultés à coordonner ses mouvements, signes de confusion mentale ou d'agressivité).

» Sur les plages de la mer Adriatique, gare aux oursins, dont les épines se brisent et se logent sous la peau. Il faut les extraire – utilisez de l'huile d'olive – pour empêcher une inflammation douloureuse, voire une infection. Par précaution, portez des sandalettes pour vous baigner et marcher sur les rochers.

» Pour éviter les morsures de serpent, ne marchez pas pieds nus et ne hasardez pas la main dans les trous et les anfractuosités. Il existe généralement un antivenin. En cas de morsure, il faut calmer la victime, lui interdire de bouger, bander étroitement le membre comme pour une foulure et l'immobiliser avec une attelle (mais absolument pas sucer le venin ou poser un garrot). Essayez d'apporter le serpent mort au médecin (ne prenez aucun risque).

# Téléphone

## Indicatifs téléphoniques

» Pour appeler la Croatie depuis l'étranger, composez le code d'accès international en vigueur dans votre pays (☎00 en France, en Belgique et en Suisse, 011 au Canada), suivi du ☎385 (indicatif de la Croatie), de l'indicatif régional (sans le 0 initial), puis du numéro de votre correspondant.

» De Croatie, pour téléphoner dans un autre pays, faites le ☎00, puis l'indicatif du pays (☎33 pour la France, 32 pour la Belgique, 41 pour la Suisse et 1 pour le Canada) et le numéro de votre correspondant, sans l'éventuel 0 initial.

» Pour les appels nationaux en Croatie, commencez par l'indicatif régional (avec le zéro initial) ; au sein d'une même région, ne composez pas l'indicatif régional.

» Les numéros de téléphone débutant par ☎060 sont gratuits ou au contraire facturés à des prix exorbitants ; renseignez-vous !

» Ceux commençant par ☎09 sont des numéros de téléphone portable, vers lesquels les appels reviennent beaucoup plus cher que vers les numéros ordinaires.

» Reportez-vous également à *L'essentiel*, p. 14.

## Téléphones portables

» Si vous possédez un téléphone 3G débloqué, vous pourrez acheter une carte SIM pour environ 50 Kn (20 min de communication offertes). Quatre opérateurs rivalisent : **VIP** (www.vip.hr), **T-Mobile** (www.t-mobile.hr), **Tomato** (www.tomato.com.hr) et **Tele2** (www.tele2.hr).

» Les boutiques de téléphonie vendent des portables à carte à partir de 150 Kn, temps de connexion compris.

» On ne trouve pas de téléphones portables à louer en Croatie.

## Cartes de téléphone

» Les téléphones publics sont à carte.

» Il existe des cartes de différentes *impulsa* (unités) : 25 (15 Kn), 50 (30 Kn), 100 (50 Kn) et 200 (100 Kn).

- Elles sont en vente dans toutes les postes et dans la plupart des bureaux de tabac et des kiosques à journaux.
- Avec une carte, une communication de 3 min revient à environ 12 Kn vers l'Europe.
- Les appels locaux coûtent 0,80 Kn, quelle que soit l'heure.

» Beaucoup de cabines possèdent un bouton marqué d'un drapeau permettant d'obtenir des instructions (notamment en anglais).

» Il est possible d'appeler sans carte depuis un bureau de poste.

- Pour les appels locaux et nationaux, la majoration est négligeable dans les hôtels bon marché, mais en revanche substantielle dans les quatre-étoiles.
- Les chambres chez l'habitant n'offrent jamais de ligne privée, mais les propriétaires vous laisseront peut-être utiliser leur téléphone pour passer un appel local.

# Transports

## DEPUIS/VERS LA CROATIE

### Entrer en Croatie

Les ressortissants de l'Union européenne, les Suisses et les Canadiens n'ont pas besoin de visa pour un séjour touristique de moins de 3 mois. Un passeport valide (voire une carte d'identité en cours de validité pour les ressortissants de l'UE) suffit. Le permis de conduire n'est pas une pièce d'identité. La Croatie ne fait partie ni de l'Union européenne, ni de l'espace Schengen.

L'économie du pays reposant fortement sur le tourisme, la Croatie a réduit au minimum les formalités pour les voyageurs étrangers. Le pire des désagréments est généralement les longues files d'attente aux postes-frontières.

### Voie aérienne

Voici quelques-uns des principaux aéroports croates :

**Dubrovnik** (www.airport-dubrovnik.hr)

**Pula** (www.airport-pula.com)

**Rijeka** (www.rijeka-airport.hr)

**Split** (www.split-airport.hr)

**Zadar** (www.zadar-airport.hr)

**Zagreb** (www.zagreb-airport.hr)

#### Depuis la France

**Croatia Airlines** (☎01 48 16 40 00 ; www.croatiaairlines.com), la compagnie nationale croate, assure toute l'année un vol direct quotidien Paris-Zagreb (2 heures, à partir de 145 €). Réservez bien à l'avance pour bénéficier de tarifs intéressants en juillet-août, la demande étant alors plus forte. En partenariat avec Air France, la compagnie propose des départs de différentes villes de province avec escale à Paris. Elle dessert également Dubrovnik, Pula, Split et Zadar (directs Paris-Split de fin avril à octobre, 2 heures, à partir de 150 €).

**Air France** (☎36 54 ; www.airfrance.com) assure chaque jour, toute l'année, 2 directs Paris-Zagreb (2 heures, à partir de 100-150 €). La compagnie propose aussi des vols avec escale à destination de Dubrovnik, Pula, Split et Zadar. La compagnie à bas prix **Easyjet** (www.easyjet.com) offre des directs Paris-Zagreb à des tarifs très intéressants (à partir de 50 € environ, hors suppléments), ainsi que des directs Paris-Split de début juillet à début septembre (2 heures, à partir de 100 € environ).

Voici quelques adresses d'agences et de transporteurs. Pour des séjours en Croatie, voir ci-contre.

**Germanwings** (☎0892 390 158 ; www.germanwings.com). Directs Nice-Pula à certaines périodes de l'année.

**Lufthansa** (☎0 892 231 690 ; www.lufthansa.com)

**Nouvelles Frontières** (☎0 825 000 747 ; www.nouvelles-frontieres.fr)

**Thomas Cook** (☎ 0 826 826 777 ; www.thomascook.fr)

**XL Airways France** (☎0892 231 300 ; www.xlairways.fr). Vols saisonniers Paris-Split et Paris Dubrovnik.

#### Depuis la Belgique

**Croatia Airlines** (☎02 753 5132 ; www.croatiaairlines.com)

**AVERTISSEMENT**

Les informations contenues dans ce chapitre sont particulièrement susceptibles de changements. Vérifiez directement auprès de la compagnie aérienne ou de l'agence de voyages les modalités d'utilisation de votre billet d'avion. N'hésitez pas à comparer les prestations. Les détails fournis ici doivent être considérés à titre indicatif et ne remplacent en rien une recherche personnelle attentive.

## VOYAGES ET CHANGEMENTS CLIMATIQUES

Tous les moyens de transport fonctionnant à l'énergie fossile génèrent du $CO_2$ – la principale cause du changement climatique induit par l'homme. L'industrie du voyage est aujourd'hui dépendante des avions. Si ceux-ci ne consomment pas nécessairement plus de carburant par kilomètre et par personne que la plupart des voitures, ils parcourent en revanche des distances bien plus grandes et relâchent quantité de particules et de gaz à effet de serre dans les couches supérieures de l'atmosphère. De nombreux sites Internet utilisent des "compteurs de carbone" permettant aux voyageurs de compenser le niveau des gaz à effet de serre dont ils sont responsables par une contribution financière à des projets respectueux de l'environnement. Lonely Planet "compense" les émissions de tout son personnel et de ses auteurs.

propose en moyenne 6 vols/semaine directs Bruxelles-Zagreb (2 heures, à partir de 165 €), ainsi que des vols avec escale(s) à destination de Dubrovnik, de Split, de Pula et de Zadar.

La compagnie à bas prix **Ryanair** (☎ 0902 33 660 ; www.ryanair.com/fr-be) offre chaque semaine 3 vols directs Bruxelles-Zadar de fin mars à fin octobre (2 heures, à partir de 70 € environ hors frais de dossier).

Brussels Airlines n'assure pas de vol à destination de la Croatie.

Voici quelques adresses utiles :

**Airstop** (☎070 233 188 ; www.airstop.be)

**Connections** (☎070 23 33 13 ; www.connections.be)

**Gigatours Voyages Éole** (☎070 22 44 32 ; www.voyageseole.be)

**Jetairfly** (☎070 22 00 00 ; www.jetairfly.com). Vols Bruxelles-Dubrovnik de fin avril à octobre.

### Depuis la Suisse

Toute l'année, **Croatia Airlines** (☎044 2610 840 ; www.croatiaairlines.com) assure chaque jour des directs Zurich-Zagreb (1 heure 20, à partir de 240 FS environ). D'avril à octobre, elle propose quelques directs Zurich-Dubrovnik (2 heures, autour de 400 FS) et Zurich-Split (1 heure 45, environ 400 FS). La compagnie dessert également Pula et Zadar avec escale(s). Au départ de Genève et de Bâle-Mulhouse, tous les vols sont avec escale(s).

**Swiss** (☎0848 700 700 ; www.swiss.com) propose toute l'année des directs Zurich-Zagreb (1 heure 20, à partir de 390 FS environ). D'avril à octobre, elle offre aussi des directs Zurich-Split (1 heure 30, à partir de 330 FS environ) et des directs Zurich-Dubrovnik (1 heure 55, à partir de 390 FS environ). De fin avril à octobre, la compagnie à bas prix **Easyjet** (www.easyjet.com) assure quelques directs au départ de Bâle-Mulhouse et à destination de Split (1 heure 30, à partir de 85 € environ hors suppléments).

Quelques adresses utiles :

**FlyBaboo** (☎0848 445 445 ; www.flybaboo.com)

**German Wings** (☎0900 000 407 ; www.germanwings.com)

**STA Travel** (☎058 450 49 49 ; www.statravel.ch)

### Depuis le Canada

Il n'existe pas de vol direct entre le Canada et la Croatie. Sur **Air Canada** (☎888 247 2262 ; www.aircanada.com), les vols Montréal-Zagreb (à partir de 9 heures 30 et de 1 000 $C lors de nos recherches) transitent au minimum par Munich ou Francfort.

Croatia Airlines ne dessert pas le Canada.

Vous pourrez contacter notamment :

**Lufthansa** (☎800 563 5954 ; www.lufthansa.com)

**Travel CUTS - Voyage Campus** (☎866 246 9762 ; www.travelcuts.com)

**Travelocity** (☎888 872 8356 ; www.travelocity.ca)

**United Airlines** (☎ 800 589 5582 ; www.united.ca)

## AGENCES EN LIGNE

Vous pouvez réserver votre vol via une agence en ligne ou vous renseigner auprès d'un comparateur de vols :

» www.anyway.com
» www.ebookers.fr
» www.illicotravel.com
» www.sprice.fr
» www.opodo.fr
» www.voyages-sncf.com
» http://voyages.kelkoo.fr
» www.govoyage.com

## Voie terrestre

La Croatie partage des frontières avec la Hongrie, la Slovénie, la Bosnie-Herzégovine, la Serbie et le Monténégro.

De Paris, 1390 km (environ 13 heures de route) vous séparent de Zagreb. Vous passerez par Strasbourg, puis par l'Allemagne (Munich), l'Autriche (Salzbourg) et la Slovénie (Ljubljana). Vous pourrez également passer par le tunnel du Mont-Blanc, l'Italie (Milan, Trieste), puis la Slovénie (Ljubljana) ; comptez alors 1 500 km (14 heures 30) depuis Paris. Pour aller dans le sud de la Croatie, une solution consiste à se rendre par exemple à Ancône par la route (de Paris, 1 290 km et 12 heures via le tunnel du Mont-Blanc, Milan et Bologne), puis à prendre un ferry pour Split ou Zadar. Pour un ferry régulier au départ d'Ancône, comptez environ 10 heures jusqu'à Split et 7 heures jusqu'à Zadar.

Les compagnies suivantes relient la Croatie et l'Italie. Les liaisons proposées sont aussi nombreuses que variées.

**Blue Line** (www.blueline-ferries.com)

**Commodore Cruises** (www.commodore-cruises.hr)

**Emilia Romagna Lines** (www.emiliaromagnalines.it)

**Jadrolinija** (www.jadrolinija.hr)

**SNAV** (www.snav.com)

**Split Tours** (www.splittours.hr)

**Termoli Jet** (www.termolijet.it)

**Ustica Lines** (www.usticalines.it)

**Venezia Lines** (www.venezialines.com)

Vérifiez que votre assurance automobile couvre la Croatie (voir p. 318). Pour les déplacements en voiture et en moto à l'intérieur du pays, voir p. 333.

### France

#### BUS

**Eurolines** (☎0 892 89 90 91 ; www.eurolines.fr) assure des liaisons entre Paris et de nombreuses villes croates (Zagreb, Split, Rijeka, Makarska, Osijek, Šibenik, Varaždin, Zadar...), mais les tarifs ne sont pas nécessairement intéressants comparés à ceux de l'avion. À titre d'exemple, comptez 185 € l'aller-retour Paris-Zagreb (environ 20 heures) et 240 € l'aller-retour Paris-Split (24-25 heures). Il est possible de partir de certaines villes de province. Consultez le site Internet pour plus de détails.

#### TRAIN

Il n'existe pas de train direct entre la France et Zagreb. Au départ de Paris, vous pourrez transiter par exemple par Munich ou Lausanne (voir ci-après). Renseignez-vous sur les horaires, les tarifs et les réservations auprès d'une gare ou d'une agence commerciale de la **SNCF** (☎36 35 ; www.voyages-sncf.com).

### Belgique

#### BUS

**Eurolines** (☎02-274 13 50 ; www.eurolines.be) assure de nombreuses liaisons entre la Belgique et la Croatie. Là encore, cette solution n'est guère avantageuse. Comptez par exemple 200 € pour l'aller-retour Bruxelles-Zagreb (22 heures) et 220 € pour l'aller-retour Bruxelles-Zadar (25 heures). Des départs sont proposés depuis certaines autres villes.

#### TRAIN

Il n'existe pas de train direct entre la Belgique et la Croatie. Entre Bruxelles et Zagreb, prévoyez au minimum 2 correspondances (via Francfort et Munich par exemple). Renseignements auprès de la **SNCB Europe** (☎070 79 79 79 ; www.b-europe.com).

### Suisse

#### BUS

**Eurolines** (☎0 900 573 747 ; www.eurolines.ch) offre de nombreuses liaisons entre la Suisse et la Croatie. Comptez par exemple 188 FS l'aller-retour Zurich-Zagreb (13 heures) – comparez avec les tarifs aériens.

#### TRAIN

Il existe un train direct quotidien Zurich-Zagreb (14 heures). Les prix varient en fonction du confort choisi (avec ou sans couchette, etc.). Contactez les **CFF** (☎0900 300 300 ; http://mct.sbb.ch/mct/fr).

### Allemagne

#### BUS

Tous les bus entre la Croatie et l'Allemagne sont gérés par **Deutsche Touring GmbH** (Touring Eurolines Germany ; www.deutsche-touring.de), qui ne possède pas d'agence en Croatie – les billets sont néanmoins en vente dans de nombreuses agences de voyages et gare routières.

Voici une liste des départs réguliers depuis/vers l'Allemagne :

**Istrie** Depuis/vers Francfort 1/semaine ; de Munich 2/semaine.

**Split** Depuis/vers Cologne, Dortmund, Francfort, Mannheim, Munich, Nuremberg et Stuttgart tous les jours ; de Berlin (via Rijeka) 2 fois/semaine.

**Rijeka** Depuis/vers Berlin 2 fois/semaine.

**Zagreb** Depuis/vers Cologne, Dortmund, Francfort, Mannheim, Munich, Nuremberg et Stuttgart tous les jours ; de Berlin 4 fois/semaine.

#### TRAIN

Trois trains relient quotidiennement Munich à Zagreb (39-91 €, 8 heures 30-9 heures) via

Salzbourg et Ljubljana. Les réservations sont nécessaires en direction de la Croatie, mais pas vers l'Allemagne.

## Autriche

**BUS**

De Vienne, **Eurolines** (www.eurolines.com) assure des liaisons en bus avec de nombreuses villes croates.

**Osijek** 40 €, 9 heures, 2/semaine.

**Rijeka** 43 €, 9 heures, 2/semaine.

**Split** 51 €, 11 heures 30, 2/semaine.

**Zadar** 43 €, 8 heures 15, 2/semaine.

**Zagreb** 32 €, 5-7 heures, 2/jour (un direct, l'autre via Varaždin)

**TRAIN**

Deux trains de jour et deux de nuit circulent entre Vienne et Zagreb, via la Slovénie et la Hongrie (47-57 €, 5 heures 45-6 heures 30). De Zagreb, on peut rejoindre d'autres villes en Croatie.

## Bosnie-Herzégovine

Il existe de nombreux postes-frontières entre la Bosnie-Herzégovine et la Croatie. Les principales destinations, comme Sarajevo, Mostar et Međugorje, sont toutes accessibles depuis Zagreb, Split, Osijek et Dubrovnik.

**BUS**

Des bus rallient la Croatie au départ de nombreuses villes de Bosnie-Herzégovine.

**TRAIN**

Depuis Sarajevo, des trains desservent les destinations suivantes :

**Osijek** 21 €, 6 heures, tlj.

**Ploče** (via Mostar et Banja Luka) 13 €, 4 heures, 2/jour.

**Zagreb** 30 €, 9 heures 30, 2/jour.

## Hongrie

Voici les principaux points d'entrée et de sortie entre la Hongrie et la Croatie :

**Donji Miholjac** À 7 km au sud de Harkány.

**Gola** À 23 km à l'est de Koprivnica.

**Goričan** Entre Nagykanizsa et Varaždin.

**Terezino Polje** En face de Barcs.

Les plus fréquentés étant Donji Miholjac et Goričan.

**TRAIN**

Trois trains relient chaque jour Zagreb à Budapest (30 € aller-retour, 6-7 heures).

## Italie

Pour les liaisons en ferry entre l'Italie et la Croatie, et la traversée de l'Italie en voiture en provenance de France, voir page précédente.

**BUS**

Trieste est bien reliée à la côte istrienne. Les bus sont moins nombreux le dimanche.

**Dubrovnik** 410 Kn, 15 heures, 1/jour.

**Poreč** 69 Kn, 2 heures, 3/jour.

**Pula** 105 Kn, 2 heures 30-3 heures 45, 6/jour.

**Rijeka** 65 Kn, 2 heures, 5/jour.

**Rovinj** 88 Kn, 3 heures, 2/jour.

**Split** 279 Kn, 10 heures 30, 2/jour.

**Zadar** 188 Kn, 7 heures 30, 1/jour.

Du lundi au samedi, un bus au départ de Padoue passe aussi par Venise, Trieste et Rovinj avant d'atteindre Pula (235 Kn, 6 heures).

**TRAIN**

Un train de nuit direct circule entre Venise et Zagreb (25-40 €, 7 heures 30) ; plusieurs autres passent par Ljubljana.

## Monténégro

Trois bus relient chaque jour Kotor à Dubrovnik (100 Kn, 2 heures 30) ; ils partent de Bar et marquent un arrêt à Herceg Novi.

## Serbie

Les postes-frontières sont légion, notamment sur l'autoroute Zagreb-Belgrade.

**BUS**

Six bus quotidiens rallient Zagreb à Belgrade

### BUS AU DÉPART DE LA BOSNIE-HERZÉGOVINE

| DEPUIS | VERS | TARIF APPROXIMATIF | DURÉE | FRÉQUENCE |
|---|---|---|---|---|
| Međugorje | Dubrovnik | 18 € | 3 heures | 1/jour |
| Mostar | Dubrovnik | 15 € | 3 heures | 4/jour |
| Sarajevo | Dubrovnik | 20 € | 5 heures | 1/jour |
| Sarajevo | Rijeka | 40 € | 10 heures | 2/semaine |
| Sarajevo | Split (via Mostar) | 25 € | 7 heures | 2/jour |
| Sarajevo | Zagreb | 26 € | 8 heures | 3/jour |

(199-204 Kn, 6 heures).
Depuis le poste-frontière de Bajakovo, un bus serbe va jusqu'à Belgrade.

**TRAIN**
Il existe 4 liaisons par jour entre Zagreb et Belgrade (159 Kn, 6 heures 30).

### Slovénie

On dénombre 26 postes-frontières entre la Slovénie et la Croatie.

**BUS**
La Slovénie offre de bonnes liaisons avec la côte istrienne. De Ljubljana, des bus vont à :

**Rijeka** 180 Kn, 2 heures 30, 2/jour.

**Rovinj** 173 Kn, 4 heures, 3/jour.

**Split** 310 Kn, 10 heures, 1/jour.

En semaine, un bus relie quotidiennement Rovinj à Koper (87 Kn, 2 heures 45) via Poreč, Portorož et Piran.

**TRAIN**
De Ljubljana, les trains pour la Croatie vont à :

**Rijeka** 100 Kn, 2 heures 30, 2/jour.

**Zagreb** 100-160 Kn, 2 heures 30, 7/jour.

## VOYAGES ORGANISÉS

Même s'il est facile de s'organiser seul en Croatie, le recours à un voyagiste pourra vous faciliter la vie, notamment si vous envisagez un séjour thématique – autour de la randonnée, d'une croisière ou de la découverte des parcs nationaux par exemple. De nombreux prestataires proposent des week-ends et des courts séjours. Pour 2 nuits et 3 jours à Dubrovnik, Zagreb ou Split, comptez au minimum 450-500 €/personne, vols internationaux compris. On trouve des croisières de 7 jours à partir de 350-400 €/personne en demi-pension (prise en charge de l'embarquement au débarquement uniquement), mais les prix varient grandement, en fonction du confort, du type d'embarcation et de l'itinéraire choisis (possibilité de combiner la Croatie avec la Bosnie, le Monténégro et l'Albanie par exemple). Pour un circuit organisé d'une semaine incluant les sites phares du pays, les prix débutent généralement autour de 900 €/personne pour une semaine, vols internationaux compris.

Pour des circuits organisés locaux, reportez-vous p. 332. Vous trouverez les coordonnées d'autres agences de voyages et de compagnies aériennes p. 326.

### Spécialistes de la Croatie et de l'Europe de l'Est

**Adriatica.net** (www.adriatica.net). Cette agence en ligne croate spécialiste de la côte adriatique propose de multiples formules en Croatie : croisières, excursions, week-ends, tourisme vert, thalasso, séjours dans des phares, locations chez l'habitant, hôtels, séjours naturistes, ainsi que des offres de dernière minute.

**Adriagate** (www.adriagate.com). Autre agence en ligne croate, Adriagate offre notamment des locations d'appartements, de maisons, de chambres d'hôtel, d'hébergements authentiques (maisons en pierre isolées, phares...) et de voitures, des séjours d'agrotourisme et des croisières.

**AmSlav** (☎01 44 88 20 40 ; www.amslav.com ; 60 rue de Richelieu, 75002 Paris). Spécialiste de l'Europe de l'Est. Week-ends, circuits, séjours balnéaires, hôtels, location d'appartements et croisières. Possibilité de circuits combinés avec d'autres pays (Bosnie et Monténégro).

**Bemextours** (☎01 46 08 40 40 ; www.bemextours.com ; 4 avenue Desfeux, 92100 Boulogne-Billancourt). Bemextours, spécialiste de la Croatie, propose notamment des autotours, des croisières (goélettes, paquebots, caïques ou voiliers), des séjours dans les îles croates et des circuits combinés avec des pays voisins (Albanie, Bosnie-Herzégovine, Monténégro et Slovénie). Location d'appartements et de chambres d'hôtel. Nombreuses informations pratiques en ligne et possibilité de voyages sur mesure.

**Croatie Tours** (☎01 46 67 39 10 ; www.croatie.com ; 5 place Charras, 92400 Courbevoie). Autotours, circuits combinés, croisières (location de voiliers et de caïques), vacances thématiques (randonnée et vélo, plongée, séjour naturiste...), location de voitures et d'hébergements (hôtels, villages d'appartements, logements chez l'habitant...). Renseignements utiles en ligne.

### Croisières, randonnée et autres séjours sportifs

**Allibert Aventure** (☎0825 701 702 ; www.nomade-aventure.com ; 40 rue de la Montagne-Sainte-Geneviève, 75005 Paris ; agences à Lyon et à Toulouse). Ce spécialiste du trekking propose des formules combinant la Croatie et le Monténégro : randonnées guidées, séjours multiactivités pour les familles ou voyages en liberté.

**Atalante** (Lyon ☎04 72 53 24 80 ; 36 quai Arloing, 69009 Lyon ; Paris ☎01 55 42 81 00 ; 41 bd des Capucines, 75002 Paris ; Bruxelles ☎02 627 07 97 ; rue César Franck, 44 B-1050 Bruxelles ; www.atalante.fr). Différentes formules : trek, découverte ou rando-croisière, avec plus ou moins de marche et divers niveaux de difficulté (certaines sont accessibles dès 5-6 ans). À noter : plusieurs itinéraires incluent la Bosnie, et un le Monténégro.

**Chamina Voyages** (☎04 66 69 00 44 ; www.chamina-voyages.com ; Naussac, BP 5F, 48300 Langogne). Randonnées guidées ou en liberté, dont une rando-croisière en goélette et une rando à vélo.

**Club Aventure** (☎0 826 882 080 ; www.clubaventure.fr ; 18 rue Séguier, 75006 Paris ; 2 rue Vaubecour, 69002 Lyon ; rue Prevost Martin 51, CP 124, 1211 Genève 4). Des voyages tournés vers la découverte et la randonnée de niveau facile à modéré, dont certains incluent du vélo et du bateau. À noter : une rando-croisière pour les familles.

**Grand Angle** (☎04 76 95 23 00 ; www.grand-angle.fr ; 38112 Méaudres). Trois formules : rando-bateau sur la côte dalmate, 5 îles en 15 jours et entre îles et cités.

**Les Glénans** (☎01 53 92 86 00 ; www.glenans.asso.fr ; quai Louis-Blériot, 75016 Paris). Cette école de voile propose des stages croisières en Croatie.

**Nomade Aventure** (☎0825 701 702 ; www.nomade-aventure.com ; 40 rue de la Montagne-Sainte-Geneviève, 75005 Paris ; agences à Lyon et à Toulouse). Plusieurs circuits, de "tranquille" à "dynamique" : les îles Élaphites en kayak, multiactivités au cœur des lacs de Plitvice, découverte des parcs nationaux...

**Terres d'Aventure** France (☎0825 700 825 ; www.terdav.com ; 14 agences en France) ; Belgique (☎02 54 395 60) ; Suisse (Néos Voyages ; ☎22 320 66 35 ; 50 rue des Bains, 1205 Genève). Circuits accompagnés ou en liberté : randonnée, découverte de la nature, navigation, patrimoine et nature, montagne, canoë-kayak, multiactivités, bord de mer, îles... À noter : une formule pour les ados.

**Zig Zag** (☎01 42 85 13 93 ; www.zigzag-randonnees.com ; 54 rue de Dunkerque, 75009 Paris). Plusieurs voyages, dont une rando-bateau à l'île de Vis et un circuit de randonnée dans la chaîne du Velebit et le parc national des lacs de Plitvice.

## Circuits culturels

**Clio** (☎0826 10 10 82 ; www.clio.fr ; 27 rue du Hameau, 75015 Paris). Une croisière pour découvrir les trésors de l'Adriatique (Croatie, Bosnie, Monténégro, Albanie) et un voyage à la découverte des trésors des Balkans (Bosnie-Herzégovine, Croatie, Monténégro, Albanie, Macédoine).

**Intermèdes** (☎01 45 61 90 90 ; www.intermedes.com ; 60 rue de La Boétie, 75008 Paris). Week-ends, circuits (dont un combinant la Croatie et le Monténégro) et croisières (à la découverte des perles de l'Adriatique ou sur la côte albanaise).

## Voyagistes

**Comptoir des voyages** (☎0892 239 339 ; www.comptoir.fr ; agences à Paris, Lyon, Toulouse et Marseille). Week-ends, séjours, circuits et autotours.

**Kuoni** (☎0820 223 223 ; www.kuoni.fr ; agences à Paris et dans plusieurs grandes villes de province). Circuits accompagnés.

**Voyageurs du monde** (☎0820 223 223 ; www.vdm.com ; 14 agences en France, 1 à Bruxelles). Week-ends, séjours et voyages itinérants.

# COMMENT CIRCULER

## Avion

**Croatia Airlines** (☎01 66 76 555 ; www.croatiaairlines.hr) est la seule compagnie à assurer des liaisons intérieures. Des vols quotidiens relient Zagreb à Dubrovnik, Pula, Split et Zadar.

Attention : sachez que les piles et les batteries doivent être retirées de tous les appareils placés dans les bagages enregistrés.

## Bateau

### Ferries Jadrolinija

La compagnie nationale Jadrolinija gère un vaste réseau de car-ferries et de catamarans sur la côte adriatique. Les bateaux, beaucoup plus confortables que les bus, se révèlent en revanche plus onéreux.

**Fréquence** Toute l'année. Services moins nombreux en hiver.

**Réservation** Les cabines doivent être réservées une semaine à l'avance ; il reste presque toujours de la place sur le pont.

**Billets** Les billets s'achètent à l'avance dans les agences et les bureaux Jadrolinija. Ils ne sont pas en vente à bord.

**Voiture** Présentez-vous 2 heures avant le départ en été.

**Restauration** Des menus de qualité assez médiocre sont proposés à bord pour environ 100 Kn ; la cafétéria ne sert que des sandwichs jambon-fromage (30 Kn). Faites comme les Croates : apportez votre pique-nique.

### Ferries locaux

Les ferries locaux effectuent la liaison entre les principales îles et le continent. Les services sont plus rares entre les îles elles-mêmes qu'avec le continent.

**Fréquence** Sur la plupart des lignes, elle diminue entre octobre et avril. Des bateaux de passagers supplémentaires circulent en été ; ils sont généralement plus rapides et plus confortables, mais aussi plus chers.

**Réservation** Sur certaines traversées de courte durée (Jablanac-Mišnjak par exemple), les ferries effectuent des navettes permanentes en été ; il est alors inutile de réserver.

**Billets** En vente dans les agences Jadrolinija et aux guichets près de l'embarcadère (généralement ouverts 30 min avant l'appareillage) ; aucun billet n'est vendu à bord. L'été, arrivez 1 à 2 heures à l'avance, même si vous avez déjà votre billet.

**Voiture** Le prix, souvent très élevé, est calculé en fonction de la taille de la voiture. Réservez le plus tôt possible et enregistrez plusieurs heures à l'avance.

**Vélo** Petit supplément.

**Restauration** Aucun service de restauration n'est assuré, mais vous trouverez des boissons et des en-cas à bord. La plupart des Croates prévoient un pique-nique.

## Bus

» La Croatie offre d'excellents services de bus, relativement bon marché.

» Plusieurs compagnies desservent souvent un même trajet, offrant une grande diversité de prix.

» Les compartiments à bagages des bus sont payants (7 Kn/bagage, assurance comprise).

### DISTANCES ROUTIÈRES (EN KM)

| | Dubrovnik | Osijek | Rijeka | Split | Zadar | Zagreb |
|---|---|---|---|---|---|---|
| Dubrovnik | --- | | | | | |
| Osijek | 495 | --- | | | | |
| Rijeka | 601 | 459 | --- | | | |
| Split | 216 | 494 | 345 | --- | | |
| Zadar | 340 | 566 | 224 | 139 | --- | |
| Zagreb | 572 | 280 | 182 | 365 | 288 | --- |

### Compagnies de bus

Voici quelques-unes des principales compagnies :

**Autotrans** (☎051 660 300 ; www.autotrans.hr). Basée à Rijeka. Dessert l'Istrie, le Kvarner, Varaždin et Zagreb.

**Brioni Pula** (☎052 535 155 ; www.brioni.hr). Basée à Pula. Liaisons avec l'Istrie, Trieste, Padoue, Split et Zagreb.

**Contus** (☎023 315 315 ; www.contus.hr). Basée à Zadar. Services pour Split et Zagreb.

**Croatiabus** (☎01 61 13 213 ; www.croatiabus.hr). Relie Zagreb à des villes du Zagorje et de l'Istrie.

**Samoborček** (☎01 48 19 180 ; www.samoborcek.hr). Relie Zagreb à la Dalmatie.

### Billets et horaires

» Dans les grandes gares routières, les billets s'achètent au guichet et non auprès du chauffeur.

» Essayez de réserver, surtout en été.

» Au-dessus des guichets, des tableaux d'affichage indiquent les destinations pour lesquelles les billets sont en vente.

» Sur les horaires libellés en croate, "*vozi svaki dan*" signifie "tous les jours" et "*ne vozi nedjeljom i blagdanom*", "pas de service le dimanche et les jours fériés".

» Les bus de nuit permettent d'économiser une nuit d'hôtel – les lumières allumées en permanence et la musique ne promettent toutefois guère le repos.

» Prenez garde à ne pas rater le départ après les arrêts-repas et autres (toutes les 2 heures environ).

### LOUER UN BATEAU EN CROATIE

Les amateurs de plaisance auront l'embarras du choix en Croatie. Les plus expérimentés peuvent louer un yacht sans équipage, mais il est également possible de louer un bateau avec skipper. Les tarifs dépendent de la taille de l'embarcation, du nombre de couchettes et de la saison. Vous pourrez contacter notamment **Sunsail** (www.sunsail.com), une société internationale représentée en France, qui propose des locations, avec ou sans équipage, au départ de Dubrovnik, des îles Kornati et de Kremik, au sud de Šibenik.

## Circuits organisés locaux

Consultez également la rubrique *Voyages organisés*, p. 330.

**Atlas Travel Agency** (www.atlas-croatia.com). Propose une grande variété de circuits en bus, de formules vol et location de voiture et d'excursions dans toute la Croatie.

**Huck Finn** (www.huck-finn.hr). Ce spécialiste des voyages d'aventure offre toute une gamme de circuits, dans tout le pays : kayak de mer et de rivière, rafting, canoë, spéléologie, vélo, pêche, randonnée et voile.

**Inselhüpfen** (www.island-hopping.de). Ce prestataire allemand, qui associe bateau et vélo, conduit une clientèle internationale dans le sud de la Dalmatie, en Istrie et dans les îles du golfe du Kvarner – escale chaque jour pour une balade à vélo.

**Katarina Line** (www.katarina-line.hr). Propose des croisières d'une semaine d'Opatija à Split, Mljet, Dubrovnik, Hvar, Brač, Korčula et Zadar, ainsi qu'aux îles Kornati, dans un joli bateau en bois.

## Transports urbains

Les bus assurent l'essentiel du transport urbain (Zagreb et Osijek possèdent néanmoins des réseaux de tramway bien développés).

» Dans les grandes villes comme Dubrovnik, Rijeka, Split et Zadar, les bus circulent toutes les 20 min environ (moins fréquemment le dimanche).

» Le billet coûte en moyenne 8 Kn, un peu moins si vous l'achetez dans un *tisak* (kiosque à journaux).

» Les petites cités médiévales de la côte sont généralement fermées à la circulation et leurs abords sont mal desservis.

» Dans les îles, les bus sont rares, car la plupart des habitants sont motorisés.

## Vélo

Le vélo est un excellent moyen de locomotion pour explorer les îles. Celles qui sont relativement plates, comme Pag et Mali Lošinj, sont les moins fatigantes à sillonner. Sur les autres, de magnifiques panoramas récompenseront vos efforts sur les sentiers sinueux.

» On trouve facilement des vélos à louer sur la côte et dans les îles.

» Certains offices du tourisme, notamment dans le golfe du Kvarner et en Istrie, distribuent des cartes proposant des itinéraires et vous indiqueront les loueurs locaux.

» Sur la côte comme dans les terres, soyez vigilant : le réseau routier se compose pour l'essentiel de routes à deux voies très fréquentées et dépourvues de pistes cyclables.

» Le site www.pedala.hr (essentiellement en croate) fournit des informations utiles sur le cyclotourisme en Croatie.

## Voiture et moto

La Croatie a beaucoup investi ces dernières années dans l'infrastructure routière, avec, notamment, la construction d'une nouvelle autoroute entre Zagreb et Split. Celle-ci devrait un jour aller jusqu'à Dubrovnik. Une autoroute relie également Zagreb à Rijeka, et une autre traverse l'Istrie, ce qui a considérablement raccourci le trajet vers l'Italie.

Les nouvelles routes sont en excellent état. En revanche, les stations-service et autres enseignes sont rares sur certains tronçons.

### Assurance

Si vous venez avec votre propre véhicule, vous devrez vous munir de la carte grise et de la carte verte internationale d'assurance automobile. Celle-ci doit porter le sigle HR, attestant que le véhicule est assuré en Croatie. À défaut, vous devrez souscrire une assurance complémentaire à la frontière. En cas de doute, renseignez-vous auprès de votre compagnie d'assurance.

La loi impose aux compagnies de location de voiture d'inclure une assurance au tiers, mais veillez à ce que le prix affiché en Croatie comprenne bien aussi une assurance tierce collision (ou assurance dommage collision, sans franchise si possible), sans quoi tout dommage survenu sur le véhicule vous sera facturé au prorata de sa valeur, avec un minimum d'environ 2 000 Kn.

Sachez que, si vous louez une voiture en Italie, de nombreuses compagnies d'assurance ne vous couvriront pas en cas de voyage en Croatie. Les douaniers connaissent le problème et peuvent vous interdire d'entrer, sauf si les attestations de l'assurance indiquent clairement que vous êtes couvert en Croatie. La plupart des agences de location de Trieste et de Venise sont avisées de cette obligation et vous fourniront le tampon nécessaire. Sinon, renseignez-vous.

### Code de la route

» En Croatie, on roule à droite et le port de la ceinture est obligatoire.

» Sauf indication contraire, la vitesse des voitures et des motos est limitée à :

- 50 km/h en agglomération
- 90 km/h sur les nationales
- 130 km/h sur autoroute

» Sur les routes à deux voies, il est illégal de doubler un convoi militaire ou encore une file de voitures coincées derrière un camion poussif.

» Le taux d'alcoolémie autorisé au volant est fixé à 0,5%.

» L'usage des phares est obligatoire, même de jour.

### Location

Pour louer une voiture, vous devrez :

» Avoir 21 ans au minimum.

» Posséder un permis en cours de validité.

» Produire une carte bancaire connue.

Les loueurs locaux indépendants sont souvent meilleur marché que les chaînes internationales, mais ces dernières permettent de rendre le véhicule dans une autre ville. On peut parfois bénéficier de tarifs intéressants en réservant depuis l'étranger, ou en optant pour une formule vol et location de voiture.

## Permis de conduire

Un permis valide émis dans votre pays d'origine suffit pour conduire une voiture en Croatie et louer un véhicule ; un permis de conduire international n'est pas nécessaire.

Le **Hrvatski Autoklub** (HAK ; Club automobile croate ; ☎01 46 40 800 ; www.hak.hr ; Avenija Dubrovnik 44, Zagreb) dispense aide et conseils. Sur la route, contactez **l'assistance routière HAK** (Vučna Služba ; ☎987).

## Sur la route

» Les stations-service ouvrent en général de 7h à 19h ; beaucoup fonctionnent jusqu'à 22h en été. Pour connaître les tarifs des carburants – Eurosuper 95, super 98 ou ordinaire et gazole –, connectez-vous sur www.ina.hr.

» Toutes les autoroutes sont payantes, de même que le tunnel d'Učka entre Rijeka et l'Istrie, le pont de l'île de Krk et la route reliant Rijeka à Delnice.

» Le site www.hac.hr délivre des renseignements sur les autoroutes et les péages de Croatie.

» De juillet à début septembre, la radio HR2 émet toutes les heures à l'heure pile des bulletins d'information en anglais sur les conditions de circulation.

### PETIT GLOSSAIRE FERROVIAIRE

Voici quelques termes que vous pourrez voir sur les horaires affichés dans les gares :

**brzi** – train rapide
**dolazak** – arrivées
**polazak** – départs
**ne vozi nedjeljom i blagdanom** – pas de service le dimanche et les jours fériés
**poslovni** – train de classe affaires
**presjedanje** – correspondance
**putnički** – classe économique/train local
**rezerviranje mjesta obvezatno** – réservation obligatoire
**vozi svaki dan** – tous les jours

# Train

Les trains, moins fréquents que les bus, sont en revanche plus confortables. Pour connaître les horaires, tarifs et services, contactez les **Chemins de fer croates** (Hrvatske Željeznice ; ☎060 333 444 ; www.hznet.hr).

Zagreb forme le cœur du maigre réseau ferroviaire national. Aucune ligne ne longe la côte et très peu de cités maritimes sont reliées à la capitale par le train. Voici les liaisons les plus intéressantes pour les voyageurs :

» Zagreb-Osijek

» Zagreb-Rijeka-Pula (via Lupoglava, où un bus prend le relais)

» Zagreb-Varaždin-Koprivnica

» Zagreb-Zadar-Šibenik-Split

Concernant les classes et les tarifs :

» Les trains nationaux sont appelés soit "express", soit "de passagers" (locaux).

- Les express ont des voitures de 1re et de 2e classe, ainsi que des espaces fumeurs et non-fumeurs.
- Il est conseillé de réserver dans les trains express.
- Les trains express sont plus chers que les trains de passagers.

» Dans ce guide, les tarifs correspondent à une place assise de 2e classe, sans réservation.

» Les trains des lignes intérieures ne possèdent pas de couchettes.

» Les liaisons de nuit entre Zagreb et Split comportent néanmoins des wagons-lits.

» Le transport des bagages est gratuit ; la plupart des gares disposent de consignes facturant environ 15 Kn par bagage et par jour.

» Pour les résidents de l'UE, les forfaits InterRail fonctionnent en Croatie – mais ne présentent guère d'intérêt, puisqu'il paraît difficile d'effectuer suffisamment de voyages en train dans le pays pour permettre de les rentabiliser.

# Langue

## POUR ALLER PLUS LOIN

Indispensable pour mieux communiquer sur place : le **guide de conversation français/croate de Lonely Planet** (7,90 €). Pour réserver une chambre, lire un menu ou simplement faire connaissance, ce manuel permet d'acquérir des rudiments de croate. Inclus : un minidictionnaire bilingue.

Le croate fait partie de la famille des langues slaves du Sud. Il ressemble beaucoup aux autres langues du même groupe : serbe, bosniaque et monténégrin, souvent tous qualifiés de serbo-croate. On ne note que de légères variations d'une langue à l'autre, tant au niveau de la prononciation que du vocabulaire.

En croate, chaque lettre se prononce et sa prononciation ne varie pas d'un mot à l'autre. D'une manière générale, j correspond au "y" de "yoyo" ; nj, que nous transcrivons "n'", se prononce comme le "ny" de canyon ; et ž équivaut au "j" (de "jeu").

Dans la plupart des cas, l'accent tombe sur la première voyelle du mot – la dernière n'étant jamais accentuée. La syllabe accentuée est indiquée en italique dans notre système de transcription.

Certains mots croates ont une forme masculine et féminine, désignées dans ce chapitre par "m" et "f". Les alternatives polies ("pol") et familières ("fam") sont indiquées dans certaines expressions.

## CONVERSATION ET EXPRESSIONS DE BASE

| | | |
|---|---|---|
| **Salut/Bonjour.** | *Bog.* | bok |
| **Au revoir.** | *Zbogom.* | *zbo*·gom |
| **Oui./Non.** | *Da./Ne.* | da/ne |
| **S'il vous plaît.** | *Molim.* | *mo*·lim |
| **Merci.** | *Hvala.* | *hva*·la |
| **Il n'y a pas de quoi.** | *Nema na čemu.* | *ne*·ma na *tche*·mou |
| **Excusez-moi.** | *Oprostite.* | o·*pro*·sti·te |
| **Pardon.** | *Žao mi je.* | *ja*·o mi ye |

**Comment allez-vous ?**
*Kako ste/si ?* — *ka*·ko ste/si (pol/fam)

**Bien. Et vous ?**
*Dobro.* — *do*·bro
*A vi/ti ?* — a vi/ti (pol/fam)

**Je m'appelle...**
*Zovem se...* — *zo*·vem se...

**Comment vous appelez-vous ?**
*Kako se zovete/zoveš ?* — *ka*·ko se *zo*·ve·te/*zo*·vech (pol/fam)

**Parlez-vous (anglais, français) ?**
*Govorite/Govoriš li (engleski, francuski) ?* — *go*·vo·ri·te/*go*·vo·rich li (*en*·gle·ski, fran-tsouz-ski) (pol/fam)

**Je (ne) comprends (pas).**
*Ja (ne) razumijem.* — ya (ne) ra·*zou*·mi·yem

## ACHATS ET SERVICES

**Je voudrais acheter...**
*Želim kupiti...* — *je*·lim *kou*·pi·ti...

**Je ne fais que regarder.**
*Ja samo razgledam.* — ya *sa*·mo *raz*·gle·dam

### Mots interrogatifs

| | | |
|---|---|---|
| **Comment ?** | *Kako ?* | *ka*·ko |
| **Quoi ?** | *Što ?* | chto |
| **Quand ?** | *Kada ?* | *ka*·da |
| **Où ?** | *Gdje ?* | gdye |
| **Qui ?** | *Tko ?* | tko |
| **Pourquoi ?** | *Zašto ?* | *za*·chto |

**Puis-je regarder ?**
*Mogu li to pogledati ?* — mo·gou li to po·gle·da·ti

**Combien cela coûte-t-il ?**
*Koliko stoji ?* — ko·li·ko sto·yi

**C'est trop cher.**
*To je preskupo.* — to ye pre·skou·po

**Auriez-vous quelque chose de moins cher ?**
*Imate li nešto jeftinije ?* — i·ma·te li nech·to yef·ti·ni·ye

**Il y a une erreur dans l'addition.**
*Ima jedna greška na računu.* — i·ma yed·na grech·ka na ra·tchou·nou

| | | |
|---|---|---|
| **bureau de poste** | *poštanski ured* | poch·tan·ski ou·red |
| **carte de crédit** | *kreditna kartica* | kre·dit·na kar·ti·tsa |
| **cybercafé** | *internet kafić* | in·ter·net ka·fitch |
| **DAB** | *bankovni automat* | ban·kov·ni a·ou·to·mat |
| **office du tourisme** | *turistička agencija* | tou·ri·stitch·ka a·gen·tsi·ya |

## AU RESTAURANT

**Que recommandez-vous ?**
*Što biste nam preporučili ?* — chto bi·ste nam pre·po·rou·tchi·li

**Qu'y a-t-il dans ce plat ?**
*Od čega se sastoji ovo jelo ?* — od tche·ga se sa·sto·yi o·vo ye·lo

**C'était délicieux !**
*To je bilo izvrsno !* — to ye bi·lo iz·vr·sno

**L'addition s'il vous plaît.**
*Molim vas donesite račun.* — mo·lim vas do·ne·si·te ra·tchoun

| | | |
|---|---|---|
| **Je voudrais réserver une table pour...** | *Želim rezervirati stol za...* | je·lim re·zer·vi·ra·ti stol za... |
| **(huit) heures** | *(osam) sati* | (o·sam) sa·ti |
| **(deux) personnes** | *(dvoje) ljudi* | (dvo·ye) lyou·di |
| **Je ne mange pas de...** | *Ja ne jedem...* | ya ne ye·dem... |
| **poisson** | *ribu* | ri·bou |
| **noix** | *razne orahe* | raz·ne o·ra·he |
| **volaille** | *meso od peradi* | me·so od pe·ra·di |
| **viande rouge** | *crveno meso* | tsr·ve·no me·so |

### Mots-clés

| | | |
|---|---|---|
| **aliments pour bébé** | *hrana za bebe* | hra·na za be·be |
| **apéritif** | *predjelo* | pre·dye·lo |
| **assiette** | *tanjur* | ta·nyour |
| **avec/sans** | *sa/bez* | sa/bez |
| **bar** | *bar* | bar |
| **bol** | *zdjela* | zdye·la |
| **bouteille** | *boca* | bo·tsa |
| **café** | *kafić/ kavana* | ka·fitch/ ka·va·na |
| **couteau** | *nož* | noj |
| **cuillère** | *žlica* | jli·tsa |
| **déjeuner** | *ručak* | rou·tchak |
| **dîner** | *večera* | ve·tche·ra |
| **épicé** | *pikantno* | pi·kant·no |
| **fourchette** | *viljuška* | vi·lyouch·ka |
| **marché** | *tržnica* | trj·ni·tsa |
| **menu** | *jelovnik* | ye·lov·nik |
| **nourriture** | *hrana* | hra·na |
| **petit déjeuner** | *doručak* | do·rou·tchak |
| **plat (nourriture)** | *jelo* | ye·lo |
| **plat principal** | *glavno jelo* | glav·no ye·lo |
| **repas végétarien** | *vegetarijanski obrok* | ve·ge·ta·ri·yan·ski o·brok |
| **restaurant** | *restoran* | re·sto·ran |

### PHRASES-CLÉS

Pour vous exprimer en croate, servez-vous des exemples suivants, en ajoutant les mots de votre choix :

**Quand sera (la prochaine excursion) ?**
*Kada je (idući dnevni izlet) ?* — ka·da ye (i·dou·tchi dnev·ni iz·let)

**Où y a-t-il (un marché) ?**
*Gdje je (tržnica) ?* — gdye ye (trj·ni·tsa)

**Où puis-je (acheter un billet) ?**
*Gdje mogu (kupiti kartu) ?* — gdye mo·gou (kou·pi·ti kar·tou)

**En avez-vous (d'autres) ?**
*Imate li (kakve druge) ?* — i·ma·te li (kak·ve drou·ge)

**Y a-t-il (une couverture) ?**
*Imate li (deku) ?* — i·ma·te li (de·kou)

**Je voudrais (ce plat).**
*Želim (ono jelo).* — je·lim (o·no ye·lo)

**Je voudrais (louer une voiture).**
*Želio/Željela bih (iznajmiti automobil).* — je·li·o/je·lye·la bih (iz·nai·mi·ti a·ou·to·mo·bil) (m/f)

**Puis-je (vous prendre en photo) ?**
*Mogu li (vas/te slikati) ?* — mo·gou li (vas/te sli·ka·ti) (pol/fam)

**Pourriez-vous (m'aider) ?**
*Molim vas, možete li (mi pomoći) ?* — mo·lim vas mo·je·te li (mi po·mo·tchi)

**Dois-je (payer) ?**
*Trebam li (platiti) ?* — tre·bam li (pla·ti·ti)

### Panneaux

| | |
|---|---|
| **Izlaz** | Sortie |
| **Muškarci** | Messieurs |
| **Otvoreno** | Ouvert |
| **Ulaz** | Entrée |
| **Zabranjeno** | Interdit |
| **Zahodi** | Toilettes/WC |
| **Zatvoreno** | Fermé |
| **Žene** | Dames |

| | | |
|---|---|---|
| **(trop) froid** | *(pre) hladno* | (pre) *hlad*·no |
| **verre** | *čaša* | *tcha*·cha |

## Viande et poisson

| | | |
|---|---|---|
| **agneau** | *janjetina* | *ya*·nye·ti·na |
| **bœuf** | *govedina* | *go*·ve·di·na |
| **poisson** | *riba* | *ri*·ba |
| **porc** | *svinjetina* | *svi*·nye·ti·na |
| **poulet** | *piletina* | *pi*·le·ti·na |
| **veau** | *teletina* | *te*·le·ti·na |

## Fruits et légumes

| | | |
|---|---|---|
| **abricot** | *marelica* | ma·*re*·li·tsa |
| **carotte** | *mrkva* | *mrk*·va |
| **cerise** | *trešnja* | *trech*·nya |
| **champignon** | *gljiva* | *glyi*·va |
| **chou** | *kupus* | *kou*·pous |
| **citrouille** | *bundeva* | *boun*·de·va |
| **concombre** | *krastavac* | *kra*·sta·vats |
| **fraise** | *jagoda* | *ya*·go·da |
| **fruit** | *voće* | *vo*·tche |
| **haricots verts** | *mahuna* | *ma*·hou·na |
| **laitue/salade** | *zelena salata* | *ze*·le·na sa·*la*·ta |
| **légume** | *povrće* | *po*·vr·tche |
| **lentilles** | *leća* | *le*·tcha |
| **maïs** | *kukuruz* | kou·*kou*·rouz |
| **noix** | *orah* | *o*·rah |
| **oignon** | *luk* | louk |
| **orange** | *naranča* | *na*·ran·tcha |
| **pastèque** | *lubenica* | lou·*be*·ni·tsa |
| **pêche** | *breskva* | *bres*·kva |
| **petit pois** | *grašak* | *gra*·chak |
| **poire** | *kruška* | *krouch*·ka |
| **pomme** | *jabuka* | *ya*·bou·ka |
| **pomme de terre** | *krumpir* | *kroum*·pir |
| **prune** | *šljiva* | *chlyi*·va |
| **raisin** | *grožđe* | *groj*·je |
| **tomate** | *rajčica* | *rai*·tchi·tsa |

## Divers

| | | |
|---|---|---|
| **beurre** | *maslac* | *ma*·slats |
| **confiture** | *džem* | jem |
| **fromage** | *sir* | sir |
| **huile** | *ulje* | *ou*·lye |
| **miel** | *med* | med |
| **œuf** | *jaje* | *ya*·ye |
| **pain** | *kruh* | krouh |
| **pâtes** | *tjestenina* | tye·ste·*ni*·na |
| **poivre** | *papar* | *pa*·par |
| **riz** | *riža* | *ri*·ja |
| **sel** | *sol* | sol |
| **sucre** | *šećer* | *che*·tcher |
| **vinaigre** | *ocat* | *o*·tsat |

## Boissons

| | | |
|---|---|---|
| **bière** | *pivo* | *pi*·vo |
| **café** | *kava* | *ka*·va |
| **eau (minérale)** | *(mineralna) voda* | (*mi*·ne·ral·na) *vo*·da |
| **jus** | *sok* | sok |
| **lait** | *mlijeko* | mli·*ye*·ko |
| **thé** | *čaj* | tchai |
| **vin (rouge/ blanc)** | *vino (crno/ bijelo)* | *vi*·no (*tsr*·no/ *bye*·lo) |

# DATE ET HEURE

**Quelle heure est-il ?**
*Koliko je sati ?* ko·*li*·ko ye *sa*·ti

**Il est (dix) heures.**
*(Deset) je sati.* (*de*·set) ye *sa*·ti

| | | |
|---|---|---|
| **matin** | *jutro* | *you*·tro |
| **après-midi** | *poslijepodne* | *po*·sli·ye·*pod*·ne |
| **soir** | *večer* | *ve*·cher |
| **hier** | *jučer* | *you*·tcher |
| **aujourd'hui** | *danas* | *da*·nas |
| **demain** | *sutra* | *sou*·tra |

| | | |
|---|---|---|
| **lundi** | *ponedjeljak* | po·*ne*·dye·lyak |
| **mardi** | *utorak* | *ou*·to·rak |
| **mercredi** | *srijeda* | sri·*ye*·da |
| **jeudi** | *četvrtak* | tchet·*vr*·tak |
| **vendredi** | *petak* | *pe*·tak |
| **samedi** | *subota* | *sou*·bo·ta |
| **dimanche** | *nedjelja* | *ne*·dye·lya |

| | | |
|---|---|---|
| **janvier** | *siječanj* | si·*ye*·chan' |
| **février** | *veljača* | *ve*·lya·cha |
| **mars** | *ožujak* | *o*·jou·yak |
| **avril** | *travanj* | *tra*·van' |
| **mai** | *svibanj* | *svi*·ban' |

### Chiffres et nombres

| | | |
|---|---|---|
| 1 | *jedan* | *ye*·dan |
| 2 | *dva* | dva |
| 3 | *tri* | tri |
| 4 | *četiri* | *tche*·ti·ri |
| 5 | *pet* | pet |
| 6 | *šest* | chest |
| 7 | *sedam* | *se*·dam |
| 8 | *osam* | *o*·sam |
| 9 | *devet* | *de*·vet |
| 10 | *deset* | *de*·set |
| 20 | *dvadeset* | *dva*·de·set |
| 30 | *trideset* | *tri*·de·set |
| 40 | *četrdeset* | tche·tr·*de*·set |
| 50 | *pedeset* | pe·*de*·set |
| 60 | *šezdeset* | chez·*de*·set |
| 70 | *sedamdeset* | se·dam·*de*·set |
| 80 | *osamdeset* | o·sam·*de*·set |
| 90 | *devedeset* | de·ve·*de*·set |
| 100 | *sto* | sto |
| 1 000 | *tisuću* | *ti*·sou·tchou |

| | | |
|---|---|---|
| **juin** | *lipanj* | *li*·pan' |
| **juillet** | *srpanj* | *sr*·pan' |
| **août** | *kolovoz* | *ko*·lo·voz |
| **septembre** | *rujanj* | *rou*·yan' |
| **octobre** | *listopad* | *li*·sto·pad |
| **novembre** | *studeni* | *stou*·de·ni |
| **décembre** | *prosinac* | *pro*·si·nats |

## DIRECTIONS

**Où est ?**
*Gdje je... ?* gdye ye...
**Quelle est l'adresse ?**
*Koja je adresa ?* *ko*·ya ye a·*dre*·sa
**Pouvez-vous me montrer (sur la carte) ?**
*Možete li mi to pokazati (na karti) ?* *mo*·je·te li mi to po·*ka*·za·ti (na *kar*·ti)

| | | |
|---|---|---|
| **à l'angle** | *na uglu* | na *ou*·glou |
| **au feu de circulation** | *na semaforu* | na se·ma·fo·rou |
| **derrière** | *iza* | *i*·za |
| **devant** | *ispred* | *is*·pred |
| **loin (de)** | *daleko (od)* | *da*·le·ko (od) |
| **à gauche** | *lijevo* | li·*ye*·vo |
| **près** | *blizu* | *bli*·zou |
| **à côté** | *pored* | *po*·red |
| **en face** | *nasuprot* | *na*·sou·prot |
| **à droite** | *desno* | *de*·sno |
| **tout droit** | *ravno naprijed* | *rav*·no *na*·pri·yed |

## HÉBERGEMENT

**Avez-vous des chambres à louer ?**
*Imate li slobodnih soba ?* *i*·ma·te li *slo*·bod·nih *so*·ba
**Le petit déjeuner est-il compris ?**
*Da li je doručak uključen ?* da li ye *do*·rou·tchak *ouk*·lyou·tchen
**Combien cela coûte-t-il (par nuit/personne) ?**
*Koliko stoji (za noć/po osobi) ?* ko·*li*·ko *sto*·yi (za notch/po *o*·so·bi)

| | | |
|---|---|---|
| **Avez-vous une chambre... ?** | *Imate li... sobu ?* | *i*·ma·te li... *so*·bou |
| **simple** | *jednokrevetnu* | *yed*·no·kre·vet·nou |
| **double** | *dvokrevetnu* | *dvo*·kre·vet·nou |
| **camping** | *kamp* | kamp |
| **pension** | *privatni smještaj* | *pri*·vat·ni *smiech*·tai |
| **hôtel** | *hotel* | *ho*·tel |
| **auberge de jeunesse** | *prenoćište za mladež* | *pre*·no·tchich te za *mla*·dej |

| | | |
|---|---|---|
| **climatisation** | *klima-uređaj* | *kli*·ma·*ou*·re·jai |
| **salle de bains** | *kupaonica* | kou·pa·*o*·ni·tsa |
| **lit** | *krevet* | *kre*·vet |
| **lit d'enfant** | *dječji krevet* | *dyetch*·yi *kre*·vet |
| **Wi-Fi** | *bežični internet* | *be*·jitch·ni *in*·ter·net |
| **fenêtre** | *prozor* | *pro*·zor |

## TRANSPORTS

### Transports publics

| | | |
|---|---|---|
| **avion** | *avion* | *a*·vi·*on* |
| **bateau** | *brod* | brod |
| **bus** | *autobus* | a·ou·*to*·bous |
| **train** | *vlak* | vlak |
| **tram** | *tramvaj* | *tram*·vai |

**Je veux aller à...**
*Želim da idem u...* *je*·lim da *i*·dem ou...
**Est-ce qu'il s'arrête à (Split) ?**
*Da li staje u (Splitu) ?* da li *sta*·ye ou (*spli*·tou)
**À quelle heure part-il ?**
*U koliko sati kreće ?* ou ko·*li*·ko *sa*·ti *kre*·tche
**À quelle heure arrive-t-il à (Zagreb) ?**
*U koliko sati stiže u (Zagreb) ?* ou ko·*li*·ko *sa*·ti *sti*·je ou (*zag*·reb)
**Pouvez-vous me dire comment aller à (l'arène) ?**
*Možete li mi reći kada stignemo kod (Arene) ?* *mo*·je·te li mi *re*·tchi *ka*·da *stig*·ne·mo kod (a·*re*·ne)

**Je voudrais descendre à (Dubrovnik).**

| | |
|---|---|
| *Želim izaći u (Dubrovniku).* | je·lim i·za·tchi ou (doub·rov·ni·kou) |

| | | |
|---|---|---|
| **Un billet (de) ...** | *Jednu... kartu.* | yed·nou... kar·tou |
| **1re classe** | *prvorazrednu* | pr·vo·raz·red·nou |
| **2e classe** | *drugorazrednu* | drou·go·raz·red·nou |
| **aller** | *jednosmjernu* | yed·no·smyer·nou |
| **aller-retour** | *povratnu* | po·vrat·nou |

| | | |
|---|---|---|
| **le premier** | *prvi* | pr·vi |
| **le dernier** | *posljednji* | pos·lyed·nyi |
| **le prochain** | *sljedeći* | slye·de·tchi |
| **siège côté couloir** | *sjedište do prolaza* | sye·dich·te do pro·la·za |
| **retardé** | *u zakašnjenju* | ou za·kach·nye·nyou |
| **annulé** | *poništeno* | po·nich·te·no |
| **quai** | *peron* | pe·ron |
| **billetterie** | *blagajna* | bla·gai·na |
| **horaire** | *red vožnje* | red voj·nye |
| **gare ferroviaire** | *željeznička postaja* | je·lyez·nitch·ka pos·ta·ya |
| **siège côté fenêtre** | *sjedište do prozora* | sye·dich·te do pro·zo·ra |

## Voiture et vélo

| | | |
|---|---|---|
| **Je voudrais louer un (e)...** | *Želim iznajmiti...* | je·lim iz·nai·mi·ti... |
| **4x4** | *džip* | djip |
| **moto** | *motocikl* | mo·to·tsi·kl |
| **vélo** | *bicikl* | bi·tsi·kl |
| **voiture** | *automobil* | a·ou·to·mo·bil |

| | | |
|---|---|---|
| **casque** | *kaciga* | ka·tsi·ga |
| **diesel** | *dizel gorivo* | di·zel go·ri·vo |
| **essence** | *benzin* | ben·zin |
| **garagiste** | *auto-mehaničar* | a·ou·to·me·ha·ni·tchar |
| **pompe à vélo** | *pumpa za bicikl* | poum·pa za bi·tsi·kl |
| **siège enfant** | *sjedalo za dijete* | sye·da·lo za di·ye·te |
| **station-service** | *benziska stanica* | ben·zin·ska sta·ni·tsa |

**Est-ce la route pour... ?**

| | |
|---|---|
| *Je li ovo cesta z... ?* | ye li o·vo tse·sta za... |

**(Combien de temps) Puis-je stationner ici ?**

| | |
|---|---|
| *(Koliko dugo) Mogu ovdje parkirati ?* | (ko·li·ko dou·go) mo·gou ov·dye par·ki·ra·ti |

**La voiture/moto est en panne (à Knin).**

| | |
|---|---|
| *Automobil/ Motocikl se pokvario (u Kninu).* | a·ou·to·mo·bil/ mo·to·ti·kl se pok·va·ri·o (ou kni·nou) |

**J'ai crevé.**

| | |
|---|---|
| *Imam probušenu gumu.* | i·mam pro·bou·che·nou gou·mou |

**Je n'ai plus d'essence.**

| | |
|---|---|
| *Nestalo mi je benzina.* | ne·sta·lo mi ye ben·zi·na |

**J'ai perdu les clés.**

| | |
|---|---|
| *Izgubio/ Izgubila sam ključeve.* | iz·gou·bi·o/ iz·gou·bi·la sam klyou·tche·ve (m/f) |

# URGENCES

**Au secours !**

| | |
|---|---|
| *Upomoć !* | ou·po·motch |

**Je suis perdu(e).**

| | |
|---|---|
| *Izgubio/ Izgubila sam se.* | iz·gou·bi·o/ iz·gou·bi·la sam se (m/f) |

**Laissez-moi tranquille !**

| | |
|---|---|
| *Ostavite me na miru !* | o·sta·vi·te me na mi·rou |

**Il y a eu un accident !**

| | |
|---|---|
| *Desila se nezgoda !* | de·so·la se nez·go·da |

**ppelez un médecin !**

| | |
|---|---|
| *Zovite liječnika !* | zo·vi·te li·yetch·ni·ka |

**Appelez la police !**

| | |
|---|---|
| *Nazovite policiju !* | na·zo·vi·te po·li·tsi·you |

**Je suis malade.**

| | |
|---|---|
| *Ja sam bolestan/ bolesna.* | ya sam bo·le·stan/ bo·le·sna (m/f) |

**J'ai mal là.**

| | |
|---|---|
| *Boli me ovdje.* | bo·li me ov·dye |

**Je suis allergique à...**

| | |
|---|---|
| *Ja sam alergičan/ alergična na...* | ya sam a·ler·gi·tchan/ a·ler·gitch·na na... (m/f) |

# GLOSSAIRE



*(m) indique le masculin, (f) le féminin et (pl) le pluriel*

**abside** – espace formant l'extrémité du chœur dans une église

**amphore** – grand récipient à deux anses, destiné à contenir du vin ou de l'eau

**autocamps** – immense camping avec des restaurants, des magasins et de nombreuses caravanes

**Avars** – peuple nomade originaire de Mongolie qui combattit l'Empire byzantin du VI^e au IX^e siècle

**ban** – vice-roi ou gouverneur

**bb** – dans une adresse, les lettres "bb" placées après un nom de rue (comme dans "Placa bb") signifient *bez broja* ("sans numéro")

**bura** – bora ; vent froid et sec dévalant les montagnes vers l'Adriatique

**cesta** – route

**crkva** – église

**fortica** – forteresse

**galerija** – galerie

**garderoba** – consigne à bagages

**glagolitique** – écriture slave ancienne, utilisée par les évangélisateurs Cyrille et Méthode

**gora** – montagne

**HDZ** – Hrvatska Demokratska Zajednica, Union démocratique croate

**Hrvatska** – Croatie

**Illyriens** – peuple de la côte adriatique, vaincu par les Romains au II^e siècle av. J.-C. Désigne également un mouvement de renaissance nationale au XIX^e siècle et la langue littéraire qui s'y rattache.

**jezero** – lac

**karst** – phénomène produit par la corrosion du calcaire, avec pour résultat un relief marqué par des grottes, des rivières souterraines et des gorges

**klapa** – chorale traditionnelle

**konoba** – terme désignant traditionnellement un petit restaurant (taverne) souvent aménagé dans une cave. Il s'applique aujourd'hui à toutes sortes de lieux de restauration ; généralement un établissement simple, tenu par une famille.

**maestral** – vent du Nord soufflant sur l'Adriatique en été par temps clair

**muzej** – musée

**nef** – partie centrale d'une église

**NDH** – Nezavisna Država Hrvatska, État indépendant de Croatie

**obala** – front de mer

**otok** (s), **otoci** (pl) – île

**plaža** – plage

**polje** – zone calcaire éboulée, souvent cultivée

**put** – chemin, sentier

**restoran** – restaurant

**rijeka** – rivière

**sabor** – Parlement croate

**šetalište** – promenade

**sobe** – chambres à louer

**sveti** – saint

**svetog** – saint (génitif ; comme dans église Saint-Joseph)

**tisak** – kiosque à journaux

**toplice** – station thermale

**trg** – place

**turbofolk** – musique serbe

**ulica** – rue

**uvala** – baie

**velik** – grand

**vlak** – train

**vrh** – sommet, pic

**zimmer** (mot d'origine allemande) – chambres à louer

# En coulisses

## Vos réactions ?

Vos commentaires nous sont très précieux et nous permettent d'améliorer constamment nos guides. Notre équipe lit toutes vos lettres avec la plus grande attention. Nous ne pouvons pas répondre individuellement à tous ceux qui nous écrivent, mais vos commentaires sont transmis aux auteurs concernés. Tous les lecteurs qui prennent la peine de nous communiquer des informations sont remerciés dans l'édition suivante, et ceux qui nous fournissent les renseignements les plus utiles se voient offrir un guide.

Pour nous faire part de vos réactions, prendre connaissance de notre catalogue et vous abonner à Comète, notre lettre d'information, consultez notre site Internet : **www.lonelyplanet.fr**

Nous reprenons parfois des extraits de notre courrier pour les publier dans nos produits, guides ou sites web. Si vous ne souhaitez pas que vos commentaires soient repris ou que votre nom apparaisse, merci de nous le préciser. Pour connaître notre politique en matière de confidentialité, connectez-vous à : **www.lonelyplanet.fr/confidentialite/index.cfm**

## À nos lecteurs

**Merci à tous les voyageurs qui ont utilisé la dernière édition de ce guide et qui nous ont écrit pour nous faire part de leurs conseils, de leurs suggestions et de leurs anecdotes :**

**B** Mathieu Boulanger, Mylène Boutin-Jacob, Ève Brunet, Vincent Bury, Caryl Bussy **C** Aurélie Cousin **D** Marjorie Duchesnes, Jean-Sébastien Dujardin **G** Paul Grolleau **M** Émilie Mabon **P** E. Page, Alexandre Piton, Romain Prêcheur **S** Smet

## Un mot des auteurs

### Anja Mutić

*Hvala mama*, pour ta cuisine et ton rire. *Gracias* à ma famille barcelonaise, et particulièrement à mon neveu Biel. *Obrigada*, Hoji, pour ta présence avant, pendant et après. Un grand *hvala* à mes amis de Croatie pour tous leurs contacts et leurs recommandations – ce guide ne serait pas le même sans vous. Lidija, tu as toujours des idées géniales ! Merci à mon co-auteur, Iain Stewart. À la mémoire de mon père, dont le souvenir m'accompagne dans mes voyages.

### Iain Stewart

Merci à Jo Potts de m'avoir convié à participer à l'aventure de LP en Croatie, et à ma co-auteure, Anja. En Slavonie, Jasmin m'a guidé dans les marécages de Kopački Rit et au-delà, et m'a régalé de champignons. *Hvala* à Ivana de Zadar, à Goran de Rijeka et à Zoran de Dubrovnik. Les moments passés avec ma famille – Fiona, Aubs, Susan, Louis et Monty Stewart – sur la côte dalmate ont été particulièrement exquis. Nous reviendrons !

## Remerciements

Données des cartes du climat adaptées de Peel MC, Finlayson BL & McMahon TA (2007) "Updated World Map of the Köppen-Geiger Climate Classification", Hydrology and Earth System Sciences, 11, 163344.

Photographie de couverture : Port de Dubrovnik, Croatie/Jean-Pierre Lescourret, LPI. La plupart des photos publiées dans ce guide sont disponibles auprès de notre agence photographique Lonely Planet Images :www.lonelyplanetimages.com.

## A propos de cet ouvrage

» Cette 5e édition française du guide Croatie est une traduction-adaptation de la 6e édition du guide *Croatia* (en anglais), commandé par le bureau de Londres de Lonely Planet.

» Will Gourlay a rédigé le chapitre *Histoire*.

**Direction éditoriale**
Didier Férat

**Adaptation française**
Marie Thureau

**Traduction**
Florence Delahoche et Bérengère Viennot

**Prépresse**
Jean-Noël Doan

**Maquette**
Gudrun Fricke

**Couverture**
Adaptée par Alexandre Marchand pour la version française.

**Cartographie**
Cartes originales de Jolyon Philcox, Shahara Ahmed et Herman So, adaptées en français par Nicolas Chauveau

**Remerciements à**
Chantal Duquénoy, Carole Haché et Dolorès Mora pour leur précieuse contribution au texte. Merci également à Magali Plattet pour son travail de comparaison des textes et à Marie Gosset pour le référencement. Enfin, comme toujours, un grand merci à Dominique Spaéty pour sa disponibilité sans faille et à toute l'équipe du bureau de Paris.

# Index



Les références des cartes sont indiquées en **gras**, celles des photos en bleu.

Les références des cartes sont indiquées en **gras**, celles des photos en bleu.

## L



## M



Les références des cartes sont indiquées en **gras**, celles des photos en bleu.

Les références des cartes sont indiquées en **gras**, celles des photos en bleu.

# INDEX DES ENCADRÉS

# Comment utiliser ce guide

**Ces symboles vous aideront à identifier les différentes rubriques :**

- À voir
- Activités
- Cours
- Circuits organisés
- Fêtes et festivals
- Où se loger
- Où se restaurer
- Où prendre un verre
- Où sortir
- Achats
- Renseignements/ transports

**Ces symboles vous donneront des informations essentielles au sein de chaque rubrique :**

- Numéro de téléphone
- Horaires d'ouverture
- Parking
- Non-fumeurs
- Climatisation
- Accès Internet
- Wi-Fi
- Piscine
- Végétarien
- Carte en anglais
- Familles bienvenues
- Animaux acceptés
- Bus
- Ferry
- Métro
- Subway
- Tube
- Tramway
- Train

**Les pictos pour se repérer**

- Coup de cœur de l'auteur
- BON PLAN Bon rapport qualité/prix
- Adresse écoresponsable

*Nos auteurs ont sélectionné ces adresses pour leur engagement dans le développement durable – par leur soutien envers des communautés ou des producteurs locaux, leur fonctionnement écologique ou leur investissement dans des projets de protection de l'environnement.*

## Légende des cartes

**À voir**
- Centre d'intérêt
- Château
- Église/cathédrale
- Monument
- Musée/galerie
- Mosquée
- Plage
- Ruines
- Synagogue
- Vignoble
- Zoo

**Activités**
- Plongée/snorkeling
- Canoë/kayak
- Ski
- Surf
- Piscine/baignade
- Randonnée
- Planche à voile
- Autres activités

**Se loger**
- Hébergement
- Camping

**Se restaurer**
- Restauration

**Prendre un verre**
- Bar
- Café

**Sortir**
- Spectacle

**Achats**
- Magasin

**Renseignements**
- Poste
- Point d'information

**Transports**
- Aéroport/aérodrome
- Poste frontière
- Bus
- Téléphérique/ funiculaire
- Piste cyclable
- Ferry
- Métro
- Monorail
- Parking
- S-Bahn
- Taxi
- Train/rail
- Tramway
- Tube
- U-Bahn
- Autre moyen de transport

**Routes**
- Autoroute à péage
- Autoroute
- Nationale
- Départementale
- Cantonale
- Chemin
- Route non goudronnée
- Rue piétonne
- Escalier
- Tunnel
- Passerelle
- Promenade à pied
- Promenade à pied (variante)
- Sentier

**Limites et frontières**
- Pays
- Province/État
- Contestée
- Région/banlieue
- Parc maritime
- Falaise/escarpement
- Rempart

**Population**
- Capitale (pays)
- Capitale (État/province)
- Grande ville
- Petite ville/village

**Géographie**
- Refuge/gîte
- Phare
- Point de vue
- Montagne/volcan
- Oasis
- Parc
- Col
- Aire de pique-nique
- Cascade

**Hydrographie**
- Rivière
- Rivière intermittente
- Marais/mangrove
- Récif
- Canal
- Eau
- Lac asséché/salé/ intermittent
- Glacier

**Topographie**
- Plage/désert
- Cimetière (chrétien)
- Cimetière (autre religion)
- Parc/forêt
- Terrain de sport
- Site (édifice)
- Site incontournable (édifice)

## LES GUIDES LONELY PLANET

Tout commence par un long voyage : en 1972, Tony et Maureen Wheeler rallient l'Australie après avoir traversé l'Europe et l'Asie. Pour répondre à une demande croissante, ils rédigent leur premier guide Lonely Planet, écrit sur un coin de table. En une semaine, 1 500 exemplaires sont vendus !

Depuis, Lonely Planet est devenu le plus grand éditeur indépendant de guides de voyage dans le monde. La collection couvre désormais la planète entière et ne cesse de s'étoffer. L'information est aujourd'hui présentée sur différents supports, mais notre objectif reste constant : donner des clés au voyageur pour qu'il comprenne mieux le pays qu'il découvre.

# NOS AUTEURS

**Anja Mutić**

Auteure-coordinatrice, Zagreb, Zagorje, Istrie, Split et Dalmatie centrale Anja a quitté sa Croatie natale depuis plus de 18 ans. Elle a écumé plusieurs pays, avant de s'installer à New York il y a 11 ans. Mais ses racines l'appellent. Elle retourne fréquemment en Croatie pour le travail et les vacances, découvrant un nouvel endroit à chaque visite – parc naturel, ville tranquille ou île isolée. L'engouement dont les beautés croates font l'objet la réjouit, même si elle regrette le temps où l'on pouvait déguster un café sur le Stradun de Dubrovnik sans avoir à attendre qu'une table se libère. Lors de sa dernière visite, Anja a adoré explorer les sites de Vis, ainsi que Hvar, bercée par les arômes de la lavande.

Retrouvez Anja sur le site de Lonely Planet :
lonelyplanet.com/members/anjamutic

**Iain Stewart**

Slavonie, Kvarner, Dalmatie du Nord, Dubrovnik et Dalmatie du Sud Iain a visité la Croatie pour la première fois en 1987. Depuis, il y retourne régulièrement, pour profiter de sa riche culture et de ses nombreuses îles. Il est l'auteur de plus de 30 guides, et on le rencontre souvent dans le Sud-Est asiatique ou en Amérique centrale. Pour sa première aventure croate en tant qu'auteur, Iain a descendu une forêt inondée en kayak aux bords du Danube, exploré les sentiers des parcs nationaux de Paklenica et des lacs de Plitvice, et arpenté les remparts de Dubrovnik.

**Croatie**
5e édition
Traduit et adapté de l'ouvrage *Croatia, 6th edition, March 2011*

Dépôt légal Mai 2011
ISBN 978-2-81610-895-8

Imprimé par Hérissey, Évreux, France